Operatoren alphabetisch

Operatoren	Beschreibung	AFB
analysieren	Materialien oder Sachverhalte systematisch untersuchen und auswerten	II
begründen	Aussagen (zum Beispiel eine Behauptung, eine Position) durch Argumente stützen, die durch Beispiele oder andere Belege untermauert werden	II
beschreiben	Sachverhalte schlüssig wiedergeben	I
beurteilen	Aussagen, Vorschläge oder Maßnahmen untersuchen, die dabei zugrunde gelegten Kriterien benennen und ein begründetes Sachurteil formulieren	III
bewerten	Aussagen, Vorschläge oder Maßnahmen beurteilen, ein begründetes Werturteil formulieren und die dabei zugrunde gelegten Wertmaßstäbe offenlegen	III
bezeichnen	Sachverhalte (insbesondere bei nichtlinearen Texten wie zum Beispiel Tabellen, Schaubildern, Diagrammen oder Karten) begrifflich präzise formulieren	I
charakterisieren	Sachverhalte mit ihren typischen Merkmalen und in ihren Grundzügen bestimmen	II
darstellen	Sachverhalte strukturiert und zusammenhängend verdeutlichen	II
ein-, zuordnen	Sachverhalte schlüssig in einen vorgegebenen Zusammenhang stellen	II
entwickeln	zu einer vorgegebenen oder selbst entworfenen Problemstellung einen begründeten Lösungsvorschlag entwerfen	III
erklären	Sachverhalte schlüssig aus Kenntnissen in einen Zusammenhang stellen (zum Beispiel Theorie, Modell, Gesetz, Regel, Funktions-, Entwicklungs- und/oder Kausalzusammenhang)	II
erläutern	Sachverhalte mit Beispielen oder Belegen veranschaulichen	II
erörtern	zu einer vorgegebenen These oder Problemstellung durch Abwägen von Pro- und Kontra-Argumenten ein begründetes Ergebnis formulieren	III
erstellen	Sachverhalte (insbesondere in grafischer Form) unter Verwendung fachsprachlicher Begriffe strukturiert aufzeigen	II
gestalten	zu einer vorgegebenen oder selbst entworfenen Problemstellung ein Produkt rollen- beziehungsweise adressatenorientiert herstellen	III
herausarbeiten	Sachverhalte unter bestimmten Gesichtspunkten aus vorgegebenem Material entnehmen, wiedergeben und/oder gegebenenfalls berechnen	II
nennen	Sachverhalte in knapper Form anführen	I
überprüfen	Aussagen, Vorschläge oder Maßnahmen an Sachverhalten auf ihre sachliche Richtigkeit hin untersuchen und ein begründetes Ergebnis formulieren	III
vergleichen	Vergleichskriterien festlegen, Gemeinsamkeiten und Unterschiede gewichtend einander gegenüberstellen sowie ein Ergebnis formulieren	II

Politik entdecken 8–10

Gemeinschaftskunde · Baden-Württemberg
Gymnasium

Herausgegeben von
Lothar Schaechterle
Wolfram Willfahrt

mit Beiträgen von
Edith Haefner
Ulrike Holzwarth
Elke Iglesias-Dunz
Jonas Rau
Lothar Schaechterle
Rolf Schemel
Wolfram Willfahrt
Christian Wolpert

in Zusammenarbeit mit der Verlagsredaktion

Cornelsen

Politik entdecken 8–10

Gemeinschaftskunde · Baden-Württemberg
Gymnasium

Redaktion:	Jürgen Grabowski
Umschlaggestaltung:	Klein & Halm Grafikdesign, Berlin
Illustration:	Raimo Bergt, Berlin
Kartenherstellung und Grafik:	Erfurth Kluger Infografik, Berlin
Layout und technische Umsetzung:	Stephan Hilleckenbach, Berlin
Coverfoto:	Jugendliche vor dem Reichstagsgebäude in Berlin

www.cornelsen.de

1. Auflage, 1. Druck 2018

Alle Drucke dieser Auflage sind inhaltlich unverändert und können im Unterricht nebeneinander verwendet werden.

Druck und Bindung: Mohn Media Mohndruck, Gütersloh

ISBN 978-3-06-064609-8 (Schülerbuch)
ISBN 978-3-06-065272-3 (E-Book)

Kapitel 1

Kapitel 2

Mitwirkung in der Schule

Kapitel 3

Familie und Gesellschaft

Kapitel 4

Rechtliche Stellung des Jugendlichen und Rechtsordnung

Kapitel 8

Politischer Willensbildungsprozess in Deutschland

Kapitel 9

Politischer Entscheidungsprozess in Deutschland

Kapitel 10

Kontrolle politischer Herrschaft in Deutschland

Kapitel 11

Aufgaben und Probleme des Sozialstaats

Kapitel 12

Frieden und Menschenrechte

Kapitel 13

Die Europäische Union

Kapitel 14

Problemlösefähigkeit des politischen Systems – eine Fallstudie

Liebe Schülerin, lieber Schüler,

diese Doppelseite soll dir einen Einstieg zur Arbeit mit dem Buch geben.

ÜBERBLICK

Auftakt

Die Auftaktseiten markieren jeweils den Beginn eines Kapitels. Auf diesen Seiten findest du erste Anregungen, dich mit einem Thema zu beschäftigen.
Auf der rechten Seite findest du einen Überblick über die Kompetenzen, die du auf den Folgeseiten erwerben kannst.

Methode

Hier geht es um die Methoden des Faches Gemeinschaftskunde. Anhand eines Beispiels lernst du kennen, wie du das Wissen für dieses Fach erarbeiten kannst. Außerdem bekommst du Hilfestellungen, sodass du die Methoden auch praktisch anwenden kannst. Die Methoden des Faches Gemeinschaftskunde sind z. B. Umfragen, Exkursionen oder Auswerten von Daten.

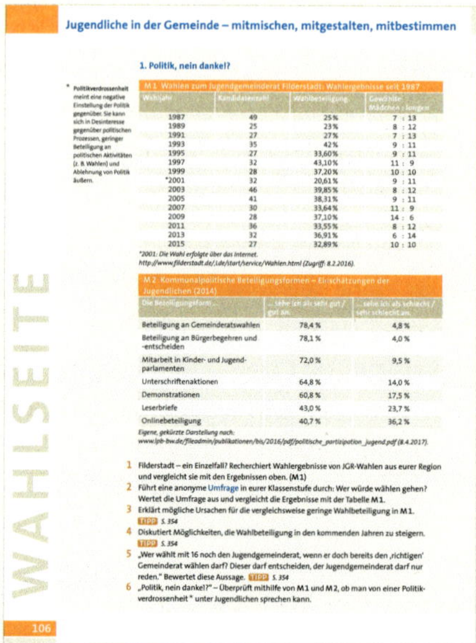

Wahlseite

Wahlseiten – hier darfst du entscheiden, welches von zwei angebotenen Themen du bearbeiten willst. Am Ende tauschst du dich mit deinen Mitschülerinnen und Mitschülern über eure Ergebnisse aus.

CHECK-UP

Am Ende jedes Kapitels kannst du deine neu erworbenen Kompetenzen überprüfen und trainieren.

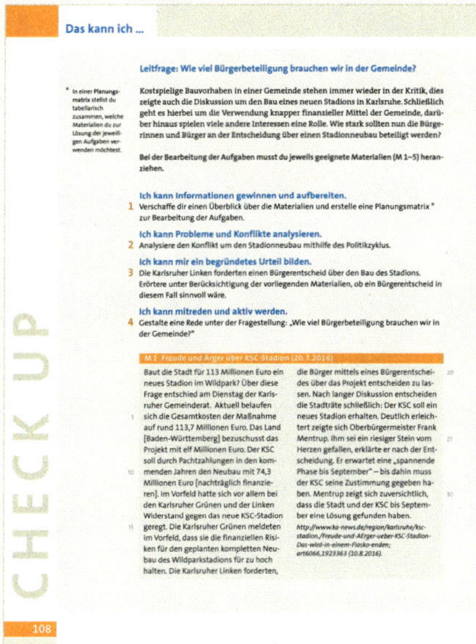
CHECK UP

Das kann ich ...

Leitfrage: Wie viel Bürgerbeteiligung brauchen wir in der Gemeinde?

Kostspielige Bauvorhaben in einer Gemeinde stehen immer wieder in der Kritik, dies zeigte auch die Diskussion um den Bau eines neuen Stadions in Karlsruhe. Schließlich geht es hierbei um die Verwendung knapper finanzieller Mittel der Gemeinde, darüber hinaus spielen viele andere Interessen eine Rolle. Wie stark sollten nun die Bürgerinnen und Bürger an der Entscheidung über einen Stadionneubau beteiligt werden?

Bei der Bearbeitung der Aufgaben musst du jeweils geeignete Materialien (M 1–5) heranziehen.

* In einer Planungsmatrix stellst du tabellarisch zusammen, welche Materialien du zur Lösung der jeweiligen Aufgaben verwenden möchtest.

Ich kann Informationen gewinnen und aufbereiten.
1 Verschaffe dir einen Überblick über die Materialien und erstelle eine Planungsmatrix* zur Bearbeitung der Aufgaben.

Ich kann Probleme und Konflikte analysieren.
2 Analysiere den Konflikt um den Stadionneubau mithilfe des Politikzyklus.

Ich kann mir ein begründetes Urteil bilden.
3 Die Karlsruher Linken forderten einen Bürgerentscheid über den Bau des Stadions. Erörtere unter Berücksichtigung der vorliegenden Materialien, ob ein Bürgerentscheid in diesem Fall sinnvoll wäre.

Ich kann mitreden und aktiv werden.
4 Gestalte eine Rede unter der Fragestellung: „Wie viel Bürgerbeteiligung brauchen wir in der Gemeinde?"

M 1 Freude und Ärger über KSC-Stadion (20.7.2016)

Baut die Stadt für 113 Millionen Euro ein neues Stadion im Wildpark? Über diese Frage entschied am Dienstag der Karlsruher Gemeinderat. Aktuell belaufen sich die Gesamtkosten der Maßnahme auf rund 113,7 Millionen Euro. Das Land [Baden-Württemberg] bezuschusst das Projekt mit elf Millionen Euro. Der KSC soll durch Pachtzahlungen in den kommenden Jahren den Neubau mit 74,3 Millionen Euro [nachträglich finanzieren]. Im Vorfeld hatte sich vor allem bei den Karlsruher Grünen und der Linken Widerstand gegen das neue KSC-Stadion geregt. Die Karlsruher Grünen meldeten im Vorfeld, dass sie die finanziellen Risiken für den geplanten kompletten Neubau des Wildparkstadions für zu hoch halten. Die Karlsruher Linken forderten, die Bürger mittels eines Bürgerentscheides über das Projekt entscheiden zu lassen. Nach langer Diskussion entscheiden die Stadträte schließlich: Der KSC soll ein neues Stadion erhalten. Deutlich erleichtert zeigte sich Oberbürgermeister Frank Mentrup. Ihm sei ein riesiger Stein vom Herzen gefallen, erklärte er nach der Entscheidung. Er erwartet eine „spannende Phase bis September" – bis dahin muss der KSC seine Zustimmung gegeben haben. Mentrup zeigt sich zuversichtlich, dass die Stadt und der KSC bis September eine Lösung gefunden haben.

http://www.ka-news.de/region/karlsruhe/ksc-stadion./Freude-und-AErger-ueber-KSC-Stadion-Das-wird-in-einem-Fiasko-enden;art6066,1923363 (10.8.2016).

108

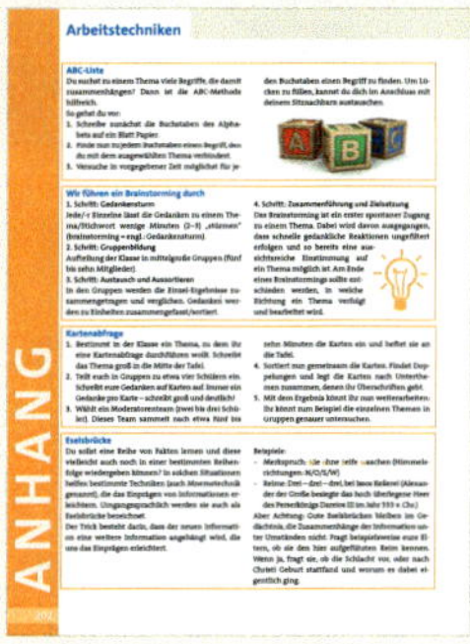

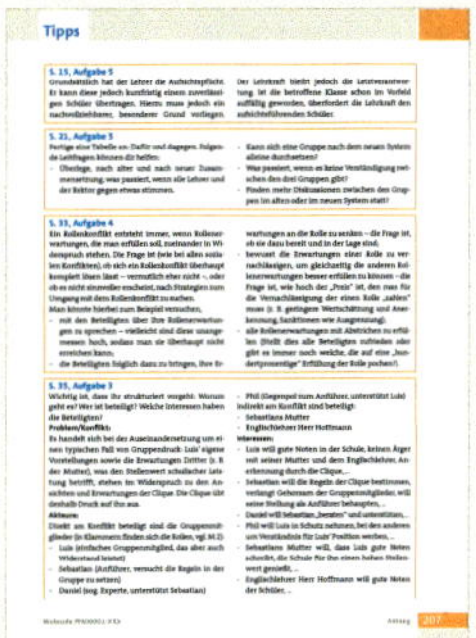

Anhang

Im Anhang des Buches findest du Arbeitstechniken sowie ein Lexikon. Hier kannst du alle verwendeten Fachbegriffe noch einmal nachschlagen. Auf den TIPP-Seiten findest du Lösungshinweise zum Bearbeiten zahlreicher Aufgaben des Buches.

Themenseite

Die Themenseiten beleuchten jeweils einen zentralen Aspekt innerhalb des Kapitels.

Wer trifft Entscheidungen?

M 3 Ablauf eines Bürgerentscheids

Stimmzettel	Abstimmung	Nach der Abstimmung
Ist die Frage klar mit „Ja / Nein" zu beantworten? →	(1) Mehrheit entscheidet, entweder für Ja oder Nein. (2) Die Mehrheit muss zudem mind. 20 % der Stimmberechtigten betragen (sog. Quorum*). →	Quorum erreicht: Entscheidung bindend für Gemeinderat und Verwaltung. Quorum verfehlt: Gemeinderat entscheidet über die Angelegenheit

* **Quorum** notwendige Anzahl von Stimmen, die erreicht sein muss, damit eine Abstimmung Gültigkeit erlangt

M 4 Windräder – ja oder nein? Der Bürgerentscheid vom 8. Februar 2015

Knapp 1000 Unterschriften für ein Bürgerbegehren hatte die Schömberger Bürgerinitiative gesammelt. Am 8. Februar 2015 kam es folglich zum Bürgerentscheid. Die Abstimmungsfrage lautete – bitte achte genau auf den Wortlaut – „Lehnen Sie es ab, dass die gemeindeeigenen Flächen Schömbergs zur Windkraftnutzung verwendet werden?" Im Klartext: Wer „Ja" ankreuzte, war gegen Windräder; wer „Nein" ankreuzte, war für Windräder.

Ergebnis:
- Stimmberechtigte: 6124 Bürger/-innen
- Abstimmungsbeteiligung: 3262 Bürger/-innen
- Ja-Stimmen: 1383
- Nein-Stimmen: 1879

Noch höher ?
Noch näher ?
SO NICHT !
120 m
32 m
STOP

Protestplakat gegen den Bau von Windrädern in Ortsnähe

1 Entscheidet spontan: Sollten die Bürgerinnen und Bürger selbst über Windräder in ihrer Gemeinde abstimmen dürfen? (M1)
2 Eine Bürgerinitiative wehrt sich gegen die Entscheidung des Gemeinderats, Windräder in Schömberg zu bauen. Sie möchte deshalb einen Bürgerentscheid herbeiführen – ihr sollt sie hierbei beraten.
Gestaltet eine detaillierte Ablaufskizze, wie die Bürgerinitiative einen Bürgerentscheid herbeiführen kann (M1, M2). TIPP S. 354
3 Werden in Schömberg nun Windräder gebaut? Begründe deine Antwort mithilfe von M3 und M4. TIPP S. 354
4 Sollen die Bürgerinnen und Bürger über so umstrittene Fragen wie Windräder selbst abstimmen dürfen? – Vergleicht die Entscheidungsfindung durch repräsentative und direkte Demokratie. TIPP S. 354
5 Erörtert die Entscheidungsfindung durch direkte Demokratie.

Mehr zum Thema
Text: Wahlexperiment in Filderstadt
Webcode PE646098-103

Webcode PE646098-103

5 Politik in der Gemeinde 103

Einleitungstexte geben dir eine kurze Einführung in das Thema. Anschließend kannst du alleine oder in Gruppen das Thema mithilfe der Materialien und Arbeitsaufträge selbstständig erschließen.
Blau markierte Arbeitstechniken werden im Anhang erläutert.
+ ZUSATZAUFGABEN sowie interessante Text- und Videoangebote bieten dir die Möglichkeit, ein Thema noch weiter zu vertiefen.

Die Webcodes weisen dich auf Internetseiten hin, auf denen du aktuelle und weitere interessante Informationen findest. Gib den Webcode auf der Internetseite www.cornelsen.de im Fenster oben rechts ein und klicke auf den Pfeil rechts.

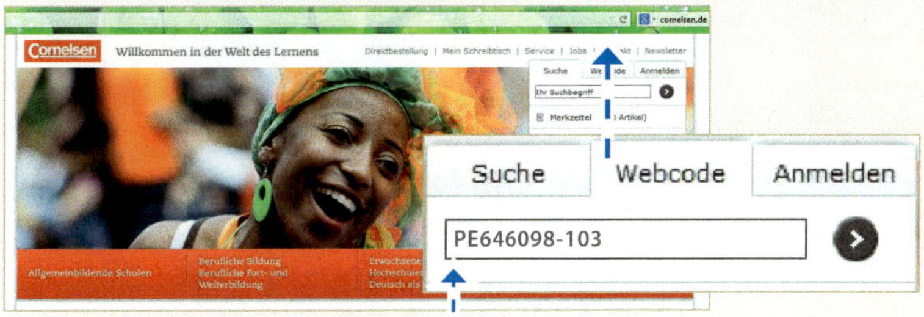

Knappheit

Regierung

Europa

Parlament

Struktur

Urteil

Interessen

Parteien

Gemeinde

Pol

Integration

Gesel

Gericht

Erziehung

Entsch

Medien

Mensch

Mitbestimmung

Meinung

Gerec

Familie

Konflikt
privat
Frieden
Zuwanderung
Zukunft
Akteure
Schule
Problem
Bundesverfassungsgericht
Wahlen
Grundrechte
Verteilung
Allgemeinheit
itik
Rechte
Recht
Teilhabe
lschaft
eidung
Krieg
öffentlich
enrechte
Jugendliche
Jugendkriminalität
Ordnung
tigkeit
Gesetze
Rechtsstaat

Mein neues Fach Gemeinschaftskunde

M 1 Teilnehmer der Veranstaltung „Jugend und Parlament“ im Plenarsaal des Bundestages

Das Zusammenleben und das politische System in Deutschland mit seinen demokratischen Prinzipien kann nur funktionieren, wenn es von politisch mündigen* Bürgerinnen und Bürgern getragen wird. Daher ist es wichtig, dass bereits Schülerinnen und Schüler sich mit politischen Prozessen, Inhalten oder Ämtern und Institutionen auseinandersetzen.

* **mündig**
Mündig bedeutet, dass man sich selbst ein Urteil bilden und selbstständige Entscheidungen treffen kann.

Im Fach Gemeinschaftskunde wirst du dich mit vielen Facetten des Zusammenlebens in Deutschland beschäftigen können. Das beginnt mit deinem konkreten Lebensumfeld, der Schule und der Familie und geht bis zur „großen“ Politik auf Bundes- und europäischer Ebene. Du wirst dich mit rechtlichen Fragestellungen, gesellschaftlichen Problemfeldern und internationalen Konflikten auseinandersetzen können. All diese Themen betreffen dein Leben direkt.

Wo Menschen zusammenleben, entstehen aufgrund unterschiedlicher Interessen und verschiedener Vorstellungen von gesellschaftlichen Werten Konflikte. Politisches Handeln versucht diese Konflikte, und seien es auch nur kleine Auseinandersetzungen in Schule oder Familie, friedlich zu lösen. Dabei muss man die Interessen der unterschiedlichen Akteure, das sind die handelnden und betroffenen Personen oder Gruppen, darstellen. Dazu machst du dich mit zahlreichen Methoden vertraut und lernst, diese Konflikte zu analysieren. Du sollst dir auch stets selbst ein Urteil bilden und dabei die unterschiedlichen Interessen, auch deine eigenen, berücksichtigen. Du sollst auch in die Lage versetzt werden, deine Interessen auszudrücken und sie zu vertreten. Daraus können sich für dich verschiedene Möglichkeiten politischen Handelns ergeben.

In den letzten Jahren hast du deine Umgebung mit wachen Augen verfolgt, sodass du über vieles, was du in Gemeinschaftskunde lernen kannst, Annahmen,

Vermutungen oder Gewissheiten entwickelt hast (Basiskonzepte*). Sicher hast du eine Vorstellung davon, was Macht ist, wie sie verteilt werden soll und wer mit welchem Recht Entscheidungen trifft. Das kannst du beispielsweise an deiner Familie oder in der Schule beobachten. Du weißt, dass es bestimmte Regeln gibt, an die man sich halten muss, die man aber auch verändern kann. Bestimmt hast du auch erfahren, dass deine Interessen manchmal nicht mit den Interessen der Mehrheit beispielsweise in deinem Freundeskreis oder deiner Klasse übereinstimmen. Bei manchen Dingen bist du davon überzeugt, dass sie deine private Entscheidung sind, bei anderen ist es vielleicht sinnvoll, dass sich die Gesellschaft einmischt. Um unser Leben in einem Staat, aber auch in der Schule oder Gemeinde zu organisieren, braucht es eine gewisse Ordnung und Strukturen. Aber auch diese sind veränderbar. Schließlich sind vor allem Zeit und Geld knappe Güter, sie stehen nicht in unendlichem Maße zur Verfügung. Wie sollen sie also möglichst gerecht oder sinnvoll verteilt werden?

Zu Beginn jedes Kapitels hast du die Möglichkeit, auf der Auftaktseite deine bisherigen Annahmen zu äußern und während des Kapitels deine Kompetenzen zu erweitern. Überprüfe am Ende, inwieweit sich deine Annahmen verändert haben.

* **Basiskonzepte**
Das sind deine Annahmen, Vermutungen und Gewissheiten, mit denen du dir die Welt erschließt. Sie lassen sich durch den Unterricht erweitern. Hierzu gehören Vorstellungen von Macht und Entscheidung, Regeln und Recht, Interessen und Gemeinwohl, Privatheit und Öffentlichkeit, Ordnung und Struktur, Knappheit und Verteilung.

M2 Alles Politik?

1 Auf der Auftaktseite stehen Begriffe, die mit dem Fach Gemeinschaftskunde zusammenhängen. Erläutere die Begriffe und erstelle aus den Begriffen eine **Mindmap**.

2 Leite aus den Bildern in M2 Fragen ab, auf die die Gesellschaft und die Politik Antworten finden muss.

3 Nimm Stellung zu folgenden Aussagen, berücksichtige dabei die unterschiedlichen Perspektiven der betroffenen Akteure:
- Die Gemeinde soll lieber einen Bolzplatz als ein Seniorenwohnheim bauen.
- Die Ehe sollte eine Partnerschaft aus Frau und Mann sein.
- Es sollte mehr Geld für Schulen anstatt für den Straßenbau ausgegeben werden.
- In zehn Jahren sollten nur noch Elektroautos in Deutschland erlaubt sein.
- Das Wahlalter sollte von 18 auf 15 Jahre abgesenkt werden.
- Es sollte eine Obergrenze für Flüchtlinge geben, die in Deutschland Zuflucht suchen.

KAPITEL 2

Mitwirkung in der Schule

Nenne verschiedene Aufgaben eines Klassensprechers.

In diesem Kapitel lernst du,

- *welche Möglichkeiten es gibt, die eigenen Interessen in der Schule einzubringen und*
- *wie in der Schule Entscheidungen getroffen werden (Macht und Entscheidung),*
- *welche rechtlichen Bestimmungen das Zusammenleben in der Schule regeln (Regeln und Recht),*
- *wie einzelne Institutionen in der Schule zusammenwirken (Ordnung und Struktur),*
- *welche Möglichkeiten es gibt, Konflikte in der Schule zu lösen (Interessen und Gemeinwohl).*

Formuliere Annahmen zu diesen Themen und überprüfe am Ende des Kapitels, inwieweit sich diese verändert haben.

Wer vertritt die Interessen unserer Klasse am besten?

Hannah und David kommen nach den ersten beiden Wochen nach Hause. In der kommenden Woche soll der Klassensprecher gewählt werden.
Hannah würde gerne ihre Freundin wählen. Sie ist ihr einfach sympathisch. „So ein Quatsch", sagt David. „Außer, dass sie ganz nett ist, hat sie doch gar keine Voraussetzungen für eine Klassensprecherin!" „Wen würdest du denn wählen?", fragt Hannah. „Na, ist doch klar. Ich würde Max wählen, der sagt wenigstens, was Sache ist!", meint David. „Der hat doch nur eine große Klappe", gibt Hannah ihm zur Antwort. „Du hast doch keine Ahnung. Weißt du überhaupt, was ein Klassensprecher machen muss und welche Eigenschaften er haben sollte?"

Klassensprecher

Ihr könnt sicherlich die Diskussion von Hannah und David verstehen. Jeder möchte die Person zum Klassensprecher wählen, die ihm sympathisch ist oder von der man glaubt, dass sie diesen Job gut macht. Dazu sollte man jedoch verschiedene Dinge wissen:

- Wie wird ein Klassensprecher gewählt?
- Welche Eigenschaften sollte ein Klassensprecher haben?
- Was muss ein Klassensprecher machen?

* §
Dieses Zeichen wird Paragraf ausgesprochen. In Kombination mit einer Zahl dient es der Unterteilung von Gesetzestexten und Verträgen.

M 2 Aus dem Schulgesetz

§* 65 Klassensprecher

(1) Von Klasse 5 an wählen die Schüler jeder Klasse aus ihrer Mitte zu Beginn des Schuljahres einen Klassensprecher und seinen Stellvertreter.
(2) Der Klassensprecher vertritt die Interessen der Schüler der Klasse und unterrichtet die Klassenschülerversammlung über alle Angelegenheiten, die für sie von allgemeiner Bedeutung sind.

Schulgesetz (SchG BW 1983/2012)

M 1 Klassensprechertypen

M 3 Welche Voraussetzungen soll ein Klassensprecher haben?

mutig
gut aussehend
zuverlässig
empfindlich
freundlich
durchsetzungsfähig
laute Stimme
ehrlich
hilfsbereit
zurückhaltend
cool
wortgewandt
groß und stark
begeisterungsfähig
vermittelnd
gute Noten!
lustig
rechthaberisch

M 4 Ist der Klassensprecher zuständig oder nicht?

Die Klasse hätte gerne einen Getränkeautomaten.

Der Mathelehrer möchte, dass die zu lauten Schüler aufgeschrieben werden.

Sarah regt sich über die schlechte BK-Note auf.

Die Schüler der 5. Klassen beschweren sich über die zu schweren Schulranzen.

Die Klasse möchte in der Pause im Klassenzimmer bleiben.

Die Klasse möchte einen Wintersporttag durchführen.

Erwin und Mike prügeln sich in der Pause.

Die Tafel wurde in der letzten Woche nicht gewischt und das Klassenzimmer war verdreckt.

Wieder Ärger in der Klasse 8b

In der Klasse 8b herrscht wieder Chaos. Die Mathelehrerin, Frau Müller, musste nochmals ins Lehrerzimmer, um etwas zu kopieren. Bevor sie geht, sagt sie noch dem Klassensprecher Max, er solle für Ruhe sorgen. Frau Müller ist nach zehn Minuten immer noch nicht zurück. Es bricht Chaos in der Klasse aus. Nachdem Max mehrmals den Mitschülern gesagt hat, dass sie endlich leise sein sollen, geht er an die Tafel und schreibt die Namen der Störenfriede auf. Lea ist stinksauer, nachdem sie ihren Namen entdeckt. „Mich hat doch der Paul geärgert und ich habe mich nur gewehrt." Simon schreit Max an, er solle doch als Klassensprecher die Schüler vertreten und nicht den Lehrer. Max hat sich das ganz anders vorgestellt, Klassensprecher zu sein.

1 Du siehst im Bild **M 1** verschiedene Klassensprechertypen. Beschreibe die verschiedenen Charaktereigenschaften (**M 1**, **M 3**).

2 Nenne die Aufgaben des Klassensprechers, die im Schulgesetz stehen. (**M 2**)

3 In dem folgenden Text haben sich ein paar Fehler eingeschlichen. Übertrage nur die passenden Eigenschaften des Klassensprechers in dein Heft.
Die Klassensprecher sollten frei sprechen und gut argumentieren können – der Streber der Klasse sein – einen netten Umgangston haben – der verlängerte Arm des Klassenlehrers sein – Probleme erkennen und formulieren können – Kontakt zu allen Mitschülern haben – der Aufpasser in der Pause sein – bereit sein, sich für die Klasse und im Schülerrat zu engagieren – unparteiisch sein – Interesse an der Klassengemeinschaft haben – derjenige sein, der alle Dummheiten der Klasse mitmacht – Rechte und Pflichten der Schüler kennen – kompromissbereit sein – mutig sein.

4 Ist der Klassensprecher zuständig oder nicht? (**M 4**) Diskutiert in der Klasse die verschiedenen Aussagen.

5 „Wieder Ärger in der Klasse 8b". Aber wer hat hier eigentlich etwas falsch gemacht? Max, seine Mitschüler – oder sogar die Lehrerin? Erörtert. TIPP *S. 351*

Die Klassensprecherwahl – wie macht man 's richtig?

M 1 Till und Sophie

Till und Sophie stehen nun als Klassensprecher und Stellvertreterin fest.

Die Klasse 8a im Wahlkampffieber!

Es herrscht große Aufregung in der Klasse 8a, denn die Kandidaten stehen nun endlich fest. Cem, Till, Ben und Sophie möchten Klassensprecher oder Klassensprecherin werden. Eigentlich hatte man in den letzten Jahren auch schon irgendwie Klassensprecher gewählt. Im letzten Jahr wurde Anna gewählt. Jeder durfte mit Handzeichen für die einzelnen Kandidatinnen und Kandidaten stimmen. Da in der Klasse genauso viele Mädchen wie Jungs waren, hatte man sich darauf geeinigt, dass der Stellvertreter der Junge mit dem höchsten Stimmenanteil wurde. Zwei Schüler kamen neu in die Klasse. Da sie niemanden kannten, sollten sie nicht an der Wahl teilnehmen.

M 2 Aus der SMV-Verordnung Baden-Württemberg

§ 5 Wahlverfahren, Abwahl

(1) Die Wahl ist geheim. Die Aufstellung und Wahl der Kandidaten bedürfen keiner Bestätigung. Im Übrigen muss die Wahl aller Schülervertreter den Grundsätzen entsprechen, die für demokratische Wahlen gelten, insbesondere also allgemein, frei, gleich und unmittelbar sein.

(2) Gewählt ist, wer die meisten gültigen Stimmen erhält. Bei Stimmengleichheit ist ein weiterer Wahlgang erforderlich.

SMV-Verordnung BW (1976/Dez. 2015)

★ **demokratische Wahl**
Wahlen in Deutschland verlaufen nach vorgeschriebenen Regeln. Diese sind im Grundgesetz Artikel 28 und Artikel 38 festgelegt und gelten für alle in Deutschland abgehaltenen Wahlen. Die Regeln sind in fünf **Wahlgrundsätzen** zusammengefasst:
- allgemein,
- gleich,
- geheim,
- frei,
- unmittelbar.

★ **Wahlurne**
Eine Wahlurne ist ein geschlossener Behälter mit Schlitz zum Einwurf von Wahl- oder Stimmzetteln.

M 3 Ablauf einer Klassensprecherwahl (und dessen Stellvertreter)

1. Kandidaten erklären ihre Bereitschaft, sich wählen zu lassen.
2. Eine Kandidatenliste wird aufgestellt.
3. Die Kandidaten überlegen sich eine Vorstellung (Steckbrief, Plakat, kurze Präsentation).
4. Die Wahl findet geheim statt: Jeder Schüler schreibt einen Namen auf den Wahlzettel, ohne diesen zu zeigen.
5. Die Zettel werden in eine Wahlurne★ geworfen.
6. Die Wahlurne wird unter Aufsicht „geöffnet" und die Namen werden vorgelesen.
7. An der Tafel wird hinter den Namen des jeweiligen Kandidaten die Anzahl der gültigen Stimmen notiert.
8. Der Kandidat, welcher die meisten Stimmen erhält, ist gewählt.
9. Bei Stimmengleichheit wird die Wahl wiederholt.
10. Stellvertreter ist der Kandidat mit den zweitmeisten Stimmen, wenn es die SMV-Satzung der Schule so vorsieht.

M 4 Was bedeuten die Wahlgrundsätze für die Klassensprecherwahl?

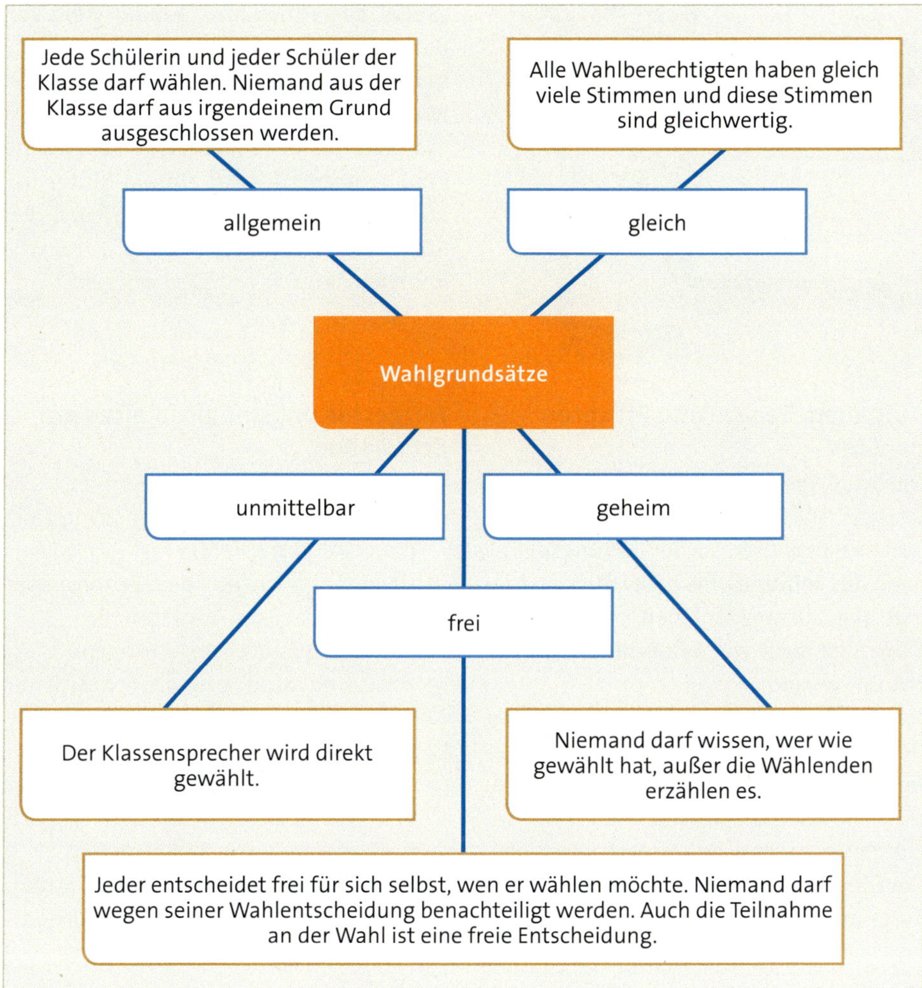

1 Erläutere, warum die Klassensprecherwahl mithilfe einer Wahlurne durchgeführt werden soll. (**M 3**)

2 Zu den Regeln einer demokratischen Wahl* gehören die sogenannten Wahlgrundsätze. Entwickle eine **Eselsbrücke**, um dir die fünf Wahlgrundsätze zu merken. (**M 4**)

3 Weshalb wurden genau diese fünf Punkte als Wahlgrundsätze beschlossen? Arbeite heraus, welche Folgen es haben könnte, wenn ein Wahlgrundsatz bei einer Wahl nicht berücksichtigt wird.

4 Überprüfe mithilfe der Wahlgrundsätze und der SMV-Verordnung, ob die Wahl im letzten Schuljahr korrekt abgelaufen ist.

5 a Erstelle mithilfe von **M 2** bis **M 4** eine Checkliste zur Vorbereitung der Klassensprecherwahl.
So könntest du vorgehen: ☐ Kandidaten suchen ☐ Kandidatenliste erstellen ☐ ...

b Entwickelt im Anschluss (z. B. mit einem **Placemat**) eine gemeinsame Checkliste.

Die SMV tagt!

„Super, da geh' ich hin!" Annika steht vor dem Schwarzen Brett und freut sich lauthals, dass sie am Dienstag nicht in die Mathestunde muss, denn die SMV* tagt. „So geht das aber nicht, Annika", meint Frau Schröter, die auf einmal hinter ihr steht. „Das ist nur für Mitglieder der SMV." Grinsend fragt Annika: „Und wie kann ich dann da Mitglied werden?"

Aufgaben, Rechte und Pflichten der SMV

Die Schule heute ist ganz anders organisiert als früher. Natürlich sind viele Dinge, wie beispielsweise der Bildungsplan* oder die Schulpflicht, gesetzlich festgelegt. Das Zusammenleben in der Schule kann aber auch von den Schülern mitbestimmt werden.

Wie in einer modernen demokratischen Gesellschaft wählen Schüler ihre Vertreter. Dies sind zunächst die Klassensprecher. Die Klassensprecher treffen sich regelmäßig in den Schülerratssitzungen. Gerade am Anfang des Schuljahres ist dort einiges zu tun.

Mitgestaltungsmöglichkeiten am Schulleben

Die SMV:
- wählt den Schülersprecher sowie den/die Verbindungslehrer*;
- ist gemeinsam mit den Lehrern und Eltern in der Schulkonferenz*;
- gestaltet Schulveranstaltungen;
- kann zur Ordnung an der Schule (Pausenaufsicht) beitragen;
- vertritt die Interessen der Schüler und trägt diese der Rektorin oder dem Rektor vor, wie beispielsweise den Wunsch nach einem Getränkeautomaten;
- hat in bestimmten Bereichen Anhörungs-, Beschwerde- und Informationsrechte.

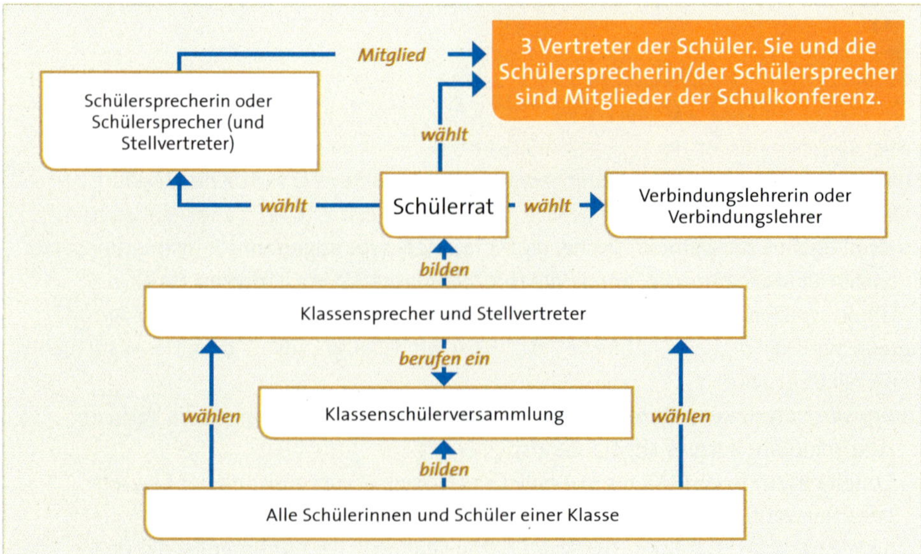

M1 Die Schülermitverantwortung

* **SMV**
SMV bedeutet Schülermitverantwortung.
Schülerinnen und Schüler können ihre Interessen durch die SMV an der Schule vertreten und das Schulleben mitgestalten.
Elemente der SMV sind die Klassensprecher, Schülerrat und Schülersprecher.

* **Bildungsplan**
Ein Bildungsplan enthält die Vorgaben, welche grundlegenden und unverzichtbaren Haltungen, Werte, Kompetenzen und Wissensinhalte die Schule vermitteln soll.
Diese Vorgaben werden von den jeweiligen Kultusministerien der Bundesländer festgelegt.

* **Verbindungslehrer**
Die Verbindungslehrer werden vom Schülerrat gewählt, beraten die SMV und unterstützen sie bei der Erfüllung ihrer Aufgaben.

* **Schulkonferenz**
In der Schulkonferenz wirken Schulleitung, Lehrer, Eltern und Schüler in einem gemeinsamen Organ der Schule zusammen.

* **Akteure**
Akteure sind die Beteiligten und Mitwirkenden in einem politischen Prozess.

M 2 So könnte die Jahresplanung einer SMV aussehen

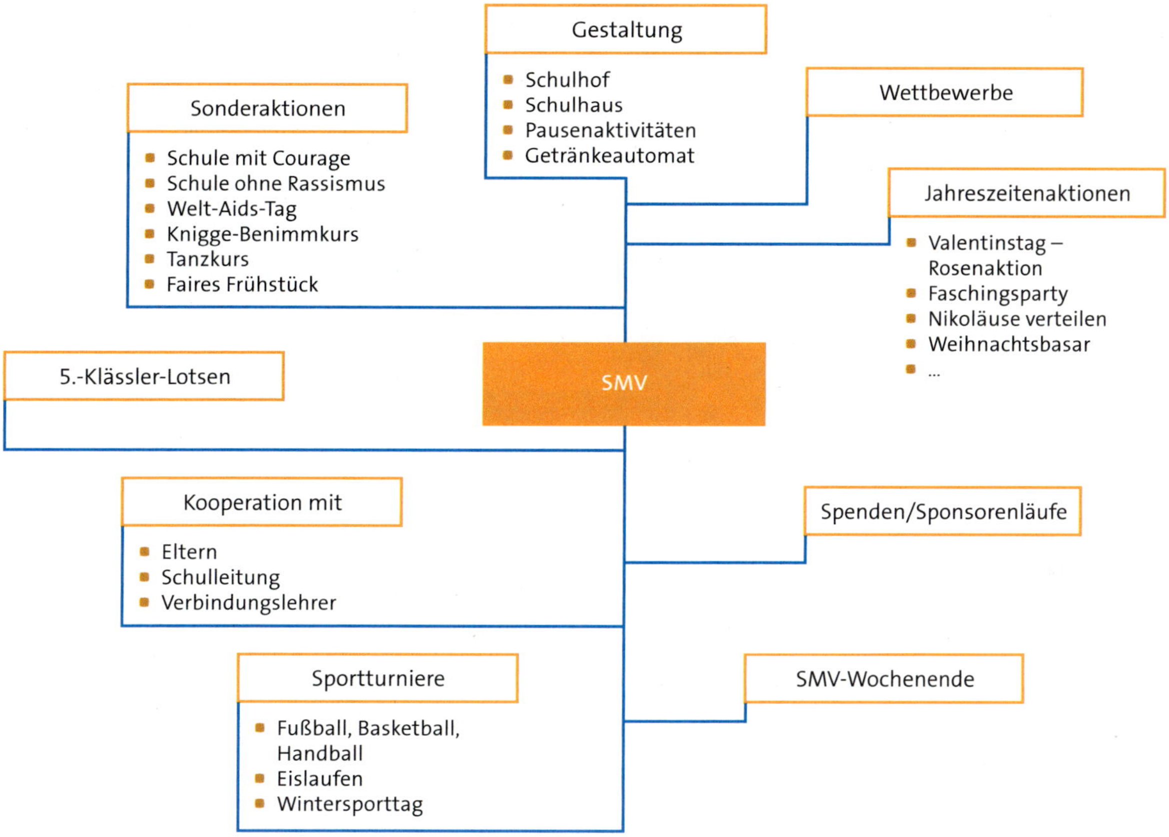

1 Schreibe Annika eine kurze Notiz und stelle dar, wie sie Mitglied in der SMV werden kann. (**M 1**)

2 Dimitris Bruder ist Schülersprecher. Eines Tages möchte auch er einer werden und erkundigt sich, wie man Schülersprecher werden kann. Erkläre anhand der Grafik. (**M 1**)

3 Was ist an deiner Schule los? Erkundige dich, welche Aktionen die SMV dieses Schuljahr plant, und erstelle eine eigene **Mindmap**, ähnlich wie in **M 2**.

4 Welches Thema brennt dir auf den Nägeln?

- a Ergänze deine Wünsche in einer anderen Farbe im Jahresplan deiner SMV.
- b Sammelt nun in der Gruppe, welche Wünsche ihr habt. Wägt ab, welche realisierbar sind, und entwickelt eine Strategie, die Wünsche umzusetzen.
- c Erstellt im Anschluss einen **Kurzvortrag** über eure Aktion, den Ablauf und die einbezogenen Akteure*.

5 Recherchiert:

- a Wer war im letzten Schuljahr Klassensprecher, Schülersprecher, Verbindungslehrer?
- b Nennt ein Anliegen der SMV, das genehmigt wurde.
- c Nennt ein Anliegen der SMV, das abgelehnt wurde.
- d Überlegt, warum das eine Anliegen der SMV erfolgreich war und das andere nicht. Bewertet daraufhin eure Mitwirkungsrechte in der Schule.

6 Die SMV hat ein Anhörungs-, Vorschlags-, Beschwerde- und Informationsrecht. (vgl. S. 20). Erläutert die einzelnen Rechte.

Unser Recht auf Mitwirkung in der Schulkonferenz!

M1 Till und Mina informieren sich bei einer Händlerin über die Bedingungen für die Aufstellung eines Getränkeautomaten.

Die Klasse 8a möchte einen Getränkeautomaten in der Schule aufstellen lassen. Die Idee wurde in der Klassenschülerversammlung mit viel Engagement diskutiert. Till hat den Wunsch in der SMV-Versammlung mitgeteilt. Viele Mitschüler sind begeistert. Jedoch glauben die meisten nicht, dass die Schulleiterin der Albert-Einstein-Schule das Aufstellen erlaubt. Till hat ein Gespräch mit Frau Hansen. Diese ist sehr skeptisch und stellt viele Fragen, wie z.B. „Wer stellt den Automaten auf?", „Was kostet es und wie ist das mit den Pfandflaschen gelöst?". Till erklärt ihr, dass die SMV das alles in den nächsten Wochen abklären wird. Darauf schlägt Frau Hansen vor, dass die SMV dies doch in der Schulkonferenz vorstellen könnte. Dort soll abgestimmt werden, ob der Automat aufgestellt wird – oder nicht.

M2 Die Schulkonferenz

Aufgaben der Schulkonferenz:

Schulgesetz § 47
Schulkonferenz
1) Die Schulkonferenz ist das gemeinsame Organ der Schule. Sie hat die Aufgabe, das Zusammenwirken von Schulleitung, Lehrern, Eltern, Schülern [...] zu fördern, bei Meinungsverschiedenheiten zu vermitteln sowie über Angelegenheiten, die für die Schule von wesentlicher Bedeutung sind, zu beraten und [...] zu beschließen.

Zusammensetzung der Schulkonferenz:

Der Schulkonferenz gehören bei Schulen mit mindestens 14 Lehrern folgende Personen an:

1. die Schulleiterin als Vorsitzende;
2. die/der Elternbeiratsvorsitzende als stellvertretende/-r Vorsitzende/-r;
3. der Schülersprecher;
4. zusätzlich jeweils drei Vertreter der Lehrer, der Eltern und der Schüler.

Die Schulkonferenz darf bei allen wichtigen Entscheidungen mitreden wie z.B.: Unterrichtsbeginn, neue Rektoren, Finanzen, Schul- und Hausordnung, Schulausschluss, Schulname oder Schultyp.
Besprechungsinhalte und das Zustandekommen eines Beschlusses der Schulkonferenz dürfen nicht veröffentlicht werden, nur das Endergebnis. Dies nennt man Verschwiegenheitspflicht.

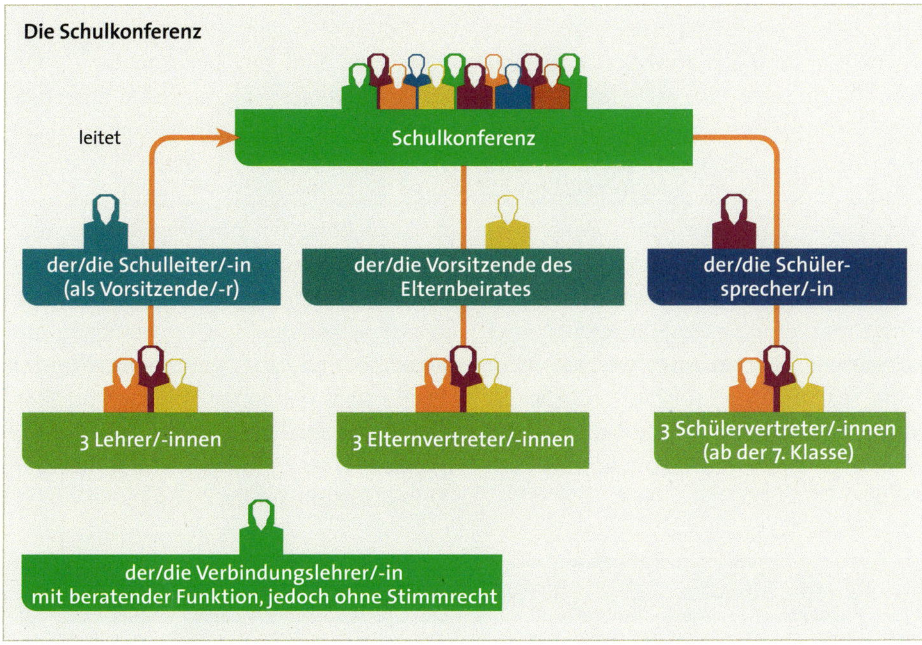

M 3 Zusammensetzung der Schulkonferenz

Die Drittelparität

Seit dem 1. August 2014 besteht in Baden-Württemberg die Drittelparität. Was bedeutet das? Von besonderer Bedeutung in einem Entscheidungsorgan mit mehreren Interessengruppen (hier Lehrer, Schüler und Eltern) ist die Gewichtung der Stimmenanteile – also die Anzahl der Stimmen jeder Interessengruppe. Vor 2014 waren in der Schulkonferenz sechs Lehrer, drei Schüler, drei Eltern und der Schulleiter. Dies bedeutet, die Lehrer hatten gemeinsam mit dem Schulleiter immer die Stimmenmehrheit. Heute hat jede Interessengruppe in der Schulkonferenz ein Drittel der Stimmen, also gleiche Stimmenanteile. Man spricht von einer Drittelparität (Parität [lateinisch] = gleiche Stellung). Man hat somit den Stimmenanteil der Schüler und Eltern sehr stark erhöht.

1 Erläutere Sinn und Zweck der Verschwiegenheitspflicht (**M 2**).
2 Bis zum 1. August 2014 bestand die Schulkonferenz aus sechs Lehrern, drei Schülern und drei Eltern und dem Schulleiter. Beschreibe, wie sich durch die neue Zusammensetzung die Mehrheitsverhältnisse geändert haben.
3 Beschreibt den Weg, wie jeweils die Personen bzw. die Personengruppen in die Schulkonferenz gewählt werden (vgl. **M 1**, S. 20).
4 Überprüft, wie vorgegangen werden muss, wenn Schüler einer Klasse sich wünschen, dass in der Schule ein Getränkeautomat aufgestellt werden soll (vgl. **M 1**, S. 20).
5 Erläutert Gründe, die für und gegen eine „Drittelparität“ sprechen. TIPP *S. 351*

Normalerweise äußert man stets seine eigene Meinung und vertritt seinen eigenen Standpunkt. Dies ist auch wichtig. Aber um andere Positionen nachvollziehen zu können, kann es interessant sein, in eine andere Rolle zu schlüpfen. Man nennt dies ein Rollenspiel, denn hier schlüpft man in eine vorgegebene Rolle in einer vorgegebenen Situation. Dafür erhält man eine Beschreibung auf einer Rollenkarte. Hierbei ist es wichtig, nicht seine eigene Meinung auszudrücken, sondern sich so gut wie möglich in die Person hineinzuversetzen, die man darstellt.

Im Rollenspiel geht es hauptsächlich darum, Einstellungen, Positionen und Gefühle zu verstehen und dabei zu erkennen, wie wichtig zwischenmenschliche Kommunikation ist. Durch das Übernehmen einer fremden Rolle kann man sich auch in Personen hineinversetzen, auch wenn man ihre Meinung nicht teilt. Zum Schluss des Rollenspiels ist es wichtig, bewusst seine Rolle wieder abzulegen und anschließend auf einer distanzierten Ebene über das Rollenspiel zu sprechen. Ein Rollenspiel besteht immer aus folgenden drei Phasen: Vorbereitung – Durchführung – Auswertung.

Frau Hansen beruft die Schulkonferenz ein: Ein Getränkeautomat für die Albert-Einstein-Schule?!

Vorbereitungsphase:

1. Ihr seht auf der nächsten Seite eine Einladung für ein Rollenspiel. Zwölf Personen nehmen an diesem Rollenspiel aktiv teil. Der Rest der Klasse erhält eine Beobachtungsaufgabe.
2. Der Lehrer teilt den zwölf Schülern eine Rolle zu.
3. Lies dir die Einladung und deine Rollenkarte durch. Gruppen, wie die Eltern, Schüler und Lehrer, treffen sich und besprechen gemeinsam ihre Position.
4. Die Rolle des Schulleiters ist eine besondere. Er gibt die Einladung heraus und leitet die Schulkonferenz. Er muss darauf achten, dass alle Regeln eingehalten werden.
5. Bereitet das Rollenspiel mit den Rollenkarten vor, während die anderen Schüler die Sitzordnung planen und die Namensschilder erstellen.

Durchführung:

1. Spielt das Rollenspiel nach den Vorgaben der Tagesordnung. Hierbei soll jeder zu Wort kommen. Am Schluss muss die Schulkonferenz grundsätzlich eine Entscheidung treffen. Eventuell kann die Entscheidung an Bedingungen geknüpft werden.
2. Während die Schüler spielen, beobachten die übrigen Schüler das Spiel und notieren sich stichwortartig ihre Eindrücke.

Auswertungsphase:

1. Die Spieler/-innen bekommen die Gelegenheit, sich über die Aufführung, ihre Rolle und ihre Empfindungen zu äußern. Die Beobachter äußern sich zum Spielverlauf. Die ganze Klasse diskutiert über die einzelnen Wahlentscheidungen und die jeweiligen Begründungen.

Einladung

Die Schulleitung lädt die Mitglieder zur Schulkonferenz am 12. Mai um 18:00 Uhr im Lehrerzimmer ein.

Tagesordnungspunkte:

TOP 0 Begrüßung/Regularien
TOP 1 Beratung über den Vorschlag, einen Getränkeautomaten aufzustellen
TOP 2 Diskussion
TOP 3 Abstimmung

Schulleitung

Deine Aufgaben:
Du leitest die Schulkonferenz. Nach der Begrüßung der Anwesenden klärst du alle über die Regularien einer Schulkonferenz auf: Du erklärst rechtliche Aspekte (Rechte, Verschwiegenheit etc.) und die Zusammensetzung der Schulkonferenz:

- drei Lehrer, drei Schüler, drei Eltern, Schulleiter: Vorsitzender, Elternbeiratsvorsitzender: Stellvertreter, Schülersprecher

Danach werden die Schüler aufgerufen, ihren Wunsch nach einem Getränkeautomaten vorzubringen. Du lässt die einzelnen Parteien zu Wort kommen, formulierst am Ende einen Antrag zur Abstimmung, führst diese durch, gibst das Ergebnis bekannt und beendest die Schulkonferenz.

Deine Meinung:
Du bist dir unschlüssig über das Aufstellen eines Getränkeautomaten. Unter bestimmten Bedingungen könntest du es dir vorstellen.

Schülervertreter und Schülersprecher

Ihr seid für das Aufstellen eines Getränkeautomaten. Ein regionaler Getränkehändler hat ein Angebot für einen Automaten erstellt. Er würde den Automaten bestücken.

- Formuliert Argumente, den Automaten aufstellen zu lassen, und sucht nach entsprechenden Begründungen.
- Versucht in der anschließenden Diskussion die anderen von eurem Vorschlag zu überzeugen.

Elternvertreter und Elternbeiratsvorsitzender

Ihr seid euch nicht sicher, ob ihr für oder gegen das Aufstellen eines Automaten seid. Euch ist vor allem wichtig, was in den Automaten kommt und was die Getränke kosten.

- Formuliert Argumente dafür und dagegen und sucht nach entsprechenden Begründungen.
- Versucht in der anschließenden Diskussion den anderen eure Bedenken zu vermitteln.

Lehrervertretung

Ihr seid gegen das Aufstellen eines Getränkeautomaten. Ihr befürchtet, dass überall Flaschen herumliegen, und außerdem sind viele vorgeschlagene Getränke ungesund.

- Formuliert Argumente, den Automaten nicht aufstellen zu lassen, und sucht nach entsprechenden Begründungen.
- Versucht in der anschließenden Diskussion die anderen von eurem Vorschlag zu überzeugen.

Konflikte erkennen – Konflikte lösen

Nicht alle Schüler haben die gleichen Wünsche und Bedürfnisse. So können schnell Streitigkeiten und Probleme entstehen. Auch wenn zwei verschiedene Meinungen aufeinandertreffen, kann es zu Konflikten kommen. Meist geht es darum, dass eine Seite ihren Willen durchsetzen will oder Recht behalten möchte. Konflikte können aber auch aufgrund von Vorurteilen entstehen.
An vielen Schulen gibt es Hilfen beim Umgang mit Konflikten.

M 1 Ärger beim Getränkeautomaten

In der Schule gibt es nach dem Beschluss der Schulkonferenz einen Getränkeautomaten. Es ist gegen Ende einer großen Pause. Zahlreiche Schülerinnen und Schüler stehen noch Schlange vor dem Getränkeautomaten. Celine hat großen Durst. Kurz bevor sie an der Reihe ist, stürmt ihre Klassenkameradin Caroline von der Seite heran, wirft ein Geldstück in den Automaten und zieht eine Flasche Apfelsaftschorle. Celine ist sauer. Sie schubst Caroline zur Seite und schimpft auf sie ein. Caroline lässt sich das nicht gefallen. Sie stürzt auf Celine los, gibt ihr eine Ohrfeige, und nach kurzer Zeit liegen beide auf dem Boden und raufen sich. Dabei fällt Carolines Flasche um und zerbricht. In diesem Augenblick kommt der Deutschlehrer Herr Herrmann hinzu. Er bemerkt die Schlägerei, kommt herbeigelaufen und trennt die beiden „Streithähne". Er veranlasst, dass beide die Scherben beseitigen. Herr Herrmann merkt aber dann, dass die Angelegenheit für die beiden Mädchen noch lange nicht behoben ist. Er schlägt ihnen vor, zu den Streitschlichtern* zu gehen oder im Klassenrat* das Problem zu klären. Celine und Caroline stimmen zu. In diesem Augenblick kommt die Klassenlehrerin Frau Kary dazu. Sie reagiert stinksauer, da beide Schülerinnen schon wieder zu spät in ihren Unterricht kommen. Sie teilt den beiden Schülerinnen mit, dass sie dafür sorgen wird, dass der Getränkeautomat wieder entfernt wird.

* **Streitschlichter**
Unter Streitschlichtung versteht man ein seit Jahren bekanntes und angewandtes Verfahren zur Konfliktlösung, bei dem unparteiische Dritte helfen, zwischen den Konfliktparteien zu vermitteln. Ziel von Streitschlichtung ist es nicht, Konflikte grundsätzlich zu verhindern, sondern den konstruktiven Umgang mit diesen zu fördern.

* **Klassenrat**
Versammlung aller Schülerinnen und Schüler einer Klasse, die sich mit Themen der Klasse oder einzelner Schüler auseinandersetzt

M 2 Tipps zur Entschärfung von Konflikten

Dem anderen ganz genau zuhören …	… und Beleidigungen vermeiden.
Den anderen …	… aber nicht so, dass der andere sich zwangsläufig bedrängt fühlt.
Man darf auch sagen, …	… in Ruhe ausreden lassen.
Den eigenen Standpunkt nachdrücklich vertreten, …	… und Unwahres behaupten.
Nicht sofort beleidigt sein …	… um Missverständnisse zu vermeiden.
Wirklich an einer Lösung interessiert sein und …	… dass man enttäuscht ist.
Dem Gegenüber nichts unterstellen …	… einen fairen Kompromiss anstreben.

M 3 Politikzyklus*: ein Konflikt in der Schule

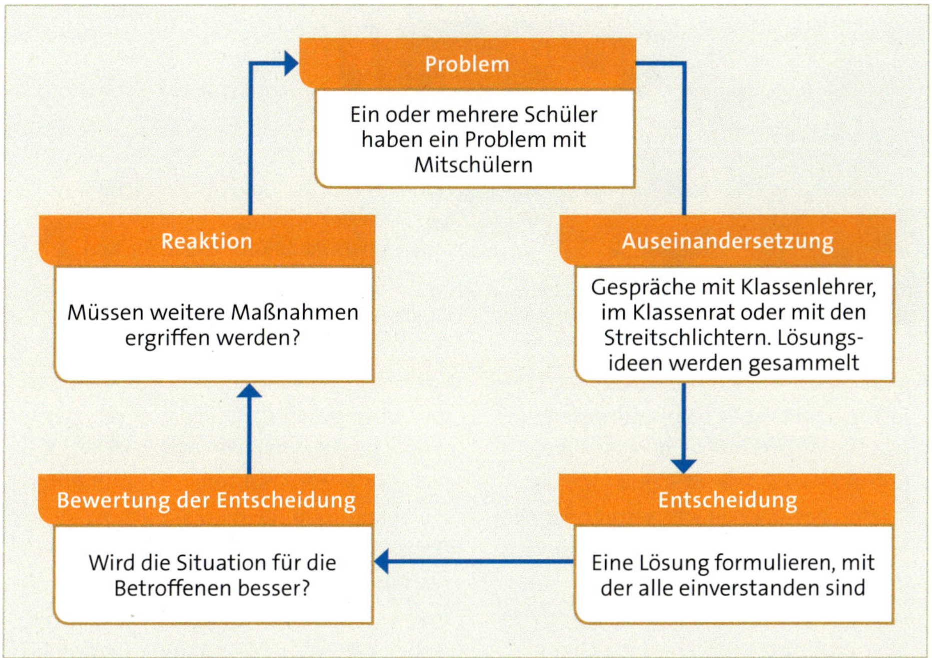

* **Politikzyklus**
Das Modell des Politikzyklus beschreibt die Politik als einen Prozess der Problemlösung. Dieser verläuft oft in ganz bestimmten Phasen.

M 4 Die fünf Phasen eines Streitschlichtergespräches

1. Einleitung:
Die Streitschlichterinnen und Streitschlichter stellen sich vor und informieren über
- den Ablauf des Gespräches,
- ihre Rolle,
- die Gesprächsregeln.

2. Sichtweisen klären:
Jede Konfliktpartei schildert nacheinander ihre Sichtweise des Konflikts.

3. Konfliktklärung:
Die Streitschlichterinnen und Streitschlichter fragen die Streitenden nach der persönlichen Bedeutung des Konflikts.

4. Lösungsideen sammeln:
In einem Brainstorming werden alle Lösungsideen aufgeschrieben.

5. Einigung und Abschluss:
Eine Lösung formulieren, mit der alle einverstanden sind.

1 Analysiere den Konflikt der beiden Schülerinnen vor dem Getränkeautomaten (**M 1**) mithilfe des Politikzyklus (**M 3**).

2 Wie könnte ein Gespräch der beiden Mädchen bei den Streitschlichtern ablaufen? Ordne deine Überlegungen mithilfe der Tipps zur Entschärfung von Konflikten (**M 2**) und den fünf Phasen eines Streitschlichtergespräches (**M 4**).

3 Bewerte die erarbeiteten Lösungsansätze deines Nachbarn.

4 Überlegt euch zwei Konfliktsituationen, bei denen es geeigneter erscheint, den Klassenrat anstelle der Streitschlichter einzuberufen.

5 Entwickelt Lösungsansätze, wie der Getränkeautomat genutzt werden kann, ohne dass dadurch der Unterricht gestört wird oder es zu Konflikten kommt.

6 Erörtert die vorgeschlagenen und selbst entwickelten Lösungsansätze und berücksichtigt hierbei folgende Punkte: Durchführbarkeit, Vorteile für Schüler/Lehrer, Kosten.

1. Handy in der Schule!? – Warum eigentlich nicht!

M1 Recherche für den Unterricht oder chatten mit Freunden?

M 2 Smartphone verboten?

In der Schule ist es eindeutig geregelt: Das Handy im Unterricht ist strikt verboten. Es wird gelernt – und nicht ins Telefon gesprochen, gechattet oder gesurft. Die Realität sieht aber anders aus, denn das Handy ist Jugendlichen zum ständigen Begleiter geworden, auch im Klassenzimmer. Das Friedrich-Gymnasium in Freiburg geht daher neue Wege: Das Smartphone wird Teil des Unterrichts. Wissenschaftler schauen, ob das Projekt funktioniert. Es hat bundesweit Pilotcharakter* – und [...] in Berlin einen „Deutschen Lehrerpreis 2016" für innovativen* Unterricht erhalten. „Es ist der Versuch, den Unterricht auf der Höhe der Zeit und näher an die Lebenswirklichkeit der Schüler zu bringen", sagt Patrick Bronner. Der 38-Jährige ist Physiklehrer an dem humanistischen Gymnasium in Freiburg. Gemeinsam mit Kollegen hat er das Projekt entwickelt mit dem Titel „Smartphones und Tablets im Unterricht?". Der Physikunterricht hat sich seither radikal gewandelt: „Hefte raus" hieß es früher. Heute werden auf Geheiß des Lehrers Smartphones und Tablets gezückt. Mit ihnen versuchen sich Schüler an physikalischen Experimenten. So bestimmen sie etwa auf einem Hometrainer über verschiedene Messverfahren mit dem Smartphone den menschlichen Puls. „Die Schüler erforschen eigenständig, welche Experimente mit dem Smartphone möglich sind", sagt Bronner. Vorteil: Die Schüler seien motiviert, weil sie sich mit dem Smartphone auskennen. Davon profitiere die Schule. „Ich habe die Erfahrung gemacht, die vermutlich alle Lehrer machen." Während des Unterrichts greifen Schüler zum Handy: Ein Facebook-Check unter der Bank, schnell noch eine SMS und in der WhatsApp wird während der Klassenarbeit über die richtige Lösung diskutiert. Auf die Pausen, so wie es sein sollte, blieb das Handy nicht beschränkt. „Wir wollten deshalb schauen, ob das Smartphone auch sinnvoll verwendet werden kann."

Jürgen Ruf, Badische Zeitung, 28.10.2016

* **Pilotcharakter**
Man probiert etwas Neues aus, untersucht den Ablauf mit dem Ergebnis und nutzt dies zum Beispiel für weitere Schulen.

* **Innovation**
eine Neuerung, die es in dieser Form noch nicht gab

1 Erläutert, welche Probleme es geben könnte, wenn das Smartphone in der Schule erlaubt wird.

2 Recherchiert, was in eurer Schulordnung über die Nutzung des Smartphones steht.

3 Erläutert in der Gruppe, bei welchen Unterrichtsinhalten eine sinnvolle Nutzung im Unterricht möglich wäre.

4 Wählt zwischen den folgenden Aufgaben: Gestaltet ...

a eine **Rede** (Adressat: die Schulkonferenz), in der ihr die Erlaubnis fordert, Handys im Unterricht nutzen zu dürfen.

b ein **Plakat**, mit dem ihr die Einführung von Smartphones im Unterricht fordert.

WAHLSEITE

2. Schulpartnerschaften

תיכון חדרה

GYMNASIUM HOHENBADEN seit 1876

הסכם שיתופי לקשרי ידידות ותרבות
ולחילופי משלחות תלמידים

Partnerschaft zum
interkulturellen Schüleraustausch

zwischen

Tichon Hadera, Israel

und

Gymnasium Hohenbaden
Baden-Baden

Dr. Arieh Locker
General Manager
Tichon Hadera

Jürgen Kempf
Direktor
Gymnasium Hohenbaden

Baden-Baden, 1.Oktober 2012

M1 Partnerschaftsurkunde des Gymnasiums Hohenbaden

M2 Die Kooperation soll gelebt werden

Am 1. Oktober 2012 wurde der Partnerschaftsvertrag zwischen Tichon Hadera (Israel) und dem Gymnasium Hohenbaden unterzeichnet. Durch diese Partnerschaft soll das globale Lernen und damit interkulturelle Kompetenzen gefördert werden. Die Schulpartnerschaft ist im jeweiligen schulischen Leben und im Schulumfeld verankert und eine langfristige Zusammenarbeit wird angestrebt.
Die Verbundenheit der beiden Schulen wird durch eine lebendige Ausgestaltung der Partnerschaft ausgedrückt.
Es sind nicht nur zwei Schulen, die miteinander kooperieren. Es sind zwei verschiedene Länder, welche miteinander verbunden sind, und dahinter stehen Menschen, welche sich kennenlernen wollen. Gerade durch die Judenverfolgung in der Zeit des Nationalsozialismus zeigt sich bei dieser Partnerschaft eine hohe Verantwortung, welche durch persönliche Kontakte die Überwindung von Schranken zwischen diesen Ländern fördert.
Die Schulpartnerschaft soll keinen Austausch von nur Geben und Nehmen darstellen, vielmehr soll die Kooperation zwischen beiden Schulen gelebt werden. Dies zeigt sich in den gegenseitigen Besuchen der jeweiligen Schulen.

1 Bis zu einer solchen Partnerschaftsurkunde muss einiges schon geschehen sein. Erläutert, was an Vorarbeit geleistet werden muss.
2 Stellt dar, wie die SMV vermutlich an diesem Projekt beteiligt war.
3 Erläutert, was die beiden Schulen von einer solchen Kooperation haben.
4 Beschreibt, welche Partnerschaften und welche Kooperationen ihr an der Schule habt.

Leitfrage: Wie kann ich in meiner Schule etwas bewegen?

* In einer **Planungsmatrix** stellst du tabellarisch zusammen, welche Materialien du zur Lösung der jeweiligen Aufgaben verwenden möchtest.

Schmierereien an den Wänden, verstopfte Toiletten durch Klopapier, zertretene Mülleimer und verpinkelte Böden – der Zustand der Schulklos sorgt immer wieder für Ärger und Unmut bei Lehrern, Eltern und Schülern. Für die Instandhaltung und Reinigung der Toiletten ist der Schulträger, also die Stadt oder die Gemeinde, zuständig. Doch die finanziellen Mittel reichen oft nicht aus und die Schulträger fordern ihrerseits, dass die Schulen selbst etwas gegen die Zerstörungswut vieler Schüler auf den Toiletten tun müssen, um die Kosten zu senken. Die SMV eines Gymnasiums in Stuttgart hat eine eigene Idee auf den Weg gebracht.

Bei der Bearbeitung der Aufgaben musst du jeweils geeignete Materialien (M1–M3) heranziehen.

Ich kann Informationen gewinnen und aufbereiten.

1 Verschaffe dir einen Überblick über die Materialien und erstelle eine Planungsmatrix* zur Bearbeitung der Aufgaben.

2 Erläutere das Vorgehen der SMV des Fanny-Leicht-Gymnasiums.

Ich kann Probleme und Konflikte analysieren.

3 Erläutert mithilfe einer Redekette, welche Maßnahmen die Schule (Schulleitung, Lehrer, SMV) oder der Schulträger (z. B. die Gemeinde) gegen kaputte und schmutzige Schultoiletten ergreifen könnten.

Ich kann mir ein begründetes Urteil bilden.

4 „Es kann doch wohl nicht Aufgabe der Schüler sein, für die Sanierung der Schultoiletten herangezogen zu werden!“ Erörtere diese Aussage eines aufgebrachten Vaters in der Schulkonferenz.

Ich kann mitreden und aktiv werden.

5 Wie ist die Situation an eurer Schule? Überprüft, welche eurer Vorschläge ihr an eurer Schule für umsetzbar haltet, um die Situation auf eurer Schultoilette zu verbessern. Erstellt eine Liste von weiteren Problemen an eurer Schule, sammelt Verbesserungsvorschläge und übergebt sie eurem Klassen- oder Schülersprecher.

M1 Die durch die SMV renovierte Schultoilette

CHECK UP

M 2 Die nette Toilette

Schultoiletten waren lange ein Stiefkind der Schulverwaltung. Nach und nach arbeitet die Verwaltung nun die dringendsten Sanierungsfälle ab, doch auch Schüler beteiligen sich an der Verschönerung des stillen Örtchens.

Stuttgart – Gesprenkelte Fliesenböden, graue Wände, traurig herabhängende Türklinken und Berge von Papierhandtüchern auf dem Boden – solche Bilder ruft der Gedanke an Schulklos hervor. Am Fanny-Leicht-Gymnasium in Vaihingen soll das jetzt anders werden. „Die Schülermitverwaltung (SMV) hat befunden, dass die Toiletten nicht gerade der sehenswerteste Ort der Schule sind“, sagt Elias Zia (18) von der SMV […]. „Wir wollten, dass die Schüler selbst kreativ werden, in Zusammenarbeit mit Eltern und Lehrern“, sagt die Rektorin. Daraufhin organisierte die SMV einen Wettbewerb ums Schulklo. […] „Alle Klassen konnten Konzepte einschicken, die sieben besten haben wir ausgewählt“, erläutert Luca Frommelt von der SMV. Für diese sieben Klassen haben der Freundeskreis und der Elternbeirat jeweils 100 Euro zur Verfügung gestellt Sie ließen die Wände der Toiletten vorstreichen und warten jetzt gespannt auf das Ergebnis, das am kommenden Donnerstag präsentiert wird.

Ein Blick in die Toiletten zeigt, dass sie zum Kunstraum geworden sind. In einer schwärmen unzählige bunte Schmetterlinge über die Wand, der Willkommensgruß ist in mehreren Sprachen aufgetragen. Lena Fux (15) zeigt, was der neunten Klasse wichtig war: Jede Kabine ansprechend zu machen – mit Fotos, Zeichnungen und Symbolen für unterschiedliche Themen wie Schönheit, Musik oder weite Welt. Eine sechste Klasse spielt im Jungensklo mit den Umrissen all jener Länder, mit denen das „Fanny“ den Schüleraustausch pflegt. Ein Relief, mit Sprühdose in Regenbogenfarben getaucht, zeigt eine Weltkarte.

Während dort harte Kontraste vorherrschen, haben die Fünftklässler das Mädchenklo zu einem hellen Platz für „Luxus-Girls“ gemacht: Glitzersteine, Töpfchen mit Kräuterimitaten und Motive aus der Natur machen das stille Örtchen zum romantischen. Die Achtklässler wiederum gestalteten ihre Toilette zu einem Jet der „fanny-airlines“: Wer auf dem Klo sitzt, ist flankiert von typischen Flugzeugbullaugen, die aus Folie ausgeschnitten und aufgeklebt wurden. […]

Das Thema Schultoiletten beschäftigt die Verwaltung schon seit mehreren Jahren. Übler Gestank, defekte Wasserspülungen, angeschlagene Becken waren in vielen Schulen Grund für Ärger. Im Jahr 2013 sind im Rahmen des Schulsanierungsprogramms der Stadt Stuttgart die Toilettenanlagen an 22 Schulen auf einen neuen Stand gebracht worden zum Preis von 2,684 Millionen Euro, im Doppelhaushalt 2014/15 standen weitere 8,098 Millionen Euro für weitere 40 Schulen in Stuttgart zur Verfügung.

Czimmer-Gauss, Barbara: „Schüler planen die nette Toilette“, in: stuttgarter-nachrichten.de, 10.5.2016 (Zugriff: 20.9.17) unter: http://www.stuttgarter-nachrichten.de/inhalt.schulsanierung-in-stuttgart-schueler-planen-die-nette-toilette.895fd55a-35ee-4ae8-9ca7-cc87180ead35.html

M 3 Sanierung dringend erwünscht

★ **Überschuss**
Wenn eine Stadt oder eine Gemeinde mehr Geld einnimmt (z. B. durch Steuern, Gebühren, …) als ausgibt, erwirtschaftet sie einen Haushaltsüberschuss.

KAPITEL 3

Familie und Gesellschaft

Familie hat viele Gesichter. Welche Rolle spielt sie für dich?

In diesem Kapitel lernst du,

- *welche Formen des Zusammenlebens es gibt und welche vom Staat besonders gefördert werden (Privatheit und Öffentlichkeit),*
- *wie sich geschlechterspezifische Rollen innerhalb der Familie verändert haben und weiter verändern (Interessen und Gemeinwohl),*
- *welche rechtlichen Regelungen es hierzu gibt (Regeln und Recht),*
- *wie sich die Vielfalt der unterschiedlichen Formen des Zusammenlebens auf die Gesellschaft auswirkt (Ordnung und Struktur).*

Formuliere Annahmen zu diesen Themen und überprüfe am Ende des Kapitels, inwieweit sich diese verändert haben.

Menschen leben in Familien zusammen. Der Begriff „Familie" kann aber viele Formen des Zusammenlebens beschreiben. Wer gehört dazu und wer lebt mit wem zusammen? Diese Fragen lassen sich nicht eindeutig beantworten und haben sich in der Vergangenheit auch immer wieder verändert.

M1 Familienfotos

Familie – was ist das eigentlich?

Der Begriff Familie leitet sich aus dem lateinischen Wort „familia" ab und bedeutet „Hausgemeinschaft", also alle Personen, die gemeinsam in einem Haus zusammenleben. Diese Form des Zusammenlebens gewährleistet vor allem der älteren und der jungen Generation Schutz, Versorgung und Unterstützung. Heute leben nicht mehr alle Generationen unter einem Dach und richtige Großfamilien* finden sich nur noch selten. Die Formen sind vielfältiger geworden.

* **Großfamilie**
Familienverband, der mit drei oder mehr Generationen in einem Haushalt lebt

M2 Familie ist

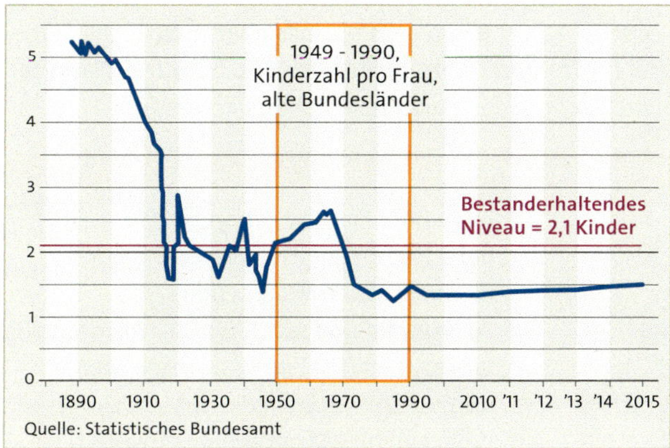

M 3 Geburtenrate in Deutschland

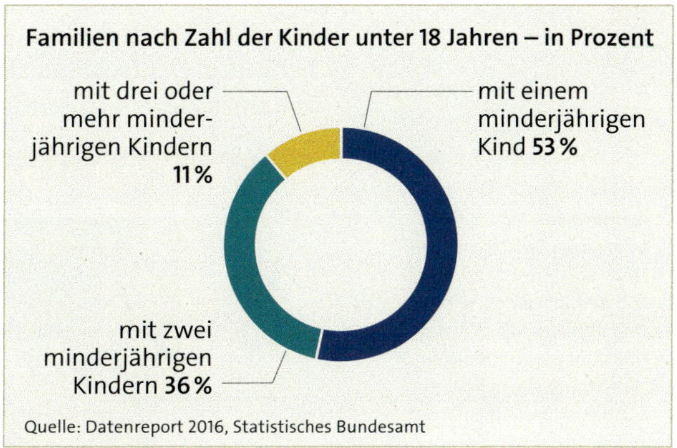

M 4 Anzahl der Kinder pro Familie

M 5 Familie. Die beste Bande der Welt

[...] Dass Familien zusammenhalten, ist keine Regel der Natur. Bei uns Menschen hat sie sich entwickelt, weil es eine Zeit gab, in der sie überlebenswichtig war: Wer nicht selber dafür sorgen konnte, genug zu essen auf dem Tisch und ein Dach über dem Kopf zu haben, war auf seine Familie angewiesen. Kranke, Schwache und alte Menschen mussten sich darauf verlassen können, dass die Verwandten sie durchfüttern. Heute hilft der Staat denjenigen Menschen, die in Not geraten sind: Wer in Deutschland seine Arbeit verliert oder krank ist, bekommt Unterstützung. Und wenn wir irgendwann nicht mehr arbeiten können, bekommen wir eine Rente. Wer das eigentlich bezahlt? Wir alle! Weil wir nämlich Steuern zahlen, also dem Staat etwas von unserem Geld abgeben. Und wie eine Art große Familie unterstützt der Staat dann mit einem Teil des Geldes diejenigen, die sich gerade nicht um sich selbst kümmern können.

Als sich der Staat noch nicht um solche Aufgaben gekümmert hat, waren die Familien viel größer. Damit die Familie über die Runden kam, mussten alle mit anpacken: Die Großeltern lebten oft mit im selben Haus, um ein wenig zu helfen und um später mal versorgt zu werden. Eltern bekamen viel mehr Kinder: Im Jahr 1900 kriegten die Frauen in Deutschland im Durchschnitt mehr als vier, heute ist es gerade mal eins. Ein Viertel aller Kinder habt keine Geschwister.

Aber es hat sich noch viel mehr verändert als nur die Familiengröße. Früher war es ganz klar, dass ein Paar erst heiratet und dann Kinder bekommt. Heute sind wir bei der Reihenfolge nicht mehr so streng. Manche Eltern heiraten gar nicht, oder sie lassen sich wieder scheiden und leben getrennt.

Moritz Baumstieger, ZEIT LEO 6/2013, S. 11–16, http://zfds.zeit.gaertner.de/content/download/421/2986/file/ZFS_ABKinderZEIT_210x297_Dez13_final.pdf (Zugriff: 25.10.2016)

Mehr zum Thema
Film: Demografischer Wandel ... einfach erklärt

Webcode PE646098-035

1 Die Bilder in **M 1** zeigen verschiedene Familien. Beschreibe die Unterschiede und die Gemeinsamkeiten.

2 **a** Erläutert die Definitionen von Familie aus **M 2**.
b Erstelle deine eigene Definition von Familie.

3 Analysiere die **Schaubilder** **M 3** und **M 4**.

4 Erarbeite mithilfe von **M 5** Gründe, warum Großfamilien heute eher die Ausnahme sind.

5 Gestaltet ein Plakat oder eine Collage, die darstellt, wie sich Familien verändert haben. Führt auch mögliche Gründe auf, die zu dieser Veränderung geführt haben.

Familie – das sind doch Vater, Mutter, Kind! Kann sein – muss aber nicht!! Die Wirklichkeit in Deutschland sieht viel bunter aus, denn hinter der Bezeichnung „Familie“ können sich ganz unterschiedliche Formen des Zusammenlebens verbergen.

★ **Kernfamilie**
Bezeichnet das Zusammenleben von Vater, Mutter und den gemeinsamen, leiblichen Kindern, die in einem Haushalt zusammenleben. Diese Lebensform ist die häufigste in Deutschland.

★ **Patchworkfamilie**
Damit wird eine Familie bezeichnet, bei der mindestens ein Elternteil Kinder aus einer früheren Beziehung mit in die neue Familie gebracht hat. Patchwork bedeutet so viel wie „Flickwerk“. Wie bei Patchworkdecken, die aus verschiedenen Teilen zusammengenäht werden, besteht die Patchworkfamilie auch aus verschiedenen Teilen. Jede zehnte Familie in Deutschland ist eine Patchworkfamilie.

M 1 Steckbrief von Emil (13 Jahre): Meine Familie

Zu meiner Familie gehören: Mama, Stiefpapa Bernd, Stiefschwester Thea und meine Halbschwester Finja
So wohnen und leben wir: Als ich drei Jahre alt war, haben sich meine Mama und mein Papa scheiden lassen. Lange habe ich mit Mama alleine gewohnt, doch irgendwann war Bernd immer häufiger bei uns zu Besuch und brachte auch seine Tochter Thea mit. Sie ist etwa genauso alt wie ich, und wir haben viel miteinander gespielt. Vor sieben Jahren sind wir dann alle zusammen in ein Haus gezogen. Vor fünf Jahren haben sie Thea und mir erzählt, dass wir noch ein Geschwisterchen kriegen. Die kleine Finja hält uns ganz schön auf Trab.
Ich finde cool, dass bei uns immer was los ist.
Mich nervt, dass ich nur Schwestern habe, ein Bruder hätte mir besser gefallen. Na ja, dann halten Bernd und ich eben zusammen.

M 2 Steckbrief von Sara (14 Jahre): Meine Familie

Zu meiner Familie gehören: Mama Ruth und Mama Katrin
So wohnen und leben wir: Ich lebe mit meinen Mamas in einem kleinen Haus mit Garten. Sie haben sich ineinander verliebt, als ich noch ganz klein war. Vor ein paar Jahren haben sie geheiratet und leben jetzt in einer sogenannten eingetragenen Lebenspartnerschaft.
Ich finde cool, dass ich mit meinen Mamas viel Spaß habe, wir spielen gerne und lachen viel. Sie sind gute Ratgeber für mich.
Mich nervt, dass ich manchmal von Lehrern und Mitschülern komisch angeschaut werde, wenn ich sage, dass ich zwei Mütter habe. Ich möchte das nicht immer erklären müssen, denn für mich ist meine Familie ganz normal.

M 3 Familie im Wandel

M 4 Steckbrief von Stefanie (10 Jahre): Meine Familie

Zu meiner Familie gehören: Mama Karin mit Roman und Papa Ralf mit Petra

So wohnen und leben wir: Als sich mein Papa und meine Mama vor fünf Jahren getrennt haben, war ich zuerst sehr traurig. Aber ich war auch ein bisschen froh, dass ich nicht mehr das Gestreite der beiden anhören musste. Heute haben beide neue Partner, das war am Anfang komisch für mich, doch mittlerweile finde ich es nicht mehr schlimm. Von Samstag bis Montag lebe ich bei meinem Papa, von Dienstag bis Freitag bei meiner Mama.

Ich finde cool, dass ich alles doppelt habe. Ich habe zwei Zimmer, fahre im Sommer zweimal in den Urlaub und feiere zweimal Weihnachten!

Mich nervt, dass ich manchmal viel Zeit mit Hin- und Herfahren verbringe.

M 5 Steckbrief von Leon (11 Jahre): Meine Familie

Zu meiner Familie gehören: Mama Simone und Papa Gregor, mein Bruder Anton, 9 Jahre, und meine kleine Schwester Tina, 6 Jahre.

So wohnen und leben wir: Ich lebe mit meiner Familie in einer Vierzimmerwohnung. Anton und ich teilen uns ein Zimmer, meine kleine Schwester hat ein eigenes, kleines Zimmer. Wir wohnen mitten in der Stadt.

Ich finde cool, dass wir mitten in der Stadt wohnen und ich viele Dinge schon alleine machen kann. Ich fahre zweimal in der Woche mit dem Rad zum Fußballtraining oder treffe mich mit Freunden in der Stadt. Wir Kinder haben alle denselben Schulweg und halten immer zusammen.

Mich nervt, dass ich kein eigenes Zimmer habe, manchmal möchte ich auch gerne mal die Türe zumachen können und für mich alleine sein. Manchmal streiten wir Geschwister auch, das gehört dazu, meint Mama.

* **Regenbogenfamilie**
Als Regenbogenfamilie bezeichnet man Familien, in denen Kinder mit zwei lesbischen Müttern oder zwei schwulen Vätern leben.

* **Ein-Eltern-Familie**
Jede fünfte Familie in Deutschland ist eine Ein-Eltern-Familie. Sie bezeichnet das Zusammenleben eines einzigen Elternteils mit mindestens einem Kind. Wenn nur ein Elternteil das Sorgerecht hat, nennt man ihn alleinerziehend.

Mehr zum Thema
Text: Ich habe zwei Mütter

Webcode PE646098-037

1 Am Rand findest du verschiedene Formen von Familie. Ordne den Steckbriefen die fettgedruckten Begriffe der Randspalte zu.

2 Analysiere die Karikatur **M 3**.

3 Diskutiere, ob zu einer Familie immer auch Kinder gehören.

4 Anton sagt: „Zu meiner Familie gehören viel mehr, als mit mir in einer Wohnung leben." Erörtere diese Aussage.

+ ZUSATZAUFGABE Recherchiert im Internet über das Zusammenleben von Familien in anderen Völkern und Kulturen. Berichtet in der Klasse.

Schaubilder helfen uns, die Ergebnisse einer Befragung oder Untersuchung anschaulich darzustellen. Um Aussagen und Informationen aus ihnen herauszulesen, gibt es aber ein paar wichtige Regeln zu beachten.Wie geht ihr vor?

Schritt 1: Um was geht's?

- Wie ist die Überschrift des Schaubildes?
- Worum geht es?

Schritt 2: Verschaffe dir einen Überblick und beschreibe.

- Manche Schaubilder verwenden bunte Farben, Hervorhebungen und zusätzliche Bilder. Das kann verwirrend sein. Suche nach der Kernaussage des Diagramms.
- Sind Bezugsgrößen vorhanden, also z.B. welche Personengruppe oder wie viele Personen an der Befragung teilgenommen haben?
- Sind dir alle Begriffe klar? Wenn nicht, schaue im Lexikon oder in Ähnlichem nach.
- Welche Art von Diagramm liegt vor? Die Arten von Diagrammen findest du unten.
- Wer hat das Schaubild verfasst und von wann stammen die Daten?

Schritt 3: Erkläre, was dargestellt ist.

- Versuche, die Zahlen in den Zusammenhang einzuordnen.
- Schau dir besondere Werte an: z.B. den höchsten Wert, den kleinsten Wert, ...
- Sind die Werte in Prozent, in absoluten Zahlen oder anderen Einheiten angegeben?
- Was fällt dir sonst noch auf?

Schritt 4: Bewerte das Schaubild.

- Welches ist für dich die wichtigste Aussage des Schaubilds?
- Welchen Sachverhalt kannst du daraus ableiten?
- Ist das Diagramm alleine aussagekräftig oder benötigst du noch mehr Informationen aus dem Sachtext, der das Schaubild umgibt?
- Woher stammen die Zahlen? Gibt es einen Zusammenhang zwischen dem Auftraggeber einer Studie und den Ergebnissen?

Welche Formen von Diagrammen gibt es?

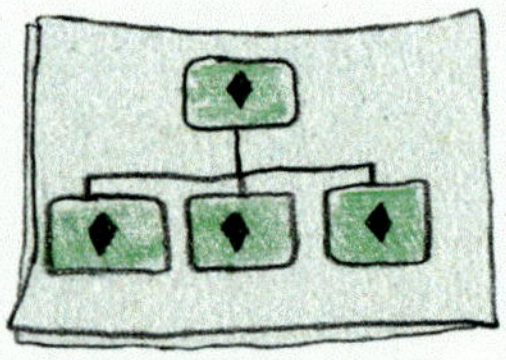

Baumdiagramm
zeigt die Beziehung zwischen den einzelnen Elementen auf

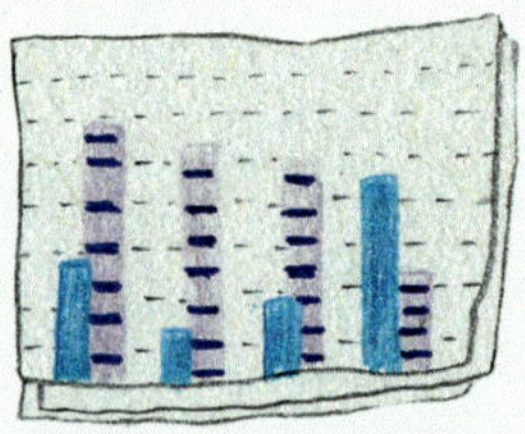

Säulendiagramm, Balkendiagramm
zeigen Veränderung von Daten im zeitlichen Verlauf auf

Zyklusdiagramm
stellt Abläufe von Prozessen dar

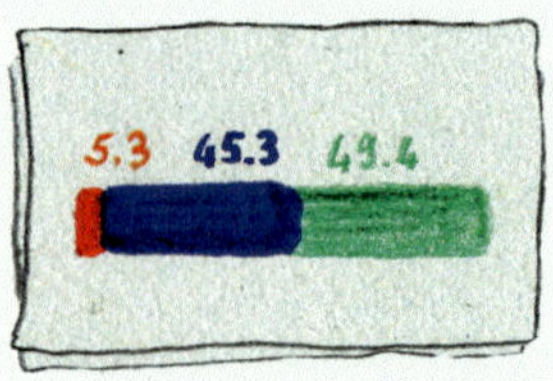

Stabdiagramm
zeigt die Mengenverteilung auf einem geteilten „Stab"

METHODE

Flussdiagramm
veranschaulicht Abläufe, Prozesse und Entwicklungen, mit speziellen Formen, Pfeilen und Symbolen

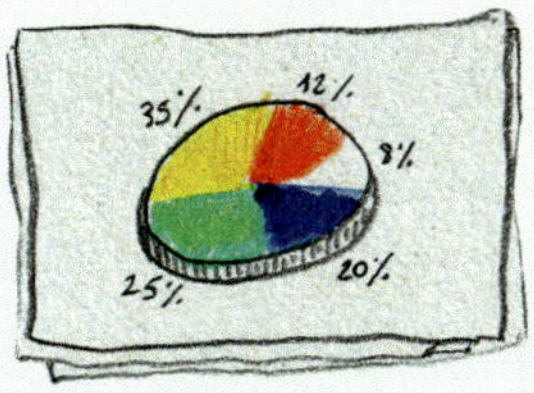

Kreisdiagramm
(auch Tortendiagramm) zeigt prozentuale Anteile von Elementen von einem Ganzen (100 %)

Pyramidendiagramm
zeigt Über- und Unterordnung, Schichtung und die Hierarchie in einem System

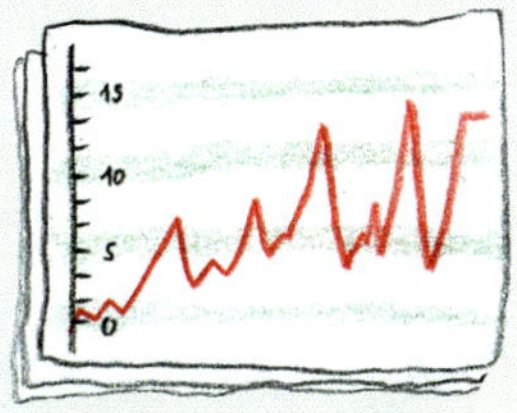

Linien- und Kurvendiagramme
veranschaulichen Entwicklungen über einen längeren Zeitraum

Venn-Diagramm
veranschaulicht Überschneidungen verschiedener Bereiche

Figurendiagramm (Piktogramm)
veranschaulicht Messzahlen durch Symbole

Beispiel / Aufgaben

1 Versuche nach den vier beschriebenen Schritten dieses Schaubild zu untersuchen.

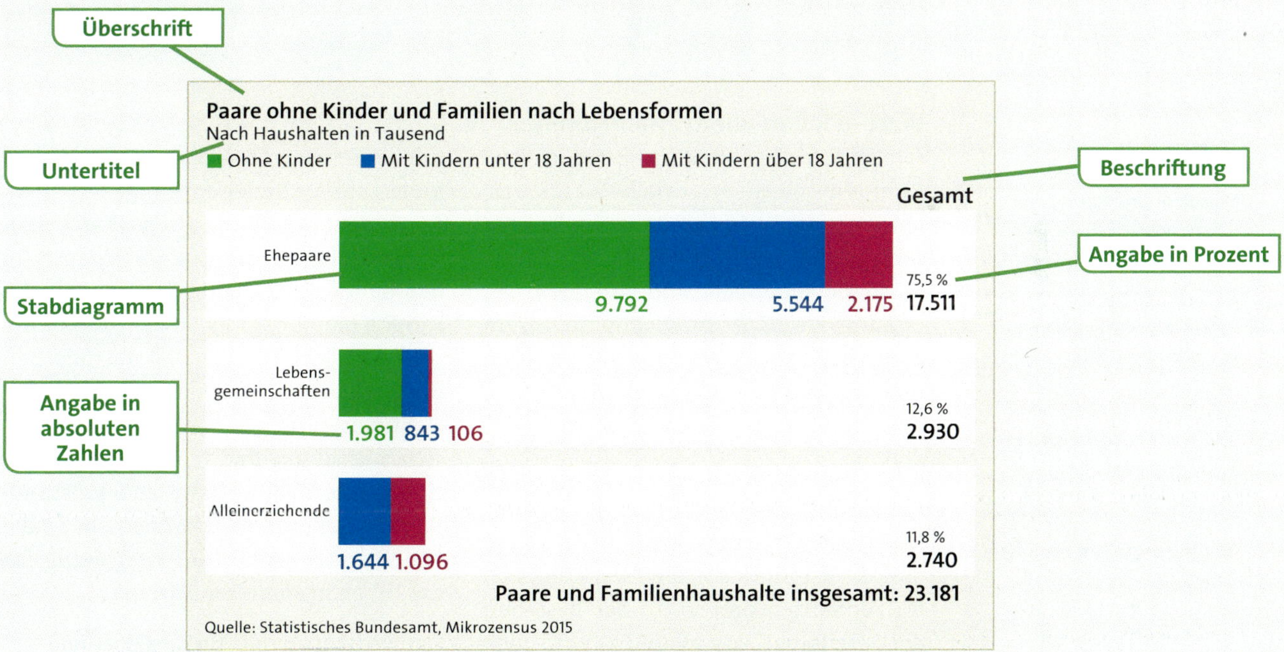

2 Überprüfe, welche dieser Aussagen sich aus dem Schaubild ablesen lassen:
- Das Schaubild zeigt, dass die meisten verheirateten Paare keine Kinder haben.
- Bei ca. 12 % aller Haushalte mit Kindern sind die Eltern nicht verheiratet.
- Die meisten Familien haben zwei Kinder.
- Bei etwa jedem zehnten Haushalt mit Kindern ist der Vater oder die Mutter alleinerziehend.
- Väter sind seltener alleinerziehend als Mütter.

Überall auf der Welt leben Menschen in Familien zusammen, unterschiedliche Formen von Familien haben wir ja bereits kennengelernt. Doch wieso tun sie das? Welche Aufgaben und Funktionen übernimmt die Familie?

M 1 Plakat der Initiative „Gegen Gewalt in der Familie“

M 2 Art. 6 GG

Aus dem Grundgesetz für die Bundesrepublik Deutschland

(1) Ehe und Familie stehen unter dem besonderen Schutze der staatlichen Ordnung.
(2) Pflege und Erziehung der Kinder sind das natürliche Recht der Eltern und die zuvörderst ihnen obliegende Pflicht. Über ihre Betätigung wacht die staatliche Gemeinschaft.
(3) Gegen den Willen der Erziehungsberechtigten dürfen Kinder nur auf Grund eines Gesetzes von der Familie getrennt werden, wenn die Erziehungsberechtigten versagen oder wenn die Kinder aus anderen Gründen zu verwahrlosen drohen.

Warum leben wir in einer Familie?

Familie befriedigt emotionale Bedürfnisse
Jeder Mensch ist ein soziales Wesen und hat emotionale Bedürfnisse. Die Familie soll ein Ort sein, wo Zuneigung, Liebe, Trost, Geborgenheit und Anerkennung erfahren wird. Dies ist wichtig für unsere körperliche und seelische Entwicklung und Gesundheit – ein vertrauter Ort, an dem Gefühle erfahren und gezeigt werden.

Familie dient dem Erhalt einer Gesellschaft
Nüchtern betrachtet kann man sagen, dass die Familie auch den Zweck hat, sich fortzupflanzen und so für das Bestehen der Gesellschaft zu sorgen, dies wird auch Reproduktionsfunktion genannt. Sie hat die Aufgabe, die Kinder großzuziehen, und sichert sich gegenseitig Schutz und Versorgung zu. Im weiteren Sinne ist sie eine Art Wirtschaftsgemeinschaft, die ihren Mitgliedern den Bedarf an den täglichen Dingen, Wohnung, Kleidung und Nahrung deckt.

Familie ist eine Lebensgemeinschaft und fördert soziale Beziehungen
Auch wenn heute die unterschiedlichen Generationen überwiegend getrennt leben, halten sie doch meist engen Kontakt. Familie bietet die Möglichkeit, dass Jung und Alt sich miteinander austauschen und vielleicht auch mal unterschiedliche Sichtweisen haben. Konflikte bleiben da sicher nicht aus und manchmal braucht es gegenseitige Toleranz und Verständnis. Die Generationen können aber auch voneinander lernen, das ist wichtig für das Leben in einer Gesellschaft.

Familie ist zuständig für die Erziehung
Eine wichtige Aufgabe der Familie ist die Erziehung der Kinder. So sollen die Kinder befähigt werden, sich in der Gesellschaft zurechtzufinden, um so ihre Zukunft aktiv gestalten zu können. Dazu gehört die Vermittlung von Bildung und Unterstützung in der Entwicklung ihrer Persönlichkeit und Selbstständigkeit.

M3 Forschungen zum Hospitalismus* um das Jahr 1940

René Spitz (1887–1974), ein österreichischer Wissenschaftler, erforschte das Verhalten von Kleinkindern in Waisenhäusern, die ohne Beziehungsperson aufwuchsen. Die Kinder wurden ausschließlich gesundheitlich versorgt und erhielten Nahrung. Allerdings beschäftigte sich keine der Pflegerinnen mit ihnen. Die Kinder waren zunächst weinerlich und versuchten verzweifelt, sich an die Pflegerinnen zu klammern. Wurde ihnen weiterhin die Zuwendung verweigert, starrten sie nach ein paar Wochen nur noch teilnahmslos vor sich hin. In der Folge entwickelten sich diese Kinder weder geistig noch körperlich weiter, viele wurden krank und starben.

* **Hospitalismus**
negative körperliche und seelische Folgen eines Krankenhaus- oder Heimaufenthaltes

M4 Fünf Follower

M5 „Wie kann man nur so unselbstständig sein"

1 „Familie ..." (**M2**) Nenne mithilfe der ABC-Methode Funktionen und Aufgaben, die Familie für dich hat.

2 Arbeite mithilfe des Autorentextes Gründe heraus, warum wir in Familien leben.

3 **a** Beschreibe mithilfe des Textes **M3**, was den von René Spitz beobachteten Waisenhauskindern fehlte.

b Recherchiert im Internet unter den Stichwörtern „Wolfskinder" oder „Kaspar-Hauser-Syndrom" mögliche Folgen von fehlender emotionaler Zuwendung bei Kindern.

4 Erläutere die Aussage von Karikatur **M4**.

5 Beurteile das Vorgehen der Mutter in der Karikatur **M5**.

6 Nicht alle Familien kommen ihrer Pflicht der Pflege und Erziehung der Kinder nach (**M2**). Erläutere mögliche Gründe hierfür und überlege, wie diesen Familien geholfen werden könnte.

+ ZUSATZAUFGABE Diskutiert die Situation von Familien, die keine eigenen Kinder bekommen können oder wollen. Gelten sie dann auch als Familie?

Erziehung ist kein Kinderspiel!

Wenn Erwachsene versuchen, Kindern und Jugendlichen lebensnotwendige Fähigkeiten, Werte und Kenntnisse zu vermitteln, so spricht man von Erziehung. Doch Erziehen ist gar nicht so einfach und bringt auch Konflikte mit sich.

Erziehung – was ist dir wichtig?

Welche Werte und Fähigkeiten sollen Eltern ihren Kindern vermitteln? Versuche eine Zeitreise und stelle dir vor, du bist irgendwann selber Mama oder Papa. Welche Erziehungsziele und Wertvorstellungen würdest du bei deinem eigenen Kind anstreben, was wäre dir wichtig?

Erziehung – aber wie?

Das Zusammenleben in der Familie ist nicht immer harmonisch, der Alltag bietet viele Anlässe für Streitigkeiten und Konflikte. Doch was tun Eltern, wenn die Kinder sich schreiend auf den Boden werfen, die Spaghetti vor Wut auf den Boden schmeißen oder sich weigern, ihr Zimmer aufzuräumen?

M1 Recht auf gewaltfreie Erziehung

Seit dem 2. November 2000 ist das Recht auf gewaltfreie Erziehung im Bürgerlichen Gesetzbuch (BGB) verankert:

§ 1631 Inhalt und Grenzen der Personensorge
(1) Die Personensorge umfasst insbesondere die Pflicht und das Recht, das Kind zu pflegen, zu erziehen, zu beaufsichtigen und seinen Aufenthalt zu bestimmen.
(2) Kinder haben ein Recht auf gewaltfreie Erziehung. Körperliche Bestrafungen, seelische Verletzungen und andere entwürdigende Maßnahmen sind unzulässig.

M2 Erziehungsziele

Was ist für dich in der Erziehung das Wichtigste?	Das finde ich sehr wichtig!	Das finde ich wichtig!	Das finde ich nicht so wichtig!
Toleranz			
Kritikfähigkeit			
Selbstständigkeit			
Durchsetzungsvermögen			
Ehrlichkeit			
Ordentlichkeit			
Interesse an Kunst und Musik			
Höflichkeit			
Kreativität			
Sinn für Humor			
...			

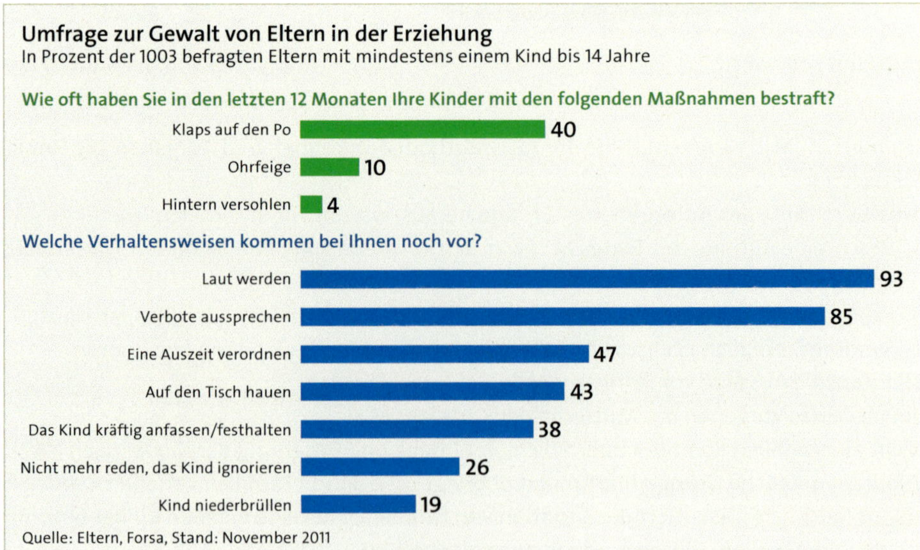

M3 Erziehungsmaßnahmen

M4 Dürfen Eltern ihre Kinder „ein bisschen" schlagen?

Es ist Aufgabe der Eltern, dem Nachwuchs Werte und Manieren beizubringen und sie vor Gefahren zu schützen. Das bedeutet aber nicht, das Kind zu demütigen oder zu schlagen, denn Kinder haben ein Recht auf gewaltfreie Erziehung [...]. Während es früher als selbstverständlich angesehen wurde, sein Kind notfalls mit Prügel zu erziehen, hat der Gesetzgeber das sogenannte Züchtigungsrecht mittlerweile verboten. [...] Die Vorschrift verbietet Eltern aber nicht generell, ihre Sprösslinge bei Fehlverhalten zu bestrafen – schließlich muss ein Kind merken, dass es einen Fehler gemacht hat, um sich weiterentwickeln zu können.

Nach: Ass. Sandra Voigt: Ohrfeige, Klaps: Dürfen Eltern ihre Kinder „ein bisschen" schlagen? – www.ksta.de/846280 (Zugriff: 26.10.2016)

M5 Karikatur

„Ist dort amnesty international? Man mutet mir hier allen Ernstes die Entleerung des Mülleimers zu!" Karikatur: Horst Haitzinger

M6 Martinas Handy

Martina muss abends um 22 Uhr immer ihr Handy ihren Eltern abgeben. Ihre Eltern wollen damit verhindern, dass sie die ganze Nacht damit spielt. Sie findet das ungerecht, weil viele ihrer Freundinnen ihr Handy unbegrenzt nutzen dürfen. Deshalb gab es öfter Streit. Die Eltern wollen jedoch nicht nachgeben. Es ist ihnen wichtig, dass Martina genügend Schlaf bekommt und so in der Schule gut aufpassen kann. Einmal sind ihre Eltern abends nicht da und vergessen die Abgabe des Handys. Am Morgen verschläft Martina und ihr Vater stellt fest, dass sie bis um 1.49 Uhr online war ...

M7 Wie reagieren die Eltern?

- Ignorieren
- Erklären
- Schimpfen
- Bestrafungen
- Befehlen, Drohen
- Liebesentzug
- Brüllen
- Schlagen
- Vorbild sein
- Handy wegnehmen
- Eigene Idee
- Verbote
- Hausarrest verordnen

M8 §1619 BGB Dienstleistungen in Haus und Geschäft

Das Kind ist, solange es dem elterlichen Hausstand angehört und von den Eltern erzogen oder unterhalten wird, verpflichtet, in einer seinen Kräften und seiner Lebensstellung entsprechenden Weise den Eltern in ihrem Hauswesen und Geschäft Dienste zu leisten.

1. Ergänze die Liste der möglichen Erziehungsziele **M2** durch eigene Vorschläge.
2. Führt eine Umfrage innerhalb eurer Klasse durch und wertet die Ergebnisse aus.
3. Vergleicht die in **M3** aufgeführten Erziehungsmaßnahmen mit dem Recht auf gewaltfreie Erziehung **M1**.
4. Erörtert, ob Gewalt gegen Kinder in Familien per Gesetz verhindert werden kann.
5. Beurteile den Gesetzestext **M8** und die Karikatur **M5**.
6. Spielt die Situation **M6** in Gruppen zu drei oder vier Schülern als Rollenspiel in verschiedenen Varianten. Anregungen findet ihr in **M7**.

Es gibt ganz unterschiedliche Modelle, wie Eltern versuchen, ihr Leben mit Kindern zu organisieren. Die klassische Rollenverteilung: Der Vater geht arbeiten, die Mutter kümmert sich um die Kinder. Doch manche Familien wagen einen Rollentausch: Sie geht arbeiten und er bleibt daheim!

Ein typisch weibliche Biografie?

Die meisten Mädchen spielen am liebsten mit Puppen und tragen gerne rosa. Später erlernen sie den Beruf der Arzthelferin oder Friseurin, bis sie irgendwann heiraten und Kinder bekommen. Ab dann sind sie Hausfrau und Mutter, sind ganz zu Hause oder arbeiten ein bisschen in Teilzeit*. Sie verzichten auf Karriere und haben nur wenig Einkommen, deshalb später auch wenig Rente und leben schließlich in Altersarmut. So weit das Klischee.

M1 Multitaskingfähig*

Vereinbarkeit Familie und Beruf

Diese Aussicht ist für viele Frauen nicht sehr vielversprechend und es gibt andere Wege. Staat und manche Arbeitgeber helfen dabei, Familie und Beruf besser miteinander zu vereinbaren. Teilzeitarbeit, Elternzeit, familienfreundliche Arbeitszeiten, staatliche und betriebliche Kinderbetreuung unterstützen Familien, ihre Berufstätigkeit und die Betreuung der Kinder zu organisieren. Die Angebote werden von Vätern noch eher selten genutzt.

* **Klischee**
Lässt sich vielleicht am besten mit dem Wort „Schubladendenken" übersetzen. Es bezeichnet eine Meinung, die nicht unbedingt mit der Wirklichkeit übereinstimmt. Die Klischees entstehen aus Vorurteilen, die viele Menschen über eine bestimmte Personengruppe haben.

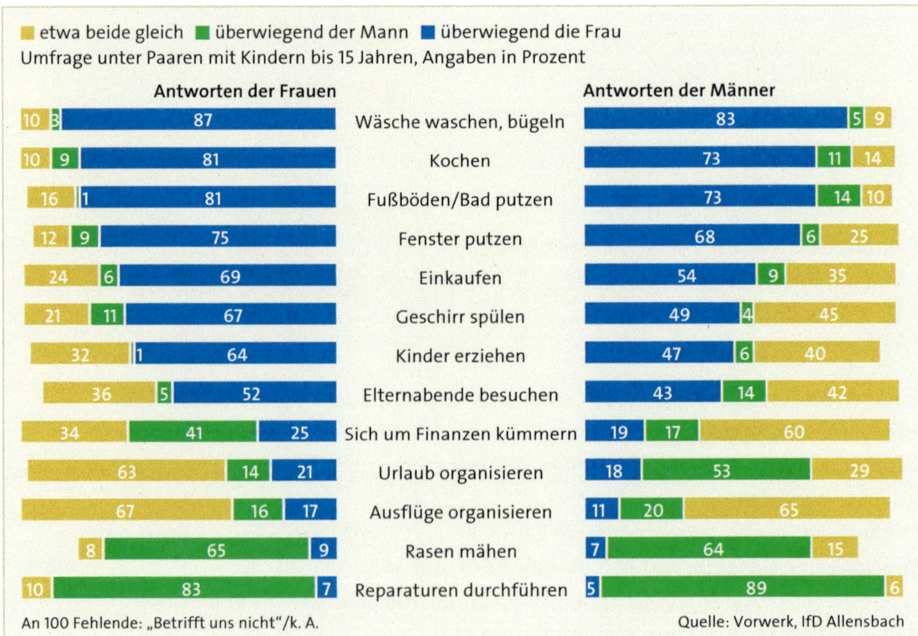

M2 Wer macht die Hausarbeit?

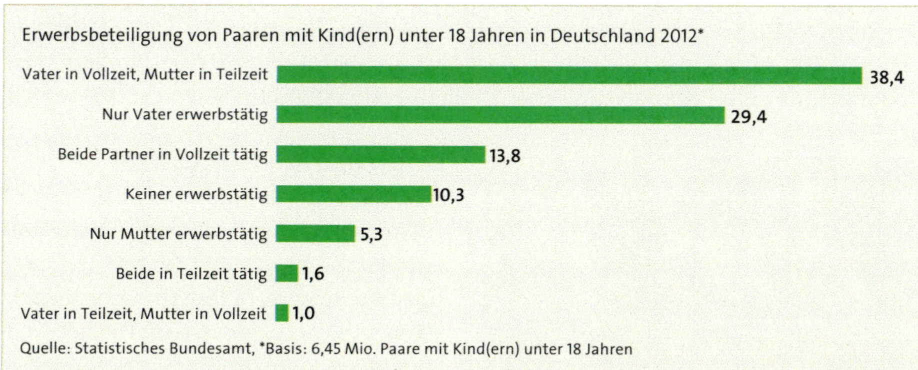

M 3 Wer geht arbeiten?

M 4 Ein Vater in Elternzeit – keine Sekunde wird es langweilig

Wer plant eigentlich die Herren-Toiletten in Hotels und an Autobahnen? Väter sind es sicher nicht. Denn sonst wäre irgendjemand aufgefallen, dass es nicht so einfach ist, einem Kleinkind die Windel über dem Waschbecken zu wechseln – reinigen und anziehen inklusive. Wo immer ich als Mann während meiner sechs Monate Elternzeit in einer Herren-Toilette einen Wickeltisch gesucht habe: Ich bin enttäuscht worden.

[...] Tatort Supermarkt. Carla, so heißt das bezaubernde Wesen, das ich ein halbes Jahr Vollzeit gefüttert, gewickelt und geherzt habe, hatte ausnahmsweise einen nicht so sonnigen Tag. Hunger, Bauchweh, Windel voll, Eltern weg, schlecht geschlafen – viel mehr Gründe gibt es für ein Kind von acht Monaten eigentlich nicht, um schlecht drauf zu sein. Sie wand sich auf meinem Arm, während ich versuchte, sie mit einer Hand zu beruhigen und mit der anderen einen Plastikbeutel mit Obst zu verknoten. Carla schrie, Carla tobte. Und dann dieser Blick der älteren Dame im Rock. Er drückte Mitleid aus, nicht Tadel. Hätte ihr Blick sprechen können, hätte er gesagt: „Der arme Mann. Hat seine Frau ihn mit dem Kind ganz alleine gelassen. Der weiß doch gar nicht, was er machen soll."

Tobias Rösmann, http://www.faz.net/aktuell/rhein-main/frankfurt/ein-vater-in-elternzeit-keine-sekunde-wird-es-langweilig-11023733.html (Zugriff: 26.10.2016)

M 5 Traumjob. Nimm dir die Vaterzeit. Aus der Plakatausstellung „Neue Väter"

* **Teilzeitarbeit**
Die regelmäßige Wochenarbeitszeit wird herabgesetzt. Man arbeitet weniger, bekommt auch nur anteilig den Lohn.

* **multitaskingfähig**
bedeutet, mehrere Dinge gleichzeitig zu tun oder mehrere Aufgaben gleichzeitig zu bewältigen

1 Männer wie auf Plakat **M 1** sind heute immer noch eher die Ausnahme. Beschreibt die Verteilung der Aufgaben in eurer Familie.

2 Arbeite mithilfe von **M 2** heraus, welche Aufgaben im Haushalt hauptsächlich von Frauen und welche von Männern übernommen werden.

3 Analysiere mithilfe von **M 3**, wie das Angebot der Teilzeitarbeit genutzt wird.

4 Erläutere mithilfe von **M 4** und **M 5**, mit welchen Problemen und Vorurteilen Väter in Elternzeit zu kämpfen haben.

5 „Frauen sollten nach Beendigung des Mutterschutzes möglichst schnell wieder in den Beruf zurückkehren!" Führt eine Pro-und-Kontra-Diskussion durch.

* **Grundgesetz Art. 3 (2)**
Männer und Frauen sind gleichberechtigt. Der Staat fördert die tatsächliche Durchsetzung der Gleichberechtigung von Frauen und Männern und wirkt auf die Beseitigung bestehender Nachteile hin.

„Frauen und Männer sind gleichberechtigt", so heißt es in Artikel 3 unseres Grundgesetztes. Doch wird diese Forderung tatsächlich in allen Lebensbereichen umgesetzt und was kann getan werden, um Benachteiligungen zu überwinden?

M1 Frauen in Männerberufen

Beruf- und Studienauswahl

Im Bereich der Berufs- und Studienwahl prägt nach wie vor das traditionelle Rollenverständnis das Bild. Ob bewusst oder unbewusst wird Männern mehr technisches und naturwissenschaftliches Verständnis zugeschrieben, wohingegen Frauen eher Stärken in sozialen und kommunikativen Bereichen zugeschrieben werden.

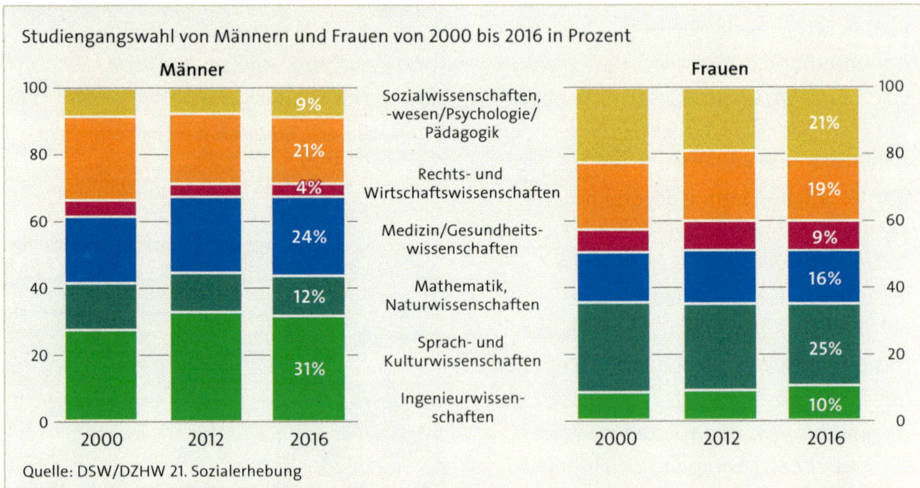

M2 Beliebte Studienfächer bei Frauen und Männern

M3 Berufschancen von Frauen

[...] Laut Zahlen des Statistischen Bundesamtes studieren Frauen immer noch bevorzugt Sprachen, Kunst und Literatur. Männer studieren Ingenieurfächer, Informatik und Physik. Auf einen Sprach- und Kulturwissenschaftler kommen in Deutschland drei Frauen mit demselben Abschluss. Auf eine Ingenieurin kommen fünf Ingenieure. Frauen haben damit leider eine Vorliebe für Berufe, die schlechter bezahlt werden: Ein Durchschnittsgermanist verdient nach zehn Jahren im Beruf 51 300 Euro, ein Informatiker dagegen 70 800 Euro – unabhängig vom Geschlecht.

Bender, Justus: Zeit für die Wahrheit. Berufschancen von Frauen. http://www.zeit.de/2010/36/C-Mythen (Zugriff: 27.6.2017), gekürzte Fassung

Typisch Frau – typisch Mann

Rund 22 % verdienen Frauen in Deutschland weniger als Männer. Die Gründe liegen aber nicht nur allein darin, dass Frauen sich schlechter bezahlte Berufe aussuchen. Spätestens wenn Kinder hinzukommen, sind es häufig die Frauen, die ihre Karrierechancen für die Familie und die Betreuung der Kinder zurückstellen. Frauen in Führungspositionen sind nach wie vor unterrepräsentiert und immer noch wünschen sich viele Frauen eine bessere Vereinbarkeit von Familie und Beruf.

„Boys'Day" und „Girls'Day" – ein möglicher Ansatz?

Doch was wird getan, um die geschlechterspezifische Auswahl der Berufe positiv zu beeinflussen? Eine bundesweit bekannte Kampagne ist der sogenannte „Girls'Day" bzw. der „Boys'Day". Mädchen schnuppern in typische Männerberufe und Jungs in typische Frauenberufe.

M4 Zu viel des Guten. Mädchen und die Technikberufe

Es ist nicht so, dass in Deutschland nichts getan würde, um Mädchen zu begeistern: für Mathe, Informatik, Naturwissenschaft, Technik. Jenen Bereich, der mit dem Kürzel MINT zusammengefasst wird und den noch immer Männer dominieren. [...]
Am Donnerstag war wieder Girls'Day, es gibt ihn bundesweit seit 2001. Mehr als hunderttausend Mädchen haben 9000 Unternehmen besucht, sie durften Metall sägen und schweißen, Gabelstapler fahren oder Computer programmieren. [...]
Doch am Ende wird auch dieser Girls'Day wohl wenig bringen, die Zahlen legen nahe: Nur 14,6 Prozent aller Berufstätigen im MINT-Bereich sind weiblich. Deutschland gehört zu den Ländern mit dem größten Geschlechtergefälle, wenn es um die Einstellung von Mädchen und Jungen zur Mathematik geht, bemerkt ein aktueller OECD-Bericht. Nur zwei Prozent der Mädchen können sich überhaupt vorstellen, einen technischen Beruf zu erlernen. Was läuft falsch in dieser Kampagne, bei der so viele mitmachen und die dennoch kaum Erfolge erzielt?
Im Werkraum der Schloss-Realschule für Mädchen in Stuttgart sitzen an einem Dienstagnachmittag acht Schülerinnen, alle um die zehn Jahre alt, sie biegen aus Draht das Profil der Comicfigur Selma aus den „Simpsons" nach und löten die Drahtenden zusammen [...].
Es gibt erste Erfolge: Mädchen wollen ernsthaft Elektrotechnikerin werden [...]. Oft hat Martina Barnert aber schon erlebt, dass Eltern ihren Töchtern die Berufsträume wieder ausreden. Dass sich die alten Klischees wieder durchsetzen, Jungen werden Maschinenbauer, Mädchen Zahnarzthelferin. Es fehle an Vorbildern in der Familie, sagt Barnert, „wenn es einen Ingenieur gibt, dann ist es halt meist der Papa".

Quelle: Koobbe, Martin, http://www.spiegel.de/lebenundlernen/schule/girls-day-in-der-kritik-erfolge-sind-nicht-in-sicht-a-1030271.html (Zugriff: 27.6.2017)

M6 Logos der Kampagnen Boys'Day und Girls'Day. Die bundesweiten Projekte werden vom Bundesministerium für Familie, Senioren, Frauen und Jugend sowie vom Bundesministerium für Bildung und Forschung finanziert.

Neuabschlüsse von Frauen in den am stärksten besetzten gewerblich-technischen Ausbildungsberufen 2004–2014

	2004			2014		
	Neuabschlüsse Frauen	Anteil Frauen	Zuwachs an Frauen 2004–2014	Neuabschlüsse insgesamt	Neuabschlüsse Frauen	Anteil Frauen
KFZ-Mechatroniker/-in	507	2,2%	57%	19.773	795	4,0%
Industriemechaniker/-in	552	3,8%	48%	13.251	819	6,2%
Elektroniker/-in	96	0,9%	138%	11.568	228	2,0%
Anlagenmechaniker/-in SHK	90	0,8%	57%	10.878	141	1,3%
Fachinformatiker/-in	555	7,3%	42%	10.713	786	7,3%

Quelle: Bundesinstitut für Berufsbildung

M5 Veränderung beim Frauenanteil in technischen Berufen

1. Nenne Unterschiede bei der Berufs- und Studienwahl von Frauen und Männern.
2. Erkläre mögliche Gründe für den Verdienstunterschied zwischen Frauen und Männern.
3. Erläutere, wie bestehende Benachteiligungen verringert werden können.
4. Analysiere die Grafik **M5**.
5. Erörtere, ob ein „Girls'Day" oder ein „Boys'Day" eine Möglichkeit sind, um Vorbehalte gegen typische Berufe des anderen Geschlechts zu überwinden. Führt eine Debatte im Stil eines Talkmagazins durch.

Wie hilft der Staat?

Handy, neue Schuhe, Sportverein – deine Eltern unterstützen dich finanziell in vielen Bereichen. Auch die Politik unternimmt einiges, um deine Eltern und indirekt auch dich auf verschiedene Weise zu unterstützen. Welche staatlichen Leistungen erhält eigentlich deine Familie und wieso macht der Staat das?

M1 Maßnahmen des Staates zur Familienförderung

A ______________

Wer sich entscheidet, nach der Geburt des Kindes voll oder teilweise zu Hause zu bleiben, um sich um das Kind zu kümmern, hat Anspruch auf einen finanziellen Ausgleich vom Staat. Je nach vorherigem Einkommen schwankt die Höhe zwischen monatlich ca. 300–1800 € und wird 12–14 Monate gewährt.

B ______________

Ab dem vollendeten ersten Lebensjahr hat jedes Kind einen Rechtsanspruch auf einen Betreuungsplatz in einer Kindertageseinrichtung oder in einer Kindertagespflege in der Umgebung. Damit soll es Eltern erleichtert werden, arbeiten zu gehen und ihre Kinder gut betreut zu wissen.

C ______________

Diesen monatlichen Betrag erhalten Eltern für jedes ihrer Kinder steuerfrei und unabhängig vom Einkommen. Er beträgt monatlich jeweils 192 € für das erste und zweite Kind (2017) und wird von Geburt an bis zur Vollendung einer Berufsausbildung des Kindes bzw. längstens bis zur Vollendung des 25. Lebensjahres bezahlt.

D ______________

Eltern können sich bis zu drei Jahre von der Arbeit ganz oder teilweise freistellen lassen, um sich um das Kind zu kümmern. In dieser Zeit darf man nicht gekündigt werden, man erhält in dieser Zeit allerdings auch keinen Lohn.

(1) Elterngeld, (2) Elternzeit, (3) Kindergeld, (4) Anspruch auf einen Betreuungsplatz

M2 Eltern

M3 Warum macht der Staat Familienpolitik?

Auszug aus Art. 6 GG

(1) Ehe und Familie stehen unter dem besonderen Schutze der staatlichen Ordnung.

(2) Pflege und Erziehung der Kinder sind das natürliche Recht der Eltern und die zuvörderst ihnen obliegende Pflicht. Über ihre Betätigung wacht die staatliche Gemeinschaft.

(3) Gegen den Willen der Erziehungsberechtigten dürfen Kinder nur auf Grund eines Gesetzes von der Familie getrennt werden, wenn die Erziehungsberechtigten versagen oder wenn die Kinder aus anderen Gründen zu verwahrlosen drohen.

(4) Jede Mutter hat Anspruch auf den Schutz und die Fürsorge der Gemeinschaft.

In unserem Grundgesetz steht, dass Ehe und Familie unter besonderem Schutz des Staates stehen. Der Staat verpflichtet sich, Familien auf vielfältige Weise zu fördern und zu unterstützen. Doch welches Interesse hat der Staat daran, dass es den Kindern und Familien gut geht?
Kinder sind wichtig für den Fortbestand unserer Gesellschaft. Die Kinder von heute finanzieren, wenn sie in ein paar Jahren arbeiten, mit ihren Abgaben und Steuern die ältere Generation. Da Deutschland mit durchschnittlich nur 1,4 Kindern pro Frau eine sehr niedrige Geburtenrate hat, ist die Politik stark daran interessiert, Rahmenbedingungen zu schaffen, damit mehr Kinder geboren werden. Nun gibt es in Deutschland unterschiedliche Formen von Familien, mit ganz unterschiedlichen Lebensbedingungen und Problemen. Deswegen gibt es auch eine Menge von Verordnungen und Gesetzen, die Familien in der jeweiligen Situation unterstützen sollen. Insgesamt sind es 157 ehe- und familienbezogene Maßnahmen und Leistungen, für die der Staat jährlich ca. 200 Milliarden Euro ausgibt. Die Familien werden über direkte Zuschüsse oder indirekte steuerliche Erleichterungen gefördert.

Mehr zum Thema
Film: Frauenquote ... einfach erklärt

Webcode PE646098-049

M4 Beitrag der Familien

Es ist Aufgabe der Eltern, dem Nachwuchs Werte und Manieren beizubringen und ihn vor Gefahren zu schützen. Der Staat hat ein ureigenes Interesse daran, Familien zu unterstützen. Familien leisten mit der Kindererziehung nicht nur einen Beitrag für das Funktionieren des staatlichen Gefüges, der kaum zu überschätzen ist, sie spielen darüber hinaus für viele Politikfelder schon deshalb eine große Rolle, weil es in Deutschland über acht Millionen Familien mit minderjährigen Kindern im Haushalt gibt.

Sarah Lotz, Kühlen Kopf bewahren, S. 17, http://www.fluter.de/sites/default/files/kuehlen_kopf_bewahren.pdf (Zugriff: 26.10.2016)

M5 „Wohin geht's?“

1 a Ordne den Textkarten in M1 die passende Überschrift zu.
b Nennt weitere Maßnahmen und Leistungen, die Familien vom Staat bekommen können.

2 Beschreibt die unterschiedlichen Bedürfnisse und Wünsche von Familien nach staatlicher Unterstützung und wie die Politik versucht, diese umzusetzen. (M2)

3 Begründe mithilfe des Textes und M3 das staatliche Interesse an der Förderung von Familien.

4 „Familienpolitik ist eine Investition in die Zukunft.“ Erläutere diese Aussage.

5 Erläutere mithilfe der Karikatur M5, vor welchen Schwierigkeiten berufstätige Mütter stehen und welche staatlichen Hilfsangebote ihnen helfen können.

Viele Kinder in Deutschland gelten als arm und können aus finanziellen Gründen nicht an bestimmten gesellschaftlichen oder schulischen Angeboten teilnehmen. Wer kann diesen Kindern helfen?

M1 Plakataktion gegen Kinderarmut vom Sozialverband VdK

Auf zur Klassenfahrt!

Die Klasse 8c freut sich. Die Klassenlehrerin Frau Ansbach verkündet endlich das Ziel für die Klassenfahrt: 1 Woche Südtirol. Wohnen auf einer Hütte in den Bergen, tolle Ausflüge und spannende Wandertouren, sogar eine Kanutour ist geplant, 350,- € sollen schnellstmöglich überwiesen werden. Jubel und Begeisterung brechen in der Klasse aus, alle reden aufgeregt durcheinander und planen schon die Einteilung der Zimmer. „Theo kommt mit in unser Zimmer", bestimmt Lukas. „Ich weiß nicht", erwidert Theo, „ich glaube, ich will gar nicht mit. Mir macht das alles keinen Spaß." „Bist du doof?", schreit Lukas ihn an, „alle freuen sich und du machst mal wieder schlechte Stimmung!"
Am Abend vertraut Theo sich seinem Freund Lukas an und schickt ihm folgende Sprachnachricht.

„Hallo Lukas, also nochmal wegen heute morgen. Ja, du hast ja irgendwie Recht – ich freue mich wirklich nicht auf die Klassenfahrt, ich will dir kurz erklären warum. Es ist bei uns leider im Moment ein bisschen eng mit dem Geld, meine Mutter meinte, dass gerade nichts Unvorhergesehenes kommen darf, weil sie nicht weiß, wie sie das bezahlen soll. Sicher würde sie mir das Geld für die Fahrt irgendwie auftreiben, aber ich will sie damit nicht stressen. Sie arbeitet eh schon so viel. Wenn ich nicht mitgehe, kommt sie nicht in finanzielle Schwierigkeiten. Wanderschuhe hab ich auch keine und die müsste sie ja auch bezahlen, dann noch das Taschengeld. Ganz ehrlich, ich verstehe, dass du dich freust, würde ich an deiner Stelle auch. Aber bei uns geht das eben gerade nicht. Bitte versprich mir, dass du es niemanden erzählst, sonst bin ich ja voll blamiert. Ich hoffe jetzt, dass du mich nun ein bisschen besser verstehen kannst. Gute Nacht und bis morgen!"

Kinderarmut in Deutschland

In Deutschland gelten 19 % aller Kinder und Jugendlichen als arm oder armutsbedroht. Vergleicht man deren Situation mit denen von Kindern in Entwicklungsländern, ist diese Armut natürlich relativ*. Die Situation der Kinder in Deutschland ist sicherlich nicht so existenz- oder lebensbedrohend. Kinderarmut in Deutschland hat ein anderes Erscheinungsbild, sie ist unauffälliger, schleichender.

Erscheinungsbilder der Armut

Wenn es Familien an Geld fehlt, entscheiden sie sich oft dazu, auch an den Aktivitäten der Kinder zu sparen: beim Gitarrenunterricht, dem Fußballverein, dem Kino- oder Theaterbesuch. Das Recht auf Bildung wird auf kostenlose Angebote reduziert, und das sind nicht viele. Auch fehlt das Geld für geeignete, wetterangepasste Kleidung. Nachhilfeunterricht, gute Schulmaterialien, die Kosten für Schulausflüge und Klassenfahrten sind manchmal einfach nicht drin. Diese Kinder sind im Vergleich zu den anderen Kindern aufgrund ihrer finanziellen Situation aus dem gesellschaftlichen Leben ausgeschlossen und haben nicht die gleichen Chancen auf einen guten Schulabschluss.

Auch die Wohnsituation vieler Kinder ist oft so eingeschränkt, dass sie sich nicht trauen, Klassenkameraden nach Hause zum Spielen einzuladen. Sie haben weniger Freunde und Kontakte zu anderen Kindern.

Frage: Was meinen Sie, warum gibt es Kinderarmut in Deutschland? Ich nenne Ihnen einige mögliche Gründe und Sie sagen mir bitte jeweils, ob das Ihrer Meinung nach voll und ganz zutrifft, eher zutrifft oder ganz und gar nicht zutrifft. Gibt es Kinderarmut in Deutschland, weil ...
Grundgesamtheit: Wahlberechtigte Bevölkerung in Deutschland / Angaben in Prozent.
Fehlende Werte zu 100: Weiß nicht / keine Angabe

Quelle: Deutsches Kinderhilfswerk, infratest dimap, 2014

M 2 Gründe für Kinderarmut

Wer kann helfen?

In Deutschland gibt es für alle Kinder und Jugendlichen ein Recht aufs Mitmachen. Jeder hat das Recht auf Bildung und Teilhabe am gesellschaftlichen Leben, um seine Zukunft zu gestalten. Wenn sich eine Familie in einer schlechten finanziellen Situation befindet, kann der Staat unterstützen. Eine Möglichkeit bietet das sogenannte Bildungspaket*. Doch auch Vereine und Organisationen, wie z. B. Fördervereine der Schule, können helfen. Voraussetzung dafür ist, dass man seine Situation nicht verschweigt, sondern sich an eine Vertrauensperson (wie z. B. Freund/-in, Klassenlehrer/-in oder Verbindungslehrer/-in) wendet.

* **absolute Armut**
Bezeichnet die existenzgefährdende Armut. Lebensnotwendige Versorgung mit Nahrung, Kleidung, Wohnung und medizinischer Grundversorgung ist nicht mehr gewährleistet.

* **relative Armut**
Kinder gelten als arm, wenn sie in einem Haushalt leben, der mit weniger als der Hälfte des Durchschnittseinkommens auskommen muss.

* **Bildungspaket**
Ist eine finanzielle Unterstützung vom Staat für bedürftige Kinder und Jugendliche von Langzeitarbeitslosen, Geringverdienern und Wohngeldempfängern. Auf Antrag werden bestimmte Leistungen wie z. B. Mittagessen in der Schule oder im Hort, Zuschüsse für Klassenfahrten und Schulausflüge übernommen.

1 „Arm zu sein bedeutet für mich ...“ Schreibt diesen Satz in die Mitte der Tafel und führt eine Kartenabfrage durch.
2 Erkläre den Unterschied zwischen absoluter* und relativer* Armut.
3 Erläutere die Gründe von Kinderarmut. (M 2)
4 Recherchiere im Internet, welche Voraussetzungen für den Erhalt von Leistungen aus dem Bildungspaket notwendig sind und welche Leistungen übernommen werden können.
5 Schlüpfe in die Rolle von Lukas und gestalte eine Antwort auf Theos Nachricht.
6 Sammelt Ideen, was ihr als Klasse tun könnt, um finanziell schlechter gestellten Mitschülern zu helfen.

Webcode PE646098-051

1. Von den guten, alten Zeiten ...

„Männer und Frauen sind gleichberechtigt", so steht es im Grundgesetz. Die Wirklichkeit sieht oftmals jedoch anders aus. Es mag daran liegen, dass noch vor gar nicht so langer Zeit ein völlig anderes Frauenbild vorherrschte als heute. Ein kleiner Rückblick.

Zum Idealbild der 1950er-Jahre gehörte, dass sich die Frau in der Familie um die Kinder und den Haushalt kümmerte. Meistens ging sie keiner eigenen Erwerbstätigkeit nach und war somit wirtschaftlich von ihrem Ehemann abhängig. Sex vor der Ehe war undenkbar, die Frau verpflichtete sich ihrem Ehemann. Bis 1977 musste sie ihn um Erlaubnis fragen, wenn sie arbeiten gehen wollte, und er war sogar befugt, das Arbeitsverhältnis seiner Ehefrau zu kündigen. Erst gegen Ende der 1960er-Jahre vollzog sich unter dem Einfluss der Studentenbewegung ein Wertewandel. Die Frauen gaben sich selbstbewusster und kämpften um mehr Selbstbestimmung, was sich auch in der Mode widerspiegelte, der Minirock hielt Einzug. Sie wollten arbeiten, studieren und strebten nach Gleichberechtigung. Das traditionelle Familienbild wurde zunehmend infrage gestellt, ja sogar verpönt. Die Erfindung der Pille ermöglichte den Frauen die sexuelle Selbstbestimmung, weil sie von da an selbst entscheiden konnten, ob und wann sie Kinder bekommen möchten. Außerdem forderten sie das Recht zur Freigabe des Schwangerschaftsabbruchs. Kirche und Staat zogen zunächst nicht mit, erst seit 1995 bleibt unter bestimmten Voraussetzungen eine Abtreibung in Deutschland straffrei. Die Frauen hielten Einzug in alle gesellschaftlichen Bereiche, und das traditionelle Familienbild wird heute durch viele neue Formen von Familie ergänzt.

M1 Werbung aus den 1950er-Jahren

1 Beschreibe anhand der Bilder aus M1, welche Rolle die Frau in der Familie hatte.
2 Vergleiche, wie sich die Aufgabenverteilung innerhalb der Familie verändert hat.
3 Gestalte einen Zeitstrahl zum Thema Entwicklung der Frauenrechte.
4 Diskutiert, in welchen Bereichen Männer und Frauen heute gleichberechtigt sind und wo es noch Verbesserungsbedarf gibt.
5 Recherchiere über Frauen, die sich auf ihre Art in Deutschland für Frauenrechte und Gleichberechtigung eingesetzt haben, z. B. Elisabeth Selbert, Alice Schwarzer, Helene Lange.
+ ZUSATZAUFGABE Erläutere, inwiefern sich auch die Rolle des Vaters in der Familie verändert hat.

WAHLSEITE

2. Hausbesuch bei einer Großfamilie

M1 Yes, we clan

Wir schicken unsere Alten nicht ins Heim, sagt Familie Ramadani. Von den unschlagbaren Vorteilen einer Großfamilie – ein Hausbesuch

In ihrem Dorf in Mazedonien ist der Sommer noch Sommer und der Winter noch Winter. Çhelopek, so heißt ihr Dorf in Mazedonien. Abdullah Ramadani sitzt in einer Erdgeschosswohnung in Hamburg-Farmsen, einem Stadtteil der roten Backsteinhäuser. Er sitzt auf einem Teppichboden, mit dem Rücken lehnt er am Wohnzimmerschrank, Stickkunst an der Wand, schwere Gardinen vor den Fenstern. Seine Familie sitzt um ihn herum, erste Generation, zweite Generation, dritte Generation: sein Sohn, der Fußballer, sein Vater, der Mann mit den Smarties, der aufrecht im Sessel sitzt und regelmäßig die Armbanduhr prüft, seine Mutter, Kopftuch, rote Wangen, seine Frau, zurückhaltend, die Frau seines Bruders, still, die Tochter seines Bruders, der Sohn seines Bruders, die zweite Tochter seines Bruders, seine Tochter, der zweite Sohn, der sich den Arm gebrochen hat, sein Bruder. Die Frauen zurückhaltender als die Männer.

Zwölf Menschen, die sich jedes Wochenende sehen und fast jeden Tag. Die Kinder rennen durch die Wohnung. Die Erwachsenen schauen Filme. Sie fahren bei gutem Wetter in den Heide-Park Soltau, zum Hamburger Dom, Autoscooter, Riesenrad, Fußball. Die Großmutter macht albanische Bohnensuppe, die Kinder wollen die Suppe nicht, sie wollen Nudeln. Das Prinzip der Familie Ramadani heißt: Jeder hilft, wo Hilfe nötig ist. Jeder tut, was er kann. Abdulla geht mit seinen Eltern auf die Ausländerbehörde, den Pass erneuern. Abdulla hilft seinem Vater bei der Suche nach einer guten Kfz-Versicherung, er füllt ihm die Formulare für die Krankenkasse aus. Sein Vater kann Deutsch, aber das Deutsch der Formulare ist ein anderes. Wenn sein Vater frühmorgens auf den Fischmarkt geht, bringt er Obst für die ganze Familie mit. Wenn einer der Brüder ein neues Auto kaufen will, leiht ihm der andere Bruder Geld. Wenn Winterreifen auf die Autos müssen, dann schrauben sie zu dritt. Und wenn eines der Kinder in Mathe Schwierigkeiten hat, dann fragen sie Zubejda, Abdullas Tochter, siebte Klasse, Gymnasium.

Deutschland, das ist das Land der kleinen Familien, der Scheidungen, der sinkenden Geburtenraten, der Singles, der Altenheime. Das Land, in dem Alleinstehende Lasagne in die Mikrowelle schieben, während Abdulla Ramadani mit zwölf Menschen in einem Raum sitzt, Verbindungen aus Blut und Liebe, jedes Wochenende, wie jetzt.

Was ist Familie? Die Familie schweigt: erste Generation, zweite Generation, dritte Generation. Sie sitzt im Wohnzimmer und schweigt. Dann sagt Zelfi , der Fußballer, 17 Jahre alt, drei Streifen auf der Trainingsjacke, ein strahlender Mensch: Familie ist, wenn immer jemand da ist. Dann sagt Abdulla, sein Vater: Wir schicken die Alten nicht in Heime. Das ist Familie.

Felix Dachsel, Yes we clan, S. 10–12, http://www.fluter.de/sites/default/files/yes_we_clan.pdf (Zugriff: 26.10.2016)

1 Beschreibe, welches Bild Herr Ramadani von Familien in Deutschland hat.

2 Erkläre die Vorzüge einer Großfamilie.

3 Arbeite heraus, inwiefern es für die Familie Ramadani besonders wichtig ist, starke familiäre Bindungen zu haben.

Leitfrage: Steuern sparen für Verheiratete oder nur für Familien mit Kindern?

Für viele Paare ist der Weg zum Standesamt nicht nur von der romantischen Vorstellung geprägt, sich gegenseitig ewige Liebe zu versprechen. Mit einer Heirat bilden die Ehepartner die kleinste Form einer Lebensgemeinschaft. Sie sichern sich gegenseitige Verantwortung zu und gehen sowohl rechtliche als auch finanzielle Verpflichtungen für den Partner ein. Mit dem Gang auf das Standesamt fördert der Staat die Eheschließung mit steuerlichen Vorteilen. „Unfair" sagen die einen, weil über die Hälfte der Ehepaare kinderlos bleibt. „Richtig" sagen die anderen, der Staat muss Ehe und Familie schützen und fördern, denn sie übernehmen gesellschaftliche Aufgaben.

Bei der Bearbeitung der Aufgaben musst du jeweils geeignete Materialien (M1–M3) heranziehen.

Ich kann Informationen gewinnen und aufbereiten.

1 Beschreibe, was man unter „Ehegattensplitting" versteht.

Ich kann Probleme und Konflikte analysieren.

2 Erkläre mithilfe der vorliegenden Materialien die verschiedenen Positionen in dem Konflikt.

Ich kann mir ein begründetes Urteil bilden.

3 Das Ehepaar Herrmann kann leider keine Kinder bekommen und für die Adoption eines Kindes sind beide mittlerweile zu alt. Bewerte, ob sie trotzdem in den Genuss steuerlicher Vorteile kommen sollten.

Ich kann mitreden und aktiv werden.

4 In deiner Partei bist du der Experte zum Thema „Ehegattensplitting" und wirst deshalb in eine Talkshow unter der Fragestellung „Sollte das Ehegattensplitting abgeschafft werden?" eingeladen. Führt unter der Leitung eines neutralen Moderators eine kleine Debatte durch.

M1 Ehegattensplitting

Das Ehegattensplitting ist eine familienpolitische Maßnahme, die verheiratete Paare steuerlich entlastet. Besonders lohnend ist es für Paare, bei denen die Ehepartner sehr unterschiedlich verdienen. Der prozentuale Anteil der Steuer steigt mit der Höhe des Einkommens, je mehr man verdient, desto höher ist der Steuersatz. Verdient beispielsweise ein Partner viel, z. B. 70 000 € pro Jahr, wird er mit einem sehr hohen Steuersatz belastet. Verdient der andere Partner wenig, z. B. 10 000 € pro Jahr, muss er einen geringeren Prozentsatz an Steuern bezahlen. Das Ehegattensplitting erlaubt es nun, beide Einkommen zusammen zu versteuern, in unserem Beispiel wären das 80 000 geteilt durch zwei, d. h., jeder Ehepartner versteuert also 40 000 €. Für dieses Einkommen wird ein mittlerer Steuersatz veranschlagt und in der Summe muss das Ehepaar insgesamt weniger Steuern bezahlen. Die Steuerersparnis für Verheiratete kann im Jahr bis zu 15 000 € betragen. Der Staat verzichtet für diese Maßnahme jährlich auf etwa 20 Milliarden Euro.

Das Ehegattensplitting stammt aus dem Jahre 1958. In dieser Zeit hatten nur wenige Mütter ein eigenes Einkommen, da sie nicht arbeiteten, sondern sich um Haus und Kinder kümmerten. So war das Ehegattensplitting für viele Familien eine finanzielle Entlastung. Heute gibt es verschiedene Formen von Familien mit und ohne Trauschein und viele Ehen, die kinderlos bleiben.

M 2 Familien fördern, nicht die Ehe

Keine Frage: Die Ehe ist eine tolle Möglichkeit, mit der Menschen sich zu gegenseitiger Verantwortung verpflichten können. Das soll auch so bleiben. Wichtig ist ein anderer Punkt: Ein Ehepaar ohne Kinder ist keine Familie – und nur die sollte staatlich gefördert werden. Zudem wandelt sich die Gesellschaft zusehends. Immer seltener werden Kinder in Ehen geboren. Drei von vier ostdeutschen Erstgeborenen kommen heute außerehelich zur Welt, im Westen sind es immerhin fast vier von zehn. Die Zahl der Ehen sinkt, immer mehr Menschen leben dagegen unverheiratet zusammen. Die Zahl der Alleinerziehenden stieg in den vergangenen Jahren um 14 Prozent auf 2,7 Millionen. [...]

Hinzu kommt: Das Ehegattensplitting stützt das traditionelle Eheverständnis – und damit die finanzielle Schieflage zwischen Mann und Frau. Belohnt werden Ehen, in denen ein Partner viel, der andere wenig verdient. Letztere sind meist die Frauen, schon aus dem biologischen Grund, da sie die Kinder bekommen und häufiger eine Karrierepause einlegen. [...]

Das Ehegattensplitting fördert diese Versorgerehe – den Bedürfnissen Alleinerziehender oder unverheirateter Paare wird das nicht gerecht.

Die meisten Verheirateten in Deutschland sind kinderlos. Nur in acht von 18 Millionen Ehen leben Kinder. Viele Eheleute können also Steuern sparen, obwohl sie ohnehin finanziell besser dastehen als Eltern. Sie können länger arbeiten, mehr verdienen, sind flexibler und deshalb oft auf dem Arbeitsmarkt begehrter. Sie haben keinen kinderbedingten Karriereknick und sind im Alter in der Regel besser abgesichert.

Steuern sparen darf nicht mehr im Standesamt anfangen, sondern erst im Kreißsaal. Eine Möglichkeit wäre ein Familiensplitting. Das Einkommen der Familie würde auf alle Familienmitglieder verteilt und dann besteuert. Gerade unverheiratete Eltern und Alleinerziehende würden sparen. [...]

Bei der Geburtenrate steht Deutschland weltweit an letzter Stelle. Umso drängender ist es, nicht mehr Ehen zu belohnen. Es sollten nur noch die entlastet werden, die mit Kindern die Gesellschaft stärken – und dabei große Einbußen in Kauf nehmen.

http://www.sueddeutsche.de/wirtschaft/steuer-entlastung-familien-foerdern-nicht-die-ehe-1.2507766 (Zugriff: 2.8.2017)

M 3 Ehegattensplitting abschaffen – Nein

Der wichtigste Vorteil des Splittings ist, dass es nicht ein bestimmtes, staatlich gewünschtes Familienmodell fördert. Es hat nur den Zweck, Ehepartnern die größtmögliche Freiheit einzuräumen, statt ihnen mithilfe von Steuern eine bestimmte Lebensweise anzuerziehen. [...] Der Staat schaut nicht darauf, wie viele Stunden welcher Ehegatte arbeitet, und er prüft auch nicht die Gründe dafür. Mag sein, dass sich ein Partner um die Kinder kümmert, mag sein, dass einer schon im Ruhestand ist oder dass einer ehrenamtlich arbeitet. Der Staat benachteiligt kein Ehepaar dafür, wie es sein Einkommen erwirtschaftet, und er bevorzugt keines. Er verhält sich neutral und bewertet allein das Gesamteinkommen. [...] Es geht ja im Standesamt nicht bloß um ein Liebesversprechen, sondern auch um finanzielle Verpflichtungen. Das geht bis zu den in der Rente angesammelten Punkten, die bei einer Scheidung aufgeteilt werden. Und wer heiratet, nimmt der Gesellschaft auch Lasten ab, weil er in vielen Fällen für seinen Partner aufkommen muss, bevor der Staat eine Sozialleistung gewährt.

http://www.zeit.de/2017/28/ehegattensplitting-ehe-fuer-alle-steuervorteil-familienpolitik/seite-2 (Zugriff: 2.8.2017)

KAPITEL 4

Rechtliche Stellung des Jugendlichen und Rechtsordnung

Beschreibe, in welchen Situationen Jugendliche mit dem Gesetz in Konflikt kommen können.

In diesem Kapitel lernst du,
- *wie der Staat Jugendliche in der Öffentlichkeit schützt (Privatheit und Öffentlichkeit),*
- *welche Grundsätze ein Rechtsstaat erfüllen muss und*
- *warum Jugendliche rechtlich anders behandelt werden als Erwachsene (Regeln und Recht),*
- *wie rechtliche Regelungen das friedliche Zusammenleben in Deutschland schützen (Interessen und Gemeinwohl).*

Formuliere Annahmen zu diesen Themen und überprüfe am Ende des Kapitels, inwieweit sich diese verändert haben.

◄ Die Polizei zeigt verstärkt Präsenz im Schlossgarten, in dem Jugendliche während eines Stadtfestes am 17.7.2017 in Schorndorf feiern.

Werden Jugendliche immer krimineller?

Wenn man die Zeitung aufschlägt oder Nachrichten sieht, hat man den Eindruck, dass jugendliche Straftäter immer brutaler werden. Kommt es zu solchen Übergriffen, wird von Politikern, Medien oder der Öffentlichkeit oft ein stärkeres Durchgreifen gefordert. Häufig beginnen Karrieren von sogenannten Intensivstraftätern* bereits in jungen Jahren.

* **Intensivstraftäter**
Bezeichnung für Mehrfach- bzw. Wiederholungstäter, d. h. Täter, die in kurzer Zeit mehrfach kriminell in Erscheinung treten. Sie unterscheiden sich von nur gelegentlich kriminell handelnden oder rückfällig werdenden Tätern durch eine besonders hohe Gefährlichkeit für die Gesellschaft aufgrund von Art, Schwere und Häufigkeit der verübten Straftaten.

M1 Jugendliche Straftäter

M2 Letzter Warnschuss U-Haft

14-jährige Intensivstraftäter
Holger und sein Zwillingsbruder Andreas (beide Namen geändert) beschenken sich Anfang Dezember 2012 selber. Wenige Tage nach ihrem 14. Geburtstag steigen sie nachts in ein Pforzheimer Autohaus ein, schnappen sich die Schlüssel von zwei Wagen und fahren los. Der Spaß ist nur von kurzer Dauer, denn nach wenigen Stunden klicken die Handschellen. Für die beiden Jungs ist offenbar weder so ein Einbruch noch die anschließende Begegnung mit der Polizei etwas Besonderes. Seit Jahren schon sollen sie laut Staatsanwaltschaft in Häuser und Wohnungen eingebrochen sein, in Geschäften geklaut und randaliert haben. Die eine oder andere Prügelei soll auch dabei gewesen sein. Bis zu ihrem 14. Geburtstag soll jeder der beiden Jungganoven bereits mehr als 40 Straftaten begangen haben. Obwohl das Wort „Straftaten" streng genommen nicht stimmt. Bisher galten Holger und Andreas immer nur als „Straftatverdächtige", denn sie waren stets jünger als 14 Jahre und damit strafunmündig. Die Polizei musste sie immer laufen lassen. Vor Gericht standen sie nie – geschweige denn haben sie jemals ein Gefängnis von innen gesehen.

http://www.stern.de/panorama/stern-crime/14-jaehrige-intensivstraftaeter-letzter-warnschuss-u-haft-3116910.html (Malte Arnsperger, Zugriff: 5.12.2016)

Über Jugendliche wurde zu allen Zeiten geklagt – auch, dass ihr Verhalten immer schlimmer und für die Gesellschaft gefährlicher werde. Diese „gefühlte" Kriminalität stimmt aber mit der Realität häufig nicht überein. Sie hat sehr viel mehr mit den Berichten in den Medien zu tun.
Fragt man Schülerinnen und Schüler, welche Straftaten sie tatsächlich verübt haben, auch wenn sie dabei nicht erwischt wurden, ergibt sich folgendes Bild: Tatsächlich – je nach Art der Taten – haben teilweise bis zu 70 Prozent in den vergangenen zwölf Monaten mindestens eine der dort erfragten Taten verübt. Mit einer solchen Befragung kann man auch die von der Polizei nicht erfasste Dunkelziffer* an Straftaten ermitteln. Befragt wurden deutschlandweit stichprobenartig Schülerinnen und Schüler der Jahrgangsstufe 9 (siehe **M 3**).

Jugend immer schlimmer

Wann endlich härteres Jugendstrafrecht?

Bootcamp

Kuschelpädagogik gescheitert

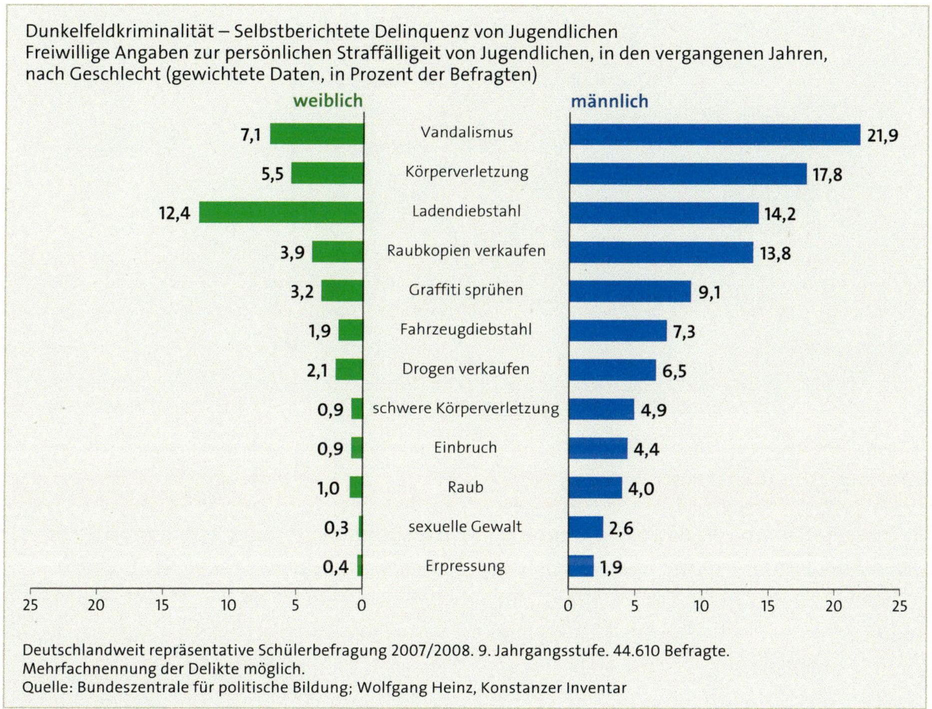

M 3 Dunkelfeldkriminalität unter Jugendlichen

* **Dunkelziffer**
Nicht jedes Vergehen wird angezeigt oder überhaupt entdeckt, d. h., es bleibt verborgen bzw. im Dunkeln. Die Dunkelziffer bezeichnet also eine Schätzung von Vergehen.

* **Delikt**
Handlung, die gegen das Gesetz verstößt, also strafbar ist

1 Beschreibe, welche Taten die beiden Brüder verübt haben (**M 2**).
2 Erläutere, warum die Polizei sie immer wieder laufen lassen musste.
3 Analysiere das Schaubild **M 3**. Was fällt dir auf im Hinblick auf
- die Unterschiede zwischen Jungen und Mädchen,
- die Häufigkeit bestimmter Delikte*,
- das Verhältnis von „leichten" zu „schweren" Delikten?

4 Sind solche Delikte wie in **M 2** beschrieben unter Jugendlichen normal oder eher die Ausnahme? Überlegt gemeinsam.
5 Eigentlich sollten Zeitungen neutral über Jugendkriminalität berichten. Beurteile mithilfe von Textbelegen, ob das in **M 2** gelungen ist oder ob aus dem Text die Haltung des Journalisten deutlich wird. TIPP S. 351

Warum werden Jugendliche kriminell?

Wenn man sich mit kriminell gewordenen Jugendlichen beschäftigt, stellt sich die Frage, wie man vielleicht schon im Vorfeld Straftaten verhindern kann. Dazu muss man aber wissen, weswegen Jugendliche wie in unserem Beispiel Holger und Andreas überhaupt kriminell werden.

M1 Holger und Andreas auf Raubzug

M2 Entwicklung zum Intensivtäter – Holger und Andreas auf der schiefen Bahn

Viel erfährt man von den Behörden und den Anwälten nicht über die beiden. Der Persönlichkeitsschutz* steht angesichts ihres Alters im Vordergrund. Die Familie soll zerrüttet sein, die Eltern haben sich angeblich kaum um ihre Jungs gekümmert. Diese fehlende Beachtung und die ewige Langeweile zu Hause waren offenbar ein Grund dafür, dass die Zwillinge vor einigen Jahren damit begannen, sich auf wenig sinnvolle Art zu beschäftigen.

Jugendliche Intensivstraftäter

Im März 2011, Holger und Andreas waren gerade mal zwölf Jahre alt, seien sie in Pforzheim bereits als jugendliche Intensivtäter geführt worden. Darunter falle jeder, der mindestens drei Gewalttaten oder zehn andere Straftaten begangen habe.

Einsperren kann und will man Holger und Andreas aber (noch) nicht. Die Behörden in Pforzheim versuchen auf andere Weise, die Zwillinge auf den rechten Weg zurückzuführen. Das Jugendamt steht öfter bei der Familie auf der Matte, die Jungs landen nach ihren Taten sogar mehrmals in geschlossenen Heimen. Doch das beeindruckt die Zwillinge wenig. Stets büxen sie nach wenigen Tagen aus, treffen sich und gehen wieder auf Raubzug, oft zu zweit, manchmal dürfen auch Kumpels mitmachen. „Es bedarf dazu schon einer großen kriminellen Energie und sehr geringen Unrechtsbewusstseins", sagt Polizeisprecherin Logotheti.

www.stern.de/panorama/stern-crime/14-jaehrige-intensivstraftaeter-letzter-warnschuss-u-haft-3116910.html (M. Arnsperger, Zugriff: 5.12.2016)

* **Persönlichkeitsschutz**
Jeder Mensch hat das Recht, dass man nicht zu viel über ihn erfährt, auch Straftäter. Nur so kann es gelingen, dass man im Leben eine zweite Chance erhält. Außerdem soll verhindert werden, dass z. B. Familienmitglieder von der Öffentlichkeit belästigt werden.

Entwicklungstheorie *

Regelverletzungen sind vor allem bei Jugendlichen weit verbreitet. Im Kindes- und Jugendalter werden Straftaten leichter bis mittlerer Art häufiger begangen als im Erwachsenenalter. Regeln, wie vieles andere auch, müssen erst erlernt werden. Sie werden nicht einfach so von den Jugendlichen verstanden. Durch Lebenserfahrung und durch Lob und Kritik des Umfelds können sie angeeignet werden. Eltern, die Schule und zum Beispiel die Clique spielen hier eine wichtige Rolle. „Learning by doing" gilt auch hier.

Sozialisationstheorie *

Sich wiederholende Kriminalität ist häufig eine Folge nicht gelungener Sozialisation von den ersten Kindheitsjahren an. In dieser Zeit wird die Entwicklung des Menschen maßgeblich vorbestimmt. Unter Sozialisation versteht man das Erlernen von Regeln und Werten einer Gesellschaft durch Eltern und enge Verwandte, aber auch durch Freunde, die Schule oder zum Beispiel den Sport- oder Musikverein. Fehlentwicklungen, die auch in Kriminalität einmünden können, sind häufig hier bereits angelegt. Fehlt in der Kindheit beispielsweise eine dauerhafte Bezugsperson, hat das Folgen für die weitere Entwicklung

Bei falscher Erziehung, bei Lieblosigkeit durch die Eltern oder auch bei überzogener Verwöhnung kann es dazu kommen, dass Jugendliche sich später schwer tun, Regeln einzuhalten, die Folgen ihrer Handlung abzusehen oder Mitgefühl für Opfer zu entwickeln.

* **Entwicklungstheorie** und **Sozialisationstheorie** versuchen zu erklären, warum Jugendliche in die Kriminalität abgleiten. Dabei beschreiben die beiden Theorien nur bestimmte Risiken, denen Jugendliche ausgesetzt sind. Jeder Mensch kann seinen Weg durch eigene Entscheidungen selbst beeinflussen.

Deutsche Tatverdächtige nach Altersgruppen, Geschlecht und nach ausgewählten Jahren

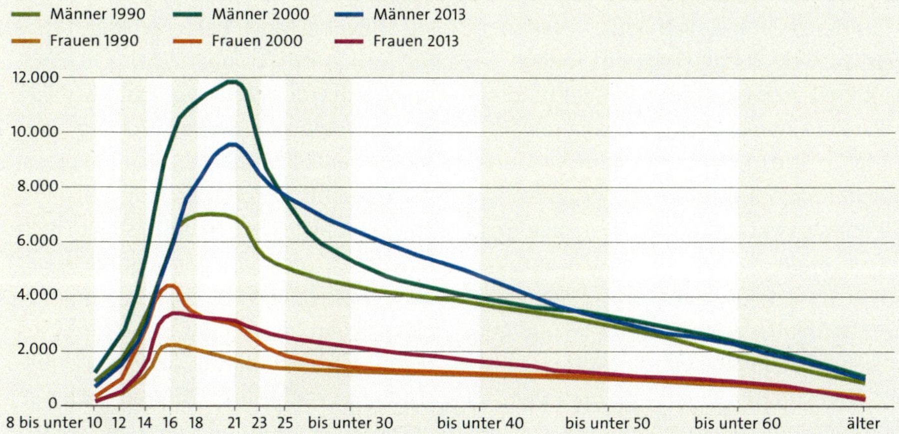

Straftaten insgesamt (ohne Staatsschutz- und Straßenverkehrsdelikte); Tatverdächtigenbelastungszahlen (TVBZ); 1990 früheres Bundesgebiet mit Westberlin, 2000 und 2013 Deutschland

Quelle: Bundeszentrale für politische Bildung; Wolfgang Heinz, Konstanzer Inventar

M 3 Kriminalität im Altersverlauf

1 Beschreibe die Entwicklung von Holger und Andreas zu jugendlichen Intensivtätern (M 2).

2 Nenne mögliche Ursachen, warum die beiden kriminell wurden.

3 Erläutere mithilfe der Entwicklungstheorie und der Sozialisationstheorie, weswegen die beiden auf die schiefe Bahn gerieten. TIPP S. 351

4 Analysiere das Schaubild M 3. Welche Schlüsse lassen sich daraus in Bezug auf Holger und Andreas ziehen? TIPP S. 351

5 Aus einer schwierigen Kindheit entsteht nicht automatisch ein straffälliger Jugendlicher. Erläutere diese Behauptung.

Erfüllen Strafen ihren Sinn?

Sie verübten Einbrüche, klauten, randalierten. Nach 40 Straftaten sitzt ein 14-jähriges Zwillingspaar nun erstmals in Untersuchungshaft. An diesem Fall sieht man, wie schwierig der Umgang mit jugendlichen Intensivtätern sein kann.

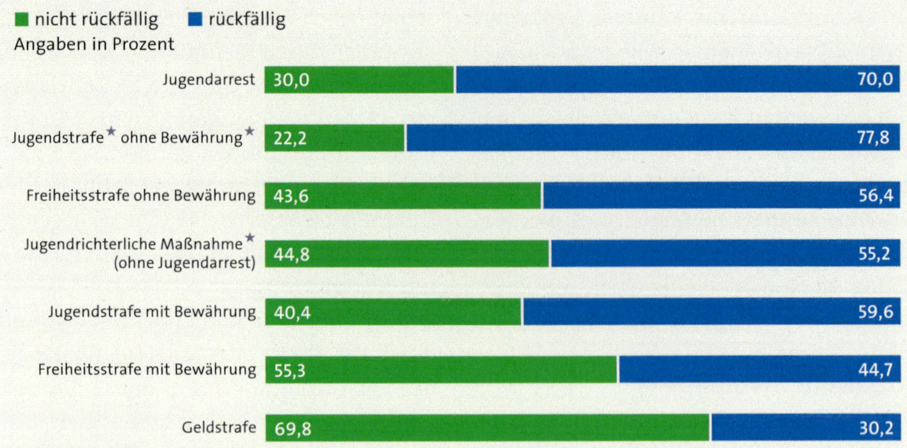

Quelle: Jehle/Heinz/Sutterer, Legalbewährung nach strafrechtlichen Sanktionen, 2003; Heinz, Zeitschrift für Jugendkriminalität und Jugendhilfe 2004, S. 42

M1 Rückfälligkeit nach strafrechtlichen Sanktionen (in Prozent)

M2 Untersuchungshaft in Stuttgart-Stammheim

Für Andreas und Holger hat sich seit ihrem 14. Geburtstag einiges geändert. Seit ihrer vorweihnachtlichen Spritztour sitzen die Zwillinge in Untersuchungshaft* in Stuttgart-Stammheim. Sie dürften dort die jüngsten Häftlinge sein. Denn es ist extrem selten, dass so junge Verdächtige eingesperrt werden. Von mehr als 60 000 Gefängnisinsassen in Deutschland waren 2012 nur 581 jünger als 18 Jahre, gerade einmal zwei waren im Alter von Holger und Andreas. Der Hauptgrund: Im deutschen Jugendstrafrecht steht der Erziehungsgedanke im Vordergrund, nicht die Bestrafung. Welche Probleme sich daraus ergeben können, zeigt der Fall aus Pforzheim.

Die Wurzel des Problems freilegen

Ein Polizeisprecher erklärt: „Wenn ein Kind oder ein Jugendlicher mehrfach auffällig wird, bleibt die Behandlung des Falles, außer bei Mord, beim Fachkommissariat für Jugendkriminalität." Nur so könne man auch strafunmündige Täter wirklich im Auge behalten. Großen Wert lege die Münchner Polizei darauf, „an die Wurzel des Problems zu kommen", sagt der Sprecher. „Wir schauen uns dazu auch das familiäre Umfeld und den Freundeskreis an und geben den Eltern in Zusammenarbeit mit dem Jugendamt ein schriftliches Beratungsangebot, welches ihnen Unterstützung ermöglicht." Offensichtlich mit Erfolg: Insgesamt sind, wie auch im Rest der Bundesrepublik, in den vergangenen drei Jahren die Taten durch Kinder zurückgegangen. In München sank die Anzahl von 1679 auf 1427, deutschlandweit von gut 91 000 auf 85 000.

www.stern.de/panorama/stern-crime/14-jaehrige-intensivstraftaeter-letzter-warnschuss-u-haft-3116910.html (M. Arnsperger, Zugriff: 5.12.2016)

* **Jugendstrafe**
Die Jugendstrafe ist eine Freiheitsstrafe, die bei Jugendlichen (14–17 Jahre) oder Heranwachsenden (18–20 Jahre) verhängt wird, wenn bspw. eine besonders schwere Schuld besteht oder man davon ausgehen kann, dass sie immer wieder straffällig werden.

* **Bewährung**
In manchen Fällen, zum Beispiel wenn jemand noch nicht oft straffällig geworden ist, muss eine Strafe nicht im Gefängnis abgesessen werden, sondern kann zur Bewährung ausgesetzt werden. Man darf aber während der Bewährungszeit nicht wieder straffällig werden und muss sich regelmäßig bei der Polizei melden oder andere Auflagen erfüllen.

* **jugendrichterliche Maßnahmen**
Unter Erziehungsmaßregeln versteht man erzieherische Maßnahmen, um auf eine Straftat eines Jugendlichen oder Heranwachsenden zu reagieren. Das können Sozialstunden, die Anordnung eines Anti-Aggressionstrainings oder die Einweisung in ein Heim sein. Zuchtmittel sollen dem Jugendlichen eindeutig klar machen, dass er Unrecht begangen hat. Dies sind z. B. Verwarnungen, die Auflage, sich beim Opfer zu entschuldigen, oder auch Jugendarrest, der maximal vier Wochen dauert und erzieherisch wirken soll.

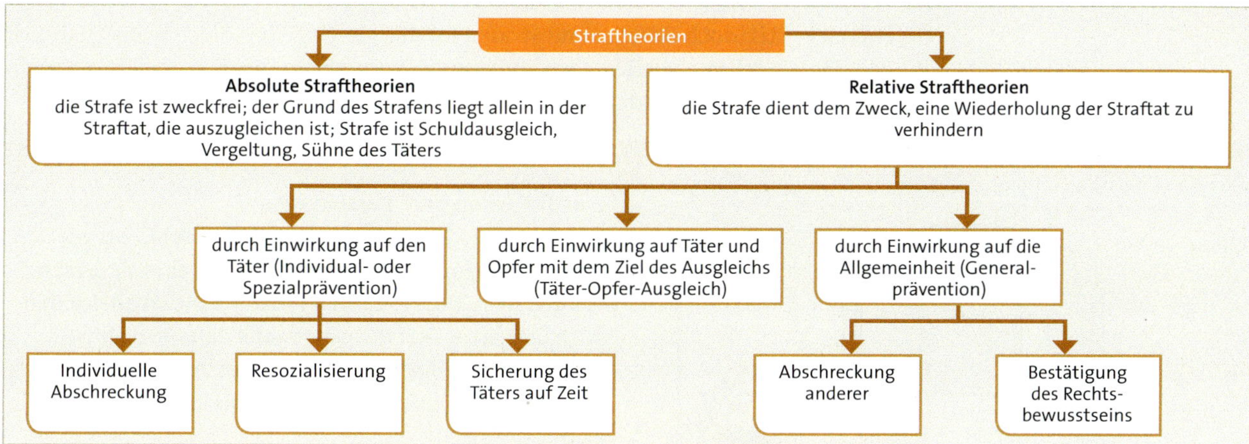

M3 Straftheorien

M 4 Haus des Jugendrechts in Pforzheim

[...] Holger und Andreas wurden [im Haus des Jugendrechts] bald zum Thema einer großen Fallkonferenz. Staatsanwalt Christoph Reichert sagt: „Die Polizei hat ihnen in den vergangenen Monaten immer wieder klar die rote Karte gezeigt und ihnen gesagt, dass es ernst wird, wenn sie über 14 Jahre alt sind."

Wegsperren bringt wenig

[...] Staatsanwalt Reichert: „Es ist erschreckend, wie wenig sich diese Jungs beeindrucken ließen. [...] Wir hatten keine Wahl mehr, als sie nun in U-Haft zu stecken, obwohl die letzte Tat an sich nicht so spektakulär war." Richtig wohl ist dem Staatsanwalt nicht dabei. „Man tut Jugendlichen eigentlich keinen Gefallen damit, wenn mit 14 der große Hammer kommt." Damit spricht er dem Jugendexperten Holthusen aus der Seele. Der hält ebenfalls sehr wenig davon, Jugendliche so früh einzusperren. „Wegsperren verlagert das Problem nur und es führt eher zu größerer Straffälligkeit. Die Rückfallquoten liegen bei 60 bis 70 Prozent." Aber auch ihm ist klar: „Wenn ein Kind oder ein Jugendlicher immer wieder auffällig wird und es nie Konsequenzen gibt, dann tritt irgendwann ein unerwünschter Lerneffekt ein. Diese Spirale muss man unterbrechen." Holthusen rät dazu, so individuell wie möglich auf die Problemkids einzugehen. Denn jedes Kind, jeder Jugendliche habe bestimmte Träume und Wünsche. „Dort muss man sie abholen und ihnen eine Perspektive außerhalb der Kriminalität aufzeigen. Man darf ihr Verhalten nicht entschuldigen, aber man muss versuchen, sie zu verstehen. Nur so kann man junge Straftäter langfristig auf den rechten Weg zurückbringen."

www.stern.de/panorama/stern-crime/14-jaehrige-intensivstraftaeter-letzter-warnschuss-u-haft-3116910.html (M. Arnsperger, Zugriff: 5.12.2016)

* **Untersuchungshaft**
Die Untersuchungshaft kann durch einen Richter angeordnet werden, wenn verhindert werden soll, dass Tatverdächtige weitere Straftaten begehen, oder wenn die Ermittlungen der Polizei behindert würden. Die Zeit in der U-Haft wird auf ein eventuelles Strafmaß nach einer Verurteilung angerechnet.

1 Beschreibe, warum junge Verdächtige nur selten ins Gefängnis kommen. (**M 2**)
2 Erkläre, welchen Zweck Strafen haben sollen.
3 Erläutere, welche jugendstrafrechtlichen Sanktionen es gibt.
4 Erläutere, welche jugendstrafrechtlichen Sanktionen im Fall der beiden Zwillinge angewandt wurden. (**M 4**)
5 Erörtere, welche jugendstrafrechtlichen Sanktionen besonders sinnvoll sind. Beziehe **M 1** in deine Überlegungen mit ein. TIPP *S. 351*
  a Welche Maßnahmen wirken für Täter abschreckend?
  b Welche Maßnahmen findest du gerecht, also angemessen?
  c Wie wirken die Maßnahmen auf die Bevölkerung?

Warum werden Kinder und Jugendliche anders behandelt als Erwachsene?

Eigentlich sollten doch Gesetze und Strafen für alle gleich gelten. Doch wenn man sich die rechtliche Stellung von Kindern, Jugendlichen und Erwachsenen ansieht, ergeben sich erhebliche Unterschiede. Ist Recht also nicht gleich Recht?

M 1 Jugendliche beim „Abziehen".

Was soll schon groß passieren?

David und Pascal gehen in die 8. Klasse der Geschwister-Scholl-Realschule. Seit ein paar Wochen sind sie 14 Jahre alt. Davids Eltern sind seit letztem Jahr arbeitslos und auch bei Pascal sitzt der Geldbeutel daheim nicht so locker. Da hatten andere Mitschüler schon mehr Glück. Paul hat immer das neueste Smartphone und Markenklamotten an.

„Komm, lass uns dem sein Smartphone abziehen, der hat doch eh genug Kohle", sagt David zu seinem Kumpel. „Ich weiß nicht, das ist doch verboten", wendet Pascal ein. „Ist doch egal, der kauft sich doch dann eh gleich ein neues, oder die Versicherung bezahlt es ihm." Pascal ist noch nicht überzeugt: „Und wenn er uns anzeigt?" „Was soll uns schon passieren, wir sind noch Jugendliche und nicht volljährig. Außerdem wird er die Klappe halten, sonst bekommt er von uns Schläge."

Rechtsfähigkeit

Rechtsfähigkeit bedeutet, dass jeder Mensch Rechte und Pflichten hat. Weil man mit zunehmendem Alter eher einschätzen kann, welche Folgen das eigene Handeln hat, werden im Recht verschiedene Altersstufen unterschieden. In diesen sind Rechte und Pflichten jeweils geregelt.

Die Rechtsfähigkeit des Menschen beginnt im Prinzip mit der Geburt. Auch ein Säugling hat Rechte wie das Recht auf Leben, Schutz, Versorgung und körperliche Unversehrtheit.

Verstoßen Eltern gegen diese Rechte, indem sie ihr Kind beispielsweise schlagen, greift der Staat ein und sorgt so für den dem Kind zustehenden Schutz. Generell ist deswegen Gewalt in der Erziehung verboten.

Kinder können aber auch Eigentum erwerben oder zum Beispiel eine Erbschaft machen. Bei Minderjährigen üben die Eltern stellvertretend für ihre Kinder diese Rechte in deren Interesse aus.

Deliktfähigkeit und Strafmündigkeit

Wenn Kinder unter 7 Jahren eine Sache beschädigen oder durch eine Unachtsamkeit zum Beispiel ein Unfall geschieht, dann haften sie oder ihre Eltern nicht für den entstandenen Schaden. Wegen ihres Alters können sie für ihre Handlungen nicht haftbar gemacht werden, sie sind nicht **deliktfähig**. Wer den Schaden hat, geht deswegen häufig leer aus.

Kinder zwischen 7 und 14 Jahren können nicht im rechtlichen Sinn bestraft werden. Auch hier geht man davon aus, dass in diesem Alter noch kein Verständnis dafür da ist, dass man sich für seine Handlungen strafrechtlich zum Beispiel vor Gericht verantworten muss. Die **Strafmündigkeit** tritt erst mit 14 Jahren ein. Ab diesem Alter muss man für eine Straftat vor der Öffentlichkeit, vor der Gesellschaft, einstehen. Jugendliche zwischen 14 und 18 Jahren gelten als beschränkt strafmündig. Sie erwarten mildere Strafen als Erwachsene.

Bei Strafen für Täter zwischen 18 und 21 Jahren entscheidet das Jugendgericht, ob die Täterin oder der Täter bereits nach Erwachsenenstrafrecht oder noch nach Jugendstrafrecht belangt wird. Das hängt davon ab, ob sie oder er dem Verhalten nach noch eher als Heranwachsende/-r einzustufen ist.

M 2 Überblick über Rechte und Pflichten nach Altersstufen

Lebensalter	Rechtsstellung	Gesetzliche Grundlage
Geburt	Grundrechte, Menschenrechte	Grundgesetz
6–18	Schulpflicht	Schulgesetz
7	beschränkte Deliktfähigkeit	Bürgerliches Gesetzbuch (BGB)
14	beschränkte Strafmündigkeit	Jugendgerichtsgesetz (JGG)
	Religionsmündigkeit	Gesetz über religiöse Kindererziehung
	Ende des Beschäftigungsverbots	Jugendarbeitsschutzgesetz
16	Besuch von Gaststätten	Jugendschutzgesetz
18	Volljährigkeit	BGB
	Ehefähigkeit	Ehegesetz
	volle Deliktfähigkeit	BGB
	Strafmündigkeit	JGG
	Ehemündigkeit	Ehegesetz
	aktives und passives Wahlrecht*	Grundgesetz
21	volle Strafmündigkeit	JGG
25	Befähigung zum Schöffen*	Gerichtsverfassungsgesetz
40	Wahl zur Bundespräsidentin/ zum Bundespräsidenten möglich	Grundgesetz

* **aktives und passives Wahlrecht**
Aktives Wahlrecht bedeutet, dass man selbst wählen darf, also beispielsweise das Europaparlament oder den Deutschen Bundestag. Dass man sich selber als Kandidat aufstellen lassen kann, um bei einer Wahl gewählt zu werden, bezeichnet man als passives Wahlrecht.

* **Schöffen**
Das sind ehrenamtliche Laienrichter ohne juristische Ausbildung, die als Beisitzer in der Hauptverhandlung im Strafprozess mitwirken. Sie sind unabhängig und haben das gleiche Stimmrecht wie die Berufsrichter.

1 Beschreibe, was die beiden Schüler planen. (**M 1**)
2 Begründe, ob David mit seiner Meinung Recht hat.
3 Überprüfe mithilfe der Tabelle **M 2** folgende Fälle:
- Eine Familie beschließt, ihre Kinder zu Hause selbst zu unterrichten.
- Lotta, 13 Jahre, nimmt im Sommer einen Ferienjob an.
- Theo, 16 Jahre, möchte mit gleichaltrigen Freunden eine Gaststätte besuchen.
- Kira, 6 Jahre, beschädigt auf dem Parkplatz ein Auto. Müssen die Eltern den Schaden bezahlen?
- Moritz, 12 Jahre, stiehlt in einem Supermarkt Süßigkeiten.
- Ioannis, 18 Jahre, hat seit einigen Monaten seinen Führerschein und verursacht einen Auffahrunfall, weil er betrunken ist.

4 Erkläre folgende Begriffe mit eigenen Worten: Rechtsfähigkeit, Deliktfähigkeit, Strafmündigkeit.

+ ZUSATZAUFGABE Erkläre, warum das Recht Kinder und Jugendliche besonders behandelt.

Schützt der Staat Kinder und Jugendliche in der Öffentlichkeit?

M1 Jugendschutzgesetz (Stand Juni 2016)

Legende: erlaubt (grün) – nicht erlaubt (grau) – ● erlaubt in Begleitung einer erziehungsberechtigten Person

§		Kinder unter 14 Jahren	Jugendliche unter 16 Jahren	Jugendliche unter 18 Jahren
§ 4	Aufenthalt in Gaststätten	●	●	bis 24 Uhr
	Aufenthalt in Nachtbars, Nachtclubs oder vergleichbaren Vergnügungsbetrieben	nicht erlaubt	nicht erlaubt	nicht erlaubt
§ 5	Anwesenheit bei öffentlichen Tanzveranstaltungen, z. B. Disco	●	●	bis 24 Uhr
	Anwesenheit bei Tanzveranstaltungen von anerkannten Trägern der Jugendhilfe	bis 22 Uhr	bis 24 Uhr	bis 24 Uhr
	Anwesenheit bei künstlerischer Betätigung oder zur Brauchtumspflege	erlaubt	erlaubt	erlaubt
§ 6	Anwesenheit in öffentlichen Spielhallen, Teilnahme an Spielen mit Gewinnmöglichkeit	nicht erlaubt	nicht erlaubt	nicht erlaubt
§ 7	Anwesenheit bei jugendgefährdenden Veranstaltungen und in Betrieben	nicht erlaubt	nicht erlaubt	nicht erlaubt
§ 7	Aufenthalt an jugendgefährdenden Orten	nicht erlaubt	nicht erlaubt	nicht erlaubt
§ 9	Abgabe/Verzehr von Branntwein*, branntweinhaltigen Getränken und branntweinhaltigen Lebensmitteln	nicht erlaubt	nicht erlaubt	nicht erlaubt
	Abgabe/Verzehr anderer alkoholischer Getränke, z. B. Wein, Bier	nicht erlaubt	nicht erlaubt	erlaubt
§ 10	Abgabe/Konsum von Tabakwaren, nikotinhaltigen Erzeugnissen, elektronischen Zigaretten, Shishas* (auch nikotinfrei)	nicht erlaubt	nicht erlaubt	nicht erlaubt
§ 11	Kinobesuche: nur bei Freigabe des Films und Vorspanns: „ohne Altersbeschränkung, ab 6/12/16 Jahren"	bis 20 Uhr	bis 22 Uhr	bis 24 Uhr
§ 12	Abgabe von Spielen oder Filmen nur entsprechend der Freigabekennzeichnung: „ohne Altersbeschränkung, ab 6/12/16 Jahren"	erlaubt	erlaubt	erlaubt
§ 13	Spielen an elektronischen Bildschirmspielgeräten ohne Gewinnmöglichkeit nur nach den Freigabekennzeichen: „ohne Altersbeschränkung, ab 6/12/16 Jahren"	erlaubt	erlaubt	erlaubt

* **Branntwein**
Alkoholisches Getränk mit einem Alkoholanteil von etwa 30–60 Prozent. Branntwein wird durch Destillation (Brennen) aus gegorenen Flüssigkeiten gewonnen.

* **Shisha**
Wasserpfeife arabischen Ursprungs. Häufig wird Tabak mit Fruchtaromen in der Shisha geraucht.

M 2 Alkohol an Jugendliche verkauft

Ein Berliner Ladenbesitzer hat seine Gewerbezulassung verloren und muss sein Geschäft schließen, weil er an Jugendliche wiederholt Alkohol verkauft hat. Eltern hatten im Sommer 2012 angezeigt, dass im Geschäft des Mannes Alkohol an ihre minderjährigen Kinder verkauft worden war. Das Bezirksamt Charlottenburg-Wilmersdorf verbot dem Mann deshalb den Weiterbetrieb des kompletten Ladens, also auch des Internetcafés, das sich in den gleichen Räumen befand. Gegen die Schließung durch das Bezirksamt hatte der Mann geklagt. Das Verwaltungsgericht bestätigte dies nun. Der Betreiber habe gegen das Jugendschutzgesetz verstoßen (Urteil der 4. Kammer vom 31. Januar 2014 – VG 4 K 102.13).

Nach: www.berlin.de/gerichte/verwaltungsgericht/presse/presse mitteilungen/2014/pressemitteilung.425650.php (Zugriff: 21.11.2016)

M3 Jugendgefährdende Veranstaltung?

Eine Firma betrieb eine sogenannte Laser-Tag-Arena – eine Halle, in der in der Regel mannschaftsweise Spieler versuchen mittels „Laserstrahlen" einander zu treffen, wobei die Treffer jeweils Punkte ergeben. Die Firma erlaubte bereits 12-Jährigen die Teilnahme an solchen Spielen.
Die Jugendbehörde hielt aus Jugendschutzgründen ein Mindestalter von 16 Jahren für erforderlich und außerdem eine persönliche Einweisung und Auswertung mit den Spielern. Es erließ einen auf § 7 JuSchG gestützten Bescheid.

Nach: Bundesarbeitsgemeinschaft Kinder- und Jugendschutz e.V. http://www.bag-jugend-schutz.de/PDF/Beitrag_Roll_KJug_3-2016.pdf (Zugriff: 21.11.2016)

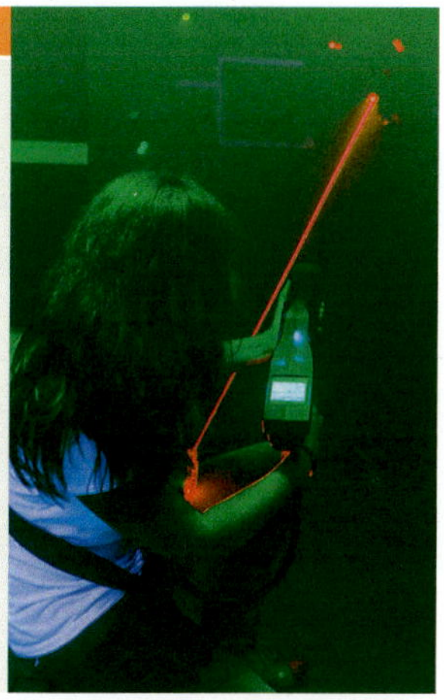

M4 Ist eine Alterskontrolle beim Online-Handel möglich?

Viele Produkte, die im Internet verkauft werden, sind nicht für Jugendliche bestimmt. Das kann eine DVD mit einem Horror-Film sein oder hochprozentiger Alkohol. Was im Laden gar kein Problem darstellt, da man den Ausweis des Käufers kontrollieren kann, ist beim Online-Handel schon deutlich schwieriger. Der Bundesgerichtshof schreibt ein zweistufiges Verfahren vor: So muss vor dem Versand, also bei der Bestellung, eine wirksame Überprüfung des Alters stattfinden. Außerdem muss sichergestellt werden, dass die versandte Ware nicht von Minderjährigen in Empfang genommen wird. Das funktioniert natürlich nur eingeschränkt oder gar nicht bei Downloads und Streaming-Angeboten.

M5 Kennzeichnung der Unterhaltungssoftware Selbstkontrolle

1 M1 zeigt eine Übersicht über das Jugendschutzgesetz. Beschreibe, welche der Regelungen du kennst. Welche sind für dich neu?

2 Erkläre, warum es unterschiedliche Altersstufen beim Jugendschutz gibt.

3 In M2 und M3 werden Verstöße gegen das Jugendschutzgesetz beschrieben. Fasse die Fälle in eigenen Worten zusammen.

4 Begründe, inwieweit du die Entscheidungen in M2 und M3 nachvollziehbar findest. Hättest du anders entschieden?

5 Erläutere, ob du bereits ähnliche Erfahrungen wie in M4 beim Online-Handel gemacht hast.

6 Recherchiert die Bedeutung der Symbole in M5 im Internet (Webcode) und stellt eure Ergebnisse in der Klasse vor.

7 Bewerte, ob der Staat Jugendliche ausreichend schützt. TIPP *S. 351*

Der Täter-Opfer-Ausgleich

David und Pascal (siehe S. 64) haben trotz einiger Bedenken Paul dazu gezwungen, ihnen sein Smartphone zu geben, ihm gedroht, ihn zu verprügeln, wenn er petzt, und ihm als Warnung seinen Fahrradreifen zerstochen. Paul hat sich aber nicht einschüchtern lassen und sich seiner Klassenlehrerin anvertraut. Neben schulischen Konsequenzen haben die Eltern von Paul Strafanzeige gestellt.

M1 Aus dem Strafgesetzbuch

Delikt	Merkmale der Tat
§ 223 StGB Körperverletzung	(1) Wer eine andere Person körperlich misshandelt oder an der Gesundheit schädigt, wird mit Freiheitsstrafe bis zu fünf Jahren oder mit Geldstrafe bestraft. (2) Der Versuch ist strafbar.
§ 240 StGB Nötigung	(1) Wer einen Menschen rechtswidrig mit Gewalt oder durch Drohung mit einem empfindlichen Übel zu einer Handlung, Duldung oder Unterlassung nötigt, wird mit Freiheitsstrafe bis zu drei Jahren oder mit Geldstrafe bestraft.
§ 241 StGB Bedrohung	1) Wer einen Menschen mit der Begehung eines gegen ihn oder eine ihm nahestehende Person gerichteten Verbrechens bedroht, wird mit Freiheitsstrafe bis zu einem Jahr oder mit Geldstrafe bestraft.
§ 249 StGB Raub	(1) Wer mit Gewalt gegen eine Person oder unter Anwendung von Drohungen mit gegenwärtiger Gefahr für Leib oder Leben eine fremde bewegliche Sache einem anderen in der Absicht wegnimmt, die Sache sich oder einem Dritten rechtswidrig zuzueignen, wird mit Freiheitsstrafe nicht unter einem Jahr bestraft.
§ 255 StGB Räuberische Erpressung	Wird die Erpressung durch Gewalt gegen eine Person oder unter Anwendung von Drohungen mit gegenwärtiger Gefahr für Leib oder Leben begangen, so ist der Täter gleich einem Räuber zu bestrafen.
§ 303 StGB Sachbeschädigung	(1) Wer rechtswidrig eine fremde Sache beschädigt oder zerstört, wird mit Freiheitsstrafe bis zu zwei Jahren oder mit Geldstrafe bestraft.

Rechtstexte verstehen

Wenn man selber kein Jurist* ist, fällt es einem manchmal schwer, Gesetze zu verstehen. Juristen versuchen in einen Satz möglichst viel hineinzupacken und dabei doch alles präzise zu formulieren. Das ist wichtig, schließlich geht es darum, dass jemand Recht bekommt und ein anderer bestraft werden soll.
Um Rechtstexte zu verstehen, muss man sie in kleine Abschnitte einteilen.

* **Jurist**
Jemand, der Rechtswissenschaften – das nennt man auch Jura – studiert hat, bezeichnet man als Juristin oder Jurist. Das können Richter, Staatsanwälte oder Rechtsanwälte sein. Manche Juristen arbeiten aber auch in der Rechtsabteilung einer großen Firma oder in Behörden.

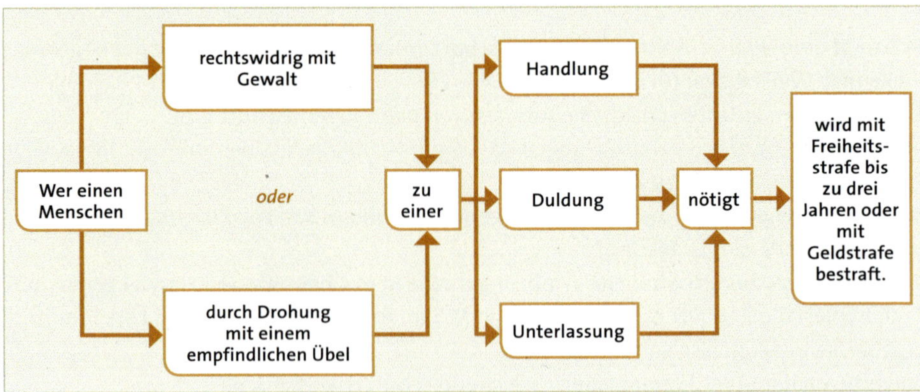

M2 § 240 StGB Nötigung

M 3 Der Täter-Opfer-Ausgleich

Wenn das Opfer oder der Täter einer Straftat es wollen, können sie nach dem Gesetz einen Täter-Opfer-Ausgleich machen, unabhängig davon, um welche Straftat es sich handelt.
Dabei können sie einen neutralen Vermittler in Anspruch nehmen, der sie bei der Aufarbeitung der Tat, bei der Befriedung des Konflikts und bei der Aushandlung der Wiedergutmachung unterstützt.
Es ist dann Sache der Staatsanwaltschaft oder des Gerichts, wie sie dieses Ergebnis bewertet. Eine Einstellung des Verfahrens ist bei ganz schweren Straftaten nicht möglich, da kommt dann noch eine Verhandlung, aber in den vielen anderen Fällen schon. Oft regt die Polizei oder die Staatsanwaltschaft einen solchen Täter-Opfer-Ausgleich auch an.

Wie verläuft ein Täter-Opfer-Ausgleich?
Vorgespräche: Meist werden getrennte Vorgespräche geführt, um herauszufinden, ob die Opfer und Täter das wirklich wollen. Nur dann macht es ja Sinn, weiterzumachen. Dabei wird erfragt, um was es den Opfern in erster Linie geht (Wiedergutmachung, Entschuldigung, Erklärung, Schlussstrich usw.) und was sie unbedingt besprechen wollen.

Gemeinsame Gespräche: In weiteren gemeinsamen Gesprächen werden die offenen Fragen besprochen und eine Wiedergutmachung ausgehandelt. Das kann eine Schmerzensgeldzahlung und/oder Schadensersatz sein. Aber auch jede andere Form der Wiedergutmachung ist denkbar und hängt von den Vorstellungen und Möglichkeiten der Betroffenen ab.
Vereinbarung: Am Schluss steht eine Vereinbarung, die für beide Seiten verbindlich ist. Die Ergebnisse des Gesprächs werden festgehalten und Höhe und Art der materiellen Wiedergutmachung aufgeschrieben. Dieses Ergebnis wird dann der Justiz mitgeteilt und die entscheidet dann, ob das Verfahren eingestellt oder der Täter-Opfer-Ausgleich dazu beitragen kann, dass die Strafe geringer ausfällt.
Wichtig ist: Wenn man miteinander reden, die Sache regeln und als Täter Verantwortung übernehmen möchte, sollte man sich überlegen, ob ein Täter-Opfer-Ausgleich infrage kommen könnte.

http://taeter-opfer-ausgleich.de/erklärt (Zugriff: 6.6.2016)

SCHLICHTEN STATT RICHTEN

Logo des Bundes Deutscher Schiedsmänner und Schiedsfrauen e.V. – BDS – www.schiedsamt.de

Zur Durchführung des Täter-Opfer-Ausgleichs sind sogenannte Ausgleichsstellen berechtigt. Dies können z. B. Träger der Jugendhilfe, die Gerichts- oder Bewährungshilfe sein. Auch Schiedsmänner und Schiedsfrauen können im Rahmen ihrer Zuständigkeiten damit beauftragt werden. Alle genannten Stellen garantieren, dass die Gespräche durch besonders geschulte Personen durchgeführt werden.

1. Beschreibe mithilfe der Paragrafen aus dem Strafgesetzbuch (StGB), welche Straftaten die beiden verübt haben. (**M 1**)
2. Erstelle für § 250 StGB Raub ein ähnliches Schaubild wie **M 2**.
3. Arbeite aus **M 3** Argumente, die für und gegen das Verfahren des Täter-Opfer-Ausgleichs sprechen, heraus und stelle sie einander gegenüber.
4. Begründe, ob sich Paul (siehe S. 64) auf einen Täter-Opfer-Ausgleich einlassen sollte. **TIPP** *S. 351*
5. **Rollenspiel** (siehe S. 24/25): Spielt das Verfahren des Täter-Opfer-Ausgleichs nach. Folgende Rollen müsst ihr besetzen:
   - Paul
   - David
   - Pascal
   - zwei Personen, die die Vorgespräche führen
   - eine Person, die das gemeinsame Gespräch moderiert
   - Staatsanwältin: entscheidet, ob das Verfahren eingestellt wird

Teen-Courts – wenn Jugendliche über Straftäter urteilen

M 1 Schüler diskutieren Vor- und Nachteile von Teen-Courts*.

M 2 Schülergerichte in Sachsen: Im Anklagesessel

Michael Sassimowitsch ist 18 und einer der dienstältesten Schülerrichter in Leipzig. Er verhandelt mit Ersttätern zwischen 15 und 18 Jahren darüber, welche Strafe für ihr Vergehen angemessen ist. Meistens landen bei ihm nur leichte Straftaten. Wenn zum Beispiel ein Jugendlicher Pralinen für seine Mutter geklaut hat oder ein Motorrad für eine Spritztour, dann müssen die Täter nicht immer sofort auf die harte Anklagebank eines sächsischen Landgerichts. Stattdessen dürfen sie sich in den weichen Sesselkissen in einer Leipziger Industriellenvilla niederlassen.

„Jugendliche im selben Alter finden oft einen leichteren Zugang zu den Beschuldigten", sagt Till Pietzcker. Er ist Sprecher des Justizministeriums in Sachsen, das sich die Idee mit den Schülergerichten vor vier Jahren hat einfallen lassen.

Bis zu Beginn des Schuljahrs gab es die Gerichte nur in drei sächsischen Städten auf Probe – in Leipzig, Zwickau und Bautzen. Jetzt soll das Projekt auch auf Görlitz und Chemnitz ausgeweitet werden. Denn die Erfahrungen seien gut. Gleichaltrige sähen Straftaten bestimmter Kategorien, wie zum Beispiel Ladendiebstähle oder Fahren ohne Fahrerlaubnis, häufig als sportliche Leistung an, für die sie sich Anerkennung erhoffen. „Eine missbilligende Reaktion durch Gleichaltrige kann hier eine positive Änderung des Unrechtsbewusstseins bewirken."

Und das scheint in vielen Fällen tatsächlich zu funktionieren.

Ben sitzt zusammengesunken auf den weißen Polstern im Jugendhaus. Michael und zwei andere Schülerrichterinnen sitzen um ihn herum an einem niedrigen Tisch und schauen ihn erwartungsvoll an. Ben schluckt, holt Luft und geht in Gedanken zurück an jenen Tag im Kaufhaus in der Leipziger Innenstadt.

Als er da stand, zwischen den Regalen, und das Computerspiel sah. Als es plötzlich nichts Wichtigeres mehr gab und er es nur noch haben wollte. Im Portemonnaie war nicht mehr genug Geld dafür. Aber das tat der fast körperlich fühlbaren Lust auf das Spiel keinen Abbruch. Er schaute nach rechts und links, kein Verkäufer da, und schon steckte die DVD im Anorak.

www.spiegel.de/schulspiegel/leben/schuelergerichte-in-sachsen-im-anklagesessel-a-718863.html, Greta Taubert (Zugriff: 5.12.2016)

* **Teen-Courts**
Die in Schülergerichten mitwirkenden Schüler sind in der Regel zwischen 14 und 19 Jahren alt. Die Beteiligung ist freiwillig und ehrenamtlich, sie erhalten aber eine Schulung.
Die verhandelten Fälle müssen bestimmte Voraussetzungen erfüllen:
Der jugendliche Straftäter muss zwischen 14 und 18 Jahre alt sein, die kriminelle Handlung darf nur einen minder schweren Fall darstellen, der Täter muss geständig und der Tathergang genau geklärt sein und das Einverständnis zur Verhandlung vor dem Schülergericht muss vom jugendlichen Straftäter und seinen Erziehungsberechtigten erteilt worden sein.
Wo gibt es Teen-Courts?
In Bayern, Hessen, Nordrhein-Westfalen, Sachsen, Sachsen-Anhalt und Baden-Württemberg gibt es an einzelnen Orten solche Schülergremien. Im baden-württembergischen Kehl wird das Konzept auch bei strafunmündigen Kindern, also bei unter 14-Jährigen, erprobt.

M 3 Späte Einsicht

„Das war Scheiße", sagt Michael, und über seiner Nase kerbt sich eine Falte. Seine Augen hinter der schwarz gerahmten Brille gucken jetzt ernst. „Ich weiß das ja", sagt Ben, „besser als ihr euch vorstellen könnt." Seine Eltern hatten ihm wochenlanges PC-, Fernseh- und Ausgehverbot erteilt. Dem Fußballtrainer hatten sie es sogar erzählt, was dann schnell die Runde unter seinen Kickerfreunden machte. Seitdem hänselt ihn der ganze Verein.

„So was möchte ich mir nicht noch mal antun", sagt Ben, und die Stimme fällt auf Flüsterniveau. „Was würdest du als Strafe vorschlagen?", fragt Michael, und Ben erzählt davon, wie er die jüngsten Fußballer trainieren möchte. Ihnen wieder ein Vorbild sein könnte. Es auch dort im Verein wieder ausbügeln möchte.

„Ich finde, Ben hat schon ziemlich viel Bestrafung durch seine Eltern erfahren", sagt Michael zu seinen zwei Kolleginnen, als der Beschuldigte den Raum verlassen hat. „Wir sollten ihm in seinem Vorschlag für die Strafe folgen." Die Richter dürfen nicht mehr als 15 Sozialstunden verhängen. Schwerere Fälle bekommen sie auch gar nicht von der Staatsanwaltschaft übermittelt.

Meistens wollen sie den Beschuldigten aber dazu motivieren, sich mit seiner Tat in kreativer Weise auseinanderzusetzen. Er mag HipHop? Soll er einen Rap darüber schreiben, wie es dem Typen geht, dem er das Motorrad geklaut hat. Sie kann malen? Sie könnte einen Comic darüber zeichnen, wie es in dem Tante-Emma-Laden nach dem Diebstahl weitergeht. Er ist in der Theatergruppe? Dann wäre doch ein Stück im Altenheim denkbar.

„Die Schülerrichter haben da freie Befugnis", sagt Rainer Dietrich. Der Sozialarbeiter betreut die elf Leipziger Schülerrichter und sitzt bei jeder Verhandlung etwas abseits, um notfalls eingreifen zu können. „Das musste ich aber bisher noch nie", sagt Dietrich. „Die Schülergerichte sind für die Jugendlichen ja eine große Chance."

http://www.spiegel.de/schulspiegel/leben/schuelergerichte-in-sachsen-im-anklagesessel-a-718863.html, Greta Taubert (Zugriff: 5.12.2016)

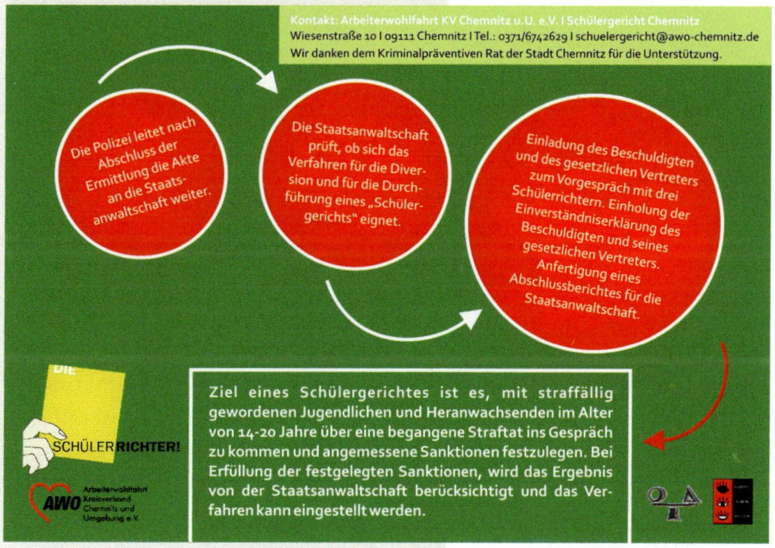

Die Schülerrichter. Flyer der Arbeiterwohlfahrt Kreisverband Chemnitz und Umgebung e. V.

1 In **M 2** wird ein Schülergericht, ein sogenannter Teen-Court, beschrieben. Nenne die beteiligten Personen und ihre Funktion.

2 Beschreibe die Vorteile, die so ein Schülergericht gegenüber einem normalen Gericht haben könnte. (**M 2** und **M 3**)

3 Könntest du dir vorstellen, Richterin/Richter an einem Schülergericht zu sein? Begründe.

4 Schülergerichte verhängen oft kreative Strafen (**M 3**). Sammle einige Beispiele für leichte Vergehen und ordne ihnen solche Strafen zu.

5 Teen-Courts gibt es bislang nur sehr wenige in Deutschland. Nenne mögliche Ursachen.
TIPP *S. 352*

+ ZUSATZAUFGABE Diskutiert in der Klasse: Kann man Straftaten überhaupt wiedergutmachen? Nehmt dabei die Sichtweise der Opfer, der Täter und der Gesellschaft ein.

„Ganz schön mächtig“, meint Barbara Bollwahn und fährt fort: „Man muss sich nicht alles gefallen lassen – nicht mal vom Staat. Die Landwirte Heinrich und Marieluise G. aus Waltrop kämpfen gegen den Bau eines riesigen Kohlekraftwerks.“

M1 Bauern gegen Energieriese

Der Düsseldorfer Energiekonzern E.on will in unmittelbarer Nähe [zum Hof der Familie G.] das modernste und größte Kohlekraftwerk Europas errichten. [...] Die G. wohnen etwa 1300 Meter Luftlinie von der Kraftwerksbaustelle entfernt. Die roten Lichter des Kühlturms sind durch das Wohnzimmerfenster zu sehen. [...] Sie erzählen, wie es zu der David-und-Goliath-Geschichte* Bauern gegen Energieriese kam. „Wir hatten Angst um unsere Existenz“, sagt er. „Wir wollten uns später von unseren Kindern nicht vorwerfen lassen, nichts unternommen zu haben“, sagt sie. [...] Die Stadtverwaltung in Datteln, auf deren Gebiet sich das mehr als 75 Hektar große Kraftwerksgelände befindet, hatte ihnen weismachen wollen, dass das Kraftwerk keinerlei negative Folgen hätte, auch wenn der Mindestabstand von 1500 Metern unterschritten würde. [Die Wohn- und Arbeitsverhältnisse würden] nicht beeinträchtigt, so der Tenor des Bebauungsplanes, den das örtliche Planungsamt und die Bezirksregierung in Absprache mit dem E.on-Management in nicht einmal zwei Jahren aufgestellt hatten.

[Die G. klagten] gegen den Bebauungsplan.

„Wir wollten probieren, ob es in Deutschland Gerechtigkeit gibt“, sagt Bauer G. Rund zwei Jahre später entschied das Oberverwaltungsgericht Münster [...]. Und es geschah ein kleines Wunder. Das Gericht erklärte den Bebauungsplan für unwirksam. Es nahm ihn derart auseinander, dass selbst den G. ganz schwindelig wurde.

Er stimme nicht mit den Zielen der geltenden Landesplanung überein, verstoße gegen emissionsrechtliche Bestimmungen, der notwendige Abstand von 1500 Metern sei nicht eingehalten worden, die Auswirkungen des Kühlturms seien nicht angemessen beurteilt worden und, und, und. Das Gericht wies aber auch darauf hin, dass es nicht grundsätzlich verwehrt sei, ein Steinkohlekraftwerk in Datteln zu planen, und wies auf die Möglichkeit eines sogenannten Zielabweichungsverfahrens* hin. [...] Eine Revision* ließ das Gericht nicht zu. Dagegen klagte E.on – und verlor erneut. Das Bundesverwaltungsgericht Leipzig, das höchste deutsche Verwaltungsgericht, wies die Beschwerde zurück, und die G. bekamen abermals recht.

Aus: Barbara Bollwahn, Ganz schön mächtig, in: Bundeszentrale für politische Bildung (Hg.), Fluter Nr. 38, Bonn 2011, S. 37f.

* **David und Goliath**
eine biblische Geschichte, in der der junge David den großen, übermächtigen Krieger Goliath mit einer Steinschleuder besiegt

* **Zielabweichungsverfahren**
Abweichungen von der Landesplanung sind hierbei in Einzelfällen möglich.

* **Revision**
hier Überprüfung der Entscheidung des Oberverwaltungsgerichts Münster durch die nächsthöhere Instanz, weil die Sache von grundsätzlicher Bedeutung ist

M 2 Justitia auf dem Dach des Rathauses in Offenburg

Grundsätze des Rechtsstaats

Achtung der Grundrechte, Gewaltenteilung, Gleichbehandlung vor dem Gesetz, Vorbehalt des Gesetzes und Verhältnismäßigkeit gehören zu den Grundsätzen, man sagt auch Prinzipien des Rechtsstaats. In M 3 werden die Grundsätze definiert.

Mehr zum Thema
Film: Gesetzgebung ... einfach erklärt
Webcode PE646098-073

M 3 Definition: Prinzipien des Rechtsstaats

1 In einem Staat unterscheidet man drei Gewalten: Eine Gewalt macht die Gesetze (gesetzgebende Gewalt), die zweite führt sie aus (ausführende Gewalt) und die dritte kontrolliert die Einhaltung der Gesetze (rechtsprechende Gewalt). Die Teilung soll Machtmissbrauch verhindern und die Freiheit der Bürger sichern.

2 Vor dem Gesetz sind alle Menschen gleich. Geschlecht, Abstammung, Rasse, Sprache, Herkunft, Religion, politische Anschauungen oder eine Behinderung dürfen weder zu Bevorzugungen noch zu Benachteiligungen führen.

3 Das Grundgesetz enthält einen Katalog von Grundrechten. Sie zu achten, ist die Aufgabe der drei Gewalten in einem Staat.

4 Jeder Eingriff des Staats in Rechte Einzelner muss diesen Grundsatz beachten: Die Maßnahme muss in einem angemessenen Verhältnis zum Zweck und Ziel stehen und darf nicht übermäßig sein.

5 Die Ausübung einzelner Grundrechte kann durch ein Gesetz eingeschränkt oder durch ein Gesetz näher geregelt werden. Das Grundgesetz erlaubt dies dem Gesetzgeber ausdrücklich. Gleichzeitig ist ein Gesetz auch Voraussetzung für einen Eingriff in Grundrechte.

Mehr zum Thema
Film: Gewaltenteilung ... einfach erklärt
Webcode PE646098-073

1 Erkläre, warum Barbara Bollwahn in **M 1** von einer „David-und-Goliath-Geschichte“ schreibt. Wie war es möglich, dass David Goliath bezwingt?

2 Beschreibe das Bild **M 2** und interpretiere es. Was sagt es über die Rechtsprechung in einem Rechtsstaat aus? TIPP *S. 352*

3 Erläutere, welche Bedeutung diese Eigenschaften von Justitia im Fall der G. hatten.

4 Ordne die Grundsätze des Rechtsstaats den Definitionen von **M 3** zu.

5 Die Grundsätze des Rechtsstaats werden in einer Diktatur (unbeschränkte Herrschaft eines Einzelnen oder einer Partei) verletzt. Erkläre warum.

6 Stelle dar, wie Recht und Gesetz Konfliktbewältigung und Interessenausgleich für eine Gesellschaft herstellen. TIPP *S. 352*

Viele Angelegenheiten des alltäglichen Lebens werden durch Recht und Gesetz geregelt, auch wenn wir das gar nicht wissen. Das Recht selbst kennt zwei große Bereiche, das Öffentliche Recht und das Privatrecht, das auch Zivilrecht genannt wird. Vom Strafrecht als einem Gebiet des Öffentlichen Rechts hast du schon einiges erfahren, als von Jugendkriminalität, Strafen, Strafmündigkeit, jugendstrafrechtlichen Sanktionen usw. die Rede war.

M1 Rechtsfragen

1

Jemand will dir etwas schenken. Musst du es annehmen, wenn du das Geschenk nicht willst, weil es dir z. B. viel Arbeit macht oder mit hohen Kosten für dich verbunden ist?

2

Deine Großmutter ist gestorben und hinterlässt neben ihrem Häuschen auch eine Menge Schulden. Deine Mutter ist als einziges Kind Alleinerbin, weil der Großvater schon lange nicht mehr lebt. Muss deine Mutter auch die Schulden bezahlen, wenn sie das Erbe annimmt?

3

Ein 13-Jähriger schwänzt schon seit zwei Wochen die Schule. Seine Eltern sind auch nach dem Gespräch mit der Lehrerin uneinsichtig und schicken ihr Kind nicht in die Schule. Ist es möglich, dass die Polizei den Schüler abholt und in die Schule bringt?

4

In einem anderen Fall können die Eltern ihre Tochter nicht dazu bewegen, regelmäßig in die Schule zu gehen. Dürfen Eltern notfalls ihre Kinder mit einem Stock schlagen?

5

Nach einer Überprüfung stellt das Veterinäramt fest, dass ein Eierproduzent die Legehennen-Verordnung nicht beachtet, weil zu viele Hühner auf einem Quadratmeter Käfig gehalten werden. Kann die Behörde ein Bußgeld verhängen und den Bauern zwingen, die Verordnung einzuhalten?

6

Ein Häuslebauer möchte nicht das im Bebauungsplan für dieses Baugebiet vorgesehene Flachdach und reicht deshalb einen Bauantrag mit einem Satteldach für sein neues Haus ein. Das Bauamt verweigert daraufhin die Baugenehmigung. Kann der Bauherr etwas dagegen unternehmen?

7

Ein älterer Mann hat sich ein Tablet gekauft und kann es nicht bedienen. Er ärgert sich so darüber, dass er es auf den Boden wirft und darauf mit den Füßen tritt. Darf er das?

8

In einer Gaststätte schenkt der Wirt immer wieder Schnaps an Jugendliche aus. Als dies bekannt wird, verbietet das Gewerbeaufsichtsamt dem Wirt, weiterhin sein Lokal zu betreiben. Ist das rechtens?

Nach: Nicola Lindner, Recht verständlich, 2. Auflage, C.H. Beck Paperback, München 2015, S. 65 ff. Originalausgabe: Verlag C.H. Beck, Jura für Kids, München 2013

Das **Privatrecht** regelt die rechtlichen Beziehungen der Bürger oder ihnen gleichgestellter Verbände und Gesellschaften* untereinander. Wie sie ihre Beziehungen gestalten, ist weitgehend ihnen selbst überlassen. Man spricht deshalb von Vertragsfreiheit oder auch Vertragsautonomie.

Das Privatrecht untergliedert sich hauptsächlich in die Rechtsgebiete Schuld-, Sachen-, Familien- und Erbrecht. Der Staat oder die Polizei spielen bei solchen Fragen und Auseinandersetzungen keine Rolle – im Unterschied zum Strafrecht, wo die Polizei im Auftrag der Staatsanwaltschaft ermittelt. Das Strafrecht ist also Teil des Öffentlichen Rechts.

Das **Öffentliche Recht** bestimmt die Tätigkeit des Staats gegenüber den Bürgern. Das bedeutet, immer wenn eine staatliche Stelle etwas erlaubt oder verbietet, ist die Grundlage für staatliches Handeln das Öffentliche Recht. Und weil so viele Lebensbereiche durch Behörden (Verwaltung) geregelt werden, ist es auch der Rechtsbereich mit den meisten Gesetzen. Das Verwaltungsrecht ist somit das größte Rechtsgebiet in diesem Bereich. Andere Rechtsgebiete sind z. B. das Völker- und Europarecht, das Strafrecht und das Finanzrecht.

Manche Rechtsgebiete sind sowohl dem Öffentlichen wie dem Privatrecht zuzuordnen, wie etwa das Arbeitsrecht.

* **Verbände und Gesellschaften**
Meint hier den Zusammenschluss von mehreren Personen, um gemeinsame Interessen zu verfolgen. Sie wählen dafür eine bestimmte Rechtsform als Organisation.

M 2 Vergleichstabelle zum Privat- und zum Öffentlichen Recht

	Privatrecht	Öffentliches Recht
Rechtsbeziehungen		
Rechtsquellen		

M 3 Ein Faustschlag

Herr W. ist Inhaber einer Gastwirtschaft. Die Geschäfte laufen nicht gut. Zu später Stunde sitzt nur noch ein Gast im Lokal, der trotz Aufforderung nicht gehen will. Der Streit zwischen den beiden wird handgreiflich. Aus lauter Frust schlägt der Wirt mit der Faust zu und schlägt dem Gast einen Zahn aus.

Nach: Nicola Lindner (2015), S. 76

1 Ordne die Rechtsfragen aus **M 1** den beiden Rechtsbereichen, Öffentliches Recht und Privatrecht, zu.

2 Beschreibe, welche Rechtsfragen Privatrecht und welche das Öffentliche Recht regelt.

3 Vergleiche das Privatrecht und das Öffentliche Recht unter den Gesichtspunkten:
- Rechtsbeziehungen: Welche Parteien sind an einer Auseinandersetzung vor Gericht beteiligt?
- Rechtsquellen: Welche gesetzlichen Grundlagen gelten für solche gerichtlichen Verfahren?

In **M 2** ist eine Tabelle für den Vergleich angelegt. Übertrage sie in dein Heft.

4 Ein Faustschlag kann gleich mehrere Rechtsgebiete angehen. Erkläre, welche Rechtsgebiete im Fall von **M 3** betroffen sind. TIPP *S. 352*

Gerichte haben sehr unterschiedliche Rechtsfälle zu entscheiden. Entsprechend der Vielzahl von Rechtsgebieten gibt es neben der ordentlichen Gerichtsbarkeit spezialisierte Gerichte: Arbeitsgerichte, Verwaltungsgerichte, Sozialgerichte und Finanzgerichte. Das ist wie in der Medizin, wo sich Fachärzte auf bestimmte Krankheiten spezialisiert haben. Ordentliche Gerichte befassen sich mit Straf- und Zivilverfahren. Auf dieser Doppelseite geht es um das Strafverfahren.

M1 Eröffnungsbeschluss

Ausfertigung

Aktenzeichen:
[redacted] jug.

Amtsgericht Waiblingen

Beschluss

In dem Strafverfahren gegen
1) W[redacted] T[redacted],
geboren am [redacted] in [redacted], ledig, Staatsangehörigkeit: [redacted],
wohnhaft: [redacted]. [redacted]

2) K[redacted] M[redacted],
geboren am [redacted] in [redacted], ledig, Beruf: Maler, Staatsangehörigkeit: [redacted]
wohnhaft: [redacted], [redacted], [redacted]
Alias: M[redacted] [redacted], geboren am [redacted] in [redacted], Staatsangehörigkeit: [redacted]

wegen Diebstahls u. a.

hat das Amtsgericht Waiblingen durch Richter am Amtsgericht [redacted] am [redacted] beschlossen:

1. Die Anklagen der Staatsanwaltschaft Stuttgart vom [redacted] (Aktenzeichen: [redacted]) und vom [redacted] (Aktenzeichen: [redacted]) werden zur Hauptverhandlung zugelassen.

2. Auf Antrag der Staatsanwaltschaft wird gegen die Angeklagten das Hauptverfahren vor dem Amtsgericht – Jugendschöffengericht – Waiblingen eröffnet (§§ 203, 207 StPO).

[redacted]
Richter am Amtsgericht

Das Strafverfahren

M1 ist der Eröffnungsbeschluss* eines Amtsgerichts in einem Strafverfahren. Die Angeklagten erhielten ihn mit einer Ladung zu einem Gerichtstermin. Was war diesem Beschluss vorausgegangen? Die beiden Beschuldigten haben zwei Straftaten begangen: Das erste Mal haben sie einem schlafenden Mann die Geldbörse und das Handy entwendet. Bei der nächsten Tat wurden sie gefasst, als sie in einem Laden eine Jacke stehlen wollten.

* **Eröffnungsbeschluss**
Das Gericht beschließt, ein Hauptverfahren durchzuführen, weil es der Ansicht ist, der Angeklagte ist der ihm zu Last gelegten Straftat hinreichend verdächtig.

Beide Taten wurden angezeigt, und die Polizei ermittelte den Sachverhalt. Die Ermittlungsergebnisse gingen an den zuständigen Staatsanwalt. Der entschied sich dafür, Anklage vor Gericht zu erheben. Das bedeutet, er richtete eine Anklageschrift an das Amtsgericht. In der Anklageschrift schildert er die Taten, die den Angeschuldigten zur Last gelegt werden. Außerdem führt er die Beweise hierfür an. Jetzt muss der zuständige Richter entscheiden, ob er die Sache einstellt, mit einem Strafbefehl* ahndet oder die Hauptverhandlung eröffnet, wie es in diesem Fall geschehen ist.

In der **Hauptverhandlung** ruft der Richter die Sache auf und stellt fest, ob alle beteiligten Personen anwesend sind. Zeugen müssen anschließend den Gerichtssaal bis zur ihrer Vernehmung wieder verlassen. Nach der Befragung des Angeklagten zu seiner Person verliest der Staatsanwalt die Anklage, also was dem Angeklagten vorgeworfen wird. Dieser muss darauf nicht antworten. Deshalb weist der Richter den Angeklagten auf sein Aussageverweigerungsrecht hin. Will er aussagen, wird er zu den Vorwürfen befragt. Danach tritt das Gericht in die Beweisaufnahme ein. Es werden z. B. Zeugen nach vorheriger Belehrung vernommen oder Sachverständige gehört. Alles muss nochmals vor Gericht geklärt werden. Danach kommen die Plädoyers: Zuerst stellt der Staatsanwalt seinen Antrag (Freispruch oder Bestrafung), dann der Verteidiger, der für seinen Mandaten spricht. Bevor sich das Gericht zur Beratung des Urteils zurückzieht, hat in jedem Fall der Angeklagte das letzte Wort. Am Schluss verkündet das Gericht das Urteil „im Namen des Volkes".

* **Alias**
Meint hier einen anderen Namen, unter dem die Person sich auch ausgibt.

* **StPO: Strafprozessordnung**
§ 203 StPO
(Eröffnungsbeschluss)
Das Gericht beschließt die Eröffnung des Hauptverfahrens, wenn nach den Ergebnissen des vorbereitenden Verfahrens der Angeschuldigte einer Straftat hinreichend verdächtig erscheint.

§ 207 StPO
(Inhalt des Eröffnungsbeschlusses)
(1) In dem Beschluss, durch den das Hauptverfahren eröffnet wird, lässt das Gericht die Anklage zur Hauptverhandlung zu und bezeichnet das Gericht, vor dem die Hauptverhandlung stattfinden soll. [...]

* **Strafbefehl**
Richterliche Entscheidung über eine Strafe, ohne die Hauptverhandlung zu eröffnen. Ein Strafbefehl ist allerdings gegen Jugendliche nicht zulässig.

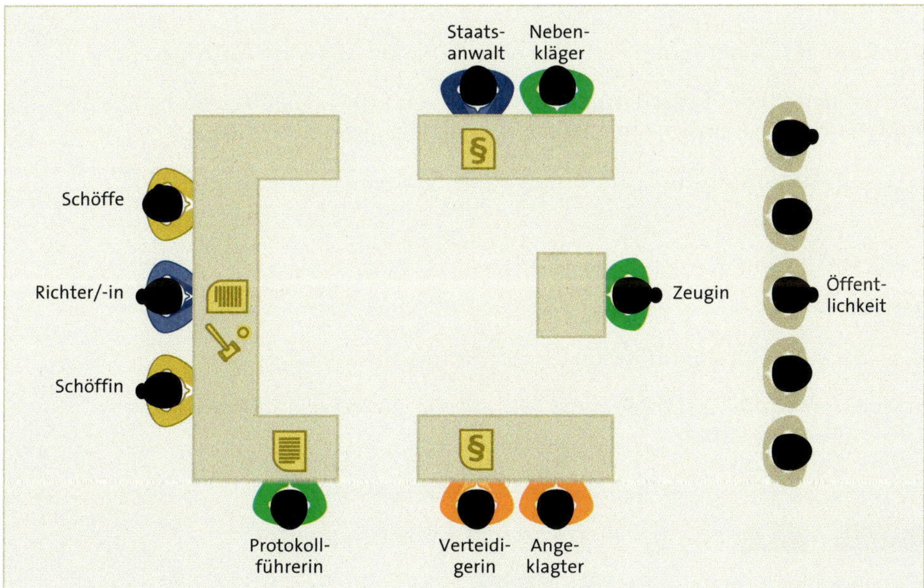

M2 Strafverfahren: Die Sitzordnung bei einer Hauptverhandlung

1 Gib den Eröffnungsbeschluss **M1** für ein Strafverfahren vor einem Amtsgericht in eigenen Worten wieder. Worum geht es in dem Strafverfahren?

2 Beschreibe den Ablauf des Hauptverfahrens vor Gericht und erstelle ein Flussdiagramm, das die einzelnen Phasen des Verfahrens festhält. TIPP *S. 352*

3 Überlege, welches Urteil dir in dem beschriebenen Fall nach dem Jugendstrafrecht angemessen erscheint. TIPP *S. 352*

+ ZUSATZAUFGABE Recherchiert – z.B. in Tageszeitungen oder bei einem Gerichtsbesuch – ähnliche Strafverfahren.

Das zweite an ordentlichen Gerichten durchgeführte Verfahren ist das Zivilverfahren.

M 1 Klageeinreichung

Klage

in Sachen

Herr A[redacted] L[redacted], B[redacted] Straße 39 in 7[redacted] K[redacted]

- Kläger -

Prozessbevollmächtigte: [redacted] und Kollegen, Rechtsanwälte, Partnerschaft mbH,

B[redacted] 14, 7[redacted] W[redacted]

gegen

Herrn W[redacted] K[redacted], R[redacted] 13, 7[redacted] W[redacted]

- Beklagter –

wegen Schadensersatz

vorläufiger Gegenstandswert: 1.500,00 EUR

beigestempelte Gerichtskosten: 213,00 EUR

Wir zeigen die Interessenvertretung der klägerischen Partei an und kündigen folgende **Anträge** an:

1. Der Beklagte wird verurteilt, an den Kläger Schadensersatz in Höhe von EUR 1.500,00 zuzüglich Zinsen in Höhe von 5 Prozentpunkten über Basiszinssatz heraus ab Rechtshängigkeit zu bezahlen.
2. Erlass eines Anerkenntnis- oder Versäumnisurteils bei Vorliegen der Voraussetzungen der §§ 307 Absatz 2, 331 Absatz 3 ZPO.
3. Der Beklagte trägt die Kosten des Rechtsstreits.

Zur **Begründung** wird ausgeführt:

Der Kläger ist Eigentümer des Fahrrades Mountainbike XELON der Firma Fahrrad XXL.

Beweis: Vorlage des Kaufvertrages vom 20.12.2017 der Firma Fahrrad XXL. Er hat das Fahrrad am 20.12.2017 zum Preis von EUR 1.500,00 erworben.

Am 16.2.2018 war das Fahrrad um 15.00 Uhr auf dem Stellplatz des Klägers abgestellt.

Beweis: Zeugnis der Frau K[redacted] W[redacted], ladungsfähige Anschrift wird nachgereicht.

Der Beklagte ist Halter des Pkw mit dem Kennzeichen W[redacted] – [redacted]. Er fuhr den Pkw am 16.2.2018 und vollzog mit diesem auf dem Stellplatz des Klägers ein Wendemanöver. Dabei übersah er das abgestellte Fahrrad, das durch den fahrenden Pkw kippte und überrollt wurde.

Beweis: Zeugnis der Frau K[redacted] W[redacted].

Am Fahrrad entstand ein Totalschaden.

Beweis: Sachverständigengutachten.

Der Beklagte, der den Schaden allein verursacht hat, verweigert trotz mehrfacher Aufforderung die Zahlung. Er ist antragsgemäß zu verurteilen.

Das Zivilverfahren

Anders als beim Strafprozess geht es im Zivilverfahren um Streitfälle zwischen zwei Parteien. Häufig wird um Geldfragen gestritten, über die sich zwei Seiten nicht einigen können. Eine Partei entschließt sich daher zu klagen. Das ist der Kläger. Die andere Seite wird Beklagte genannt. Das Gericht stützt sich bei der Verhandlung auf die von den Parteien jeweils vorgetragenen Sachverhalte. Rechtsanwälte übernehmen oft den Schriftverkehr für ihre Mandanten*.

Beim Amtsgericht können jedoch sowohl der Kläger als auch der Beklagte ohne Anwalt erscheinen. Erst ab der nächsthöheren Instanz*, dem Landgericht, braucht man einen Anwalt. Man sagt, es herrsche Anwaltszwang.

Ist z. B. eine Partei mit der Entscheidung eines Amtsgerichts nicht einverstanden, kann sie in die Berufung gehen. Das heißt, der Fall wird dann vom Landgericht neu verhandelt und das Urteil überprüft. Damit ist das Verfahren in der Regel abgeschlossen.

Beginnt das gerichtliche Verfahren gleich beim Landgericht, weil der Streitwert hoch (über 5000 €) ist, gibt es natürlich auch hier die Möglichkeit einer Berufung vor der nächsten Instanz, dem Oberlandesgericht (OLG).

Wenn die zweite Gerichtsinstanz der Ansicht ist, dass der Fall von allgemeiner Bedeutung oder der Vereinheitlichung der Rechtsprechung dienlich ist, kann das Urteil noch vom Bundesgerichtshof (BGH), dem höchsten deutschen Gericht der ordentlichen Gerichtsbarkeit, nachgeprüft werden. Man spricht dann von einer Revision.

Für Strafverfahren gilt grundsätzlich auch der Instanzenweg.

* **Mandant/-in**
die Person, die einen Rechtsanwalt beauftragt, ihre Interessen z. B. vor Gericht zu vertreten

* **Instanz**
die für ein gerichtliches Verfahren zuständige Stufe der Gerichtsbarkeit

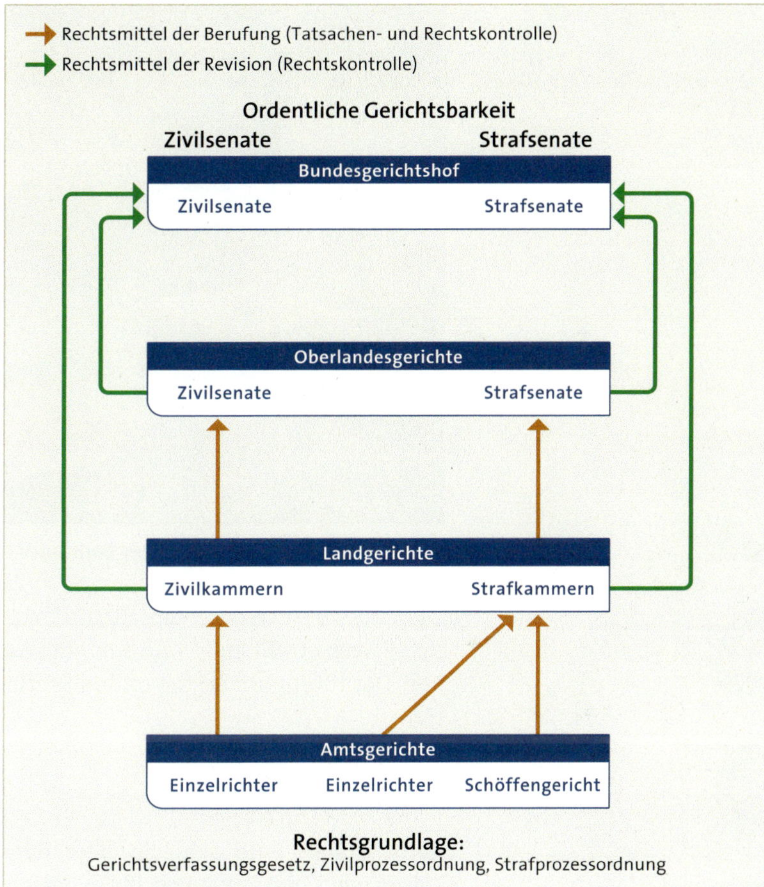

M2 Aufbau der ordentlichen Gerichte (vereinfachende Darstellung)

1 Beschreibe, worum es dem Kläger bei seiner Klageeinreichung **M1** bei einem Amtsgericht geht.

2 Vergleiche mithilfe der Fallbeispiele zum Straf- (s. **M1**, S. 76) und Zivilprozess (s. **M1**, S. 78) die beiden Gerichtsverfahren unter den Gesichtspunkten:
- Zweck des Verfahrens: Was soll mit dem Verfahren erreicht werden?
- Prozessinitiative: Wer hat das Verfahren angestrengt?
- Prozessparteien: Wer ist an dem Prozess beteiligt?
- Beweiserhebung: Wie werden die Sachverhalte, um die es bei Gericht geht, bewiesen?

3 Beschreibe den Aufbau der ordentlichen Gerichte nach **M2**.

4 Erläutere die Bedeutung von Berufung und Revision für einen Rechtsstaat. TIPP S. 352

Wir besuchen eine Gerichtsverhandlung

Manchmal lohnt es sich, nicht nur in die Schule zu gehen, um zu lernen, sondern sich woanders umzusehen: dort, wo das „wirkliche Leben" ist. Dabei könnt ihr ziemlich viel entdecken und lernen. Ihr könnt vergleichen, ob es wirklich so ist, wie ihr es in der Schule gelernt habt, oder ob die Vorstellungen von Gerichtsverhandlungen stimmen, die ihr euch vielleicht aus Filmen, Gerichtsshows im Fernsehen oder Videos gemacht habt. Ihr könnt die Stimmung in einem Gerichtssaal aufnehmen und der Richterin oder dem Staatsanwalt Fragen stellen. Als Experten können sie euch vieles erklären.

M1 Gerichtssaal im Freiburger Landgericht

Damit der Besuch beim Gericht auch seinen Zweck erfüllt, müsst ihr ihn gut planen. Das tut ihr am besten in drei Schritten:
- Vorbereitung,
- Durchführung,
- Auswertung.

Vorbereitung: Eure Lehrerin oder euer Lehrer weiß bestimmt, was ihr in der zur Verfügung stehenden Zeit machen könnt. Interessant sind meistens kleinere Strafprozesse, bei denen am selben Tag ein Urteil gesprochen wird. Die Lehrer wissen auch, wo das nächstgelegene Gericht ist, wie man sich als Schulklasse anmeldet und was bei Gericht alles zu beachten ist.

Dann überlegt ihr, was euch wichtig ist, was ihr genau beobachten wollt. Vielleicht ergeben sich aus dem Unterricht zum Recht und zum Gerichtsprozess Fragen und Anregungen. Teilt euch in Arbeitsgruppen ein, die bestimmte Personen, den Ablauf des Geschehens beobachten oder auf anderes achten.

Vorschläge für Arbeitsgruppen:

Gruppe 1: Richterin/Richter
Gruppe 2: Staatsanwältin/Staatsanwalt
Gruppe 3: Angeklagte/Angeklagter
Gruppe 4: Verteidigerin/Verteidiger
Gruppe 5: Zeugin/Zeuge
Gruppe 6: weitere Personen wie z. B. Sachverständige
Gruppe 7: Ablauf eines Prozesses einschließlich der Rituale
Gruppe 8: Skizze des Gerichtssaals
Gruppe 9: Darstellung der Straftaten bzw. Anklagen (bei mehreren Prozessen)

Durchführung: Eurer Vorbereitung entsprechend beobachtet ihr die Verhandlung/-en. Notiert euch während der Verhandlung, was euch auffällt, welche Antworten ihr auf eure Fragen und Aufträge bekommt. Achtet auch darauf, ob sich während des Prozesses Veränderungen ergeben. Vielleicht sieht der Staatsanwalt oder die Rechtsanwältin die Tat im Verlauf des Prozesses anders. Wenn ihr etwas nicht versteht, könnt ihr vielleicht in einer Pause nachfragen. Im Allgemeinen sind die Richter gerne bereit, Fragen zu beantworten und das Urteil zu erklären.

Auswertung: Jetzt geht es darum zu erfahren, was der Besuch bei Gericht gebracht hat, ob sich der Aufwand gelohnt hat und vieles mehr. Das solltet ihr so bald wie möglich nach dem Gerichtsbesuch machen.

Besprecht eure Ergebnisse und Erkenntnisse in der Klasse. Tauscht euch auch darüber aus, welche Eindrücke ihr von einer Gerichtsverhandlung gewonnen habt und was ggf. anders war als vorher gedacht. Überlegt, ob ihr für eine Person in besonderem Maße Verständnis habt, ob der Prozess eurer Meinung nach fair war und ob ihr das Urteil nachvollziehen könnt und als gerecht empfindet.

Vergesst in keinem Fall, darüber zu diskutieren, worin der Unterschied zu einer Schulstunde liegt, warum ihr vielleicht mehr oder auch weniger gelernt habt und warum.

Was ihr hier erfahren habt, könnt ihr bei jeder anderen Exkursion anwenden, die das Ziel hat, etwas außerhalb der Schule zu erfahren und zu entdecken. Haltet schriftlich fest, wie man eine solche Exkursion plant, durchführt und nachbereitet.

Wenn ihr das für sinnvoll haltet, überlegt, welche anderen Ziele sich im Fach Gemeinschaftskunde oder in anderen Fächern anbieten.

Planung von Exkursionen

1. Vorbereitung
- Kontaktaufnahme
- Fahrt zum Ort
- Verhaltensregeln vor Ort
- Beobachtungsbogen mit Fragen
- ...

2. Durchführung
- Beobachtungsbogen und Schreibmaterial nicht vergessen
- aufmerksames Beobachten
- Protokollieren
- ...

3. Auswertung
- Austausch über Beobachtungen und Ergebnisse
- ...

1 Für die Arbeitsgruppen 1 bis 6: Überlegt, was ihr genau bei der am Prozess beteiligten Person beobachten wollt. Wichtig sind z. B.: Aufgaben des/der Prozessbeteiligten, das Verhalten gegenüber anderen Personen und die Argumentation in der Verhandlung. Notiert eure Beobachtungspunkte. Einigt euch auf gemeinsame Punkte.

2 Für die Gruppe 8: Recherchiert die Einzelheiten der Fahrt zum Gericht: Treffpunkt, Abfahrtszeit, Fahrstrecke, Anschlussverbindungen und Kosten. Teilt der Klasse das Ergebnis mit.

3 Für die Gruppe 9: Recherchiert, wie ihr euch im Gerichtssaal verhalten sollt. Hinweise findet ihr unter dem entsprechenden Suchbegriff oder evtl. auf der Homepage des Gerichts, das ihr besuchen wollt. In der Regel wird es das nächstgelegene Amtsgericht sein. Informiert eure Klasse darüber.

Du lebst nicht allein auf einer Insel, sondern in Gemeinschaft, eigentlich in vielen Gemeinschaften: in kleinen, wie z.B. Familie, Freunde, Klasse, Schule, Sportverein, aber auch in größeren Gemeinschaften wie z.B. in deiner Gemeinde oder Stadt. Damit das Zusammenleben einigermaßen gut geht, brauchen wir Regeln für unser Zusammenleben. Diese Regeln müssen für alle gelten, sonst werden sie nur von einigen oder wahlweise befolgt. In einem Staat sind solche Regeln Gesetze. Ihre Einhaltung muss überwacht und notfalls mit Gewalt durchgesetzt werden.

M1 Irgendwo, irgendwann – eine Inselgeschichte

Aus: Robert Feil, Wolfgang Hesse (Hrsg.): Miteinander leben. Zeichnungen von Hans-Michael Scheurlen. Landeszentrale für politische Bildung Baden-Württemberg, Stuttgart 2006

Mehr zum Thema
Text: Bürgerwehr in Stuttgart

Webcode PE646098-083

M 2 Funktionen des Rechtsstaates

- die Herstellung von Gerechtigkeit,
- die Friedens-,
- die Ordnungs-,
- die Schutz- und
- die Gestaltungsfunktion

1 Die Bildergeschichte M 1 handelt von Regeln für das Zusammenleben von Menschen. Beschreibe, wie sich das Zusammenleben auf der Insel gestaltet.

2 Überlege, ob du gerne auf der Insel leben würdest. Tausche dich mit deiner Sitznachbarin oder deinem Nachbarn aus. Diskutiert die Frage in der Klasse. Bedenkt dabei auch positive Aspekte der Regelungen auf der Insel.

3 Erläutere, wie das Recht in einem Rechtsstaat seine Funktionen (M 2) erfüllt. Welche Ziele werden so für eine Gemeinschaft erreicht? TIPP *S. 352*

4 Führt ein Placemat zu der Frage durch: Welches Merkmal eines Rechtsstaats ist das wichtigste? Stellt eure Kleingruppenergebnisse in der Klasse vor und diskutiert sie.

1. Justizirrtümer

Eigentlich sollen Gerichte Recht sprechen. Aber wo Menschen tätig sind, unterlaufen ihnen eben auch Fehler. So kann aus vermeintlichem Recht schnell Unrecht werden.

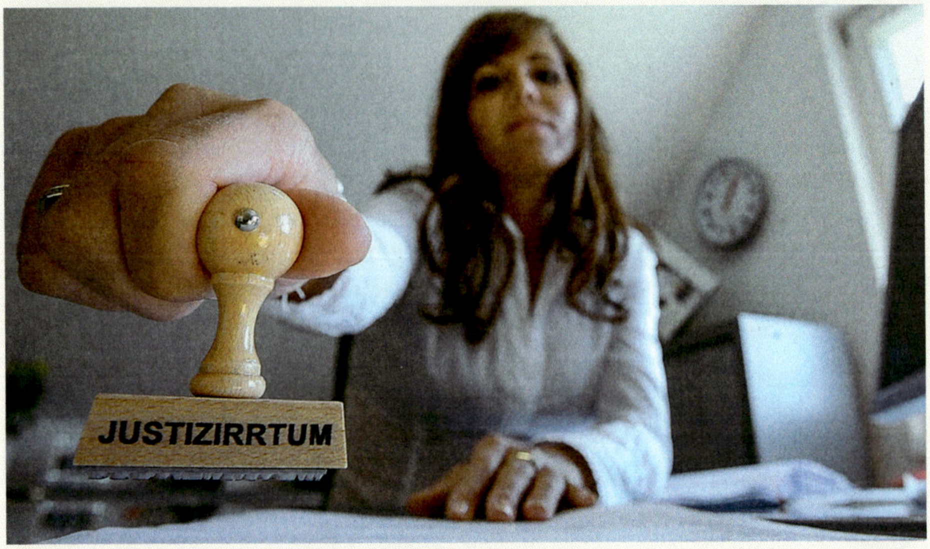

M1 „Die Justiz macht keine Fehler, sie irrt sich nur"

M2 Keine Wiedergutmachung mehr möglich

Am Freitag, dem 29. Juni 2012, starb der Biologielehrer Horst Arnold, 53. In Völklingen, wo er zuletzt wohnte, fiel er auf dem Heimweg vom Einkaufen tot vom Fahrrad – Herzversagen.
Der Mann hat die Schande nicht überlebt, die Richter ihm angetan haben. Fünf Jahre saß er hinter Gittern, weil er verurteilt wurde, eine Kollegin im Lehrerzimmer vergewaltigt zu haben. Sie haben ihn, weil er die Tat hartnäckig bestritt, sogar in die Psychiatrie* gesteckt, in die Abteilung für unverbesserliche Sexualtäter. Da sollte er einen Entschuldigungsbrief an sein Opfer schreiben. Doch nichts von den Vorwürfen war wahr. Erst nach Jahren, im Wiederaufnahmeverfahren, entpuppte sich die angeblich vergewaltigte Kollegin als Lügnerin. Arnold wurde freigesprochen, „wegen erwiesener Unschuld". Es hat ihm nichts genützt: Als verurteilter Verbrecher aus dem Beamtenverhältnis entlassen, lebte er seine letzten Jahre von Hartz IV*. Als er starb, war sein Antrag auf Haftentschädigung noch nicht mal bearbeitet. Nun steht die Lehrerin selbst vor Gericht, am Donnerstag war erster Verhandlungstag im Landgericht Darmstadt. Sie muss sich wegen Freiheitsberaubung verantworten. Es wird sich zeigen, wie die Justiz mit einem Fehler umgeht, der ein Leben zerstört hat.

Thomas Darnstädt, www.spiegel.de/panorama/justiz/justizirrtuemer-wie-strafgerichte-daneben-liegen-a-896583.html (Zugriff: 2.11.2016)

* **Psychiatrie**
Das ist eine Einrichtung, in der Menschen mit psychischen Problemen (das können Wahn- oder Angstvorstellungen sein, Verwirrtheit usw.), geholfen werden kann.

* **Hartz IV**
Bezeichnet ein Gesetz, das den Bezug staatlicher Sozialleistungen (Arbeitslosengeld II) regelt. Davon betroffen sind Menschen, die lange arbeitslos sind oder aus anderen Gründen nicht selbst für ihren Lebensunterhalt sorgen können.

1 Erstelle eine Tabelle, in der du das wirkliche Geschehen in die richtige zeitliche Reihenfolge bringst.
2 Erörtert, ob sich Irrtümer wie hier beschrieben überhaupt verhindern lassen.
3 Erläutert, wie eine gelungene Wiedergutmachung bei Justizopfern aussehen könnte.
TIPP S. 352

WAHLSEITE

2. Richter ohne Gesetz

Die Rechtsprechung ist in Deutschland den Gerichten vorbehalten. Aber auch andere Institutionen* wollen diese für sich in Anspruch nehmen.

M 1 Paralleljustiz in Deutschland

Vor mehr als 10 Jahren machte der Fall der Ermordung eines sogenannten Friedensrichters in Berlin Schlagzeilen. Damals wurde erstmals eine breite Öffentlichkeit mit einem neuen Phänomen* konfrontiert. Abseits der Strukturen aus Polizei, Richtern und Staatsanwälten wird in manchen muslimischen Gemeinden Recht gesprochen, eine Form von Paralleljustiz. Friedensrichter, die vor allem in den Großstädten tätig sind, genießen hohes Ansehen. Oft sind es religiöse Führer einer islamischen Gemeinde, aber nicht nur. Auch Oberhäupter einer besonders angesehenen Familie können bei Streitigkeiten angerufen werden. Gemeinsam ist beiden, dass sie Fälle klären, die nach deutscher Auffassung eigentlich vor Gericht gehören, wie Diebstähle, Körperverletzung oder Erbstreitigkeiten. Immer mehr kriminelle Clans dominieren die sogenannte „Paralleljustiz". Dabei geht es zum Beispiel bei Straftaten um die Einschüchterung von Zeugen und Opfern, mit dem Ziel, dass die reguläre Strafverfolgung gar nicht erst zum Zuge kommt. Ein typischer Fall: Ein junger Mann verletzt einen anderen mit einem Messer. Da die Familie des Täters „mächtiger" ist als die andere, wird das Opfer gezwungen, keine Anzeige zu erstatten, vielleicht gegen Zahlung eines Schmerzensgeldes. Erzwungene Falschaussagen, Rücknahme von Anzeigen, Auskunftsverweigerung – die Möglichkeiten, die eigene Rechtssicht durchzusetzen, sind zahlreich. Das Argument der „Ehre" wird vielfach genutzt, um Druck auszuüben. Nach den kulturellen Vorstellungen mancher Zuwanderer aus dem arabischen Raum, aber auch von Sinti und Roma, gelten viele Vorfälle als „Familienangelegenheit" und staatliche Rechtsprechung als Einmischung, derer man sich schämen müsse. Oft haben Einwanderer in ihrer Heimat bereits schlechte Erfahrung mit bestechlichen Polizisten und Richtern gemacht, weswegen sie den deutschen Behörden in manchen Fällen misstrauen.

Karin Schirner, www.br.de/nachrichten/paralleljustiz-integration-friedensrichter-100.html (Zugriff: 2.11.2016)

* **Selbstjustiz**
eine nicht erlaubte Handlung, bei der das Opfer oder Freunde des Opfers den Täter oder wen sie dafür halten, selbst bestrafen

* **Institution(en)**
Einrichtungen, die vom Staat, von Kirchen oder von gesellschaftlichen Gruppen eingerichtet werden, um beispielsweise Konflikte zu regeln

* **Phänomen**
ungewöhnliches Ereignis

Mehr zum Thema
Text: Selbstjustiz im Supermarkt

Webcode PE646098-085

M 2 Friedensrichter als Mediatoren

Friedensrichter versuchen, mittels Mediation die Streitparteien zu einer einvernehmlichen Lösung zu bewegen, wie der Islam- und Rechtswissenschaftler Osman Sacarcelik erklärt. Das passe durchaus ins deutsche Justizsystem, in dem solche Verfahren teils schon etabliert seien. Der Vergleich, die Schiedsgerichtsbarkeit und die Mediation seien Bestandteile der deutschen Rechtsordnung, sagte Sacarcelik – und sie entlasteten mitunter Gerichte. „Nicht schon jede Lösung, die jenseits der Justiz gesucht wird, ist auch gleich rechtlich problematisch oder unzulässig."

http://www.tagblatt.de/Nachrichten/Debatte-ueber-islamische-Friedensrichter-157603.html (Zugriff: 4.10.16)

1 Arbeite Vor- und Nachteile einer solchen „Paralleljustiz" aus dem Text **M 1** heraus.
2 Gestaltet in Kleingruppen Plakate, auf denen ihr Werbung für den Rechtsstaat macht. Erklärt, warum nur die Justiz Vergehen – auch kleine – verfolgen soll.
3 Selbstjustiz wird in Deutschland hart bestraft. Erläutere, warum das so ist. TIPP *S. 353*

Leitfrage: Welche Maßnahmen sollte der Staat ergreifen, um das friedliche Zusammenleben in unserer Gesellschaft zu schützen?

Immer wieder berichten Medien über spektakuläre Straftaten und Kriminalfälle, gerade auch, wenn Jugendliche darin verwickelt sind. So entsteht in Teilen der Gesellschaft ein Gefühl von zunehmender Unsicherheit. In manchen Stadtteilen mit großen sozialen Spannungen wie z. B. in Berlin-Neukölln versucht die Politik frühzeitig einzugreifen. Mit welchen Maßnahmen kann der Staat erfolgreich Jugendkriminalität bekämpfen?

Bei der Bearbeitung der Aufgaben musst du jeweils geeignete Materialien (M 1–M 4) heranziehen.

Ich kann Informationen gewinnen und aufbereiten.

1 Verschaffe dir einen Überblick über die Materialien und erstelle eine Planungsmatrix* zur Bearbeitung der Aufgaben.

* In einer Planungsmatrix stellst du tabellarisch zusammen, welche Materialien du zur Lösung der jeweiligen Aufgaben verwenden möchtest.

Ich kann Probleme und Konflikte analysieren.

2 Beschreibe die Entwicklung der Jugendkriminalität in Berlin-Neukölln.

3 Erläutere ausgehend von den Materialien Ursachen von Jugendkriminalität.

Ich kann mir ein begründetes Urteil bilden.

4 „Ausländische Jugendliche werden sehr viel häufiger kriminell als Deutsche.“ Erörtere diese Aussage.

Ich kann mitreden und aktiv werden.

5 Beim Thema Jugendkriminalität gehen Wahrnehmung und Wirklichkeit bei vielen Menschen weit auseinander. Ladet Vertreter der Lokalzeitung, des Gemeinderats und der Polizei zu einer Diskussionsrunde in die Schule ein und erörtert mit ihnen diese Problematik.

M 1 So will Neukölln die Jugendkriminalität bekämpfen (30.3.2016)

Die erste bekannt gewordene Straftat seines Lebens beging der heute 17-jährige Jugendliche mit neun Jahren. 24 Ermittlungsverfahren wegen Eigentums- und Gewaltdelikten wurden gegen den in Neukölln lebenden Jungen bis zu seinem 14. Lebensjahr eingeleitet. Seitdem liefen fünf Strafverfahren gegen ihn. Richter verhängten Jugendarrest und Arbeitsstunden. Ohne Erfolg. Nach Einschätzung der Jugendgerichtshilfe akzeptiert der Jugendliche keine Normen und Regeln. Neukölln hat den höchsten Anteil von Intensivtätern in Berlin.
Am Mittwoch stellte Neuköllns Jugendstadtrat Falko Liecke (CDU) das Handlungskonzept zur Bekämpfung der Kinder- und Jugendkriminalität in seinem Bezirk vor. Zielgruppe sind Jungen und Mädchen von zehn bis 17 Jahren. Das Programm sieht die Zusammenarbeit von Jugendamt, Staatsanwälten, Polizisten, Lehrern und auch Eltern vor.
Mehr als 80 Prozent der jugendlichen Kriminellen im Bezirk stammen aus Familien mit türkischer oder arabischer Herkunft. Vielfach sind es Großfamilien, bei denen sich die Polizei bereits um mehrere Geschwister kümmert. „Wir werden nun regelmäßig und penetrant in die Familien gehen, Druck ausüben und vor allem die Eltern in die Pflicht nehmen“, sagt Liecke. Wenn nötig auch mit der Unterstützung der Polizei.
Wenn alles nicht fruchte, könne man die Kinder und Jugendlichen wegen einer Kindeswohlgefährdung auch aus den Familien nehmen. „Wir müssen zeigen,

dass der Staat sich nicht alles gefallen lässt", erklärt der Stadtrat. Innensenator Frank Henkel begrüßt das Neuköllner Konzept. Auch wenn die Zahl der Intensivtäter in Berlin zurückgegangen sei, bestehe Handlungsbedarf, sagt der CDU-Politiker. „Wenn junge Menschen die Konsequenzen ihres Handelns nicht schnell erfahren, dann lernen sie es nie." Der Plan zeige zudem, „dass wir junge Menschen nicht aufgeben wollen".

Quelle: http://www.berliner-zeitung.de/23805018 ©2017Quelle: http://www.berliner-zeitung.de/23805018 ©2017

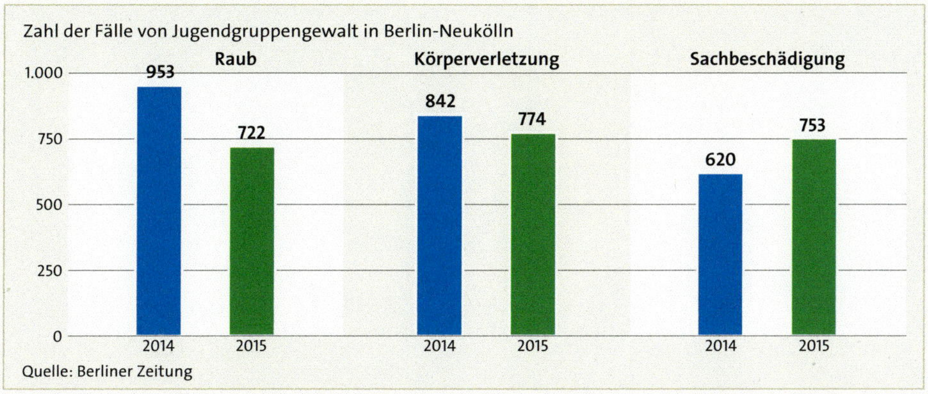

M 2 Jugendgruppengewalt in Berlin-Neukölln 2014/2015

M 3 Berlin-Neukölln: Bevölkerungszusammensetzung und Bildungsstand (2014)

Bevölkerungszusammensetzung in Berlin-Neukölln	
Bevölkerung mit Migrationshintergrund	42,2 %
Mit deutscher Staatsangehörigkeit	18,7 %
Ohne deutsche Staatsangehörigkeit (Ausländer)	23,5 %

Personen mit niedrigem Bildungsstand			
Insgesamt	26,6 %	Berlin	15,5 %
Ohne Migrationshintergrund	15,4 %	Berlin	10,5 %
Mit Migrationshintergrund*	47,7 %	Berlin	33,6 %
Ohne deutsche Staatsangehörigkeit (Ausländer)	50,4 %	Berlin	38,4 %

* nach Deutschland Zugewanderte oder deren Nachkommen

M 4 Sind Jugendliche aus ausländischen Familien gewalttätiger?

Aus Einwanderungsphasen in der Vergangenheit weiß man, dass die erste Generation von Einwanderern im Aufnahmeland nicht durch Gewalttaten auffällt. Kriminalität ist eher ein Problem der zweiten und dritten Migrantengeneration. Befragungsstudien und Untersuchungen aus anderen europäischen Ländern ergaben für Jugendliche mit Migrationshintergrund ein höheres Risiko, gewalttätig zu werden, als für einheimische Jugendliche. Das gilt für alle größeren Herkunftsgruppen, hängt also nicht mit einer bestimmten ethnischen Herkunft oder Religionszugehörigkeit zusammen. Betrachtet man allerdings zusätzliche Risikofaktoren wie geringere Schulbildung, eigene Gewalterfahrung oder die Abhängigkeit von staatlichen Transferleistungen, dann unterscheiden sich Jugendliche aus deutschen und ausländischen Familien in Sachen Gewalt nicht mehr wesentlich.

Insgesamt ist die Zahl der Gewalttaten bei Jugendlichen mit Migrationshintergrund ebenfalls deutlich zurückgegangen. Studien aus Hannover und Duisburg – Städten mit vielen Migranten – haben gezeigt: Wenn junge Migranten gleichwertige Bildungschancen bekommen wie deutsche Jugendliche, gehen auch die Unterschiede in der Gewalttätigkeit zurück.

https://www.mpg.de/11186619/fakten-jugendkriminalitaet (Zugriff: 28.7.2017)

KAPITEL 5

Politik in der Gemeinde

„Steh auf, sei laut, sei unbequem, bestimme mit. Werde Jugendgemeinderat.“
Nehmt Stellung zur Aufforderung des Plakats.

In diesem Kapitel lernst du,

- *welche Aufgaben eine Gemeinde leistet (Ordnung und Struktur),*
- *wie Bürgerinnen und Bürger und Jugendliche ihre Interessen in der Gemeinde einbringen können, wer Entscheidungen in der Gemeinde trifft und wie die Macht in der Gemeinde verteilt ist (Macht und Entscheidung),*
- *wie Konflikte in der Gemeinde gelöst werden (Interesse und Gemeinwohl),*
- *wie die Gemeinde mit ihren knappen Finanzmitteln umgeht (Knappheit und Verteilung).*

Formuliere Annahmen zu diesen Themen und überprüfe am Ende des Kapitels, inwieweit sich diese verändert haben.

* **Kommune**
Von lateinisch *communis* – allgemein, gemeinschaftlich; das zugehörige Adjektiv lautet kommunal (die Gemeinde betreffend).

Politik – das ist nicht nur die „große Bühne" mit Bundeskanzlerin, Berlin, Bundestag. Politik heißt auch: Bekommt eure Gemeinde ein neues Schwimmbad, ein Jugendzentrum, eine bessere Busverbindung? Das alles ist Kommunalpolitik, also Politik in der Gemeinde (Kommune*): direkt vor Ort, ganz nah dran an euch.

M 1 Politik in der Gemeinde – was geht mich das an?

Pascal diskutiert mit seinem Vater, Peter Berger, über aktuelle Pläne in der Gemeinde.

M 2 Die Aufgaben der Gemeinde

Die Aufgaben der Gemeinde unterteilen sich in drei Bereiche. Mithilfe ihrer Verwaltung (Rathaus) erfüllt die Gemeinde diese Aufgaben.

Pflichtaufgaben	Freiwillige Aufgaben	Weisungsaufgaben
Aufgaben, die die Gemeinde erfüllen *muss*. Beispiele: ▪ Schulen ▪ Straßenbau ▪ Feuerwehr ▪ Wasser- und Stromversorgung ▪ ...	Aufgaben, die die Gemeinde erfüllen *kann*, jedoch nicht muss. Beispiele: ▪ Sportanlagen ▪ Theater ▪ Jugendzentrum ▪ ...	Aufgaben, die die Gemeinde im Auftrag des Bundes oder des Landes* erfüllen *muss*. Beispiele: ▪ Meldewesen (Personalausweis) ▪ Standesamt ▪ ...

* Die Bundesrepublik Deutschland (BRD) besteht aus 16 Bundesländern. Hieran erkennt man, dass der Staatsaufbau in verschiedene Ebenen gegliedert ist: **Bund – Länder – Kommunen**. Jede Ebene hat unterschiedliche politische Kompetenzen. Einen solchen Staatsaufbau nennt man föderalistisch (Gegenteil: zentralistisch).

M 3 Das Ballonspiel: Die schweren Lasten der Gemeinde

Stellt euch vor, an eurem „Gemeinde-Ballon" hingen alle Aufgaben, die eure Gemeinde erfüllen muss bzw. kann. Das Problem ist: Alle Aufgaben kosten Geld. So hebt euer Ballon aber niemals ab – das heißt, ihr müsst „Ballast" abwerfen. Ihr dürft nun entscheiden, für welche Aufgaben eure Gemeinde Geld ausgibt. Nach und nach müsst ihr also Aufgaben „über Bord werfen". Wichtig: An die Unterscheidung von Pflicht-, Weisungs- und freiwilligen Aufgaben (siehe **M 2**) seid ihr dabei nicht gebunden.

Ablauf:
- Diskutiert in eurer Gruppe, welche Aufgaben ihr für besonders wichtig und welche eher für nebensächlich erachtet.
- Einigt euch, von welchen Aufgaben ihr euch in welcher Reihenfolge trennt.
- Begründet jeweils eure Entscheidungen.
- Notiert jeweils eure Entscheidungen.

1 „Kommunalpolitik – was geht mich das an?" – Führt ein Brainstorming durch und sammelt eure Gedanken.

2 Ordne die Interessen Pascals und seines Vaters den Aufgaben der Gemeinde zu (**M 1**, **M 2**).

3 Unterschiedliche Interessen führen oft zu Konflikten. Begründet, welche Interessen sich im Zweifel schwerer durchsetzen lassen (**M 1**, **M 2**).

4 **a** Spielt das „Ballonspiel" (**M 3**). Stellt im Anschluss eure Entscheidungen der Klasse vor und diskutiert sie.

b Erörtert, inwiefern es kritisch ist, von „Ballast abwerfen" zu sprechen. TIPP *S. 353*

5 „Kommunalpolitik – was geht mich das an?" – Sammelt erneut Gedanken hierzu und vergleicht mit eurem Brainstorming aus Aufgabe 1.

6 „Von echter Politik kann man in der Gemeinde nicht sprechen – es geht bloß um reine Sachentscheidungen." – Überprüfe diese These. TIPP *S. 353*

Ein Jugendzentrum im Wohngebiet – wie kann der Bürger mitreden?

In einer Diktatur* wäre die Frage schnell beantwortet: gar nicht. In unserem Grundgesetz* steht aber: „Alle Staatsgewalt geht vom Volke aus." (Artikel 20 Absatz 2 GG) Die Beteiligung (Partizipation) der Bürgerinnen und Bürger ist ein zentrales Merkmal jeder Demokratie. Diese Partizipation kann auf unterschiedliche Art und Weise erfolgen.

* **Diktatur**
Herrschaftsform, in der eine einzelne Person (Diktator) oder eine kleine Gruppe von Personen die unbeschränkte politische Macht hat und ihre Herrschaft nötigenfalls gewaltsam ausübt

* **Grundgesetz**
Die geltende „Verfassung" Deutschlands; in ihm sind z. B. die Grundrechte sowie die wichtigsten Spielregeln des Staates festgelegt.

M1 Ein Jugendzentrum im Wohngebiet?

Liegt ein Jugendzentrum in einem Wohngebiet, so kann es zu Konflikten zwischen Jugendlichen und Anwohnern kommen. Während die einen das Jugendzentrum nicht nur nachmittags als Treffpunkt schätzen, sondern auch für Partys bis in die Nacht hinein, möchten viele Anwohner gerade in den Abendstunden ihre Ruhe haben. In vielen Fällen lässt sich durch Rücksichtnahme und gegenseitige Gespräche ein Kompromiss herbeiführen, beispielsweise indem sich die Jugendlichen nach 22.00 Uhr nicht mehr laut vor dem Jugendzentrum unterhalten und keinen Müll im Umfeld des Gebäudes hinterlassen. Manchmal scheitern jedoch die Vermittlungsbemühungen und beide Seiten versuchen, einseitig ihre eigenen Interessen durchzusetzen – die Frage ist, auf welchem Wege. Um ihren Forderungen Nachdruck zu verschaffen, gründen betroffene Anwohner manchmal eine Bürgerinitiative*.

* **Bürgerinitiative**
Zusammenschluss von Bürgerinnen und Bürgern, die sich für ein bestimmtes, meist lokales Ziel einsetzen

Beliebter Treffpunkt für Jugendliche: ein Jugendzentrum

M2 Der Politikzyklus* – wie läuft Politik in der Gemeinde ab?

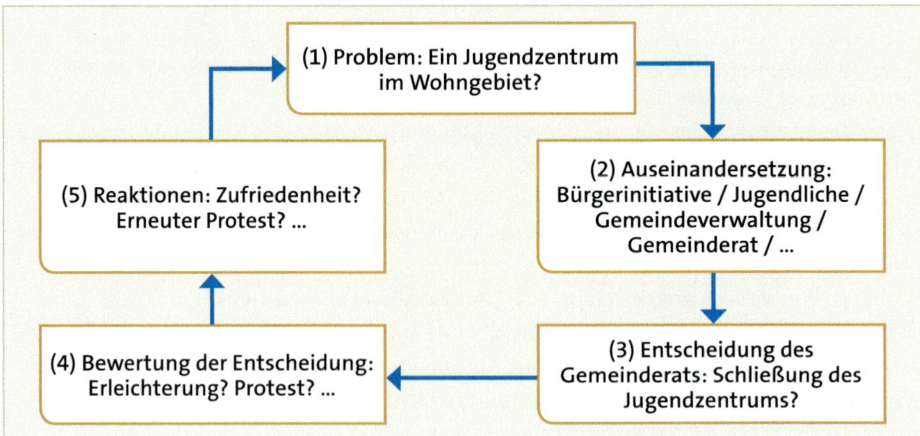

* **Politikzyklus**
Modell, in dem Politik als ein Kreislauf (Zyklus) aus verschiedenen Schritten verstanden wird. Mithilfe des Politikzyklus lassen sich alle politischen Prozesse analysieren.

M 3 Wie können die Bürgerinnen und Bürger Einfluss nehmen?

Über die Gründung einer Bürgerinitiative hinaus beteiligen sich Bürgerinnen und Bürger in der Auseinandersetzung um das Jugendzentrum mit weiteren Mitteln:

- Anwohner starten eine **Unterschriftensammlung** für die Schließung des Jugendzentrums, Jugendliche sammeln Unterschriften für dessen Erhalt.
- Jugendliche **demonstrieren** für den Erhalt des Jugendzentrums.
- Bürgerinnen und Bürger verfassen **Leserbriefe** in der Lokalpresse – für und gegen das Jugendzentrum.
- In einer **Einwohnerversammlung*** stehen Gemeinderat und Bürgermeister den Bürgerinnen und Bürgern Rede und Antwort.
- Sowohl Jugendliche als auch Anwohner nutzen die **Bürgersprechstunde*** der Oberbürgermeisterin, um ihre Anliegen vorzutragen.
- Die Bürgerinitiative versucht, einen **Bürgerentscheid*** über das Jugendzentrum herbeizuführen.
- ...

* **Einwohnerversammlung**
vom Gemeinderat einberufene Versammlung, in der wichtige Themen gemeinsam mit den Bürgerinnen und Bürgern diskutiert werden

* **Bürgersprechstunde**
Viele Bürgermeister bieten eine regelmäßige Sprechstunde an, in der alle Bürgerinnen und Bürger Bitten, Fragen, Anregungen usw. vortragen können.

* **Bürgerentscheid**
Form der direkten Demokratie, bei der die wahlberechtigten Bürgerinnen und Bürger über eine Sachfrage selbst entscheiden (genauer Ablauf: vgl. S. 102 *f.*)

Jugendliche sammeln Unterschriften für den Erhalt des Jugendzentrums

1 Entscheidet spontan, wer im Konflikt um die Nutzung des Jugendzentrums ein Mitspracherecht haben sollte: Alle Bürger/-innen? Nur die Anwohner? Nur die Jugendlichen? Nur ihre Eltern? Der Bürgermeister? Der Gemeinderat? ... (**M 1**)

2 Analysiere den Konflikt um das Jugendzentrum mithilfe von **M 2**.

3 Sammelt Argumente, die die Jugendlichen und die Bürgerinitiative in der Auseinandersetzung für bzw. gegen den Erhalt des Jugendzentrums einbringen könnten.

4 Erläutert ausgehend vom vorliegenden Beispiel, weshalb Politik im Politikzyklus als eine endlose Kette von Problemlösungen verstanden wird. (**M 1–M 3**)

5 Erörtert, ob die in **M 3** genannten Beteiligungsmöglichkeiten in der Auseinandersetzung um das Jugendzentrum erfolgversprechend erscheinen. TIPP *S. 353*

+ ZUSATZAUFGABE Der demokratische Prozess macht die Entscheidungsfindung in der Gemeinde oft sehr langwierig. Erörtere, ob man in bestimmten Fällen auf die Beteiligung der Bürgerinnen und Bürger an der Entscheidung verzichten kann.

Gemeinderat und Bürgermeister – wer hat die Macht?

Die Verkehrssituation an der Albert-Schweitzer-Schule ist für Radfahrer kritisch: Da bislang ein Radweg fehlt, müssen die Schülerinnen und Schüler auf die Straße ausweichen. Ob Bürgermeister, mehrere Gemeinderäte oder die Bauamtsleiterin – alle waren bereits vor Ort und haben das Problem erkannt. Jetzt soll endlich eine Lösung gefunden werden: Wer trifft jedoch die Entscheidung, wo genau der Radweg gebaut wird?

Gemeinderatssitzung in Kämpfelbach

M1 Der Gemeinderat

Alle fünf Jahre wählen die Bürgerinnen und Bürger die Mitglieder des Gemeinderats (also die Gemeinde- bzw. Stadträte). Zusammen mit dem Bürgermeister trifft der Gemeinderat wichtige kommunalpolitische Entscheidungen, z. B. wo ein neuer Radweg gebaut wird.

Die wichtigsten Aufgaben des Gemeinderats sind darüber hinaus:

- Kontrolle des Bürgermeisters: Hält dieser sich an die Regeln*?
- Besetzung von Ausschüssen: Ausschüsse sind Gruppen von Gemeinderäten, die sich mit einem bestimmten Themengebiet befassen, z. B. für Sport, Schule, Verkehr.
- Aufstellung des Haushaltsplans: Wofür gibt die Gemeinde ihre Einnahmen aus?

* Wichtige **Regeln**, an die sich der Bürgermeister halten muss, stehen zum Beispiel in der Gemeindeordnung für Baden-Württemberg oder der Satzung der jeweiligen Gemeinde.

M2 Der Bürgermeister

Der Bürgermeister – in größeren Städten der Oberbürgermeister – wird alle acht Jahre von den Bürgerinnen und Bürgern der Gemeinde direkt gewählt. Alle Wahlberechtigten ab 16 Jahren haben eine Stimme: Die Kandidatin oder der Kandidat, die/der mehr als die Hälfte der gültigen Stimmen erhält, ist gewählt (absolute Mehrheit). Schafft niemand die absolute Mehrheit, reicht es im zweiten Wahlgang aus, die meisten Stimmen zu gewinnen (relative Mehrheit). Die Direktwahl, die unabhängig von den Gemeinderatswahlen stattfindet, verleiht dem Bürgermeister eine starke Stellung. Diese zeigt sich auch an seinen drei Hauptfunktionen, denn der Bürgermeister ist

- stimmberechtigter Vorsitzender des Gemeinderats sowie aller Ausschüsse und leitet deren Sitzungen,
- Chef der Verwaltung (Rathaus),
- Vertreter der Gemeinde nach außen.

Nach wie vor gibt es in Baden-Württemberg nur eine sehr geringe Zahl von Bürgermeisterinnen (knapp 7,5 %, Stand 2017).

M 3 Die Verwaltung

Gemeinderat und Bürgermeister treffen politische Entscheidungen in der Gemeinde – doch wer setzt diese Entscheidungen um? Für die Ausführung der Beschlüsse ist die Verwaltung der Gemeinde zuständig. Die Verwaltung sitzt im Rathaus, ihr Chef ist der Bürgermeister und damit auch der Vorgesetzte ihrer Mitarbeiter. Die Gemeindebediensteten werden vom Gemeinderat im Einvernehmen mit dem Bürgermeister ernannt*, eingestellt und entlassen.

* Als **Ernennung** bezeichnet man die Bestimmung einer Person zur Wahrnehmung einer Funktion als Amtsträger. Mit der Ernennung ist die Person legitimiert (also berechtigt), das jeweilige Amt – z. B. die Leitung des Bauamtes der Gemeinde – auszuüben. Auch der Bürgermeister wird nach seiner erfolgreichen Wahl in sein Amt noch offiziell ernannt; ohne die vorausgehende Legitimation per Wahl kann er aber nicht ernannt werden.

M 4 Ein Radweg – wie kommt es dazu?

Dass ein Radweg zur Albert-Schweitzer-Schule notwendig ist, darüber besteht Einigkeit. Strittig ist aber der genaue Streckenverlauf. Bis der Radweg endgültig eingeweiht werden kann, muss also noch ein längerer Prozess durchlaufen werden: Initiative, Entscheidung, Ausführung.

A
Das Bauamt schreibt den Auftrag zum Bau des Radwegs aus.

B
Verschiedene Streckenverläufe werden im Verkehrsausschuss diskutiert.

C
Der Gemeinderat stimmt über den Verlauf des Radwegs ab.

D
Schüler- und Elternvertreter sprechen mit dem Bürgermeister und den Gemeinderäten über die Notwendigkeit des Radwegs.

E
Das Bauamt kontrolliert die ordnungsgemäße Anlage des Radwegs.

F
Der Gemeinderat diskutiert in einer ersten Sitzung die Streckenverläufe.

G
Der Schulleiter zeigt dem Bürgermeister die Mängel im bestehenden Radwegeplan*.

* **Radwegeplan**
Viele Gemeinden erstellen einen Radwegeplan. Damit soll u. a. das Fahrradfahren als umweltfreundliche Alternative gefördert werden.

M 5 Der Bürgermeister – ein „kleines Herrgöttle"?

Eigentlich ist der von den baden-württembergischen Bürgern gewählte Gemeinderat „Hauptorgan der Gemeinde". [...] Doch die kommunale Wirklichkeit sieht zumeist anders aus: Zentraler Akteur auf der kommunalpolitischen Bühne ist der Bürgermeister. Wenn sich also zwei Baden-Württemberger über ihr „kleines Herrgöttle" unterhalten, so meinen sie meist ihr Gemeindeoberhaupt, „gottähnlich" wie der Tübinger Staatsrechtler Günter Püttner einmal die starke Position der Bürgermeister und Oberbürgermeister genannt hat – aber eben mit Schlips und Kragen.

http://www.kommunalwahl-bw.de/buergermeister.html (24.6.2017)

1 Erstellt ein Schaubild, welches das Zusammenwirken von Gemeinderat, Bürgermeister und Verwaltung veranschaulicht. (M 1 – M 3)

2 Stellt dar, wie die Organe der Gemeinde im Entscheidungsprozess um den Radweg zusammenwirken. (M 1 – M 4)

3 **a** Erläutere, inwiefern der Bürgermeister eine „starke Position" (M 5, Z. 13) in der Gemeinde hat. (M 1 – M 5)
b Bewerte die starke Stellung des Bürgermeisters. (M 1 – M 5) TIPP S. 353

Zielsetzung – was bringt euch eine Expertenbefragung?

Warum solltet ihr eure Bürgermeisterin in den Unterricht einladen? Könnt ihr an Informationen über die Tätigkeit als Bürgermeisterin nicht über das Buch, die Webseite eurer Gemeinde oder ganz einfach über eure Lehrerin gelangen? Diese Wege sind natürlich ebenso möglich und wichtig, doch bietet eine Expertenbefragung entscheidende Vorteile:

- Die Expertin verfügt über Kenntnisse aus erster Hand.
- Als Insiderin kann sie „aus dem Nähkästchen plaudern“, zum Beispiel: Wie laufen Sitzungen des Gemeinderats tatsächlich ab? Wie einigen sich die Parteien bei Streitigkeiten? Gibt es „Deals“ zwischen den Gemeinderatsfraktionen und der Bürgermeisterin? Wie ist das Verhältnis zu den Stadträten?
- Wie steht die Bürgermeisterin persönlich einer wichtigen Entscheidung in der Gemeinde gegenüber? ...

Ihr seht: Diese Fragen lassen sich kaum ohne eine Expertin beantworten – es lohnt sich also, eure Bürgermeisterin in den Unterricht einzuladen. Wie ihr dabei vorgehen solltet, damit die Befragung auch erfolgreich verläuft, erfahrt ihr im Folgenden.

Hinweis: Falls ihr keinen Termin findet, an dem die Bürgermeisterin Zeit hat, könnt ihr natürlich auch ein Mitglied des Gemeinderats anfragen.

Eine Bürgermeisterin im Gespräch mit Schülerinnen und Schülern

Schülerinnen und Schüler bereiten sich auf eine Expertenbefragung vor

METHODE

Wie läuft eine Expertenbefragung ab?

Jede Expertenbefragung lässt sich in drei Schritte gliedern: die Vorbereitung, die Durchführung und die Auswertung.

1. Vorbereitung

Organisatorische Vorbereitung:

- Nehmt Kontakt mit der Bürgermeisterin auf.
- Informiert die Bürgermeisterin über: Alter, Größe und Zusammensetzung eurer Klasse, euer Vorwissen und das Ziel eurer Befragung.
- Termin? Dauer? Im Anschluss noch Diskussion mit eurer Klasse?
- Hilfsmittel (z. B. Beamer)?

Inhaltliche Vorbereitung:

Bildet mehrere Gruppen: eine für die Moderation, mehrere für die Fragenentwicklung und eine für die Entwicklung eines Beobachtungsbogens.

Gruppe „Moderation“

Überlegt euch, wie ihr die Expertenbefragung lebendig und zugleich zielgerichtet moderieren könnt. Dazu gehören:

- Zeitplanung
- Wie könnt ihr ein Abschweifen vom Thema vermeiden?
- Welche Fragen haben die Fragenentwickler vorbereitet?
- Wer stellt die Fragen? Legt eine Reihenfolge fest.

Gruppen „Fragenentwicklung“

Ihr übernehmt den inhaltlichen Kern der Vorbereitung – ohne euch kann die Expertenbefragung keinen Erfolg haben.

- Verteilt zunächst zwischen den Gruppen thematische Schwerpunkte, z.B. Arbeit als Bürgermeisterin, persönliche Meinung zu kommunalpolitischen Themen.
- Sammelt nun Fragen an die Bürgermeisterin.
- Informiert die Moderationsgruppe über eure Fragen.

Gruppe „Beobachtungsbogen“

Eure Vorarbeit ist vor allem für die spätere Auswertung sehr wichtig – meist erinnert man sich später nur noch schwer.

- Überlegt euch sinnvolle Beobachtungsaufträge und ordnet diese nach Schwerpunkten, zum Beispiel nach Bürgermeisterin, Moderator/-in und Fragensteller/-in.
- Entwerft einen klar strukturierten Beobachtungsbogen.

2. Durchführung

- Begrüßung und Vorstellung der Bürgermeisterin durch die Moderatoren
- Bei den Fragen: Reihenfolge einhalten
- Beobachter/-innen: Beobachtungen protokollieren
- Verabschiedung der Expertin, Dank für ihren Besuch

3. Auswertung

- Welche wichtigen Informationen habt ihr erhalten?
- Vergleicht diese Informationen mit euren bisherigen Kenntnissen bzw. Einschätzungen.
- Diskutiert, ob das Ziel der Befragung erreicht wurde bzw. was ihr beim nächsten Mal anders machen würdet.

Nach: Methodentraining I für den Politikunterricht, Themen und Materialien, 3. Auflage, hg. von der Bundeszentrale für politische Bildung, Bonn: 2007.

Männlich, älter, wohlhabend? – Wer sitzt im Gemeinderat?

★ **Organ**
(hier im rechtlichen Sinne) Für die Gemeinde handeln die sogenannten Organe Gemeinderat und Bürgermeister.

Der Gemeinderat ist das wichtigste Organ★, das die Interessen der Bürgerinnen und Bürger einer Gemeinde vertritt. Viele Menschen wünschen sich, dass der Gemeinderat ein Spiegelbild der Gesellschaft ist, dass also alle Bevölkerungsgruppen etwa gleichmäßig vertreten sind. Die Realität sieht jedoch meist anders aus.

M 1 Karikatur

Karikatur von Gerhard Mester

M 2 Der Gemeinderat – ein Spiegelbild der Gesellschaft?

Passiv wahlberechtigt, also wählbar, sind alle Bürgerinnen und Bürger, die folgende Merkmale erfüllen:

- deutsche Staatsbürgerschaft oder Unionsbürgerschaft (EU)
- vollendetes 18. Lebensjahr
- mindestens drei Monate Hauptwohnsitz in der Gemeinde

Schaut man sich nun die knapp 19 000 Gemeinderatsmitglieder in Baden-Württemberg an, so zeigen sich jedoch bestimmte Auffälligkeiten (Stand: 2016):

- 23,9 % sind Frauen, 76,1 % sind Männer.
- Am stärksten ist die Gruppe der 50- bis 60-Jährigen vertreten.
- Am schwächsten sind die unter 30-Jährigen und die über 70-Jährigen vertreten.
- viele Personen mit einem hohen Bekanntheitsgrad in der Gemeinde, z. B. Selbstständige wie Ladenbesitzer, Gastwirte, Handwerker
- viele Personen mit gesellschaftlich angesehenen Berufen, wie z. B. Ärzte, Rechtsanwälte, Architekten
- nur sehr wenige Arbeiter

M 3 Unser Gemeinderat in ....

Gesamtzahl der Mitglieder					
Frauen	Zahl:			in %:	
Männer	Zahl:			in %:	
Alter	18–25 J.	26–35 J.	36–49 J.	50–60 J.	> 60 J.
Berufe	Handwerker	Ärzte	...	...	...

Bei eurer Recherche können euch die Webseiten des Gemeinderats sowie der dort vertretenen Parteien bzw. Wählervereinigungen als Grundlage dienen. Vielleicht müsst ihr aber auch beim Gemeinderat bzw. den Gemeinderatsfraktionen* um Auskunft bitten.

* **Fraktion**
Zusammenschluss von Gemeinderatsmitgliedern derselben Partei oder Wählervereinigung

M 4 Frauen und Jüngere – warum sitzen so wenige im Gemeinderat?

Sind Frauen und jüngere Menschen zu wenig an Politik interessiert und kandidieren deshalb erst gar nicht? Erschweren die Parteien und Wählervereinigungen Frauen und Jüngeren die Kandidatur für den Gemeinderat? Haben die Wählerinnen und Wähler weniger Vertrauen in die Fähigkeiten von Frauen und Jüngeren und wählen deshalb lieber ältere, männliche Kandidaten? Die Frage, warum Frauen und Jüngere nach wie vor schwach in den Gemeinderäten Baden-Württembergs repräsentiert sind, ist nicht leicht zu beantworten. Sicherlich spielen verschiedene Ursachen zusammen eine Rolle.

1 Nenne Eigenschaften und Fähigkeiten, die ein Kandidat oder eine Kandidatin für den Gemeinderat besitzen sollte. Vergleiche anschließend mit deinem Banknachbarn bzw. deiner Banknachbarin.
2 Erläutert die Aussage der **Karikatur** M 1.
3 Recherchiert die Zusammensetzung des Gemeinderats eurer Gemeinde (M 3).
4 Erläutert mögliche Ursachen, weshalb Frauen und Jüngere nur einen geringen Anteil der Gemeinderäte ausmachen. (M 4)
5 Diskutiert Maßnahmen, die bewirken könnten, dass die Gemeinderäte tatsächlich ein Spiegelbild der Gesellschaft werden. TIPP *S. 353*
6 Erörtert, ob der Gemeinderat überhaupt ein Spiegelbild der Gesellschaft sein muss. TIPP *S. 354*

\+ ZUSATZAUFGABE Bewerte die Einführung einer Frauenquote für Gemeinderäte.

Kumulieren? Panaschieren? Was soll denn das sein? Zwei wichtige Begriffe, die du brauchst, um zu verstehen, wie die Wahl des Gemeinderats funktioniert. Aber keine Sorge: Nachdem du diese Doppelseite bearbeitet hast, weißt du Bescheid – und kannst anderen erklären, was man bei der Gemeinderatswahl beachten muss.

★ **aktives Wahlrecht**
Recht, sich an einer Wahl aktiv durch Stimmabgabe beteiligen zu dürfen, also wählen zu dürfen

★ **passives Wahlrecht**
Recht, sich bei einer Wahl als Kandidat/-in aufstellen zu lassen und gewählt zu werden

M1 Wer darf den Gemeinderat wählen – und wer darf gewählt werden?

Das *aktive Wahlrecht* haben alle Deutschen und EU-Bürgerinnen und -Bürger, die das 16. Lebensjahr vollendet haben und seit mindestens drei Monaten ihren Hauptwohnsitz in der Gemeinde haben. In seltenen Fällen kann das Wahlrecht per Gerichtsurteil aberkannt werden. Das *passive Wahlrecht* haben alle aktiv Wahlberechtigten, die das 18. Lebensjahr vollendet haben.

Hélène Bodin, 29 Jahre, Angestellte, französische Staatsbürgerin, lebt seit vier Monaten in Heilbronn

Harald Sauter, 57 Jahre, Frührentner, deutscher Staatsbürger, lebt seit 15 Jahren in Heilbronn

Kubilay Askin, 22 Jahre, Student, türkischer Staatsbürger, lebt seit fünf Jahren in Heilbronn

Maja Hoffmann, 15 Jahre, Schülerin, deutsche Staatsbürgerin, lebt seit 15 Jahren in Heilbronn

M2 So funktioniert die Wahl des Gemeinderats

Alle fünf Jahre finden in Baden-Württemberg Gemeinderatswahlen statt. Die Parteien oder Wählervereinigungen (z. B. Freie Wähler) stellen Kandidatinnen und Kandidaten auf, die als ihre Wahlvorschläge (sog. Listen) jeweils auf einen Stimmzettel gedruckt werden. Alle Bürgerinnen und Bürger haben so viele Stimmen, wie Gemeinderatssitze zu vergeben sind (zwischen acht und 60). Je nach Stimmenanteil bekommen die Parteien bzw. Wählervereinigungen eine

entsprechende Anzahl von Sitzen. Innerhalb der Listen ziehen die Kandidatinnen und Kandidaten mit den meisten Stimmen in den Gemeinderat ein. Alle Wahlberechtigten erhalten alle Wahlvorschläge, also Listen/Stimmzettel.
Man wählt einen Stimmzettel aus und hat nun mehrere Möglichkeiten:

- Man gibt den Stimmzettel unverändert ab. Dann erhalten alle aufgelisteten Kandidatinnen und Kandidaten genau eine Stimme.
- Man kann Kandidatinnen und Kandidaten bis zu drei Stimmen geben. Dies nennt man **kumulieren** („häufeln“). Man darf nicht mehr Stimmen vergeben, als es Gemeinderatssitze gibt, sonst ist der Stimmzettel ungültig.
- Man kann auch Kandidatinnen und Kandidaten anderer Parteien wählen. Hierzu überträgt man einfach deren Namen in die freien Zeilen des verwendeten Stimmzettels. Dies nennt man **panaschieren** („mischen“).

M 3 Stimmzettel – gültig oder nicht?

Der Gemeinderat in „Wahlingen“ hat 18 Sitze. Somit haben alle Bürgerinnen und Bürger 18 Stimmen.

Amtlicher Stimmzettel
für die Wahl des Gemeinderats in Wahlingen am 25. Mai 2014
Unabhängige Wähler Wahlingen (UW) X

101	**Zabel, Wilfried** Gastwirt, Hohe Straße 9	
102	**Dr. Steinhilber, Peter** Arzt, Kollegiengasse 14	
103	**Weber, Otto** Buchhändler, Mittelstraße 26	
104	**Schettler, Franziska** Bankangestellte, Frischweid 6	
105	**Lichtenberger, Reinhold** Einzelhandelskaufmann, Buchhalde 17	
106	**Helle, Andreas** Unternehmensberater, Konrad-Adenauer-Straße 1	
107	**Dürr, Sonja** Fotografin, Edith-Stein-Straße 10	
108	**Fischer, Jochen** Studienrat, Fuchsbrühl 3	
109	**Fetzer, Holger** Krankenpfleger, Schalmenweg 30	
110	**Faulmüller, Gerhard** Industriemeister, Ellerbachstraße 15	
111	**Marquardt, Christina** Hausfrau, Hauptstraße 7	
112	**Herrgoth, Peter** Malermeister, Ellerbachstraße 15	
113	**Marx, Melanie** Kunsttherapeutin, Kennerweg 11	
114	**Brenneisen, Jochen** Schreinermeister, Riedstraße 18	
115	**Fritz, Holger** Musikalien-Händler, Irisweg 2	
116	**Weigel, Gilbert** Diplom-Ingenieur, Bücklestraße 86	
117	**Sonderhausen, Hans-Joachim** Buchhändler, Eichbühlstraße 11	
118	**Müller, Eleonore** Sonderschullehrerin, Bismarcksteig 13	
	Kontrollsumme:	

Amtlicher Stimmzettel
für die Wahl des Gemeinderats in Wahlingen am 25. Mai 2014
Christlich Demokratische Union Deutschlands (CDU)

201	**Maier, Bernd** Kaufmann, Jordanstraße 2	2
202	**Dr. Werner, Hans** Studiendirektor, Bühlstraße 21	1
203	**Schmidt, Natalie** Betriebswirtin, Kromerstraße 43	
204	**Rak, Theo** Lokomotivbetriebsinsp. a.D., Schmiedsgasse 17	
205	**Stoll, Jutta** Hausfrau, Johann-Sebastian-Bach-Straße 12	3
206	**Schäufele, Otto** Richter, Oberriedweg 16	
207	**Maier, Klemens** Landwirt, Ehrensberg 6	
208	**Wild, Angela** Diplomverwaltungswirtin (FH), Orffstraße 17	2
209	**Arens, Karl** Gartenbauarchitekt, Mühlwiesenstraße 9	
210	**Dr. Seeger, Wilfrid** Internist, Schillerstraße 46	
211	**Kiefer, Wilhelm** Zahntechniker, Eichenweg 11	1
212	**Kulisch, Frieder** Einzelhandelskaufmann, Marktplatz 3	
213	**Harlebis, Barbara** Studentin, Junkergasse 24	
214	**Klink, Wilhelm** Schlosser, Schlossgasse 2	3
215	**Schinder, Ernst** Lehrer, Merowingerweg 7	
216	**Winzer, Heidi** Erzieherin, Stadthauweg 10	2
217	**Woller, Willi** Kriminalbeamter, Lindenstraße 26	
218	**Kotz, Stephan** Elektriker, Kernerstraße 6	
	Scholz, Franziska	3
	Gehr, Heidi	3
	Kontrollsumme:	

Amtlicher Stimmzettel
für die Wahl des Gemeinderats in Wahlingen am 25. Mai 2014
Sozialdemokratische Partei Deutschlands (SPD)

301	**Kerber, Inge** Dipl.-Pädagogin, Reußenbachstraße 38	3
302	**Holderich, Frank-Thomas** Verwaltungsjurist, Beethovenweg 37	2
303	**Scholz, Franziska** Studiendirektorin, Am Albblick 7	2
304	**Geisel, Anton** Angestellter, Münzgasse 9	
305	**Gutholz, Jörg** Betriebsleiter, Münzgasse 18	
306	**Hohlweck, Susanna** Technische Assistentin, Eichendorffweg 38	X
307	**Lang, Inga** Studentin, Marktplatz 3	
308	**Dold, Sven** Anwendungsentwickler, Amselweg 10	
309	**Weber, Udo** Journalist, Albert-Schweizer-Straße 3	3
310	**Mathiessen-Felber, Erika** Hauptschullehrerin, Saarstraße 36	
311	**Weller, Robert** Grafiker, Obertorstraße 18	X
312	**Junge, Herbert** Pfarrer, Kastellstraße 53	2
313	**Dr. Berger, Gerhard** Arzt, Lussstraße 8	X
314	**Hörsch, Jürgen** Krankenpfleger, Wiesengrund 102	
315	**Junge, Jürgen** Dreher, Haydnweg 22	
316	**Klein, Martin** Schlosser, Oberziegelbacher Straße 16	3
317	**Wilhelm, Bernd Christian** Bäcker, Am Rohrbach 27	
318	**Lang, Hilde** Referentin, Franzstraße 10	
	Kontrollsumme:	

In: Politik und Unterricht aktuell 17, Kommunalwahlen in Baden-Württemberg, Materialien zur Wahl am 25. Mai 2014; hg. von der Landeszentrale für politische Bildung, S. 21

1 Begründet, welche der Personen in **M 1** an den Kommunalwahlen in Heilbronn aktiv teilnehmen dürfen.

2 Begründet, welche der in **M 3** abgebildeten Stimmzettel gültig sind. TIPP *S. 354*

3 Gestaltet einen Flyer für Erstwählerinnen und -wähler an eurer Schule, auf dem ihr die Besonderheiten der Gemeinderatswahl verständlich und anschaulich erklärt. (**M 1, M 2**)

4 Erörtert, ob das Wahlrecht auf Nicht-EU-Ausländer/-innen, die in der Gemeinde leben, ausgeweitet werden sollte. (**M 1**) TIPP *S. 354*

5 „Jugendliche sollten ab 16 Jahren auch das passive Wahlrecht besitzen.“ – Bewertet diese Forderung. TIPP *S. 354*

Bloß keine Windräder!? – Sollen die Bürger selbst entscheiden?

Mit der Wahl des Gemeinderats und des Bürgermeisters entscheiden die Bürgerinnen und Bürger einer Gemeinde, wer sie in kommunalpolitischen Entscheidungen vertritt. Darüber hinaus können die Bürgerinnen und Bürger teilweise auch selbst abstimmen – nirgendwo ist die direkte Demokratie* stärker als auf kommunaler Ebene.

* **direkte Demokratie**
In jeder Demokratie dürfen sich die Bürger/-innen an der Politik beteiligen. In der *direkten Demokratie* stimmen sie unmittelbar über politische Fragen ab, entscheiden also selbst. In der *repräsentativen Demokratie* hingegen wählt das Volk Abgeordnete, die dann politische Entscheidungen treffen.

M 1 Windräder in Schömberg? Ein Fallbeispiel

Die Gemeinde Schömberg im Nordschwarzwald möchte eine Windkraftanlage bauen. Der Gemeinderat fasst einen entsprechenden Beschluss, damit steht dem Bau der Windräder nichts mehr im Wege – oder vielleicht doch? In Teilen der Bürgerschaft regt sich Unmut, einige Bürgerinnen und Bürger wollen keine Windräder in ihrer Gemeinde. Sie sehen nicht ein, dass „ein paar Gemeinderäte" eine so weitreichende Entscheidung für 6124 stimmberechtigte Bürgerinnen und Bürger treffen. Deshalb gründen sie eine Bürgerinitiative, um Einfluss auf Gemeinderat und Bürgermeister zu nehmen. Doch das reicht ihnen nicht: Sie würden gerne selbst entscheiden, ob die Windräder gebaut werden. Was können sie tun?

M 2 Bürgerbegehren und Bürgerentscheid – direkte Demokratie in der Gemeinde

In „wichtigen Angelegenheiten" dürfen die Bürgerinnen und Bürger auch selbst Entscheidungen treffen. Die repräsentative Demokratie wird also ergänzt durch direkte Demokratie. Hierzu stehen den Bürgerinnen und Bürgern zwei Instrumente zur Verfügung:

1. **Bürgerbegehren:** Mit einem Bürgerbegehren können die Bürgerinnen und Bürger einen Bürgerentscheid herbeiführen. Sie „begehren", in einer bestimmten Frage später selbst abstimmen zu dürfen. Voraussetzungen: Mindestens 7 % der wahlberechtigten Bürgerinnen und Bürger unterstützen das Bürgerbegehren per Unterschrift, zudem muss das Bürgerbegehren schriftlich beantragt werden.
2. **Bürgerentscheid:** Ein Bürgerentscheid kann entweder durch ein Bürgerbegehren oder durch einen Beschluss des Gemeinderats herbeigeführt werden; hierbei muss der Gemeinderat mit einer Mehrheit von zwei Dritteln der Stimmen aller Mitglieder beschließen, dass ein Bürgerentscheid durchgeführt wird.

Mehr zum Thema
Film: Volksentscheid einfach erklärt

Webcode PE646098-103

M3 Ablauf eines Bürgerentscheids

Stimmzettel		Abstimmung		Nach der Abstimmung
Ist die Frage klar mit „Ja / Nein“ zu beantworten?	→	(1) Mehrheit entscheidet, entweder für Ja oder Nein. (2) Die Mehrheit muss zudem mind. 20 % der Stimmberechtigten betragen (sog. Quorum*).	→	Quorum erreicht: Entscheidung bindend für Gemeinderat und Verwaltung Quorum verfehlt: Gemeinderat entscheidet über die Angelegenheit

* **Quorum**
notwendige Anzahl von Stimmen, die erreicht sein muss, damit eine Abstimmung Gültigkeit erlangt

M4 Windräder – ja oder nein? Der Bürgerentscheid vom 8. Februar 2015

Knapp 1000 Unterschriften für ein Bürgerbegehren hatte die Schömberger Bürgerinitiative gesammelt. Am 8. Februar 2015 kam es folglich zum Bürgerentscheid. Die Abstimmungsfrage lautete – bitte achte genau auf den Wortlaut – „Lehnen Sie es ab, dass die gemeindeeigenen Flächen Schömbergs zur Windkraftnutzung verwendet werden?“ Im Klartext: Wer „Ja“ ankreuzte, war gegen Windräder; wer „Nein“ ankreuzte, war für Windräder.

Ergebnis:

- Stimmberechtigte: 6124 Bürger/-innen
- Abstimmungsbeteiligung: 3262 Bürger/-innen
- Ja-Stimmen: 1383
- Nein-Stimmen: 1879

Protestplakat gegen den Bau von Windrädern in Ortsnähe

1 Entscheidet spontan: Sollten die Bürgerinnen und Bürger selbst über Windräder in ihrer Gemeinde abstimmen dürfen? (M1)

2 Eine Bürgerinitiative wehrt sich gegen die Entscheidung des Gemeinderats, Windräder in Schömberg zu bauen. Sie möchte deshalb einen Bürgerentscheid herbeiführen – ihr sollt sie hierbei beraten.
Gestaltet eine detaillierte Ablaufskizze, wie die Bürgerinitiative einen Bürgerentscheid herbeiführen kann (M1, M2). TIPP *S. 355*

3 Werden in Schömberg nun Windräder gebaut? Begründe deine Antwort mithilfe von M3 und M4.

4 Sollen die Bürgerinnen und Bürger über so umstrittene Fragen wie Windräder selbst abstimmen dürfen? – Vergleicht die Entscheidungsfindung durch repräsentative und direkte Demokratie.

5 Erörtert Vor- und Nachteile der direkten Demokratie. TIPP *S. 355*

Mehr zum Thema
Text: Wahlexperiment in Filderstadt

Webcode PE646098-103

Seit 2013 dürfen in Baden-Württemberg Jugendliche bereits ab 16 Jahren aktiv an Kommunalwahlen teilnehmen, also vor allem auch den Gemeinderat und den Bürgermeister wählen. War die Entscheidung, das Wahlalter auf 16 Jahre abzusenken, sinnvoll?

M 1 Karikatur

Karikatur von Gerhard Mester

M 2 Wahlbeteiligung von Jugendlichen bei den Kommunalwahlen 2014

Bei den Gemeinderatswahlen 2014 in Baden-Württemberg durften 16- und 17-Jährige erstmals aktiv teilnehmen. Im Landesschnitt lag die Wahlbeteiligung dieser Altersgruppe bei ca. 40 %, die Beteiligungsquote der 18- bis 25-Jährigen dagegen beispielsweise nur bei ca. 30 %. Die Wahlbeteiligung älterer Personen lag wiederum höher. Die gesamte Wahlbeteiligung betrug 49,1 %, d. h., im Schnitt ging nur etwa jede/-r zweite Wahlberechtigte wählen.
Verschiedene Organisationen, u. a. die Landeszentrale für politische Bildung Baden-Württemberg*, hatten im Vorfeld der Wahl eine Kampagne* für Erstwähler/-innen gestartet. Auf diese Weise sollten Jugendliche informiert und zur Wahlteilnahme ermuntert werden.

* **Landeszentrale für politische Bildung (lpb)**
überparteiliche staatliche Einrichtung zur Förderung der politischen Bildung, die u. a. auf ihrer Webseite – www.lpb-bw.de – viele interessante und nützliche Informationen und Angebote bereithält

* **Kampagne**
zeitlich befristete Aktion, die sich ein bestimmtes Ziel setzt

1 Wählen ab 16? Führt eine spontane Abstimmung in der Klasse durch und notiert das Ergebnis.
2 Erläutere die Aussage der Karikatur **M 1**.
3 Begründet, ob ihr die Wahlbeteiligung der Jugendlichen für hoch oder niedrig erachtet. (**M 2**)
4 Ergänzt die Argumente in **M 3** durch eigene Argumente.
5 Führt anschließend eine Pro-und-Kontra-Diskussion durch. (**M 3**)
6 Wiederholt die Abstimmung vom Beginn der Stunde (siehe Aufgabe 1). Hat sich das Ergebnis verändert? Begründet eventuelle Veränderungen.
7 Gestaltet eine Erstwählerkampagne, um die Beteiligung von Jugendlichen an der nächsten Kommunalwahl zu steigern. (**M 2**, **M 4**)

M3 Wählen ab 16 – pro & kontra

Pro-Argumente	Kontra-Argumente
PRO Jugendliche zahlen auch Steuern, z. B. als Auszubildende – dann sollten sie auch mitentscheiden dürfen, wofür das Geld verwendet wird.	**KONTRA** Das Wahlalter von 18 Jahren hat sich seit Langem sehr bewährt.
PRO Viele Entscheidungen betreffen stark die Zukunft der jungen Generation – somit sollte diese auch darüber mitbestimmen dürfen, schließlich geht es um die Folgen für ihr späteres Leben.	**KONTRA** Jugendliche lassen sich oft leicht beeinflussen, zum Beispiel von Eltern oder Freunden.
PRO Die Politiker müssten viel stärker auf die Interessen von Jugendlichen Rücksicht nehmen.	**KONTRA** Die Volljährigkeit setzt in unserem Land nun einmal erst mit 18 Jahren ein.

M4 Zu jung zum Wählen(?) – was zeigen Studien?

In einer Studie, die anlässlich der Absenkung des Wahlalters auf 16 in Österreich durchgeführt wurde, stellte sich heraus, dass die Jugendlichen von der Schule erwarten, auf ihr Wahlrecht vorbereitet zu werden. Die Schule wurde von den befragten Jugendlichen als ein Ort für eine objektive Informationsvermittlung wahrgenommen. Gleichzeitig stellte sich jedoch heraus, dass die Jugendlichen nicht zufrieden waren mit der schulischen Vorbereitung auf ihre erste Wahlteilnahme, weil das Thema zu wenig oder zu spät im Unterricht behandelt wurde. Es zeigte sich auch, dass damit eine wichtige Chance vertan wurde, denn Schülerinnen und Schüler, die im Unterricht über die Wahl diskutiert hatten, gingen signifikant häufiger zur Wahl. [...]

Eine experimentelle Studie der Universität Hohenheim zum Thema Wahlrecht ab 16 untersuchte den Unterschied zwischen den [Erstwählern ab 18 Jahren] und Jugendlichen im Alter von 16 bis 17 Jahren in Bezug auf das politische Wissen und Verständnis. So sollte die Frage geklärt werden, ob minderjährige Jugendliche schon in der Lage sind zu wählen. Die Experimente ergaben, dass bei den befragten Jugendlichen das politische Interesse in beiden Altersgruppen gleich groß war. Allerdings kam auch heraus, dass die Jugendlichen unter 18 Jahren, egal auf welche Schule sie gingen, ein signifikant* geringeres politisches Wissen haben als die [über 18-jährigen Erstwähler]. Auch bei einem Test zum Verständnis von Politiker-Reden schnitten die jüngeren Jugendlichen schlechter ab. Dabei spielte die besuchte Schule aber sehr wohl eine Rolle. Die befragten Gymnasiasten der neunten Klasse verstanden die Politikerreden besser als ältere und wahlberechtigte Berufsschüler.

http://www.lpb-bw.de/waehlen-ab-16.html (Zugriff: 24.6.2017)

* **signifikant**
Bedeutend, wesentlich. Als statistisch signifikant bezeichnet man ein Ergebnis, das nur sehr unwahrscheinlich durch reinen Zufall zustande gekommen ist.

Der Jugendgemeinderat – nur mitreden oder auch mitentscheiden?

In vielen Gemeinden Baden-Württembergs haben Jugendliche inzwischen eine eigene Vertretung und können sich so aktiv in die Kommunalpolitik einbringen. Wie weit die Rechte der Jugendvertretung dabei reichen, ist je nach Gemeinde unterschiedlich geregelt – was teilweise auch für Diskussionen sorgt.

M1 „Wahlsätze" – kurze Statements von Kandidatinnen und Kandidaten zur Jugendgemeinderatswahl 2015 in Filderstadt

Rosa C., 17 J.: Ich möchte mich für mehr Treffpunkte für die Jugendlichen einsetzen.

Trung B., 17 J.: Als Jugendgemeinderat möchte ich mich für die Interessen aller Jugendlichen in Filderstadt einsetzen. Mir liegt dabei der Sport ganz besonders am Herzen.

Ronani A., 17 J.: Mein Ziel ist es, gemeinsam mit den Jugendlichen aus Filderstadt eine Organisation zu erstellen, die den Flüchtlingskindern zugutekommt.

Maurizio P., 17 J.: Die Möglichkeiten für Freizeitaktivitäten ausbauen, um unsere Jugendlichen zu vereinen.

Maximilian K., 18 J.: Die bereits gute Infrastruktur Filderstadts möchte ich vor allem im Bereich von Abend und Nacht weiter ausbauen.

Amtsblatt Filderstadt Nr. 47/2015, http://www.filderstadt.de/site/Filderstadt-Internet/get/params_E-1205189000/11637099/Amtsblatt%20KW%2047,%2020.%20November.pdf (Zugriff: 28.2.2016)

M2 Ein „Super-Tag" für den JGR

„Heute ist ein Super-Tag", strahlte vergangenes Wochenende Sarmed Munir beim Blick auf eine neue Freizeitanlage in Filderstadt: den öffentlichen Mini-Court an der Seestraße in Sielmingen.

Einweihung des Mini-Courts

Sarmed Munir, [...] ehemaliges Mitglied des Jugendgemeinderats (JGR), hatte im Sommer 2012 die Idee des Mini-Courts erstmals im Nachwuchsgremium vorgestellt. Der Wunsch: eine Anlage, die auch ohne Leistungsdruck bespielt werden kann. Darauf galt es, echte Überzeugungsarbeit zu leisten – in den Reihen des Gemeinderats, der Stadtverwaltung sowie bei potenziellen Sponsoren. Parallel dazu sammelten die JGRler sage und schreibe 640 Unterschriften, die dem Vorhaben der jungen Leute zusätzlich Rückenwind verliehen. „Sie alle haben sich mächtig ins Zeug gelegt. Ihnen ist es gelungen, die entscheidenden Köpfe für dieses Projekt zu begeistern", lobte Oberbürgermeisterin Gabriele Dönig-Poppensieker das unermüdliche Engagement der Jugendgemeinderäte. [...] Dönig-Poppensieker: „Heute können wir den Mini-Court offiziell eröffnen." [...]

Silke Köhler, Stadtverwaltung Filderstadt, 2014

M 3 Der Jugendgemeinderat Filderstadt

Aufgaben und Zielsetzung

Die Aufgabe des Jugendgemeinderats (JGR) ist es, in allen die Jugend betreffenden Angelegenheiten mitzuwirken und zum Teil mitzubestimmen. Die Beschlüsse des JGR gelten als Vorschläge für Gemeinderat und Verwaltung und werden dort je nach Zuständigkeit behandelt.

Zusammensetzung und Wahlen

Der JGR besteht aus 20 Mitgliedern. Wählbar und wahlberechtigt sind alle in Filderstadt wohnhaften Jugendlichen zwischen 14 und 18 Jahren, unabhängig von der Staatsangehörigkeit. Die Wahlen zum JGR finden alle zwei Jahre statt. Jede Wählerin, jeder Wähler hat insgesamt 20 Stimmen, pro Kandidatin, pro Kandidat können maximal drei Stimmen abgegeben werden (kumulieren).

Arbeitsweise

Der JGR tagt etwa drei- bis viermal pro Jahr. Der Oberbürgermeister leitet die Sitzungen. Die Mitglieder des JGR diskutieren eigene Anträge und stimmen darüber ab. Mehrheitlich gefasste Beschlüsse werden je nach Zuständigkeit entweder vom Oberbürgermeister in den Gemeinderat oder einen Ausschuss des Gemeinderats eingebracht oder von der Verwaltung bzw. vom JGR selbst (z. B. Sportturnier) verwirklicht. Oberbürgermeister und Gemeinderat garantieren dem JGR ein Antragsrecht.
Die Organe der Stadt haben sich verpflichtet, Beschlüsse des JGR zu beraten. Drei Mitglieder des JGR haben das Recht, als offizielle Vertretung an Gemeinderatssitzungen und an Ausschusssitzungen teilzunehmen. Sie haben ein allgemeines Rederecht und erhalten eine ehrenamtliche Entschädigung.

Leicht verändert nach: http://www.filderstadt.de/,Lde/start/service/Sitzungen.html (Zugriff: 8.2.16)

* **indirektes Antragsrecht**
Dies bedeutet, dass der Jugendgemeinderat seine Anträge – z. B. für einen Mini-Court – nur indirekt, nämlich über den Oberbürgermeister, in den Gemeinderat einbringen kann, nicht aber selbst einen Antrag im Gemeinderat stellen darf.

M 4 Mehr direkte Demokratie – das Reutlinger Jugendforum

Das „Jugendforum Reutlingen" ist eine neue lokalpolitische Beteiligungsplattform für Jugendliche, die auf breite Zustimmung stößt. Das Modellprojekt war 2014 so erfolgreich, dass auch 2016 wieder Themen diskutiert wurden, die jungen Reutlingern zwischen 14 und 18 Jahren auf den Nägeln brennen. Die Themen werden in einem Online-Voting ermittelt, und die beteiligten Jugendlichen erarbeiten danach bei einer eintägigen Veranstaltung konkrete Umsetzungsvorschläge. Dazu suchen sie sich Paten im Stadtrat und in der Verwaltung, die ihr Projekt bis zur Fertigstellung begleiten. Das Jugendforum soll sich als niederschwellige Beteiligungsform, in Kooperation mit dem Jugendgemeinderat, etablieren.

http://www.gea.de/region+reutlingen/reutlingen/+richtig+tolle+idee.3617436.htm (Zugriff: 8.4.2017)

1 Sammelt ausgehend von **M 1** mögliche Motive und Ziele von Jugendlichen, sich im Jugendgemeinderat zu engagieren.

2 Sammelt Ziele, für die ihr euch persönlich in eurer Gemeinde einsetzen würdet.

3 2014 wurde der Mini-Court in Filderstadt eingeweiht – bis dahin war es ein langer Weg. Analysiert, wie diese Idee wohl verwirklicht werden konnte. (**M 2, M 3**)

4 Recherchiert, ob es in eurer Gemeinde einen Jugendgemeinderat gibt, und erstellt einen Steckbrief.

5 Der Jugendgemeinderat Filderstadt besitzt im Gemeinderat „nur" ein Rederecht. Erörtert, ob dieses Rederecht ausreicht, um die Interessen von Jugendlichen zu vertreten. (**M 3**) **TIPP** *S. 355*

6 Vergleicht die Entscheidungsfindung im Filderstädter Jugendgemeinderat mit jener im Reutlinger Jugendforum. (**M 3, M 4**)

7 Der Jugendgemeinderat Filderstadt – ein Erfolgsmodell? Diskutiert diese Frage. (**M 1–M 3**)

1. Politik, nein danke!?

★ **Politikverdrossenheit**
Meint eine negative Einstellung der Politik gegenüber. Sie kann sich in Desinteresse gegenüber politischen Prozessen, geringer Beteiligung an politischen Aktivitäten (z. B. Wahlen) und Ablehnung von Politik äußern.

M 1 Wahlen zum Jugendgemeinderat Filderstadt: Wahlergebnisse seit 1987

Wahljahr	Kandidatenzahl	Wahlbeteiligung	Gewählte Mädchen : Jungen
1987	49	25 %	7 : 13
1989	25	23 %	8 : 12
1991	27	27 %	7 : 13
1993	35	42 %	9 : 11
1995	27	33,60 %	9 : 11
1997	32	43,10 %	11 : 9
1999	28	37,20 %	10 : 10
*2001	32	20,61 %	9 : 11
2003	46	39,85 %	8 : 12
2005	41	38,31 %	9 : 11
2007	30	33,64 %	11 : 9
2009	28	37,10 %	14 : 6
2011	36	33,55 %	8 : 12
2013	32	36,91 %	6 : 14
2015	27	32,89 %	10 : 10

**2001: Die Wahl erfolgte über das Internet.*
http://www.filderstadt.de/,Lde/start/service/Wahlen.html (Zugriff: 8.2.2016)

M 2 Kommunalpolitische Beteiligungsformen – Einschätzungen der Jugendlichen (2014)

Die Beteiligungsform ...	... sehe ich als sehr gut / gut an.	... sehe ich als schlecht / sehr schlecht an.
Beteiligung an Gemeinderatswahlen	78,4 %	4,8 %
Beteiligung an Bürgerbegehren und -entscheiden	78,1 %	4,0 %
Mitarbeit in Kinder- und Jugend-parlamenten	72,0 %	9,5 %
Unterschriftenaktionen	64,8 %	14,0 %
Demonstrationen	60,8 %	17,5 %
Leserbriefe	43,0 %	23,7 %
Onlinebeteiligung	40,7 %	36,2 %

Eigene, gekürzte Darstellung nach: www.lpb-bw.de/fileadmin/publikationen/bis/2016/pdf/politische_partizipation_jugend.pdf (Zugriff: 8.4.2017)

1 Filderstadt – ein Einzelfall? Recherchiert Wahlergebnisse von JGR-Wahlen aus eurer Region und vergleicht sie mit den Ergebnissen oben. (**M 1**)

2 Führt eine anonyme Umfrage in eurer Klassenstufe durch: Wer würde wählen gehen? Wertet die Umfrage aus und vergleicht die Ergebnisse mit der Tabelle **M 1**.

3 Erklärt mögliche Ursachen für die vergleichsweise geringe Wahlbeteiligung in **M 1**.

4 Diskutiert Möglichkeiten, die Wahlbeteiligung in den kommenden Jahren zu steigern. TIPP *S. 355*

5 „Wer wählt mit 16 noch den Jugendgemeinderat, wenn er doch bereits den ‚richtigen' Gemeinderat wählen darf? Dieser darf entscheiden, der Jugendgemeinderat darf nur reden." Bewertet diese Aussage. TIPP *S. 355*

6 „Politik, nein danke!?" – Überprüft mithilfe von **M 1** und **M 2**, ob man von einer Politikverdrossenheit★ unter Jugendlichen sprechen kann.

2. Wir haben keinen Jugendgemeinderat – noch nicht!?

M 1 Gemeindeordnung Baden-Württemberg, § 41a: Beteiligung von Kindern und Jugendlichen

(1) Die Gemeinde soll Kinder und muss Jugendliche bei Planungen und Vorhaben, die ihre Interessen berühren, in angemessener Weise beteiligen. Dafür sind von der Gemeinde geeignete Beteiligungsverfahren zu entwickeln. Insbesondere kann die Gemeinde einen Jugendgemeinderat oder eine andere Jugendvertretung einrichten. Die Mitglieder der Jugendvertretung sind ehrenamtlich tätig.
(2) Jugendliche können die Einrichtung einer Jugendvertretung beantragen. Der Antrag muss [je nach Einwohnerzahl von mindestens 20 bis 250] in der Gemeinde wohnenden Jugendlichen unterzeichnet sein. [...]
(3) [Es ist] die Beteiligung von Mitgliedern der Jugendvertretung an den Sitzungen des Gemeinderats in Jugendangelegenheiten zu regeln; insbesondere sind ein Rederecht, ein Anhörungsrecht und ein Antragsrecht vorzusehen.
(4) Der Jugendvertretung sind angemessene finanzielle Mittel zur Verfügung zu stellen. [...] Über die Verwendung der Mittel ist ein Nachweis in einfacher Form zu führen.

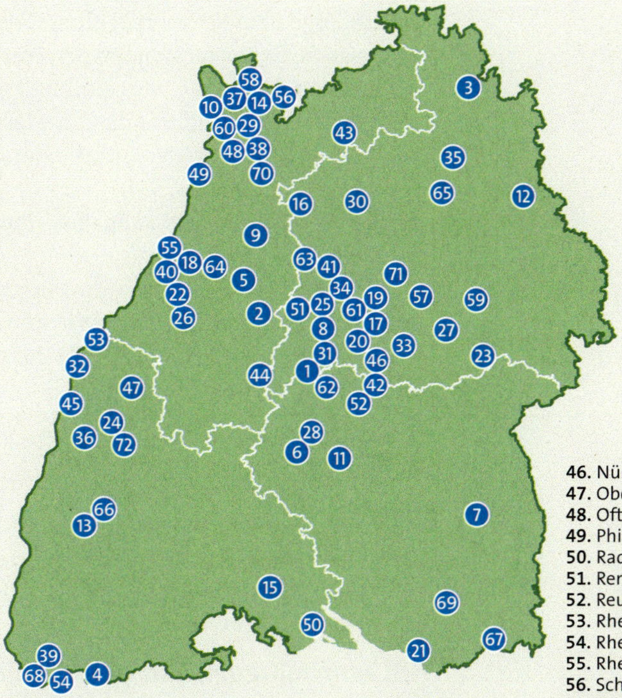

1. Ammerbuch
2. Bad Liebenzell
3. Bad Mergentheim
4. Bad Säckingen
5. Birkenfeld
6. Bisingen
7. Biberach/Riß
8. Böblingen
9. Bretten
10. Brühl
11. Burladingen
12. Crailsheim
13. Denzlingen
14. Dossenheim
15. Engen
16. Eppingen
17. Esslingen
18. Ettlingen
19. Fellbach
20. Filderstadt
21. Friedrichshafen
22. Gaggenau
23. Geislingen a.d. Steige
24. Gengenbach
25. Gerlingen
26. Gernsbach
27. Göppingen
28. Hechingen
29. Heidelberg
30. Heilbronn
31. Holzgerlingen
32. Kehl
33. Kirchheim u. Teck
34. Korntal-Münchingen
35. Künzelsau
36. Lahr
37. Ladenburg
38. Leimen
39. Lörrach
40. Malsch
41. Markgröningen
42. Metzingen
43. Mosbach
44. Nagold
45. Neuried
46. Nürtingen
47. Oberkirch
48. Oftersheim
49. Philippsburg
50. Radolfzell
51. Renningen
52. Reutlingen
53. Rheinau
54. Rheinfelden
55. Rheinstetten
56. Schönau
57. Schondorf
58. Schriesheim
59. Schwäbisch Gmünd
60. Schwetzingen
61. Stuttgart
62. Tübingen
63. Vaihingen/Enz
64. Waldbronn
65. Waldenburg
66. Waldkirch
67. Wangen
68. Weil am Rhein
69. Weingarten
70. Wiesloch
71. Winnenden
72. Zell a.H.

Quelle: http://jugendgemeinderat.de/

M 2 Jugendgemeinderäte in Baden-Württemberg, Stand: 2013

1 Arbeitet die wesentlichen gesetzlichen Grundlagen für die Einführung eines Jugendgemeinderats heraus (**M 1**).

2 Sammelt Argumente, die für die Einführung eines Jugendgemeinderats sprechen. Ordnet diese Argumente nach Wichtigkeit.

3 Wählt zwischen den folgenden Aufgaben:
Gestaltet ...
- eine **Rede** (Adressat: der Gemeinderat), in der ihr die Einführung eines Jugendgemeinderats fordert.
- ein **Plakat**, mit dem ihr die Einführung eines Jugendgemeinderats fordert.
- ein kurzes Video, in dem ihr die Einführung eines Jugendgemeinderats fordert.

TIPP *S. 356*

Leitfrage: Wie viel Bürgerbeteiligung brauchen wir in der Gemeinde?

Kostspielige Bauvorhaben in einer Gemeinde stehen immer wieder in der Kritik, dies zeigte auch die Diskussion um den Bau eines neuen Stadions in Karlsruhe. Schließlich geht es hierbei um die Verwendung knapper finanzieller Mittel der Gemeinde, darüber hinaus spielen viele andere Interessen eine Rolle. Wie stark sollten nun die Bürgerinnen und Bürger an der Entscheidung über einen Stadionneubau beteiligt werden?

Bei der Bearbeitung der Aufgaben musst du jeweils geeignete Materialien (M1–M5) heranziehen.

Ich kann Informationen gewinnen und aufbereiten.

1 Verschaffe dir einen Überblick über die Materialien und erstelle eine Planungsmatrix zur Bearbeitung der Aufgaben.

Ich kann Probleme und Konflikte analysieren.

2 Analysiere den Konflikt um den Stadionneubau mithilfe des Politikzyklus.

Ich kann mir ein begründetes Urteil bilden.

3 Die Karlsruher Linken forderten einen Bürgerentscheid über den Bau des Stadions. Erörtere unter Berücksichtigung der vorliegenden Materialien, ob ein Bürgerentscheid in diesem Fall sinnvoll wäre.

Ich kann mitreden und aktiv werden.

4 Gestalte eine Rede unter der Fragestellung: „Wie viel Bürgerbeteiligung brauchen wir in der Gemeinde?“

M1 Freude und Ärger über KSC-Stadion (20.7.2016)

Baut die Stadt für 113 Millionen Euro ein neues Stadion im Wildpark? Über diese Frage entschied am Dienstag der Karlsruher Gemeinderat. Aktuell belaufen sich die Gesamtkosten der Maßnahme auf rund 113,7 Millionen Euro. Das Land [Baden-Württemberg] bezuschusst das Projekt mit elf Millionen Euro. Der KSC soll durch Pachtzahlungen in den kommenden Jahren den Neubau mit 74,3 Millionen Euro [nachträglich finanzieren]. Im Vorfeld hatte sich vor allem bei den Karlsruher Grünen und der Linken Widerstand gegen das neue KSC-Stadion geregt. Die Karlsruher Grünen meldeten im Vorfeld, dass sie die finanziellen Risiken für den geplanten kompletten Neubau des Wildparkstadions für zu hoch halten. Die Karlsruher Linken forderten, die Bürger mittels eines Bürgerentscheides über das Projekt entscheiden zu lassen. Nach langer Diskussion entscheiden die Stadträte schließlich: Der KSC soll ein neues Stadion erhalten. Deutlich erleichtert zeigte sich Oberbürgermeister Frank Mentrup. Ihm sei ein riesiger Stein vom Herzen gefallen, erklärte er nach der Entscheidung. Er erwartet eine „spannende Phase bis September“ – bis dahin muss der KSC seine Zustimmung gegeben haben. Mentrup zeigt sich zuversichtlich, dass die Stadt und der KSC bis September eine Lösung gefunden haben.

http://www.ka-news.de/region/karlsruhe/ksc-stadion./Freude-und-AErger-ueber-KSC-Stadion-Das-wird-in-einem-Fiasko-enden;art6066,1923363 (Zugriff: 10.8.2016).

M 2 Stimmen von Bürgerinnen und Bürgern zum Stadionneubau

- Ich finde es überhaupt nicht gut, dass dort so sinnlos Geld für einen zweitklassigen Verein ausgegeben wird, es sollte lieber mal etwas mehr Geld in die Infrastruktur wie die A8 (Pforzheim–Karlsruhe) und andere Straßen gesteckt werden.
- Das neue Stadion ist längst überfällig. Schade, dass Grüne und Linke nicht mal über ihren Schatten springen können.
- Für Polizisten und Lehrer ist kein Geld in der Schatulle. Aber für so einen unnötigen Zweitligaverein werden Fantastillionen rausgeschmissen. Einfach nur noch unglaublich.
- Natürlich, jeder braucht Geld, auch die Polizei und auch die Bildung, da habt ihr ja Recht, aber der Sport braucht das eben auch.

http://www.swr.de/swraktuell/bw/gemeinderat-beschliesst-neubau-fuer-113-millionen-euro-karlsruhe-bekommt-ein-neues-stadion/-/id=1622/did=17794888/nid=1622/1leaty1/index.html (Zugriff: 8.3.2017)

M 3 Foto

M 4 Karikatur

M 5 Rüdiger Soldt: Das Volk weiß es nicht besser, in: FAZ online vom 19.2.2015

[...] Der vom Gemeinderat herbeigeführte Bürgerentscheid über den Bau eines neuen Stadions für den Erstligisten SC Freiburg ging Anfang Februar zwar mit 58,2 Prozent positiv für die Befürworter des Projekts aus, aber die aggressive Kampagne vor der Abstimmung hinterließ bleibende Schäden. [...] Keineswegs führe mehr Transparenz zu sachlicheren Diskussionen. [Oberbürgermeister] Dieter Salomon in Freiburg argumentiert ähnlich: Der Bürgerentscheid über das Stadion sei möglicherweise nur zugunsten des Neubaus ausgegangen, weil es um einen „sympathischen Fußballclub" und eine „populäre Sache" gegangen sei. [...] „Im Koalitionsvertrag von SPD und Grünen ist eine Absenkung des Quorums für Bürgerentscheide auf kommunaler Ebene auf 20 Prozent vorgesehen. [...] Es entscheidet eine Minderheit über eine Mehrheit, und der Gemeinderat wird über die Hintertür entmachtet."

http://www.faz.net/aktuell/politik/inland/gruende-gegen-direkte-demokratie-auf-kommunaler-ebene-13432408.html (Zugriff: 8.3.2017).

KAPITEL 6

Zuwanderung nach Deutschland

Betrachte das Foto. Beschreibe, was dir spontan einfällt. Lege dazu eine ***ABC-Liste*** *an und schreibe hinter jeden Buchstaben mindestens einen Begriff. Tauscht euch in der Klasse aus.*

In diesem Kapitel lernst du,

- *wie die Gesellschaft Deutschlands zusammengesetzt ist (Ordnung und Struktur),*
- *welche Bedeutung die Zuwanderung für Deutschland hat und*
- *wie die Zuwanderungspolitik gestaltet werden kann (Interessen und Gemeinwohl).*

Formuliere Annahmen zu diesen Themen und überprüfe am Ende des Kapitels, inwieweit sich diese verändert haben.

In den letzten Jahren sind viele Menschen auf der Flucht nach Deutschland gekommen. Hier erzählen drei von ihnen ihre Geschichte.

M1 Flüchtlinge* auf ihrem gefährlichen Weg über das Mittelmeer

M2 Doaa aus Syrien

Bevor der Bürgerkrieg in Syrien* sie zur Flucht zwang, war die 19-jährige Doaa eine ehrgeizige Schülerin. Dann floh sie mit ihrer Familie nach Ägypten. Ohne Arbeitserlaubnis lebte sie dort am Rande der Gesellschaft.

Gemeinsam mit ihrem Verlobten Bassem beschlossen sie, Sicherheit in Europa zu suchen, um sich dort ein gemeinsames Leben aufzubauen. Bassem gab sein ganzes Erspartes, 5000 Dollar, den Schmugglern, die sie auf ein überfülltes Fischerboot zwängten.

Doch nach drei Tagen auf See glaubte sie nicht mehr an eine sichere Ankunft und sagte zu Bassem: „Wir werden alle ertrinken.“ Am vierten Tag kam ein verrostetes Boot auf sie zu. Die Passagiere weigerten sich, in das seeuntaugliche Boot zu wechseln, woraufhin die wütenden Schmuggler ein Loch in das Fischerboot rammten und lachten. Innerhalb von Minuten kenterte und sank das Boot. Die 300 Menschen, die unter Deck gefangen waren, hatten keine Chance zu überleben. Bassem fand einen Rettungsring für Doaa, die nicht schwimmen kann. In der folgenden Nacht verloren viele Überlebenden die Kräfte und den Mut. Auch Bassem verließen kurz darauf die Kräfte und Doaa musste mit ansehen, wie er starb. Am vierten Tag im Meer sah Doaa ein Handelsschiff. Zwei Stunden schrie sie um Hilfe, bis die Suchscheinwerfer des Schiffes sie fanden. Über Italien fand Doaa schließlich den Weg nach Deutschland. Dort hat sie einen Antrag auf Asyl* gestellt.

https://www.uno-fluechtlingshilfe.de/fluechtlinge/fluechtlinge-erzaehlen/doaa-aus-syrien.html, verändert und gekürzt (Zugriff: 12.8.2016)

* **Flüchtlinge**
Als Flüchtling bezeichnet man jemanden, der aufgrund von Kriegen oder Hungersnöten, aber auch wegen politischer Verfolgung seine Heimat verlassen muss.

* **Bürgerkrieg in Syrien**
Seit März 2011 herrscht in Syrien ein brutaler Bürgerkrieg, der bereits Hunderttausenden Menschen das Leben gekostet hat. Millionen sind geflohen und haben in anderen Ländern, meist in der Region, Schutz gesucht. Auf der einen Seite kämpfen Regierungstruppen des Diktators Assad, auf der anderen Seite kurdische und teilweise islamistische Rebellengruppen.

* **Asyl**
Zuflucht für politisch Verfolgte. Nach Artikel 16a Grundgesetz hat jeder die Möglichkeit, in Deutschland einen Antrag auf Asyl zu stellen. Jedoch nur wer politisch verfolgt wird, hat Aussichten, dass sein Antrag auch Erfolg hat.

M3 Fasil aus Äthiopien

Fasil T. ist 19 Jahre alt und in Äthiopien aufgewachsen. Er hat seine Heimat verlassen, um dem Militärdienst dort zu entgehen. Im Juli sei er vom Sudan aus nach Europa aufgebrochen. „Ich gab einem Schleuser 1500 US-Dollar. Die Reise führte dann mit einem Laster nach Ägypten und mit einem Pkw nach Libyen." Dort sei er von Polizisten, die Geld erpressen wollten, ins Gefängnis gesteckt worden. „Meine Mutter hat mich aber freigekauft", sagt Fasil. Auf einem Holzboot sei er dann übers Mittelmeer gefahren, zusammen mit 150 anderen Flüchtlingen. Noch auf See seien die Flüchtlinge an die italienischen Behörden übergeben worden. Fasil fuhr nach Deutschland, wo er vor ein paar Wochen eingetroffen sei. Fasil hofft auf eine Wohnung. „Ich will Deutsch lernen und arbeiten."

http://www.fnp.de/lokales/frankfurt/Zwei-Fluechtlinge-aus-Afrika-erzaehlen-ndash-stell-vertretend-fuer-Tausende;art675,1058997, 1.10.2014 (Zugriff: 12.8.2016)

Jedes Jahr versuchen Tausende Flüchtlinge, vor allem aus Afrika und dem Nahen Osten, über das Mittelmeer nach Europa zu gelangen.

— Haupt-Seerouten
······ weitere Seerouten
— wichtige Verbindungsrouten an Land
— von Flüchtlingen genutzte Fährverbindungen

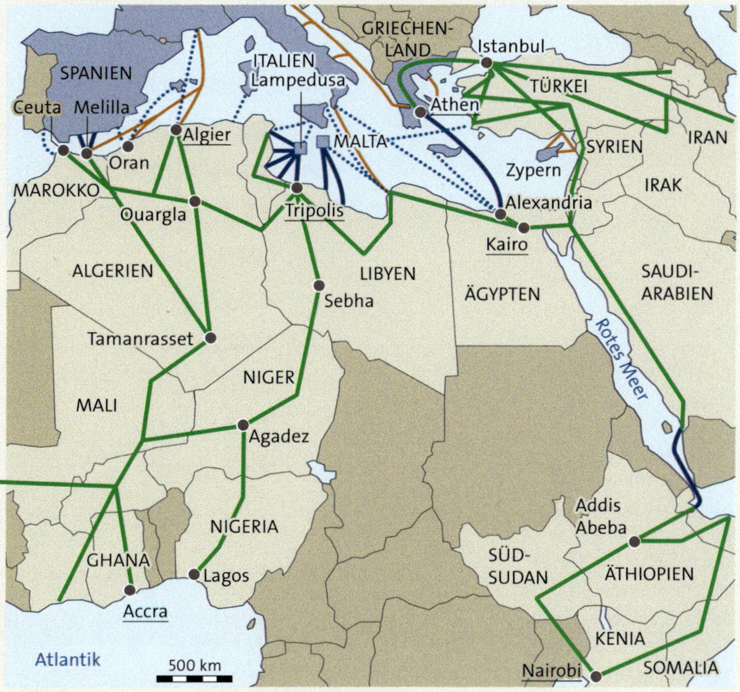

Quelle: i-Map, Stand Mai 2014, dpa-infografik 22522

M5 Flüchtlingsrouten nach Europa

M4 Joy aus Nigeria

„Wir mussten fliehen, weil wir Christen sind, und die islamistische Terrorgruppe ‚Boko Haram'* verfolgt Menschen christlichen Glaubens in Nigeria. Ich bin Friseuse und mein Mann ist KFZ-Mechaniker. Unsere Flucht nach Deutschland war sehr, sehr hart, besonders weil ich schwanger war. Wir waren eben in Garmisch-Partenkirchen angekommen, da kamen unsere Zwillinge zur Welt. Unser Traum ist es, in Frieden hier mit unseren Kindern leben zu können."

http://www.huffingtonpost.de/veronika-rusch/schau-mir-ins-gesicht-20-beruhrende-schicksale-von-fluechtlingen_b_6660326.html#, Veronika Rusch, 12,2,2015 (Zugriff: 5.12.2016)

* **Boko Haram**
Boko Haram ist eine islamistische terroristische Gruppierung im Norden Nigerias. Sie setzt sich für die Einführung der Scharia in ganz Nigeria und das Verbot westlicher Bildung ein.

1 Beschreibe mithilfe von **M2–M4** die Flucht von Doaa, Fasil und Joy und verfolge auf der Karte (**M5**) ihre Fluchtroute.

2 Beschreibe die Gründe, warum die drei Menschen ihre Heimat verlassen haben.

3 Versetze dich in die Lage von Joy und ihrem Mann aus Nigeria (**M4**). Sie leben jetzt in Garmisch-Partenkirchen in Bayern. Beschreibe, was sie vielleicht vermissen und welche Eindrücke ganz neu für sie sind.

4 Erläutere, welche Hoffnungen sich mit der Flucht nach Europa verbinden.

5 Gibt es in deiner Nähe eine Flüchtlingsunterkunft? Versucht über die Schule oder die Gemeinde Kontakt mit Flüchtlingen aufzunehmen und recherchiert ihre Geschichte.

6 Erörtere Möglichkeiten, um zu verhindern, dass Flüchtlinge die gefährliche Reise über das Mittelmeer in Angriff nehmen. TIPP S. 356

Keinem Menschen fällt es leicht, seine Heimat zu verlassen. Dort leben seine Familie, seine Freunde, dort ist man aufgewachsen, man spricht die Sprache und ist in seiner vertrauten Umgebung und Kultur. In vielen Teilen der Welt ist die Not aber so groß, dass Menschen gezwungen sind, in eine andere Region oder sogar in ein anderes Land zu fliehen. Zurzeit sind weltweit über 60 Millionen Menschen auf der Flucht.

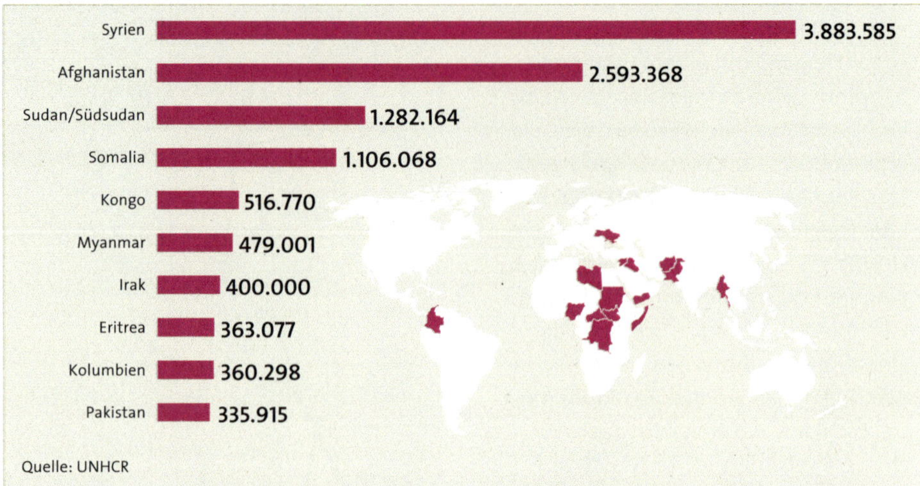

M2 Zahl der Flüchtlinge 2014 weltweit nach Herkunftsländern

M1 Push- und Pull-Faktoren

Push-Faktoren
Das sind Gründe, die Menschen dazu bringen, ihre Heimat zu verlassen. Häufig sind das politische Gründe wie Unterdrückung oder Krieg. Es gibt aber auch wirtschaftliche Gründe wie Arbeitslosigkeit, Armut oder Hunger. Die Zerstörung der Heimat durch Dürren, Flutkatastrophen, Erdrutsche oder Unwetter gehört ebenfalls zu diesen Faktoren.

Pull-Faktoren
Dazu gehören alle Aspekte, die Menschen dazu bringen, in eine andere Region oder ein anderes Land auszuwandern. Bessere Lebensbedingungen wie Sicherheit, Arbeitsplätze, die Möglichkeit auf Schulbildung oder die Aussicht, mit Familienmitgliedern zusammenzuleben, sind wichtige Gründe.

M3 Flüchtlinge weltweit

Menschen fliehen aus Not, weil sie Gefahren, Katastrophen oder Armut entgehen wollen. Viele Menschen fliehen, weil in ihrem Heimatland Krieg herrscht. Sie fürchten um ihr Leben und das Leben ihrer Kinder.
Sie fliehen, weil sie in Sicherheit und Frieden leben wollen. Andere Menschen werden in ihrer Heimat wegen ihrer Nationalität, ihrer Zugehörigkeit zu einer bestimmten Religion oder wegen ihrer politischen Ansichten verfolgt. Wieder andere fliehen, weil schwere Naturkatastrophen ihr Heimatland unbewohnbar gemacht haben oder wegen der schlechten wirtschaftlichen Verhältnisse in ihrer Heimat. In vielen Ländern fehlen jegliche Bildungsmöglichkeiten. So gehen 13 Millionen Kinder wegen der Konflikte im Nahen Osten und in Nordafrika nicht zur Schule.
Manche Menschen fliehen alleine, manche mit ihren Familien. Und viele tausend Kinder und Jugendliche machen sich sogar ohne ihre Eltern auf den Weg in ein sicheres Land. Menschen, die bei sich zu Hause von Feindseligkeiten und Kriegen bedroht sind, versuchen oft, in anderen Gegenden ihres Landes zu leben. Häufig gibt es aber im eigenen Land keinen sicheren Ort. Deshalb verlassen viele Flüchtlinge ihr Land.

Wieso leben viele Menschen in Flüchtlingslagern?
Ein großer Teil der Flüchtlinge findet Aufnahme in einem Flüchtlingslager eines Nachbarstaates. Im Libanon oder auch in der Türkei gibt es beispielsweise große Lager für Bürgerkriegsflüchtlinge aus Syrien.
In den Lagern ist das Leben schwer. Die Menschen leben in Zelten, sie haben keine Arbeit, die Kinder können nicht in die Schule gehen.

Warum kommen die Menschen nach Europa?
Es gibt keine Aussicht auf ein besseres Leben in den überfüllten Flüchtlingslagern. Darum machen sich viele Menschen auf den Weg nach Europa. Sie hof-

fen, dort mit ihren Familien in Sicherheit leben zu können.
Um mit dem Flugzeug nach Europa zu fliegen, brauchen Nicht-Europäer in den meisten Fällen ein Visum, eine Einreisegenehmigung. Es ist aber sehr schwer für Flüchtlinge, solche Visa zu bekommen. Deshalb bleibt den Menschen, die nach Europa wollen, oft nur die Möglichkeit, ohne vorherige Erlaubnis in ein europäisches Land zu fliehen. Dafür brauchen sie oft die Hilfe von Schleusern. Wenn die Flüchtlinge in einem sicheren Land angekommen sind, versuchen sie die Erlaubnis zu bekommen, dort zu bleiben.

https://www.hanisauland.de/spezial/flucht-fluechtlinge/flucht-kapitel-1-fluechtlinge-weltweit.html (Zugriff: 11.8.2016)

Mehr zum Thema
Film: **Probleme von Flüchtlingen ... einfach erklärt**

Webcode PE646098-117

M4 Warum Menschen nach Deutschland kommen

Adama aus dem Senegal: „Im Senegal können viele Menschen nicht so leben, wie sie wollen. Mehr will ich dazu nicht sagen. In Deutschland will ich ein freies Leben führen, hier habe ich das Gefühl, dass ich glücklich werden kann. Ich mag die deutsche Stabilität, die Ordnung. Davon war ich sehr überrascht, vorher kannte ich Deutschland nur durch den Fußball."

Beauty aus Nigeria: „Ich bin mit meinem Sohn David aus Nigeria gekommen. Mein Mann wurde in Italien von uns getrennt, ich weiß nicht, wie es ihm geht und wo er jetzt ist. In Nigeria ist Krieg, Boko Haram verfolgt die Menschen, tötet einfach so. Ich hoffe, dass wir in Deutschland Hilfe bekommen. Und irgendwann möchte ich gern wieder arbeiten. In Nigeria habe ich Haare geflochten, so etwas würde ich gern wieder machen."

www.huffingtonpost.de/2015/07/31/hier-erzahlen-fluchtlinge-warum-sie-wirklich-in-deutschland-sind_n_7910200.html (Zugriff: 12.8.2016)

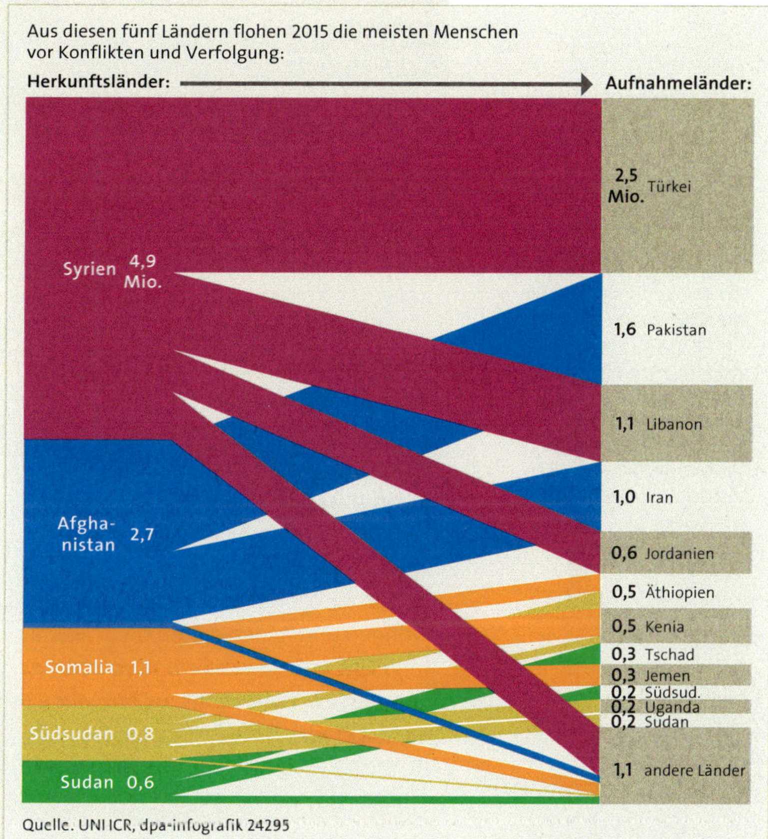

M5 Diese Länder nehmen die meisten Flüchtlinge weltweit auf.

1 Nennt mithilfe von **M2** und **M5** die Länder, aus denen weltweit die meisten Flüchtlinge kommen.

2 Beschreibt Gründe, warum Menschen ihre Heimat verlassen (Push-Faktoren). (**M1**, **M3**)

3 Beschreibt, was sich Adama und Beauty in Deutschland erhoffen (Pull-Faktoren). (**M1**, **M4**)

4 Viele Menschen hier denken, dass Europa besonders viele Flüchtlinge in den letzten Jahren aufgenommen hat. Überprüft mithilfe von **M5** diese Behauptung.

5 Erörtert Vor- und Nachteile einer Flucht nach Europa für Menschen aus Ländern Afrikas oder dem Nahen Osten. TIPP *S. 356*

+ ZUSATZAUFGABE Bewertet Folgen einer starken Zu- bzw. Abwanderung für die Gesellschaft, Politik und Wirtschaft der Zielländer und der Herkunftsländer.

Asylbewerber – Flüchtling. Welchen Status haben Migranten?

Angekommen in Deutschland beginnt für viele Migranten ein langer Zeitraum mit Anträgen und dem Warten auf deren Erledigung. Das kann manchmal mehrere Jahre dauern, bis geprüft ist, ob diese Menschen in Deutschland bleiben dürfen oder nicht.

M 1 Bundesamt für Migration und Flüchtlinge (BAMF)

M 2 Asylbewerber

Auch jenseits humanitärer Hilfsaktionen fliehen Menschen auf eigene Faust nach Deutschland und beantragen Asyl. Das Bundesamt für Migration und Flüchtlinge (BAMF) bearbeitet ihre Anträge individuell. Sie müssen schildern, wie und warum sie verfolgt werden. Das BAMF entscheidet dann, ob ein Bewerber asylberechtigt ist, ob er den Flüchtlingsstatus erhält oder ob ihm beides verweigert wird. Bis die Entscheidung gefällt ist, dürfen die Menschen nur in Heimen wohnen und in den ersten neun Monaten nicht arbeiten. Bis ein Asylantrag genehmigt oder abgelehnt ist, vergehen in der Regel zwischen sechs Monate und zwei Jahre. Bei einer Ablehnung droht dem Antragsteller die Abschiebung.*

Asylberechtigter

Das Recht auf Asyl ist in Artikel 16a des Grundgesetzes geregelt. Asyl steht allen Menschen zu, die politisch verfolgt werden. Das bedeutet, dass sie von ihrem Staat wegen ihrer politischen Überzeugung so stark ausgegrenzt werden, dass ihre Menschenwürde verletzt ist. Allgemeine Notsituationen wie Armut oder Bürgerkrieg berechtigen hingegen nicht zu Asyl. Wenn der Asylantrag genehmigt ist, können Asylberechtigte aus den Heimen ausziehen und auch arbeiten.

* **Drittland**
Das sind die Länder, über die Menschen zu uns kommen, also nicht das Herkunfts- und nicht das Zielland. Man unterscheidet sichere Drittländer, das sind eigentlich die meisten europäischen Staaten, v. a. unsere Nachbarstaaten, und unsichere Drittländer.

* **Abschiebung**
Ist ein Asylantrag unberechtigt oder wird er abgelehnt, droht den Antragstellern eine Ausweisung in das Herkunftsland.

M 3 Flüchtlinge

Als Flüchtlinge werden nicht nur politisch Verfolgte anerkannt, sondern auch Menschen, denen wegen ihrer Herkunft, Religion oder Zugehörigkeit zu einer bestimmten sozialen Gruppe in ihrem Heimatland Gefahr droht. Anders als bei Asylberechtigten muss diese Gefahr nicht vom Staat ausgehen, sondern kann auch von Parteien oder Organisationen stammen. Auch die Einreise über ein Drittland* ist kein Problem. Wird ein Mensch in Deutschland als Flüchtling aufgenommen, hat er sofort die Erlaubnis zu arbeiten.

Unbegleiteter minderjähriger Flüchtling

Ob sie nach deutschem Recht „Flüchtlinge" sind, weil sie von ihrem Staat verfolgt werden und hierbleiben dürfen, muss geklärt werden. In jedem Fall sollen Jugendliche besonderen Schutz bekommen: durch das Jugendamt, durch Betreuer und einen Vormund. Standard ist das Kinder- und Jugendhilfegesetz.

Mehr zum Thema
Text: Westbalkanstaaten – sichere Herkunftsländer?

Webcode PE646098-119

M4 Subsidiärer Schutz

Für diejenigen, die weder als Flüchtling anerkannt werden noch Asyl erhalten, gibt es noch die Möglichkeit des subsidiären (vorübergehenden) Schutzes. Dieser Aufenthaltsstatus wird Menschen gewährt, wenn ihnen im Heimatland Folter, Todesstrafe oder große Gefahr durch einen bewaffneten Konflikt drohen. Dann gilt ein Abschiebungsverbot und der Betroffene darf trotzdem eine Zeit lang in Deutschland bleiben.

M2–M4: nach: Anita Edenhofner, http://www.br.de/fernsehen/ard-alpha/sendungen/punkt/syrien-fluechtling-asylbewerber-100.html (Zugriff: 14.8.2016)

M5 Mohammad hat Heimweh

Mohammad ist 17 Jahre alt und lebt in einer Flüchtlingsunterkunft in der Nähe von Stuttgart. Er ist einer dieser unbegleiteten Flüchtlinge, die in Deutschland Asyl beantragt haben. Wie er genau aus seinem Dorf im Osten Afghanistans* nach Deutschland gelangt ist, will er uns lieber nicht berichten. Auch aus Angst um seine Mutter, die noch dort lebt. Sie ist 48 Jahre alt. „Für Afghanistan ist das sehr alt." Sie verdient sich etwas Geld mit selbstgewebten Teppichen. Weil sie krank ist, macht er sich große Sorgen um sie. Vielleicht wird er sie nie wiedersehen. Denn zurück nach Afghanistan kann Mohammad nicht. Er ist sich sicher, dass er sofort getötet würde. Vor einem Jahr ist er aus seiner Heimat geflohen, weil dort seit Jahren ein blutiger Bürgerkrieg tobt und weil junge Menschen kaum Chancen auf eine Zukunft haben. „In der Schule war ich nie." So konnte er bis zu seiner Ankunft in Deutschland weder schreiben noch lesen, spricht aber drei verschiedene afghanische Sprachen und ein wenig Englisch. Eine deutsche Familie kümmert sich um ihn, kann ihm sein Heimweh aber kaum lindern. Wie es mit ihm weitergeht? Sein Asylantrag ist in Bearbeitung, solange ist er in Deutschland geduldet*. „Jetzt muss ich erstmal gut Deutsch lernen und vielleicht ist der Krieg irgendwann vorbei, dann möchte ich eigentlich wieder in mein Dorf zurück."

* **Afghanistan**
Ein Land in Südasien, zwischen Iran und Pakistan, in dem seit Jahrzehnten ein brutaler Krieg zwischen verfeindeten Volksgruppen tobt. Dieser Krieg hat das Land zu einem der ärmsten der Welt gemacht.

* **Duldung**
Das ist eine „vorübergehende Aussetzung der Abschiebung" von ausreisepflichtigen Ausländern. Das kann an einer Erkrankung des Antragstellers liegen oder weil bei einer Abschiebung der Tod oder andere unzumutbare Lasten drohen.

1 Beschreibe, was man unter Asylrecht in Deutschland versteht (**M2**).

2 Begründe, worin sich Asylberechtigte und Flüchtlinge unterscheiden. (**M2, M3**)

3 Beschreibe, warum minderjährige unbegleitete Flüchtlinge besonders geschützt werden. (**M3**)

4 Erläutere, warum abgelehnte Asylbewerber oder nicht anerkannte Flüchtlinge trotzdem oftmals nicht in ihre Heimat abgeschoben werden können (**M4**).

5 Afghanistan ist ein armes, streng islamisch geprägtes Land in Südasien. Erläutere, welche Unterschiede zu seiner eigenen Familie Mohammad bei der deutschen Familie, die sich um ihn kümmert, am meisten aufgefallen sein dürften. TIPP *S. 356*

In Deutschland leben etwas mehr als 80 Millionen Menschen: Frauen und Männer, Kinder und ältere Menschen. Viele davon sind hier geboren und deutsche Staatsbürger, genau wie ihre Eltern. Andere sind aus anderen Ländern zugewandert oder Nachkommen von Zugewanderten. Auch sie haben teilweise die deutsche Staatsbürgerschaft. Alle zusammen bilden sie die Gesellschaft in Deutschland.

Mehr zum Thema
Film: Demografischer Wandel ... einfach erklärt

Webcode PE646098-121

M1 Jugendliche in Deutschland

M2 Altersstruktur der Bevölkerung in Deutschland

Seit 1972 liegt die Sterberate in Deutschland über der Geburtenrate. Die Ursache für dieses Geburtendefizit ist, dass im Vergleich zu den Vorjahren weniger Kinder pro Frau geboren werden. Das hat damit zu tun, dass viel mehr Frauen als zuvor gut ausgebildet und berufstätig sind. Auch das veränderte Rollenbild von Frauen und Familien sowie die Einführung der Pille zur Verhinderung ungewollter Schwangerschaften spielen eine Rolle. Gleichzeitig steigt aufgrund besserer Ernährung und medizinischer Versorgung die Lebenserwartung. Zwischen 1960 und 2013 reduzierte sich der Anteil der unter 20-Jährigen an der Bevölkerung von 28,4 auf 18,1 Prozent. Parallel stieg der Anteil der Personen, die 60 Jahre und älter waren, von 17,4 auf 27,1 Prozent.

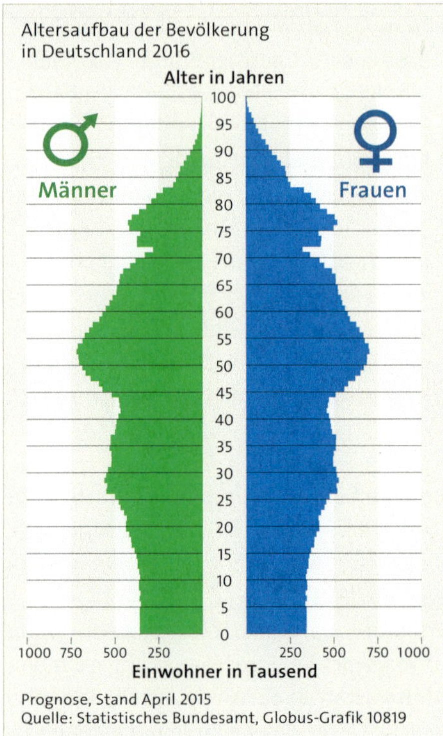

M3 Alterspyramide 2015

★ **Migration**
Migration bedeutet eine dauerhafte Verlegung des Wohnsitzes über eine Grenze, das kann eine Landesgrenze sein, hinweg. Touristen bezeichnet man also nicht als Migranten, auch wenn sie eine Zeit lang im Ausland leben.

★ **Bevölkerung mit Migrationshintergrund**
Seit 1950 nach Deutschland Zugewanderte und deren Nachkommen.
Man muss also keine eigene Migrationserfahrung haben, also nicht selber zugewandert sein, um zu dieser Gruppe zu gehören.

★ **Emigration**
Auswanderung

★ **Immigration**
Einwanderung

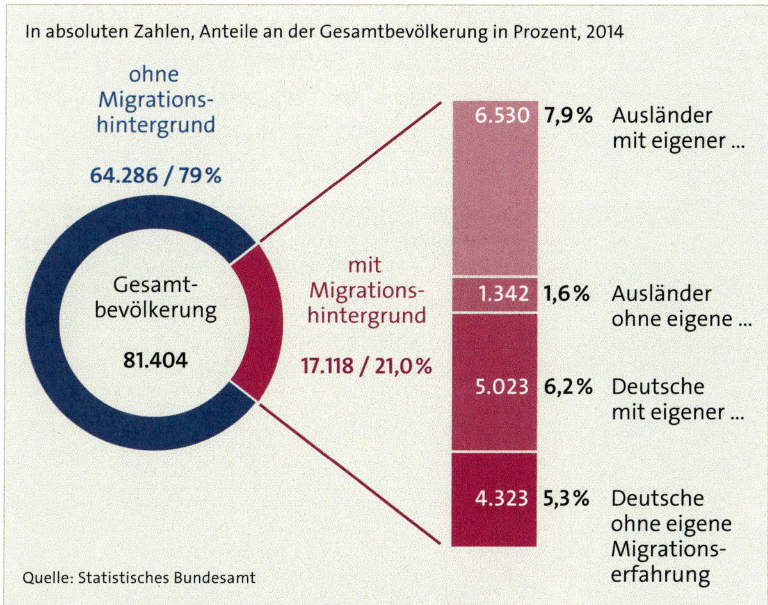

M4 Bevölkerung mit Migrationshintergrund

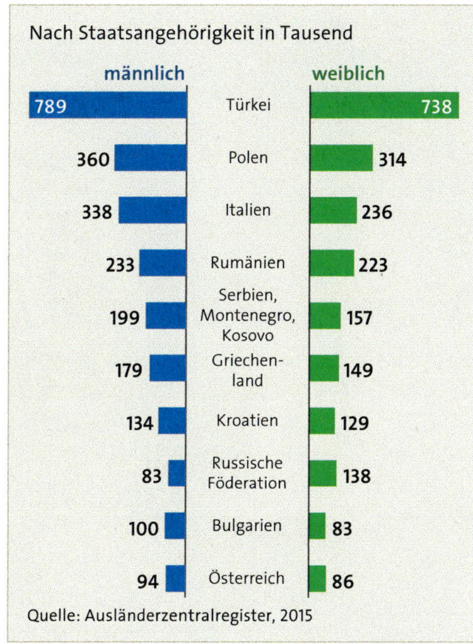

M5 Ausländische Bevölkerung 2014

M6 Zuwanderung nach Deutschland

Seit den 1950er-Jahren findet nach Deutschland Zuwanderung statt. Benötigte man nach dem Zweiten Weltkrieg zum Wiederaufbau und für die Wirtschaftswunderjahre Arbeitskräfte, sogenannte Gastarbeiter, die man in Italien, Spanien, Griechenland, Portugal und später auch in der Türkei angeworben hatte, so zogen seit den 1980er-Jahren vermehrt die Familien der ersten Zuwanderergeneration nach.
In den 1990er-Jahren kamen vor allem aus den Ländern des ehemaligen Jugoslawiens Bürgerkriegsflüchtlinge, aber auch Menschen aus Osteuropa, häufig mit deutschen Vorfahren, die hier eine neue Heimat fanden. In den letzten Jahren kommen Menschen aus Afrika und dem Nahen Osten, vor allem aus Syrien, nach Deutschland, die hier Schutz vor Krieg und Unterdrückung suchen.
Da in Deutschland weniger Kinder geboren werden, als Menschen sterben, wäre der Bevölkerungssaldo ohne Zuwanderung negativ und die Bevölkerung würde um etwa 200 000 Personen im Jahr abnehmen.

1 Beschreibe die Altersstruktur der Bevölkerung (M2, M3).
2 „Deutschland wird immer älter.“ Erkläre diese Aussage.
3 Beschreibe, wie die Bevölkerung in Deutschland sich im Hinblick auf den Migrationshintergrund zusammensetzt (M4–M6).
4 Macht eine Umfrage in eurer Klasse: Wer hat einen Migrationshintergrund, wer vielleicht selbst Migrationserfahrung? Vergleicht eure Ergebnisse mit den Zahlen aus M4 und M5.
5 „Deutschland braucht Zuwanderung.“ Erörtere ausgehend von den Materialien diese Aussage. TIPP S. 356

Zuwanderung – ein Gewinn für die Gesellschaft?

Die Folgen der Zuwanderung nach Deutschland sind vielfältig. Sie betreffen die Wirtschaft, die Kultur und das Zusammenleben der Menschen. Von manchen wird Zuwanderung als bereichernd empfunden, andere erfüllt der Zuzug vieler Menschen aus anderen Kulturkreisen mit Sorge.

M1 Verschiedene Arbeitssituationen von Migranten in Deutschland

★ **profitabel**
gewinnbringend

★ **Sozialabgaben**
Dazu gehören Beiträge zur gesetzlichen Kranken-, Renten- und Arbeitslosenversicherung.

M2 Profitabel für das Land

Eine der billigsten Phrasen an deutschen Stammtischen lautet: Ausländer kommen uns teuer zu stehen. Nun liegen Zahlen auf dem Tisch, die das Gegenteil beweisen. Als Einwanderungsland ist Deutschland ein profitables Unternehmen. Unterm Strich zahlen Ausländer mehr Steuern und Sozialabgaben, als sie jemals kassieren werden. Zudem werden sie als Arbeitskräfte dringend benötigt. Für die Zukunft lässt sich aus diesen Zahlen errechnen, wie unsere Einwanderungspolitik verändert werden müsste, damit sie sich noch mehr rentiert. Der Nettogewinn durch jeden, der sich hier niederlässt, ist umso höher, je besser qualifiziert der Migrant ist. Klassische Einwanderungsländer wie Australien oder Kanada haben das längst begriffen. Sie haben im Kampf um die besten Köpfe deswegen einen großen Vorsprung. Es spricht vieles dafür, die Einwanderung stärker zu kanalisieren und noch mehr Engagement zu entwickeln, damit kluge Nachwuchskräfte aus anderen Ländern sich für ein Studium oder eine Ausbildung in Deutschland entscheiden und im Anschluss daran auch hier heimisch werden. Das hat mit Multikulti-Fantasien wenig zu tun, sondern entspricht vielmehr unseren ureigenen ökonomischen Interessen. Einwanderung rechnet sich. Für die Staats- und Sozialkassen zahlt es sich aus, die Grenzen zu öffnen.

Armin Käfer, http://www.stuttgarter-zeitung.de/inhalt.folgen-von-zuwanderung-profitabel-fuer-das-land.844e3b66-61a9-4ae0-bf2a-3d8a-82b189a5.html (Zugriff: 13.8.2016)

M 3 Einstellungen gegenüber Zuwanderern

Manche denken, wer schlechte Erfahrungen mit Zuwanderern gemacht hat, wer Angst hat, ihretwegen seinen Arbeitsplatz oder seine Wohnung zu verlieren, wer Sorge hat, seine eigene Kultur oder Religion zu verlieren, wer sich von der Politik oder der Gesellschaft ungerecht behandelt fühlt, entwickelt negative Einstellungen zu Zuwanderern. Diese Punkte können alle eine Rolle spielen. Eine Studie aus dem Jahr 2016 zeigt: Wer mit seinem eigenen Leben unzufrieden ist, überträgt seine Frustration auf andere und eben auch auf Zuwandernde, vielleicht auch, weil die Erfolge anderer einen eigenen Misserfolg noch schmerzlicher offenbaren.

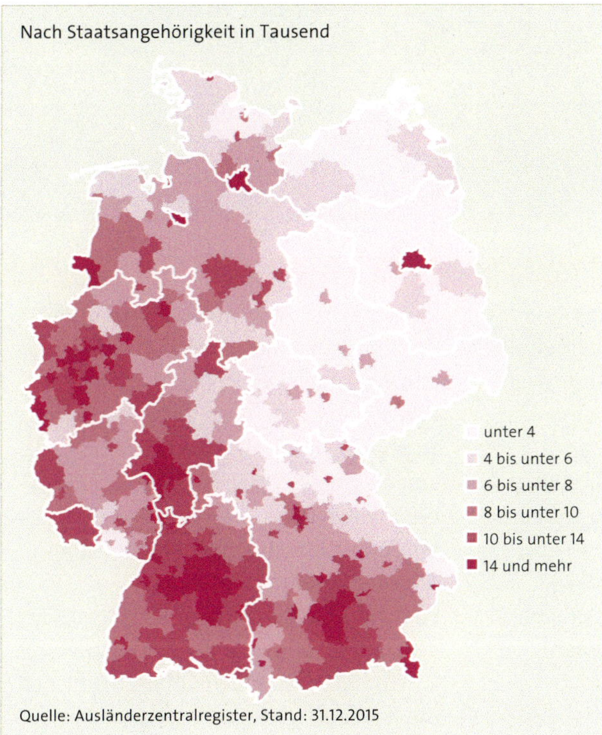

M 4 Anteil der ausländischen Bevölkerung an der Gesamtbevölkerung 2015

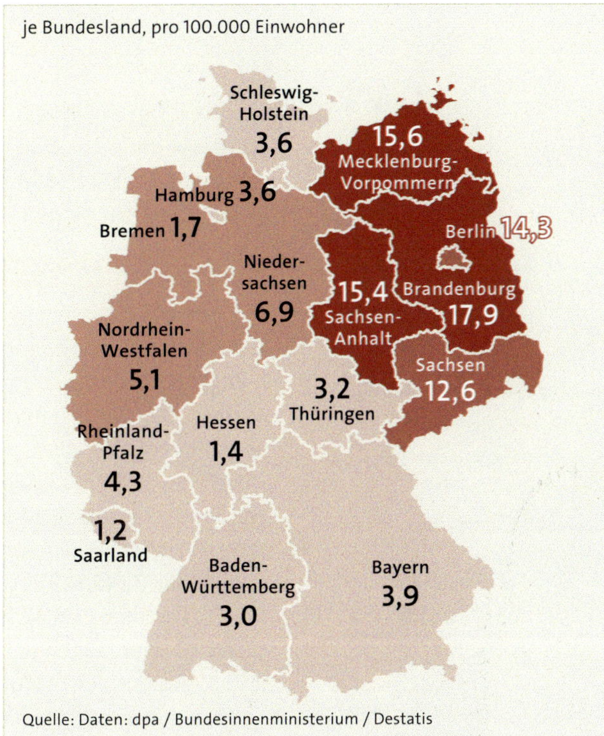

M 5 Erfasste fremdenfeindliche Straftaten 2015

1 Zuwanderung bedeutet für mich ... Vervollständigt den Satzanfang.
2 Tauscht euch mit eurem Banknachbarn über eure Erfahrungen mit Zuwanderern bzw. Einheimischen aus. Stellt eure Erfahrungen der Klasse vor.
3 Beschreibe positive Folgen der Zuwanderung für Deutschland (M 2).
4 Beschreibe die Verteilung der ausländischen Bevölkerung in Deutschland (M 4).
5 Vergleiche deine Ergebnisse aus Aufgabe 4 mit der Karte M 5. Erläutere Ursachen der Fremdenfeindlichkeit. Beachte dabei auch die Aussagen von M 3.
6 Erörtert, ob Zuwanderung mehr positive oder mehr negative Folgen für die Gesellschaft in Deutschland hat. TIPP *S. 356*

1. Die Anfänge

Sie kamen als Arbeitskräfte nach Deutschland. Viele von ihnen blieben. Damals nannte man sie Gastarbeiter. Man dachte, es seien Zuwanderer auf Zeit. Heute sind viele von ihnen und ihre Nachkommen Teil der deutschen Gesellschaft und hier verwurzelt.

M1 Der millionste Gastarbeiter (Armando Rodrigues) bekam 1964 als Geschenk ein Moped.

M2 Gastarbeiter – die Anfänge

Mit dem Wirtschaftswunder der Bundesrepublik wurden immer mehr Arbeitnehmer gesucht, die auf dem inländischen Markt nicht mehr zu finden waren. Und so schloss die Bundesrepublik am 20. Dezember 1955 mit Italien das erste Anwerbeabkommen ab. Es folgten Abkommen mit Griechenland und Spanien (1960), der Türkei (1961), Marokko (1963), Portugal (1964), Tunesien (1965) und dem ehemaligen Jugoslawien (1968). Als mit dem Mauerbau* der Zustrom von ostdeutschen Arbeitskräften endete, war die Anwerbung noch dringlicher. 1964 wurde der millionste Gastarbeiter feierlich vom damaligen Bundesinnenminister begrüßt.
Sowohl die Bundesrepublik Deutschland als auch die „Gastarbeiter" gingen dabei von einem befristeten Aufenthalt aus. Viele machten sich mit wenigen Informationen über das Land im Norden auf den Weg nach Deutschland.
Von den Behörden den Unternehmen zugewiesen, erlebten die Gastarbeiter einen ersten Schock: Einfache Holzbaracken in der Nähe ihrer Arbeitsstellen waren für die fast durchweg männlichen Arbeiter bereitgestellt worden. Sprachprobleme, die fremde Umgebung, die zum Teil ungewohnte Arbeit sowie die aufeinandertreffenden unterschiedlichen Mentalitäten galt es zu meistern. Mit Lehrfilmen versuchte man, den Gastarbeitern die deutschen Lebensgewohnheiten nahezubringen. Das Heimweh blieb.

Gabriele Trost/Malte Linde, www.planet-wissen.de/geschichte/deutsche_geschichte/geschichte_der_gastarbeiter/index.html, gekürzt (Zugriff: 13.8.2016)

* **Mauerbau**
1961 wurden die Grenzanlagen von der DDR so verstärkt, dass eine Flucht von Ost nach West nahezu unmöglich wurde. In Berlin selbst wurde zwischen dem Ostteil und dem Westen eine Mauer errichtet, die den Bevölkerungsverlust stoppen sollte.

1 Versetzt euch in die Situation der frühen „Gastarbeiter". Schreibt eine kleine Szene, in der ihr Alltagsprobleme der Menschen nachspielt.

2 Recherchiert im **Internet** die Lebensgeschichte von Armando Rodrigues de Sá, Neven Subotic, Yared Dibaba, Wladimir Kaminer, Cem Özdemir oder anderen Prominenten, die ihr kennt, und gestaltet ein **Plakat**, das ihr eurer Klasse vorstellt.

3 „Wir riefen Arbeitskräfte, und es kamen Menschen." Erörtert das Zitat des Autors Max Frisch über Einwanderer.

2. Die Gegenwart

Deutschland ist heute eine multikulturelle Gesellschaft* und nicht mehr mit dem Land zu vergleichen, das es in den 1950er/60er-Jahren war. Viele Zuwanderer haben das Leben hier mit ihrer Kultur bereichert.

* **multikulturelle Gesellschaft** aus vielen verschiedenen Kulturen bestehende Gesellschaft

M2 Gastarbeiter – die Gegenwart

1973 führte die sich abzeichnende Wirtschafts- und Energiekrise zum Anwerbestopp. Das „Gastarbeiterproblem" war damit aber keinesfalls gelöst: Zwar sank die Zahl ausländischer Arbeitnehmer, aber die Zahl der in Deutschland lebenden Ausländer stieg an.
Der Anwerbestopp wurde zum eigentlichen Beginn des Daueraufenthaltes der Gastarbeiter. Viele holten jetzt ihre Familien nach und begannen, sich auf eine längere Zeit in der Fremde einzurichten. Die Verbindungen zur Heimat reduzierten sich nach und nach, vor allem bei den Kindern, der zweiten Generation. Ein großer Teil der Gastarbeiter ist mit Familien und Nachkommen in Deutschland geblieben. Viele sind inzwischen deutsche Staatsbürger geworden. Es gibt bemerkenswerte Karrieren in allen Bereichen der Kultur, Wirtschaft und Politik – Namen wie Cem Özdemir, Feridun Zaimoglu und Kaya Yanar sind vielen bekannt.

M1 Verkäuferin in einem türkischen Gemüseladen

M3 Mesut Özil

Mesut Özil ist ein sehr bekannter Fußballprofi. Heute spielt er in England, davor war er in Spanien und in Deutschland. Geboren wurde er 1988 in Gelsenkirchen. Die Stadt liegt im Ruhrgebiet. Hier ging er auch zur Schule, die er mit der mittleren Reife abschloss. Auch sein Vater wuchs schon in Gelsenkirchen auf, denn Mesuts Großeltern und sein damals zweijähriger Vater zogen einst aus einer kleinen türkischen Stadt hierher. Seit dem Jahr 2006 spielte Mesut Özil für Schalke 04 in der Bundesliga. Damals war es nicht möglich, eine doppelte Staatsbürgerschaft – also in diesem Fall die deutsche und türkische – zu besitzen. Er legte mit 18 Jahren seine türkische Staatsangehörigkeit ab, um eingebürgert zu werden. Zur häufig gestellten Frage seiner nationalen Identität sagte Özil 2012: „Ich habe in meinem Leben mehr Zeit in Spanien als in der Türkei verbracht – bin ich dann ein deutsch-türkischer Spanier oder ein spanischer Deutsch-Türke? Warum denken wir immer so in Grenzen? Ich will als Fußballer gemessen werden – und Fußball ist international, das hat nichts mit den Wurzeln der Familie zu tun."

1 Beschreibe anhand von **M2**, wie aus „Gastarbeitern" Mitbürger wurden.
2 Erörtert, ob die Lebensgeschichte von Mesut Özil im Vergleich zu anderen Deutschen mit Migrationshintergrund typisch ist.
3 Recherchiert in eurer Gemeinde. Befragt Menschen mit Migrationshintergrund nach ihrer Lebensgeschichte. Wann kam die Familie nach Deutschland? Wie heimisch fühlen sie sich heute in Deutschland? Wo sehen sie immer noch Schwierigkeiten?
4 Stellt eure Ergebnisse in einem Kurzvortrag der Klasse vor.

M 1 Karikatur

M 2 Integrationskurse

Mit dem am 1. Januar 2005 in Kraft getretenen Zuwanderungsgesetz steht ein Grundangebot zur Integration* für Spätaussiedler* und bleibeberechtigte Ausländer zur Verfügung. Die Kurse bestehen aus jeweils einem

- Sprachkurs (600 Unterrichtsstunden) zur Vermittlung ausreichender Sprachkenntnisse und
- Orientierungskurs (100 Unterrichtsstunden) zur Vermittlung von Kenntnissen zur Rechtsordnung, Geschichte und Kultur in Deutschland.

Hinzu kommen noch spezielle Kurse für Menschen, die noch nicht ausreichend Deutsch lesen und schreiben können, oder für bestimmte Zielgruppen, wie Jugendliche. Im Sprachkurs werden wichtige Themen aus dem alltäglichen Leben behandelt, zum Beispiel: Arbeit und Beruf, Aus- und Weiterbildung, Betreuung und Erziehung von Kindern, Einkaufen/Handel/Konsum, Freizeit und soziale Kontakte, Gesundheit und Hygiene/menschlicher Körper, Medien und Mediennutzung, Wohnen.
Außerdem lernt man, auf Deutsch Briefe und E-Mails zu schreiben, Formulare auszufüllen, zu telefonieren oder sich auf eine Arbeitsstelle zu bewerben.
Der Kurs schließt mit einem Test ab.

* **Integration**
Bedeutet, alle Menschen, die dauerhaft in Deutschland leben, in die Gesellschaft einzubeziehen. Dabei spielt das Erlernen der Sprache und Kenntnisse über die Kultur und die Verhaltensweisen eine große Rolle. Integration bedeutet aber nicht, dass man seine eigene Sprache und Kultur aufgibt.

* **Spätaussiedler**
Spätaussiedler sind deutsche Volkszugehörige aus den Nachfolgestaaten der ehemaligen Sowjetunion und anderen osteuropäischen Staaten.

M 3 Integration durch Bildung

Alle Kinder, die in Deutschland leben, sind vom Beginn des 6. bis zum 18. Lebensjahr schulpflichtig. Auch deswegen leistet die Schule einen großen Beitrag zur Integration. Hier lernen Kinder die deutsche Sprache, die Kultur und vor allem neue Freunde kennen, die ihnen helfen können, sich in Deutschland zurechtzufinden.

M 4 Integration durch Sport

Sportvereine leisten einen erheblichen Beitrag zur Integration von Einwanderern. Sie bieten Jugendlichen Möglichkeiten der Freizeitgestaltung, bei der die Sprachbarriere oft kein Problem darstellt. Hier besteht auch die Chance, viele neue Freunde kennenzulernen.

M 5 Karika-Tour

Zeichnung: Klaus Stuttmann

Zeichnung: Thomas Plaßmann

Zeichnung: Gerhard Mester

Zeichnung: Martin Erl

1 Beschreibe die **Karikatur** M 1. Erläutere, ob du dies unter einer gelungenen Integration verstehst. (siehe S. 210/211 Methode Interpretation einer Karikatur)

2 Beschreibe, welche Integrationsangebote es in Deutschland gibt (M 2 – M 4).

3 Integrationskurse unterstützen Migranten dabei, in Deutschland zurechtzukommen. Erläutere weitere Möglichkeiten, die eine Integration erleichtern können.

4 Außer der Bereitschaft der Zuwanderer, sich integrieren zu wollen, gehören auch kulturelle Offenheit und Akzeptanz der Mehrheitsgesellschaft zu einem gelingenden Integrationsprozess. Erläutere die Behauptung.

5 **Karikaturen**

- **a** Betrachtet die Karikaturen in M 5. Notiert euch zunächst, was euch dazu einfällt.
- **b** Beschreibt und erläutert eine der Karikaturen in Gruppen genauer.
- **c** Stellt eure Ergebnisse in einem **Kurzvortrag** der Klasse vor.

+ ZUSATZAUFGABE „Was ist eigentlich deutsch?" Erörtert in der Klasse diese Frage.

Politische Werturteile unterscheiden sich von alltagssprachlichen Urteilen, weil es bei ihnen kein Richtig oder Falsch gibt. Es sind persönliche Urteile, die jeder danach fällt, welche Werte ihm besonders wichtig sind. Diese muss man aber benennen, sodass andere die Entscheidung nachvollziehen können.

M 1 Eine Unterrichtsstunde in einem Integrationskurs mit Alphabetisierung.

In Deutschland ist für viele Zuwanderer die Teilnahme an einem Integrationskurs Pflicht. Aber sollte man die einzelnen Menschen nicht selbst entscheiden lassen, ob und wie gut sie Deutsch lernen und ob sie etwas über deutsche Rechtsordnung, Geschichte und Kultur erfahren möchten? Bewerte die Pflicht, einen Integrationskurs zu besuchen.

M 2 Wie fällt man ein politisches Werturteil?

[1] Was ist das Ziel der Aussage, des Vorschlags oder der Maßnahme?	Das Ziel, die Integrationskurse verpflichtend zu machen, ist, dass Zuwanderer schnell die deutsche Sprache und Kultur erlernen, damit sie ...
[2] Welche unterschiedlichen Personen, Gruppen oder der ganze Staat sind wie davon betroffen? Inwieweit betrifft die Entscheidung mich selbst?	Die Maßnahme betrifft vor allem Zuwanderer, die noch nicht lange in Deutschland sind, aber auch den Steuerzahler, der die Kurse finanzieren muss. Außerdem kann es sein, dass in Schulen ...
[3] Wird das beabsichtigte Ziel so erreicht? Sind die Kosten, die dadurch entstehen, gerechtfertigt?	Das lässt sich schwer sagen. Zwar lernen viele Teilnehmer die Sprache zumindest ein wenig, aber die Tests sind oft nicht allzu schwer und der Test ist auch umstritten, weil er Wissen abfragt, das oft Deutsche nicht haben, außerdem ...

[4] Wenn ich jetzt nochmal an die Auswirkungen auf alle Betroffenen denke und ob das Ziel erreicht wurde, zu welchem Ergebnis komme ich? Entspricht dies meinen Wertvorstellungen?

Zwar wird die **Freiheit** der Teilnehmer eingeschränkt, weil sie verpflichtet werden, den Kurs zu belegen, außerdem ...
Der Kurs ist aber wichtig, damit man sich dauerhaft in Deutschland zurechtfindet, eine Arbeit bekommt und damit wieder Steuern bezahlt. Insofern ist es **gerecht**, dass ...
Außerdem profitieren die Teilnehmer auch in Zukunft von dem Gelernten, es ist also **nachhaltig**, weil ...
Die Maßnahme erhöht auch die Möglichkeit, dass die Einwanderer am gesellschaftlichen und kulturellen Leben besser **teilhaben** können, da sie ...

M 3 Wertmaßstäbe

Freiheit	Hier geht es vor allem darum, dass Menschen über ihr Leben selbst entscheiden können. Ist dies gegeben?
Gleichheit	Gleichheit kann viele Bedeutungen haben: Sind alle vor dem Gesetz gleich? Sind alle mehr oder weniger gleich reich? Leisten oder bekommen alle gleich viel?
Gerechtigkeit	Wie bei der Gleichheit kann Gerechtigkeit ganz Unterschiedliches bedeuten. Gerecht ist z. B., dass dann, wenn jemand viel leistet, er auch viel bekommen soll. Man kann aber auch sagen: Wenn alle das Gleiche bekommen, ist es gerecht aufgeteilt. Manchmal ergibt es aber auch Sinn, jedem so viel zu geben, wie er benötigt. Das musst du bedenken.
Nachhaltigkeit	Wenn Entscheidungen dazu führen, dass etwas auch in Zukunft noch wirkt, ohne dass weitere Belastungen entstehen, spricht man von Nachhaltigkeit.
Teilhabe	Das kann politische Teilhabe über Wahlen sein, aber auch Teilhabe an kulturellen Veranstaltungen oder dem gesellschaftlichen Leben.
Sicherheit	Wenn man weniger Angst vor Bedrohung hat.
Frieden	Ein friedliches Zusammenleben zwischen den Menschen ist möglich.
...	...

Bei der Bewertung einer Aussage, eines Vorschlags oder einer Maßnahme sollst du nur die für dich wichtigsten Wertmaßstäbe berücksichtigen und nicht alle hier aufgeführten. Du sollst eine Auswahl treffen.

1 Ergänze bei den Schritten 1–4 die fehlenden Satzteile (**M 2**).
2 Begründe, welche der aufgelisteten Werte dir persönlich besonders wichtig sind. (**M 3**)

Wie wird man eigentlich Deutscher? Das Staatsbürgerschaftsrecht

Zuwanderer kommen aus unterschiedlichen Gründen nach Deutschland oder sind bereits Kinder oder Enkel von Zuwanderern. Deswegen ist ihr rechtlicher Status jeweils ein ganz anderer. Manche haben lediglich eine Duldung, andere eine befristete oder unbefristete Aufenthaltsgenehmigung und andere sind deutsche Staatsbürger.

M1 Deutsch-türkische Flagge

M3 Einbürgerungsaktion der Stadt Stuttgart

M2 PASS Auf, lass dich einbürgern!

Wer kann eingebürgert werden?

- Sie sind älter als 16 Jahre.
- Sie halten sich mindestens acht Jahre rechtmäßig und gewöhnlich in Deutschland auf. Soweit Sie einen deutschen Realschulabschluss oder das deutsche Abitur besitzen, genügt bereits ein Aufenthalt von sechs Jahren.
- Sie können Ihren Lebensunterhalt ohne Inanspruchnahme von Sozialleistung sichern beziehungsweise besuchen eine Schule, machen eine Ausbildung oder studieren.
- Sie haben keine gravierenden Straftaten begangen.
- Sie verfügen über gute Deutschkenntnisse und Kenntnisse der Rechts- und Gesellschaftsordnung in Deutschland.
- Sie vertreten die Werte und Ziele der freiheitlich-demokratischen Grundordnung des Grundgesetzes.
- Sie sind bereit, Ihre bisherige Staatsangehörigkeit aufzugeben (wird nicht verlangt bei Staatsangehörigen eines Mitgliedstaates der Europäischen Union und bei einigen weiteren Staaten).

Warum sollten Sie sich einbürgern lassen

- Sie können mitbestimmen, wer in Deutschland regiert.
  Sie dürfen wählen und auch gewählt werden.
- Sie haben freien Zugang zu allen Berufen.
- Sie genießen gleichberechtigten Schutz in allen Systemen der sozialen Sicherung.
- Sie genießen Reisefreiheit innerhalb der Europäischen Union.
- Sie können leichter eine Arbeit in anderen Ländern der Europäischen Union aufnehmen.
- Sie genießen Reise- und Visumserleichterungen für viele außereuropäische Staaten.
- Sie benötigen keine Aufenthaltserlaubnis mehr und müssen wegen der Passausstellung nicht zu ausländischen Konsulaten oder Botschaften.

www.stuttgart.de/einbuergerung (Zugriff: 2.11.2016)

M 4 Staatsbürgerschaftsrecht

Deutscher ist oder kann werden, wer einen deutschen Elternteil besitzt.

Wenn ein Elternteil seit mindestens acht Jahren in Deutschland lebt und ein unbefristetes Aufenthaltsrecht genießt, erwirbt das Kind die deutsche Staatsangehörigkeit.

Einbürgerung: Wer eingebürgert werden, also die deutsche Staatsangehörigkeit annehmen möchte, muss acht Jahre in Deutschland leben, ausreichende Deutschkenntnisse nachweisen und einen Einbürgerungstest bestehen.

Nach: http://www.spiegel.de/politik/deutschland/deutschtuerken-doppelte-staatsbuergerschaft-das-sind-die-fakten-a-1106363.html (Zugriff: 14.12.2016)

Nimmt ein deutscher Staatsbürger eine weitere Staatsangehörigkeit an, verliert er in der Regel seine deutsche Staatsangehörigkeit. Trotzdem ist Mehrstaatlichkeit Alltag in Deutschland. Denn Kinder, die einen deutschen und einen ausländischen Elternteil haben, erwerben in der Regel per Geburtsrecht beide Staatsangehörigkeiten – und können diese auch behalten. Gleiches gilt auch für Kinder ausländischer Eltern, die seit mindestens acht Jahren in Deutschland leben.
Ausnahmen gelten zudem für die Staaten der Europäischen Union und die Schweiz – nicht aber für die Türkei.
Wenn Türken sich in Deutschland einbürgern lassen wollen, dabei aber ihren türkischen Pass behalten möchten, müssen sie nachweisen, dass ihnen durch die Aufgabe der türkischen Staatsangehörigkeit in der Türkei unzumutbare Nachteile entstehen würden. 2011 wurde zum bislang ersten und einzigen Mal festgehalten, wie viele Deutsche mindestens einen weiteren Pass hatten – zum Stichtag waren das demnach knapp 4,3 Millionen Personen.
Deutschtürken mit zwei Pässen dürfen sowohl in Deutschland als auch in der Türkei wählen. Türken ohne deutschen Pass dürfen anders als EU-Bürger nicht einmal an Kommunalwahlen teilnehmen.

1 Beschreibe, welche Voraussetzungen es für eine Einbürgerung gibt (M 2, M 4).
2 Erläutere, welche Vorteile eine Einbürgerung mit sich bringen kann (M 2). Gibt es auch Nachteile?
3 Nicht-EU-Ausländer haben in Deutschland auch bei Kommunalwahlen kein Wahlrecht. Erörtere, ob alle Menschen, die in Deutschland länger als sechs Monate leben, bei Kommunal-, Landtags- oder Bundestagswahlen wahlberechtigt sein sollten.

Wie soll Zuwanderung in Zukunft gestaltet werden?

Viele Politikbereiche lassen sich heute nicht mehr im nationalen Rahmen regeln, sondern bedürfen europäischer Lösungen. Dazu gehört auch die Zuwanderungspolitik. Einerseits herrscht zwischen den meisten Staaten der Europäischen Union Freizügigkeit. Das heißt, dass es so gut wie keine Grenzkontrollen gibt. Andererseits kommen Einwanderer vor allem an den Außengrenzen, und hier insbesondere in Südeuropa, an. Aus diesen Gründen sind gemeinsame Lösungen aller Mitgliedstaaten nötig.

M 1 Schlagbaum

M 2 Dublin-Verordnung – was ist das?

Die Dublin-Verordnung regelt, welcher Staat für die Bearbeitung eines Asylantrags innerhalb der EU zuständig ist. So soll sichergestellt werden, dass ein Antrag innerhalb der EU nur einmal geprüft werden muss. Ein Flüchtling muss in dem Staat um Asyl bitten, in dem er den EU-Raum erstmals betreten hat. Dies geschieht besonders häufig an den EU-Außengrenzen, etwa in Italien, Griechenland oder Ungarn.
Tut er dies nicht und stellt den Antrag beispielsweise in Deutschland, kann er in den Staat der ersten Einreise zurückgeschickt werden – auch zwangsweise.

M 3 Wo liegen die Probleme?

Besonders Mittelmeerstaaten wie Griechenland und Italien, aber auch Ungarn liegen an der EU-Außengrenze und sind bei einer großen Zahl ankommender Flüchtlinge oft überfordert. Die Folge sind dann überfüllte Erstunterkünfte, in denen teilweise unzumutbare Bedingungen herrschen, und die Antragsverfahren verlaufen schleppend. Die Flüchtlinge selbst versuchen, unerkannt und auf illegalem Weg weiter nach Norden zu gelangen. Deutschland kann, da es in der Mitte Europas liegt, theoretisch aus rein formalen Gründen viele Flüchtlinge abweisen, weil sie aus sicheren Drittstaaten kommen.

M4 Wie könnte eine Alternative aussehen?

In absoluten Zahlen beantragen EU-weit die meisten Flüchtlinge in Deutschland Asyl.

Schon seit Jahren wird in der EU über eine Aussetzung oder Veränderung des Dublin-Verfahrens diskutiert. Bislang jedoch ohne Erfolg. Zuletzt machte die deutsche Regierung einen Vorstoß, die Flüchtlinge mittels Quoten, gemessen unter anderem an der Einwohnerzahl, gerechter zu verteilen. Viele EU-Staaten sperrten sich jedoch gegen eine solche Quote, da sie dann mehr Flüchtlinge aufnehmen müssten. Länder wie Italien, aber auch Deutschland würden durch diese Quote wohl entlastet. Schon Anfang vergangenen Jahres stellte der Sachverständigenrat deutscher Stiftungen für Integration und Migration ein Konzept vor, wie man die Flüchtlinge gemessen an der Einwohnerzahl und auch an Wirtschaftskraft und Arbeitslosenquote „fair" verteilen kann.

M2–M4: nach: Almut Cieschinger, www.spiegel.de/politik/ausland/fluechtlinge-so-funktioniert-die-dublin-verordnung-a-1029803.html (Zugriff: 14.8.2016)

M5 Zuwanderungspolitik der EU

Bislang gibt es keine einheitliche europäische Zuwanderungspolitik. Jedes Mitgliedsland entscheidet selbst, wie viele Menschen aus Drittstaaten es einreisen lassen möchte. Dabei hat die Zuwanderung mit dem Ziel der Familienzusammenführung Vorrang.

M6 Kanada möchte vor allem qualifizierte Einwanderer

Die kanadische Einwanderungspolitik wendet sich – abgesehen von Flüchtlingen und Familiennachzug – vor allem an qualifizierte Arbeitskräfte. Die Qualifikation wird per Test und Punktesystem überprüft. Sprachkenntnisse und Bildungsgrad sind entscheidend, wer legal einwandern möchte, muss mindestens 67 von 100 Punkten erreichen. Wer schwere Verbrechen begangen oder ernsthafte finanzielle oder gesundheitliche Probleme hat, ist aus dem Rennen. Zusätzlich gelten aber auch noch Zielvorgaben, die Quoten ähneln. Die Regierung in Ottawa legt fest, wie viele qualifizierte Arbeitskräfte pro Jahr ins Land kommen dürfen und aus welcher Weltregion diese stammen sollen.

www.3sat.de/page/?source=/nano/gesellschaft/181156/index.html (Zugriff: 14.8.2016)

1 Interpretiere die **Karikatur** **M1**.

2 Beschreibe das Dublin-Verfahren in eigenen Worten (**M2**).

3 Begründe ausgehend von **M4** und **M5**, warum es keine europäische Quotenlösung in der Flüchtlingsfrage gibt.

4 Wie soll Zuwanderung in Zukunft gestaltet werden? Bewerte die Einwanderungspolitik Kanadas (**M6**). Ist dies ein Modell für Europa?

Leitfrage: Wie kann die Zuwanderung gestaltet werden und Integration gelingen?

Seit Gründung der Bundesrepublik ist Deutschland immer wieder Ziel von Zuwanderung. Waren es zunächst meist Arbeitsmigranten, die ins Land kamen, sind es in den letzten Jahrzehnten hauptsächlich Menschen, die vor Krieg, Unterdrückung und Armut nach Europa kommen. In den vergangenen Jahren hat sich eine große Zahl an Menschen aus Afrika und dem Nahen Osten auf den Weg nach Deutschland gemacht. Wie soll die Politik Zuwanderung in Zukunft gestalten, sodass die Integration der Zuwanderer gelingt?

Bei der Bearbeitung der Aufgaben musst du jeweils geeignete Materialien (M 1–M 4) heranziehen.

Ich kann Informationen gewinnen und aufbereiten.

1 Erläutere die Karikatur **M 1**.

2 Beschreibe, welche Aufgaben Aiham Shalghin im Freibad in Tübingen übernimmt (**M 2**).

Ich kann Probleme und Konflikte analysieren.

3 Erläutere anhand von **M 2**, vor welchen Aufgaben bei der Integration die Zuwanderer und die Gemeinde Tübingen stehen.

Ich kann mir ein begründetes Urteil bilden.

4 Bewerte den Vorschlag der CSU, dass jährlich nicht mehr als 200 000 Menschen nach Deutschland zuwandern dürfen. (**M 3**, **M 4**)

Ich kann mitreden und aktiv werden.

5 Frage bei deiner Gemeinde nach, welche Integrationsprojekte es bei euch gibt.

M 1 Deutschland 2050 ohne Zuwanderung

M 2 Syrischer Flüchtling ist jetzt Bademeister in Tübingen

Aiham Shalghin (24) hat die Ärmel seines Stadtwerke-Tübingen-T-Shirts hochgekrempelt, steht mit ernstem Blick am Beckenrand und beobachtet das Gewusel im Wasser. Der Syrer ist Bademeister im Freibad, wo er in diesem Sommer wie gerufen kommt: Viele Flüchtlinge kommen zum Baden und brauchen Hilfe und Erklärungen. „Die Leute aus den arabischen Ländern kennen die Regeln für Deutschland nicht“, sagt Shalghin. Er müsse etwa erklären, dass es verboten ist, vom seitlichen Beckenrand zu springen. Langsam hielten sich die Neulinge

an die Vorschriften – für Shalghin ein Erfolg in seinem ersten Job in Deutschland.
Die Freizügigkeit in den Bädern sei für manche Neuankömmlinge ungewohnt, sagt er. „Viele Flüchtlinge kommen aus Dörfern und waren nie in einem gemischten Schwimmbad.“ In Damaskus, wo er auch schon als Bademeister gearbeitet und Wasserball gespielt hat, seien Frauen und Männer allerdings gemeinsam schwimmen gegangen – manche Frauen auch im Bikini.
Shalghin profitiert von dem Job in Festanstellung. Sein Deutsch ist wegen der Gespräche mit Kollegen und Badegästen besser geworden – nur „Sprungbrett“ komme ihm noch schwer über die Lippen. „Es ist ein großes Problem, dass viele Flüchtlinge nur zu Hause sitzen und viel trinken. Sie werden traurig und denken an die Heimat.“ Er hatte sich bei den Stadtwerken beworben und hat weitere Pläne: Er will sein Studium der Rechtswissenschaften fortsetzen.

www.rp-online.de/panorama/deutschland/syrischer-fluechtling-ist-jetzt-bademeister-in-tuebingen-aid-1.6161901 (Zugriff: 14.8.2016)

M 3 Wanderungen zwischen Deutschland und dem Ausland 1991 bis 2015 – insgesamt

Jahr	Insgesamt		
	Zugezogene	Fortgezogene	Saldo
2015	2 136 954	997 552	1 139 402
2014	1 464 724	914 241	550 483
2013	1 226 493	797 886	428 607
2012	1 080 936	711 991	368 945
2011	958 299	678 969	279 330
2010	798 282	670 605	127 677
2009	721 014	733 796	– 12 782
2008	682 146	737 889	– 55 743
2007	680 766	636 854	43 912
2006	661 855	639 064	22 791
2005	707 352	628 399	78 953
2004	780 175	697 632	82 543
2003	768 975	626 330	142 645
2002	842 543	623 255	219 288
2001	879 217	606 494	272 723
2000	841 158	674 038	167 120
1999	874 023	672 048	201 975
1998	802 456	755 358	47 098
1997	840 633	746 969	93 664
1996	959 691	677 494	282 197
1995	1 096 048	698 113	397 935
1994	1 082 553	767 555	314 998
1993	1 277 408	815 312	462 096
1992	1 502 198	720 127	782 071
1991	1 198 978	596 455	602 523

Zahlen aus: https://www.destatis.de/DE/ZahlenFakten/GesellschaftStaat/Bevoelkerung/Wanderungen/Tabellen/WanderungenAlle.html (Zugriff: 28.7.2017)

M 4 Wahlprogramm der CSU 2017: Deutschland braucht eine Obergrenze für Flüchtlinge

Die seit langem geforderte Obergrenze von 200 000 Flüchtlingen pro Jahr für Deutschland ist notwendig, um eine gelingende Integration zu gewährleisten. Unsere Aufnahmefähigkeit ist nicht grenzenlos. Unsere Verantwortung ist eine doppelte: gegenüber unserer heimischen Bevölkerung und gegenüber den wirklich schutzbedürftigen Flüchtlingen. Beidem können wir nur gerecht werden, wenn die Flüchtlingszahlen in unserem Land nachhaltig begrenzt werden.

Quelle: Bayernplan, CSU, 2017, S. 16

Grundgesetz für die Bundesrepublik Deutschland

Art. 13 GG

(1) Die Wohnung ist unverletzlich.

(2) Durchsuchungen dürfen nur durch den Richter, bei Gefahr im Verzuge auch durch die in den Gesetzen vorgesehenen anderen Organe angeordnet und nur in der dort vorgeschriebenen Form durchgeführt werden.

(4) Zur Abwehr dringender Gefahren für die öffentliche Sicherheit, insbesondere einer gemeinen Gefahr oder einer Lebensgefahr, dürfen technische Mittel zur Überwachung von Wohnungen nur auf Grund richterlicher Anordnung eingesetzt werden. Bei Gefahr im Verzuge kann die Maßnahme auch durch eine andere gesetzlich bestimmte Stelle angeordnet werden; eine richterliche Entscheidung ist unverzüglich nachzuholen.

Grundrechte

*Erläutere die **Karikatur**, berücksichtige dabei auch den Artikel 13 des Grundgesetzes.*

In diesem Kapitel lernst du,
- *welche rechtlichen Regelungen es zum Schutz der Grundrechte gibt (Recht und Regeln),*
- *wie wichtig die Grundrechte für das Zusammenleben in Deutschland sind und*
- *welche Bedeutung die Grundrechte für den Einzelnen haben (Interessen und Gemeinwohl).*

Formuliere Annahmen zu diesen Themen und überprüfe am Ende des Kapitels, inwieweit sich diese verändert haben.

Karikatur: Klaus Stuttmann

Stell dir für einen Moment eine Welt vor, in der Männer mehr Rechte haben als Frauen, in der du nicht frei deine Meinung sagen kannst, dich frei darüber informieren kannst, was in Politik, Wirtschaft und Gesellschaft vor sich geht. In dieser Welt könntest du nicht im ganzen Land frei herumreisen oder dir eine Arbeitsstelle suchen, die du möchtest. Du könntest nicht sicher sein, ob du vor Gericht dein Recht bekommst oder ob du deine Religion ausüben darfst. Keine schöne Vorstellung, doch leider ist das die Realität in vielen Ländern dieser Welt. In Deutschland garantieren die Grundrechte ein Leben in Gleichheit und Freiheit.

M 1 Wordle aus den Artikeln 1 bis 4 des Grundgesetzes

M 2 Aus dem Grundgesetz für die Bundesrepublik Deutschland

Art. 2 GG

(1) Jeder hat das Recht auf die freie Entfaltung seiner Persönlichkeit, soweit er nicht die Rechte anderer verletzt und nicht gegen die verfassungsmäßige Ordnung oder das Sittengesetz verstößt.

(2) Jeder hat das Recht auf Leben und körperliche Unversehrtheit. Die Freiheit der Person ist unverletzlich. In diese Rechte darf nur auf Grund eines Gesetzes eingegriffen werden.

Art. 3 GG

(1) Alle Menschen sind vor dem Gesetz gleich.

(2) Männer und Frauen sind gleichberechtigt. Der Staat fördert die tatsächliche Durchsetzung der Gleichberechtigung von Frauen und Männern und wirkt auf die Beseitigung bestehender Nachteile hin.

(3) Niemand darf wegen seines Geschlechtes, seiner Abstammung, seiner Rasse, seiner Sprache, seiner Heimat und Herkunft, seines Glaubens, seiner religiösen oder politischen Anschauungen benachteiligt oder bevorzugt werden. Niemand darf wegen seiner Behinderung benachteiligt werden.

Art. 4 GG

(1) Die Freiheit des Glaubens, des Gewissens und die Freiheit des religiösen und weltanschaulichen Bekenntnisses sind unverletzlich.

Art. 5 GG

(1) Jeder hat das Recht, seine Meinung in Wort, Schrift und Bild frei zu äußern und zu verbreiten und sich aus allgemein zugänglichen Quellen ungehindert zu unterrichten. Die Pressefreiheit und die Freiheit der Berichterstattung durch Rundfunk und Film werden gewährleistet. Eine Zensur findet nicht statt.

Art. 8 GG

(1) Alle Deutschen haben das Recht, sich ohne Anmeldung oder Erlaubnis friedlich und ohne Waffen zu versammeln.

Art. 10 GG

(1) Das Briefgeheimnis sowie das Post- und Fernmeldegeheimnis sind unverletzlich.

Mehr zum Thema
Film: Meinungsfreiheit ... einfach erklärt

Webcode PE646098-139

Mehr zum Thema
Text: EM 2024 – Verstoß gegen Grundrechte?

Webcode PE646098-139

M 3 Grundrechte

1 In **M 1** siehst du ein Wordle aus den Artikeln 1 bis 4 des Grundgesetzes. Arbeite heraus, welche Begriffe besonders häufig (groß) verwendet werden.
2 Beschreibe, welches Bild dich besonders anspricht. (**M 3**)
3 Ordne den Bildern die Artikel 2–5, 8 und 10 des Grundgesetzes zu.
4 Erläutere, welche Bedeutung diese Grundrechte für dein Leben haben.
+ ZUSATZAUFGABE In den vom Grundgesetz garantierten Grundrechten wird sehr häufig die Freiheit des Einzelnen betont. Erläutert, was dies für das Verhältnis zwischen Staat und Mitgliedern der Gesellschaft in Deutschland bedeutet.

Grundrechte und Grundgesetz

M 1 Artikel aus dem Grundgesetz

Art. 3	Gleichheit vor dem Gesetz, Gleichberechtigung, Diskriminierungsverbot
Art. 4	Glaubens-, Gewissens- und Bekenntnisfreiheit
Art. 5	Meinungs-, Informations-, Pressefreiheit, Freiheit von Kunst und Wissenschaft
Art. 8	Versammlungsfreiheit
Art. 9	Vereinigungs- und Koalitionsfreiheit
Art. 11	Freizügigkeit
Art. 12	Berufsfreiheit
Art. 14	Eigentum, Erbrecht, Enteignung
Art. 16 a	Asylrecht
Art. 17	Petitionsrecht
Art. 19	Rechtswegegarantie

M 2 Grundgesetz der Bundesrepublik Deutschland

Mehr zum Thema
Text: Enteignung zum Wohle der Allgemeinheit?

Webcode PE646098-141

Mehr zum Thema
Text: Religionsfreiheit: Wie weit darf der Glaube gehen?

Webcode PE646098-141

M 3 Grundrechte im Grundgesetz

Die Grundrechte sind im Grundgesetz in den Artikeln 1 bis 19 festgelegt. Ihre Stellung gleich zu Beginn des Grundgesetzes unterstreicht ihre große Bedeutung.
Die Grundrechte lassen sich in Freiheits-, Gleichheits- und Anspruchsrechte unterscheiden. **Freiheitsrechte** schützen in erster Linie Leben, Freiheit und Eigentum vor staatlichen Eingriffen. **Gleichheitsrechte** garantieren die Gleichbehandlung der Bürger untereinander. **Anspruchsrechte** formulieren Forderungen an den Staat wie zum Beispiel gerechte Gerichtsverfahren.

Menschen- und Bürgerrechte
Grundrechte lassen sich auch in Menschen- und Bürgerrechte unterscheiden. **Menschenrechte** gelten für jeden, egal welche Staatsangehörigkeit er besitzt. Diese Rechte stehen jedem Menschen von Geburt an zu. Im Grundgesetz erkennt man sie z. B. an der Formulierung „jeder hat ...“.
Bürgerrechte dagegen gelten nur für deutsche Staatsbürger. Sie werden mit der Staatsbürgerschaft verliehen. Sie beginnen meist mit den Worten „alle Deutschen ...“.

Die Grundrechte sind nicht nur bloße Absichtserklärungen oder Zielsetzungen, sondern sie gelten unmittelbar. Zwar darf man die Formulierung der Grundrechte abändern, Art. 19 (2) GG verbietet jedoch, dass man eines der Grundrechte in seinem **Wesensgehalt**, also in seiner grundsätzlichen Bedeutung, ändern darf.
Die **Ewigkeitsgarantie** in Art. 79 (3) GG schützt darüber hinaus wichtige Verfassungsprinzipien wie die Gliederung der Bundesrepublik Deutschland in Bundesländer und deren Beteiligung bei der Gesetzgebung und die Artikel 1 und 20 GG.

Mit dieser Regelung wollte der Parlamentarische Rat, der das Grundgesetz nach dem Zweiten Weltkrieg verfasst hat, Entwicklungen wie während der nationalsozialistischen Gewaltherrschaft verhindern.

M 4 Einteilung der Grundrechte

Freiheitsrechte | Gleichheitsrechte | Anspruchsrechte

M 5 Aus dem Grundgesetz für die Bundesrepublik Deutschland

Art. 1 GG

(1) Die Würde des Menschen ist unantastbar. Sie zu achten und zu schützen ist Verpflichtung aller staatlichen Gewalt.

(2) Das Deutsche Volk bekennt sich darum zu unverletzlichen und unveräußerlichen Menschenrechten als Grundlage jeder menschlichen Gemeinschaft, des Friedens und der Gerechtigkeit in der Welt.

(3) Die nachfolgenden Grundrechte binden Gesetzgebung, vollziehende Gewalt und Rechtsprechung als unmittelbar geltendes Recht.

Art. 79 GG

(3) Eine Änderung dieses Grundgesetzes, durch welche die Gliederung des Bundes in Länder, die grundsätzliche Mitwirkung der Länder bei der Gesetzgebung oder die in den Artikeln 1 und 20 niedergelegten Grundsätze berührt werden, ist unzulässig.

M 6 Bundesverfassungsgericht in Karlsruhe

1 Erläutere, was man unter Freiheits-, Gleichheits- und Anspruchsrechten versteht, und ordne die Grundrechte aus **M 1** den Körben in **M 4** zu.

2 Erläutere die Begriffe Menschen- und Bürgerrechte und ordne ihnen die Artikel 2 bis 19 GG zu. Lege eine Tabelle an:

Menschenrechte	Bürgerrechte

3 Die Grundrechte können in ihrem Wesensgehalt nicht verändert werden. Erläutere mithilfe von **M 3** und **M 5**, warum das so ist.

4 Begründe, welche Art(en) von Grundrechten aus **M 3** dir besonders wichtig sind.

Eine gute Möglichkeit, vor allem an aktuelle Informationen zu gelangen, bietet das Internet. Man muss jedoch einige Hinweise bei der Recherche im Internet beachten, damit man Erfolg hat.

M1 Ausschnitt aus der Internetseite Wikipedia, https://de.wikipedia.org/wiki/Grundrechte, Suchwort: Grundrechte

Internetrecherche

Das Internet hat seinen Vorteil bei der Aktualität und dem fast unendlichen Umfang an Informationen. In vielen anderen Fällen ist ein Buch die bessere, schnellere und häufig verlässlichere Alternative. In jedem Fall solltet ihr bei Internetadressen immer darauf achten, von wem die Seite ist und wann die Informationen ins Netz gestellt wurden.

Suchen im Internet

Häufig sind in Zeitungen oder anderen Texten genaue Internetadressen angegeben. Dann ist die Suche leicht. Sucht ihr aber nach einem bestimmten Thema und ihr kennt die Internetadresse nicht, bieten sich drei Vorgehensweisen an:

1. Ihr sucht über eine Suchmaschine wie z.B. google.de nach Schlagworten. Je genauer ihr die Begriffe wählt, umso weniger Treffer bekommt ihr.
   Beim Suchbegriff „Grundrechte" erhaltet ihr 2 200 000 Treffer.
   Gebt ihr „Grundrechte Pressefreiheit" ein, so sind es nur noch 123 000.
   Die Suchbegriffe „Grundrechte Pressefreiheit 2016" halbieren wiederum das Ergebnis. So findet ihr genauer, was ihr sucht.
2. Ihr geht auf die Internetseite einer Tageszeitung und geht auf den Bereich „Artikelsuche". Dort findet ihr dann zu eurem Thema alle Artikel, die diese bestimmte Zeitung hat. Das werden oft nicht viele sein, aber die Quelle ist dann sehr verlässlich. Große überregionale Zeitungen oder Zeitschriften sind z. B.:
   spiegel.de
   sueddeutsche.de
   zeit.de
   faz.net
   fr-online.de
   welt.de
3. Online-Lexika bieten auch einen ersten Überblick über euer Thema, wie z. B.:
   wikipedia.de
   hanisauland.de/lexikon/

Verlässlichkeit der Quellen

Bei vielen Internetquellen lässt sich schwer sagen, wie zuverlässig sie sind oder ob der Verfasser bestimmte politische Interessen verfolgt.
Deswegen ist Folgendes wichtig:

- Informationen immer an mindestens zwei Quellen überprüfen.
- Die Quelle genau angeben: genaue Internetseite (nicht nur „google.de Suchbegriff: Grundrechte").
- Lässt sich herausbekommen, von wann die Informationen sind, dann notiert euch das Datum.
- Da Internetseiten morgen wieder vom Netz genommen oder ständig verändert werden können, ist es wichtig, dass ihr das Zugriffsdatum notiert: Wann seid ihr das letzte Mal auf der Seite gewesen?

Wichtige Gesichtspunkte für die Bewertung einer Internetseite sind:

- Wie vertrauenswürdig ist die jeweilige Webseite?
- Welche Interessen verfolgen die Verfasser der Webseite?
- Wer ist der Verfasser?
  – Ist zum Beispiel über das Impressum oder „Wir über uns" erkennbar, ob es sich um eine wissenschaftliche Institution (Institut einer Universität, Bibliothek) oder eine regierungsnahe, offizielle Seite handelt?
  – Handelt es sich um einen kommerziellen Anbieter: Internet-Dienstleister, Medien – auch Printmedien, eine Firma, Werbung (Popup-Fenster, Banner)?
  – Oder handelt es sich um Privatpersonen (Hobby-Autor/-in)?

1 **a** Bildet Gruppen und recherchiert im Internet konkrete Grundrechtsverstöße in Deutschland, aber auch in anderen Ländern zu folgenden Themen:
- Pressefreiheit
- Meinungsfreiheit
- Gleichberechtigung
- Religionsfreiheit
- Diskriminierung aufgrund der Herkunft oder Sprache

b Recherchiert, wie in anderen Staaten mit diesen Rechten umgegangen wird.

2 Notiert euch genau, auf welche Quellen ihr Bezug nehmt.

3 Stellt eure Ergebnisse der Klasse in einem Kurzreferat vor.

Thema: Pressefreiheit

- Pressefreiheit bedeutet, ...
- Unsere Quellen: ...
- Folgendes Beispiel zeigt, wie die Pressefreiheit verletzt wurde ...
- Diese Organisationen machen auf Verletzungen der Pressefreiheit aufmerksam ...

M 1 Magna Carta (1215) und Petition of Rights (1628)

Im Jahr 1215 regierte in England König Johann. Er überschätzte seine Macht und hielt sich nicht an Gesetze und Bräuche, mit denen England bis dahin regiert wurde. Da er ein eher schwacher Herrscher ohne viel Unterstützung im Adel war, konnten ihn seine Untertanen zwingen, die Magna Carta („der große Freibrief") zu unterzeichnen. Der Kirche wurde das Recht garantiert, frei von staatlicher Einmischung zu sein. Alle freien Bürger erhielten das Recht, Eigentum zu besitzen und zu erben, und wurden vor zu hoher Besteuerung geschützt. Außerdem wurden die Grundsätze eines ordentlichen Gerichtsverfahrens und der Gleichheit vor dem Gesetz eingeführt. Es ist der erste Schritt zu einer Formulierung von Menschenrechten.

Der nächste große Schritt war die Forderung des englischen Parlaments – der Petition of Rights 1628 – an den englischen König Karl I. Sie verlangte unter anderem, dass ohne die Zustimmung des Parlaments keine Steuern erhoben werden dürfen, dass in Friedenszeiten kein Kriegsrecht gelten soll und dass kein Untertan ohne erwiesenen Grund inhaftiert werden darf.

M 2 Die Verfassung der Vereinigten Staaten von Amerika (1787) und die Bill of Rights (1791)

Die Verfassung der Vereinigten Staaten von Amerika wurde im Sommer 1787 verfasst. Ihre ersten zehn Zusatzartikel – die sogenannte Bill of Rights – wurden am 15. Dezember 1791 wirksam. Sie begrenzten die Machtbefugnis der Bundesregierung der USA. Die Bill of Rights schützt unter anderem die Redefreiheit, das Recht zum Besitz und Tragen von Waffen, die Religionsfreiheit, das Petitionsrecht und die Versammlungsfreiheit. Außerdem betont sie die Bedeutung eines ordentlichen Gerichtsverfahrens, dazu gehören bei Straftaten auf Bundesebene ein schnelles öffentliches Verfahren und eine unparteiische Jury. In der Bill of Rights werden die Freiheit des Einzelnen und seine Abwehrrechte gegenüber dem Staat betont.

M 3 Erklärung der Menschen- und Bürgerrechte (1789)

Bis 1789 regierten in Frankreich, wie in weiten Teilen Europas, absolute Herrscher. Als die Unzufriedenheit bei den Bürgern Frankreichs wuchs, kam es zur Revolution und zur Abschaffung der Monarchie. Als erster Schritt zu einer Verfassung wurde von der verfassungsgebenden Nationalversammlung die Erklärung der Menschen- und Bürgerrechte (Déclaration des Droits de l'Homme et du Citoyen) verabschiedet. Diese garantiert allen Bürgern das Recht auf Freiheit, Eigentum, Sicherheit und Widerstand gegen Unterdrückung. Außerdem werden rechtsstaatliche Prinzipien, Religions-, Meinungs- und Pressefreiheit sowie Volkssouveränität und Gewaltenteilung garantiert. Dies soll dem absolutistischen Machtanspruch des Königs entgegenwirken, der seine Stellung als von Gott gegeben ableitet. Von nun an gilt: „Von ihrer Geburt an sind und bleiben die Menschen frei und an Rechten einander gleich."

M4 Die Allgemeine Erklärung der Menschenrechte (1948)

Nach dem Zweiten Weltkrieg (1939–1945) waren weite Teile Europas und Ostasiens zerstört. Millionen Menschen waren gestorben, verwundet oder auf der Flucht und suchten eine neue Heimat. Noch während der Krieg tobte, entstanden Pläne, wie eine Organisation der Vereinten Nationen in Zukunft Kriege verhindern könnte. Bereits am 24. Oktober 1945 wurde die Charta der Vereinten Nationen verabschiedet. In der UN-Menschenrechtscharta – oder offiziell der „Allgemeinen Erklärung der Menschenrechte" – bekennen sich die Vereinten Nationen zu den allgemeinen Grundsätzen der Menschenrechte. Diese wurde am 10. Dezember 1948 verkündet. Zum ersten Mal in der Geschichte sind die unveräußerlichen und für alle geltenden Menschenrechte in einem einzigen Dokument zusammengefasst. Die Mitgliedstaaten verpflichten sich, diese Rechte einzuhalten, auch wenn es sich nicht um einen völkerrechtlich bindenden Vertrag handelt. Das Dokument umfasst 30 Artikel, die die grundlegenden Ansichten über Rechte beinhalten, die allen Menschen zustehen „ohne irgendeinen Unterschied, etwa nach Rasse, Hautfarbe, Geschlecht, Sprache, Religion, politischer oder sonstiger Überzeugung, nationaler oder sozialer Herkunft, Vermögen, Geburt oder sonstigem Stand".

1 Bildet Vierer-Gruppen und bearbeitet jeweils einen der vier Texte gemeinsam.
In jeder Gruppe gibt es einen
- **Fragensteller:** Du schreibst dir aus eurem Text wichtige Schlüsselwörter (wichtige Begriffe) heraus, formulierst Fragen zu den Schlüsselwörtern und stellst den anderen in der Gruppe deine Fragen.
- **Zusammenfasser:** Lies dir den Text durch und ergänze die Satzanfänge: Der Anlass für die dargestellte Entwicklung war ... Ein besonders wichtiger Punkt ist ...
  Fasse den Text für deine Gruppe mündlich zusammen.
- **Erklärer:** Lies deinen Gruppenmitgliedern besonders schwierige oder unklare Textabschnitte vor. Diskutiere mit deiner Gruppe, was mit diesen Textabschnitten gemeint ist.
- **Weiterdenker:** Lies dir den Text deiner Gruppe durch und überlege dir, welche Folgen sich für die Menschen der damaligen Zeit aus dem Dokument ergeben haben könnten. Stelle deine Vermutungen der Gruppe vor.

Stellt euer Gruppenergebnis in Form eines Plakats dar und präsentiert dies der Klasse.

Sinti und Roma – wie Grundrechte Minderheiten schützen

Der Schutz durch die Grundrechte ist vor allem für Menschen oder Gruppen wichtig, die eine schwache gesellschaftliche Stellung haben oder zu Minderheiten gehören. Zu diesen Minderheiten gehören unter anderem die Sinti und Roma.

M 1 Dieses Schild hing an der Tür eines Ladens im Berliner Stadtteil Neukölln

★ Staatsschutz
Abteilung der Polizei, die bei politisch motivierten Straftaten ermittelt, z. B. bei ausländerfeindlichen oder terroristischen Straftaten

★ Volksverhetzung
Wer andere zum Hass gegen bestimmte religiöse Gemeinschaften, gegen Volksgruppen oder gegen Ausländer anstachelt, begeht unter Umständen eine Straftat, die man Volksverhetzung nennt.

★ Inklusion
Dieser Begriff beschreibt den Versuch, alle Menschen in das gesellschaftliche Leben mit einzubeziehen, unabhängig von Alter, Geschlecht, Bildung, Herkunft, Religion oder einer eventuellen Behinderung. So sollen behinderte Kinder mit Gleichaltrigen dieselbe Schule besuchen können.

★ Sippenhaft
Im Nationalsozialismus wurden Verwandte von verurteilten Straftätern ebenfalls verdächtigt und oftmals eingesperrt, auch wenn sie nichts getan hatten.

M 2 Ladeninhaberin verwehrt Roma den Zutritt

Mit einem Schild an der Ladentür hat die Inhaberin eines Neuköllner Ladens Angehörigen der Volksgruppe der Roma den Zutritt verboten. „Der Staatsschutz★ hat ein Ermittlungsverfahren wegen des Verdachts der Volksverhetzung★ eingeleitet“, sagte Polizeisprecher Michael Gassen am Mittwoch der Berliner Zeitung. Nachdem Polizisten am Mittwochmorgen die Ladenbesitzerin darauf ansprachen, entfernte sie das Schild. Seit etwa zwei Monaten werde sie von den Dieben heimgesucht, sagt die Inhaberin. „Sie vernichten meine Existenz!“, sagt die Frau.
Eine Anzeige wegen Ladendiebstahls hat die Inhaberin nach Angaben eines Polizeisprechers nicht gestellt.
Romeo Franz von der Hildegard-Lagrenne-Stiftung für Bildung, Inklusion★ und Teilhabe von Sinti und Roma in Deutschland hat das Foto an der Ladentür bei Facebook gesehen. Er wollte sich selbst ein Bild davon machen und ging zu der Ladenbesitzerin. Sie habe sich geweigert, das Schild abzunehmen, sagt er. Franz erstattete daraufhin Anzeige gegen die Ladenbesitzerin.
„Man darf Menschen nicht in Sippenhaft★ nehmen, denn dann sind wir wieder in der Zeit des Nationalsozialismus“, sagt er. Roma und Sinti seien genauso unterschiedlich und individuell wie die deutsche Mehrheitsgesellschaft. „Es gibt Anständige, es gibt welche, die stehlen und somit gegen das Gesetz verstoßen. Die Justiz muss alle Gesetzesverstöße ahnden. Ich will keine Diebe schützen.“ Franz fügt hinzu: „Man stelle sich nur vor, die Ladenbesitzerin hätte anstatt Roma Moslems, Juden oder Homosexuellen den Zutritt verweigert. Dann wäre die Aufregung viel größer.“

Aleksandar Zivanovic, www.berliner-zeitung.de/berlin/polizei/neukoelln-ladeninhaberin-verwehrt-roma-den-zutritt-24153006 (Zugriff: 21.11.2016)

M 3 Wie kann man Vorurteile abbauen? Rat eines Sozialpsychologen

Wenn Menschen, die ich kenne und denen ich vertraue, mir von positiven Erfahrungen mit Flüchtlingen, behinderten Menschen oder Schwulen erzählen. Die Informationen, die wir von bekannten und nahestehenden Menschen bekommen, besitzen einen größeren Einfluss auf uns als Zeitungsartikel und Nachrichten. Auch indirekte Kontakte werden die Vorurteile nicht sofort abmildern, aber wenn das eigene Umfeld oft von positiven Erfahrungen berichtet, macht das schon etwas mit den Menschen.

Sozialpsychologe Andreas Zick, in: http://www.badische-zeitung.de/liebe-familie/experte-raet-so-kann-man-vorurteilen-begegnen--114490551.html (Zugriff: 22.11.2016)

Sinti und Roma

Der Begriff Roma ist der Oberbegriff für eine Reihe von Bevölkerungsgruppen. Dazu gehört auch die Gruppe der Sinti. Obwohl es sich hierbei eigentlich um eine Teilgruppe der Roma handelt, werden im deutschen Sprachgebrauch beide Namen zusammen verwendet: „Sinti und Roma". Die Roma verbindet eine gemeinsame Sprache und wahrscheinlich auch die Herkunft aus dem indischen Subkontinent. Seit etwa 700 Jahren sind sie in Mitteleuropa heimisch. In vielen europäischen Ländern bilden die Roma unterschiedlich starke Minderheiten. Oft werden sie aufgrund von Vorurteilen oder ihrer sozialen Verhältnisse ausgegrenzt. In manchen europäischen Staaten werden sie sogar verfolgt. In Deutschland wird auch der Sammelbegriff Sinti und Roma verwendet, vor allem zur Abgrenzung des früher verwendeten Begriffs „Zigeuner". Dieser wird von den Sinti und Roma als herabsetzend empfunden.

M 4 Denkmal für die im Nationalsozialismus ermordeten Sinti und Roma

Das Denkmal für die im Nationalsozialismus ermordeten Sinti und Roma Europas befindet sich in einem Ausläufer des Berliner Stadtparks Tiergarten zwischen dem Reichstagsgebäude und dem Brandenburger Tor. Es soll an die bis zu 500 000 Menschen erinnern, die zwischen 1933 und 1945 unter der Herrschaft des Nationalsozialismus in Deutschland und anderen europäischen Ländern als „Zigeuner" verfolgt und ermordet worden waren.
Auf dem Rand des Brunnens ist auf Englisch, Deutsch und Romanes das Gedicht „Auschwitz" von Santino Spinelli zu lesen: „Eingefallenes Gesicht / erloschene Augen / kalte Lippen / Stille / ein zerrissenes Herz / ohne Atem / ohne Worte / keine Tränen". Am Boden rund um das Wasserbecken liegen flache Steine, die die Namen von Orten der NS-Verbrechen tragen. In der Nähe des Denkmals für die im Nationalsozialismus ermordeten Sinti und Roma Europas informieren gläserne Tafeln über Ausgrenzung und Massenmord an dieser Minderheit.

www.berlin.de/sehenswuerdigkeiten/3561926-3558930-sinti-und-roma-denkmal.html (Zugriff: 22.11.2016)

1 Beschreibe, was die Ladenbesitzerin veranlasst hat, das Schild anzubringen. (M 1 und M 2)
2 Nenne andere Möglichkeiten, die sie gehabt hätte, um ihr Ziel zu erreichen.
3 Überprüfe mithilfe der Artikel aus dem Grundgesetz (S. 138), welches Grundrecht in M 1 nicht eingehalten wurde. TIPP *S. 356*
4 Begründe, warum der Schutz von Minderheiten ein wichtiges Grundrecht ist.
5 Beschreibe, was der Sozialpsychologe in M 3 empfiehlt, um Vorurteile abzubauen.

Ist (unerlaubtes) Sampling Diebstahl?

Mit dieser Frage beschäftigte sich das höchste deutsche Gericht, das Bundesverfassungsgericht, und kam zu einer anderen Entscheidung als der Bundesgerichtshof. Es ging um die Übernahme eines Musikschnipsels von zwei Sekunden in ein anderes Werk, wie das in der elektronischen Musik und insbesondere im Hip-Hop üblich ist.

M1 Urteilsverkündung des Bundesverfassungsgerichts, 31.5.2016

M2 Worüber verhandelte das Bundesverfassungsgericht?

Dürfen Musiker kurze Fetzen aus fremden Liedern übernehmen, ohne um Erlaubnis zu fragen? Im Streit um die Verarbeitung einer fremden Rhythmussequenz hat der Komponist und Produzent Moses Pelham vor dem Bundesverfassungsgericht einen Etappensieg errungen.

Seine Verfassungsbeschwerde hatte Erfolg, der Fall muss neu entschieden werden, wie in Karlsruhe verkündet wurde. Um den zweisekündigen Beat streitet Pelham seit mehr als einem Jahrzehnt mit den Elektropop-Pionieren Kraftwerk. Im Jahr 1977 veröffentlichte die Band Kraftwerk ein Album, das den Track „Metall auf Metall“ enthält. 20 Jahre später, 1997, produzierte Moses Pelham einen Song für die Sängerin Sabrina Setlur mit dem Titel „Nur mir“.

Für diesen Song sampelte Pelham ein Stück von „Metall auf Metall“ – er kopierte eine zwei Sekunden lange Rhythmussequenz aus dem Kraftwerk-Song und ließ sie als Loop in fortlaufender Wiederholung laufen. Um Erlaubnis hatte Pelham nicht gebeten, Kraftwerk klagte auf Unterlassung und Schadensersatz – es ging in dem Streit also um Grundsätzliches: Hip-Hop-Produzent Pelham sieht die Freiheit der Kunst in Gefahr, da Sampling ein entscheidender Teil des Hip-Hops ist. Kraftwerk berufen sich auf ihr Recht als Urheber der Originalaufnahmen; ihnen geht es also um ihr geistiges Eigentum.

[...] 2012 hatte Kraftwerk erreicht, dass „Nur mir“ nicht mehr vertrieben werden darf. Dagegen legte Pelham eine Verfassungsbeschwerde ein, der sich auch andere Musiker anschlossen, darunter Sarah Connor, Bushido und Gentleman. Ihr Ziel ist es, dass die Verwendung fremder Beats in neuem musikalischen Kontext auch ohne Genehmigung möglich bleibt.

Aus: http://www.spiegel.de/kultur/musik/moses-pelham-verfassungsgericht-kippt-bgh-urteil-zum-sampling-a-1095019.html (Zugriff: 2.6.2016)

Wenn der Bundesgerichtshof (BGH) in einer Streitfrage eine Entscheidung trifft, ist in aller Regel der Fall juristisch geklärt. Der BGH hatte gegen den Produzenten Moses Pelham entschieden und das Eigentumsrecht der Band Kraftwerk an ihrer Komposition betont. Moses Pelham sah sich daraufhin in seinen Grundrechten, nämlich dem Recht auf künstlerische Freiheit, verletzt, weshalb er Verfassungsbeschwerde beim Bundesverfassungsgericht einlegte. Zwei Grundrechte, die durch die Verfassung ausdrücklich garantiert werden, waren also in einen Konflikt geraten: das Eigentumsrecht gegen das Recht auf künstlerische Freiheit. Welches Recht sollte Vorrang haben?

M 3 Zwei Grundrechtsartikel im Konflikt

Art. 5 GG:
(3) Kunst und Wissenschaft, Forschung und Lehre sind frei. [...]

Art. 14 GG:
(14) Das Eigentum und das Erbrecht werden gewährleistet. Inhalt und Schranken werden durch die Gesetze bestimmt.

M 4 Wie hat das Bundesverfassungsgericht entschieden?

[Die] Verfassungsbeschwerde von Pelham hatte nun Erfolg: Der Fall muss neu entschieden werden, verkündeten die Richter in Karlsruhe. Der Bundesgerichtshof muss den Fall nun noch einmal bewerten. Seine Urteile – zuletzt von 2012 – trügen der Kunstfreiheit nicht hinreichend Rechnung, sagte Vize-Gerichtspräsident Ferdinand Kirchhof. Er begründete die Entscheidung mit der Kürze der Sequenz. Daraus sei ein neues, eigenständiges Kunstwerk entstanden, ohne dass Kraftwerk dadurch wirtschaftlichen Schaden habe. Ein Verbot würde „die Schaffung von Musikstücken einer bestimmten Stilrichtung praktisch ausschließen", sagte er. [...] Die BGH-Richter hatten entschieden, dass ein fremder Beat – und sei er noch so kurz – nur dann einfach kopiert werden darf, wenn er nicht gleichwertig nachgespielt werden kann. Dieses Kriterium halten die Verfassungsrichter für ungeeignet. Für die Benutzung müsse auch nicht unbedingt Geld fließen. Die Richter weisen aber darauf hin, dass der Gesetzgeber auch eine Bezahlpflicht einführen könnte.

Aus: http://www.spiegel.de/kultur/musik/moses-pelham-verfassungsgericht-kippt-bgh-urteil-zum-sampling-a-1095019.html (Zugriff: 2.6.2016)

Der Fall muss also noch einmal vom Bundesgerichtshof (BGH) verhandelt werden, dabei muss dieser die Entscheidung des Bundesverfassungsgerichts berücksichtigen. Der BGH hat nun am 1. Juni 2017 das Verfahren ausgesetzt und dem Europäischen Gerichtshof (EuGH) in Luxemburg vorgelegt. Damit ist in dem langen Rechtsstreit noch kein Ende in Sicht. Denn seit 2002 ist das Urheberrecht in der EU vereinheitlicht. Das bedeutet, dass der BGH den Europäischen Gerichtshof anrufen kann, wenn er die Kunstfreiheit nicht mit der EU-Urheberrechts-Richtlinie vereinbar hält. Und die gilt europaweit.

1 Beschreibe, worum es bei der Verfassungsbeschwerde des Produzenten Moses Pelham und von anderen Musikern in **M 2** vor dem Bundesverfassungsgericht ging.

2 Um eine erste Meinungsbildung in eurer Klasse herbeizuführen, bildet eine Positionslinie. Wer der Meinung ist, das Verwenden von fremden Samples sollte in der Musik erlaubt sein, stellt sich an das eine Ende der Linie. Wer meint, unerlaubtes Sampeln ist Diebstahl, stellt sich ans andere Ende. Den Grad der Zustimmung zur jeweiligen Position könnt ihr auf der Linie durch Nähe oder Ferne zum Endpunkt ausdrücken. Begründet euren Standpunkt.

3 Gib den Inhalt der Grundrechtsartikel **M 3** mit eigenen Worten wieder und erkläre ihre Bedeutung für den Fall. TIPP *S. 357*

4 Diskutiert, ob ihr mit der Entscheidung des Bundesverfassungsgerichts einverstanden seid.

+ ZUSATZAUFGABE Informiert euch, ob und wie der EuGH und der Bundesgerichtshof erneut über das unerlaubte Sampling entschieden haben.

Leitfrage: Welche Bedeutung haben Grundrechte für das Zusammenleben in Deutschland und für den Einzelnen?

Grundrechte regeln das Verhältnis zwischen dem einzelnen Bürger und dem Staat. Aufgrund unterschiedlicher Interessen geraten diese dauerhaften, einklagbaren Rechte immer wieder in Konflikt zueinander. Dieser Konfliktlösungsprozess geschieht vor dem Hintergrund gesellschaftlicher Normen und Werte. Wie können die folgenden Grundrechtskonflikte nachhaltig und gerecht gelöst werden, um das friedliche Zusammenleben in Deutschland zu regeln?

Bei der Bearbeitung der Aufgaben musst du jeweils geeignete Materialien (M1–M4) heranziehen.

Ich kann Informationen gewinnen und aufbereiten.

1 Arbeite aus **M1** und dem Grundgesetz heraus, in welchem Grundrecht sich die junge Lehramtsanwärterin verletzt fühlt.

Ich kann Probleme und Konflikte analysieren.

2 Begründe, warum das Berliner Arbeitsgericht zu dieser Entscheidung kommt.

3 Das Verbot religiöser oder anderer weltanschaulicher Kleidungsstücke bei Lehrern wird einerseits mit der Neutralität des Staates (vgl. **M1**), aber auch mit der negativen Religionsfreiheit (vgl. **M2**) der Schüler begründet. Erläutere.

Ich kann mir ein begründetes Urteil bilden.

4 Erörtere, ob das Tragen religiöser Symbole in Schulen Baden-Württembergs auch für Lehrer und Schüler grundsätzlich verboten werden sollte.

5 **M3** und **M4** setzen sich mit der Überwachung der Privatsphäre der Bürgerinnen und Bürger auseinander. Erörtere ausgehend von den Materialien, wie stark der Staat in den privaten Raum der Bürger eindringen darf.

Ich kann mitreden und aktiv werden.

6 Der Spielfilm „Terror – Ihr Urteil“ behandelt den fiktiven Prozess um den Abschuss einer Passagiermaschine, mit der ein terroristischer Anschlag verübt werden sollte. Informiere dich über den Film und fälle dein eigenes Urteil.

M1 Muslimische Klägerin scheitert im Kopftuch-Streit

Das Kopftuchverbot für Lehrerinnen an allgemeinbildenden Schulen in Berlin hat weiter Bestand. Das geht aus einem Urteil des Berliner Arbeitsgerichtes hervor, das am Donnerstag über die Klage einer abgelehnten muslimischen Lehramts-Bewerberin zu entscheiden hatte. Die junge Muslima hatte gegen das Land Berlin geklagt, weil sie sich diskriminiert fühlt. Dabei hatte sie geltend gemacht, dass sie wegen ihres Kopftuchs nicht als Grundschullehrerin eingestellt worden war.

Das Gericht folgte ihren Argumenten jedoch nicht und verwies auf das Berliner Neutralitätsgesetz. Das Gesetz behandle alle Religionen gleich, sagte Richter Andreas Dittert. Danach dürften Lehrer, Polizisten und Justizbedienstete keine religiösen Symbole oder Kleidungsstücke tragen.

Eine Ausnahme macht das Gesetz für Lehrer an Berufsschulen, für sie gilt das Kopftuchverbot nicht. Zudem ist das Tragen eines Kreuzes etwa als Schmuckstück im Öffentlichen Dienst ebenfalls gestattet – diese Ausnahmeregelung gilt als Schwachstelle der grundsätzlich sehr strikten Regelung des Neutralitätsgesetzes. Zum Tragen von Kopftüchern an Schulen gibt es in den Bundesländern unterschiedliche Regelungen.

www.rbb-online.de/politik/beitrag/2016/04/berlin-kopftuch-streit-vor-arbeitsgericht-keine-guetliche-einigung.html (Zugriff: 9.12.2016)

M 2 Bischof Dröge: Wir dürfen Religionsfreiheit nicht einschränken!

Unser Grundgesetz garantiert zweierlei Religionsfreiheit: negative Religionsfreiheit, das heißt, niemand darf zur Ausübung einer Religion gezwungen werden, und positive Religionsfreiheit, das heißt, niemand darf an der Ausübung seiner Religion gehindert werden.
Dieses Religionsrecht gilt selbstverständlich nicht nur im privaten Bereich, sondern auch in der Öffentlichkeit.
Der laizistische* Versuch, Religionsausübung ins Private abzudrängen, hat sich, wie das Beispiel Frankreich zeigt, nicht bewährt. Wer Religionsausübung in die Hinterhöfe verdrängt, dient nicht dem friedlichen Zusammenleben unterschiedlicher Religionen in der Gesellschaft. Eine offene und freie Gesellschaft darf die Religionsfreiheit nicht einschränken. Gerade eine Bildungseinrichtung muss dabei Vorbild sein.

http://www.bz-berlin.de/berlin/bischof-droege-wir-duerfen-religionsfreiheit-nicht-einschraenken (Zugriff: 29.7.2017)

M 2 Vorteil der Überwachung

M 4 Bundestag erlaubt WhatsApp-Überwachung

Gegen heftige Kritik aus der Opposition hat die Große Koalition das Gesetz zur Überwachung von Messenger-Diensten auf Smartphones durch den Bundestag gebracht. Die Neuregelung sieht vor, dass die Kommunikation bei Diensten wie WhatsApp künftig vor der Verschlüsselung abgehort oder mitgelesen werden kann. Dazu dürfen Ermittler auf Grundlage eines richterlichen Beschlusses heimlich eine Schnüffelsoftware auf das Handy des Verdächtigen laden. Außerdem wird mit dem Gesetz die Online-Durchsuchung von Computern ausgeweitet, die bisher nur in begrenztem Umfang zur Terrorbekämpfung zulässig ist.
Die Überwachung soll künftig etwa auch bei Mord und Totschlag, der Verbreitung von Kinderpornografie oder bei schweren Drogendelikten möglich sein. „Wir beobachten immer öfter, dass Kriminelle verschlüsselt kommunizieren. Für die Behörden wird es dadurch immer schwerer, auch schwerste Straftaten aufzuklären", erklärte Bundesinnenminister Thomas de Maizière. „Verschlüsselung schützt zu Recht die Vertraulichkeit der Kommunikation. Verschlüsselung ist aber kein Freibrief für Verbrecher."
Linkspartei und Grüne lehnten die Neuregelung als massiven Eingriff in die Bürgerrechte ab. Sei die Schnüffelsoftware einmal installiert, könne die Reichweite der Überwachung kaum kontrolliert werden. Das Gesetz habe ein „Anwendungsfeld, das seinesgleichen sucht", kritisierte der Linken-Politiker Jörn Wunderlich in der Bundestagsdebatte.

https://www.tagesschau.de/inland/whatsapp-ueberwachung-105.html (Zugriff: 29.7.2017)

¡NO PASARÁN!
SOLIDARITÄT
STATT
POLIZEI
NRW
1173 A
POLIZEI
NRW
11733 A
POLIZEI
NRW
11732 D
Bunt
statt
Braun
RASSISMUS
hat
so einen
Bart
Nazi bedenke: Du

KAPITEL 8

Politischer Willensbildungsprozess in Deutschland

Beschreibe, warum Bürgerinnen und Bürger auf die Straße gehen und für oder gegen etwas demonstrieren.

In diesem Kapitel lernst du,

- *welche Möglichkeiten Bürger haben, ihre Interessen in den politischen Entscheidungsprozess einzubringen (Macht und Entscheidung),*
- *wie das Grundgesetz die Teilhabe regelt (Regeln und Recht),*
- *welchen Beitrag die Beteiligungsverfahren zum demokratischen und gewaltfreien Lösen von Interessenkonflikten leisten und*
- *wie die Demokratie gesichert und geschützt werden kann (Interessen und Gemeinwohl),*
- *welche Bedeutung Medien für eine demokratische Gesellschaft haben (Privatheit und Öffentlichkeit).*

Formuliere Annahmen zu diesen Themen und überprüfe am Ende des Kapitels, inwieweit sich diese verändert haben.

◂ *Teilnehmer halten am 3.6.2017 in Karlsruhe-Durlach (Baden-Württemberg) bei einer Gegendemonstration zu einem Aufmarsch von Rechtsextremen Plakate in die Höhe. Die rechtsextreme Kleinstpartei Die Rechte hat zum „Tag der deutschen Zukunft" aufgerufen.*

Welche Partizipationsmöglichkeiten sieht das Grundgesetz vor?

Partizipation bedeutet Teilhabe. Unter politischer Partizipation versteht man die aktive Beteiligung der Bürgerinnen und Bürger an politischen Prozessen und Entscheidungen. Das Grundgesetz sieht dafür verschiedene Formen vor. Diese Möglichkeiten werden jedoch unterschiedlich stark genutzt und ihr Einfluss ist sehr verschieden.

M1 Aus dem Grundgesetz für die Bundesrepublik Deutschland

Art. 5 (1) Jeder hat das Recht, seine Meinung in Wort, Schrift und Bild frei zu äußern und zu verbreiten und sich aus allgemein zugänglichen Quellen ungehindert zu unterrichten. Die Pressefreiheit und die Freiheit der Berichterstattung durch Rundfunk und Film werden gewährleistet. Eine Zensur findet nicht statt.

Art. 8 (1) Alle Deutschen haben das Recht, sich ohne Anmeldung oder Erlaubnis friedlich und ohne Waffen zu versammeln.

Art. 9 (1) Alle Deutschen haben das Recht, Vereine und Gesellschaften zu bilden.

Art. 20 (2) Alle Staatsgewalt geht vom Volke aus. Sie wird vom Volke in Wahlen und Abstimmungen und durch besondere Organe der Gesetzgebung, der vollziehenden Gewalt und der Rechtsprechung ausgeübt.

Art. 21 (1) Die Parteien wirken bei der politischen Willensbildung des Volkes mit. Ihre Gründung ist frei. Ihre innere Ordnung muss demokratischen Grundsätzen entsprechen. Sie müssen über die Herkunft und Verwendung ihrer Mittel sowie über ihr Vermögen öffentlich Rechenschaft geben.

Art. 38 (1) Die Abgeordneten des Deutschen Bundestages werden in allgemeiner, unmittelbarer, freier, gleicher und geheimer Wahl gewählt. Sie sind Vertreter des ganzen Volkes, an Aufträge und Weisungen nicht gebunden und nur ihrem Gewissen unterworfen.

Politische Partizipation in Deutschland

Vor dem Hintergrund des Scheiterns der Weimarer Republik entschied sich der Parlamentarische Rat bei der Ausarbeitung des Grundgesetzes dafür, die neue deutsche Demokratie als repräsentative parlamentarische Parteiendemokratie auszugestalten. Auf Bundesebene sind aus diesem Grund die Entscheidungsrechte der Bürger auf die Stimmabgabe bei den alle vier Jahre stattfindenden Bundestagswahlen und die Neugliederung des Bundesgebietes beschränkt. Allerdings sehen die Verfassungen der Bundesländer sowie die Gemeindeordnungen weitergehende Entscheidungsrechte der Bürger, wie zum Beispiel Bürgerbegehren und -entscheide oder die Direktwahl der Bürgermeister, vor. Darüber hinaus existieren zahlreiche Möglichkeiten zur Einflussnahme auf die Regierungen und Parlamente. Das Recht zur freien Meinungsäußerung, die Versammlungs- und Vereinigungsfreiheit, das Petitionsrecht und das Recht zur aktiven Mitarbeit in politischen Parteien haben den Rang verfassungsrechtlich garantierter Menschen- bzw. Bürgerrechte.

Wie in fast allen Demokratien ist die Stimmabgabe bei Parlamentswahlen die von den meisten genutzte Einflussmöglichkeit. Seit Jahren nimmt die Wahlbeteiligung bei Bundestagswahlen kontinuierlich ab und hat sich aktuell auf einen Wert um die 70 % eingependelt. An der Wahl des Europaparlaments, der Landtage und der Gemeindevertretungen beteiligen sich wesentlich weniger Bürger als bei Bundestagswahlen. Eine ähnliche Entwicklung wie bei der Wahlbeteiligung zeigt sich bei den Mitgliederzahlen der politischen Parteien. Hierbei muss man aber berücksichtigen, dass lediglich 10–25% der Parteimitglieder überhaupt regelmäßig aktiv mitarbeiten. Darüber hinaus finden eher themenbezogene Partizipationsmöglichkeiten einen immer größeren Zuspruch. Dazu zählen zum Beispiel die Mitarbeit in einer Bürgerinitiative, die Teilnahme an einer genehmigten Demonstration, an einer öffentlichen Diskussion oder einem Online-Protest, aber auch das Verhalten als kritischer Konsument. Formen des zivilen Ungehorsams wie die Teilnahme an einer nicht genehmigten Demonstration oder die illegale Anwendung von Gewalt spielen eine geringe Rolle, finden aber in den Medien einen oft prominenten Platz.

Nicht alle Bürger nehmen gleichermaßen ihre Beteiligungsrechte wahr: Vor allem Menschen mit einem hohen Bildungsniveau, Angehörige der mittleren Altersgruppen und Männer engagieren sich politisch überdurchschnittlich stark. Dies fordert das demokratische Prinzip der Gleichheit heraus, denn eine ungleiche Beteiligung verschiedener Bevölkerungsgruppen beinhaltet die Gefahr, dass die Entscheidungen der politischen Führung die Forderungen der politisch Aktiven stärker berücksichtigen als die der Passiven.

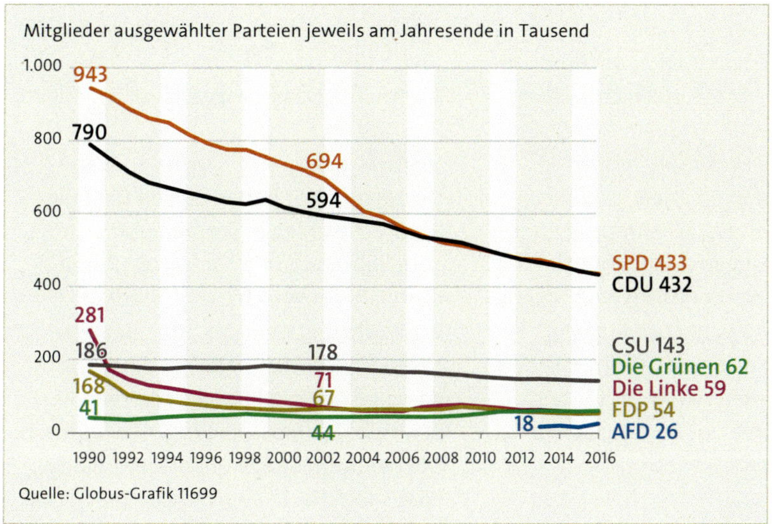

M2

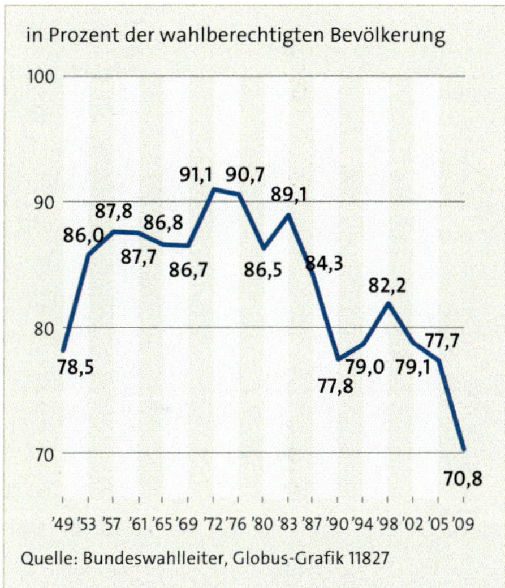

M3 Wahlbeteiligung bei den Bundestagswahlen

1 Arbeite mit dem Grundgesetz (Art. 5, 8, 9, 20, 21, 38 GG). Beschreibe die Partizipationsmöglichkeiten, die das Grundgesetz vorsieht. (**M 1**)

2 Beschreibe, welche der im Autorentext genannten Beteiligungsformen du schon einmal genutzt hast.

3 Charakterisiere mithilfe von **M 2** und **M 3** die Entwicklung der Wahlbeteiligung und Mitgliederzahl der Parteien.

4 Formuliere zu deinen Ergebnissen aus Aufgabe 3 Annahmen über die Ursachen der beschriebenen Entwicklung.

5 Erläutere mithilfe der Materialien, vor welchen Herausforderungen die repräsentative Demokratie in Deutschland steht. TIPP *S. 357*

+ ZUSATZAUFGABE In demokratischen Gesellschaften werden die Partizipationsmöglichkeiten nicht von allen gleichermaßen genutzt, sondern sind abhängig von Bildung, Geschlecht und Alter. Dies kann die Legitimation politischer Entscheidungen infrage stellen. Begründe.

In manchen Ländern gibt es eine Wahlpflicht, in anderen – wie den USA – muss man sich überhaupt erst in Wahllisten eintragen lassen, bevor man wählen darf. In vielen autoritären Staaten haben die Menschen gar keine Möglichkeit, zwischen alternativen politischen Vorschlägen zu wählen. Dennoch gehen in Deutschland bei Bundestagswahlen kaum mehr als 70 % wählen, bei manchen Landtagswahlen waren die Nichtwähler mit über 50 % sogar in der Mehrheit.

M 2 „Der Zusammenhang zwischen Nichtwählen und sozialer Lage ist eindeutig"

Die Politik ist alarmiert und will gegen die stetig sinkende Wahlbeteiligung vorgehen. Bringt nichts, meint der Elitensoziologe Michael Hartmann. Er hat Zahlen dazu.

Die Parteien haben die sinkende Wahlbeteiligung als Problem erkannt und wollen jetzt einmütig dagegen angehen. Sie halten aus soziologischer Sicht nichts davon. Warum?

Hartmann: Weil die Aktion am Problem vorbeigeht. Die Leute, die nicht wählen gehen, tun dies in erster Linie, weil sie meinen, dass sich für ihre Probleme niemand interessiert. Viele haben eine kontinuierliche Verschlechterung ihrer Lebensbedingungen erlebt, ihre Einkommen sinken, sie arbeiten im Niedriglohnsektor oder sind Dauerkunden von Hartz IV. Das führt zum Gefühl: Die da oben interessieren sich nicht für uns, also interessieren wir uns auch nicht für deren Demokratie.

Woher wissen Sie das so sicher?

Hartmann: Die Soziologie kennt die Gründe des Nichtwählens inzwischen aus sehr genauen Untersuchungen, international, aber auch national. Der Zusammenhang zwischen Nichtwahl und sozialer Lage ist eindeutig.

Es gab früher ab und an die Vermutung, die Leute gingen nicht wählen, wenn sie einfach zufrieden mit ihrer Regierung sind.

Hartmann: Das ist inzwischen widerlegt. [...]

Und was wissen wir inzwischen besser?

Hartmann: Wir haben Zahlen über die Landtagswahlen in Bremen und sehr detaillierte Studien zur letzten Bundestagswahl für verschiedene Städte [...]. Für Berlin gibt es leider nur einen gröberen Überblick. Überall ist das Ergebnis dasselbe. In Köln hatte Chorweiler die geringste Wahlbeteiligung, 42,5 Prozent. Dort dreht RTL bevorzugt seine Reality-Soaps und Hartz-Reportagen. Die höchste hatte der Stadtteil Hahnwald mit 88,7 Prozent. Dort lebt zum Beispiel Stefan Raab und die Arbeitslosenquote ist mit nur einem Prozent Kölns niedrigste. In Chorweiler ist sie mit 19,3 Prozent am höchsten. [...]

Welches Interesse hat die Politik dann überhaupt, die Wahlbeteiligung zu steigern? [...]

Hartmann: In der Tat: Wenn den Gewerkschaften oder der Kirche die Mitglieder weglaufen, ist das realer Machtverlust. Die Parteien dagegen müssen sich keine ernsthaften Sorgen machen, an der Zahl der Sitze im Parlament, an den Diäten und an der Macht,

M 1 Wahlsonntag

an die man per Wahl kommt, ändert sich schließlich nichts. [...]

Wie repräsentativ sind die Politiker fürs Volk?

Hartmann: In meinen Elitenbefragungen haben mich die Spitzenpolitiker besonders frappiert. Sie sind zwar nicht so exklusiv wie die Wirtschaftselite, stammen auf Bundesebene aber mehrheitlich aus den oberen drei bis vier Prozent der Bevölkerung. Wenn sie nach Steuererhöhungen für hohe Einkommen und Vermögen gefragt werden, schlägt ihre Herkunft sogar die Parteizugehörigkeit. Die Nachkommen aus Arbeiterhaushalten sind zu 90 Prozent dafür und 10 Prozent sind unentschieden. Kein einziger ist dagegen. Bei den Bürgerkindern ist es genau umgekehrt, beide Male unabhängig von der Parteimitgliedschaft. Sie entscheiden entlang ihrer sozialen Herkunft.

Andrea Dernbach: „Der Zusammenhang zwischen Nichtwählen und sozialer Lage ist eindeutig". http://www.tagesspiegel.de/politik/wahlbeteiligung-der-zusammenhang-zwischen-nichtwaehlen-und-sozialer-lage-ist-eindeutig/11972018.html, 25.06.2015 (Zugriff: 7.8.2017), gekürzt

M4 Deine Demokratie! (Plakat für Wahlbeteiligung zu den Bundestagswahlen 2013)

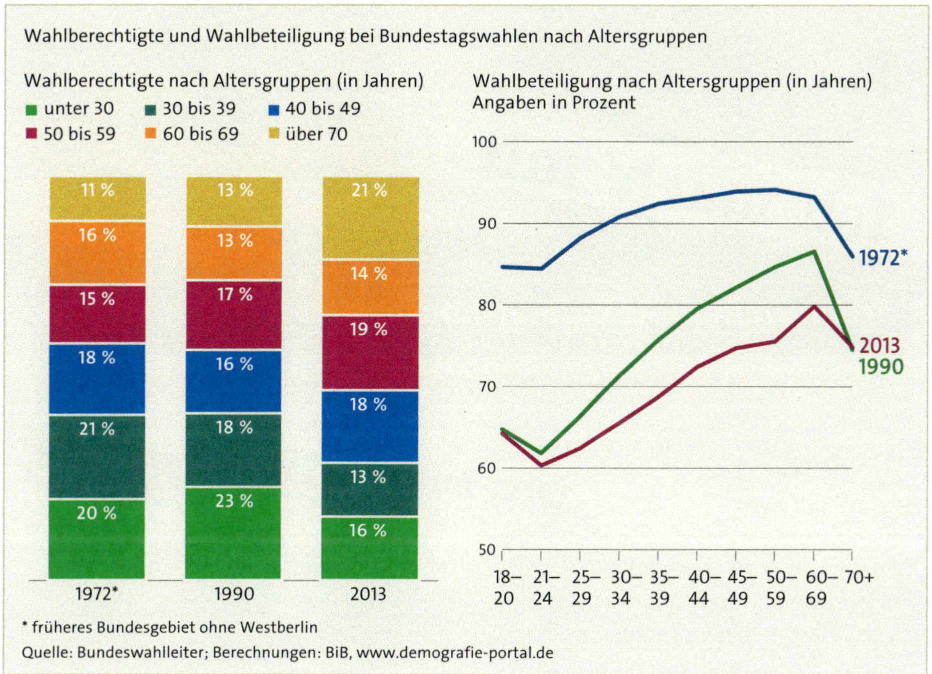

M3 Ältere Wähler beeinflussen immer mehr den Wahlausgang

1 Arbeite aus **M2** die Ursachen des Nichtwählens heraus und vergleiche das Ergebnis mit der Aussage der Karikatur **M1**.

2 Der Soziologe Hartmann spricht ein weiteres Problem der repräsentativen Demokratie an. Erläutere die Folgen der sozialen Zusammensetzung der politischen Elite.

3 Protestparteien haben es oft leicht, ihre Wählerinnen und Wähler zu mobilisieren. Sie bieten den Menschen dabei meist einfache Lösungen für komplexe Probleme an. Erläutere, warum eine niedrige Wahlbeteiligung diesen Parteien meist entgegenkommt.

4 Analysiere **M3**.

5 Das Plakat **M4** soll Wählerinnen und Wähler auffordern, zur Wahl zu gehen. Gestaltet ausgehend von den Materialien ein Plakat, einen Kurzvortrag oder ein Video, in dem ihr vor allem junge Menschen überzeugt, wählen zu gehen.

+ ZUSATZAUFGABE Erörtere die Aussage: „Wer nicht zur Wahl geht, ist selbst schuld."

Bürgerhaushalt in Freiburg – auf dem Weg in die E-Democracy?

Viele Menschen informieren sich heute im Internet über Politik. Sie sind es dabei auch gewohnt, auf Inhalte zu reagieren, diese zu kommentieren und mit anderen über soziale Netzwerke zu teilen. Für Politiker und Parteien ergeben sich daraus ganz neue Kommunikationswege und für die Bürgerinnen und Bürger direkte Möglichkeiten, an politischen Prozessen zu partizipieren.

M 1 Demokratie online

M 2 Was ist der Beteiligungshaushalt?

Alle zwei Jahre verabschiedet die Stadt Freiburg einen Doppelhaushalt. Parallel zu den Haushaltsberatungen informiert Sie der Beteiligungshaushalt über die geplante Verteilung des städtischen Gelds in den nächsten beiden Jahren. Bis zum 6. Februar 2017 konnten Sie auf der Online-Plattform eigene Vorschläge machen, für was die Stadt mehr oder weniger Geld ausgeben soll. Eine Moderation betreut die Beteiligungsplattform und sorgte unter anderem dafür, dass im Forum aufkommende Fragen von der Verwaltung beantwortet wurden. Die Vorschläge aus dem Forum wurden gesammelt und an den Gemeinderat übergeben. Den weiteren Verlauf der Haushaltberatungen und alle Entscheidungen können Sie auf www.freiburg.de/haushalt verfolgen.

Wie mache ich mit?

Die Plattform ist für jede/-n frei zugänglich. Wer eigene Vorschläge machen will oder die Vorschläge anderer unterstützen oder kommentieren möchte, muss sich registrieren. Auch wer keinen Internetzugang hat, kann mitmachen: In zahlreichen Anlaufstellen stehen Computer mit kostenlosem Zugang zur Beteiligungsplattform bereit.

Zeitplan

Der Beteiligungshaushalt ist eingebunden in die Haushaltsberatungen im Gemeinderat. Mit der Veröffentlichung des Haushaltsentwurfs am 13. Dezember startet auch die Infophase auf

www.freiburg.de/haushalt. Neben vielen Informationen rund um den Haushalt finden Sie hier auch einen Rückblick auf die Vorschläge aus dem letzten Beteiligungshaushalt.
Ab 9. Januar können Sie sich wieder mit eigenen Vorschlägen im Online-Forum beteiligen. Das Forum schließt am 6. Februar um 23.59 Uhr, damit die Gemeinderätinnen und -räte noch genügend Zeit haben, sich mit den Vorschlägen zu befassen.

Quelle: Stadt Freiburg, https://beteiligungshaushalt.freiburg.de/beteiligungshaushalt/de/home/informieren (Zugriff: 7.8.2017)

Für den Haushalt 2015/2016 gingen insgesamt 223 Vorschläge ein, 202 von Bürgern, 21 von der Verwaltung. 33 fanden sich in Änderungsanträgen der Gemeinderatsfraktionen wieder, 19 wurden in den Haushalt übernommen.

E-Democracy

Im Unterschied zur meist passiven Nutzung der Massenmedien Zeitung, Fernsehen oder Radio bietet das Internet (Web 2.0/ Social Media) die Möglichkeit, sich mithilfe von interaktiven Diskussionsplattformen, Informationsangeboten, Bürgerbeteiligungsprojekten bis hin zu elektronischen Abstimmungsverfahren aktiv am politischen Geschehen zu beteiligen. Damit lösen sich die Nutzer von den Themenvorgaben der Journalisten und setzen eigene Themen und Interessensschwerpunkte. Die Produzenten und Konsumenten von Nachrichten, Meinungen oder Diskussionsbeiträgen verschmelzen hierbei.

E-Democracy (electronic democracy) wird dabei als eine Ergänzung zur repräsentativen Demokratie verstanden. Von ihr erhofft man sich nicht nur eine Belebung der politischen Kommunikation, sondern insgesamt eine Stärkung der Demokratie durch mehr Transparenz, Legitimation und Partizipation. Unter E-Democracy wird die Umsetzung bzw. Unterstützung demokratischer Prozesse mithilfe digitaler Informations- und Kommunikationstechnologien verstanden. Viele Kommunen oder Kreisverwaltungen bieten bereits Informationen und Dokumente online an (E-Government/E-Administration), außerdem gehören sämtliche Formen von Onlinebeteiligungen (E-Participation) und die elektronisch gestützten Wahlen (E-Voting) zur E-Democracy.
Den Anspruch, Partizipation auszuweiten, kann E-Democracy allerdings nur teilweise erfüllen. Zu groß ist der teilweise ungleiche Zugang zu Informations- und Kommunikationstechnologien (digital divide) entlang sozialer Trennlinien (Alter, Bildung).

1 Beschreibe mithilfe der Materialien, warum die Stadt Freiburg einen Beteiligungshaushalt eingeführt hat.

2 Recherchiere, inwieweit deine Gemeinde ebenfalls Formen des E-Governments anwendet.

3 Erörtere, ob die Einführung eines Beteiligungshaushaltes auf Bundesebene sinnvoll wäre.

4 Bewerte die Möglichkeiten, die sich für die Partizipation durch E-Democracy bieten.
TIPP *S. 357*

5 Erörtere, ob in Zukunft Wahlen wie die Bundestagswahl nur noch über E-Voting abgehalten werden sollten.

Das Internet und vor allem soziale Medien ermöglichen einen Zugang zu einer fast unbeschränkten Fülle an Informationen. Aber wer hat diese Informationen mit welcher Absicht veröffentlicht? Sind sie überhaupt aktuell? Und noch wichtiger: Sind die Informationen echt oder handelt es sich um falsche oder gefälschte Nachrichten, mit denen die öffentliche Meinung manipuliert werden soll?

M 1 Fake News

M 2 Soziale Netzwerke in der Politik – Fluch und Segen der Filterblase

Soziale Netzwerke werden immer mehr zum zentralen Ort der politischen Kommunikation. Gut die Hälfte aller US-Amerikaner beziehen laut einer Studie mittlerweile Nachrichten über diese Plattformen. Auch in Deutschland werden es immer mehr. Das hat Folgen. Denn durch soziale Netzwerke entfällt die aktive Suche. „Während Sie vormals aktiv nach Informationen suchen mussten (Fernseher einschalten, Zeitung kaufen, bei Google eine Suchanfrage stellen), werden Sie heute auf Facebook sprichwörtlich mit Nachrichten gefüttert“, erklärt Martin Giesler, Journalist und Social-Media-Experte. Allerdings fällt es vielen immer schwerer, den Wert einer Information zu erkennen. Oder drastischer: Es wird immer weniger wichtig, welchen Wert eine Information hat. Laut einer Studie der Stanford University, die vor wenigen Tagen in den USA veröffentlicht wurde, können vor allem High-School-Absolventen in den Vereinigten Staaten immer weniger zwischen echten Nachrichten und gesponserten Informationen unterscheiden. Der Wert einer Nachricht wird der jüngsten Studie zufolge weniger an den Quellen bemessen als an der Frage, wie viele Details eine Geschichte beinhaltet – und ob ein großes Foto dabei ist. Die Autoren der Studie betonen, wie wichtig es ist, über Quellen und die Herkunft von Informationen mit den Kindern zu sprechen – zu Hause und in der Schule.

Fake News sind vor allem ein Geschäftsmodell. Denn weil sie so häufig gelesen werden, erwirtschaften sie hohe Werbeerlöse. Das haben sich vor allem ein paar junge Mazedonier zu eigen gemacht. Die Betreiber von rund 100 Fake-News-Webseiten sitzen in der mazedonischen Kleinstadt Vales. Von dort haben sie Schlagzeilen wie „Clinton hat illegale Waffen für 137 Millionen Dollar gekauft!“ oder: „Beweis: Obama in Kenia geboren“ verbreitet – vor allem über Facebook.

Häufig wird darauf verwiesen, dass Nutzer sozialer Netzwerke sich nur in ihrer eigenen Peergroup bewegen, weil der Algorithmus ihnen nur jene Inhalte zeigt, die zu den eigenen Ansichten passen. Das greift zu kurz. Zum einen kann man, wenn man es will, durchaus kontroverse „Freundschaften“ schließen und Ansichten lesen. Zum anderen funktioniert die analoge Welt nicht so viel anders. Im Gegenteil. In den Zeiten vor Social Media und auch Google bewegte man sich auch häufig nur unter Seinesgleichen mit dem Nachteil, dass man über den Rest der Welt noch weniger wusste und weniger Informationen verfügbar waren. Die Filterblase ist heute vielleicht durchlässiger als früher. Gleichwohl wird es schwerer, wertige von weniger wertigen Informationen zu unterscheiden. Mediale Kompetenz wird ein immer wichtigeres Kriterium. Es kann auch zu einer Spaltung der Gesellschaft führen.

Quelle: Soziale Netzwerke in der Politik – Fluch und Segen der Filterblase. 23.11.2016, von Christian Tretbar, http://www.tagesspiegel.de/politik/soziale-netzwerke-in-der-politik-fluch-und-segen-der-filterblase/14880352.html (Zugriff: 7.8.2017), gekürzt

Mehr zum Thema
Text: Im Netz der Lügen

Webcode PE646098-161

Mehr zum Thema
Film: Fake News ... einfach erklärt

Webcode PE646098-161

Mehr zum Thema
Text: Fake News

Webcode PE646098-161

M3 Fake News

M4 Wie kann man Fake News erkennen?

Überprüfe die Quelle Gehe weg von der Geschichte und überprüfe die Seite, ihre Absicht und die Kontaktinformationen.	**Lies bis zum Ende** Überschriften können skandalös klingen, um möglichst viele Clicks auf der Seite zu erzeugen. Um was geht's aber in der ganzen Geschichte?
Prüfe den Autor Recherchiere kurz über den Autor. Ist er glaubhaft? Gibt es ihn wirklich?	**Bestätigende Quellen?** Klick auf diese Links. Entscheide, ob die dort angegebenen Informationen die Geschichte bestätigen.
Kontrolliere das Datum Alte Nachrichten wieder zu veröffentlichen heißt nicht, dass sie für aktuelle Ereignisse eine Bedeutung haben.	**Ist es nur ein Scherz?** Wenn die Geschichte zu haarsträubend ist, könnte es sich auch um Satire handeln. Untersuche die Seite und den Autor, um sicherzugehen.
Überprüfe deine eigene Voreingenommenheit Überlege, ob deine eigenen Ansichten Einfluss auf dein Urteil haben.	**Frag Experten** Frag in einer Bücherei nach, bei deinen Lehrern oder suche auf einer Fact-Checking-Seite.

1 Beschreibe ausgehend von **M1** und **M2**, was man unter Fake News versteht.
2 Erläutere, ob du selbst schon einmal auf solche manipulierten Informationen hereingefallen bist.
3 Erläutere, welchen Einfluss solche manipulierten Informationen auf die politische Willensbildung haben.
4 Überprüfe mithilfe von **M4** Informationen im Internet, vor allem in sozialen Netzwerken, auf ihren Wahrheitsgehalt.
5 Der Autor von **M2** sagt in Zeile 74*f*. über mediale Kompetenz: „Es kann auch zu einer Spaltung der Gesellschaft führen." Erörtere diese Aussage. TIPP *S. 357*

+ ZUSATZAUFGABE Erörtere, ob der Staat das Internet und damit die Ausbreitung von manipulativen Falschinformationen besser kontrollieren und Fehlverhalten bestrafen soll.

Parteien sind aus einer repräsentativen Demokratie nicht wegzudenken. Sie übernehmen zahlreiche Aufgaben der politischen Willensbildung. Ihre Bedeutung betont auch das Grundgesetz in Artikel 21. Aufgrund ihrer Stellung genießen sie zahlreiche Privilegien, müssen sich im Gegenzug aber auch an strenge Regeln in Bezug auf Transparenz und Demokratie halten. Dennoch oder gerade deswegen stehen sie aber auch immer wieder in der Kritik.

M1 Parteien

M2 Artikel 21 GG

(1) Die Parteien wirken bei der politischen Willensbildung des Volkes mit. Ihre Gründung ist frei. Ihre innere Ordnung muss demokratischen Grundsätzen entsprechen. Sie müssen über die Herkunft und Verwendung ihrer Mittel sowie über ihr Vermögen öffentlich Rechenschaft geben.

(2) Parteien, die nach ihren Zielen oder nach dem Verhalten ihrer Anhänger darauf ausgehen, die freiheitliche demokratische Grundordnung zu beeinträchtigen oder zu beseitigen oder den Bestand der Bundesrepublik Deutschland zu gefährden, sind verfassungswidrig.

Aufgaben und innere Ordnung nach dem Parteiengesetz

Das Parteiengesetz bezeichnet die Parteien als einen verfassungsrechtlich notwendigen „Bestandteil der freiheitlichen demokratischen Grundordnung" (PartG §1). Dazu müssen sie ihre Ziele in politischen Programmen darlegen. Parteien sind dabei „Vereinigungen von Bürgern, die dauernd oder für längere Zeit für den Bereich des Bundes oder eines Landes auf die politische Willensbildung Einfluss nehmen" (PartG§2). Dazu müssen sie an Wahlen im Bund oder einem Land teilnehmen, und ihre Ziele müssen ernsthaft sein. Sie sollen darüber hinaus „die politische Bildung anregen und vertiefen, die aktive Teilnahme der Bürger am politischen Leben fördern, zur Übernahme öffentlicher Verantwortung befähigte Bürger heranbilden" (PartG §1) und „für eine ständige lebendige Verbindung zwischen dem Volk und den Staatsorganen sorgen" (PartG §1).

M 3 Stellung und Aufgaben der Parteien

- Die innere Ordnung muss demokratischen Grundsätzen entsprechen
- Ziele müssen in politischen Programmen niedergelegt werden
- Einflussnahme auf die politische Entwicklung in Parlament und Regierung
- Auf Dauer angelegtes politisches Engagement

- Einflussnahme auf die öffentliche Meinung
- Beteiligung an Wahlen
- Bündelung gesellschaftlicher Interessen
- Besetzung politischer Ämter

M 4 Karikatur von Gerhard Mester

M 5 Karikatur von Felix Mussil

1 Erläutere anhand der Materialien und des Autorentextes die Aufgaben von Parteien.
2 Ordne die aufgeführten Punkte in M 3 dem Art. 21 GG oder dem Parteiengesetz zu.
3 Erläutere die beiden Karikaturen in M 4 und M 5 und nimm Stellung zu der Kritik, die hier an den Parteien geäußert wird.

Parteien vertreten in liberalen Demokratien immer nur einen Teil der Interessen einer Gesellschaft. Daher kommt auch ihr Name (lateinisch pars = Teil). Dabei müssen alle demokratischen Parteien die freiheitliche demokratische Grundordnung des Grundgesetzes, also die wesentlichen Merkmale unserer Gesellschaftsordnung, akzeptieren. Bei aller Unterschiedlichkeit haben Parteien aber auch viele inhaltliche Gemeinsamkeiten, da ihre Vertreter in Parlamenten oder der Regierung zusammenarbeiten und Kompromisse finden müssen.

M1 Parteien

M2 Politische Konflikte in Deutschland

Steuerpolitik	Zur Finanzierung des sozialen Wohnungsbaus sollen die Steuern von Besserverdienern erhöht werden. Das ist die Position von Partei A.	Partei B meint, dass Wohnungsbau grundsätzlich keine staatliche, sondern eine private Aufgabe ist und auch deswegen die Steuern nicht erhöht werden sollten.
Familienpolitik	Partei C vertritt die Position, dass der Staat insbesondere die traditionelle Ehe von Mann und Frau unterstützen soll.	Ehe ist die Verbindung aus sich liebenden Menschen, ob Mann-Frau, Mann-Mann oder Frau-Frau soll jeder selbst entscheiden, meint Partei D.
Mindestlohn	Partei E möchte den Mindestlohn erhöhen, da er ihrer Meinung nach davor schützt, dass Arbeitnehmer ausgebeutet werden.	Der Mindestlohn greift, so Partei F, in die freie unternehmerische Entscheidung ein und sollte generell überdacht werden.
Zuwanderung	Partei G sieht Zuwanderung eher als Gefahr für das Zusammenleben in der Gesellschaft und fürchtet, dass die Deutschen bald fremd im eigenen Land sind.	Zuwanderung ist eine kulturelle Bereicherung für Deutschland und eine moralische Pflicht, argumentiert Partei H. Deswegen sollten die Grenzen für Geflüchtete offenbleiben.

M 3 Politische Konfliktlinien in Deutschland

Politische Auseinandersetzungen, wie gesellschaftliche, politische oder ökonomische Probleme in einer Gesellschaft zu lösen sind, prägen demokratische Gesellschaften. Hinter bestimmten politischen Positionen stehen dabei unterschiedliche Interessen oder Werthaltungen, die von den verschiedenen Parteien vertreten werden. Dabei stehen insbesondere zwei Fragestellungen im Zentrum:

- Sollen die knappen ökonomischen Güter in einer Gesellschaft sozial-gerecht oder durch den Markt verteilt werden? An dieser sozio-ökonomischen Konfliktlinie soll auf der einen Seite der Staat durch eine Umverteilungspolitik von Reich zu Arm soziale Gerechtigkeit herstellen, auf der anderen Seite der Markt frei über die Verteilung der Güter entscheiden und so Wohlstand für alle schaffen.
- Sollen gesellschaftliche Konflikte durch den Staat geregelt (autoritär) oder der freien Entscheidung und Verantwortung des Einzelnen (liberal) überlassen werden? Entlang dieser sozio-kulturellen Konfliktlinie stehen auf der einen Seite liberale Werte wie Toleranz, Weltoffenheit, individuelles Verhalten und multikulturelle Vorstellungen, auf der anderen Seite autoritäre Vorstellungen wie Ordnungsdenken, Festhalten an traditionellen Lebensformen, Nationalstolz und Minderheitenfeindlichkeit.

Häufig werden Parteien auch in ein Links-Mitte-Rechts-Schema eingeteilt oder sie bezeichnen sich und die von ihnen vertretenen Positionen als linke oder rechte Politik. Die Ursprünge dieser politischen Richtungen gehen zurück bis ins 18. und 19. Jahrhundert. Dort saßen in den ersten modernen Parlamenten Frankreichs und Deutschlands die liberalen, reformerischen politischen Kräfte auf der vom Rednerpult aus gesehenen Seite links, die monarchistischen, konservativen Kräfte rechts.

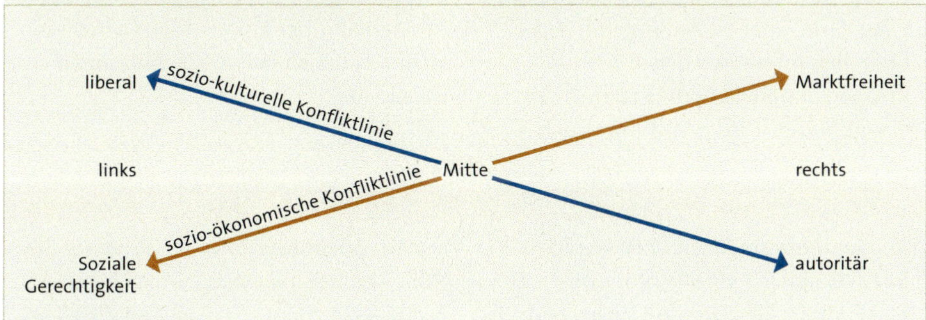

M 4 Wahl-O-Mat zur Bundestagswahl 2017

Mehr zum Thema
Text: Brauchen wir noch Parteien?

Webcode PE646098-165

1 Die Parteien in **M 2** (A–H) stellen kontroverse Forderungen in den vier Politikfeldern auf. Erläutere, zu welcher Position du jeweils eher tendierst.

2 Ordne die Positionen der Parteien aus **M 2** in die Abbildung in **M 3** ein und erläutere, warum die einen Aussagen als eher politisch rechts, die anderen als eher links zu bezeichnen sind.

3 Recherchiert in der Tageszeitung aktuelle gesellschaftliche, politische und ökonomische Konflikte und die Position der einzelnen Parteien dazu. Ordnet diese in die Abbildung in **M 3** ein.

4 Die Bundeszentrale für politische Bildung (bpb.de) bietet vor allen Europa-, Bundes- und Landtagswahlen einen Wahl-O-Mat an. Hier kann man durch die Beantwortung von Fragen zu aktuellen politischen Themen seine eigene Parteipräferenz testen. Führt den Test durch und begründet, welche Antworten ihr wo in der Abbildung in **M 3** verorten würdet.

Neben den Parteien gibt es weitere organisierte Formen der Interessenvertretung. Art. 9 GG garantiert die Gründung von Vereinigungen wie z.B. Interessenverbänden oder Bürgerinitiativen. Anders als Parteien müssen solche Vereinigungen auch keinen demokratischen Aufbau aufweisen. Da sie teilweise nur sehr kleine gesellschaftliche Gruppen repräsentieren und sie nicht demokratisch legitimiert sind, wird ihr Einfluss allerdings auch kritisch gesehen.

M 1 Karikatur: Klaus Stuttmann

★ **Lobby**
Der Begriff stammt aus dem Englischen und geht auf die Vorhalle oder den Wandelgang des Parlaments zurück. Dort war es üblich, dass man Abgeordneten oder Regierungsmitgliedern in Gesprächen seine Anliegen mitteilen konnte.

M 2 Interessenverbände und Lobbyismus

Interessenverbände sind teilweise mitgliederstarke Organisationen, Fach- und Berufsvereinigungen, in denen sich Personen mit gleichen Interessen zusammenschließen. Sie sehen ihre Aufgabe darin, über einen längeren Zeitraum ihre Interessen öffentlich zu machen und in den politischen Prozess einzubringen. Dies nennt man auch Lobbyismus. Lobbyisten sind im Idealfall Vertreter vielfältiger gesellschaftlicher Interessen und als Vermittler der Interessen zwischen Regierung, Parteien und Interessengruppen wichtig. Verbände können darüber hinaus auch Fachwissen in den politischen Prozess einbringen.

Autorentext

Mehr zum Thema
Film: Lobbyismus ... einfach erklärt

Webcode PE646098-167

M 3 Lobbyisten-Paradies Deutschland

Abgeordnete sind, laut Verfassung, ihrem Gewissen verpflichtet. Lobbyisten nicht. Kontrolliert werden sie in Deutschland trotzdem fast gar nicht. Hierzulande gibt es kein Lobbyregister. Es gibt nur die Öffentliche Liste über die Registrierung von Verbänden und deren Vertretern, die der Bundestag 1972 eingeführt hat. Die Eintragung ist freiwillig, Rechte und Pflichten sind damit nicht verbunden. Durch die Liste bekommt man einen Einblick darüber, wer als Sachverständiger zu Anhörungen im Bundestag geladen wird.

Wer aber regelmäßig zum Beispiel für einen Konzern direkt mit den Abgeordneten spricht und damit Einfluss auf die Politik zu nehmen versucht, ist hier [...] nicht verzeichnet. Dazu zählen vor allem PR-Büros, Denkfabriken, Anwaltskanzleien, Unternehmensvertreter oder Agenturen. Um mehr Transparenz und Kontrolle durchzusetzen, fordern lobbykritische Organisationen seit Jahren ein verpflichtendes Lobbyregister. Vor wenigen Wochen machten Lobbycontrol und Abgeordnetenwatch einen neuen Vorstoß, zwei Organisationen, die sich für mehr Transparenz in der Politik einsetzen. [...]

Quelle: Andrea Herrmann und Roswitha Polaschek, 29.3.2017, Lobbyisten-Paradies Deutschland, http://www.br.de/nachrichten/lobbyismus-lobbyisten-kontrolle-100.html (Zugriff: 8.8.2017)

M 4 Rastatter Bürgerinitiative will Freibad erhalten

Mit der eindeutigen Forderung nach dem Erhalt des Freibads im derzeitigen Zustand hat sich die Bürgerinitiative „Pro Natura" formiert. Zu einem ersten Treffen im „Au Chalet" waren rund 60 Interessierte gekommen. Mitinitiator Hermann Hartmann erklärte, dass man keinen Verein gründen wolle, „wir sind auch keine Opposition, sondern wir wollen zunächst Anregungen geben".
Sprecher von „Pro Natura" ist Klaus Lützenkirchen, seit Jahrzehnten Stammschwimmer in beiden Bädern.
Lützenkirchen erklärte, dass es in erster Linie darum gehe, das Sportbecken mit 50-Meter-Bahnen so zu erhalten, wie es ist. „Wir brauchen kein Kombibad, in dem dann Preise erhoben werden, die viele nicht mehr bezahlen können", so der Sprecher, der außerdem befürchtet, dass die Jahreskarten abgeschafft werden könnten.
In einem ersten Schritt wird die Initiative nun Unterschriften sammeln. Geplant ist unter anderem, an einem Sommertag, an dem sowohl in Frankreich als auch in Deutschland Schulferien sind, während der Öffnungszeiten mit Listen vor dem Eingang zu stehen. Auch auf dem Wochenmarkt könne man Unterschriften sammeln. Lützenkirchen regte weiter an, Postkarten zu entwerfen, die man „massenhaft" an Stadträte verschicken könnte.
Ein Teilnehmer machte in Richtung der Stadträte deutlich: „Wer sich nicht für den Erhalt des Natura einsetzt, bekommt von uns keine Stimme mehr." Ebenfalls werde er nicht mehr Kunde der Stadtwerke bleiben, wenn diese das Freibad massiv verkleinern würden.

Quelle: Michael Janke: Rastatter Bürgerinitiative will Freibad erhalten, 1. Juli 2017, https://bnn.de/lokales/rastatt/rastatter-buergerinitiative-will-freibad-erhalten Badische Neueste Nachrichten (Zugriff: 8.8.2017)

M 5 Bürgerinitiativen

Als „Bürgerinitiativen" treten spontane Zusammenschlüsse von Personen auf, die zumeist auf lokaler Ebene tätig werden, um Missstände zu beseitigen (Beispiele: gegen Gefährdung der Umwelt, Abriss von Altbauten, Verkehrsplanungen; für Kindergärten, Spielplätze, kleinere Schulklassen). Die Bürgerinitiativen mobilisieren die Öffentlichkeit und üben Druck auf die Behörden aus, manchmal beschreiten sie den Weg der Selbsthilfe (Frauenhäuser). Charakteristisch für Bürgerinitiativen ist

- die Konzentration auf ein begrenztes Ziel (one-purpose organizations),
- die Fähigkeit, kurzfristig Anhänger in hohem Maße zu mobilisieren,
- die Rekrutierung aus den Mittelschichten mit höherem Einkommens- und Bildungsniveau.

Quelle: Horst Pötzsch: Bürgeriniativen http://www.bpb.de/politik/grundfragen/deutsche-demokratie/39324/buergerinitiativen, 15.12.2009 (Zugriff: 8.8.2009)

1 Vergleiche anhand der Materialien Interessenverbände und Bürgerinitiativen in Hinblick auf verfassungsrechtliche Stellung, inneren Aufbau, Zielsetzung, Dauer des politischen Engagements und das vertretene Interessenspektrum. Lege eine Tabelle an.

2 Ergänze die Tabelle aus Aufgabe 1 um Parteien. Formuliere zusammenfassend ein Ergebnis deines Vergleichs.

3 Erläutere mithilfe von **M 1** und **M 3** die Kritik am Einfluss der Lobbyisten.

Politische Texte sind nicht immer leicht zu verstehen, vor allem wenn zahlreiche Fremdwörter darin vorkommen oder das Thema sehr theoretisch ist. Viele Texte spiegeln auch die politische Haltung des Autors wider oder sind interessengeleitet. Deswegen ist es wichtig, Texte strukturiert zu analysieren und die Quelle genau zu betrachten.

M 1 Texte sind wichtige Informationsquellen im Fach Gemeinschaftskunde

M 2 Fünf-Schritt-Lese-Methode

1	**Verschaffe dir einen ersten Überblick über den Text** Lies dir den Text ein erstes Mal durch und versuche, das Thema zu erfassen. Notiere dir Autor, Titel, Erscheinungsdatum und wo der Text erschienen ist (Internetadresse, Name der Zeitung, Buchtitel mit Seitenzahlen, ...).
2	**Stelle Fragen an den Text** Formuliere Fragen, auf die der Text eine Antwort geben könnte. Das können auch die klassischen W-Fragen sein (Was?, Warum?, Wozu?, Wie?, Wer?, Wo?, Wann?) oder allgemeine Fragen zum Thema, das der Text behandelt.
3	**Lies den Text genau durch** Notiere oder unterstreiche Schlüsselwörter, die wichtig erscheinen, und Fremdwörter oder Fachbegriffe, die dir unbekannt sind. Diese kannst du in einem Wörterbuch nachschlagen. Markiere Textpassagen, die unklar sind, mit einem Fragezeichen. Beantworte, wenn möglich, die Fragen aus Schritt 2.
4	**Gliedere den Text in Abschnitte und überlege dir jeweils Zwischenüberschriften** Versuche, den Text in Sinnabschnitte zu gliedern und diese in Überschriften zusammenzufassen. Überlege, ob manche Abschnitte inhaltlich zusammengehören, auch wenn sie nicht direkt aufeinanderfolgen. Markiere diese ebenfalls.
5	**Formuliere die Hauptaussage des Textes** Formuliere im letzten Schritt die Hauptaussagen des Textes.

M 3 Politische Partizipation: Rein in die Parteien

Sie hat es doch getan. [...] Miriam Block ist 27 Jahre alt, studiert Psychologie und findet, die Welt müsse sozial und ökologisch gerechter werden. Hätte man sie noch vor Kurzem gefragt, ob sie das in und mit einer Partei erreichen wolle, dann hätte sie sofort abgewinkt: Nee, echt nicht! Da war sich die Hamburgerin so sicher wie die meisten ihrer Freunde. Die finden das wenig verlockend: viele Abende für Diskussionen, Podien und Sitzungen zu opfern. [...] [U]nd am Ende kommen bei der ganzen, nervenzehrenden Anstrengung womöglich doch nur lahme Kompromisse heraus. Zeitverschwendung für jeden, der wirklich etwas erreichen will!

Nur eine kleine Minderheit engagiert sich bei der SPD, der CDU, Bündnis 90/Die Grünen oder in einem anderen Lager. An diese Entwicklung haben sich alle irgendwie gewöhnt – obwohl der Schwund umgekehrt auch die Parteien den Bürgern entfremdet. Und obwohl das [...] eine Säule der Demokratie untergräbt. Schließlich schreibt das Grundgesetz den Parteien eine Schlüsselrolle zu. Sie wirken mit bei der „politischen Willensbildung des Volkes“ und ringen als seine gewählten Vertreter in Parlament

METHODE

und Regierung darum, diesen Willen in Gesetze zu fassen. Aber wie lebensnah, wie zukunftstauglich werden Gesetze, wenn sich sozial Schwächere in die Parteien nicht mehr hineintrauen und sich viele Stärkere oft spöttisch von ihnen abwenden? Sodass sich in ihnen ein immer kleinerer Teil des Volkes spiegelt?
Es ist paradox: Die Bürger trauen den Parteien und ihren Politikern immer weniger zu – doch zugleich erwarten sie alles von ihnen. Sie wollen bedient werden, statt selbst zu kochen; „abgeholt werden", statt selbst hinzugehen. Und noch paradoxer: Ausgerechnet die Rechten, die Populisten und Gegner demokratischer Werte bei AfD oder Front National, scheinen noch auf die Organisationsform Partei zu bauen – während ausgerechnet unter jenen Staatsbürgern, die sich den großen Herausforderungen Gerechtigkeit, Klimawandel und Europa ernsthaft stellen, viele die Parteien als demokratische Aktivposten so gut wie abgeschrieben haben. Wenn sie sich engagieren, dann meist lieber in einer NGO.*
Das liegt auch nahe, die höchst lebendige Zivilgesellschaft ist eine demokratische Errungenschaft und gut angesehen. Ihre Organisationen und Initiativen enthüllen fragwürdige Finanzströme und Abgasskandale, betreuen Flüchtlinge oder Langzeitarbeitslose, konzipieren Modelle für eine Bürgerversicherung oder eine neue europäische Verfassung. [...]
Dass man mit Parteiarbeit allen Widerständen zum Trotz Gesellschaften tief greifend verändern kann, haben einst die 68er vorgemacht. Ihre Proteste mündeten nicht nur in neue soziale Bewegungen, sondern auch in einen Masseneintritt in der Ära Willy Brandts vor allem in die SPD. Der „Lange Marsch" durch die Institutionen verdoppelte innerhalb weniger Jahre die Zahl der aktiven Mitglieder, und sie erstritten über die Jahrzehnte mehr Bildungschancen, Gleichberechtigung, Demokratie in Schulen und Hochschulen, mehr Menschlichkeit in Kliniken und Gerichten, im Gesundheitswesen. [...]
In einer Partei, in der die Leute zumindest eine ähnliche Grundhaltung haben wie du selbst, auch das dachte sich Miriam Block, da fällt es erst einmal leichter, sich auf gute Lösungen zu verständigen. „Und wenn das intern gelungen ist, dann hast du bessere Voraussetzungen für die Überzeugungsarbeit in der gesamten Gesellschaft."
Überzeugungsarbeit, was für ein schönes, fast vergessenes Wort.

Quelle: Christiane Grefe, www.zeit.de/kultur/2017-07/politische-partizipation-parlamentare-demokratie-parteien/komplettansicht (Zugriff: 9.8.2017), gekürzt

* **NGOs**
(engl.: non-governmental organizations) nichtstaatliche, also private Organisationen, die national wie international auf verschiedenen Politikfeldern (z. B. Menschenrechte, Umweltschutz, Entwicklungshilfe) tätig sind

M 4 Wichtige Gesichtspunkte aus Texten herausarbeiten

- Formuliere einen Einleitungssatz mit der Nennung von Autor, Titel, Erscheinungsdatum und Erscheinungsort. Nenne die Textsorte (Bericht, Kommentar, Interview, ...).
- Gib den Inhalt strukturiert in Hinblick auf die Fragestellung wieder. Inhalte, die zusammengehören, sollen auch zusammen dargestellt, Inhalte, die unwichtig sind, weggelassen werden.
- Belege deine Aussagen mit Zitaten aus dem Text oder in der indirekten Rede (im Konjunktiv I). Gib die jeweiligen Zeilennummern an (vgl. Z. 5, vgl. Z. 43 *f.*)
- Formuliere ein inhaltliches Fazit. Nimm ggf. Bezug auf die Quelle und stelle sie in einen Zusammenhang zum Inhalt (z. B. Aktualität, Interessen des Autors, ...).

1 Arbeite aus dem Text **M 2** heraus, warum die Autorin es wichtig findet, sich in politischen Parteien zu engagieren.

Wahlkampf – wie erreicht man die Wähler?

In einem Land, in dem alle vier Jahre der Bundestag und in 16 Bundesländern alle vier bis fünf Jahre ein neuer Landtag, Senat oder eine neue Bürgerschaft gewählt wird, ist eigentlich fast ununterbrochen Wahlkampf. Hinzu kommen Kommunalwahlen und die Europawahl. Immer stellen sich Kandidatinnen und Kandidaten zur Wahl, stellen Programme ihrer Partei vor und setzen Themen, über die in Wahlkämpfen diskutiert wird. Wir erfahren darüber meist durch die Medien.

M1 Nicht alle Themen sind für die Wähler gleichermaßen interessant.

Wahlkampf

Bei Wahlkämpfen werben Parteien und Wählervereinigungen mit Personen und ihren Programmen um die Stimmen der Wählerinnen und Wähler. Einerseits sollen dabei noch die Unentschlossenen angesprochen und überzeugt werden, andererseits soll das eigene Lager, also diejenigen, die der Partei nahe stehen, mobilisiert werden, sodass sie am Wahltag auch wirklich wählen gehen. Die Wahlkämpfe werden fast ausschließlich von den Parteien organisiert, da fast nur sie die finanziellen und personalen Ressourcen haben.

Mit Informationen wie z.B. den Parteiprogrammen, Äußerungen der Kandidaten, Wahlplakaten, Flyern, Informationsständen, Wahlwerbespots im Fernsehen oder Radio, Kundgebungen in großen Hallen oder auf Plätzen, Anzeigen in der Zeitung, aber auch über das Internet und verstärkt über soziale Medien versucht man vor allem die Wechselwähler von den eigenen Positionen zu überzeugen. Wechselwähler sind meist bis einige Tage vor der Wahl unsicher, welcher Partei sie ihre Stimme geben sollen. Ihre traditionelle Parteibindung ist relativ gering. Meist bleiben sie zwar einem der politischen Lager (Mitte-links oder Mitterechts) treu, wechseln darin nur die Partei, manchmal stehen aber auch taktische Überlegungen im Fokus. Ihnen ist die Haltung der Parteien zu aktuellen zentralen Themen besonders wichtig, aber auch die Wirkung der Kandidaten. Die Gruppe der Wechselwähler nimmt tendenziell zu.

Die Stammwähler, also diejenigen, die der Partei seit Jahren die Treue bei Wahlen halten, müssen sich mit der Wahlkampagne, d. h. mit den Kandidaten, den Inhalten und der Art der Vermittlung identifizieren können.

Die bisherigen Nichtwähler sind für die Parteien im Wahlkampf eine besondere Herausforderung, auch weil ihre Gruppe mittlerweile bei Bundestagswahlen fast 30% ausmacht. Ihre Interessenlage ist allerdings sehr heterogen, sodass es schwierig ist, sie gezielt anzusprechen.

Komplexe Themen, wie beispielsweise die Steuergesetzgebung, eine Reform des Gesundheitswesens oder der Rentenversicherung, eignen sich oft nicht für Wahlkämpfe, da sie sich schwer kommunizieren und zu Parolen zusammenfassen lassen. Die Medien spielen bei Wahlkämpfen eine entscheidende Rolle. Sie bieten einerseits die Plattform für Parteien, ihre Informationen an die Wählerinnen und Wähler zu bringen, andererseits kommentieren und bewerten Journalisten die politischen Programme und die Äußerungen der Kandidaten.

Dabei kann man traditionelle Medien wie Fernsehen, Radio und die Presse von sozialen Medien unterscheiden. Dabei spielen Letztere eine immer größere Bedeutung, da hier Parteien auch ohne den Filter des professionellen Journalismus Inhalte kommunizieren können.

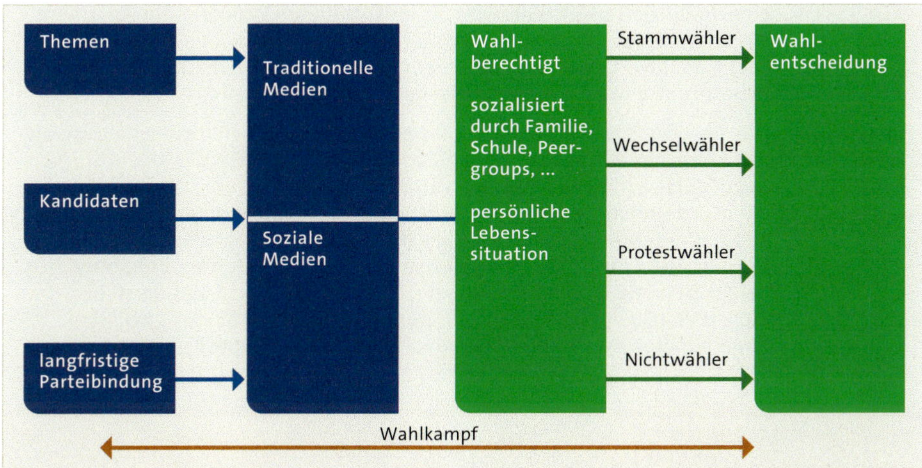

M 2 Modell der Wahlentscheidung

M 3 Wahlkampf: Wenn der Kandidat gar nicht klingelt

Für viele Wähler in Deutschland ist der klassische Wahlkampf an ihrer Haustür noch die Ausnahme, hat eine Umfrage des Instituts YouGov ergeben. Nur knapp einer von zehn Befragten (9 Prozent) hatte schon einmal Kontakt zu Wahlkampfern an seiner Tür. Fast die Hälfte dieser kleinen Gruppe (44 Prozent) hat sich dann auch tatsächlich auf ein Gespräch eingelassen. Das zeigt: Haustürwahlkampf ist wenig verbreitet. [...]

Quelle: Wenn der Kandidat gar nicht klingelt. Von Sascha Venohr und Veronika Völlinger, 1. Juni 2017, http://www.zeit.de/politik/deutschland/2017-05/wahlkampf-yougov-umfrage-haustuerwahlkampf (Zugriff: 9.8.2017), gekürzt

1 Beschreibe, wo dir Wahlwerbung begegnet.

2 Analysiere die **Karikatur** (**M 1**).

3 Analysiere einen aktuellen oder zurückliegenden Wahlkampf mithilfe des Modells **M 2**.

4 Erläutere mithilfe des Autorentextes, **M 2** und **M 3**, bei welchen Gruppen der Haustürwahlkampf besonders effektiv sein kann.

5 Erörtere Vor- und Nachteile des Einsatzes von sozialen Medien durch die Parteien im Wahlkampf. **TIPP** *S. 357*

Wie setzt sich der Deutsche Bundestag zusammen?

Die Wahlen zum Deutschen Bundestag finden spätestens alle vier Jahre oder im Fall von Neuwahlen auch früher statt. Zwar haben die Bundesbürger auch während einer Legislaturperiode zahlreiche Partizipationsmöglichkeiten, um ihre Interessen in den politischen Prozess einzubringen, aber nur im Bundestag werden auf Bundesebene verbindliche Entscheidungen getroffen. Deswegen kommt ihm im System der parlamentarischen Demokratie eine große Bedeutung zu.

* **Legislaturperiode**
Zeitspanne, in der gewählte Abgeordnete über Gesetze entscheiden können (Legislative oder gesetzgebende Gewalt), bis ein neu gewähltes Parlament zusammentritt

* **parlamentarische Demokratie**
Im Unterschied beispielsweise zum Präsidialsystem der USA oder Frankreichs ist hier nur das Parlament direkt vom Volk durch Wahlen legitimiert und es gibt keinen direkt gewählten, mit Macht ausgestatteten Präsidenten.

* **relative Mehrheit**
Wer in einem Wahlkreis von allen Kandidaten die meisten Stimmen erhält, hat die relative Mehrheit der Stimmen. Das können u. U. auch nur 30 % der abgegebenen Stimmen sein.

* **qualifizierte Mehrheit**
Hier gewinnt, wer einen festgelegten Anteil an Stimmen bekommt, meistens mehr als 50 % der abgegebenen gültigen Stimmen.

Mehr zum Thema
Film: **Bundestagswahl ... einfach erklärt**

Webcode PE646098-173

M 1 Wahlverfahren

Verhältniswahlrecht	Beim Verhältniswahlrecht werden die Stimmen jeder Partei in einem Wahlgebiet addiert und prozentual zu den anderen Parteien ins Verhältnis gesetzt. Daraus errechnet sich dann der jeweilige Anteil an Sitzen im Parlament für jede Partei. Das Verhältniswahlrecht begünstigt ein Mehrparteiensystem.
Mehrheitswahlrecht	In einem Staat mit Mehrheitswahlrecht wird das Wahlgebiet in möglichst gleichgroße Wahlkreise eingeteilt. Die Parteien kandidieren in jedem dieser Wahlkreise mit einem Kandidaten. Wer in diesem Wahlkreis die relative oder eine qualifizierte Mehrheit erreicht, vertritt diesen Wahlkreis im Parlament. Die Stimmen der anderen Kandidaten verfallen (‚the winner takes it all'). Dieses Wahlverfahren begünstigt ein Zweiparteiensystem und Parteien, die in bestimmten Regionen besonders stark sind.
Personalisiertes Verhältniswahlrecht	Das Wahlrecht zum Bundestag wird auch als personalisiertes Verhältniswahlrecht bezeichnet. Die Wählerinnen und Wähler verfügen über zwei Stimmen. Mit der Erststimme wird der Wahlkreiskandidat einer Partei als Direktkandidat ins Parlament gewählt. Die Zweitstimme entscheidet darüber, wie viele Abgeordnete von jeder Landesliste einer Partei im Verhältnis in den Bundestag einziehen. Sie ist also die wichtigere der beiden Stimmen. Es handelt sich bei der Bundestagswahl also um ein Verhältniswahlrecht, das durch die direkte Wahl von Wahlkreiskandidaten eine engere Verbindung zwischen Abgeordneten und Wählerinnen und Wählern schaffen will.

M 2 Deutschland braucht ein Mehrheitswahlrecht

Seit dem Ende der Großen Koalition 1969 hat keine Regierung mehr versucht, das Mehrheitswahlrecht in Deutschland einzuführen. Die Anzahl der Parteien, die es in den Bundestag schaffen könnten, hat sich seitdem noch mal erweitert. Das ist aber nicht der entscheidende Grund dafür, dass mittlerweile alle Parteien das Mehrheitswahlrecht ablehnen. Entscheidender ist ein Grund, über den nie gesprochen wird: Hinterzimmer und die dort stattfindenden Kungelrunden wären nicht mehr der Ort der politischen Auseinandersetzung und der Ort, an dem über politische Karrieren entschieden wird. Stattdessen wäre einzig und allein der Wahlkreis die politische Arena. [...] Dieser Gewinn an politischer Kultur hat einen Preis: Das Mehrheitswahlrecht ist

M 3 „Dann verschwänden Grüne und FDP"

Für Rainer-Olaf Schultze, Politikwissenschaftler in Augsburg, geht der Vorstoß der Einführung des Mehrheitswahlrechts jedoch „an den Notwendigkeiten voll vorbei". Es sei zwar richtig, dass ein Mehrheitswahlrecht eher klare Mehrheiten schaffen könne, „es ist aber nicht in der Lage, die heute in der Gesellschaft vorhandenen Positionen angemessen abzubilden". Das Mehrheitswahlrecht kann laut Schultze auch zu unerwünschten Nebenwirkungen führen: Würde man das System in der Bundesrepublik einführen, verschwänden Grüne und FDP aller Wahrscheinlichkeit nach aus den Parlamenten. Die Linke wäre wegen ihrer regionalen Stärke weniger stark betroffen. In Bayern dagegen gäbe es im Parlament keine nennenswerte Opposition mehr. In der nicht so gerecht wie das Verhältniswahlrecht. Aber Deutschland würde nicht vom Pfad der Demokratie abkommen. Die Briten leben gut mit dem Mehrheitswahlrecht, niemand könnte ernsthaft infrage stellen, dass auf der Insel die Demokratie […] durch das Wahlsystem gefährdet wäre.

Christoph Schwennicke, http://cicero.de/innenpolitik/plaedoyer-deutschland-braucht-ein-mehrheitswahlrecht/55576 (Zugriff: 9.8.2017)

bestehenden Fünfprozenthürde sieht Schultze ein Element, welches die parlamentarische Demokratie zur Genüge stabilisiere.

Quelle: „Dann verschwänden Grüne und FDP“, Moritz Gathmann, 3.2.2008, http://www.tagesspiegel.de/politik/mehrheitswahlrecht-dann-verschwaenden-gruene-und-fdp/1156678.html (Zugriff: 9.8.2017), gekürzt und verändert

Mehr zum Thema
Text: Größer und männlicher – Bundestag 2017

Webcode PE646098-173

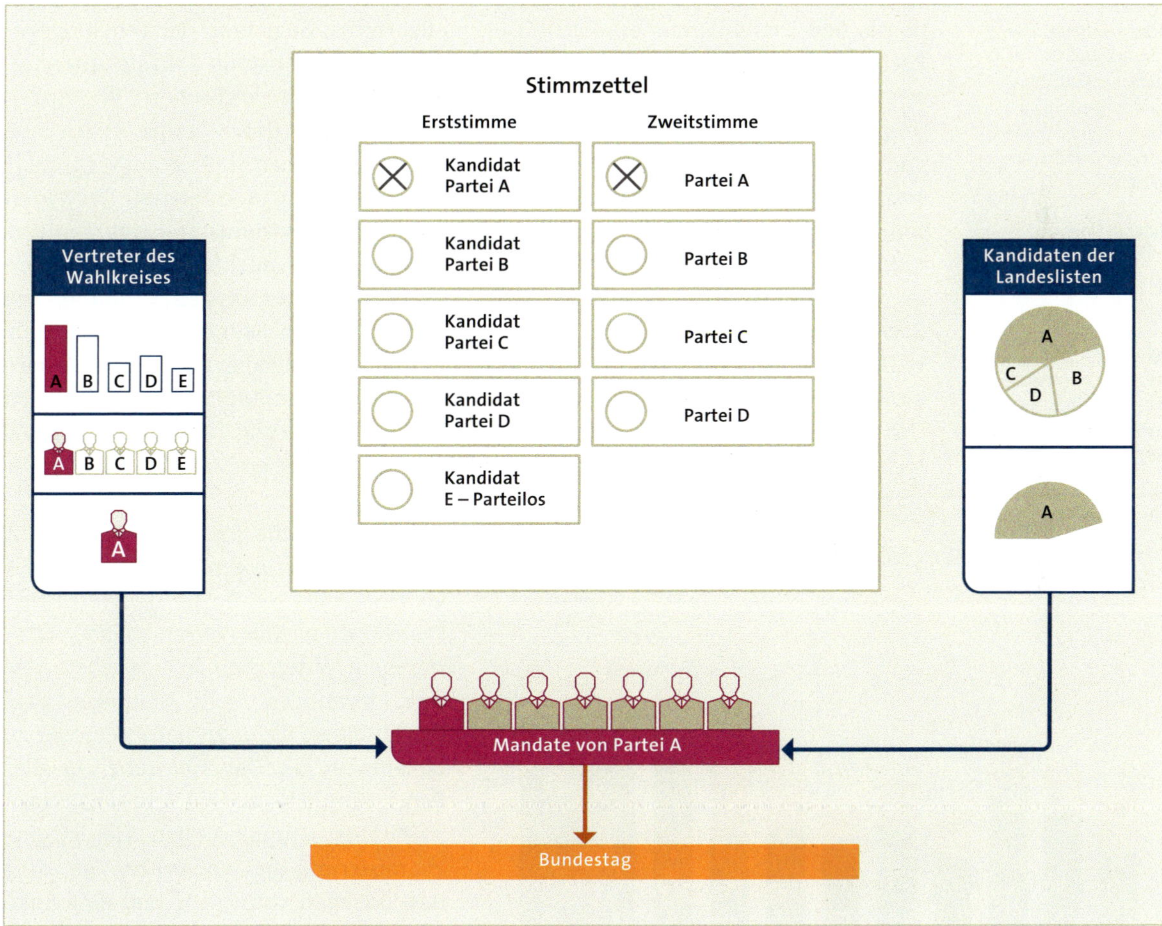

M4 So funktioniert die Bundestagswahl

1 Charakterisiere Verhältnis- und Mehrheitswahlrecht.
2 Erläutere Vor- und Nachteile des Bundestagswahlrechts.
3 Erörtere ausgehend von den Materialien die Einführung eines Mehrheitswahlrechts in Deutschland. TIPP *S. 357*

+ ZUSATZAUFGABE Bewerte die Abschaffung der 5%-Sperrklausel.

Unter „politischem Extremismus“ versteht man in der Regel politische Ansichten und Bestrebungen, die am äußeren Rand des politischen Spektrums angesiedelt sind. Dazu gehören neben dem Rechts- und dem Linksextremismus auch der religiöse Fundamentalismus, v. a. der radikale Islamismus. Gemeinsam ist den unterschiedlichen Formen des politischen Extremismus eigentlich nur die ablehnende Haltung gegenüber der freiheitlichen demokratischen Grundordnung des Grundgesetzes. Droht uns eine Gefahr von den Rändern?

Politischer Extremismus

In ihren Zielen, ihrem Menschenbild und ihren politischen Dogmen unterscheiden sich die verschiedenen Formen des politischen Extremismus erheblich. Der Rechtsextremismus betont die Unterschiedlichkeit der verschiedenen Völker und erhebt das eigene Volk über das der anderen. Häufig wird auf den Nationalsozialismus Bezug genommen und dessen Symbole verwendet. Ziel ist ein ethnisch reiner Nationalstaat bzw. ein Staat, in dem Migranten nicht die gleichen Rechte haben. Der parlamentarische Willensbildungsprozess wird dabei zugunsten eines Führerprinzips abgelehnt. Um ihre Ziele durchzusetzen, greifen rechtsextreme Gruppen teilweise auf Gewalt gegen Andersdenkende und Minderheiten zurück.

Die Ziele linksextremer Gruppen sind eher diffus. Sie richten sich inhaltlich gegen den Kapitalismus, dem sie unterstellen, den demokratischen Willensbildungsprozess durch seine finanzielle Macht und seinen Einfluss auf Wirtschaft und Medien zu dominieren. Deswegen gehen Linksextremisten argumentativ bzw. teilweise auch mit Gewalt gegen Symbole der verhassten Ordnung, wie Banken, Polizei oder Wirtschaftstreffen, vor. Sie denken dabei nicht national, sondern sehen den Kapitalismus oder auch die Globalisierung als internationales Unterdrückungssystem, das bekämpft werden muss.

Der islamistische Extremismus gilt seit den Terroranschlägen 2001 in den USA als eine große Gefahr für die westlichen Demokratien. Die verschiedenen Strömungen unterscheiden zwischen aus ihrer jeweiligen Sicht Gläubigen und Ungläubigen, die es zu bekehren oder zu bekämpfen gilt. Dabei bestehen in aller Regel Kontakte zu ausländischen islamistischen Gruppierungen. Ziel ist eine Islamisierung der westlichen Welt oder das Erzeugen von Chaos und eine Spaltung der Gesellschaft.

Extremistische Gruppierungen lehnen die freiheitliche demokratische Grundordnung des Grundgesetzes ab, bedienen sich Freund-Feind-Stereotypen, gehen von ideologischen Dogmen aus und haben ein Missionsbewusstsein, um weitere Teile der Bevölkerung von ihrer Lehre zu überzeugen.

* **freiheitliche demokratische Grundordnung (FDGO)**
  unabänderlicher Kern des Grundgesetzes bestehend aus Menschenwürde, Demokratieprinzip und Rechtsstaatlichkeit

* **Dogma (Plural: Dogmen)**
  eine Lehre oder ein Glaubenssatz mit dem Anspruch absoluter Gültigkeit

* **Stereotyp**
  gefestigte, einfache Vorstellung von etwas, hier von Unterstützern und Gegnern, die sich nicht verändert

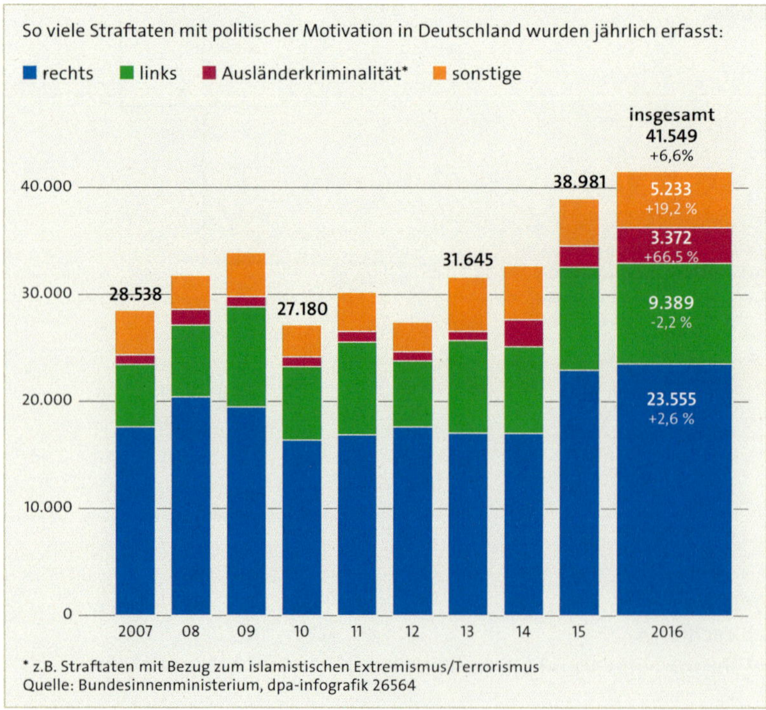

M1 Mehr politisch motivierte Straftaten

M 2 Harte Strafen als Mittel gegen politischen Extremismus?

M 3 BKA-Chef sieht geringe Gefahr durch linke Gefährder

Der Präsident des Bundeskriminalamtes (BKA), Holger Münch, hält die Terrorgefahr durch Linksextremisten in Deutschland für überschaubar. Es gebe innerhalb dieses Spektrums nur wenige Gefährder, denen Terroranschläge zugetraut würden [...]. „Im Bereich links gingen die Länder bislang von einer Größenordnung aus, die man an einer Hand abzählen kann", so Münch. Unter den Rechtsextremisten liege die Zahl der Gefährder im niedrigen zweistelligen Bereich. Die Gefahr der Bildung terroristischer Strukturen sei hier größer. „In den letzten zwei Jahren hat das Thema Zuwanderung zu einer erkennbaren Radikalisierung der Szene beigetragen. Die immense Zahl von Straftaten gegen Asylbewerberunterkünfte in den Jahren 2015 und 2016 unterstreichen das", sagte Münch. [...] „Wir wollen kein Abgleiten von Personen in den Untergrund wie beim NSU*." Das größte Risiko gehe nach wie vor von islamistischen Gefährdern aus. Die deutschen Sicherheitsbehörden stufen laut Münch derzeit 690 Menschen in diese Kategorie ein.

Quelle: http://www.general-anzeiger-bonn.de/news/politik/deutschland/BKA-Chef-sieht-geringe-Gefahr-durch-linke-Gefährder-article3610186.html, 21.7.2017 (Zugriff: 3.9.2017)

* **NSU**
„Nationalsozialistischer Untergrund", rechtsextreme Terrororganisation, der zehn Morde an Migranten und einer Polizistin zwischen 2000 und 2007 sowie zahlreiche Raubüberfälle zur Last gelegt werden

M 4 Terrorismus unerwünscht

1 Charakterisiere die Entwicklung der politisch motivierten Straftaten zwischen 2007 und 2016.
2 Vergleiche die unterschiedlichen Formen des politischen Extremismus in Hinblick auf Freund-Feind-Stereotype, ideologische Grundsätze und Zielsetzung.
3 Informiere dich über verschiedene extremistische Gruppierungen und ordne sie den jeweiligen Formen begründet zu.
4 Erörtere ausgehend von M 2, welche Maßnahmen du für effektiv hältst. TIPP S. 358
5 Erläutere anhand der Materialien, welche Gefahr für das politische System in Deutschland von Extremisten ausgeht.
5 Erläutere die Karikatur M 4.

Um ihre politischen Standpunkte durchzusetzen, setzen rechtsextreme Täter auf Einschüchterung, Sachbeschädigung und schrecken auch nicht vor körperlicher Gewalt zurück. Seit der Wiedervereinigung 1990 zählt die Bundesregierung 79 Todesopfer durch rechte Gewalt in Deutschland, die Antonio-Amadeu-Stiftung geht sogar von 179 Opfern aus (Stand 2017). Viele Projekte von Verbänden, Kirchen oder Einzelpersonen zeigen aber auch, dass man sich dem mutig und erfolgreich widersetzen kann.

M 1 Karikatur von Thomas Plassmann

M 2 Dorf der rechten Angriffe

Nicht einmal 40 Einwohner leben in Jamel, [...] im Kreis Nordwestmecklenburg bei Grevesmühlen. Trotzdem ist der Ort seit Jahrzehnten deutschlandweit bekannt – für rechtsgerichtete Aktivitäten. Nun hat es dort gebrannt. Eine reetgedeckte Scheune der Familie Lohmeyer, die sich gegen die rechtsgesinnten Umtriebe zur Wehr setzt, wurde bis auf die Grundmauern zerstört. Laut Polizei handelt es sich um Brandstiftung. Birgit und Horst Lohmeyer sind sich sicher: Sie vermuten den oder die Täter in der politisch rechten Ecke, sprechen von Jamel als „nationalsozialistisches Musterdorf". Immer wieder hätten sich rechts Gesinnte gezielt hier niedergelassen. Die Lohmeyers sind froh, dass das Feuer nicht auf ihr altes Forsthaus übergesprungen ist, in dem sie seit 2004 leben und auch immer wieder mal Feriengäste empfangen. Anfeindungen sind die Lohmeyers gewohnt. Einmal fanden sie zum Beispiel eine tote Ratte in ihrem Briefkasten, doch der jüngste Anschlag zeugt von einer neuen Qualität.

Seit neun Jahren findet auf ihrem Grundstück ein Festival gegen Fremdenfeindlichkeit und Rechtsextremismus unter dem Titel „Jamel rockt den Förster" statt. Die Veranstaltung wird am 28. und 29. August trotz oder wie Birgit Lohmeyer sagt „erst recht wegen" des Brandes stattfinden.

Am besagten Wochenende wird dem Ehepaar auch der mit 10 000 Euro dotierte Georg-Leber-Preis für Zivilcourage der IG Bauen Agrar Umwelt überreicht.

Quelle: Dieter Hanisch, www.tagesspiegel.de/politik/jamel-in-mecklenburg-vorpommern-dorf-der-rechten-angriffe/12184724.html, 13.8.2015 (Zugriff: 5.9.2017)

JAMEL ROCKT DEN FÖRSTER
WWW.FORSTROCK.DE

M 3 Dieser Pastor wird seit Jahren von Rechten angegangen

Die schlimmste Aktion war die mit dem Molotowcocktail. Die letzte Aktion war die tote Ratte. Schmierereien gab es schon ganz früh, schon Ende der Neunziger, und seitdem immer wieder: Hakenkreuze und Sprüche wie „Das Land ist unser". Die Nazis haben auch mal nachts brüllend vor der Tür gestanden. Und dann immer die Kommentare im Internet: dass man ihn nach Israel deportieren solle. Dass er ein „Verräterdeutscher" sei. Dass man ihn vernichten müsse.
Wilfried Manneke hat einiges erlebt. Aber daran gewöhnt hat er sich nicht. Als Pastor der evangelischen Friedenskirche in Unterlüß im Landkreis Celle und Kämpfer gegen Rassismus und Nazis, ob alt, ob neu, bleibt er trotzdem stoisch bei seiner Überzeugung, dass es keine Menschen gibt, die mehr wert sind als andere. Und nimmt dafür sogar in Kauf, angegriffen zu werden – im doppelten Sinn.
[...]
Als Wilfried Manneke 1995 aus Südafrika zurückkam, entschied er sich für Unterlüß. Aus dem Land, das die Apartheid gerade überwunden hatte, kam er in eine Gegend, in der, wie er sagt, „Hitler seinerzeit keine große Überzeugungsarbeit leisten musste". Die südliche Lüneburger Heide gehört zu den Landstrichen in Deutschland, in denen sich Neonazis gern zusammentun. Dezentral, auch wirtschaftlich ein bisschen abgehängt, niedriges Bildungsniveau. Orte, in denen viele für einfache Antworten zu haben sind.
Wenn Manneke zu Protesten aufruft, wird er im Internet oder direkt beschimpft, dann erstattet er Anzeige, die Polizei nimmt das auf, und in aller Regel passiert danach nichts. Er erstattet trotzdem beim nächsten Mal wieder Anzeige. Er gibt nicht klein bei.
Gemeinsam mit anderen Nazi-Gegnern hat er das „Netzwerk Südheide gegen Rechtsextremismus" gegründet. Und 2015 hat der Pastor einem Mann aus Eritrea fünf Monate lang Kirchenasyl gewährt. Zwei Leute aus der Gegend haben ihn deswegen angezeigt. Das Verfahren wurde eingestellt, gegen 900 Euro Geldauflage.
Manneke hat deswegen nicht aufgehört, sich für Flüchtlinge zu engagieren. Die Gemeinde hilft, mit Deutschunterricht und allem Drum und Dran. Manneke hat fünf Router im Gemeindehaus installiert, da können die gut 100 Unterlüßer Flüchtlinge von draußen jederzeit kostenlos ins Internet mit ihren Handys. Die ganze Öffentlichkeit, die sein Engagement mit sich bringt, sieht er als so notwendig wie lästig und sogar als gefährlich an: Die rechte Szene reagiert immer. Wilfried Manneke will im Grunde keine Aufmerksamkeit. Er will, dass der ganze Nazi-Blödsinn aufhört.

Quelle: www.haz.de/Nachrichten/Der-Norden/Uebersicht/Rechte-drangsalieren-Pastor-Wilfried-Manneke-aus-Unterluess-seit-Jahren, 31.8.2017 (Zugriff: 5.9.2017)

Mehr zum Thema
Text: 15-Jährige Schülerin zeigt Zivilcourage

Webcode PE646098-177

* **zivilgesellschaftliches Engagement**
Auch bürgerschaftliches Engagement. Darunter versteht man das freiwillige Engagement von Bürgerinnen und Bürgern, das Gemeinwohl zu fördern, ohne dabei finanzielle Interessen zu verfolgen.

* **Zivilcourage**
Mut, für seine Haltung oder Meinung auch Nachteile in Kauf zu nehmen

* **Apartheid**
bis 1994 in der Republik Südafrika praktizierte völlige Trennung von Menschen verschiedener Hautfarbe in allen Bereichen des öffentlichen Lebens

1 Erläutere die Karikatur **M 1**.

2 Beschreibe anhand von **M 2** und **M 3**, wie Rechtsextreme versuchen, Menschen einzuschüchtern.

3 Informiere dich über Projekte gegen rechtsextreme Gewalt. Vergleiche, welche Zielgruppen sie im Blick haben und welche Angebote sie machen. Gibt es in deiner Nähe ebenfalls solche Projekte?

4 Erläutere ausgehend von den hier gezeigten Beispielen, warum Zivilcourage und zivilgesellschaftliches Engagement wichtig für den Erhalt einer demokratischen Gesellschaft sind.

+ ZUSATZAUFGABE Erörtere, warum gerade dem Sport eine große Bedeutung beim Engagement gegen rechtsextreme Gewalt zukommt.

Zeitung, Fernsehen, Radio und Informationsdienste aus dem Internet versorgen uns mittlerweile rund um die Uhr mit einer Vielzahl von Schlagzeilen, Berichten, Kommentaren und Bildern. Medien erfüllen wichtige Funktionen in einer Demokratie und werden deshalb auch oft als „vierte Gewalt" im Staat bezeichnet. Doch welche Rolle spielen sie genau und welche Wechselbeziehung gehen Politik und Medien miteinander ein?

M1 Bundeskanzlerin Merkel in der Umkleidekabine der Fußballnationalmannschaft 2014

M2 Das Titelbild der „Spiegel"-Jubiläumsausgabe 1/2017 (Bild: Der Spiegel)

Funktionen der Medien

Medien übernehmen in einer Demokratie die Aufgabe eines Vermittlers zwischen Bürgern und Politik. Durch die Berichterstattung der Medien wird es den Bürgern ermöglicht, politische Entscheidungsprozesse zu beobachten, zu bewerten und kritisch zu hinterfragen. Sie bilden eine Art Plattform, auf der sich Volk und Volksvertreter austauschen können. Eine zentrale Aufgabe der Medien ist es zunächst, die Bürgerinnen und Bürger über verschiedene Themenbereiche aus Politik und Gesellschaft zu informieren. Handelt es sich um die persönliche Meinung eines Journalisten, muss diese erkennbar gemacht werden, zum Beispiel in Form eines Kommentars. Die Beteiligten sind auf gegenseitige Zusammenarbeit angewiesen – aus unterschiedlichen Motiven. Auf der einen Seite brauchen die Journalisten Informationen und Neuigkeiten von Politikern, um möglichst als Erster berichten zu können. Auf der anderen Seite nutzen Politiker die Massenmedien, um ihre Ansichten zu erläutern, ihre Botschaften zu vermitteln und sich als Person darzustellen. Eine Präsenz in den Medien ist ihnen wichtig, da sie ja gewählt oder wiedergewählt werden wollen. Mittlerweile sind viele Politiker richtige Medienprofis und nutzen die Möglichkeit, sich medienwirksam zu inszenieren, die Auseinandersetzung mit politischen Themen rückt dann manchmal eher in den Hintergrund.

Für die Bürgerinnen und Bürger ist eine sachliche Berichterstattung von Ereignissen und Entscheidungsprozessen wichtig. Sie gibt ihnen die Möglichkeit, sich ein eigenes Bild zu machen, verschiedene Medienberichte miteinander zu vergleichen und sich eine eigene Meinung zu bilden.

Eine weitere wichtige Aufgabe der Medien in einer Demokratie ist die Kritik- und Kontrollfunktion. Journalisten übernehmen damit die Rolle des Wächters über Politik und Gesellschaft, indem sie Missstände und Fehlentwicklungen aufdecken. Sie schauen den Politikern genau „auf die Finger" und berichten darüber, dies nennt man auch investigativen Journalismus.

M 3 Kritische Meinungen zum Thema: Medien und Politik

Medien und Politik sind doch voneinander abhängig: Journalisten brauchen Informationen – Politiker die Öffentlichkeit. Diese gegenseitige Nähe ist gefährlich!

Politiker haben erkannt, dass sie die Medien zu ihren Gunsten beeinflussen und für sich nutzen können. Sie sind echte Medienprofis und vieles ist reine Inszenierung, um wiedergewählt zu werden.

Medien sind doch in erster Linie Wirtschaftsunternehmen und deshalb von Verkaufszahlen und Werbung abhängig. Deshalb beherrschen Skandale und Katastrophen die Titelseiten, seriöse Berichterstattung über politische Themen kommt oft zu kurz.

Nachrichten brauchen Unterhaltungswert, sonst schaut sie doch keiner an. Mir gefallen Talkshows und ich sehe sie gerne, mein Interesse an politischen Themen ist seither größer geworden.

M 4 „Wer rennt hier wem nach?"

Medien als vierte Gewalt

Medien berichten über, kommentieren und interpretieren eine Vielzahl von politischen Ereignissen und Entscheidungen. Dadurch üben sie Einfluss auf die politische Meinungsbildung der Bürger/-innen aus. Redakteure entscheiden täglich darüber, welche Nachrichten wo platziert werden, wie Schlagzeilen formuliert werden und welche Bilder ausgesucht werden. Sie legen mit dem „Agenda-Setting" Themenschwerpunkte fest und können durch diese Auswahl die öffentliche Meinung und politische Prozesse beeinflussen. Da Medien somit Einfluss auf die Politik und Gesellschaft ausüben, besitzen sie eine gewisse Macht und werden deshalb auch oft als „vierte Gewalt" im Staat bezeichnet.

1 Arbeite unter Verwendung des Autorentextes (S. 178) wichtige Funktionen der Medien heraus.

2 Medien und Politik haben eine wechselseitige Beziehung. Erläutere unter Verwendung der Materialien **M 1**, **M 2** und des Autorentextes (S. 179), welche Chancen und Gefahren dies mit sich bringt.

3 Überlege dir, welcher Aussage aus **M 3** du am meisten zustimmen würdest, und sammle weitere Argumente, die diese Aussage stützen. Gestalte einen eigenen „Tweet" als Antwort.

4 Begründe deine Meinung. Ist die Presse die „vierte Gewalt" im Staat?

+ ZUSATZAUFGABE „Zum Regieren brauch ich nur BILD, BamS und Glotze." (Gerhard Schröder, Bundeskanzler von 1998 bis 2005). Beurteile diese Aussage mithilfe von **M 4**.

+ ZUSATZAUFGABE Recherchiere im Internet bekannte Fällen, bei denen durch investigativen Journalismus Missstände und politische Affären aufgedeckt wurden (Watergate, Uwe Barschel, Karl-Theodor zu Guttenberg, Christian Wulff).

Nicht überall auf der Welt haben Reporter und Journalisten die Möglichkeit, frei und unabhängig zu berichten. In Deutschland ist in Artikel 5 die Meinungs- und Pressefreiheit sogar im Grundgesetz verankert. Sie übernimmt eine wichtige Rolle in einer Demokratie.

M1 Art. 5 GG (1) und (2)

(1) Jeder hat das Recht, seine Meinung in Wort, Schrift und Bild frei zu äußern und zu verbreiten und sich aus allgemein zugänglichen Quellen ungehindert zu unterrichten. Die Pressefreiheit und die Freiheit der Berichterstattung durch Rundfunk und Film werden gewährleistet. Eine Zensur findet nicht statt.

(2) Diese Rechte finden ihre Schranken in den Vorschriften der allgemeinen Gesetze, den gesetzlichen Bestimmungen zum Schutze der Jugend und in dem Recht der persönlichen Ehre.

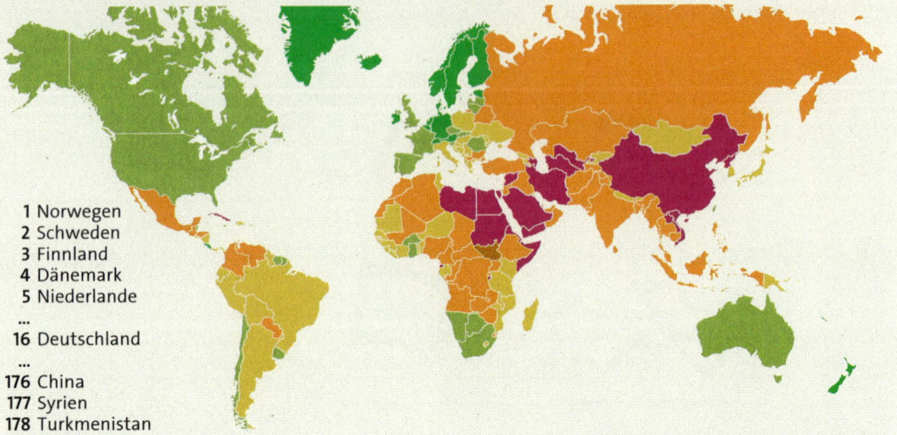

M2 Pressefreiheit weltweit

Die Pressefreiheit in Deutschland ist durch unsere Verfassung geschützt. Der Staat ist sogar verpflichtet, dafür zu sorgen, die Berichte und Informationen durch Funk und Fernsehen der Öffentlichkeit zugänglich zu machen. Die Pressefreiheit findet nur dort ihre Schranken, wenn die Grund- und Persönlichkeitsrechte anderer verletzt werden. Nicht in allen Ländern der Welt wird die Pressefreiheit geschützt. Werden Reporter daran gehindert, über Unrecht und Amtsmissbrauch zu berichten, findet keine öffentliche Kontrolle und keine freie Meinungsbildung mehr statt. Dies widerspricht demokratischen Prinzipien.

* **Reporter ohne Grenzen (ROG)**
unabhängige Organisation, die sich weltweit für die Pressefreiheit einsetzt und politisch verfolgte Journalisten unterstützt

* **Zensur**
staatliche Kontrolle von Informationen und Meinungen von Journalisten, um die Verbreitung und Veröffentlichung unerwünschter Meldungen zu verhindern

M3 Rangliste der Pressefreiheit: Weniger Medien, mehr Drohungen

[...] Verbale Attacken durch Populisten, mangelnder Informantenschutz, Morddrohungen – weltweit steht es immer schlechter um die Pressefreiheit. [...] Demnach wird das Grundrecht nicht nur durch Diktatoren, sondern auch durch demokratisch gewählte Politiker beschnitten.
Besonders schlecht bestellt sei es laut ROG um die Pressefreiheit in der Türkei (Rang 155): Seit dem gescheiterten Putschversuch 2016 sitzen etwa 150 Journalisten im Gefängnis, rund 150 Medien wurden geschlossen und Hunderte Presseausweise für ungültig erklärt. In den vergangenen zwölf Jahren hat sich die Türkei um insgesamt 57 Plätze verschlechtert und ist dabei noch hinter Russland (Platz 148) zurückgefallen. Dort wurden kritische Berichterstatter immer wieder gegen Kreml-Treue ausgetauscht. [...] Auch in den Vereinigten Staaten,

Polen und Großbritannien ist das Klima gegenüber Journalisten rauer geworden. So rutschten die Nordamerikaner, die noch vor wenigen Jahrzehnten als „Hüter der Pressefreiheit" galten, [...] auf Rang 43 ab. Grund hierfür sei die restriktive juristische Verfolgung von investigativen Journalisten und Informanten, erklärt ROG. Im vergangenen Jahr hätten die Vereinigten Staaten insbesondere diese Pressegruppe so streng verfolgt wie keine andere Regierung zuvor. Zudem wurden Journalisten immer wieder wegen ihrer Berichterstattung über Demonstrationen vor Gericht gestellt. Mit der Wahl des neuen Präsidenten Donald Trump verschärfte sich der Ton noch einmal. [...]
Im gleichen Zeitraum büßten die Briten durch feindselige Rhetorik bei der Brexit-Kampagne (Rang 40) und die Polen durch Entlassung von mehr als 220 Journalisten (Rang 54) im öffentlichen Rundfunk ihre vorherigen Plätze ein. „Demokratische Regierungen dürfen den Autokraten der Welt durch Überwachungsgesetze oder demonstrative Geringschätzung unabhängiger Medien keinen Vorwand für ihre Repression* gegen Journalisten liefern", sagte ROG-Vorstandssprecher Michael Rediske. „Besonders erschreckend ist, dass auch Demokratien immer stärker unabhängige Medien und Journalisten einschränken, anstatt die Pressefreiheit als Grundwert hochzuhalten", mahnt Rediske weiter. Auch Deutschland ist keine Ausnahme. Zwar halten die Deutschen unverändert Platz 16 (hinter Costa Rica auf Platz 6 und Jamaika auf Platz 8), gleichzeitig berichtet die Organisation von „erschreckend vielen tätlichen Angriffen, Drohungen und Einschüchterungsversuchen". Immer wieder gerieten Medienschaffende ins Visier von Strafverfolgungsbehörden oder Geheimdiensten. Auch die Wiedereinführung der Vorratsdatenspeicherung* mache deutschen Medienvertretern zu schaffen. Weiterhin wirkt sich die schrumpfende Medienlandschaft und die angespannte Lage in der Türkei auf die Berichterstattung in Deutschland aus. Immer wieder beklagen deutsche und in Deutschland erscheinende türkische Medien die zunehmende Zahl an Drohungen und Gewaltaufrufen gegenüber kritischen Journalisten.
Spitzenreiter der Liste bleiben mit Platz eins bis drei die skandinavischen Länder Norwegen, Schweden und Finnland. Grund hierfür sind neben einer erheblichen Medienpluralität auch liberale Regelungen über den Zugang zu Behördeninformationen und der Schutz journalistischer Quellen. Auf dem letzten Rang landete hinter Eritrea, China und Turkmenistan Nordkorea, dessen Regierungschef Kim Jong-un die Bevölkerung systematisch von der Außenwelt abschottet und die Medien zu Propagandzwecken benutzt.

www.faz.net/aktuell/feuilleton/medien/rangliste-der-pressefreiheit-der-reporter-ohne-grenzen-14988513.html (Zugriff 10.8.2017)

* **Repressalien**
wenn Journalisten bei dem Ausüben ihrer Tätigkeiten gehindert, bedroht, bestraft oder unterdrückt werden, mit dem Ziel, eine kritische Veröffentlichung zu verhindern

* **Vorratsdatenspeicherung**
Speicherung von Verbindungsdaten von Telefon, Handy, Internet aller Bürger

1 Beschreibe Art. 5 GG in eigenen Worten und überlege dir auch den Grund für die Einschränkung in Absatz 2.

2 Erläutere mithilfe der Karte **M 2** die Situation der Pressefreiheit in den Ländern der Welt.

3 Welche Angriffe auf die Pressefreiheit werden in **M 3** beschrieben? Erstelle einen Liste.

4 Anlässlich des Tags der Pressefreiheit am 3. Mai sollst du einen Artikel für die Schülerzeitung der Unterstufe schreiben, in dem du die Bedeutung der Pressefreiheit für die Gesellschaft darlegst und vor den Folgen eingeschränkter Pressefreiheit warnst.

+ ZUSATZAUFGABE „Pressefreiheit nutzt nur, wenn es unbequeme Journalisten gibt." (Dr. Gerhard Kocher, * 1939, Schweizer Politologe und Publizist). Erörtere diese Aussage.

1. Wo endet die Pressefreiheit?

Pressefreiheit findet ihre Grenzen dort, wo die Rechte anderer verletzt werden. Deshalb verpflichten sich Journalisten zu gemeinsamen Verhaltensregeln und Leitlinien, dem sogenannten Pressekodex.

M 1 Auszüge aus dem Pressekodex, gültig seit 1. Januar 2007

Präambel
Die im Grundgesetz der Bundesrepublik verbürgte Pressefreiheit schließt die Unabhängigkeit und Freiheit der Information, der Meinungsäußerung und der Kritik ein. Verleger, Herausgeber und Journalisten müssen sich bei ihrer Arbeit der Verantwortung gegenüber der Öffentlichkeit und ihrer Verpflichtung für das Ansehen der Presse bewusst sein. Sie nehmen ihre publizistische Aufgabe fair, nach bestem Wissen und Gewissen, unbeeinflusst von persönlichen Interessen und sachfremden Beweggründen wahr.

Ziffer 1 Wahrhaftigkeit und Wahrung der Menschenwürde
Die Achtung vor der Wahrheit, die Wahrung der Menschenwürde und die wahrhaftige Unterrichtung der Öffentlichkeit sind oberste Gebote der Presse. [...]

Ziffer 2 Sorgfalt
Recherche ist unverzichtbares Instrument journalistischer Sorgfalt. Zur Veröffentlichung bestimmte Informationen [...] sind mit der nach den Umständen gebotenen Sorgfalt auf ihren Wahrheitsgehalt zu prüfen und wahrheitsgetreu wiederzugeben. [...]

Ziffer 3 Richtigstellung
Veröffentlichte Nachrichten oder Behauptungen, insbesondere personenbezogener Art, die sich nachträglich als falsch erweisen, hat das Publikationsorgan, das sie gebracht hat, unverzüglich [...] richtigzustellen.

Ziffer 4 Grenzen der Recherche
Bei der Beschaffung von personenbezogenen Daten, Nachrichten [...] und Bildern dürfen keine unlauteren Methoden angewandt werden.

Ziffer 8 Schutz der Persönlichkeit
Die Presse achtet das Privatleben des Menschen und seine informationelle Selbstbestimmung. Ist aber sein Verhalten von öffentlichem Interesse, so kann es in der Presse erörtert werden. Bei einer identifizierenden Berichterstattung muss das Informationsinteresse der Öffentlichkeit die schutzwürdigen Interessen von Betroffenen überwiegen [...].

Ziffer 9 Schutz der Ehre
Es widerspricht journalistischer Ethik, mit unangemessenen Darstellungen in Wort und Bild Menschen in ihrer Ehre zu verletzen.

Ziffer 11 Sensationsberichterstattung, Jugendschutz
Die Presse verzichtet auf eine unangemessen sensationelle Darstellung von Gewalt, Brutalität und Leid. Die Presse beachtet den Jugendschutz.

Quelle: Deutscher Presserat: Pressekodex (Zugriff 28.9.17), www.presserat.de/pressekodex/pressekodex/ (Zugriff: 28.9.2017)

1 Erstelle aus den einzelnen Ziffern des Pressekodex „Tipps und Leitlinien für einen guten Journalisten" in einfacher Sprache.
2 Recherchiert Medienbeispiele, die gegen den Pressekodex verstoßen haben.
3 Wähle den für dich wichtigsten journalistischen Grundsatz des Pressekodex und begründe deine Auswahl.
4 In Ziffer 8 geht es beim „Schutz der Persönlichkeit" auch um Personen des öffentlichen Interesses. Erläutere, wo die Grenzen der Berichterstattung sein sollten.
5 a Informiere dich im Internet, welche Maßnahmen der Deutsche Presserat ergreifen kann, um Verstöße gegen den Pressekodex zu ahnden.
b Beurteile diese Maßnahmen.

2. Pressefreiheit in Gefahr?

Am Beispiel Russland lässt sich aufzeigen, wie autoritäre Regierungen die Pressefreiheit massiv einschränken. Regierungskritischen Journalisten droht dort Zensur, Kontrolle und Verfolgung.

M 1 Kreml-kritische „The New Times" vor dem Aus

Die russische „New Times" stellt aus finanziellen Gründen ihre gedruckte Version ein. Die Website soll weiterbetrieben werden – vorerst.
Chefredakteurin Jewgenija Albaz veröffentlichte am Sonntag bei Facebook ein Foto der letzten „New Times"-Ausgabe. Darauf ist ein weinendes Gesicht angedeutet, anbei steht der Satz: „Danke, dass ihr mit uns wart." Die Website solle aber zunächst weiter existieren, schrieb die „New Times"-Chefin in einem Kommentar. Albaz bestätigte der Agentur Interfax die Entscheidung. „Das Geld ist ausgegangen", sagte sie. Details würden in der letzten Ausgabe, die an diesem Montag erscheint, geklärt. Bereits Ende 2016 hatte Albaz Einsparungen angekündigt. Unter anderem wurde der Verkauf an Kiosken eingestellt. [Anmerkung der Autorin: Russische Kioskbesitzer weigerten sich, die Zeitschrift zu verkaufen, weil sie als regierungskritisch eingestuft worden sei.]
Die „New Times" ist ein angesehenes Wochenmagazin mit analytischen Artikeln über die russische Politik. Sie gilt als eine der wenigen oppositionsnahen Publikationen in einer zu großen Teilen vom Staat kontrollierten Medienlandschaft. [...] Anfang Mai hatte die „New Times" eine Verwarnung von der Medienaufsicht* bekommen. Die Behörde warf dem Blatt vor, in einem Artikel Terrorismus zu rechtfertigen.

www.spiegel.de/kultur/gesellschaft/russland-kremlkritische-new-times-wird-als-printprodukt-eingestellt-a-1150785.html (Zugriff: 28.9.17)

* **Medienaufsicht**
In Russland befindet sich der größte Teil der Medien unter staatlicher Kontrolle. Die staatliche Behörde hat unter anderem die Möglichkeit, die Zeitung nach zwei Verwarnungen zu schließen. Verbleibende unabhängige Medien leiden aufgrund von Prozesskosten, Druck von Anzeigenkunden und geringer Auflagenstärke unter permanenter Finanzknappheit.

M 2 Reporter ohne Grenzen: Länderbericht Russland

Seit der Wahl Wladimir Putins im Jahr 2000 zum russischen Präsidenten hat der Kreml die landesweiten Fernsehsender weitgehend unter seine Kontrolle gebracht. Kritische Medien wie Radio Moskwy oder TV Doschd geraten regelmäßig unter Druck, Journalisten müssen mit Gewalt oder gezielten Anschlägen rechnen, die meist straffrei bleiben. Strenge Internetgesetze ermöglichen das schnelle und unbürokratische Sperren unliebsamer Webseiten. Kurz vor Beginn der Olympischen Spiele in Sotschi weitete Russland die Internetüberwachung weiter aus. Blogs von Regierungskritikern werden zum Teil ganz gelöscht. Rangliste der Pressefreiheit — Platz 148 von 180.

www.reporter-ohne-grenzen.de/russland (Zugriff: 28.9.17)

Mehr zum Thema
Text: Pressefreiheit in Russland

Webcode PE646098-183

1 Arbeite aus den Materialien heraus, wie in Russland versucht wird, die Pressefreiheit einzuschränken.

2 Ein typisches Merkmal für autokratisch geprägte Staaten ist die Einschränkung der Meinungs- und Pressefreiheit. Nenne Gründe aus Sicht der Machthaber.

3 Erläutere anhand von realen oder fiktiven Beispielen die Folgen einer eingeschränkten Pressefreiheit für die Gesellschaft.

4 Recheriere im Internet über ein weiteres Land, in dem die Pressefreiheit stark eingeschränkt ist, und berichte in der Klasse.

Leitfrage: Welche Möglichkeiten haben die Bürgerinnen und Bürger, ihre Interessen in den politischen Entscheidungsprozess einzubringen?

Das Grundgesetz bietet zahlreiche Möglichkeiten, damit Bürgerinnen und Bürger ihre Interessen in den Entscheidungsprozess einbringen können. Je nach Anlass sind die Partizipationsformen unterschiedlich zu bewerten. Darüber hinaus werden sie von den sozialen Gruppen, v.a. den verschiedenen Altersgruppen, unterschiedlich stark genutzt.

Bei der Bearbeitung der Aufgaben musst du jeweils geeignete Materialien (M 1–M 4) heranziehen.

Mehr zum Thema
Film: Energiewende … einfach erklärt

Webcode PE646098-185

Ich kann Informationen gewinnen und aufbereiten.

1 Arbeite aus **M 1** heraus, welche Anforderungen die Bundesumweltministerin an die Endlager-Suche stellt.

2 In **M 1** wird die Bundesumweltministerin zitiert, bei der Suche nach einem Endlager sollten Bürger „einbezogen und angehört“ (Z. 43 *ff.*) werden. Beschreibe Möglichkeiten, wie sich Bürgerinnen und Bürger in den Entscheidungsprozess um einen Standort für ein Atommüll-Endlager einbringen können.

3 Analysiere **M 2**. Begründe, weswegen manche Beteiligungsformen besonders häufig von Bürgern gewählt oder als besonders erstrebenswert angesehen werden.

Ich kann Probleme und Konflikte analysieren.

4 Erläutere, welche unterschiedlichen Interessen die Politik, die Industrie, Verbände und die betroffenen Bürger bei der Endlager-Suche vertreten.

5 Analysiere **M 3**.

6 Erläutere ausgehend von **M 1**, welche Rolle die Medien bei der politischen Willensbildung spielen.

Ich kann mir ein begründetes Urteil bilden.

7 Bewerte ausgehend vom Beispiel in **M 1**, welche Möglichkeiten Bürgerinnen und Bürger haben, ihre Interessen in den politischen Entscheidungsprozess einzubringen.

8 Mittlerweile sind gut ein Drittel der Wählerinnen und Wähler über 60 Jahre und die Wahlbeteiligung in dieser Altersgruppe ist die höchste. Bei einem Zukunftsthema wie der Endlager-Suche führt das zu Problemen. Begründe.

Ich kann mitreden und aktiv werden.

9 Recherchiert die unterschiedlichen Positionen der im Bundestag vertretenen Parteien, von Umwelt- und Wirtschaftsverbänden und von lokalen Bürgerinitiativen zur Energiepolitik und stellt diese auf einem Plakat übersichtlich einander gegenüber.

M 1 Bis 2031 soll ein Atommüllendlager her

Nach jahrzehntelangem Streit beginnen Bund, Länder und Wissenschaftler mit der Suche nach einem Endlager für hochradioaktiven Atommüll in Deutschland. Die Vorgabe ist, dass dieser eine Million Jahre lang sicher verwahrt sein muss. Eine Expertenkommission hatte zuvor geklärt, nach welchen Kriterien gesucht werden soll. Ein geeigneter Ort für ein Endlager soll planmäßig bis zum Jahr 2031 gefunden sein. Dies gilt unter vielen Experten aber als sehr ehrgeizig. „Es wird ein langer und gründlicher Prozess sein“, sagte Umweltministerin* Barbara Hendricks (SPD) beim offiziellen Start der Suche durch die neu gegründe-

* Barbara Hendricks, Umweltministerin von 2013–2018

te Bundesgesellschaft für Endlagerung (BGE). Aber dennoch müsse das Ziel so bald wie möglich erreicht werden. Ein Endlager für hochradioaktiven Müll gibt es bisher nirgendwo auf der Welt. Bei der Suche spielen geologische Kriterien wie der Untergrund oder Erdbebengefahr eine Rolle, aber auch die Nähe zu Städten. Der bisherige Plan ist, die Atomabfälle mehrere Hundert Meter tief in einem Bergwerk zu entsorgen. Hendricks sagte, Grundprinzip sei die „weiße Landkarte". Dies bedeute, dass bei der Suche sämtliche möglichen Gebiete und geologischen Gesteinsformationen einbezogen würden. Keine Region könne sich aus der Verantwortung stehlen. Das neue Endlager soll auch den langen Streit um den Salzstock Gorleben beenden, der jahrzehntelang als Standort für ein Endlager gegolten hatte. Mit Blick auf die „verhängnisvolle" Entscheidung für Gorleben Ende der Siebzigerjahre* sagte Hendricks, aus den Fehlern der Vergangenheit habe man gelernt. Bürger würden künftig einbezogen und angehört.

Quelle: Bis 2031 soll ein Atommüllendlager her, http://www.spiegel.de/politik/deutschland/atommuell-bis-2013-soll-ein-endlager-gefunden-werden-a-1166262.html, 5.9.2017 (Zugriff: 6.9.2017)

* Ende der 1970er-Jahre wurde beschlossen, den Salzstock Gorleben in Niedersachsen als Zwischenlager für atomare Abfälle zu nutzen. Seitdem gibt es in der Region und auf den Transportrouten dorthin immer wieder, teilweise gewalttätige, Proteste.

M3 Suche nach einem Atommülllager

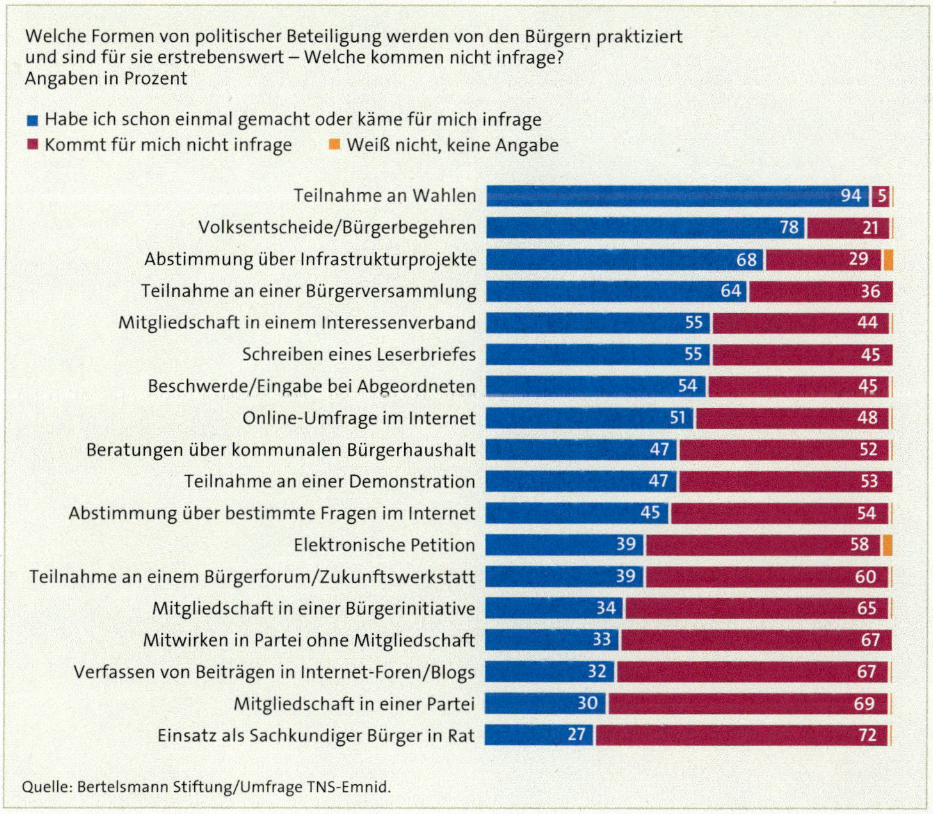

M2 Welche Formen politischer Beteiligung werden von den Bürgern praktiziert und sind für sie erstrebenswert – welche kommen nicht infrage?

KAPITEL 9

13:40
Vereinbarte Debatte zur aktuellen Lage in der Türkei
Es spricht:
Dr. Franz Josef Jung, CDU/CSU
Es folgen:
10 Minuten
7 Minuten
[...]
Nächster TOP 8

Politischer Entscheidungsprozess in Deutschland

Wer kümmert sich um die politischen Probleme in unserem Land?

In diesem Kapitel lernst du,
- *wie die Macht zwischen den Verfassungsorganen in Deutschland verteilt ist (Macht und Entscheidung),*
- *wie der Bundestag arbeitet und wie die einzelnen Institutionen in Deutschland zusammenwirken (Ordnung und Struktur),*
- *die Entstehung eines Gesetzes anhand des Politikzyklus zu analysieren (Ordnung und Struktur),*
- *wie politische Konflikte friedlich beigelegt werden können, auch durch eine direktere Beteiligung an Entscheidungen (Interessen und Gemeinwohl).*

Formuliere Annahmen zu diesen Themen und überprüfe am Ende des Kapitels, inwieweit sich diese verändert haben.

◄ *Bild: Plenarsaal des Deutschen Bundestages*

Wer trifft im Land die Entscheidungen?

Bundestag, Bundespräsident, Bundeskanzler, Bundesrat, Bundesregierung ... Es ist nicht einfach, die Übersicht zu behalten über die zahlreichen Personen und Institutionen, die wichtige Entscheidungen für uns treffen und uns damit viel Verantwortung abnehmen. Aber welche Entscheidungen sind das eigentlich und wäre es nicht gerechter und demokratischer, wenn wir diese selber treffen könnten?

> Von den Politikern in Berlin interessiert sich doch keiner für unsere wirklichen Probleme!

> Mir wäre es zu anstrengend, jeden Sonntag über irgendeine langweilige Frage abzustimmen.

> Könnten wir selbst über unsere Steuern entscheiden, wären sie viel gerechter.

> Ich kenne mich viel zu wenig aus, um irgendetwas selbst entscheiden zu können.

M 1 Ansichten zum Thema Entscheidungen treffen

M 2 Bürgerbeteiligung in Deutschland

Unser repräsentativ-demokratisches System befindet sich, so scheint es jedenfalls im Moment, in einem tief greifenden Wandel. Auf der einen Seite verlieren insbesondere die politischen Parteien zunehmend an Vertrauen und an Mitgliedern, auf der anderen Seite werden von großen Teilen der Bevölkerung direkte Formen der Demokratie wie z. B. Bürgerbegehren oder Volksentscheide, zumindest aber eine stärkere „Bürgerbeteiligung" eingefordert. Nach einer repräsentativen Umfrage der Bertelsmann-Stiftung aus dem Jahre 2011 wünschen sich 81 Prozent der befragten Bürger mehr Beteiligungs- und Mitsprachemöglichkeiten im politischen Prozess. Gefragt nach der grundsätzlichen Bereitschaft, sich über Wahlen hinaus z. B. an Diskussionsforen, Bürgerbegehren oder Anhörungen zu beteiligen, zeigten sich 60 Prozent bereit, sich stärker einzubringen. 85 Prozent der Bürger in Deutschland stimmten der Aussage zu, dass politische Entscheidungen durch mehr Bürgerbeteiligung eine höhere Akzeptanz in der Bevölkerung fänden. Schließlich sagten 76 Prozent der Befragten, Deutschland würde durch mehr Bürgerbeteiligung gerechter. Empirische Untersuchungen zeigen allerdings auch, dass sich bildungsferne Gruppen keineswegs von allen Bürgerbeteiligungsmöglichkeiten über demokratische Wahlen hinaus in gleichem Maße angesprochen fühlen wie etwa die Bürgerinnen und Bürger mit höherer formaler Bildung. Die Forderung nach „mehr Bürgerbeteiligung" könnte deshalb sogar zu Verzerrungen bei der Erhebung des Volkswillens im demokratischen Meinungs- und Willensbildungsprozess führen. Gleichzeitig wächst in einer modernen Industriegesellschaft fast täglich die Notwendigkeit, etwa durch die Erneuerung der Infrastruktur im Energie-, Verkehrs- oder Schulwesen, in den Alltag der Menschen einzugreifen. Deshalb reift auch bei den gewählten Repräsentanten die Einsicht: Nur wenn die Bürgerinnen und Bürger merken, dass sie frühzeitig informiert, offen angehört und ihre Argumente verstanden werden, lässt sich eine höhere Identifikation, wenn nicht sogar die Verantwortungsübernahme zumal der jungen Bürgerinnen und Bürger für das Gemeinwohl erreichen. Voraussetzung und Grundlage für eine, wenn man so will, „Partizipationskompetenz“ der Bürgerrinnen und Bürger ist dabei stets eine sachliche, die kontroversen Standpunkte der Beteiligten berücksichtigende politische Bildung.

Jürgen Kalb, Deutschland & Europa. Heft 65-2013

M 3 Demonstranten bei einer Veranstaltung in Neubrandenburg

M 4 Karikatur: Klaus Stuttmann

1 Beschreibe Situationen, in denen euch die Entscheidung von anderen abgenommen wird.

2 Diskutiert die Aussagen in **M 1** und beurteilt diese mithilfe von **M 2**.

3 Erkläre, welche Einstellung der Politiker dem Volk gegenüber in **M 4** dargestellt wird.

4 Erörtert, welche konkreten Entscheidungen die Bürger in Deutschland selbst treffen und welche weiterhin vom Staat übernommen werden sollten.

+ ZUSATZAUFGABE Erkläre, wieso „die Forderung nach mehr Bürgerbeteiligung [...] sogar zu Verzerrungen bei der Erhebung des Volkswillens“ führen kann.

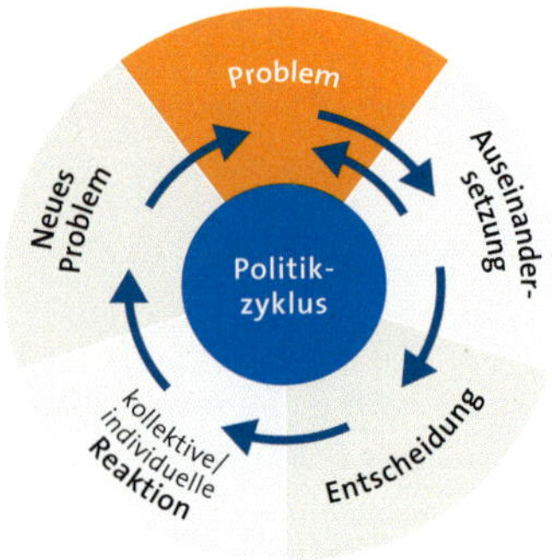

In einem Land wie Deutschland existieren fast so viele unterschiedliche Interessen wie Einwohner. Zu den verschiedensten Themen und Fragestellungen haben Menschen unterschiedliche Ansichten und verfolgen unterschiedliche Ziele. Diese Interessensvielfalt führt zu zahlreichen politischen Konflikten, deren sich der Staat annehmen muss. Wie wird aus konkurrierenden Interessen ein politisches Problem und wie wird dieses gelöst?

M 1 Die Mietpreise steigen

Trotz des Baubooms und des florierenden Immobilienmarktes steigen die Mieten in Deutschland immer weiter an. Insbesondere in Universitäts- und Großstädten sowie in Ballungsräumen* wird das Wohnen immer teurer. Hierunter leiden insbesondere Gering- und Normalverdiener sowie Studierende. Durch die enorme Nachfrage nach Wohnraum – und das vergleichsweise niedrige Angebot – können die Vermieter die Preise fast nach Belieben festlegen und erhöhen. So werden die Wohnkosten immer mehr zu einem Faktor, der Lebensentscheidungen entscheidend beeinflusst: Beispielsweise hängen Familienplanung und Arbeitsplatzsuche auch maßgeblich davon ab, wo man sich eine Wohnung oder ein Haus leisten kann. Aus diesem Grund wird aus verschiedenen Richtungen der Ruf nach einem staatlichen Eingreifen laut.

* **Ballungsraum**
eine Häufung eng zusammenhängender Städte und Gemeinden, die sich meistens um eine Großstadt herum befinden

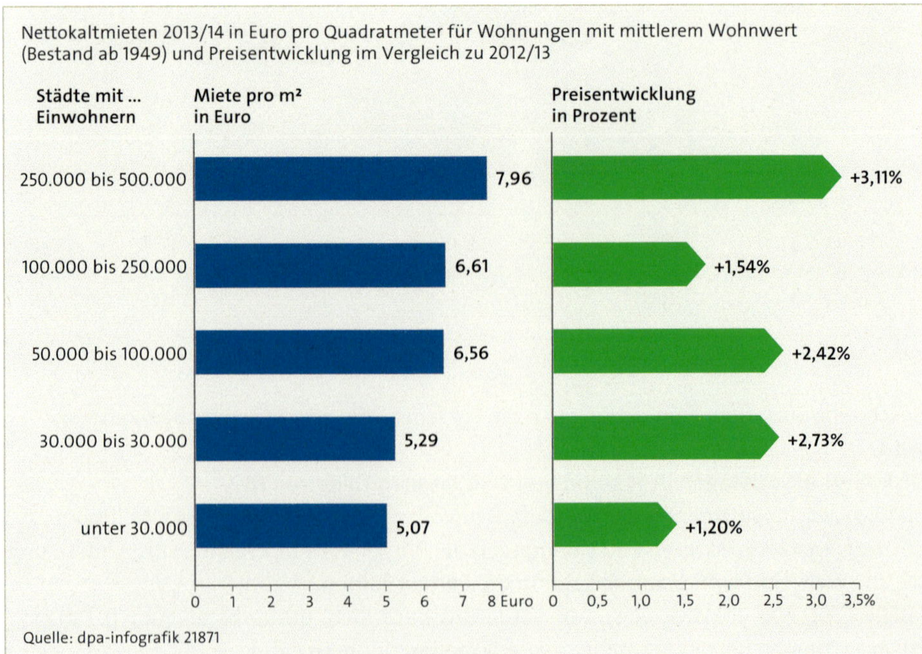

* Durchschnittliche Inflation (Preissteigerung ausgewählter Waren und Dienstleistungen) in diesem Zeitraum: 1,2 %

M 2 Entwicklung der Mieten in Deutschland

M 3 Meinungen zur staatlichen Mietpreisbremse

Nachdem der Anstieg der Mietpreise immer weitergeht, wird intensiv über ein staatliches Eingreifen diskutiert. So soll eine Mietpreisbremse die Mieten deckeln und unangebrachte Erhöhungen verhindern. Die Akteure wie Vermieter, Mieterbund und die verschiedenen Parteien haben dazu unterschiedliche Meinungen:

Pro Mietpreisbremse

Der Wunsch nach Schutz gehört nach der Theorie des US-amerikanischen Psychologen Abraham Maslow zu einem Grundbedürfnis des Menschen. Es ist also die Pflicht eines Staates, seinen Bürgern Wohnen in einem angemessenen Standard zu bezahlbaren Mietpreisen zu ermöglichen, ja zu garantieren. Die steigenden Preise zeigen, dass der Markt allein dies nicht mehr gerecht regeln kann. Nutzen Wohnungsvermieter die Mangelsituation insbesondere in Ballungsgebieten aus, so muss der Staat gegensteuern. Zudem führen dauerhaft steigende Mietpreise dazu, dass den Menschen weniger Geld zum Konsum anderer Güter und Dienstleistungen zur Verfügung steht. Das Argument, die Mietpreisbremse würde als Investitionshemmnis wirken, kann nicht hingenommen werden, da lediglich in Neubau und Modernisierung von Wohnungen investiert wird. Die Mietpreisbremse soll aber bei Wohnungen greifen, die ohne Investitionen und Veränderungen neu vermietet werden sollen.

Kontra Mietpreisbremse

Steigende Preise bei den Mieten sind die natürliche Folge der Knappheit von Wohnungen und damit eine normale Reaktion des Marktes. Eine künstliche Deckelung dieser Mietpreise führt nur zu einer noch größeren Nachfrage, die dann umso weniger bedient werden kann.
Und wenn der Vermieter einer Immobilie die Wahl hat, das Objekt an einen wohlhabenden Interessenten oder einen mit geringerem Einkommen zu vermieten, wird er sich aus Gründen der Sicherheit weiterhin für den ersten entscheiden.
Für ökonomisch schlechter gestellte Personen und Familien würde sich also nichts zum Besseren verändern.
Zudem sinken durch gedeckelte Mieten die Anreize für Investoren, neue Mietwohnungen auf den Markt zu bringen.
Für Eigentümer freiwerdender Wohnungen wird es interessanter, die Wohnung zu verkaufen als zu vermieten. Beides würde das Angebot an Mietwohnungen weiter verkleinern.
Nicht zuletzt würde sich durch die geringer werdenden Gewinnmöglichkeiten auch die Qualität von Mietwohnungen verschlechtern, da die Vermieter keinen Anreiz mehr haben, mehr als das Nötigste zur Renovierung der Wohnungen zu tun.

1 Arbeite die Argumente für und gegen die Mietpreisbremse heraus. (M 3)
2 Erkläre, wieso es als notwendig erachtet wurde, dass der Staat bei den steigenden Mieten eingreift. (M 1–M 3)
3 Bewerte die Argumente für und gegen die Mietpreisbremse. (M 3)

Webcode PE646098-191

Der Deutsche Bundestag spielt im parlamentarischen Regierungssystem der Bundesrepublik Deutschland eine zentrale Rolle. Seine Mitglieder sind durch die Wahl direkt vom Volk legitimiert, Entscheidungen für uns zu treffen. Hier ist der Ort, an dem die wichtigsten politischen Themen diskutiert werden. In einer Demokratie entscheidet in der Regel die Mehrheit. Über die Gesetzgebungsfunktion (Legislative) hinaus schreibt das Grundgesetz dem Bundestag noch weitere Aufgaben zu. Welche Rolle aber kommt den Parteien zu, die im Parlament in der Minderheit sind?

* Der **Bundeshaushaltsplan** wird jeweils am Ende des Kalenderjahres für das kommende Jahr verabschiedet. In ihm wird der voraussichtliche Finanzbedarf des Bundes festgestellt. Er beruht auf Prognosen der zukünftigen Einnahmen und Ausgaben des Bundes.

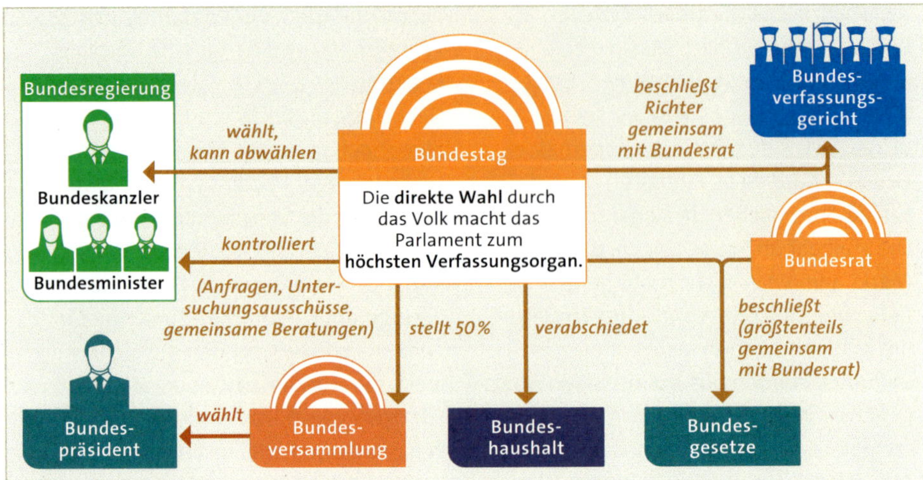

Quelle: Globus-Grafik 5831

M1 Aufgaben des Bundestages

Koalition aus Union und SPD wählt Angela Merkel erneut zur Bundeskanzlerin

Bund plant für 2019 Millionenausgaben für neue Autobahnen

Bundestag stimmt für höheren Mindestlohn

Grüne sprechen sich gegen Asylrecht-Verschärfung aus

Frank-Walter Steinmeier neuer Bundespräsident – große Mehrheit in der Bundesversammlung

Kanzlerin Merkel sagt vor dem NSU-Untersuchungsausschuss aus

M2 Schlagzeilen

Die Opposition im Bundestag – wer kontrolliert die Regierung?

Wenn man von der Kontrollfunktion des Bundestages gegenüber der Regierung spricht, so ist dies nur teilweise richtig. So verläuft die entscheidende Trennungslinie nicht zwischen Bundestag und Bundesregierung, sondern zwischen den Fraktionen*, die die Regierungsmehrheit stellen, und den übrigen Fraktionen, der sogenannten Opposition. Würde sich die Regierungsmehrheit gegen die Regierung stellen, würde sie damit ja zugestehen, den falschen Bundeskanzler gewählt zu haben. Die Kontrolle der Bundesregierung wird also hauptsächlich von den Oppositionsfraktionen ausgeübt.

* **Fraktion**
ein Zusammenschluss von Abgeordneten in einem Parlament, die in der Regel derselben Partei angehören

M 3 Kontrollrechte des Bundestages

Große Anfrage
Zu einem größeren Themenkomplex durch eine Fraktion bzw. mindestens 5 % der Abgeordneten

Untersuchungsausschuss
Bei Missständen im öffentlichen Leben oder Fehlverhalten von Personen wie Abgeordneten und Regierungsmitgliedern kann, bei mind. 25 % der Abgeordneten muss dieser eingesetzt werden

Kleine Anfrage
Schriftliche Anfrage zu konkreten Einzelthemen durch eine Fraktion bzw. mind. 5 % der Abgeordneten

Aktuelle Stunde
Debatte mit Kurzbeiträgen zu einem aktuellen Thema auf Verlangen einer Fraktion bzw. mind. 5 % der Abgeordneten

Normenkontrollverfahren
Bei Zweifeln über die Vereinbarkeit eines Gesetzes mit dem Grundgesetz kann der Bundestag dieses auf Antrag von mind. 25 % seiner Mitglieder vom Bundesverfassungsgericht prüfen lassen

Fragestunde
Einzelfragen zur mündlichen oder schriftlichen Beantwortung, von einzelnen Abgeordneten eingebracht

M 4 Die Opposition in der großen Koalition*

Selbstverständlich wird es auch in Zukunft nicht an Fällen fehlen, in denen die Opposition im Parlament an der Verfassungsmäßigkeit von der Mehrheit beschlossener Gesetze zweifelt – aber einen Antrag auf eine Karlsruher Normenkontrolle darf sie nicht stellen. Denn das Grundgesetz lässt als Antragsteller nur die Bundesregierung, eine Landesregierung oder „ein Viertel der Mitglieder des Bundestages" zu (Art. 93 GG). Da aber die beiden Oppositionsfraktionen der Linken und der Grünen gemeinsam nur etwa 20 Prozent der Mandate halten, ist ihnen der Gang nach Karlsruhe verwehrt. Weil die schwarz-rote Bundesregierung gewiss nicht die Verfassungsmäßigkeit der von den eigenen Fraktionen beschlossenen Gesetze bezweifeln wird, [...] ist das die Lage: Die, die klagen wollen, dürfen nicht, und die, die klagen dürfen, wollen nicht. Der Ausschluss der abstrakten Normenkontrolle ist eine von vielen Manifestationen der Schwäche der Opposition[...].

http://www.fr.de/politik/meinung/leitartikel/oppositionsrechte-gift-fuer-die-demokratie-a-347460 (Zugriff: 5.3.2017)

* **große Koalition**
eine Regierung, die sich aus den beiden größten Fraktionen des Bundestages zusammensetzt

1 Ordne die Schlagzeilen den Aufgaben des Bundestages zu.
2 Analysiert die Möglichkeiten der Opposition im Beispiel der Mietpreisbremse, ihre Meinung einzubringen.
3 Gestalte einen Brief an den Bundestagspräsidenten* und erläutere die Probleme, mit denen die Opposition in einer großen Koalition zu kämpfen hat.

* **Bundestagspräsident**
Ist der aus der Mitte des Bundestages gewählte Präsident, der unter anderem die Plenarsitzungen leitet

Zwischen Berlin und dem Wahlkreis – Alltag eines Abgeordneten

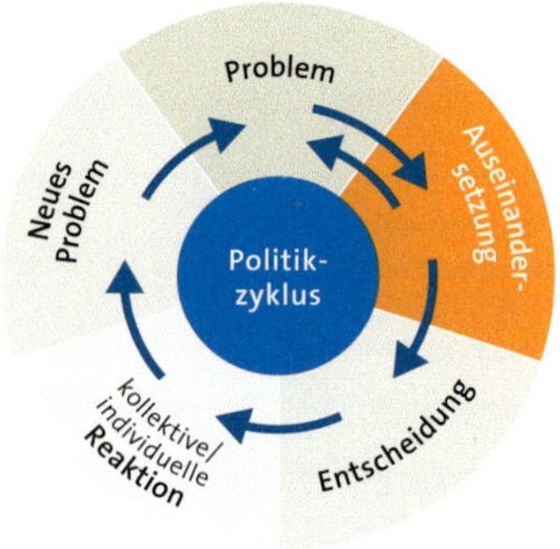

Immer wieder machen Bilder vom halbleeren Plenarsaal des Bundestages die Runde in den Medien und Vorwürfe werden laut, die Abgeordneten würden sich lieber medienwirksam in Talkshows zeigen als wirklich zu arbeiten. Auch den Vorwurf der Faulheit müssen sich viele Abgeordnete gefallen lassen. Doch wie sehen die Aufgaben eines Mitglieds des Parlaments eigentlich aus?

M1 Der Bundestag – Rede- oder Arbeitsparlament

Der Plenarsaal im Berliner Reichstagsgebäude mit der großen Adlerfigur an der Stirnseite – das ist der Ort, an den viele denken, wenn sie „Bundestag“ oder „Parlament“ hören. Blickt man nur auf das, was im Plenum geschieht, gewinnt man schnell den Eindruck, der Bundestag sei das, was man ein Redeparlament nennt. Von einem Redeparlament spricht man, wenn die parlamentarische Hauptarbeit in der Vollversammlung der Abgeordneten stattfindet, also in der öffentlichen Auseinandersetzung im Plenum. Das britische […] House of Commons ist ein gutes Beispiel für diesen Typ von Parlament. Dass das Reden überhaupt ein wichtiger Bestandteil des Parlamentarismus ist, steckt schon in der Bezeichnung „Parlament“, die sich vom lateinischen Wort für Gespräch ableitet. Schaut man ein wenig genauer auf die Arbeit im Bundestag, stellt man fest, dass das deutsche Parlament auch Merkmale eines Arbeitsparlaments hat. Ein Arbeitsparlament ist dadurch gekennzeichnet, dass der Großteil seiner Tätigkeit in Fachausschüssen abläuft. Die Hauptaufgabe eines solchen Parlaments ist die sachkundige Bearbeitung von Gesetzesvorlagen. Der US-amerikanische Congress ist ein typisches Arbeitsparlament. Der Bundestag aber scheint Rede- und Arbeitsparlament zugleich zu sein: Zum einen wird im Plenum vor den Augen der Öffentlichkeit debattiert […]. Eigene Argumente werden präsentiert, die Position der Gegenseite kritisiert. Die zivilisierte Auseinandersetzung ist eine Aufgabe einer Volksvertretung, denn auch in der Bevölkerung stoßen Interessen aufeinander. Dieser gesellschaftliche Streit findet sich im Parlament wieder. Was im Plenum geschieht, ist oft nur eine Darstellung und Verabschiedung von Entscheidungen, die andernorts vorbereitet wurden. Die weniger streitbetonte Sacharbeit, die dem Plenarbeschluss vorangeht, wird in den Fachausschüssen geleistet, an die das Plenum die eingebrachten Gesetzentwürfe überweist […]. Der Bundestag als Versammlung aller Parlamentarier stimmt dann über die Vorarbeit der Ausschüsse ab […]. Der Plenarsaal ist damit Ort der öffentlichen Debatte auf der einen Seite und der öffentlichen Entscheidung über Vorlagen, die in den Ausschüssen vorbereitet wurden, auf der anderen Seite. […] Dass bei vielen Abstimmungen nicht immer alle Parlamentarier anwesend sind (manchmal sogar nur ein Bruchteil), hängt mit der von allen Fraktionen akzeptierten Arbeitsweise im Bundestag zusammen, die eben außerhalb des Plenarsaals noch weitere wichtige Arbeitsorte kennt und bei der die Plenarverhandlungen in den Fraktionen und Ausschüssen vorbereitet werden.

Quelle: Der Deutsche Bundestag – wie parlamentarische Demokratie funktioniert. 2016

M 2 Exemplarische Wochenkalender eines Mitglieds des Bundestages (MdB)

Sizungswoche	
Montag	
09:00	Mitarbeiterbesprechung Arbeitsgruppe Kultur
10:30	Büro – Vorbereitung der Rede für Donnerstag
12:00	Mitarbeiterberatung AG Bildung/Forschung
13:00	Gespräch Studentenwerk
14:30	Anhörung Ausschuss Wirtschaft/Arbeit
17:00	Sitzung Fraktionsvorstand
Dienstag	
08:30	Sitzung AG Kultur
10:00	Sitzung AG Bildung/Forschung
15:00	Fraktionssitzung
19:00	Parlamentarischer Abend Journalistenverband
Mittwoch	
07:30	Frühstück mit Staatssekretär
09:00	Sitzung Ausschuss Bildung/Forschung
13:00	Fragestunde Plenarsaal
15:00	Sitzung Ausschuss Kultur/Medien
17:30	Gespräch im Bundeskanzleramt
20:00	Koalitionsrunde im Ministerium Bildung und Forschung
Donnerstag	
08:00	Frühstück mit Medienvertretern zum Datenschutz
09:00	Beginn Plenarsitzung Bundestag im Plenarsaal
11:00	Rede im Plenum
12:30	Mittagessen mit Siemensvertretern
15:00	Sitzung Unterausschuss „Neue Medien“
17:00	Sitzung AG Bildung/Forschung
Freitag	
09:00	Plenarsitzung Bundestag im Plenarsaal
11:00	Gespräch Bundesbeauftragter Datenschutz
13:00	Mittagessen mit Besuchergruppe
17:00	Empfang Humboldt-Universität
19:00	Rückflug nach Stuttgart

Sitzungsfreie Woche	
Montag	
09:00	Bürobesprechung Wahlkreisbüro
11:00	Montagsrunde Partei-Landesgeschäftsstelle
13:00	Treffen Landesvorstand
15:00	Betriebsbesichtigung
17:00	Büro
20:00	Kreisvorstandssitzung der Partei
Dienstag	
09:00	Büro
10:00	Treffen mit der Handwerkskammer
12:00	Rede schreiben für Landesparteitag
16:00	Treffen mit Werbeagentur
18:00	Büro
Mittwoch	
09:30	Besuch Klasse 9b Schillergymnasium
11:00	Pressekonferenz
13:00	Mittagessen französisches Konsulat
16:30	Besichtigung der neuen Kläranlage
18:00	Büro
19:30	Jahreshauptversammlung Freiw. Feuerwehr
20:30	Pressetermin ortsansässiger Fußballverein
Donnerstag	
09:00	Treffen
12:00	Meeting in der Steuerberaterkammer
14:00	Büro
16:00	Bürgersprechstunde
18:00	Ortsvorstandssitzung Feuerbach
20:00	Podiumsdiskussion Bildungspolitik
Freitag	
09:00	Vorstellungsgespräch Wahlkreismitarbeiter
10:30	Endfassung Rede Parteitag
12:00	Treffen mit Bürgermeister
18:00	Geburtstag Kreisvorsitzender Meier

1 Charakterisiere mithilfe der Bilder sowie **M 1** und **M 2** die Arbeit eines Bundestagsabgeordneten.

2 Erläutere mithilfe von **M 1**, warum man den Deutschen Bundestag als eine Mischform aus Arbeits- und Redeparlament bezeichnet.

3 Gestalte die schriftliche Antwort eines Bundestagsabgeordneten auf den Vorwurf der Faulheit seitens eines Wählers aus seinem Wahlkreis.

4 Vergleiche die Informationen von **M 2** mit der Arbeit des Abgeordneten in deinem Wahlkreis mithilfe seiner Internetseite.

Dem Gewissen oder der Fraktion verpflichtet?

Prinzipiell ist ein Abgeordneter des Bundestages ausschließlich seinem Gewissen verpflichtet. Dies sagt zumindest das Grundgesetz. Durch seine Zugehörigkeit zu einer Fraktion und der dahinterstehenden Partei ist seine Einstellung und Meinung aber natürlich auch an deren Grundorientierung gebunden. Oft wird bei Abstimmungen sogar vom Fraktionszwang gesprochen. Wie äußert sich dieser Konflikt in der Realität?

★ **Art. 38 Abs. 1 GG**
Die Abgeordneten des Deutschen Bundestages werden in allgemeiner, unmittelbarer, freier, gleicher und geheimer Wahl gewählt. Sie sind Vertreter des ganzen Volkes, an Aufträge und Weisungen nicht gebunden und nur ihrem Gewissen unterworfen.

★ **Korpsgeist**
beschreibt ein besonders ausgeprägtes „Wir-Gefühl" in einer Gruppe

„Im Bundestag und in allen von ihm beschickten Gremien stimmen die Koalitionsfraktionen einheitlich ab."

Aus den Koalitionsverträgen der drei letzten Regierungskoalitionen auf Bundesebene

„Ich fühle mich in meinen Entscheidungen als Bundestagsabgeordneter völlig frei. Die Freiheit des Mandats kann mir niemand nehmen – außer die Wähler selbst."

Klaus-Peter Willsch, MdB für die CDU

„Wir diskutieren, streiten und stimmen ab, aber am Schluss muss die Minderheit mit der Mehrheit stimmen. Jeder bestimmt selbst, was für ihn eine Gewissensfrage ist. Aber ich werbe dennoch für Geschlossenheit. Das hat auch mit dem Korpsgeist★ zu tun, den eine gute Truppe haben sollte."

Volker Kauder, Vorsitzender der CDU/CSU-Bundestagsfraktion

Wieso soll sich ein Abweichler auf sein Gewissen berufen müssen? Es reicht doch zu sagen: Das ist für mich eine wichtige Entscheidung. Und dann sollte er so stimmen dürfen, wie er es für richtig hält."

Hans-Christian Ströbele, früheres MdB für Bündnis 90/Die Grünen

M1 Aussagen von Politikern

M2 Karikatur: Klaus Stuttmann, Angela Merkel und Volker Kauder (beide CDU)

M 3 Interview mit Verfassungsrechtler Professor Christoph Degenhart

Herr Professor Degenhart, nimmt man das Grundgesetz wörtlich, dann sind die Abgeordneten im Bundestag „an Aufträge und Weisungen nicht gebunden und nur ihrem Gewissen unterworfen". Darf es so etwas wie den Fraktionszwang überhaupt geben?
Man muss das realistisch sehen: Der Abgeordnete ist auch ein Vertreter einer Partei und Mitglied einer Fraktion, was ein gewisses Spannungsverhältnis zum freien Mandat bedeutet. Der Zusammenhalt innerhalb der Fraktion ist notwendig für den Parlamentsbetrieb. Es ist also durchaus legitim, dass der Fraktionsvorsitzende Einfluss auf die Abgeordneten nimmt und an ihre Geschlossenheit appelliert. Man muss jedoch unterscheiden: Fraktionsdisziplin ist legitim, Fraktionszwang, wenn er etwa zum erzwungenen Mandatsverzicht führt, nicht. […]
Ist ein Abgeordneter, der über die Landesliste in den Bundestag gekommen ist, damit nicht weniger frei, als einer, der über ein Direktmandat eingezogen ist?
Rechtlich gesehen: Nein. Faktisch und politisch gesehen ist jedoch ein Abgeordneter, der über die Landesliste ins Parlament gewählt wurde, deutlich abhängiger von der Parteispitze und von seiner Fraktion.
Hat der Fraktionschef der Union, Volker Kauder, mit seiner Drohung, Abgeordnete, die gegen Griechenland-Hilfen★ gestimmt haben, aus Ausschüssen abzuziehen, eine rote Linie überschritten?
Ja. Mit dieser Androhung ist er meines Erachtens zu weit gegangen. Einen Abgeordneten aus einem Ausschuss zurückzuziehen, bedeutet doch einen wesentlichen Eingriff in seine Abgeordnetenstellung. Mit derartigen Sanktionen zu drohen, läuft auf unzulässigen Fraktionszwang hinaus.
Mitunter wird explizit vor Gewissensentscheidungen die Abstimmung „freigegeben". Was versteht man unter einer Gewissensentscheidung?
Der Abgeordnete ist stets einem Gewissen verpflichtet; in bestimmten, weltanschaulich umstrittenen Fragestellungen wird dem Abgeordneten jedoch keine bestimmte Parteilinie vorgegeben. Die Abstimmungen zur Abtreibung, auch Fragen der Präimplantationsdiagnostik★ oder auch der Sterbehilfe könnten hierunter fallen. Dies ist aber keine Frage des Verfassungsrechts.
War die Abstimmung zu Griechenland eine Gewissensentscheidung?
Hier wurde die Abstimmung nicht in diesem Sinn „freigegeben" – gleichwohl kann es für den einzelnen Abgeordneten durchaus eine Gewissensfrage sein, was er in dieser Frage gegenüber dem Wähler vertreten kann.

http://www.handelsblatt.com/politik/deutschland/verfassungsrechtler-im-interview-kauder-hat-rote-linie-ueberschritten/12169344.html (Zugriff: 1.6.2017)

★ **Griechenland-Hilfe** bezeichnet eine Reihe von Finanzhilfen für den stark verschuldeten EU-Mitgliedstaat Griechenland, über die der Bundestag abstimmen musste

★ **Präimplantationsdiagnostik** Methoden, die bei der Entscheidung helfen sollen, ob ein bei einer künstlichen Befruchtung erzeugter Embryo in die Gebärmutter eingepflanzt werden soll

1 Diskutiert, ob es wichtig ist, in einer Interessensgruppe (Fußballverein etc.) immer einer Meinung zu sein.
2 Beurteilt die Zitate (M 1) und überprüft, inwiefern sie mit dem Grundgesetz übereinstimmen.
3 Analysiert die Karikatur M 2.
4 Arbeitet Professor Degenharts Standpunkte in Bezug auf Koalitionszwang aus M 3 heraus.
5 Diskutiert, was eine politische Entscheidung zu einer „Gewissensfrage" macht.

Auch wenn der Bundestag das Zentrum der Demokratie darstellt und die politischen Einstellungen der Bevölkerung widerspiegelt, so steht doch eine andere Institution im Mittelpunkt der Aufmerksamkeit von Medien und Bevölkerung: die Bundesregierung, bestehend aus dem Bundeskanzler/der Bundeskanzlerin und den Ministern.

Bildung einer Regierungskoalition

Bisher gelang es nur einmal – 1957 – der CDU/CSU, alleine eine Mehrheit im Bundestag zu erlangen und so die Regierung bilden zu können. Sonst waren immer Koalitionen nötig, also der Zusammenschluss zweier oder mehrerer Parteien, um dieses Ziel zu erreichen. Diese Koalitionen müssen sich in Verhandlungen auf zahlreiche Eckpunkte und Ziele ihrer Regierungsarbeit einigen. Diese werden in einem Koalitionsvertrag festgehalten. Sobald dieser unterzeichnet wird, ist der Weg frei für die Wahl des Bundeskanzlers im Bundestag.

M1 Wahl des Bundeskanzlers im GG

Artikel 63
(1) Der Bundeskanzler wird auf Vorschlag des Bundespräsidenten vom Bundestage ohne Aussprache gewählt.
(2) Gewählt ist, wer die Stimmen der Mehrheit der Mitglieder des Bundestages auf sich vereinigt. Der Gewählte ist vom Bundespräsidenten zu ernennen.

Artikel 64
(1) Die Bundesminister werden auf Vorschlag des Bundeskanzlers vom Bundespräsidenten ernannt und entlassen.

Artikel 69
(1) Der Bundeskanzler ernennt einen Bundesminister zu seinem Stellvertreter.
(2) Das Amt des Bundeskanzlers oder eines Bundesministers endigt in jedem Falle mit dem Zusammentritt eines neuen Bundestages [...].

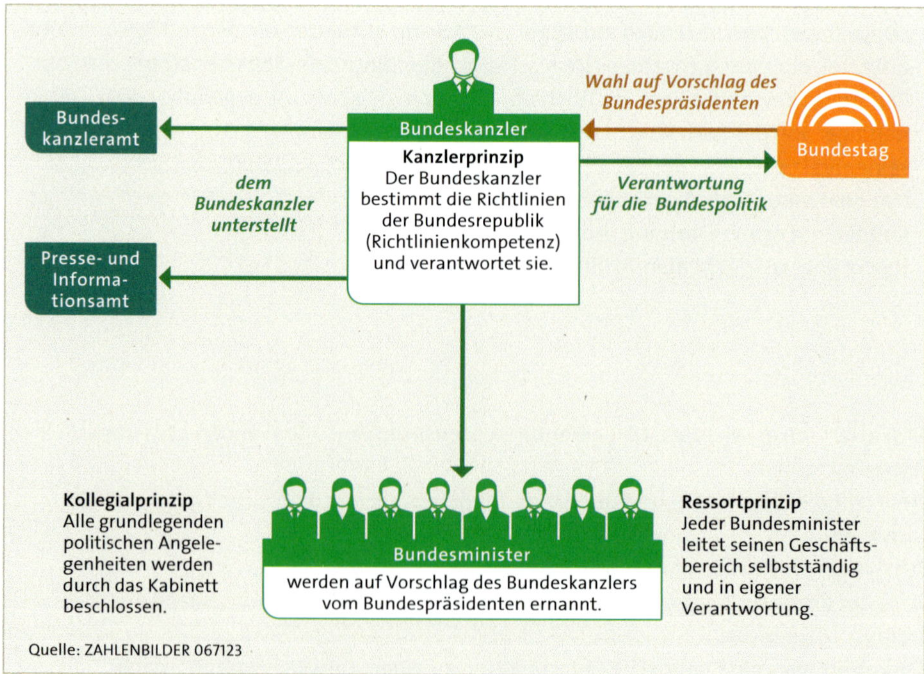

M2 So arbeitet die Bundesregierung

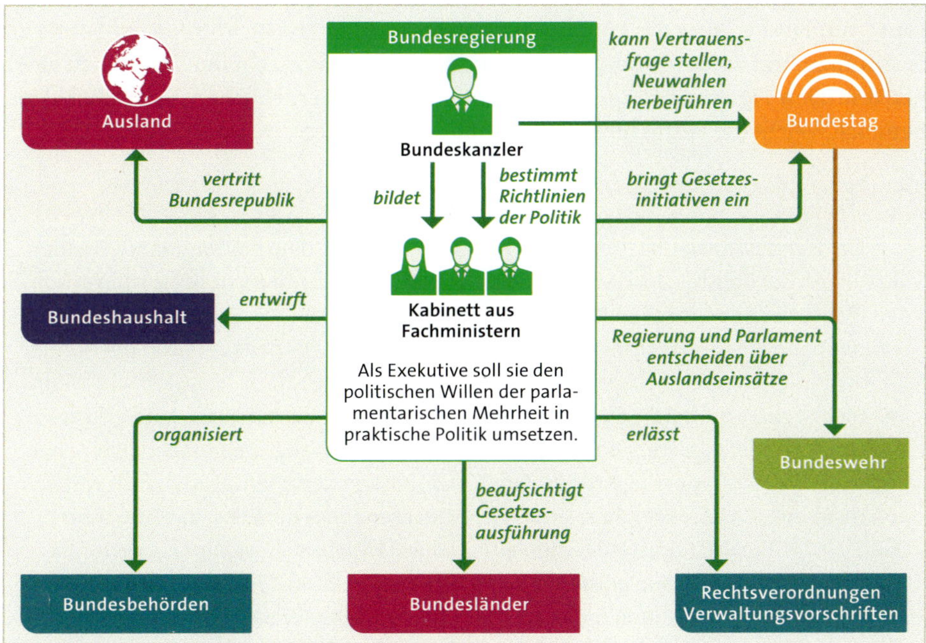

Auswahl der wichtigsten Aufgaben; Quelle: Globus-Grafik 11611

* **Rechtsverordnungen**
Sind für jeden verbindliche Anordungen, die nicht vom Parlament, sondern von der Regierung erlassen werden. Sie basieren jedoch stets auf Gesetzen.

M 3 Aufgaben der Bundesregierung

Kanzlerin Merkel zu Besuch bei US-Präsident

Koalition will Mieten per Gesetz deckeln

Präsident des Bundeskriminalamts entlassen

Finanzminister Schäuble kann für das kommende Jahr mit noch mehr Geld rechnen

Bundesregierung plant Verlegung von 400 Soldaten nach Jordanien

Familienministerin arbeitet an Verordnung zu neuem Pflegegesetz

M 4 Schlagzeilen

1 Stelle den Prozess der Wahl des Bundeskanzlers und der Regierungsbildung auf Basis von M 1 und M 2 übersichtlich grafisch dar.
2 Erkläre, inwieweit die Prinzipien, nach denen die Bundesregierung zusammenarbeitet, miteinander kollidieren können.
3 Ordne die Zeitungsüberschriften den Aufgaben der Bundesregierung zu (M 3 und M 4).
4 Recherchiere, welche Ministerien die aktuelle Regierung beinhaltet, und finde heraus, wer sie leitet.

Bundeskanzler – das mächtigste Amt des Landes?

Laut Grundgesetz ist es die Aufgabe des Bundeskanzlers, die Richtlinien der Politik zu bestimmen und dafür die Verantwortung zu tragen. Dies macht den Kanzler zu einer der zentralen Figuren der deutschen Politik mit einer erheblichen Machtfülle. Und dennoch weicht die Verfassungsrealität häufiger von dieser Verfassungsnorm ab.

★ **Verfassungsnorm**
die Regelungen und Grundsätze, die in der Verfassung/dem Grundgesetz niedergeschrieben sind

★ **Verfassungsrealität**
bezeichnet die realen und tatsächlichen Gegebenheiten des politischen Systems

M 1 Die Stellung des Bundeskanzlers im Grundgesetz

[...] „Der Bundeskanzler bestimmt die Richtlinien der Politik". Doch erst unter den institutionenpolitischen Rahmenbedingungen des Grundgesetzes kommt die Richtlinienkompetenz zum Tragen: Erst hier ist das politische Schicksal jedes einzelnen Bundesministers unmittelbar und ausschließlich vom Regierungschef abhängig. Art. 64 GG regelt kurz und bündig: „Die Bundesminister werden auf Vorschlag des Bundeskanzlers vom Bundespräsidenten ernannt und entlassen." Nur der Bundeskanzler selbst steht gegenüber dem Bundestag in der unmittelbaren Verantwortung. In letzter Instanz hängt jeder Bundesminister vom Vertrauen des Bundeskanzlers ab. Dies verbürgt seine herausragende Stellung gegenüber den Kabinettskollegen. Er ist nicht nur „Erster unter Gleichen", sondern hat eine prädominante Position inne. Nicht zu Unrecht hatte man schon in den 1950er-Jahren mit Blick auf die Kanzlerschaft Adenauers von der Bonner „Kanzlerdemokratie" gesprochen. Wenn hier auch zunächst ein negativer Unterton mitschwang, so herrscht inzwischen unter den Kommentatoren doch weitestgehender Konsens, dass die Lehren, die die Verfassungsväter aus dem Scheitern des ersten deutschen Demokratieversuchs von Weimar zogen, richtig waren: dass die starke Position des Kanzlers wesentlich zur Stabilität der Regierung beiträgt und dass diese wiederum die unabdingbare Voraussetzung für erfolgreiches Regieren überhaupt darstellt.

Andersen, Uwe/Wichard Woyke (Hg.): Handwörterbuch des politischen Systems der BRD

M 2 Das konstruktive Misstrauensvotum

Artikel 67 GG
(1) Der Bundestag kann dem Bundeskanzler das Misstrauen nur dadurch aussprechen, dass er mit der Mehrheit seiner Mitglieder einen Nachfolger wählt und den Bundespräsidenten ersucht, den Bundeskanzler zu entlassen. Der Bundespräsident muss dem Ersuchen entsprechen und den Gewählten ernennen.

M 3 Die Vertrauensfrage

Artikel 68 GG
(1) Findet ein Antrag des Bundeskanzlers, ihm das Vertrauen auszusprechen, nicht die Zustimmung der Mehrheit der Mitglieder des Bundestages, so kann der Bundespräsident auf Vorschlag des Bundeskanzlers binnen einundzwanzig Tagen den Bundestag auflösen. Das Recht zur Auflösung erlischt, sobald der Bundestag mit der Mehrheit seiner Mitglieder einen anderen Bundeskanzler wählt.

Die Stellung des Bundeskanzlers in der Realität

Während sich der erste Bundeskanzler der Bundesrepublik, Konrad Adenauer, noch häufig auf die Richtlinienkompetenz berufen hatte, wird von diesem Konzept, geschweige denn dem Begriff, heute kaum noch Gebrauch gemacht. Zum einen, weil diese Kompetenz bereits im Grundgesetz selbst eingeschränkt ist (durch das föderalistische System und die Gewaltenteilung), zum anderen weil der Bundeskanzler stets abhängig ist von der Unterstützung des Koalitionspartners, ggf. der Koalitionspartner. Dies macht Kompromisse und Absprachen in vielen Politikbereichen nötig, die sich im Koalitionsvertrag wiederfinden. Auch auf den Rückhalt der eigenen Fraktion ist der Bundeskanzler angewiesen, da ihm sonst bei Abstimmungen im Bundestag die Mehrheit verwehrt bleiben kann.

Zudem ist er bei der Wahl der Minister nicht völlig frei, da der Koalitionspartner seine Minister in den ihm zugesprochenen Ressorts selbst bestimmen darf. Und auch innerhalb der eigenen Partei muss Rücksicht genommen werden auf verschiedene Landesverbände und rechte und linke Parteiflügel.

Nicht zuletzt nehmen auch Interessensverbände massiv Einfluss auf das politische System und schränken damit dessen Selbstständigkeit – und damit auch die des Kanzlers – ein.

* **Ressort**
ein anderer Begriff für ein Ministerium eines bestimmten Fachbereiches (z. B. Finanzressort)

* **Parteiflügel**
Gruppierungen innerhalb der Partei, die eine bestimmte politische Richtung vertreten

M4 Die Bundeskanzler der Bundesrepublik Deutschland

1 **a** Nennt Begriffe, die ihr mit dem Wort „Bundeskanzler" verbindet.
b Vergleicht eure Vorstellungen mit den Aussagen von **M1**.

2 Stelle die Instrumente „Vertrauensfrage" und „konstruktives Misstrauensvotum" grafisch dar (**M2**, **M3**).

3 Überprüfe anhand von **M1–M4**, ob das Amt des Bundeskanzlers das mächtigste in Deutschland ist. Vergleiche dazu auch die Begriffe Verfassungsnorm und Verfassungsrealität.

4 Ordnet die folgenden zentralen Themen den Amtszeiten der jeweiligen Bundeskanzler zu und recherchiert weitere Informationen darüber für einen Kurzvortrag: Europäische Staatsschuldenkrise, Westbindung, Wiedervereinigung, Agenda 2010, RAF-Terrorismus, erste Große Koalition, Ostverträge, erste Wirtschaftskrise der Nachkriegszeit.

+ ZUSATZAUFGABE Erörtere, ob die mögliche Anzahl der Wiederwahlen des Bundeskanzlers begrenzt werden soll.

Ein langer Weg – wie Gesetze entstehen

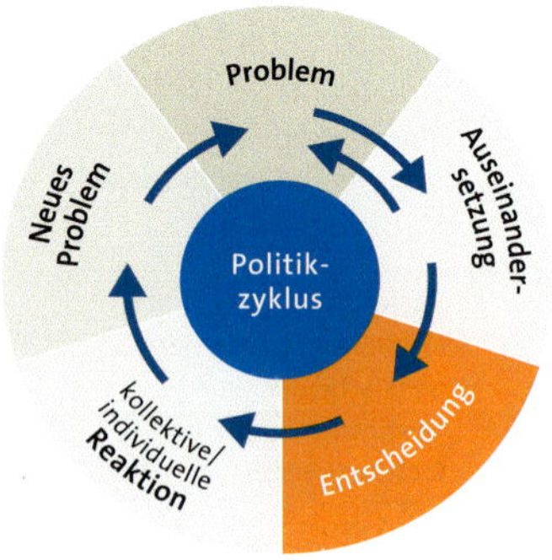

Der Gesetzgebungsprozess in Deutschland wirkt sehr komplex. Dies ist mit der Vielzahl an Institutionen zu begründen, die daran beteiligt sind. Damit soll sichergestellt sein, dass Gesetze nicht leichtfertig und von einzelnen kleinen Gruppierungen verabschiedet werden können.

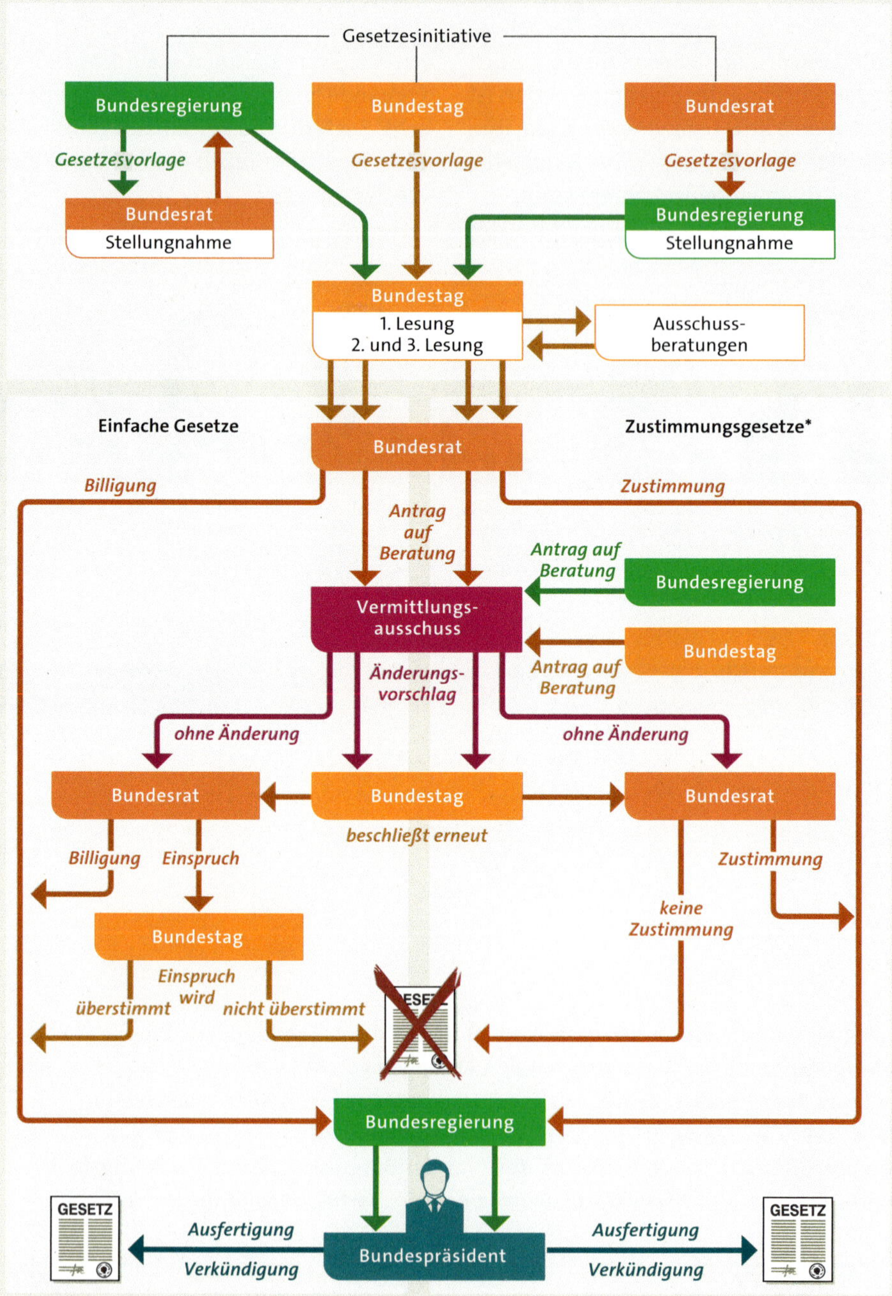

*Bundesgesetze, die (auch) die Angelegenheiten der Länder berühren. Zustimmungsgesetze erfordern deshalb nicht nur eine Mehrheit im Bundestag, sondern auch im Bundesrat.
Verfassungsändernde Gesetze erfordern eine Zweidrittelmehrheit im Bundesrat und im Bundestag.
Quelle: ZAHLENBILDER 066005

M1 Gesetzgebungsverfahren

* **Vermittlungsausschuss**
ein gemeinsames Gremium des Bundestages und des Bundesrates, das bei Uneinigkeiten im Gesetzgebungsprozess zwischen den beiden vermittelt

Mehr zum Thema
Film: Gesetzgebung … einfach erklärt

Webcode PE646098-203

M 2 Etappen des Gesetzes zur Einführung der Mietpreisbremse

Länderkammer billigt Gesetzentwurf nach Zustimmung des Bundestages

Mietpreisbremse nach Ausfertigung durch Bundespräsident Gauck in Kraft getreten

Bundesregierung legt Entwurf zur Regulierung von Mietpreisen vor.

Bundesrat veröffentlicht zwölfseitige Empfehlungen in Stellungnahme zu Gesetzentwurf

Regierungsmehrheit im Bundestag stimmt deutlich für den Gesetzentwurf

Gesetzentwurf zur Mietpreisbremse nach der ersten Lesung an Ausschuss für Recht und Verbraucherschutz verwiesen

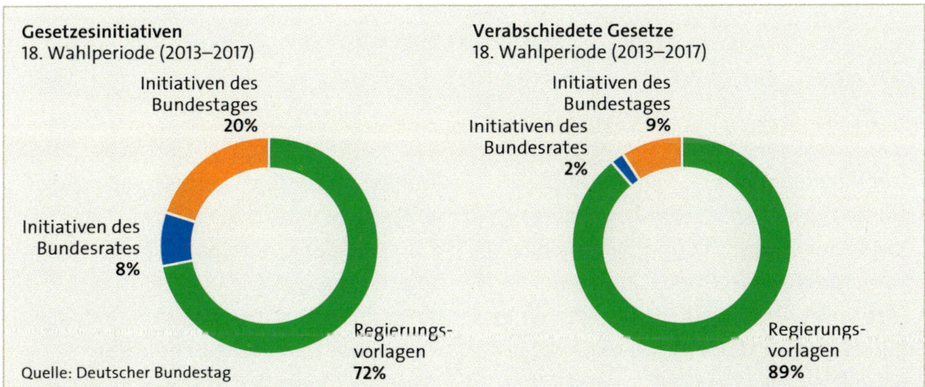

M 3 Gesetze in der 18. Wahlperiode

1 Ordne den einzelnen Schritten des Gesetzgebungsverfahrens die passenden Zeitungsmeldungen (M 2) zu.

2 Erkläre, wieso eine Gesetzesinitiative, die von der Bundesregierung gestellt wird, eine große Erfolgschance hat. Gehe dabei auf die Verschränkung der verschiedenen Institutionen ein.

3 Nach der ersten Lesung kommt ein Gesetz in die zuständigen Bundestagsausschüsse. Recherchiert deren Zusammensetzung und deren Aufgaben und stellt eure Ergebnisse der Klasse vor.

4 Erörtert, inwieweit das Gesetzgebungsverfahren auf Bundesebene zu einem Ausgleich der unterschiedlichen Interessen beitragen kann.

Welchen Beitrag leisten die Bundesländer zur Problemlösung?

Die Bundesrepublik Deutschland ist ein föderalistischer Staat. Dies bedeutet, dass die einzelnen Bundesländer bestimmte Rechte und eine begrenzte Eigenständigkeit haben und nicht alles von der Bundesregierung in Berlin entschieden werden kann. Wie äußert sich dieser Föderalismus konkret in der Politik?

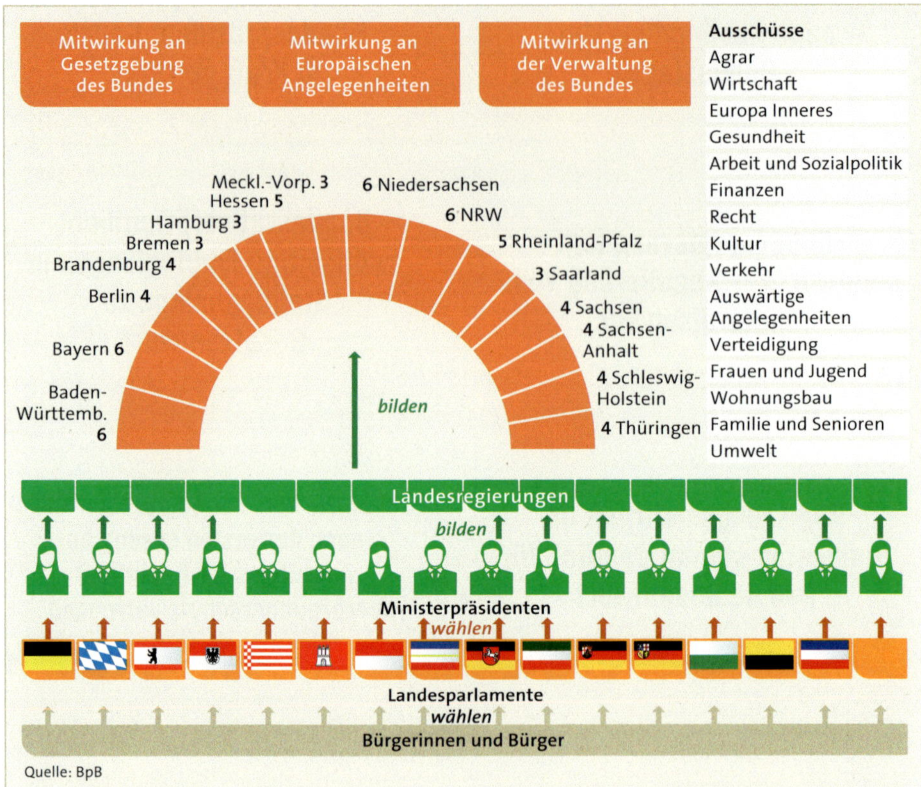

M1 Aufgaben und Organisation des Bundesrates

M2 Zusammensetzung des Bundesrates

Der Bundesrat ist ein „Parlament der Länderregierungen". Nur wer in einer Landesregierung Sitz und Stimme hat, kann Mitglied des Bundesrates sein (Artikel 51 Abs. 1 GG). Die Opposition in den einzelnen Ländern hat keine Möglichkeit, sich im Bundesrat unmittelbar Gehör zu verschaffen.

Gemäß Artikel 51 Absatz 2 des Grundgesetzes hat jedes Land mindestens drei Stimmen, Länder mit mehr als zwei Millionen Einwohnern haben vier, Länder mit mehr als sechs Millionen Einwohnern fünf, Länder mit mehr als sieben Millionen Einwohnern sechs Stimmen. [...]

„Bundesrats-Wahlen" gibt es nicht. Der Bundesrat kennt deshalb auch keine Wahlperioden. Er ist verfassungsrechtlich gesehen ein „ewiges Organ", das sich aufgrund der Landtagswahlen von Zeit zu Zeit erneuert. Die Wahlen zum Landesparlament haben dadurch stets auch eine bundespolitische Bedeutung.

Die Wähler entscheiden zwar in erster Linie über die Zusammensetzung des Landtages und darüber, wer im Land regieren soll; indirekt wird damit aber zugleich festgelegt, wer im Bundesrat Sitz und Stimme erhält, denn die Mehrheit im Landesparlament bestimmt die Landesregierung, die ihrerseits die Bundesratsmitglieder aus ihrer Mitte bestellt (Artikel 51 Abs. 1 GG).

http://www.bundesrat.de/DE/bundesrat/verteilung/verteilung-node.html (Zugriff: 1.8.2017)

M 3 Zustimmungs- und Einspruchsgesetze

Die Eingangsformel eines jeden Gesetzes lässt erkennen, ob es sich um ein zustimmungsbedürftiges oder nicht zustimmungsbedürftiges Gesetz handelt. Sie lautet entweder „Der Bundestag hat mit Zustimmung des Bundesrates das folgende Gesetz beschlossen" oder „Der Bundestag hat das folgende Gesetz beschlossen". Die Unterscheidung von Zustimmungs- und Einspruchsgesetzen ist wichtig für die Art des Zusammenwirkens von Bundestag und Bundesrat im Gesetzgebungsverfahren.

Zustimmungsgesetze

Der verfassungspolitische Rang und die Bedeutung des Bundesrates ergeben sich hauptsächlich aus seinen Mitentscheidungsrechten bei Zustimmungsgesetzen. Diese Gesetze können nur zustande kommen, wenn Bundesrat und Bundestag sich einig sind. Bei einem endgültigen Nein des Bundesrates sind Zustimmungsgesetze gescheitert. Welche Gesetze zustimmungsbedürftig sind, ist ausdrücklich und abschließend im Grundgesetz geregelt. Es lassen sich drei Gruppen unterscheiden:

- Gesetze, die die Verfassung ändern.
- Gesetze, die Auswirkungen auf die Finanzen der Länder haben.
- Gesetze, für deren Umsetzung in die Organisations- und Verwaltungshoheit der Länder eingegriffen wird.

Einspruchsgesetze

Das Grundgesetz geht vom Grundfall des nicht zustimmungsbedürftigen Gesetzes aus. Gesetze, die der ausdrücklichen Zustimmung des Bundesrates bedürfen, sind nämlich explizit im Grundgesetz aufgeführt. Alle Gesetze, die nicht einer der dort genannten Materien zugeordnet werden können, sind demnach sogenannte Einspruchsgesetze. Der Einfluss des Bundesrates ist geringer als bei zustimmungsbedürftigen Gesetzen. Er kann seine abweichende Meinung dadurch zum Ausdruck bringen, dass er Einspruch gegen das Gesetz einlegt. Der Einspruch des Bundesrates kann durch den Deutschen Bundestag überstimmt werden.

http://www.bundesrat.de/DE/aufgaben/gesetzgebung/zust-einspr/zust-einspr.html?nn=4353684 (Zugriff: 1.8.2017)

M 5 Plenarsaal des Bundesrates

Mehr zum Thema
Film: Landtagswahlen ... einfach erklärt

Webcode PE646098-205

M 4 Die Stimmabgabe im Bundesrat

Jedes Land kann seine Stimmen nur einheitlich abgeben, so schreibt es das Grundgesetz vor. Die Landesregierungen müssen sich also vor den Abstimmungen im Bundesrat darüber einigen, wie die Stimmen abgegeben werden sollen. Insbesondere für Koalitionsregierungen kann das Abstimmungsverhalten im Bundesrat zu schweren Belastungen führen und sogar zur Zerreißprobe werden.

http://www.bundesrat.de/DE/bundesrat/br-plenum/stimmabgabe/stimmabgabe-node.html (Zugriff: 1.8.2017)

1 Stelle dar, wie sich der Bundesrat zusammensetzt. (**M 1**, **M 2**)

2 Erkläre, wieso man den Bundesrat als „ewiges Organ" bezeichnen kann. (**M 2**)

3 a Vergleiche Zustimmungs- und Einspruchsgesetze miteinander und ordne das Gesetz (§556d BGB: zulässige Miethöhe bei Mietbeginn) den beiden Kategorien von Gesetzen zu. (**M 3**)

b Recherchiert, wie die einzelnen Länder beim Gesetz zur Mietpreisbremse abgestimmt haben.

4 Begründe, wieso die Landesregierungen ihre Stimmen jeweils einheitlich abgeben müssen. (**M 4**)

+ ZUSATZAUFGABE Erörtere, ob die Einbeziehung der Länder den Gesetzgebungsprozess ineffizient macht.

Der Bundespräsident – Staatsoberhaupt ohne Einfluss?

Staatsoberhaupt. Eine Amtsbezeichnung, die zunächst sowohl eindrucksvoll klingt, als auch sehr viel Macht impliziert. Und dennoch tritt der Bundespräsident in Deutschland oft nur sehr sporadisch als zentraler Akteur im politischen System auf.

M 1 Die Rolle des Bundespräsidenten

[...] Was wollten die Väter und Mütter des Grundgesetzes? Die Verfassung steht in der deutschen Verfassungsgeschichte. Also zunächst einmal auf den Füßen der Weimarer Reichsverfassung, die der Form nach auch die nationalsozialistische Herrschaft überlebte. Das Amt des Bundespräsidenten ist mit Blick auf die Erfahrungen mit dem Reichspräsidenten geschaffen worden. Nach der Weimarer Verfassung sollte der Reichspräsident als unmittelbar vom Volk gewähltes Staatsoberhaupt ein Gegengewicht zum Reichstag bilden. [...] Theodor Heuss sah seine Rolle im Rückblick gar als die eines „staatlich-dynamischen Gegenspielers". Das geht nicht ohne Befugnisse. Doch gerade die umfangreichen Kompetenzen des direkt vom Volk gewählten Weimarer Reichspräsidenten – das Recht, das Parlament aufzulösen, mit Notverordnungen zu regieren, der Oberbefehl über die Streitkräfte – waren es, die aus Nachkriegssicht seinerzeit zum Untergang der Republik beitrugen. Das sollte unter dem Grundgesetz vermieden werden. Also keine Direktwahl und weniger Macht. Aber das Amt sollte erhalten bleiben. Der Bundespräsident sollte nach der Vorstellung des Parlamentarischen Rates die „Volkseinheit" repräsentieren – und deshalb nicht parlamentarisch verantwortlich und gegenüber anderen Organen möglichst unabhängig sein. Er verkörpert die Einheit des Staates. [...] Autorität und Würde des Amtes, so befand erst unlängst das Bundesverfassungsgericht, „kommen indes gerade auch darin zum Ausdruck, dass es auf vor allem geistig-moralische Wirkung angelegt ist". [...] Doch er hat eine ganze Reihe von ausdrücklichen verfassungsrechtlichen Befugnissen. Er schlägt nicht nur den Bundeskanzler zur Wahl vor und ernennt (was er theoretisch auch ablehnen könnte); er ernennt und entlässt Bundesminister, Soldaten und Bundesbeamte. Der Präsident vertritt Deutschland völkerrechtlich; er kann unter bestimmten Voraussetzungen den Bundestag auflösen und den Gesetzgebungsnotstand ausrufen. [...]
Der Präsident ist ein eigenständiger Hüter der Verfassung – was sich auch darin zeigt, dass er nicht abgewählt werden kann. Er kann allenfalls unter den engen Voraussetzungen der Präsidentenanklage seines Amtes enthoben werden. [...] Das ist nur durch das Bundesverfassungsgericht möglich, und Karlsruhe wacht auch über die Grenzen des Amtes. Als Joachim Gauck vor Berufsschülern eine Frage zur NPD gestellt bekam und

M 2 Die Rolle des Bundespräsidenten

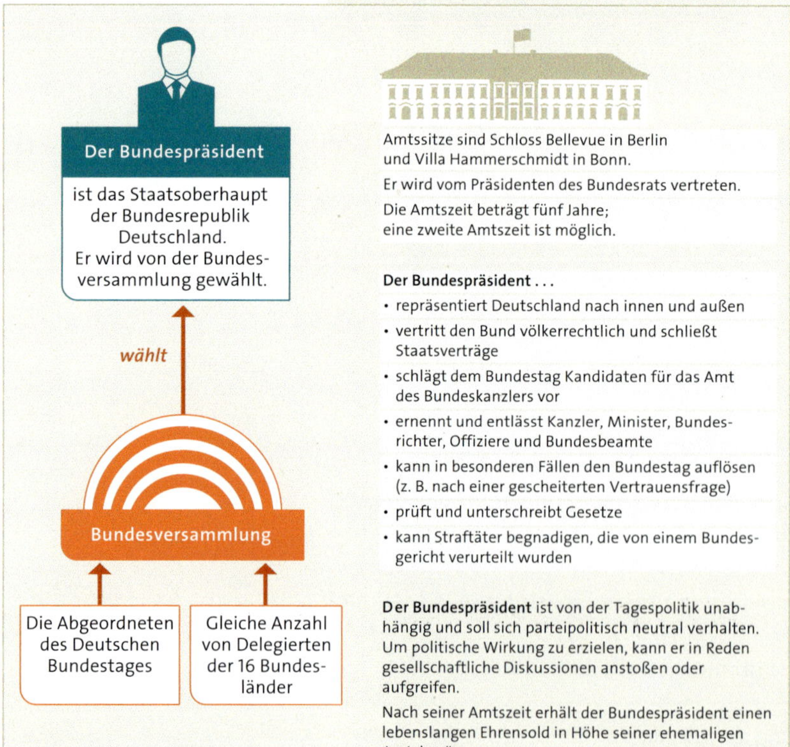

Quelle: Globus-Grafik 11373

sagte: „Aber wir brauchen da Bürger, die auf die Straße gehen, die den Spinnern ihre Grenzen aufweisen und die sagen, bis hierher und nicht weiter. Und dazu sind Sie alle aufgefordert“, war das in den Augen des Zweiten Senats des Bundesverfassungsgerichts kein Verstoß gegen das Grundgesetz. Schließlich habe der Bundespräsident die Aufgabe, „im Sinne der Integration des Gemeinwesens zu wirken“. Wie er diese Aufgabe wahrnehme, entscheide er grundsätzlich autonom. [...]

Reinhard Müller, http://www.faz.net/aktuell/politik/ueber-die-rolle-des-bundespraesidenten-14871624.html (Zugriff: 24.6.2017)

Mehr zum Thema
Text: Linke wehrt sich gegen Gauck-Kritik

Webcode PE646098-207

M 3 Mehr Legitimation durch Direktwahl?

SPIEGEL ONLINE: [...] Wäre es wirklich besser, das Staatsoberhaupt künftig direkt von den Bürgern wählen zu lassen?

Theo Schiller: Ich halte davon nichts, denn das Amt des Bundespräsidenten ist ja bei uns im Wesentlichen symbolisch und repräsentativ ausgestaltet. Das war eine Reaktion auf die Erfahrungen der Weimarer Zeit. [...] Wegen dieser Machtlosigkeit des Amtes wäre eine Direktwahl auch nur eine Pseudobeteiligung der Bürger. [...]

SPIEGEL ONLINE: Gäbe es denn trotz allem auch Vorteile einer direkten Wahl?

Schiller: Eine Direktwahl könnte sicherlich bewirken, dass sich die Bürger besser mit dem Bundespräsidenten identifizieren können. Allerdings muss man auch sehen, dass alle bisherigen Präsidenten im Laufe ihrer Amtsführung ohnehin eine breite Zustimmung der Bevölkerung erreicht haben. Insofern ist es nicht unbedingt erforderlich, das über eine direkte Wahl vorher zu erreichen. Wichtiger wäre meiner Meinung nach, auf Bundesebene Volksentscheide einzuführen, bei denen die Bürger über konkrete Sachfragen abstimmen können.

SPIEGEL ONLINE: Glauben Sie, dass die Bürger überhaupt Interesse daran hätten, den Bundespräsidenten selbst zu wählen?

Schiller: Ich glaube schon, dass die Bürger daran interessiert wären. Sie würden aber schnell erkennen, dass die Einflussmöglichkeiten des Bundespräsidenten ziemlich begrenzt sind. Wenn der Bundespräsident politisch aber sowieso kaum etwas bewegen kann, werden auch die Bürger schnell das Interesse daran verlieren, ihn selber zu wählen.

http://www.spiegel.de/politik/deutschland/direktwahl-des-bundespraesidenten-das-waere-nur-eine-pseudobeteiligung-a-288965.html (Zugriff: 24.6.17)

M 4 Karikatur: Plassmann

1 Erläutere die Möglichkeiten des Bundespräsidenten, sich aktiv an der Politik zu beteiligen. (M 1 und M 2)

2 Arbeite aus M 3 und M 4 die Bedeutung des Amtes des Bundespräsidenten heraus.

3 Bewerte die Rolle des Bundespräsidenten im politischen System der Bundesrepublik Deutschland.

Sollte es mehr direkte Demokratie geben?

Alle vier Jahre wählen die volljährigen deutschen Bürgerinnen und Bürger den Bundestag. Für viele ist damit der Beitrag zum politischen Prozess bereits geleistet. In einer repräsentativen Demokratie treffen Parlamente und Regierung den Großteil der Entscheidungen. Aber müsste es in einer „Herrschaft des Volkes" nicht mehr Möglichkeiten für die Menschen geben zu entscheiden?

M 1 Instrumente direkter Demokratie auf Bundesebene im Grundgesetz

Artikel 20 Grundgesetz
(2) Alle Staatsgewalt geht vom Volke aus. Sie wird vom Volke in Wahlen und Abstimmungen und durch besondere Organe der Gesetzgebung, der vollziehenden Gewalt und der Rechtsprechung ausgeübt.

Artikel 29 Grundgesetz
(1) Das Bundesgebiet kann neu gegliedert werden, um zu gewährleisten, dass die Länder nach Größe und Leistungsfähigkeit die ihnen obliegenden Aufgaben wirksam erfüllen können. [...]
(2) Maßnahmen zur Neugliederung des Bundesgebietes ergehen durch Bundesgesetz, das der Bestätigung durch Volksentscheid bedarf. Die betroffenen Länder sind zu hören.
(3) Der Volksentscheid findet in den Ländern statt, aus deren Gebieten oder Gebietsteilen ein neues oder neu umgrenztes Land gebildet werden soll (betroffene Länder).

M 2 Die direkte Demokratie in der Schweiz

M 3 Abstimmung der Landsgemeinde am Sonntag, 7. Mai 2017 in Glarus in der Schweiz

Im Gegensatz zum politischen System in Deutschland beinhaltet das Schweizer Pendant zahlreiche direktdemokratische Elemente. So entscheiden die Stimmbürger als Souverän auf allen Staatsebenen (Gemeinde, Kanton, Staat) über zentrale politische Sachfragen. So stimmen die etwa 5,5 Millionen Wahlberechtigen mehrmals jährlich über Fragen wie beispielsweise die der Einwanderung, des Waffenbesitzes, des Minarettbaus oder – auf Gemeindeebene – sogar über den Haushalt ab. So können an einem Abstimmungswochenende bis zu zehn Fragen anstehen. Welche Entscheidungen durch Volksabstimmungen getroffen werden und welche vom Bundesparlament, ist in den Verfassungen des Bundes und der 26 Kantone festgelegt.
Zum einen können Gesetze und andere Sachfragen zwingend von der (obligatorischen) Volksabstimmung entschieden werden. Zum anderen können solche, die vom Parlament verabschiedet wurden, durch 50 000 Unterschriften von Stimmberechtigten zur (fakultativen) Volksabstimmung gebracht werden. Zuletzt können auch 100 000 Stimmberechtigte per Unterschrift die Abstimmung über eine Verfassungsänderung fordern.

M 4 Statistiken zu Volksabstimmungen in der Schweiz (Quelle: BFS/Statistik der Wahlen und Abstimmungen)

Schweizer Volksabstimmungen 1848 bis Mai 2017			
Obligatorische Referenden:	236	angenommen:	171
Fakultative Referenden:	182	angenommen:	104
Volksinitiativen:	209	angenommen:	22
Stimmbeteiligung in % (Durchschnitt 2016): 49,6			
Wahlbeteiligung in % (Nationalratswahlen 2015): 48,5 %			

M 5 Machen mehr Bürgerentscheide Deutschland demokratischer?

PRO – Bürgerentscheide sorgen nicht nur dafür, dass die Bürger die Folgen ihrer Entscheidungen bereitwilliger tragen als die eines Parlaments, sondern sie stellen auch sicher, dass diese eine höhere Legitimation haben. Zudem informieren sich die Bürger ausführlicher über die Politik. Dies hat den positiven Nebeneffekt, dass die Nachfrage nach sachlichen Informationen von Seiten der Medien steigt, was diese wiederum unter Druck setzt, diese auch anzubieten. Des Weiteren ermöglicht direkte Demokratie auch kleineren Interessensgruppen, Verbänden und Parteien, vernachlässigte Themen auf die politische Agenda zu bringen. In der rein repräsentativen Demokratie ist dies kaum möglich. Die Argumentation, dass direkte Demokratie dazu führt, dass Politik wie am Stammtisch gemacht wird, ist falsch. Stattdessen führt sie vielmehr dazu, dass politischer Protest im politischen System kanalisiert und versachlicht wird. Zudem kann von einer positiven Wirkung auf Parlamente und Regierung gesprochen werden, da diese automatisch bei ihren Entscheidungen versuchen, die Wünsche der Bürger einfließen zu lassen.
Insgesamt sorgen plebiszitäre Elemente in einem Staat dafür, dass die anhaltende Politikverdrossenheit gestoppt wird und sich mehr Menschen für Entscheidungen sowie für gesellschaftliche und politische Entwicklungen interessieren und mehr Identifikation mit dem Staat entsteht.

KONTRA – Das Grundproblem der Bürgerentscheide besteht darin, dass sie eben nicht den Bürgern die Beteiligung an der Politik erleichtern, weil sich demokratische Entscheidungen nicht in Ja/Nein-Fragen pressen lassen, sondern von Kompromissen geprägt sind. Diese Ja/Nein-Fragen und die dadurch implizierte Vereinfachung komplexer politischer Themen ermöglichen es lauten Stimmungsmachern, mit Emotionen und falschen Informationen das Ergebnis erheblich zu beeinflussen. Nicht zuletzt entsteht hierdurch auch die Gefahr, dass wohlhabende Personen durch Medienmacht an Einfluss gewinnen. Dies und eine geringe Abstimmungsbeteiligung würde die Legitimation dieser Entscheidungen deutlich infrage stellen. Dieser Effekt wird noch dadurch verstärkt, dass erfahrungsgemäß wohlhabende und gebildetere Bevölkerungsteile höhere Abstimmungsraten aufweisen. Die Ergebnisse wären dadurch undemokratisch und festigten die ökonomischen und sozialen Unterschiede in der Gesellschaft. Zudem hätten unpopuläre Fragestellungen wie die Erhöhung von Steuern oder Abgaben kaum Chancen auf Zustimmung, was große Teile der politischen Fragen für Volksentscheide ohnehin ungeeignet erscheinen lässt. Nicht zuletzt müssen auch die erheblichen Kosten erwähnt werden, die regelmäßige sonntägliche Abstimmungen verursachen.

* **Plebiszit**
ein anderes Wort für einen Volksentscheid

Mehr zum Thema
Text: Direkte Demokratie: wie Schnaps

Webcode PE646098-209

1 Beschreibe die bestehenden Möglichkeiten, in Deutschland einen bundesweiten Volksentscheid abzuhalten. (**M 1**)
2 Erläutere das System der Volksabstimmungen in der Schweizer Verfassung (**M 2** bis **M 4**).
3 Erörtere, ob es sinnvoll wäre, in Deutschland mehr direktdemokratische Elemente nach Vorbild der Schweiz einzuführen (**M 2**, **M 4**, **M 5**).
4 Erläutere, welchen Einfluss diese Veränderungen auf den Politikzyklus hätten.
5 Erörtert, ob ein Volksentscheid im Fall der Mietpreisbremse sinnvoll gewesen wäre.

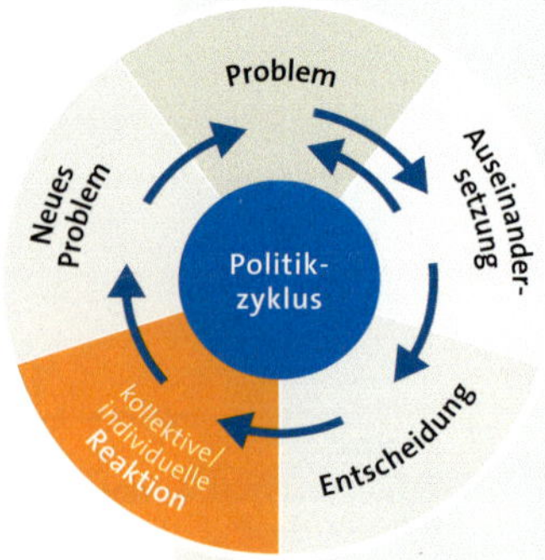

Karikaturen begegnen dir in Zeitungen, Magazinen und im Internet. Manchmal sind sie lustig, manchmal auch eher bissig und böse, wieder andere stimmen vor allem nachdenklich. Wie ein Kommentar dienen sie der Meinungsäußerung, das heißt, der Karikaturist will mit der Karikatur auf ein – oftmals politisches – Problem aufmerksam machen und bewertet dieses mit seiner Darstellung. Dabei wird die Situation oft überspitzt dargestellt. Um dich mit einer Karikatur auseinandersetzen zu können, ist es wichtig, dass du sie zunächst analysierst. Diese Analyse erfolgt in drei getrennten Schritten.

* **Karikatur**
Von italienisch caricare (überladen, übertreiben), ist eine komische, übertriebene Darstellung, meist mit politischem Hintergrund. Den Zeichner nennt man Karikaturist.

Schritt 1: Die Karikatur beschreiben – was ist dargestellt?

- Wie lautet der Titel der Karikatur?
- Quelle: Wann, wo und von wem wurde sie veröffentlicht?
- Wie ist der Name des Karikaturisten?
- Welche Elemente enthält die Karikatur? (Personen, Gebäude, Gegenstände, ...)
- Wie ist die Karikatur aufgebaut? (Welche Elemente sind im Vordergrund, Hintergrund, ...?)
- Welche Details sind besonders auffällig (z.B. Mimik und Gestik der Personen, Aussehen, ...)?
- Welche Aussagen/Gedanken der Personen sind sichtbar?

Achte darauf, nur Elemente der Karikatur zu beschreiben, die du für die nachfolgende Deutung brauchst. Nebensächlichkeiten wie Wolken oder Kleidung können, wenn sie keine Bedeutung für die Aussage der Karikatur haben, ignoriert werden.

Schritt 2: Die Aussage der Karikatur deuten – welche Aussage hat sie?

- Auf welches Problem will die Karikatur aufmerksam machen?
- Welche Wirkung entsteht durch die Gestaltung der Karikatur?
- Welche Konflikte werden deutlich?
- Was sind ihre zentrale Botschaft und zentrale Aussagen?
- Wodurch entsteht der Humor/die Ironie der Karikatur?
- Welcher Zusammenhang besteht zwischen den einzelnen Elementen/Personen?

Schritt 3: Die Karikatur bewerten – wie stehst du zu ihrer Aussage?

- Stimmst du mit der Meinung des Karikaturisten überein? Du musst deine Meinung begründen können.
- Erscheinen dir die Darstellung und Gestaltung übertrieben oder gerechtfertigt?
- Fehlen wichtige Aspekte des Problems, die relevant für die Analyse des Problems wären?
- Stellt die Karikatur Inhalte und Fakten falsch dar?

Hier geht es um deine eigene Meinung, die auf der Basis von Fakten begründet werden muss. Konzentriere dich dabei auf die zentrale Aussage der Karikatur und stelle den Sachverhalt aus deiner Position dar.

Verschiedene Elemente tauchen in unterschiedlichen Karikaturen immer wieder auf und symbolisieren bestimmte Sachverhalte oder Personen(-gruppen). Es ist wichtig, diese zuordnen zu können, um die Aussage einer Karikatur zu erkennen.

Uncle Sam steht für die USA

Justitia steht für Recht und Gerechtigkeit

Die Taube mit dem Ölzweig symbolisiert den Frieden

Der deutsche Michel symbolisiert den deutschen Bürger

M1 Karikatur „Mietpreisbremse" von Klaus Stuttman

1 Analysiere die Karikatur. (**M1**)
2 Recherchiere weitere Reaktionen auf die Einführung der Mietpreisbremse.
3 Zeichnet selbst eine Karikatur, die ein zu diesem Kapitel passendes Thema bzw. Problem aufgreift.
4 Analysiert die Karikaturen eurer Mitschüler/-innen.

Die Mietpreisbremse in der Kritik

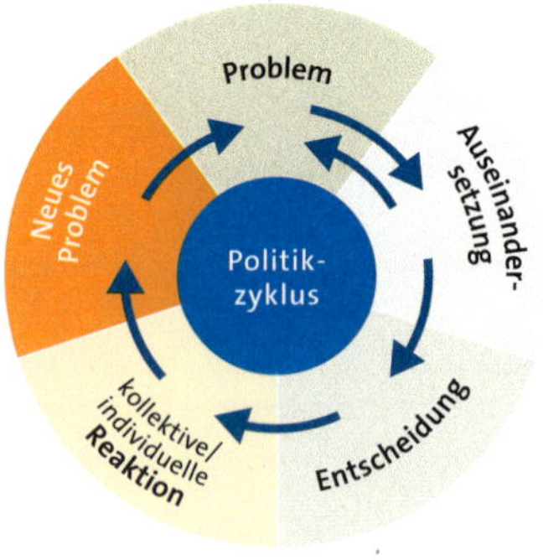

Zum Abschluss des Politikzyklus muss natürlich überprüft werden, wie erfolgreich die gewählte Lösung tatsächlich ist. Diese Bewertung erfolgt auf der Basis von Zahlen und Statistiken, natürlich aber auch anhand der Reaktionen aller am Problem beteiligten Akteure. Sollten die Reaktionen und das Ergebnis nicht zufriedenstellend ausfallen, beginnt der Zyklus erneut mit identischem Verlauf.

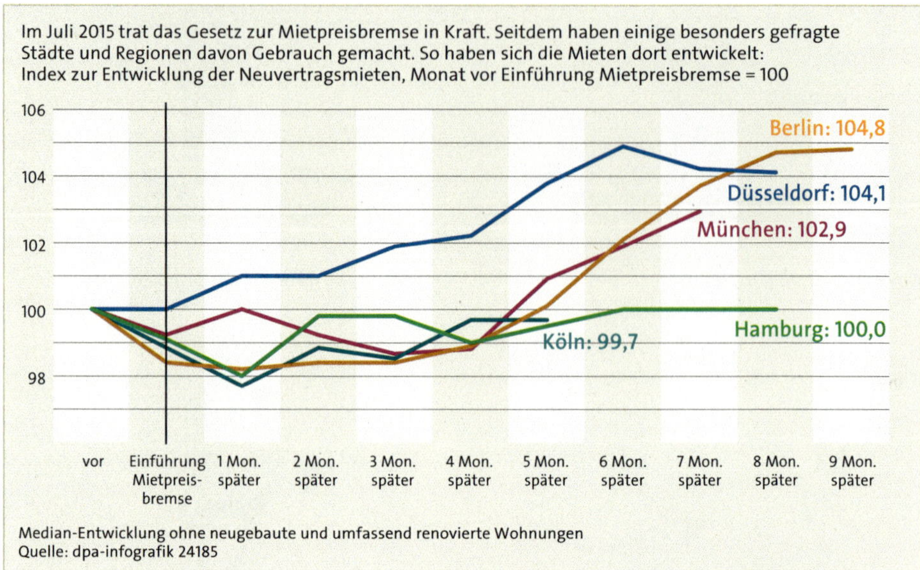

M1 Wirkt die Mietpreisbremse?

M2 Reaktionen auf die Mietpreisbremse

[...] Im vergangenen Jahr sind die Mieten jedoch weiter gestiegen. Im Durchschnitt um fünf Prozent. Studien zeigen: 40 bis 90 Prozent der Vermieter halten sich – je nach Region – nicht an das Gesetz. Strafen müssen sie nicht fürchten. Kritiker sagen, das sei ein Grund für das Versagen der Mietpreisbremse.

Eigentlich soll sie Menschen, die umziehen, vor zu hohen Mieten schützen. Denn eine Wohnung, die neu bezogen wird, darf laut Gesetz höchstens zehn Prozent mehr kosten als vergleichbare Wohnungen in der Gegend.

Doch es gibt zahlreiche Ausnahmen: Das Gesetz gilt nicht, wenn es bestimmte Renovierungen gab. Es gilt auch nicht, wenn eine Wohnung erstmals vermietet wird. Hinzu kommt: Was ein Vormieter für eine Wohnung bezahlt hat, darf ein Vermieter auch von Nachfolgern verlangen. Es gibt also eine Art Bestandsschutz für Mieten. Verbraucherschützer beklagen, es sei für Wohnungssuchende jedoch kaum herauszubekommen, wie viel Vormieter tatsächlich gezahlt hätten. [...] „Die Mietpreisbremse würde noch breiter wirken, wenn wir einführen, was die Union bislang blockiert hat: eine Pflicht des Vermieters, die Vormiete offenzulegen", sagt Heiko Maas, Minister für Justiz und Verbraucherschutz. [...]

Das reicht den Grünen und der Linkspartei nicht. Sie kritisieren, das Gesetz sei „löchrig wie ein Schweizer Käse" (Grüne) und ein „Rohrkrepierer" (Die Linke). „Die Mietpreisbremse muss flächendeckend und unbefristet gelten und alle Ausnahmen, sowohl bei Neubau, Modernisierung als auch Möblierung, müssen konsequent gestrichen werden", erklärt Caren Lay, die stellvertretende Vorsitzende der Linken im Bundestag.

http://www.tagesschau.de/inland/btw17/kurzerklaert-mietpreisbremse-101.html (Zugriff: 10.9.2017)

M 3 Alternative Lösungen für das Problem der steigenden Mieten

Sozialer Wohnungsbau

Angebot und Nachfrage bestimmen den Preis. Und wenn die steigende Nachfrage insbesondere in den Ballungsgebieten den Preis nach oben schnellen lässt, dann besteht lediglich die Möglichkeit, diesen Preis durch ein ebenfalls stark ansteigendes Angebot zu bremsen. Hier kann der Staat durch finanzielle Unterstützung zum Wohnungsbau eingreifen. So stellt er 2017 und 2018 jeweils 1,5 Milliarden Euro für den Bau neuer, bezahlbarer Wohnungen zur Verfügung. Die ehemalige Bundesbauministerin Barbara Hendricks schätzt den Bedarf an neuen Wohnungen auf mindestens 350 000 pro Jahr. Rund 80 000 dieser Wohnungen sollen Teil des sozialen Wohnungsbaus sein. Dieser richtet sich insbesondere an Menschen mit Wohnberechtigungsschein, Mieter also, die finanziell schlechter gestellt sind und daher berechtigt sind, in eine mit öffentlichen Mitteln geförderte Wohnung zu ziehen.

Steuererleichterungen

Sowohl beim Bau oder Erwerb einer Immobilie als auch für dessen Erhalt müssen Steuern bezahlt werden. Diese machen es zum einen unattraktiver, überhaupt Wohnungen und Häuser zu kaufen und zu vermieten, andererseits werden diese Steuerbelastungen auch an die Mieter weitergegeben. Gerade in Baden-Württemberg wurde die Grunderwerbsteuer – also die Steuer, die beim Kauf fällig wird – in den letzten Jahren wiederholt angehoben. Auch die Steuern, die das Wohnen an sich betreffen, wie beispielsweise die Stromsteuer oder Belastungen auf Heizenergie, könnten gesenkt werden.

Sonderabschreibungen für Mietwohnungsbau

Der Staat hat zudem die Möglichkeit, den Bau neuer Wohnungen und Häuser zu subventionieren, indem er es ermöglicht, Investitionen in den Bau von Mietwohnungen von der Steuer abzusetzen*. Dies würde neue Anreize zum Bau von Immobilien schaffen.

Baukindergeld

Dieses kann vom Staat ausgezahlt werden, um junge Familien zu unterstützen. So würden sie beim Kauf/Bau einer Immobilie jährlich eine gewisse Prämie pro Jahr und Kind erhalten.

Verbesserung der Mietpreisbremse

Auch eine Veränderung der bestehenden Mietpreisbremse könnte für Verbesserung sorgen. So wäre beispielsweise eine Streichung der Ausnahmen für Neuimmobilien und modernisierte Wohnungen möglich. Auch eine Bestrafung durch Bußgelder für Vermieter, die sich nicht an die Bremse halten, steht im Raum.

* Setzt man etwas von der Steuer ab, so wird es vom zu versteuernden Gehalt abgezogen. Man bezahlt also weniger.

1 Analysiere das Schaubild **M 1**.
2 Arbeite aus **M 2** Gründe heraus, wieso die Mietpreisbremse nicht funktioniert.
3 Bewerte die Lösungen zur Reduzierung der Mietpreise.

1. Eine Demokratie – zwei Systeme

In diesem Kapitel ging es bisher darum, wie in Deutschland Entscheidungen getroffen werden und wie dabei die verschiedenen Institutionen ineinandergreifen. Natürlich ist diese Ausprägung eines demokratischen politischen Systems nur eine von zahlreichen Möglichkeiten. Wie aber ist die Demokratie beispielsweise in den USA ausgestaltet?

Mehr zum Thema
Film: Demokratie ... einfach erklärt

Webcode PE646098-215

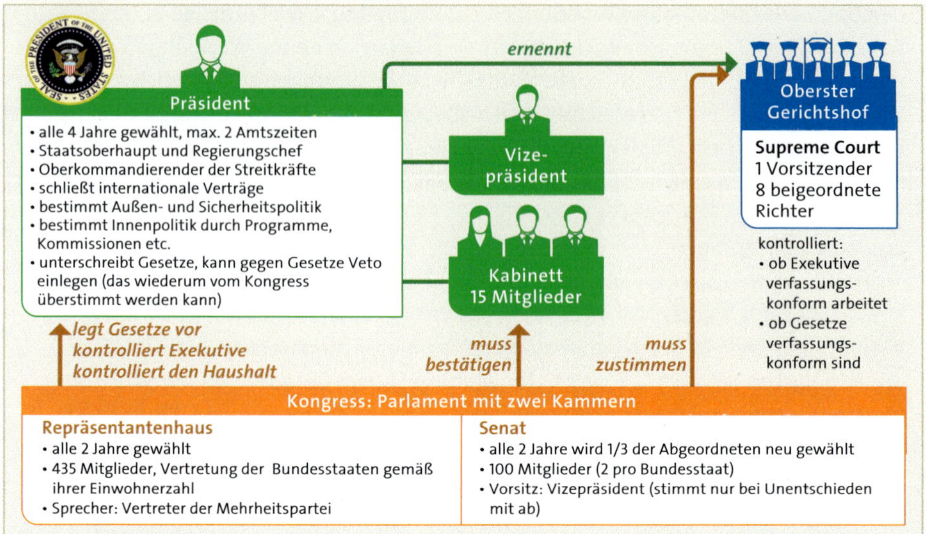

Quelle: Globus-Grafik 11373

M1 Das politische System der USA

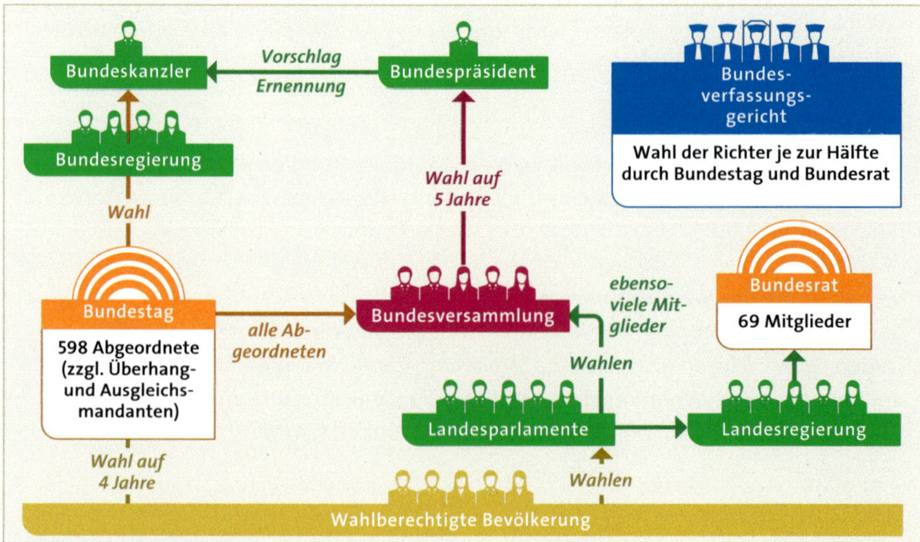

Quelle: ZAHLENBILDER 062110

M2 Das politische System der Bundesrepublik Deutschland

1 Erläutere, wieso man die Demokratie der USA als Präsidialsystem bezeichnet.
2 Vergleiche die politischen Systeme Deutschlands und der USA miteinander. Betrachte dabei vor allem die Institutionen und ihre Aufgaben (**M1**, **M2**).

2. Ohne Macht zur Ohnmacht?

Wir haben uns daran gewöhnt, in einem Staat mit einem komplexen politischen System zu leben, in dem manche Menschen mehr entscheiden als andere. Doch es gibt in jedem Staat Menschen, die sich wünschen, dass Begriffe wie „Macht", „Herrschaft" und „Kontrolle" der Vergangenheit angehören und jeder Mensch für sich selbst bestimmt. Einen solchen Zustand der Abwesenheit von Herrschaft nennt man Anarchie. Wie realistisch ist es aber, in einem Staat ohne Politiker, Polizisten und Gesetze zu leben?

M1 Die Nuer – ein Volk ohne Herrschaft

Ganz anders sah dagegen das gesellschaftliche System der Nuer aus: kein König, keine Beamten, keine Häuptlinge, die über politische oder administrative Macht verfügten, auch keine Richter und kein polizeiähnlicher Erzwingungsstab. Die Nuer sind das typische Beispiel für eine sogenannte segmentäre, das heißt aus einzelnen Teilstücken zusammengesetzte Gesellschaft, deren es noch einige andere in Afrika gegeben hat. [...] In den 1930er-Jahren hatten sie eine rund 300 000-köpfige Bevölkerung.

http://www.bpb.de/internationales/afrika/afrika/58867/vorkoloniale-organisation?p=all (Zugriff: 6.12.2017)

„Meistens gelangen die Menschen nur durch die Folgen der Unordnung zur Einführung der Ordnung, und Gesetzlosigkeit führt gewöhnlich erst zu Gesetzen."

Friedrich von Schiller, deutscher Dramatiker

„Anarchie wäre der wünschenswerte Zustand, wenn die Menschen Maschinen oder Götter wären. Aber dann müsste sie nicht erst gepredigt werden. Sie wäre eben da."

Arthur Schnitzler, österreichischer Schriftsteller

„Die Freiheit ohne Organisation führt durch die Anarchie zur Knechtheit."

Rudolf Virchow, deutscher Anthropologe

„Was Gut und Böse anbelangt, sind alle Regierungen gleich. Das beste Ideal ist die Anarchie."

Leo Tolstoi, russischer Schriftsteller

„Es ist unleugbar, dass der Krieg der natürliche Zustand der Menschen war, bevor die Gesellschaft gebildet wurde, und zwar nicht einfach der Krieg, sondern der Krieg aller gegen alle."

Thomas Hobbes, englischer Philosoph

M2 Zitate zu Herrschaft und Anarchie

1 Stellt Konsequenzen für das tägliche Zusammenlegen dar, wenn es keine staatliche Macht gäbe.

2 Diskutiert die Zitate und begründet, welchem ihr am ehesten zustimmen würdet und welchem nicht. (**M2**)

3 Erörtere, unter welchen Bedingungen ein System wie das der Nuer funktionieren kann und ob es auch in Deutschland realisierbar wäre. (**M1**)

Leitfrage: Ehe für alle mit vollem Adoptionsrecht?

Die Akzeptanz homosexueller Beziehungen wuchs in den vergangenen Jahrzehnten stetig, sodass diese heute in der Gesellschaft als gleichbedeutend mit heterosexuellen wahrgenommen werden. Auch war es rechtlich möglich, sogenannte eingetragene Partnerschaften zu schließen. Diese waren jedoch noch nicht gleichbedeutend mit der klassischen Ehe, weshalb die Politik Anlass zur Anpassung gesehen hat.

Bei der Bearbeitung der Aufgaben musst du jeweils geeignete Materialien (M 1 – M 5) heranziehen.

Ich kann Informationen gewinnen und aufbereiten.

1 Stelle den Gesetzgebungsprozess am Beispiel der „Ehe für alle" anhand des Politikzyklus dar.

2 Erkläre anhand des Gesetzgebungsprozesses Formen von Gewaltenverschränkung in der parlamentarischen Demokratie.

Ich kann Probleme und Konflikte analysieren.

3 Erläutere anhand des Beispiels die Stellung des Abgeordneten im Spannungsverhältnis von freiem Mandat und Fraktionsdisziplin.

4 Analysiere die Karikatur. (M 5)

Ich kann mir ein begründetes Urteil bilden.

5 Erörtere, ob ein Bürgerentscheid in diesem Fall sinnvoll gewesen wäre.

Ich kann mitreden und aktiv werden.

6 Informiere dich darüber, wie die Ehe für alle konkret umgesetzt wird.

M 1 Gesetzesinitiative für die „Ehe für alle"

[...] Noch in dieser Woche soll der Bundestag über die völlige rechtliche Gleichstellung von Homosexuellen abstimmen. Die SPD, die die sogenannte Ehe für alle seit langem fordert, will das Thema auf die Tagesordnung setzen. Nach jahrelanger Ablehnung der gleichgeschlechtlichen Ehe mit vollem Adoptionsrecht erklärte die Unionsfraktion während ihrer Sitzung heute die Abstimmung zur Gewissensfrage. Damit entfällt der Fraktionszwang im Bundestag, der Abgeordnete an die Linie der Parteiführung binden soll. Die Abstimmung könnte am Freitag sein. Laut Teilnehmern der Unionsfraktionssitzung sagte die CDU-Chefin, die Abgeordneten könnten frei abstimmen. Ohne Fraktionszwang gilt eine Mehrheit für die sogenannte Ehe für alle als sicher. [...]
Zuvor hatte schon die CSU erklärt, im Falle einer Abstimmung den Fraktionszwang für ihre Abgeordneten aufzuheben. Sie müssten sich nicht an die Position der Partei halten: „Wir haben Respekt und Verständnis, wenn Bundestagsabgeordnete der CSU bei einer Abstimmung im Deutschen Bundestag ihrem Gewissen folgend eine abweichende Entscheidung treffen."

https://www.tagesschau.de/inland/ehe-fuer-alle-115.html (Zugriff: 20.7.2017)

M 2 Ehe für alle bekommt deutliche Mehrheit im Bundestag

Mit einer historischen Entscheidung hat der Bundestag am Freitag Ja zur Ehe für alle gesagt. Bei 623 abgegebenen Stimmen sprach sich eine Mehrheit von 393 Abgeordneten für eine völlige rechtliche Gleichstellung homosexueller Paare aus. 226 Parlamentarier stimmten mit Nein, vier enthielten sich.

CHECK UP

Damit dürfen gleichgeschlechtliche Paare künftig genauso heiraten und Kinder adoptieren wie ein Paar von Mann und Frau. Das ist eine historische Entscheidung. Erst 2001 wurde in Deutschland nach langen Konflikten die eingetragene Lebenspartnerschaft für gleichgeschlechtliche Paare eingeführt. In einer emotionalen Debatte hat der Bundestag in seiner letzten Sitzung vor der Sommerpause über die Ehe für alle debattiert. SPD, Grüne und Linke hatten in dieser Woche durchgesetzt, dass das Dauerstreitthema dieser Wahlperiode noch einmal auf die Tagesordnung kommt und abgestimmt wird. Der Vorsitzende der SPD-Fraktion, Thomas Oppermann, nannte die geplante Ehe für alle einen „wichtigen gesellschaftspolitischen Fortschritt". Angesichts der Durchsetzung der Abstimmung gegen den Willen des Koalitionspartners Union sagte er, dies sei „wahrscheinlich nicht gut für die Koalition, aber gut für die Menschen". [...]

https://www.tagesschau.de/inland/ehefuer-alle-129.html (Zugriff: 20.7.2017)

M 3 Bundesrat gibt grünes Licht für Ehe für alle

Schwule und Lesben dürfen künftig in Deutschland heiraten und gemeinsam Kinder adoptieren. Der Bundesrat billigte die Gesetzesänderung zur Ehe für alle. Das Gesetz zur Öffnung der Ehe für Homosexuelle hat die letzte Hürde im parlamentarischen Verfahren genommen. Der Bundesrat ließ in seiner letzten Sitzung vor der Sommerpause die umstrittene Gesetzesänderung, durch die künftig auch gleichgeschlechtliche Paare die Ehe eingehen und gemeinsam Kinder adoptieren können, passieren. Die ersten Ehen von Homosexuellen sollen ab dem 1. Oktober geschlossen werden können. [...]
Der bayerische Justizminister Winfried Bausback betonte dagegen für seine Landesregierung, die Ehe sei eine Verbindung von Mann und Frau. Das Gesetz werfe schwierige verfassungsrechtliche Fragen auf, und es werde die bisherige Rechtsprechung des Verfassungsgerichts übergangen. Es bestehe die Gefahr, dass das Gesetz für verfassungswidrig erklärt werde. Von einer Anrufung des Vermittlungsausschusses sah Bayern aber ab.

http://www.spiegel.de/politik/deutschland/ehe-fuer-alle-bundesrat-gibt-gruenes-licht-fuer-gleichstellung-von-homosexuellen-a-1156456.html (Zugriff: 20.7.2017)

M 5 Karikatur: Klaus Stuttmann

M 4 Steinmeier unterzeichnet Gesetz zur Ehe für alle

Ab Oktober kann die Ehe für alle geschlossen werden: Vor drei Wochen verabschiedete der Bundestag die Gesetzesvorlage, nun hat Bundespräsident Steinmeier das Gesetz abgesegnet. Bundespräsident Frank-Walter Steinmeier hat das Gesetz zur Ehe für alle unterzeichnet. Das teilte eine Sprecherin des Bundespräsidialamts in Berlin mit. Das Gesetz hatte Steinmeier rund eine Woche lang zur Prüfung vorgelegen. Nach der Ausfertigung wird das Gesetz nun im Bundesgesetzblatt verkündet. Voraussichtlich soll es Anfang Oktober in Kraft treten. Dann könnten die ersten schwulen und lesbischen Paare die Ehe schließen. Der Bundespräsident trifft bei der Ausfertigung von Gesetzen keine politische Entscheidung, sondern prüft, ob sie nach den Vorschriften des Grundgesetzes zustande gekommen sind. [...]

http://www.spiegel.de/politik/deutschland/ehe-fuer-alle-bundespraesident-frank-walter-steinmeier-unterzeichnet-gesetz-a-1159056-druck.html (Zugriff: 20.7.2017)

KAPITEL 10

Kontrolle politischer Herrschaft in Deutschland

Die Verfassungsklagen gegen zu viel staatlichen Einfluss auf das Zweite Deutsche Fernsehen haben laut einem Urteil des Bundesverfassungsgerichts vom 25. März 2014 überwiegend Erfolg.

Interpretiert die Karikatur.

In diesem Kapitel lernst du,
- *welche verfassungsrechtliche Stellung und welche Aufgaben das Bundesverfassungsgericht hat und*
- *wodurch es für seine Aufgaben legitimiert ist (Ordnung und Struktur),*
- *wie es seine Kontrollfunktion wahrnimmt und welchen Einfluss es auf die Gesetzgebung des Bundes ausübt (Macht und Entscheidung).*

Formuliere Annahmen zu diesen Themen und überprüfe am Ende des Kapitels, inwieweit sich diese verändert haben.

Kontrolle politischer Herrschaft durch die Medien?

Medien sollen in einer demokratischen Gesellschaft informieren, zur Meinungsbildung beitragen und die Herrschenden kontrollieren. Sie stellen mit Blick auf die Gewaltenteilung eine gedachte vierte Säule dar. Wie Medien kontrollieren, soll am Beispiel des investigativen Journalismus gezeigt werden.

Vieles, was in Politik, Wirtschaft und auch im kulturellen Leben einer Gesellschaft passiert, erschließt sich nicht unmittelbar. Vieles wird in Gremien beschlossen und ist deshalb zunächst intransparent. Vieles bedarf der Erläuterung. Medien leisten hier einen Beitrag, damit wir Entwicklungen in unserer Gesellschaft und in der Welt verstehen, uns eine Meinung bilden und auch Kritik äußern können. Die Medien halten so die Demokratie lebendig und helfen Bürgerinnen und Bürgern, sich demokratisch zu beteiligen. Doch auch Medien sind nicht per se neutral, sondern haben politische Positionen und verfolgen auch eigene Interessen.

Fehlentwicklungen in Politik, Gesellschaft und Wirtschaft werden nicht immer offengelegt. Mitunter müssen Journalisten investigativ agieren. Das heißt, sie forschen nach und decken dabei – häufig in langwieriger Arbeit – Skandale und Fehlentwicklungen auf, die ohne ihr Tun nie der Öffentlichkeit bekannt geworden wären.

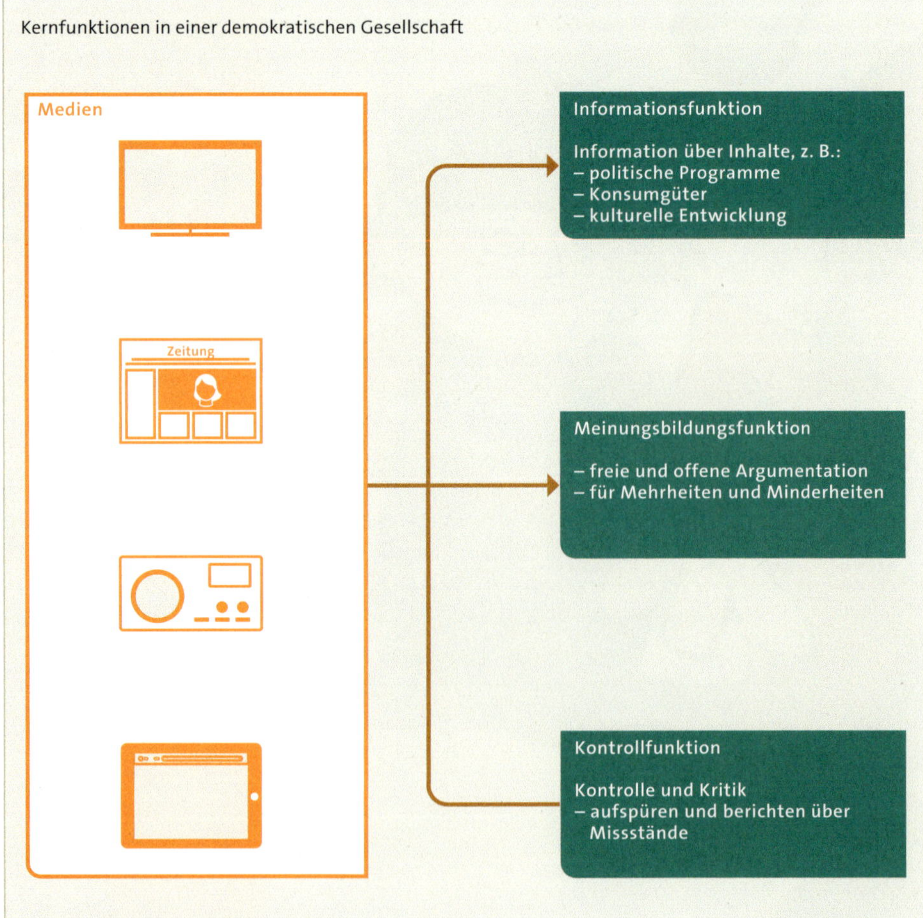

Quelle: Bundeszentrale für politische Bildung, 2014, www.bpb.de, Lizenz: Creative Commons by-nc-nd/3.0/de

M1 Funktionen der Medien für die Gesellschaft

M 2 „Meisterstück des investigativen Journalismus“

Alles beginnt mit einer anonymen Nachricht. „Hier spricht John Doe. Interessiert an Daten?“, lautet die Nachricht an Bastian Obermayer von der „Süddeutschen Zeitung“. Der Journalist ist interessiert. Nach einem guten Jahr strenger Geheimhaltung berichten 400 Journalisten von 100 Medien aus 78 Ländern zeitgleich über die „Panama-Papers“ und windige Offshore-Geldgeschäfte* in Panama, den Bahamas und auf den Seychellen. In Deutschland wird die Nachricht in der Hauptausgabe der „Tagesschau“ als gemeinsame Enthüllung des Rechercheverbundes von „Süddeutscher Zeitung“, WDR und NDR sowie der internationalen Journalistenorganisation ICIJ bekannt gegeben. [...]
Über elf Millionen Dokumente hatte John Doe – so werden Personen genannt, deren Identität nicht bekannt ist – an die Zeitung weitergegeben. Profitiert von den Geldgeschäften haben demnach Politiker und Prominente in einer Vielzahl von Ländern. Die Zeitung entschließt sich darum dazu, den Rechercheverbund International Consortium of Investigative Journalists (ICIJ) einzubinden. „Kein Journalist, kein Medium, so stark es auch sein mag, könnte diese Story alleine machen. Uns schmiedet zusammen, dass wir einander brauchen“, sagt Marina Walker, die Vize-Chefin von ICIJ.
Aus Deutschland gehören dem ICIJ Georg Mascolo als Leiter des Rechercheverbunds von SZ, WDR und NDR, die SZ-Journalisten Bastian Obermayer, Hans Leyendecker und Frederik Obermaier sowie Julia Stein an, die beim NDR als stellvertretende Leiterin im Ressort Investigation tätig ist. [...]
„Wenn sich Steuerhinterziehung und Geldwäsche inzwischen die Chancen der Globalisierung zunutze machen, müssen auch Journalisten international kooperieren, wenn sie Licht ins Dunkel bringen wollen“, lobt Frank Überall, Vorsitzender des Deutschen Journalisten-Verbandes, die Enthüllung der Panama-Papiere als „Meisterstück des investigativen Journalismus“, bei dem journalistische Profis über Ländergrenzen hinweg zusammengearbeitet und ein Thema hartnäckig verfolgt haben. Das heiße aber nicht, dass Enthüllungen nur noch von Rechercheverbünden geleistet werden können. „Das Gros der für die Bürger wichtigen Skandale und Affären findet nach wie vor im eigenen Land, in der eigenen Kommune statt.“ Deshalb sei es wichtig, dass die Journalisten in den Redaktionen genügend Zeit für Recherchen haben. Vor der digitalen Zeit habe es solche Datenberge nicht gegeben, die nun solche Kooperationsformen wie den internationalen Rechercheverbund nötig gemacht haben, sagt der Dortmunder Medienforscher Horst Röper vom Format Institut. Dass dabei öffentlich-rechtliche Rundfunkhäuser wie WDR und NDR mit der privatwirtschaftlichen „Süddeutschen Zeitung“ zusammenarbeiten, sei bei solchen besonderen Rechercheleistungen legitim. „Ich hätte allerdings meine Zweifel, wenn dies auch bei der normalen Berichterstattung so laufen würde. Dann würden wir die letzten Reste der Vielfalt gefährden“, sagt der Medienforscher.

http://www.tagesspiegel.de/politik/panama-papers-meisterstueck-des-investigativen-journalismus/13399440.html (Kurt Sagatz) (Zugriff: 27.7.2017)

* **Offshore-Geldgeschäfte** Geschäfte, die fern der Küste, also außerhalb des eigenen Landes, getätigt werden, um nationalen Beschränkungen wie Steuergesetzen und Umweltauflagen zu entgehen

1 Stellt die Funktionen von Medien in einem logischen Zusammenhang dar. (**M 1**)
2 Erläutert anhand der Panama-Papers (**M 2**), wie investigativer Journalismus einen Beitrag zur politischen Kontrolle leistet.
3 Bewerte die Arbeit eines solchen internationalen Rechercheverbundes (**M 2**, Z. 66/67).

Die Frankfurter Rundschau schaut nach 50 Jahren auf die Ereignisse während einer Demonstration in Berlin zurück, bei welcher der Student Benno Ohnesorg am 2. Juni 1967 von einem Polizisten erschossen wurde, und nennt die damalige Aufklärung eine „Stunde der vierten Gewalt" (5. Juli 2017). Erst eine kritische Presse habe im Sommer 1967 über die Umstände der Erschießung aufgeklärt, schreibt das Blatt. Sind die Medien heute noch vierte Gewalt? Schafft die Presse das noch?

Die Printmedien sind seit Jahren einem harten Wettbewerb ausgesetzt und kämpfen ums Überleben. Sie konkurrieren mit Online-Medien und sozialen Netzwerken. Der Medienwissenschaftler Wolfgang Henseler von der Universität Passau prognostiziert bereits das Ende der Tageszeitung spätestens für das Jahr 2034.

M 1 Gelnhausen: Eine publizistische Stimme verstummt

Der Main-Kinzig-Kreis verliert eine prägende publizistische Stimme. Am 31. März 2017 erscheint das Gelnhäuser Tageblatt zum letzten Mal, 184 Jahre nach Gründung des Blattes. Auch die Wochenblätter Gelnhäuser Tageblatt extra (Auflage: 51 480) und Gelnhäuser Tageblatt zum Sonntag (Auflage: 51 440) werden eingestellt.

Das Gelnhäuser Tageblatt ist Opfer des dramatischen Medienwandels. Sinkende Auflagen und Anzeigenumsätze sowie eine ausgeprägte Gratiskultur im Netz haben den wirtschaftlichen Druck stetig erhöht – und dies als zweitstärkste Zeitung in einem ohnehin durch hohen Wettbewerb geprägten lokalen Markt. Neue Gesetze wie die Einführung des Mindestlohnes im Bereich der Zustellung zwingen die Verlage zu weiteren massiven Einsparungen.

Das Gelnhäuser Tageblatt ist erstmals am 6. Januar 1833 unter dem Namen Wöchentliches Unterhaltungsblatt erschienen. [...] Die verkaufte Auflage beträgt rund 4600 Exemplare.

http://www.gelnhaeuser-tageblatt.de/lokales/main-kinzig-kreis/gelnhausen/gelnhausen-eine-publizistische-stimme-verstummt_17637008.htm (Zugriff: 26.7.2017)

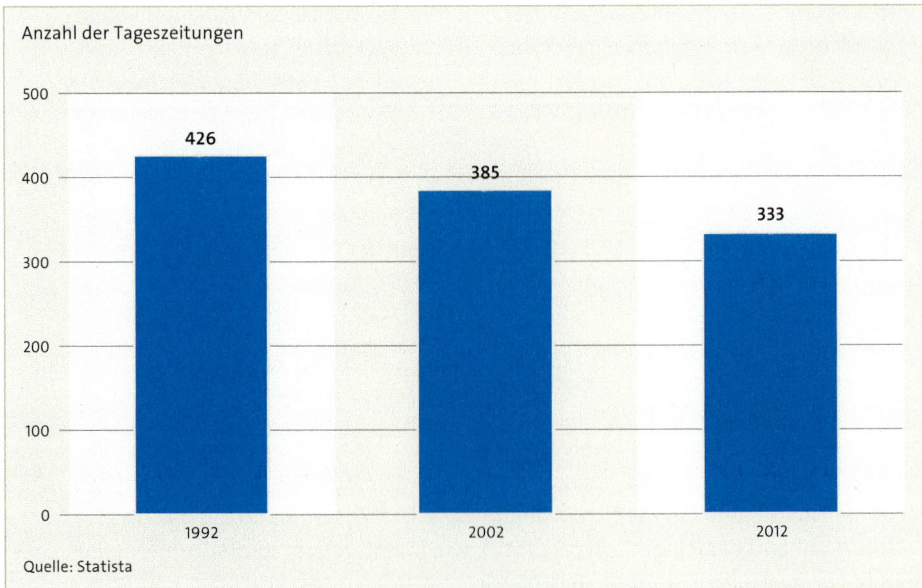

M 2 In Deutschland gibt es immer weniger Tageszeitungen

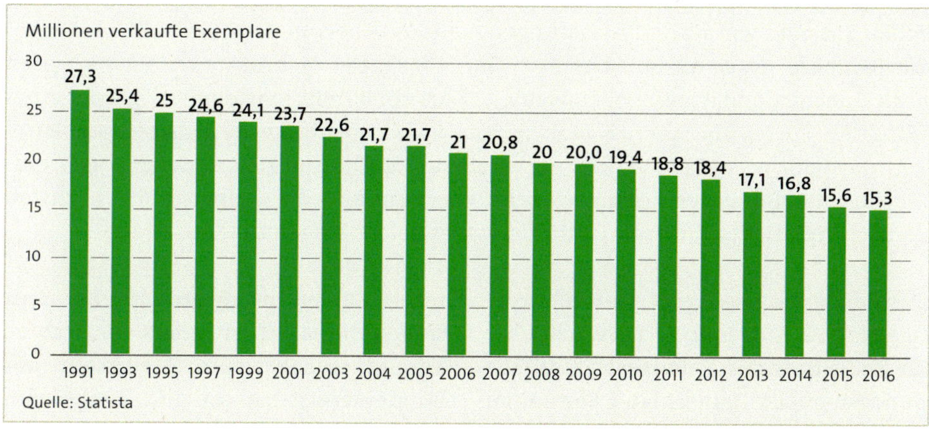

M 3 Entwicklung der verkauften Auflage der Tageszeitungen in Deutschland in ausgewählten Jahren von 1991 bis 2016 (in Millionen Exemplaren)

M 4 Überregionale Tageszeitungen im 4. Quartal 2015

Platz	Titel	2015-IV absolut	Veränderung zu 2014	in %
1	Bild	1 808 643	–249 147	–12,1
2	Süddeutsche Zeitung	307 150	–11 118	–3,5
3	Frankfurter Allgemeine	230 489	–16 385	–6,6
4	Die Welt Gesamt*	98 554	–16 345	–14,2
5	Handelsblatt	88 201	247	0,3
6	taz.die tageszeitung	46 329	516	1,1
7	Neues Deutschland	26 974	–2081	–7,2

*Daten-Quelle: IVW / Tabelle: MEEDIA, http://meedia.de/2016/01/20/ivw-blitz-analyse-zeitungen-bild-verliert-12-welt-14-handelsblatt-und-taz-gewinnen-dank-epaper-abos/ (Zugriff: 6.11.2017) – * (Die Welt + Welt Kompakt)*

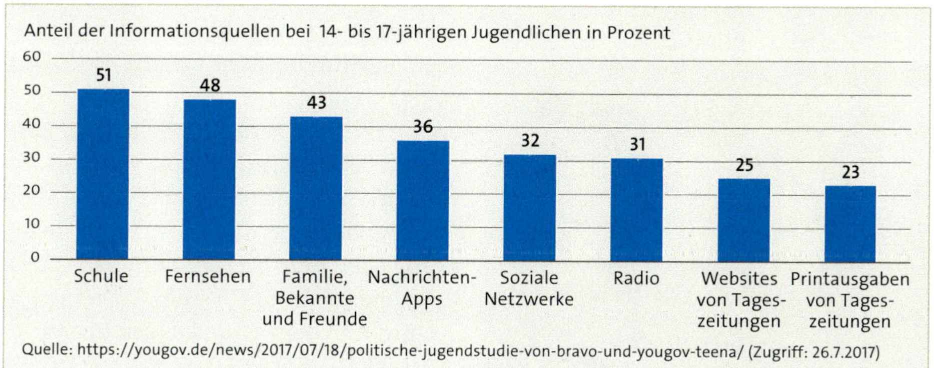

M 5 Wie informieren sich 14- bis 17-jährige Jugendliche über Politik? (Befragung am 14. und 15. Juni 2017)

1 Beschreibe den Niedergang des Gelnhäuser Tageblatts (**M 1**).
2 Analysiert die Entwicklungen auf dem Zeitungsmarkt in Deutschland mithilfe der Materialien **M 2** bis **M 5**.
3 Vergleiche deine persönliche Informationsbeschaffung zur Politik mit der Umfrage **M 5**.
4 Entwickelt ein Szenario der Folgen der in **M 2** bis **M 5** beschriebenen Umstände für die nächsten zwei Jahrzehnte. **TIPP** *S. 358*

+ ZUSATZAUFGABE Erörtere, ob andere Medien eher in der Lage sind, die politische Herrschaft in Deutschland zu kontrollieren.

* **Euro-Rettungsschirm**
gängiger Begriff für „Europäischer Stabilitätsmechanismus" (ESM), der Staaten der Euro-Zone bei ihren großen Finanzproblemen Hilfe leistet

Sollen Bezieher von Hartz-IV-Leistungen mehr Geld bekommen? Verstößt das Verbot von Sampling gegen die Kunstfreiheit? Darf ein abgelehnter Asylbewerber aus Syrien nach Griechenland abgeschoben werden? Darf ein Bundespräsident Mitglieder einer extremen Partei als Spinner bezeichnen? Ist die deutsche Beteiligung am Euro-Rettungsschirm* mit der Verfassung vereinbar? Solche und viele anderen Fragen entscheidet das Bundesverfassungsgericht. Was sind also die Aufgaben des höchsten deutschen Gerichts? Und wie legitimiert ist es, solche Fragen zu entscheiden?

Das Bundesverfassungsgericht selbst definiert seine Aufgaben so: Es „wacht über die Einhaltung des Grundgesetzes für die Bundesrepublik Deutschland. Seit seiner

M1 Bundesverfassungsgericht verkündet Urteil zu EZB-Anleihenkäufen am 21.6.2016

Gründung im Jahr 1951 hat das Gericht dazu beigetragen, der freiheitlich-demokratischen Grundordnung Ansehen und Wirkung zu verschaffen. Das gilt vor allem für die Durchsetzung der Grundrechte. Zur Beachtung des Grundgesetzes sind alle staatlichen Stellen verpflichtet. Kommt es dabei zum Streit, kann das Bundesverfassungsgericht angerufen werden. Seine Entscheidung ist unanfechtbar. An seine Rechtsprechung sind alle übrigen Staatsorgane gebunden."
Daraus ergeben sich u.a. ganz unterschiedliche Zuständigkeitsbereiche für das Gericht:

- Verfassungsbeschwerde;
- Abstrakte Normenkontrolle;
- Konkrete Normenkontrolle;
- Organstreitigkeiten des Bundes und/oder der Länder;
- Verbot von politischen Parteien.

Verfassungsbeschwerden dienen dem Schutz der Grundrechte der Bürger und ihrer verfassungsmäßig garantierten Rechte. Jeder kann sich unter bestimmten Bedingungen an das Bundesverfassungsgericht wenden, wenn er sich in seinen Grundrechten verletzt sieht. (Art. 93 Abs. 1 Nr. 4 a GG)
Abstrakte Normenkontrolle übt das Bundesverfassungsgericht aus, wenn es ein Bundes- oder Landesgesetz auf Antrag der Bundesregierung, einer Landesregierung oder eines Viertels der Bundestagsabgeordneten auf seine Übereinstimmung mit dem Grundgesetz überprüft. (Art. 93 Abs. 1 Nr. 2 GG)
Konkrete Normenkontrolle liegt vor, wenn ein Gericht in einem Rechtsstreit das Bundesverfassungsgericht anruft, um zu prüfen, ob ein Bundes- oder Landesgesetz, das für das zu fällende Urteil erheblich ist, verfassungskonform ist. Das Verfahren wird dann bis zur Entscheidung des Bundesverfassungsgerichts ausgesetzt. (Art. 100 Abs. 1 GG)

Auch Streitigkeiten zwischen den obersten Verfassungsorganen des Bundes oder zwischen Bund und Ländern über ihre Kompetenzen werden durch das Bundesverfassungsgericht geregelt. (Art. 93 Abs. 1 Nr. 1 bzw. Nr. 2a, 3 und 4 sowie Art. 84 Abs. 4 GG). Durch das Verbot von politischen Parteien schützt und bewahrt das oberste deutsche Gericht die freiheitlich-demokratische Grundordnung der Bundesrepublik Deutschland (Art. 21 Abs. 2 GG).

M 2 Entscheidungen des Bundesverfassungsgerichts:

- Das Bundesverfassungsgericht kippt Kernbrennstoffsteuergesetz* nach Vorlage durch das Finanzgericht Hamburg.
- Klage der Fraktion Bündnis 90/ Die Grünen, um ausführliche Antworten der Bundesregierung auf parlamentarische Anfragen, z. B. über Stuttgart 21, zu erhalten
- Das Bundesverfassungsgericht hält Hartz-IV-Regelungen, insbesondere für Kinder, mit der Verfassung für unvereinbar – nach einer Vorlage durch das Bundessozialgericht.
- Zuwanderungsgesetz wird auf Antrag mehrerer Landesregierungen für nichtig erklärt.
- Urteil nach einer Vorlage durch den Bundesfinanzhof: Bevorzugung des Betriebsvermögens bei der Erbschaftsteuer ist nicht mit der Verfassung vereinbar.
- Das Bundesverfassungsgericht lehnt NPD-Verbot ab.

* **Kernbrennstoffsteuergesetz**
Das Gesetz belegt Kernbrennstoffe, z. B. Plutonium oder Uran, mit einer Verbrauchsteuer, die gewerbliche Erzeuger von elektrischem Strom bezahlen müssen.

M 3 Verfahren seit 7. September 1951 bis 31. Dezember 2016

Anhängig wurden insgesamt: 226 107 – davon		
218 437	(96,61 %)	Verfassungsbeschwerden
3807	(1,68 %)	abstrakte und konkrete Normenkontrollverfahren
9	(0,01 %)	Parteiverbotsverfahren
3829	(1,69 %)	andere Verfahren, z. B. Bund-, Länderstreitigkeiten, Organ- und andere Verfassungsstreitigkeiten in Bund und Ländern
25	(0,01 %)	frühere Verfahren, die bis 1960 geführt wurden
Erledigt sind insgesamt: 222 922 – davon		
215 360	(96,61 %)	Verfassungsbeschwerden; davon 4 989 erfolgreich = 2,3 %
3736	(1,67 %)	abstrakte und konkrete Normenkontrollverfahren
8	(0,01 %)	Parteiverbotsverfahren
3793	(1,70 %)	andere Verfahren
25	(0,01 %)	frühere Verfahren, die bis 1960 geführt wurden

http://www.bundesverfassungsgericht.de/DE/Verfahren/Jahresstatistiken/2016/gb2016/A-I-1.pdf?__blob=publicationFile&v=2 (Zugriff: 28.7.2017)

Mehr zum Thema
Text: Karlsruhe rüffelt Bundesregierung – Urteil zu Kontrollrechten

Webcode PE646098-225

1 Beschreibe, wie das Bundesverfassungsgericht seine Aufgaben selbst definiert (Zitat auf S. 224).
2 Ordne die Beispiele von Entscheidungen des Bundesverfassungsgerichts in **M 2** den Zuständigkeitsbereichen zu.
3 Analysiert die Statistik **M 3**.
4 Beurteilt die Bedeutung des Bundesverfassungsgerichts für die politische Ordnung in unserem Land.

Am häufigsten findet sich in der Auflistung der Entscheidungen auf der Homepage des Bundesverfassungsgerichts der Begriff „erfolglose Verfassungsbeschwerde“. Dieses Recht, das jeder Bürgerin und jedem Bürger zusteht, wird exzessiv in Anspruch genommen. Wie ist das Bundesverfassungsgericht legitimiert, darüber zu entscheiden?

M 1 Erste Adresse für Querulanten

Die Antwort ist knapp, gerade mal eine Seite lang. „Die Verfassungsbeschwerde wird nicht zur Entscheidung angenommen.“ Punkt. Darunter die Unterschriften von drei Verfassungsrichtern. Und der Hinweis: „Die Entscheidung ist unanfechtbar.“ Rainer Hoffmann betrachtet verächtlich das amtlich gesiegelte Papier. „Nicht einmal eine Begründung.“ Er streicht sich über den Kopf: „Das Bundesverfassungsgericht verweigert mir mein verfassungsmäßiges Recht.“

Hoffmanns verfassungsmäßiges Recht hat eine Adresse: Schlossbezirk Nummer drei in Karlsruhe. Wer sich in seinen Grundrechten verletzt fühlt, kann dorthin schreiben und Beschwerde einlegen. Doch für viele Bürger ist das oberste Gericht nur ein Kummerkasten. Mehr als 6000 Beschwerden landen hier jedes Jahr, die meisten davon haben keine Aussicht auf Erfolg.

Trotzdem müssen alle Briefe gelesen und beurteilt, die Beschwerdeflut kanalisiert, die aussichtslosen von den begründeten Fällen unterschieden werden. Das macht Egon Hiegert. Er hat auch Hoffmanns Anliegen gesichtet und weitergereicht. Hiegert, ein rundlicher Mann mit ausgeglichenem Gemüt, ist der Eingangsbeamte. [...] Er scheidet die hoffnungslosen Beschwerden von jenen, die juristische Substanz haben könnten.

Die ganz abseitigen landen gleich im allgemeinen Register, einem schmalen Raum mit Regalflächen, auf denen lauter gelbe Kladden liegen: Briefe und Faxe von Leuten, die berichten, man habe ihnen einen Chip ins Gehirn implantiert oder sie sähen Engel. Eine Frau fordert für einen erlittenen Missbrauch eine Milliarde Schadenersatz. Andere sehen ihre Bürgerrechte verletzt, weil in ihrem Stadtviertel Tempo 30 eingeführt wurde oder weil sie beim Falschparken erwischt wurden. Manche Schriftsätze sind in Versform verfasst, andere bemalt. Neulich bekam Hiegert eine Beschwerde mit einem großen Smiley drauf: „Ruf doch mal an.“ Er muss alles lesen, bis zur bis zur letzten Seite.

Es gibt die eindeutigen Fälle. Da wurden ganz offensichtlich die strengen Fristen nicht eingehalten, oder die Person ist nicht klageberechtigt, weil sie von dem behaupteten Verstoß gegen die Verfassung nicht selbst betroffen ist. Aber die Erfolgsquote ist gering. Selbst bei denen, die nicht gleich aussortiert, sondern an die Richter weitergereicht werden, liegt sie bei gerade mal 2,7 Prozent. [...]

Jeder fühlt sich im Recht. Und jeder darf sich an die Richter in Karlsruhe wenden. „Kein Verfassungsgericht der Welt macht es seinen Bürgern so leicht zu klagen“, sagt Hiegert . Man brauche keinen Anwalt, nicht einmal ein Formblatt müsse ausgefüllt werden. Die Verfassungsbeschwerde sei das Kronjuwel der Verfassung, der Schutz des Bürgers vor staatlicher Willkür. Aber das könne nur funktionieren, wenn dieser Zugang nicht verstopft wird. Manchmal, sagt Hiegert, sei das Aufkommen nur noch schwer zu bewältigen. Das Förderband laufe immer weiter.

Dem will das Gericht jetzt einen Riegel vorschieben. Eine sogenannte „Mutwillgebühr“ soll erhoben werden. Sie soll hartnäckige Querulanten davon abhalten, ihre Beschwerde auch dann weiterzubetreiben, wenn sie von Hiegert schon als offensichtlich unbegründet abgewiesen wurde. Bisher genügte es, wenn der

Beschwerdeführer einfach nur Widerspruch dagegen einlegte. Tat er dies, mussten drei Richter über seinen Fall entscheiden. Künftig soll ein Verfassungsrichter nur dann damit betraut werden, wenn der Beschwerdeführer eine seinem Einkommen angemessene Gebühr bezahlt. Die Gebühr soll „spürbar, aber leistbar“ sein, heißt es bei Gericht. Von maximal 5000 Euro ist die Rede.

Aus: http://cicero.de/innenpolitik/erste-adresse-fuer-querulanten/49742 (Zugriff: 28.5.2017)

Die Rechtsprechung des Bundesverfassungsgerichts prägt das politische Leben der Bundesrepublik Deutschland. Das macht seine herausragende Bedeutung und Stellung im politischen System aus. Ohne sie wäre das Zusammenspiel der Verfasssungsorgane ein anderes. Ohne sie wäre unser Grundrechteverständnis mit Sicherheit ein anderes. Hat das Gericht für seinen großen Einfluss im politischen Leben unseres Landes die nötige Legitimation?

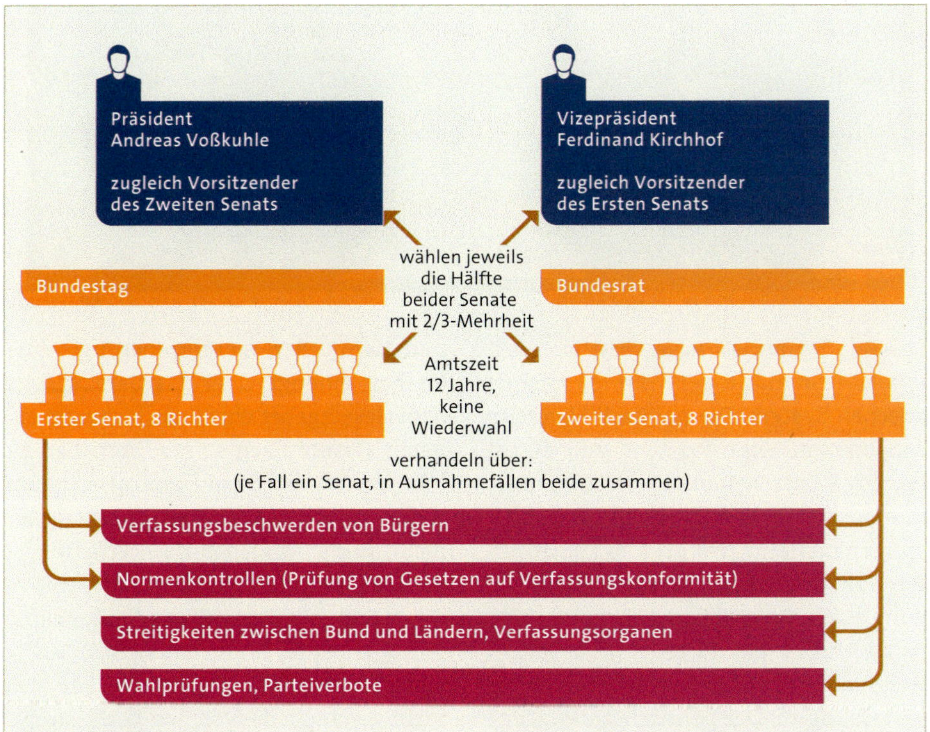

Quelle: Globus-Grafik 24746

M2 Aufbau und Funktion des Bundesverfassungsgerichts

1 Nimm Stellung zur Kritik des Autors von **M1** an der Wahrnehmung des Rechts auf Verfassungsbeschwerde.

2 Beurteilt die Absicht des Bundesverfassungsgerichts, eine „Mutwillgebühr“ (**M1**, Z. 78/79) einzuführen.

3 Der Präsident des Bundesverfassungsgerichts Andreas Voßkuhle wirbt für die Gebühr mit dem Satz: „Zu späte Gerechtigkeit ist keine Gerechtigkeit.“ Bewerte diese Aussage.

4 Erklärt die Wahl des Bundesverfassungsgerichts mithilfe von **M2**.

5 Vergleicht sie mit der Wahl zum Deutschen Bundestag hinsichtlich der Legitimation der beiden Verfassungsorgane. **TIPP** *S. 358*

Das Bundesverfassungsgericht – ein Übergesetzgeber?

Immer wieder wird der Vorwurf erhoben, das Bundesverfassungsgericht mische sich zu sehr in die Politik ein, mache dem Gesetzgeber Vorgaben, welchen Inhalt Gesetze haben müssten, um verfassungskonform zu sein. Dieser Vorwurf zielt darauf ab, dass sich das Gericht Funktionen anmaße, die ihm nicht zustünden. Es hebe damit die Gewaltenteilung auf.

M1 Karikatur von Kostas Koufogiorgos

Das Bundesverfassungsgericht ist zweifelsohne ein mächtiger Mitspieler im politischen System. Die politisch Handelnden müssen seine Existenz und Macht bei ihren Entscheidungen mitbedenken. Immer stehen Verfahren und Entscheidungen im Raum, wenn es zu kontroversen Entscheidungen kommt. Die Drohung, nach Karlsruhe zu gehen, ist nachhaltig wirksam und sichert dem Gericht letztendlich die Deutungshoheit über die Verfassung zu. Der politisch unterlegene Gegner gerät in Versuchung, seine Niederlage in einen Sieg zu verwandeln, sich seine fehlende Mehrheit in Karlsruhe zu beschaffen.
Des Weiteren führen Vorgaben, die das Gericht in abstrakten Normenkontrollverfahren macht, dazu, dass das Gericht Leitlinien für neue Gesetze formuliert und damit den Gesetzgeber in seiner Freiheit einengt. Oder das Gericht setzt dem Gesetzgeber eine Frist, bis wann ein neues Gesetz nach seinen Vorgaben zu erlassen ist. Gleichwohl kommt es immer wieder vor, dass sich der Gesetzgeber nicht an die Vorgaben des Verfassungsgerichts hält. Sei es, dass er Fristen, bis zu deren Ende eine gesetzliche Neuregelung erfolgen sollte, ohne ein neues Gesetz verstreichen lässt, sei es, dass er sich nicht genau an die von den Verfassungsrichtern vorgezeichneten Leitlinien hält. Das passiert eher selten, bietet aber der jeweiligen Opposition eine erneute Chance, die gesetzliche Neuregelung wieder in Karlsruhe auf ihre Übereinstimmung mit dem Grundgesetz überprüfen zu lassen.

M 2 Ein Beispiel: Das Urteil zum NPD-Verbot vom 17. Januar 2017 und seine Folgen

Der Bundestag hat die staatliche Parteienfinanzierung geändert, sodass verfassungsfeindliche Parteien von dieser ausgeschlossen werden können. [...]
Die neue Rechtslage gilt für alle Parteien, geht aber auf das versuchte NPD-Verbot zurück. Das Verbotsverfahren war zu Jahresbeginn gescheitert, weil die Partei nach Ansicht der Verfassungsrichter zwar verfassungsfeindlich ist, aber zu bedeutungslos, um die demokratische Grundordnung zu gefährden oder gar zu beseitigen. Die NPD blieb also erlaubt.
Das führte zu einer zentralen Erkenntnis: Verfassungsfeindlichkeit ist nicht per se illegal, im Gegenteil, es gibt sogar ein Recht darauf. Auch andere Parteien dürfen Details in ihre Programme schreiben, die zum Grundgesetz in Widerspruch stehen. [...] Es stellte sich aber auch die Frage: Kann der Staat zulassen, dass eine verfassungsfeindliche Partei von Steuergeld profitiert? Andererseits: Wäre es verhältnismäßig, einer 1,5-Prozent-Partei die Finanzierung zu entziehen? Ist es angemessen, ein demokratisches Grundprinzip aufzugeben, die Chancengleichheit der Parteien? Der Dresdner Rechtsanwalt Johannes Lichdi sagte bei einer Anhörung im Bundestag: „Die Demokratie tut sich damit keinen Gefallen."
In der Karlsruher Urteilsbegründung hatten die Verfassungsrichter den Hinweis eingebaut, der Gesetzgeber, also der Bundestag, könne jederzeit ein Gesetz verabschieden, das verfassungsfeindlichen Parteien die staatliche Finanzierung entzieht. [...] Damit schloss sich der Kreis: Ihren 2012 beschlossenen NPD-Verbotsantrag hatten die Bundesländer auch damit begründet, dass diese Finanzierung von Rechtsextremisten unerträglich sei. „Der Rechtsstaat ist der Schuster, der die Springerstiefel besohlt", fasste einer der Antragsteller das damals zusammen. Keiner wollte eine Partei dulden, die von den rechtsstaatlichen Regeln profitiert, die sie eigentlich abzuschaffen trachtet.
Der Bundestag beteiligte sich damals nicht an dem Verbotsantrag.
Nun will er zumindest die Empfehlung der Verfassungsrichter umsetzen. Geändert wurden dazu neben dem Parteien- und dem Bundesverfassungsgerichtsgesetz auch das für die Einkommens- und die Körperschaftsteuer sowie das Grundgesetz. In dessen Artikel 21 heißt es nun, dass Parteien, „die darauf ausgerichtet sind", die freiheitliche demokratische Grundordnung zu beeinträchtigen oder zu beseitigen oder den Bestand der Bundesrepublik Deutschland zu gefährden, kein Staatsgeld mehr erhalten sollen.
[...] Die Hürden für den Ausschluss von der Parteienfinanzierung sind hoch. Die höchste: Nur das Bundesverfassungsgericht kann darüber entscheiden.

Aus: http://www.zeit.de/thema/bundesverfassungsgerichtstartseite. (Autor: Tilmann Steffen, Bundestag verabschiedet „Lex NPD") (Zugriff: 28.6.2017)

M 3 Wahlkampfveranstaltung der NPD in Hamburg

1 Interpretiere die Karikatur **M 1**.

2 Stellt dar, welche Folgen die Entscheidung des Bundesverfassungsgerichts zum NPD-Verbotsantrag des Bundesrats hatte. (**M 2**) TIPP *S. 358*

3 Beurteilt den Einfluss des Bundesverfassungsgerichts auf die Gesetzgebung des Bundes.

+ ZUSATZAUFGABE Charakterisiere, wie Macht und Entscheidung bei der Gesetzgebung zwischen Staatsorganen austariert sind.

Immer wieder beklagen Parlamentarier den weitreichenden Einfluss des Bundesverfassungsgerichts und die Art und Weise, wie das Gericht seine Kompetenzen auslegt. Ihren beredten Klagen entsprechend fordern sie eine Begrenzung der Befugnisse und drohen mit Änderungen der einschlägigen Gesetze oder gar der Verfassung.

M 2 Der frühere Bundestagspräsident Norbert Lammert (2005–2017)

M 1 Die Position des früheren Bundestagspräsidenten Norbert Lammert

Kopftuchverbot, Wahlrecht und Erbschaftsteuer: Bei der Union wächst der Unmut über Urteile in Karlsruhe. Bundestagspräsident Lammert fordert eine Grundgesetzänderung.

Führende Politiker von CDU und CSU sind mit einigen der jüngsten Entscheidungen des Bundesverfassungsgerichts nicht zufrieden. Bundestagspräsident Norbert Lammert (CDU) sagte der Welt am Sonntag, er halte den deutlich erkennbaren Gestaltungsanspruch der Karlsruher Richter in hochpolitischen Fragen wie der Ausgestaltung des Wahlrechts für problematisch. Er plädierte für eine Grundgesetzänderung, um den Einfluss der Richter einzudämmen.

Lammert bezog sich vor allem auf die Entscheidung, die Fünf-Prozent-Hürde bei Kommunalwahlen aufzuheben. Dadurch zersplittern die Gemeindeparlamente. Das Urteil habe „ruinöse Folgen" für die Entscheidungsfindung auf kommunaler Ebene, sagte der Bundestagspräsident. „Wir haben hier eine der wenigen wirklichen Lücken in der Verfassung. Das Grundgesetz schweigt zu den Grundsätzen des Wahlsystems, zur Frage nach Mehrheits- oder Verhältniswahlrecht, nach Sperrklauseln oder dem Ausgleich von Überhangmandaten." Diese Lücke verleite das Gericht dazu, in den Spielraum des Gesetzgebers einzugreifen.

Aus: http://www.zeit.de/politik/deutschland/2015-04/union-bundesverfassungsgericht-kritik-norbert-lammert (Zugriff: 4.7.2017)

Bundestagspräsident Norbert Lammert (CDU) hat das Bundesverfassungsgericht zur Zurückhaltung aufgefordert. In einem Beitrag für die F.A.Z. schreibt Lammert, ein sich in seinen Gestaltungsspielräumen limitiert sehender Gesetzgeber werde sich „womöglich zu wehren suchen", indem er seinerseits die Verfassung ändere, „um für künftige Fälle eine ungewollte Rechtsprechung möglichst zuverlässig zu verhindern".

Es diene „der Stärke wie dem Ansehen sowohl des Verfassungsgerichtes als auch des Parlamentes", wenn sich beide jeweils sorgfältig um die Beachtung der von der Verfassung gesetzten Grenzen bemühten, so Lammert.

„Die Gewaltenteilung erträgt und braucht neben dem wechselseitigen Respekt der Verfassungsorgane kritische und selbstkritische Bezüge", schreibt der Bundestagspräsident. Die Stabilität des deutschen politischen Systems beruhe auf der Balance der Verfassungsorgane – „und auf ihrer gemeinsamen Verantwortung vor der für alle verbindlichen Verfassungsordnung, die diesen Respekt verdient und braucht".

Aus: http://www.faz.net/aktuell/politik/inland/bundesverfassungsgericht-lammert-fordert-zu-rueckhaltung-15009324.html (Zugriff: 4.7.2017)

M 2 Die Sichtweise des Politikwissenschaftlers Hans Vorländer

In seiner institutionellen Aufgabenbeschreibung war von Anfang an angelegt, dass das BVerfG mehr als nur ein Schiedsrichter ist, welcher die Einhaltung des politischen Spielregelwerkes überwacht. Die umfassenden Kompetenzen – nicht zuletzt die abstrakte Normenkontrolle – machten es auch zum Streitentscheider, zuweilen zum Streitschlichter, bei Konflikten zwischen Opposition und Regierung, zwischen dem Bund und den Ländern sowie zwischen den Ländern. Über das Institut der individuellen Verfassungsbeschwerde – ein Novum in der Geschichte der Verfassungsgerichtsbarkeit – wuchs das Gericht zunehmend auch in die Rolle eines Bürgergerichts hinein. Dabei sicherte es Positionen der Bürgerinnen und Bürger, baute den Grundrechtsschutz in vielfältiger Weise aus und verwies Legislative und Exekutive immer wieder in ihre Grenzen – oder forderte den Gesetzgeber zu konkreten Maßnahmen auf. [...] Ein Gericht, das immer wieder Gesetze aufhebt, vermag zudem als veto player* zu politischen Blockaden beitragen und dort, wo es der Legislative vorschreibt, wie ein Gesetz auszusehen habe, in Formen des judicial activism* den Gesetzgeber überspielen oder gar ersetzen. Der Hüter der Verfassung wird dann zum Lenker der Politik. [...] Aber zugleich zeigt die Geschichte der Karlsruher Verfassungsgerichtsbarkeit, wie übrigens die anderer Länder auch, dass sich Verfassungsgerichte auch selber zu korrigieren vermögen. Sie haben keineswegs immer das „letzte Wort", auch wenn sie es, um der Vorrangstellung ihrer Institution willen, beanspruchen (müssen). In einer „offenen Gesellschaft der Verfassungsinterpreten" sind sie, wie auch die politischen Gewalten, der öffentlichen Kritik ausgesetzt. Sie befinden sich in einem ständigen konflikthaften Dialog mit den Medien, den Bürgerinnen und Bürgern, der Legislative und Exekutive, der ordentlichen Gerichtsbarkeit im eigenen Land und zunehmend auch mit den supranationalen* europäischen Gerichtshöfen.

Aus: http://www.bpb.de/apuz/33164/regiert-karlsruhe-mit-das-bundesverfassungs-gericht-zwischen-recht-und-politik (Zugriff: 4.7.2017)

* **veto player**
ein Akteur im politischen System, der einen Kurswechsel in der Politik verhindern oder bewirken kann

* **judicial activism**
juristischer oder richterlicher Aktivismus, der zu einer weiten Auslegung von Verfassungsrechten und Gesetzen neigt

* **supranational**
übernational

M 3 Der Blick eines Karikaturisten

1 Erörtert die Frage, ob das Bundesverfassungsgericht zu viel Macht im Zusammenspiel der Verfassungsorgane hat. (**M 1** und **M 2**) TIPP *S. 358*

2 Arbeitet aus **M 3** weitere Gesichtspunkte heraus.

1. Ungarn

Zahlreiche politische Analysen zeigen, wie die Regierung in Budapest versucht, mithilfe von Parlamentsmehrheiten die politischen Freiheitsrechte in ihrem Land einzuschränken. Diese Versuche sind begleitet von Angriffen auf die Verfassungsgerichte sowie die Presse- und Meinungsfreiheit. Der ungarische Ministerpräsident Viktor Orbán spricht von einer illiberalen Demokratie – ein Widerspruch in sich! – als Ziel seiner Politik.

M1 Das ungarische Parlament schränkt das Verfassungsgericht ein

Das ungarische Parlament stimmte am Montagabend einem Gesetzesentwurf der regierenden Fidesz-Partei zu. Dieser enthält umfassende Verfassungsänderungen, unter anderem eine Reformierung des Verfassungsgerichtes. Dieses hatte in letzter Zeit mehrere Gesetze der Regierung von Ministerpräsident Viktor Orbán für grundgesetzwidrig erklärt. [...] Die Regierungsfraktion Fidesz-KDNP, die 71 Prozent der Parlamentssitze hält, hatte den Gesetzesentwurf am 8. Februar 2013 ins Parlament eingebracht. Die Beratungen hierüber liefen seit dem 12. Februar. Die schwerstwiegenden Punkte in dem 26-seitigen Entwurf sind wohl die Justizreform und die Änderungen am Wahlgesetz. [...] Dem Verfassungsgericht selbst werden weitere Handlungsbeschränkungen auferlegt. So darf das Gericht keine Bestimmungen mehr untersuchen, die über die zur Prüfung beantragten Regelungen hinausgehen. Dies bedeutet, dass bei einem Rechtsakt, der auf formale Rechtmäßigkeit hin geprüft werden soll, nicht auch noch auf die inhaltliche Gesetzeskonformität geschaut werden darf. Des Weiteren erfolgt eine „Festplattenlöschung" beim Verfassungsgericht.

Die Richter können sich somit nicht mehr auf Entscheidungen berufen, die vor Inkrafttreten der neuen Verfassung im Januar 2012 getroffen wurden. Der Präsident der Richterkammer erhält zudem das Recht, Fälle Gerichten zu entziehen und anderen zuzuteilen.

Das Recht des Parlamentes, religiöse Gruppen als Kirchen anzuerkennen oder ihnen diesen Status zu verwehren, wurde in die Kernverfassung aufgenommen. Vorher wurde dies durch Anhänge oder Übergangsbestimmungen geregelt. Entscheidungen dieser Art sind demnach künftig der inhaltlichen Prüfung durch das Verfassungsgericht entzogen. Die Verfassungsänderungen sehen außerdem Restriktionen gegen Obdachlose und Homosexuelle vor.

Die entscheidendste Neuregelung im europäischen Kontext betrifft die Studienverträge. Diese schreiben einen Bleibezwang für Hochschüler vor, die auf staatlich finanzierten Studienplätzen studieren. Sie sollen mindestens das Doppelte ihrer Studienzeit in Ungarn bleiben.

Aus: https://www.euractiv.de/section/wahlen-und-macht/news/ungarisches-parlament-schrankt-verfassungsgericht-ein/ (Zugriff: 3.7.2017)

M2 Proteste in Budapest gegen die Verfassungsänderung am 11.3.2013

1 Beschreibe die vom ungarischen Parlament beschlossenen Änderungen für das Verfassungsgericht (**M1**).

2 Vergleiche die Befugnisse des ungarischen und deutschen Verfassungsgerichts anhand der in **M1** beschriebenen „Handlungsbeschränkungen" (**M1**, Z. 20) für das ungarische Verfassungsgericht.

2. Polen

* PiS
polnische Regierungspartei „Recht und Gerechtigkeit“

Politische Beobachter sehen Polens Regierungspartei PiS* auf dem Weg, Ungarn bei der Einschränkung des Verfassungsgerichts zu folgen.

M1 Grenzen der Mehrheitsherrschaft

Im Allgemeinen lehrt die Erfahrung, dass Verfassungen auf schwachen Füßen stehen, wenn ihnen eine gerichtliche Durchsetzungsinstanz fehlt. Deswegen war es auch in allen Staaten, die sich jüngst von autoritären, totalitären oder rassistischen Regimen befreiten, unumstritten, dass die neue Ordnung durch ein Verfassungsgericht gesichert werden müsse. [...]
Nachdem die Unterdrückten aber selbst zu Herrschenden geworden waren, erschien ihnen das Verfassungsgericht bald als lästig. Die jeweiligen Mehrheiten mussten erfahren, dass sie nicht alles durften, was sie wollten, und als Schuldige waren schnell die Verfassungsgerichte ausgemacht. [...] Die in Wahlen gewonnene parlamentarische Mehrheit wurde benutzt, um den Verfassungsgerichten den Stachel zu ziehen. Nach Ungarn geschieht dies nun in Polen, beides Staaten mit geachteten Verfassungsgerichten.
Hier wie da berufen sich die Mehrheitsparteien zur Begründung ihrer Maßnahmen auf das Demokratieprinzip. Es könne nicht sein, dass ein paar nicht vom Volk berufene Richter die Absichten der vom Volk gewählten Mehrheit durchkreuzten. Dahinter verbirgt sich eine Demokratievorstellung, nach welcher der Wahlsieg der Mehrheit umfassende Vollmacht gibt. Der Verfassungsstaat ist allerdings gerade die Negation dieser Vorstellung. Er zieht der Mehrheitsherrschaft im Allgemeininteresse Grenzen. [...]
Verfassungsgerichte sind berufen, diese Anforderungen zu sichern. Politische Entscheidungen, die sie verletzen, können vom Verfassungsgericht aufgehoben werden. Gerade um diese Befugnis sollen Maßnahmen wie die in Polen getroffene die Verfassungsgerichte bringen. Sie werden nicht aufgelöst oder offen ihrer Zuständigkeiten beraubt, dazu reicht die Mehrheit der polnischen PiS nicht. Das Verfassungsgericht soll vielmehr durch organisatorische Vorkehrungen daran gehindert werden, seine Zuständigkeiten wirksam auszuüben, flankiert durch personelle Veränderungen, von denen sich die Partei ein gefügigeres Gericht verspricht. [...]
Auch in Polen ist nicht zu erwarten, dass das Verfassungsgericht nach der Gesetzesänderung noch in der Lage sein wird, die PiS-Mehrheit effektiv an der Verwirklichung verfassungswidriger Absichten zu hindern. Darauf zielt das Gesetz, wie Äußerungen in der Debatte zeigen: „Das Recht ist eine wichtige Sache, aber es ist kein Heiligtum. Über dem Recht steht das Wohl des Volkes. Wenn das Recht dieses Wohl stört, dann dürfen wir es nicht als etwas ansehen, das wir nicht verletzen und ändern können.“ Und zur Opposition gewandt. „Wir verwirklichen alle unsere Versprechungen. Das Verfassungsgericht, in dem ihr eure letzte Zuflucht haben wolltet, wird uns dabei nicht stören.“

Aus: http://www.faz.net/aktuell/feuilleton/debatten/dieter-grimm-ueber-das-verfassungsgericht-in-polen-13995517.html (Zugriff: 3.7.2017)

M2 Der ehemalige Verfassungsrichter Dieter Grimm

Mehr zum Thema
Text: Grenzen der Mehrheitsherrschaft – ungekürzt

Webcode PE646098-233

1 Stelle die Position von Dieter Grimm zur polnischen Verfassungsgerichtsbarkeit und zu den „Grenzen der Mehrheitsherrschaft“ dar (M1).
2 Bewerte die Bedeutung der Verfassungsgerichtsbarkeit für eine Demokratie.

Bei vielen politischen, wirtschaftlichen und gesellschaftlichen Themen gehen die Meinungen in unserer Gesellschaft auseinander. Viele Fragen werden deshalb auch in der Öffentlichkeit kontrovers diskutiert. Offene Diskussionen, das Ringen um Kompromisse gehören zum Wesensmerkmal einer lebendigen Demokratie. Sich offen und fair auseinanderzusetzen, die Argumente der anderen Seite ernsthaft zu erwägen und andere Positionen zu akzeptieren, hat auch in der Schule seine Berechtigung. Man kann streiten lernen. Dabei lernt man, seine eigenen Interessen zu vertreten, diese argumentativ vorzutragen, sich in die andere Seite hineinzuversetzen und sie zu verstehen sowie gewaltfrei nach Kompromissen zu suchen und diese zu akzeptieren.

Damit das alles gelingt, müssen Spielregeln gelten. Folgende Schritte sind zu beachten.

Schritt 1: Meinungsbild

Zuerst geht es darum, sich zu dem Thema, dem Problem oder der Streitfrage zu positionieren. Das heißt, ein Meinungsbild durch Abstimmung herzustellen.

Schritt 2: Vorbereitung

Anschließend werden Gruppen durch Zufallsprinzip bestimmt, die sich mit unterschiedlichen Aspekten der Thematik näher beschäftigen, um nachher die eine oder die andere Position argumentativ vertreten zu können. Dabei kommt es nicht darauf an, dass man seine eigene Meinung vertritt. Ganz im Gegenteil: Es ist vorteilhaft, auch einmal einen anderen Standpunkt als den eigenen einzunehmen. Die Vorbereitung schließt auch die Argumente der gegnerischen Seite mit ein, um in der folgenden Auseinandersetzung schnell reagieren zu können. Außerdem sollen sich ein oder zwei Gesprächsleiter auf das Streitgespräch vorbereiten, um es souverän führen zu können.

Schritt 3: Durchführung

Es sind mehrere Inszenierungen denkbar. Eine mögliche ist, dass jede Position von zwei oder drei Schülerinnen und Schüler vertreten wird und der/die Gesprächsleiter das Streitgespräch eröffnen und es moderieren. Vor dem Schlagabtausch (Rede und Gegenrede) sollte jede Gruppe Gelegenheit erhalten, die eigene Position in einem kurzen Statement zu umreißen. Die nicht am Gespräch Beteiligten fungieren als Beobachter, die ihre Eindrücke am besten auf einem Beobachtungsbogen notieren.

Schritt 4: Auswertung

Nach dem Abschluss des Gesprächs wird dieses selbst ausgewertet. Welcher Vortrag, welche Argumente waren überzeugend, welche eher nicht, was hat der Klasse gut gefallen und was nicht. Auch die Gesprächsteilnehmer können darauf reagieren.

Schritt 5: Erneutes Meinungsbild

Interessant ist es jetzt zu erfahren, ob sich Positionen im Vergleich zur Eingangsabstimmung verschoben haben. Um sich ein Bild davon zu machen, wird nochmals abgestimmt und danach über Veränderungen oder Festhalten an Positionen diskutiert. Jede/-r kann wieder ihre oder seine Meinung vertreten.
Eine Kurzform des Streitgesprächs ist die Streitlinie mit nur zwei Positionen.

Nach: Bundeszentrale für politische Bildung (Hg.). Methodenkiste, 4. überarbeitete Auflage 2010, S. 30 f., Autor: Lothar Scholz

Hessen verbietet einer Rechtsreferendarin, im Gerichtssaal Kopftuch zu tragen. Das Bundesverfassungsgericht lehnt ihren Eilantrag ab, der ihr das erlauben sollte. Die Entscheidung im Hauptverfahren steht noch aus. Die Streitfrage lautet: Darf eine Referendarin mit Kopftuch Recht sprechen?

Pro: Die Neutralität des Rechtsstaats wahren

Ich halte das Kopftuchverbot für Referendarinnen für gerechtfertigt, weil nur dadurch die Neutralität des Rechtsstaats gewahrt werden kann. Zunächst ist festzustellen, dass es nicht darum geht, Rechtsreferendarinnen generell das Tragen des Kopftuches während der zweijährigen Ausbildungszeit zu untersagen.

Es geht lediglich um die kurzen Einsätze, bei denen eine Referendarin als Repräsentantin des Staates auftritt und entsprechend wahrgenommen wird. [...] [D]as Grundgesetz garantiert den Beteiligten eines gerichtlichen Verfahrens, vor einem unparteilichen und unabhängigen Richter zu stehen. Die Gewähr für Neutralität und Distanz gegenüber allen Verfahrensbeteiligten und dem Verfahrensgegenstand der Richterin oder des Richters drückt sich indes auch in deren Kleidung aus. Nicht zuletzt deshalb tragen Richterinnen und Richter eine (einheitliche) Robe. Das Einbringen religiöser oder weltanschaulicher Bezüge durch Rechtsreferendarinnen würde den in Neutralität zu erfüllenden staatlichen Auftrag der Rechtspflege erheblich beeinträchtigen.

Eva Kühne-Hörmann in: Frankfurter Rundschau vom 3.8.2017, S. D12

Kontra: Barriere im Kopf wird zementiert

Kein Mensch ist weltanschaulich neutral. Nicht die konservativ-katholische Richterin und nicht der links-atheistische Lehrer. Doch wir gehen davon aus, dass sie neutral unterrichten, neutral urteilen können. Haben wir Zweifel daran, stellen wir einen Befangenheitsantrag oder fordern eine Einzelfallprüfung – warum also messen wir mit zweierlei Maß, wenn es um eine muslimische Rechtsreferendarin geht? Der Staat ist dann neutral, wenn er keine Weltanschauung, keine Religion diskriminiert oder privilegiert. Wenn die gesellschaftliche Pluralität sich auch in den Institutionen des Staates widerspiegelt. Religiöses Leben autoritär ins Private zu verbannen und Freiheitsrechte von Minderheiten einzuschränken gehört eher zu den Kennzeichen autoritär-repressiver Regime.

Wenn eine Kopftuchträgerin die Gebote ihrer Religion ernst nimmt, warum kann das nicht auch bedeuten, dass sie die Gebote des staatlichen Gesetzes ebenfalls ernst nimmt? Warum lassen wir es nicht zu, dass uns die Praxis eines Besseren belehrt, wenn Kopftuchträgerinnen durch kompetente Arbeit Vertrauen gewinnen?

Khola Maryam Hübsch in: Frankfurter Rundschau vom 3.8.2017, S. D 12

Eva Kühne-Hörmann, hessische Justizministerin seit 2014

Khola Maryam Hübsch, Journalistin und Autorin

1 Führt ein Streitgespräch zu diesem Thema nach den Regeln auf S. 234.

+ ZUSATZAUFGABE Recherchiert, ob und wie das Bundesverfassungsgericht die Sache im Hauptverfahren entschieden hat.

Leitfrage: Kontrollieren die Medien nur oder machen sie auch Politik?

Nach der Bundestagswahl 2017 erhoben Politiker mehrerer Parteien schwere Vorwürfe gegenüber den Medien, insbesondere den öffentlich-rechtlichen Sendern. Sie hätten durch ihre Berichterstattung und ihr Agenda-Setting zum Wahlerfolg der AfD beigetragen, indem sie intensiv die Flüchtlingsfrage thematisiert sowie häufig AfD-Funktionäre in Talkshows eingeladen hätten. Wie berechtigt ist dieser Vorwurf?

Bei der Bearbeitung der Aufgaben musst du jeweils geeignete Materialien (M 1–M 3) heranziehen.

Ich kann Informationen gewinnen und aufbereiten.

1 Verschaffe dir einen Überblick über die Materialien, um die Leitfrage beantworten zu können.

Ich kann Probleme und Konflikte analysieren.

2 Analysiere den Konflikt um die Schuldzuweisung für den Wahlerfolg der AfD.

Ich kann mir ein begründetes Urteil bilden.

3 Erörtere unter Berücksichtigung der vorliegenden Materialien, ob die Vorwürfe berechtigt sind.

Ich kann mitreden und aktiv werden.

4 Gestalte einen Leserbrief auf einen Zeitungsartikel (M 1– M 3) deiner Wahl.

M 1 Kritik an der Wahlberichterstattung durch das öffentlich-rechtliche Fernsehen

ZDF-Chefredakteur Peter Frey sagte schon am Mittwoch im „Morgenmagazin“ des Senders: „Vieles, was wir am Wahltag gehört haben, hat natürlich mit dem Wahltag und den Enttäuschungen über die Wahlergebnisse zu tun, und das sollte man vielleicht auch hinter sich lassen.“ Damit reagierte er auf Kritik an der öffentlich-rechtlichen Berichterstattung, die noch in der Wahlnacht erhoben wurde: CSU-Spitzenkandidat Joachim Herrmann sagte, es werde zu diskutieren sein, „in welchem Ausmaß die öffentlich-rechtlichen Sender in den letzten Wochen massiv dazu beigetragen haben, in der Tat nicht die AfD kleinzumachen, sondern großzumachen“.
Sogar Bundespräsident Frank-Walter Steinmeier hat sich inzwischen dazu geäußert. Er nannte in einem Gespräch mit der „Zeit“ zwar die AfD nicht, mahnte aber davor, dass Tabubrüche sich für Parteien nicht auszahlen dürften: „Wer für jede Provokation eine neue Einladung in eine Talkshow erhält, fühlt sich zum Provozieren ermuntert.“ [...] Chefredakteur Frey sagte bereits im „Morgenmagazin“: „Wir alle haben Anlass dazu, darüber nachzudenken, was die AfD stark gemacht hat.“ Denn nicht nur die Medien, auch andere Parteien und zivilgesellschaftliche Kräfte wie Kirchen und Gewerkschaften müssten sich fragen, was der AfD so viele Wählerstimmen gebracht habe. Das ZDF benutze aber niemanden, um seine Quoten nach oben zu treiben: In der Talkshow „Maybrit Illner“ seien 2016 von knapp 400 Gästen lediglich elf AfD-Vertreter eingeladen worden.

http://www.fr.de/politik/bundestagswahl/ard-und-zdf-wenn-die-afd-im-tv-provoziert-a-1359800 (Autorin: Lisa Maria Röhling) (Zugriff: 6.10.2017)

CHECK UP

M 2 ARD und ZDF wehren sich gegen heftige Kritik

Der Politikwissenschaftler Thorsten Faas von der Universität Mainz erklärte das überraschend schlechte Abschneiden der Union auch mit dem TV-Duell zwischen Angela Merkel und Martin Schulz drei Wochen vor der Wahl. „Seit diesem Duell wurde sehr viel über Flüchtlinge geredet, das hat die Tonlage und die Themenlage für die Zielgerade zum Wahltag gesetzt. Das Ergebnis davon haben wir am Sonntag gesehen“ [...].

Das wollen die Sender so nicht auf sich sitzen lassen. „Das ZDF weist die pauschale Kritik an der Wahlberichterstattung der öffentlich-rechtlichen Sender zurück“, sagte ein ZDF-Sprecher am Montag dem Tagesspiegel. „Die Informationssendungen des ZDF haben im Wahlkampf über alle relevanten Ereignisse, Akteure und Entwicklungen berichtet. Dabei wurden insbesondere die im Bundestag vertretenen Parteien, aber auch Parteien, die nach den Umfragen erstmals oder erneut eine Chance auf einen Einzug in das Parlament hatten, [...] berücksichtigt.“

Es sei Auftrag der Öffentlich-Rechtlichen, politische Diskussionen in Deutschland abzubilden. Dazu gehöre auch, die Positionen der in 13 Landtagen vertretenen AfD zu reflektieren.

[...] „Die Kritik, wir hätten die AfD groß gemacht, weisen wir entschieden zurück“, sagt ARD-Chefredakteur Rainald Becker. „Wir haben die von den Parteien selbst in den Vordergrund gerückten Themen in den vergangenen Wochen abgebildet, kritisch hinterfragt und zur Diskussion gestellt. Den Wahlkampf führen immer noch die Parteien und nicht das öffentlich-rechtliche Fernsehen. Wir machen keine Partei groß oder klein.“ Die Kritik am Ergebnis für die AfD müssten sich die Parteien selbst gefallen lassen und nicht im Nachhinein an die Journalisten weiterreichen.

http://www.tagesspiegel.de/medien/nach-dem-afd-wahlerfolg-ard-und-zdf-wehren-sich-gegen-heftige-kritik/20376046.html (Autor: Markus Ehrenberg) (Zugriff: 7.10.2017)

M 3 Medienerfolg gleich Wahlerfolg – kein neuer Effekt

Den kausalen Zusammenhang müsse man bejahen, sagt Carsten Reinemann, Professor für Kommunikationswissenschaft an der Ludwig-Maximilians-Universität in München, der über Populismus und Medien forscht: „Je häufiger eine Partei in den Medien vorkommt, je positiver über sie berichtet wird oder je stärker ihre Themen im Mittelpunkt stehen, umso eher kann eine populistische Partei profitieren“, sagt er. Medienerfolg gleich Wahlerfolg – kein neuer Effekt, vor ein paar Jahren half er der Piratenpartei ins Zentrum der Aufmerksamkeit. [...]

Das Flüchtlingsthema war im Wahlkampf tatsächlich eines der wichtigsten, im TV-Duell von ARD, ZDF, Sat 1 und Pro Sieben sogar das wichtigste – schon diese Gewichtung war mit Verweis auf zu viel Aufmerksamkeit für AfD-Standpunkte kritisiert worden. [...]

Trotzdem bleibt die Frage, ob etablierte Medien in Zeiten, in denen eine Partei wie die AfD ihre Parolen bei Facebook platzieren kann, tatsächlich Themen kleinhalten kann, indem sie nicht darüber berichten. Oder ob man den Einfluss der Journalisten nicht überschätzt.

Reinemann sagt: „Die AfD-Anhänger, die ein kulturell und religiös homogenes Deutschland wollen, die auf eine vermeintlich einheitliche, traditionelle deutsche Identität pochen, die wird man nicht erreichen.“

www.sueddeutsche.de/medien/bundestagswahl-sind-die-medien-schuld-am-erfolg-der-afd-1.3682373. (Autoren: Karoline Meta Beisel u. a.) (Zugriff: 7.10.2017)

Mehr zum Thema
Film: Populismus – einfach erklärt

Webcode PE646098-237

KAPITEL 11

Aufgaben und Probleme des Sozialstaats

„Euer Luxus ist unsere Armut“

Beschreibe, was du unter Armut verstehst. Diskutiert eure Beschreibungen in der Klasse.

In diesem Kapitel lernst du,

- *welche Merkmale einen Sozialstaat ausmachen (Regeln und Recht),*
- *wie der deutsche Sozialstaat ausgestaltet ist (Ordnung und Struktur),*
- *welchen Herausforderungen der Sozialstaat gegenübersteht und*
- *auf welche Weise der Sozialstaat auf diese Herausforderungen reagieren kann (Interessen und Gemeinwohl).*

Formuliere Annahmen zu diesen Themen und überprüfe am Ende des Kapitels, inwieweit sich diese verändert haben.

◄ *Protestaktion gegen den Bau eines teuren Luxushotels in Berlin*

Was heißt schon „arm“?

„Armutsquote erreicht neuen Höchststand“, „Jeder Siebte ist arm“, „Jedes fünfte Kind ist arm“ – diese Schlagzeilen aus dem Jahr 2017 sollen sich auf Deutschland beziehen? Wie ist es möglich, dass es in einem so reichen, wirtschaftlich erfolgreichen Land überhaupt Armut gibt? Hierzu muss man sich erst einmal näher damit beschäftigen, was Armut eigentlich bedeutet.

* Im Jahr 2015 lag diese sogenannte **Armutsschwelle** bei 1033 Euro pro Monat.

M1 Armutsdefinitionen

Grundsätzlich wird zwischen existenzieller (bzw. **absoluter Armut**) und Einkommensarmut (bzw. **relativer Armut**) unterschieden. Von existenzieller Armut betroffen sind Menschen, die um ihr physisches Überleben kämpfen müssen, weil sie sich lebenswichtige Bedarfsgüter wie Nahrung und Trinkwasser nicht leisten können. Absolute Armut sollte in Deutschland durch staatliche Leistungen zum Lebensunterhalt grundsätzlich ausgeschlossen sein – sie tritt aber trotzdem auf. Vor allem dann, wenn Menschen staatliche Hilfen nicht beanspruchen oder nicht beanspruchen können.
In den Industrienationen wird Armut in der Regel als relative Armut gemessen. Relativ, da sie sich am Lebensstandard der jeweiligen Gesellschaft bemisst. Die Bundesregierung etwa folgt in ihren Armuts- und Reichtumsberichten der Definition von Armut des Rates der Europäischen Gemeinschaft von 1984. Als arm gelten demnach „Einzelpersonen, Familien oder Personengruppen, die über so geringe (materielle, kulturelle und soziale) Mittel verfügen, dass sie von der Lebensweise ausgeschlossen sind, die in dem Mitgliedstaat, in dem sie leben, als Minimum annehmbar ist“.
Zur Messung von Armut wird dabei die relative Einkommensarmut herangezogen. In Deutschland gelten danach alle Menschen als **armutsgefährdet**, deren verfügbares Haushaltseinkommen weniger als 60 Prozent des mittleren Einkommens [sog. Armutsschwelle*] beträgt.

http://www.bpb.de/politik/hintergrund-aktuell/125771/jeder-sechste-von-armut-bedroht-28-03-2012 (Zugriff: 10.6.2017)

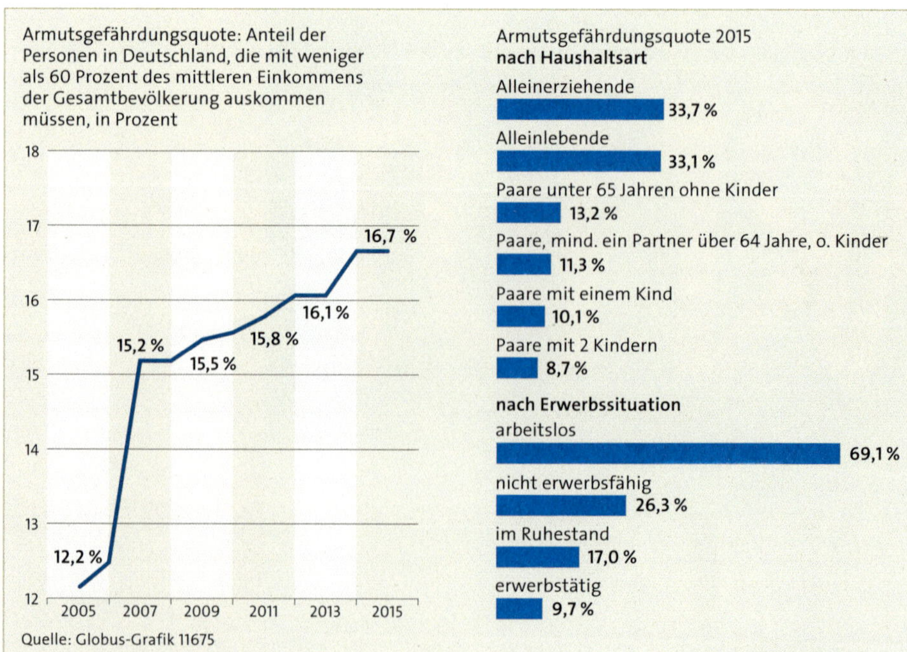

M2 Von Armut bedroht

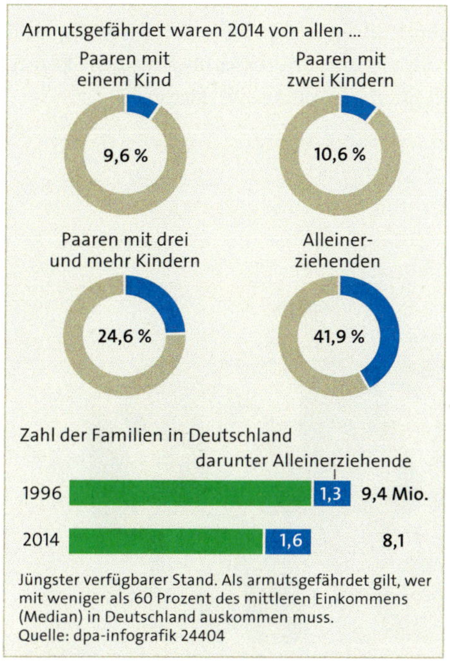

M3 Alleinerziehende von Armut bedroht

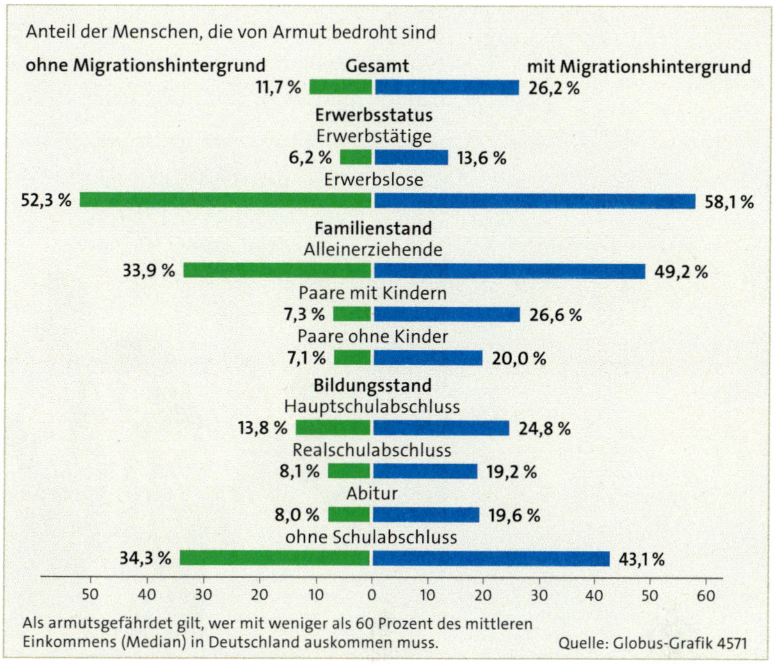

M4 Armut: Migranten stärker betroffen

M5 Lügen mit Statistik

Jahr für Jahr wird die Statistik über die Armutsgefährdung in Deutschland veröffentlicht. In vielen Medien wird diese „Armutsgefährdung“ in der Überschrift in „Armut“ umgedeutet. Da heißt es dann zum Beispiel, jeder fünfte Bundesbürger sei arm. Wie kommt aber überhaupt dieser Anteil der Armutsgefährdeten zustande? Das ist ein schöner statistischer Kniff; als arm gilt, wer weniger als 60 Prozent des mittleren Einkommens der Gesamtbevölkerung zur Verfügung hat. Das führt zu der absurden Situation, dass wenn von einem Jahr zum nächsten jeder Bundesbürger doppelt so viel Geld zur Verfügung hätte, sich die Armutsquote nicht ändern würde. Oder auch, dass wenn die Einkommen von vielen Bundesbürgern steigen, die Armut zunimmt. Obendrein ist dieses Kriterium nicht objektiv. Warum sind es 60 Prozent vom Durchschnittseinkommen und nicht 50 oder 70? Und warum wird die Basis nicht berücksichtigt? Es ist ein Unterschied, ob ich 60 Prozent von 10 000 Euro zur Verfügung habe oder 60 Prozent von 200 000 Euro.

Markus A. Hessler, Blogeintrag vom 27.3.2015 http://www.insm-oekonomenblog.de/12173-luegen-mit-statistik-die-tricks-beim-gender-pay-gap-und-der-armutsgefaehrdung/ (Zugriff: 10.6.2017)

★ Als **Median** bezeichnet man in der Statistik einen Mittelwert, der eine Verteilung in zwei gleich große Hälften teilt. Beispiel: Wenn das Medianeinkommen in der Bevölkerung bei 3000 € liegt, verdient die eine Hälfte der Bevölkerung mehr, die andere Hälfte weniger als 3000 €.

★ Bei Personen mit **Migrationshintergrund** unterscheidet man zwischen Menschen, die selbst Migrant sind/waren (erste Generation), und Menschen, die bereits in Deutschland geboren wurden (zweite oder dritte Generation).

1 Vergleiche die Konzepte der absoluten und der relativen Armut. (**M1**)

2 **a** Formuliert Hypothesen★, welche Personen ein erhöhtes Armutsrisiko aufweisen.
b Überprüft eure oben aufgestellten Hypothesen mithilfe von **M2–M4**.

3 Erläutert für die Risikogruppen aus **M2–4** mögliche Ursachen für ihre erhöhte Armutsgefährdung.

4 Der Autor von **M5** kritisiert das Konzept der Armutsgefährdung. Erörtert, ob dieses Konzept die Armut in Deutschland angemessen erfasst. TIPP *S. 358*

★ **Hypothese** (wissenschaftliche) Annahme, die anschließend überprüft werden kann.

Hungernde Menschen, hohe Kindersterblichkeit und geringe Lebenserwartung sind typische Folgen der absoluten Armut, wie man sie aus Entwicklungsländern kennt. Hat die relative Armut in Deutschland ähnlich gravierende Auswirkungen?

M1 Armut in Deutschland

M 2 Armut und ihre Folgen

Nina ist genervt. Schon wieder streiten ihre Eltern. Es geht wieder einmal um Geld. Um das Geld, das Familie Fischer nicht hat, weil Herr Fischer wenig verdient und Frau Fischer ihre Berufsausbildung abbrechen musste. Ninas Geburt kam damals dazwischen. Durch die kleine Wohnung, in der Familie Fischer lebt, kann sich Nina nicht zurückziehen, sie teilt sich ein Zimmer mit ihrem kleinen Bruder. Die 13-Jährige will ihre Eltern nicht mit zusätzlichen Problemen belasten und verschweigt, dass sie dringend neue Schulhefte und Stifte braucht*. Den Ausflug mit ihrer Klasse in die nahegelegene Großstadt schwänzt Nina. Sie hat Angst, ohne Geld mit ihren Freundinnen auf Shoppingtour gehen zu müssen. Sie meldet sich in letzter Zeit oft krank, ihre Noten werden schlechter. Ihr großer Traum, Klavierunterricht zu nehmen, ist weit weg. Zu teuer! Zwei Wörter, die Nina sehr oft hört.

http://www.planet-wissen.de/gesellschaft/wirtschaft/armut_in_deutschland/pwiekinderarmutindeutschland100.html (Zugriff: 11.6.2017)

* **Bildungs- und Teilhabepaket**
Um bei den Aufwendungen für die Schule entlastet zu werden, erhalten Familien mit geringem Einkommen Leistungen für Bildung und Teilhabe. Die Leistungen werden z. B. gewährt für Schulausflüge, Klassenfahrten, Ausstattung mit persönlichem Schulbedarf, Schülerbeförderung, Lernförderung und die Mittagsverpflegung in Schulen.

M 3 Armut und ihre Folgen

Viele Menschen, die an Altersarmut leiden, müssen erhebliche Einschränkungen in ihrem Leben in Kauf nehmen. Bereits Miete und laufende Kosten verschlingen einen Großteil des zur Verfügung stehenden Geldes. Die Betroffenen können sich kaum noch alltägliche Güter und erst recht keine Luxuswaren mehr leisten. Die Lebensqualität von Menschen mit Altersarmut ist herabgesetzt. Die Armut im Alter kann so weit führen, dass lebenswichtige Dinge, Nahrungsmittel und Medikamente nicht mehr bezahlt werden können. Die Wohnungen sind darüber hinaus oft nicht mit den notwendigen und seniorengerechten Einrichtungen bestückt, da die finanziellen Mittel dafür fehlen. Viele Reparaturen können aus dem gleichen Grund nicht durchgeführt werden. Im schlimmsten Fall droht die Räumung der Wohnung. Viele Betroffene schämen sich wegen ihrer Situation. Sie ziehen sich oft auch sozial zurück und drohen zu vereinsamen. [...] Gravierende Auswirkungen hat die Altersarmut auf die Gesundheit der betroffenen Personen. Menschen, die in Armut leben, werden eher krank als finanziell gut dastehende Altersgenossen. Verarmte ältere Menschen sterben im Durchschnitt sogar früher.

http://www.miomedi.de/gesundheit/gesunde-senioren/finanzen-recht-senioren/altersarmut/senioren-altersarmut-auswirkungen.html (Zugriff: 11.6.2017)

M 4 Armutsfolgen

Wirtschaftliche Folgen	Gesellschaftliche Folgen	Politische Folgen
Für den Einzelnen: ■ Geringes Einkommen ■ Wenig Konsummöglichkeiten ■ ... Für den Staat: ■ Kosten für Sozialleistungen ■ Einnahmeausfälle (Steuern, Sozialabgaben) ■ ...	■ Teilhabe an der Gesellschaft eingeschränkt ■ Geringeres Ansehen, geringerer sozialer Status ■ Spaltung der Gesellschaft (Arm vs. Reich) ■ ...	■ Freiheit des Einzelnen evtl. eingeschränkt ■ Politische Partizipation evtl. eingeschränkt ■ Verändertes Wahlverhalten ■ ...

Quelle: Eigene Darstellung

M 5 „Die Tafeln * – eine Idee, von der alle profitieren"

Wenn das Geld knapp wird, sparen die meisten bei der täglichen Ernährung – zu Lasten ihrer Gesundheit. Gleichzeitig fallen täglich [...] große Mengen von Lebensmitteln an, die – obwohl qualitativ einwandfrei – im Wirtschaftskreislauf nicht mehr verkauft werden können und sonst oft im Müll landen würden. [...] Die Tafeln schaffen einen Ausgleich: Sie sammeln diese überschüssigen Lebensmittel im Handel und bei Herstellern ein und verteilen sie an sozial und wirtschaftlich benachteiligte Menschen, kostenlos oder gegen einen symbolischen Betrag. Eine Idee, von der alle Beteiligten profitieren: Lebensmittelhändler und -hersteller übernehmen soziale Verantwortung. Und Bedürftige erhalten für wenig Geld oder sogar kostenlos qualitativ hochwertige Nahrungsmittel – sowie Motivation für die Zukunft. [...] So schaffen die Tafeln eine Brücke zwischen Überfluss und Mangel – zu Gunsten aller Beteiligten.

http://www.tafel.de/die-tafeln/tafel-idee.html (Zugriff: 11.6.2017)

* Seit 1993 sind sogenannte **Tafeln** als gemeinnützige Hilfsorganisationen in Deutschland aktiv, auch in anderen europäischen Ländern gibt es vergleichbare Initiativen.

1 **a** Überlegt, was die Wartenden vor dem Mülleimer denken könnten. (M 1)
b Erläutert die Aussage der Karikatur M 1.

2 **a** Ordnet die in M 2 und M 3 beschriebenen Armutsfolgen den Kategorien aus M 4 zu.
b Erläutert ausgehend von M 2–M 4 mögliche Folgen von Armut.

3 **a** Recherchiert Maßnahmen, wie die Armut bekämpft werden kann.
b Überprüft, ob die Maßnahmen das Ziel der Armutsbekämpfung erreichen.

4 Kritiker werfen den Tafeln vor, sie würden zwar Symptome der Armut lindern, nicht aber deren Ursachen bekämpfen. Erörtert diesen Vorwurf. (M 5) TIPP S. 358

Zu sozial, zu unsozial – wie viel Sozialstaat brauchen wir?

„Die Bundesrepublik Deutschland ist ein […] sozialer Bundesstaat." (Art. 20 Abs. 1 GG) So knapp und offen steht es in unserem Grundgesetz – doch was bedeutet das Attribut „sozial"? Darüber gehen die Auffassungen, zum Teil auch stark, auseinander – eben weil der Grundgesetzartikel einen weiten Interpretationsspielraum bietet.

M 1 Was ist Aufgabe des Staates – und was nicht?

Ich finde, die Aufgabe des Staates ist es, …

- allen Menschen ein Leben in Würde* zu ermöglichen.
- Armut zu verhindern.
- im Notfall – z. B. bei Krankheit, Unfall oder Arbeitslosigkeit – den Menschen zu helfen.
- allen Bürgerinnen und Bürgern einen Arbeitsplatz bereitzustellen.
- für soziale Gerechtigkeit im Land zu sorgen.
- die Kluft zwischen Arm und Reich zu verringern.

* Das Sozialstaatsgebot basiert indirekt auf dem in **Art. 1 GG** garantierten **Schutz der Menschenwürde**. Ebenso wie **Art. 20 GG**, der die zentralen Staatsstrukturprinzipien – und damit explizit auch das Sozialstaatsgebot – enthält, darf Art. 1 GG nicht verändert werden (vgl. Art. 79 Abs. 3 GG), was den besonderen Stellenwert des Sozialstaatsgebots verdeutlicht.

M 2 Das Sozialstaatsgebot des Grundgesetzes

Die Sozialstaatlichkeit ist im Grundgesetz an zwei Stellen verankert: so in Art. 20* Abs. 1, der den sozialen Bundesstaat fordert, und in Art. 28 Abs. 1, in dem die Bundesrepublik Deutschland als „sozialer Rechtsstaat" bezeichnet wird. […] [Man] hat davon abgesehen, ein verbindliches Modell des Sozialstaates vorzuschreiben. Die Ausgestaltung ist weitgehend dem Gesetzgeber überlassen.

[…] Soziale Gerechtigkeit, die zentrale Zielsetzung des Sozialstaates, lässt sich nicht ein für alle Mal verbindlich definieren. Ihre Ausgestaltung hängt ab von der wirtschaftlichen und sozialen Entwicklung sowie dem gesellschaftlichen Bewusstsein.

http://www.bpb.de/politik/grundfragen/deutsche-demokratie/39302/sozialstaat?p=all (Zugriff: 2.3.2017)

M 3 Ziele des Sozialstaats

Der Sozialstaat soll …	Maßnahmen des deutschen Sozialstaats
▪ Menschen vor Notlagen schützen; ▪ Menschen gegen, zum Teil unvorhergesehene, Wechselfälle des Lebens absichern; ▪ krasse soziale Ungleichheit vermindern.	▪ Höhere Einkommen werden stärker besteuert. ▪ Bei Krankheit zahlt die Krankenversicherung den Arzt. ▪ Im Alter bekommt man eine Rente. ▪ Jeder Bürger bekommt mindestens Sozialhilfe oder Hartz IV.

M 4 Was ist sozial gerecht?

Sozial gerecht ist es, wenn …

- jeder das Gleiche erhält;
- jeder nach seiner Leistung entlohnt wird;
- Menschen mit Kindern mehr bekommen, da sie auch mehr benötigen;
- alle die gleichen Chancen haben;
- …

M 5 Formen von Gerechtigkeit?

Unter Gerechtigkeit* werden moralisch begründete, akzeptierte und wirksame Verhaltens- und Verteilungsregeln verstanden [...].

Vorstellungen von **Leistungsgerechtigkeit** fordern, dass Menschen so viel erhalten sollen (Lohn, Schulnoten, Lob etc.), wie ihr persönlicher Beitrag und/oder ihr Aufwand für die jeweilige Gesellschaft ausmachen. Konzepte der Leistungsgerechtigkeit sehen also ungleiche Belohnungen vor, um die Menschen für ungleiche Bemühungen und ungleiche Effektivität zu belohnen, sie zur weiteren Anstrengung zu motivieren und so für alle Menschen bessere Lebensbedingungen zu erreichen.

Vorstellungen von **(Start-)Chancengerechtigkeit** zielen darauf ab, dass alle Menschen, die im Wettbewerb um die Erlangung von Gütern und die Vermeidung von Lasten stehen, die gleichen Chancen haben sollen, Leistungsfähigkeit zu entwickeln und Leistungen hervorzubringen. Das Konzept der Chancengerechtigkeit bezieht sich also nicht auf das Ergebnis, sondern auf die Ausgestaltung von Leistungswettbewerb. Unterstellt werden durchaus ungleiche Verteilungsergebnisse. Die Vorstellung von Chancengerechtigkeit hat nur dann einen Sinn, wenn Chancen bestehen, mehr oder weniger große Erfolge zu erzielen [...].

Als **bedarfsgerecht** gelten Verteilungen, die dem „objektiven" Bedarf von Menschen entsprechen, insbesondere ihren Mindestbedarf berücksichtigen. Empirisch vorzufinden ist **Bedarfsgerechtigkeit** zum Beispiel in den unterschiedlichen Steuerklassen des Einkommensteuerrechts. Hinter diesem Konzept steht die Einsicht, dass Chancen- und Leistungsgerechtigkeit nicht in der Lage sind, dem jeweiligen Bedarf der nicht Leistungsfähigen, das heißt der Kranken, Alten, Kinder etc. gerecht zu werden.

http://www.bpb.de/politik/grundfragen/deutsche-verhaeltnisse-eine-sozialkunde/138445/soziale-gerechtigkeit?p=all (Zugriff: 1.6.2017)

* Die Begriffe (Un-)**Gerechtigkeit** und (Un-)Gleichheit dürfen nicht einfach gleichgesetzt werden.

M 6 Chancengerechtigkeit

1 **a** Begründet, für welche Aufgaben ihr den Staat in der Verantwortung seht. (**M 1**)
b Vergleicht und diskutiert eure Einschätzungen. (**M 1**)

2 Beschreibt das Sozialstaatsgebot des Grundgesetzes. (**M 2**)

3 **a** Ordne die Maßnahmen des deutschen Sozialstaats seinen Zielen zu. (**M 3**)
b Erläutert anhand einer sozialstaatlichen Maßnahme, weshalb sich das Sozialstaatsgebot „nicht ein für alle Mal verbindlich definieren" (**M 2**, Z. 13*f.*) lässt. (**M 3**)

4 **a** Begründet, welche Auffassungen von sozialer Gerechtigkeit ihr vertretet. (**M 4**)
b Diskutiert eure Auffassungen. (**M 4**)

5 Erläutert die Aussage der Karikatur **M 6** unter Berücksichtigung der Gerechtigkeitsprinzipien aus **M 5**.

6 Erörtert, an welchen Gerechtigkeitsprinzipien sich der Sozialstaat orientieren sollte. (**M 5**)
TIPP *S. 359*

+ ZUSATZAUFGABE „Bildungspolitik ist die beste Sozialpolitik." – Überprüfe diese These.

Leben am Existenzminimum – oder darunter?

Wie viel Geld braucht ein Mensch im Monat, um menschenwürdig (über-)leben zu können? Wo liegt also das sogenannte Existenzminimum*? Darüber gehen die Auffassungen zum Teil weit auseinander.

* Als **Existenzminimum** bezeichnet man die Mittel, die ein Mensch zur Befriedigung seiner materiellen Bedürfnisse braucht. Hierzu gehören v. a. Nahrung, Wohnung, Kleidung und grundlegende medizinische Versorgung, um das physische Überleben zu gewährleisten. Darüber hinaus muss der Staat auch ein Mindestmaß an sozialer und kultureller Teilhabe ermöglichen.

M 1 Professor hält 132 Euro Hartz IV für ausreichend

Essen von Aldi, Schuhe vom Resteladen, Möbel aus dem Billig-Shop: Dieses Niveau reicht Arbeitslosen zur Sicherung des Existenzminimums – meinen zwei Forscher aus Chemnitz [Friedrich Thießen und Christian Fischer]. Den [2008] gültigen Hartz-IV-Satz von 351 Euro [heute: 409 Euro] finden die Experten zu hoch. Vertreter der Arbeitslosen sind empört.

Von Oliver Haustein-Teßmer, erschienen am 4.9.2008 in der Welt: https://www.welt.de/wirtschaft/article2397035/Professor-haelt-132-Euro-Hartz-IV-fuer-ausreichend.html (Zugriff: 9.6.2017)

M 2 132 €, davon für ...

M 2 132 €, davon für ...	
Lebensmittel	68 €
Verkehr	23 €
Kleidung (inkl. Schuhe)	17 €
Körperpflege, Reinigung	14 €
Gebrauchsgegenstände	7 €
Kommunikation	2 €
Freizeit, Unterhaltung, Kultur	1 €
Summe	**132 €**

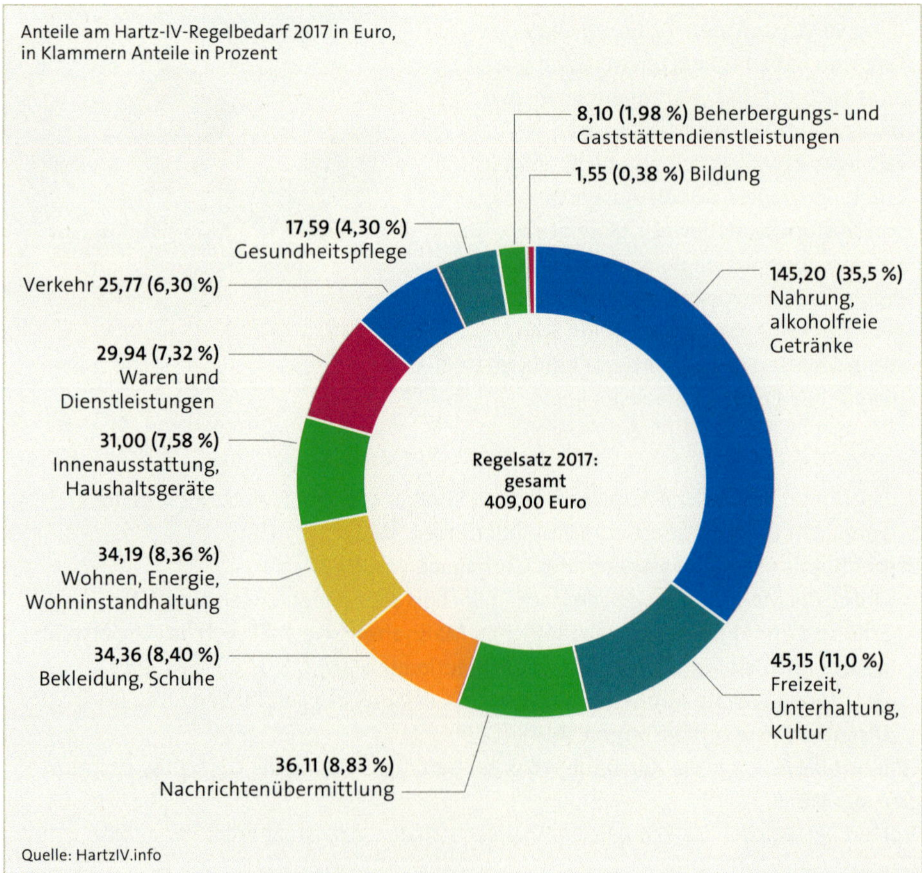

M 3 Das ist in 409 Euro Regelbedarf enthalten

M 4 Wovon leben Arbeitslose?

Solange man erwerbstätig ist, sichert das Gehalt die Existenz, sofern es hoch genug ist. Doch wie sichert ein Arbeitsloser ohne laufendes Einkommen seine Existenz? Einfache Antwort: Der Sozialstaat übernimmt diese Sicherung. Doch ganz so einfach ist es im Detail nicht ...

	Arbeitslosigkeit bis 1 Jahr ★	Arbeitslosigkeit nach mehr als einem Jahr ★
Zielsetzung	Einkommenssicherung während der Arbeitssuche	Existenz und Leben in Würde sichern
Bezüge	Arbeitslosengeld I (ALG I)	Arbeitslosengeld II (ALG II, ugs.: „Hartz IV“)
Höhe	In der Regel ca. 60 % des vorherigen Bruttoeinkommens	409 € plus Erstattung der Kosten für eine angemessene Unterkunft (Stand: 2017), unabhängig vom früheren Einkommen
Prinzipien	*Versicherungsprinzip:* Leistungen (ALG I) aus der Arbeitslosenversicherung ★ *Äquivalenzprinzip:* Je mehr und je länger in Arbeitslosenversicherung eingezahlt wurde, desto höher ist das ALG I.	*Fürsorgeprinzip/Subsidiaritätsprinzip:* Der Staat hilft erst, wenn sich der Bedürftige nicht mehr selbst helfen kann (Bedürftigkeitsprüfung) – hat er bspw. noch eigenes Vermögen, so muss er dieses bis zu gewissen Grenzen zuerst aufbrauchen.
Anspruchsberechtigte	*Versicherte* der Arbeitslosenversicherung	Erwerbsfähige *Bedürftige* (zwischen 15 und Regelaltersgrenze ★ von 65/67 Jahren)
Finanzierung	Aus *Beiträgen* zur Arbeitslosenversicherung	Aus *Steuermitteln*

★ In die **Arbeitslosenversicherung** zahlen v. a. abhängig Beschäftigte (Angestellte etc.) sowie freiwillig Versicherte (z. B. Selbstständige) ein. Der Beitragssatz beträgt aktuell 3,0 % des Bruttoeinkommens, zur Hälfte getragen vom Arbeitgeber und Arbeitnehmer.

★ Nach Überschreiten der **Regelaltersgrenze** (65–67 J.) erhalten Bedürftige die sog. Grundsicherung im Alter, deren Niveau dem ALG II vergleichbar ist.

★ Die Grenze, nach der man statt ALG I ALG II („Hartz-IV“) erhält, hängt von verschiedenen Faktoren ab (Alter, Dauer der versicherungspflichtigen Beschäftigung).

M 5 Definiere Existenz und Minimum: Lisa Caspari, in Zeit online vom 19.1.2015

Der Staat muss nicht nur das Nicht-Verhungern und Nicht-Erfrieren gewährleisten, sondern auch ein „Mindestmaß an kultureller Teilhabe“. Einem Hartz-IV-Bezieher soll es demnach möglich sein, dann und wann ein Café zu besuchen oder den Nachwuchs zum Fußballtraining zu schicken. Ob das mit dem aktuellen Pauschalbetrag wirklich gewährleistet ist, daran zweifeln Experten. „Zum physischen Überleben reicht es“, sagt Verteilungsforscherin Irene Becker [...]. „Doch ob ein Bedürftiger wirklich an der Gesellschaft teilnehmen kann, das bezweifle ich.“ Becker nennt Beispiele: Selbst wenn das Fußballtraining eines Kindes gezahlt wird, was tun, wenn es schnell aus den Fußballschuhen wächst? Regelmäßige Ausgaben für neue Schuhe sind in dem Hartz-IV-Satz nicht angelegt [...].

http://www.zeit.de/politik/deutschland/2015-01/hartz-iv-regelsatz-berechnung-warenkorb (Zugriff: 9.6.2017)

1 Nehmt Stellung, ob 132 Euro pro Monat zur Sicherung des Existenzminimums ausreichen. (**M 1**)

2 **a** Schätzt, wie viel ihr persönlich im Durchschnitt für die unterschiedlichen Bereiche ausgebt. (**M 2**)

b Vergleicht eure eigenen Bedarfe mit den in der Studie vorgeschlagenen Werten und den 2017 tatsächlich angesetzten Beträgen. (**M 2**, **M 3**)

3 Erläutert die Leistungen, die Arbeitslose beziehen. (**M 3**, **M 4**)

4 Bevor man ALG II erhält, muss man eventuell vorhandenes Vermögen weitgehend aufzehren (Subsidiaritätsprinzip) (**M 4**). Bewertet diese Regelung. TIPP *S. 359*

5 „Hartz IV – zu hoch oder zu niedrig?“ – Gestaltet ein Streitgespräch zwischen Friedrich Thießen (**M 1**) und Irene Becker (**M 5**, Z. 12). TIPP *S. 359*

„Fördern und Fordern“ – ist das Existenzminimum (un-)antastbar?

„Fördern und Fordern“ – so lautete eine der Grundideen bei der Einführung der Hartz-Reformen*. Arbeitslose sollen *gefördert* werden, beispielsweise durch Weiterbildung, damit sie schnell wieder eine Stelle finden und „aus Hartz IV herauskommen“. Zugleich soll die Möglichkeit bestehen, Arbeitslosen bestimmte Jobs zuzuweisen – diese Gegenleistung *fordert* der Staat von ihnen. Weigern sich hierbei Arbeitslose, kann das ALG II auch gekürzt werden – ist dies legitim?

* Die **Hartz-Reformen** wurden ab 2002 von der damaligen rot-grünen Bundesregierung initiiert und später durchgesetzt. Ziel war v. a. eine Reduzierung der hohen Arbeitslosigkeit. Namensgeber war der frühere VW-Personalvorstand Peter Hartz, der die sog. Hartz-Kommission leitete, die Vorschläge für eine Reform der Arbeitsmarktpolitik und des Sozialstaats erarbeitete.

M1 Thesen

Wer Geld vom Staat bekommt, soll dafür eine Gegenleistung erbringen.

Wenn er/sie diese Gegenleistung nicht erbringt, sollte die Unterstützung gekürzt werden.

Als Gegenleistung ist nahezu jede Arbeit zumutbar.

Das Existenzminimum darf nicht gekürzt werden, sonst verfehlt es seinen Sinn.

Es gibt Arbeiten, zu denen man Arbeitslose nicht zwingen darf.

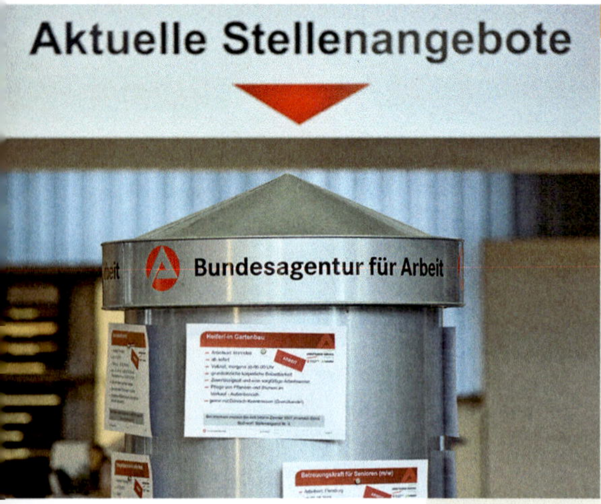

M2 Jobcenter bestrafen wieder mehr Hartz-IV-Empfänger

Termin beim Jobcenter versäumt, Job nicht angetreten – derartige Versäumnisse hatten im vergangenen Jahr für mehr Empfänger von Hartz IV wieder empfindliche Folgen: Die Jobcenter kürzten die Auszahlungen der Sozialleistung, die eigentlich bereits das Existenzminimum darstellt. Im Schnitt waren 2016 monatlich 134 390 Menschen von Leistungskürzungen betroffen [...]. Zu diesen Betroffenen gehören häufig auch Kinder. In jedem dritten der mit Sanktionen belegten Haushalte – konkret im Monatsdurchschnitt 44 400 – lebten Kinder. [...] Bei Sanktionen kürzt das Jobcenter normalerweise bei einfachen Meldeverstößen die Auszahlung für einen Zeitraum von drei Monaten um 10 Prozent, bei Pflichtverstößen wie dem Nichtantreten eines Jobs um 30 Prozent. Verstößt ein Hartz-IV-Empfänger wiederholt gegen seine Pflichten, kann das Jobcenter die Auszahlungen erneut für drei Monate um 60 Prozent und später sogar um 100 Prozent kürzen.

http://www.spiegel.de/wirtschaft/soziales/hartz-iv-jobcenter-verhaengen-wieder-mehr-sanktionen-a-1134817.html (9.6.2017)

M3 Würde statt Härte

Abgesehen davon, dass diese Sanktionen fast immer kontraproduktiv sind: Durch sie wird hunderttausendfach ein Versprechen gebrochen, das sich die Sozialgesetzgebung selbst auferlegt hat. „Die Grundsicherung für Arbeitsuchende soll es Leistungsberechtigten ermöglichen, ein Leben zu führen, das der Würde des Menschen entspricht“, heißt es im SGB II*. Die Sanktionen konterkarieren diesen Grundsatz [...]. Natürlich müssen Hartz-IV-Empfänger auch ihrerseits gewillt sein, Leistungen zu erbringen. Die Solidargemeinschaft kann für ihre Solidarität auch etwas erwarten. Um ein gänzlich unbedingtes Anspruchsrecht geht es also nicht. Allerdings wird Hartz-IV-Empfängern meist

* Das **Zweite Buch Sozialgesetzbuch (SGB II)** regelt u. a. die Grundsicherung für Arbeitsuchende.

zu Unrecht Renitenz unterstellt; und zwar nicht nur an den Stammtischen, sondern leichtfertig auch von Amtspersonen. Jedenfalls sind banale Regelverstöße kein Beweis dafür, dass sie arbeitsunwillig sind. Um Arbeitsunwilligkeit festzustellen, müsste ihnen erst einmal eine „zumutbare Tätigkeit“ [...] angeboten werden. Gravierender aber ist, dass sich die meisten Betroffenen aufgrund psychosozialer Handicaps nicht selbst aus ihrer Not befreien können. Und in diesen Fällen sticht das Grundrecht auf Hilfe in Not die Bedenken der Solidargemeinschaft aus. Denn dieses Grundrecht ist nicht verhandelbar und darf daher auch nicht von „Wohlverhalten“ abhängig gemacht werden. [...] Man kann das Recht auf ein menschenwürdiges Leben nicht schon dadurch verwirken, dass man einen Termin versäumt oder nur acht statt zehn Bewerbungen schreibt. [...] Eine bessere Lösung könnten produktive Anreize sein: Warum sollte das System der Negativsanktionen nicht durch „positive“ Sanktionen bei gelingender Kooperation ersetzt werden? Es würde diejenigen belohnen, etwa mit Bildungsgutscheinen oder lukrativen Weiterbildungen, die sich nach Maßgabe ihrer Möglichkeiten besonders um die eigene Wiedereingliederung bemühen.

Arnd Pollmann in: Zeit online vom 16.10.2014, http://www.zeit.de/2014/41/hartz-iv-sanktionen-grundsicherung-menschenwuerde (Zugriff: 9.6.2017)

M 4 Bei Missbrauch muss der Sozialstaat wehrhaft sein

Kaum etwas schadet der Idee des Sozialstaats so sehr wie sein Missbrauch. Wirklich Bedürftigen muss geholfen werden, darüber herrscht unter Steuerzahlern hierzulande zweifellos ein Konsens. Die meisten geben gern, wenn es gilt, jenen Landsleuten zu helfen, denen es unmöglich geworden ist, für ihren Lebensunterhalt selbst aufzukommen – sei es durch Schicksalsschlag, Unglück oder schieres Unvermögen. Aber auch der Wohlmeinendste möchte sicher sein, dass das, was er abgibt, nur denen zugutekommt, die sich tatsächlich nicht anders zu helfen wissen. Jede Meldung über erschlichene Sozialleistungen untergräbt den Goodwill der Gebenden. Deshalb war die jüngste Verschärfung der Sanktionen bei Hartz-IV-Missbrauch richtig, die fast unbemerkt in Kraft getreten ist, seit die Bundesagentur für Arbeit eine entsprechende Weisung erließ [...]. [Es] ist richtig, dass der Sozialstaat hier auch ein Zeichen setzt – zur Beruhigung derer, die in den großen Topf einzahlen; und zur Abschreckung jener, die skrupellos und tief in diesen hineingreifen wollen. Das hat nichts mit „Verfolgung und Kriminalisierung von Hartz-IV-Beziehenden“ zu tun [...]. Nicht nur die Demokratie, auch der Sozialstaat muss auf seine Weise „wehrhaft“ sein. Damit die Steuerzahler auch weiter bereitwillig jenen geben, die wirklich auf ihre Solidarität angewiesen sind.

Rainer Haubrich, https://www.welt.de/debatte/kommentare/article159018624/Bei-Missbrauch-muss-der-Sozialstaat-wehrhaft-sein.html (Zugriff: 9.6.2017)

1 Nehmt Stellung zu den Thesen in **M 1**.
2 Begründet, ob ihr die in **M 2** genannten Sanktionen für angemessen haltet.
3 Erläutert mögliche Folgen, welche eine Kürzung von Hartz IV für Kinder haben könnte. (**M 2**)
4 Vergleicht die in **M 3** und **M 4** vertretenen Positionen.
5 Erörtert die Idee, „positive Sanktionen“ (**M 3**, Z. 44) einzuführen. TIPP *S. 360*
6 Bewerte die Legitimität von Hartz-IV-Sanktionen. Recherchiere hierzu auch passende Gerichtsurteile. TIPP *S. 360*

Deutschland altert – wer soll die ganze Rente bezahlen?

„Die Rente ist sicher" – so lautet der wohl berühmteste Satz in der Diskussion um das Rentensystem. Geprägt hat ihn der damalige Bundesarbeitsminister Norbert Blüm 1986. Doch wie sicher ist die Rente tatsächlich? Vor allem der demografische Wandel* stellt die Gesetzliche Rentenversicherung vor große Herausforderungen.

* Unter **demografischem Wandel** versteht man zusammenfassend verschiedene Veränderungen und Tendenzen in der Bevölkerungsentwicklung.

M1 Modelle der Alterssicherung

Modell Nr. 1	Modell Nr. 2	Modell Nr. 3
Während ich arbeite, zahle ich Beiträge zur Rentenversicherung. Davon werden die aktuellen Rentner finanziert. Wenn ich selbst einmal Rentner bin, finanzieren mich die künftigen Beitragszahler.	Jede/-r Bürger/-in erhält eine staatliche Grundrente, die aus Steuern finanziert wird. Diese Grundrente ist für alle gleich hoch. Wenn ich im Alter mehr Geld haben will, muss ich eben zusätzlich privat vorsorgen.	Ich sorge komplett privat vor, das heißt, ich spare jeden Monat einen Teil meines Einkommens für meine Altersvorsorge an. Davon lebe ich dann im Alter.

M2 Wie funktioniert die Gesetzliche Rentenversicherung (GRV)?

Die Wirkungsweise der **Gesetzlichen Rentenversicherung** wird durch das **Versicherungsprinzip** geprägt: Ihre Mitglieder* sind gegen das Risiko versichert, bei Erwerbsminderung oder im Alter* ihr Arbeitseinkommen zu verlieren. Bei Eintritt des Versicherungsfalls [...] erfolgt die Leistung in Form einer Versichertenrente. Die Finanzierung erfolgt über Beiträge, die sich mit einem einheitlichen Prozentsatz* an der Höhe des Bruttoarbeitseinkommens bemessen. [...] Die Finanzierungsart ist das Umlageverfahren* [...], d. h., dass die laufenden Ausgaben für die Rentner/-innen aus den Beitragseinnahmen der aktuell aktiv Versicherten sowie aus Steuerzuschüssen* bezahlt werden. Die individuelle Rentenhöhe errechnet sich nach dem **Grundsatz der Äquivalenz**: Höhe und Dauer des durch Beitragszahlungen belegten Arbeitseinkommens sind die dafür eigentlich bestimmenden Faktoren. Zwischen Vorleistung (Beitrag) und Gegenleistung (Rente) besteht somit eine direkte Beziehung (Grundsatz der Lohn- und Beitragsbezogenheit der Renten). Direkt bedarfsbezogene Maßstäbe oder Mindest- bzw. Sockelleistungen finden sich bei der Rentenberechnung nicht.

http://www.bpb.de/politik/innenpolitik/rentenpolitik/188322/grundprinzipien (Zugriff: 12.6.2017)

* **Mitglieder** der GRV sind alle pflichtversicherten Personen (z. B. Arbeitnehmer und Auszubildende) sowie die freiwillig Versicherten (z. B. Selbstständige).

* Über die GRV hinaus kann die **Alterssicherung** auch über eine betriebliche Altersvorsorge (Betriebsrente) und/oder eine private Altersvorsorge (private Rentenversicherung, Lebensversicherung, Aktien, Immobilien etc.) erfolgen.

* Aktuell (Stand: 2017) liegt der **Beitragssatz** bei 18,7 % des monatlichen Bruttoeinkommens, je zur Hälfte zu tragen vom Arbeitgeber und Arbeitnehmer.

* Das **Umlageverfahren** bezeichnet man auch als sog. Generationenvertrag. Das Gegenstück zum Umlageverfahren ist das Kapitaldeckungsverfahren: Hier spart man während seiner aktiven Erwerbstätigkeit Kapital an, welches bei Renteneintritt auf einmal oder monatlich ausbezahlt wird. Dieses Prinzip liegt zum Beispiel der privaten Altersvorsorge zugrunde.

* Ohne **Steuerzuschüsse** wäre die Auszahlung der Renten schon lange nicht mehr finanzierbar, im Klartext: Die Beiträge reichen nicht zur Finanzierung aus.

Demografie als Herausforderung

Der demografische Wandel in Deutschland stellt die Gesetzliche Rentenversicherung vor massive Herausforderungen. Die geringe Geburtenrate (aktuell 1,5 Kinder pro Frau) und die steigende Lebenserwartung (aktuell Männer 78,5, Frauen 83,5 Jahre) sorgen für einen steigenden Anteil älterer Menschen gegenüber dem Anteil jüngerer Menschen – ein Effekt, der momentan auch durch den Zuzug von Migranten nicht kompensiert wird. Hieraus resultieren für die Rentenversicherung verschiedene Probleme, die in der Grafik **M 4** illustriert werden.

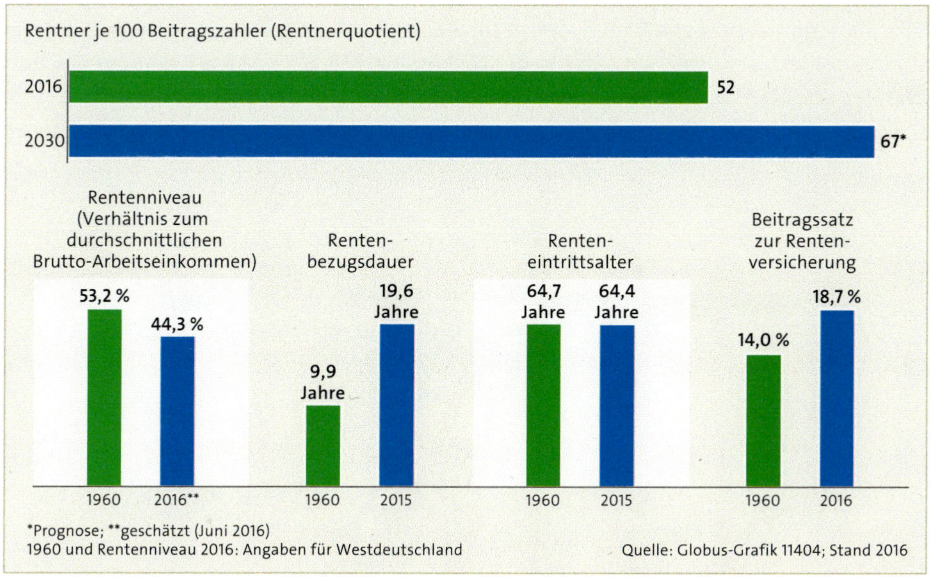

M 3 Probleme der Rentenversicherung

M 4 „Da wird massiv Angst geschürt"

tagesschau.de: Die Deutschen sterben aus, es fehlt an Fachkräften und die Renten werden unbezahlbar – das scheinen die wesentlichen Folgen des demografischen Wandels zu sein. Was setzen Sie diesen düsteren Prognosen entgegen?

Gerd Bosbach: Ich schaue in die Vergangenheit, ins letzte Jahrhundert. Schon damals sind wir älter geworden. Der Jugendanteil ist gesunken und der der Rentner hat sich mehr als verdreifacht. Trotzdem sind wir nicht ausgestorben und der Sozialstaat wurde auch nicht abgebaut. Im Gegenteil: Der Sozialstaat wurde massiv ausgebaut, die Arbeitszeit verkürzt und der Wohlstand für alle erhöht. [...]

tagesschau.de: Wie zuverlässig sind Aussagen über die Bevölkerungsentwicklung?

Bosbach: Prognosen über lange Zeiträume hinweg können nicht zuverlässig sein. [...] Wir brauchen kurzfristigere und flexible Prognosen, um planen zu können. [...] Das Statistische Bundesamt weiß auch von dieser Ungenauigkeit von Prognosen und rechnet mit zwölf Varianten. Für die Bevölkerungszahl von 2060 bedeutet das einen Unterschied von 15,1 Millionen Menschen. [...] Von daher ist eine Prognose über 50 Jahre von heute an besonders abstrus.

Aus einem Interview von tagesschau.de mit dem Statistikprofessor Gerd Bosbach (14.5.2013), https://www.tagesschau.de/inland/demografiegipfel102.html (Zugriff: 12.6.2017)

1. Begründet, welches der drei Modelle der Alterssicherung ihr bevorzugen würdet. (M 1)
2. Stellt die Funktionsweise der Gesetzlichen Rentenversicherung (Zielsetzung, Anspruchsberechtigte, Finanzierung, Gestaltungsprinzipien) übersichtlich in einer Tabelle dar. (M 2)
3. Erklärt Probleme, die sich durch den demografischen Wandel für die Rentenversicherung ergeben könnten. (Autorentext, M 3)
4. Arbeitet Bosbachs Kritik an der Demografie-Diskussion heraus. (M 4)
5. „Die Rente ist sicher" – Erörtert diese These vor dem Hintergrund der Materialien dieser Doppelseite. (M 1–M 4) TIPP S. 355

Arbeiten bis 67, 70 – oder noch länger?

Um die Finanzierungsprobleme der gesetzlichen Rentenversicherung zu verringern, sind verschiedene Lösungsansätze in der Diskussion. Mit Blick auf den demografischen Wandel erscheint es naheliegend, einfach das Renteneintrittsalter zu erhöhen: Die Menschen zahlen länger ein und bekommen kürzer Rente. Kann dies eine Lösung sein?

M1 Rente mit 69

Rente mit 63, 65, 67 – was hat es mit der Regelaltersgrenze auf sich?

Anspruch auf eine Rente aus der gesetzlichen Rentenversicherung hat, wer die sog. Regelaltersgrenze erreicht hat (und zudem mindestens fünf Jahre versichert gewesen ist). Seit 1916 lag diese bei 65* Jahren, diese Grenze galt lange Zeit. Vor dem Hintergrund des demografischen Wandels beschloss der Gesetzgeber 2007, die Regelaltersgrenze auf 67 Jahre zu erhöhen – allerdings erfolgt(e) diese Anpassung schrittweise je nach Geburtsjahrgang. Der erste Jahrgang, der wirklich erst mit vollen 67 Jahren abschlagsfrei in Rente gehen kann, ist der 1964er.

Seit 2014 können langjährig Versicherte, die 45 Jahre Beiträge in die gesetzliche Rentenversicherung eingezahlt haben, ohne Abschläge in Rente gehen. Auch diese Altersgrenze steigt wieder schrittweise an: Für alle 1964 oder später Geborenen liegt sie wieder bei 65 Jahren. Die Einführung der „Rente mit 63" war Teil des 2013 beschlossenen, äußerst umstrittenen schwarz-roten Rentenpaktes*.

* Vor der Absenkung auf **65 Jahre** hatte die Regelaltersgrenze bei 70 Jahren gelegen. Man muss hierbei beachten, dass 1916 nur drei von zehn Bürgern das Alter von 65 Jahren erreichten.

* Das **schwarz-rote Rentenpaket** beinhaltete neben der „Rente mit 63" auch Veränderungen bei der Mütterrente und der Erwerbsminderungsrente.

M2 Positionen zur Rente mit 67

- Die Rente mit 67 ist unvermeidbar. Alles spricht sogar für eine Anhebung der Altersgrenze auf 70 Jahre. Die demografischen Entwicklungen machen zudem eine Anpassung der Rentenformel beziehungsweise indirekte Absenkung des Rentenniveaus erforderlich. Es sollten alle Erwerbseinkommen in die Versicherungspflicht einbezogen werden.
- Die Rente erst ab 67 ist eine verkappte Rentenkürzung, weil der weitaus größte Teil der Beschäftigten schon mit 65 nicht mehr sozialversicherungspflichtig beschäftigt ist. Entweder halten die Arbeitnehmerinnen und Arbeitnehmer aus gesundheitlichen Gründen nicht durch oder ihnen wird auf dem Arbeitsmarkt keine Chance mehr gegeben.

- Die Rente mit 67 ist angesichts der belastenden Arbeitsbedingungen für ältere Menschen nicht zu verantworten. Wer aber früher in Rente geht, muss hohe Rentenabschläge in Kauf nehmen. Dadurch wächst die Altersarmut. Die Regierung forciert diese Entwicklung, statt auf die wachsende Lücke zwischen Erwerbsleben und Rente zu reagieren.
- Ein starres Renteneintrittsalter von 67 Jahren entspricht nicht den Vorstellungen der Menschen. Viele wollen oder können nicht so lange arbeiten. Deshalb brauchen wir einen flexiblen Übergang*: Ab 60 sollen Versicherte frei entscheiden können, wann sie [...] Voll- oder Teilrente beziehen. Gleichzeitig [sollen] alle Zuverdienstgrenzen* für Rentner abgeschafft [werden].

Leicht verändert nach: https://www.wallstreet-online.de/nachricht/2882736-pro-contra-rente-mit-67 (Zugriff: 12.6.2017)

* Um einen **flexiblen Übergang** vom Erwerbsleben in den Ruhestand zu ermöglichen, hat der Gesetzgeber 2016 das sogenannte **Flexirentengesetz** beschlossen.

* **Zuverdienstgrenzen** regeln, wie viel Einkommen ein Rentner zusätzlich zu seiner Rente durch Erwerbsarbeit erzielen darf.

Rente mit 63 – ein Schritt in Richtung Gerechtigkeit?

Andrea Nahles (SPD), die für die Rentenreform 2013 zuständige Bundesministerin für Arbeit und Soziales, warb 2013 für die „Rente mit 63" mit dem Slogan: „Nicht geschenkt. Sondern verdient. Das neue Rentenpaket. So packen wir Gerechtigkeit." Wie gerecht ist die „Rente mit 63"? Daran schieden und scheiden sich die Geister, zumal nur wenige Jahre zuvor die grundsätzliche Regelaltersgrenze auf 67 Jahre angehoben worden war.

Mehr zum Thema
Text: **Produktivität schlägt Demografie**

Webcode PE646098-253

M3 Andreas Nahles (SPD)

1 a Erläutere die Aussage der Karikatur **M1**.
b Entscheidet, ob ihr ein höheres Renteneintrittsalter für vertretbar haltet.

2 a Ordnet die Positionen zur „Rente mit 67" in **M2** in einer Pro-Kontra-Tabelle. Ergänzt die Tabelle um eigene Argumente.
b Führt eine Pro-und-Kontra-Diskussion zur „Rente mit 67" durch. (**M2**)

3 Bewerte die Einführung der „Rente mit 63" für langjährige Versicherte. (Autorentext)
TIPP *S. 360*

4 Bereitet ein Kurzreferat zur sogenannten „Flexirente" vor.

+ ZUSATZAUFGABE „Starre Regelaltersgrenzen stammen aus dem letzten Jahrhundert, flexible sind die Lösung." – Erörtere diese These.

Haben wir in Deutschland eine Zwei-Klassen-Medizin?

Im deutschen Gesundheitssystem unterscheidet man zwischen gesetzlich und privat Versicherten*. Kritiker werfen ihm vor, es handele sich um ein Gesundheitssystem, in dem die Qualität der medizinischen Versorgung davon abhängt, ob man gesetzlich („Kassenpatient") oder privat krankenversichert ist. Da es sich bei der Gesundheit um ein hohes Gut handelt, stellen sich hierbei unmittelbar auch ethische Fragen. Doch trifft das Schlagwort der „Zwei-Klassen-Medizin" überhaupt zu?

* Die **gesetzlich Versicherten** bilden den weitaus größeren Anteil im Vergleich zu den **privat Versicherten**.

M 1 Zwei-Klassen-Medizin – Warten auf einen Arzttermin?

Patienten im Wartezimmer

Dejan (16), ein begeisterter Fußballer, blieb bislang immer verschont von Verletzungen. Nun ist es passiert: Bei einem Foul riss sein rechtes Kreuzband. Um schnell wieder fit zu werden, möchte er gleich einen Termin bei einem renommierten Sportarzt in der Stadt bekommen. Bereits vier Tage nach dem Unfall kann er in die Sprechstunde kommen. Dejans Mitschüler Magnus (15) zog sich beim Basketballtraining einen Außenbandriss zu. Auch er will jetzt zügig denselben Spezialisten aufsuchen, um die bestmögliche Heilung zu erzielen. Man teilt ihm mit, dass man ihm frühestens in drei Wochen einen Termin anbieten könne. Magnus' Vater ist genauso enttäuscht und erbost wie sein Sohn: „Typisch, als Kassenpatient darf man warten – für Privatversicherte wie Dejan ist sofort Zeit!"

Autorentext

M 2 Die gesetzliche Krankenversicherung (GKV)

In der gesetzlichen Krankenversicherung (GKV) sind Arbeiter, Angestellte, Auszubildende, Arbeitslose, Rentner und Studenten pflichtversichert. Angestellte und Arbeiter sind nur dann pflichtversichert, wenn ihr monatliches Gehalt ein bestimmtes Einkommen, die Beitragsbemessungsgrenze*, nicht übersteigt. Angestellte und Arbeiter, deren Entgelt die Versicherungspflichtgrenze überschreitet, können der GKV freiwillig beitreten oder sich bei einer privaten Krankenversicherung* versichern. Freiberufler und Selbstständige (z. B. Anwälte, Steuerberater) können der GKV ebenfalls freiwillig beitreten. [...] Die Beiträge richten sich nach den Einkommen der Mitglieder und werden je zur Hälfte vom Arbeitgeber* und vom Versicherten aufgebracht. Der Beitragssatz ist seit 2009 [...] für alle Kassen gleich (2016: 14,6 %). Reichen die Einnahmen nicht aus, kann von den Versicherten ein Zusatzbeitrag erhoben werden. Versicherte haben Anspruch auf Leistungen zur Förderung der Gesundheit, auf Krankenbehandlung (d. h. ärztliche und zahnärztliche Behandlung), auf Arznei-, Heil- und Hilfsmittel, auf häusliche Krankenpflege, auf Krankenhausbehandlung und auf Maßnahmen zur Rehabilitation. [...] Manche Leistung ist an die Beteiligung der Versicherten in Form von Zuzahlungen geknüpft.

http://www.bpb.de/nachschlagen/lexika/lexikon-der-wirtschaft/19914/krankenversicherung (Zugriff: 12.6.2017)

* Der **Arbeitgeberanteil** ist inzwischen auf 7,3 % „eingefroren". Das bedeutet, dass eventuelle Beitragssteigerungen der GKV allein von den Arbeitnehmern getragen werden müssen. Beispiel: Liegt der Beitragssatz bei 15,3 %, zahlt der Arbeitgeber 7,3 %, der Arbeitnehmer jedoch 8,0 %.

* Die **Beitragsbemessungsgrenze** beträgt 52 200 €, die **Versicherungspflichtgrenze** 57 600 € jährlich (Stand: 2017); beide Grenzen werden regelmäßig angepasst.

* **Private Krankenversicherungen** (PKV) werden von privatwirtschaftlichen Versicherungsunternehmen angeboten.

M 3 Das Solidarprinzip in der gesetzlichen Krankenversicherung

Man bezahlt nach seiner Leistungsfähigkeit, aber man erhält nach seiner Bedürftigkeit. Das ist kurz gesagt das **Solidarprinzip**. Dieses Prinzip wird im Allgemeinen als das eigentlich prägende Merkmal der gesetzlichen Krankenversicherung GKV angeführt, welches sie von privatwirtschaftlichen Versicherungsverhältnissen grundlegend unterscheidet. Im Großen und Ganzen gilt nach wie vor: In der GKV hat jede/jeder den gleichen und nur vom eigenen gesundheitlichen Bedarf abhängigen Zugang zur medizinischen Versorgung.

www.bpb.de/politik/innenpolitik/gesundheitspolitik/72358/solidarprinzip?p=all (Zugriff: 12.6.2017)

M 4 Für die Zwei-Klassen-Medizin gibt es viele Gründe

[...] Das Warten auf einen Facharzttermin mag im Einzelfall lästig sein, ist häufig aber nicht mit großen Einschränkungen verbunden. Vorsorgeuntersuchungen oder auch die Kontrolle der Sehkraft sind planbar und können Wochen im Voraus vereinbart werden. Wenn ein Patient allerdings unter Schmerzen leidet und es ihm nicht gelingt, spontan einen Termin bei einem Fachmediziner zu vereinbaren, liegt der Verdacht der Zwei-Klassen-Medizin nahe. [...] Leonhard Hansen sieht vielmehr ein organisatorisches Problem: „Viele Fachärzte bestellen ihre Patienten alle drei Monate ein und schicken sie jedes Mal ohne weitere Veränderung wieder weg“, sagt Hansen [...]. Statistisch nachweisen lässt sich, dass Menschen, die in sozial schwierigen Verhältnissen leben, häufiger krank sind und früher sterben als die Wohlhabenden. Wobei sich dieser Umstand nicht allein auf eine mögliche Zwei-Klassen-Medizin zurückführen lässt. So ist gesundheitsbewusstes Verhalten in den oberen Schichten stärker ausgeprägt als in den unteren Schichten. Die teils vorhandene Ungleichbehandlung im Gesundheitssystem lässt sich mit dem Schlagwort der Zwei-Klassen-Medizin aus Kassen- und Privatpatienten kaum erklären. [...] Das heißt, die Unterschiede in der Quantität und der Qualität der Gesundheitsversorgung lassen sich eher mit sozialen Unterschieden als mit dem Nebeneinander von gesetzlicher und privater Krankenkasse erklären.

Eva Quadbeck, http://www.rp-online.de/politik/deutsches-gesundheitssystem-warum-wir-eine-zwei-klassen-medizin-haben-aid-1.3912361, 29.12.2013 (Zugriff: 13.6.2017)

Mehr zum Thema
Film: Sozialversicherungssystem ... einfach erklärt

Webcode PE646098-255

1 **a** Kommentiert spontan die Aussage von Magnus' Vater (M 1, Z. 17–19).
b Diskutiert, ob ihr bereits ähnliche Erfahrungen als Kassen- bzw. Privatpatient gemacht habt.

2 Stellt die Funktionsweise der gesetzlichen Krankenversicherung (Zielsetzung, Anspruchsberechtigte, Finanzierung, Prinzipien) in einer Tabelle dar. (**M 2**, **M 3**)

3 **a** Vergleicht die gesetzliche Rentenversicherung und die gesetzliche Krankenversicherung. (**M 2**, **M 3**, S. 251, Aufg. 2)
b Erklärt, weshalb in der Krankenversicherung – im Gegensatz zur Rentenversicherung – das Solidarprinzip und nicht das Äquivalenzprinzip gilt. (**M 3**, S. 250, **M 2**)
c Überprüft, ob im Falle von „Zuzahlungen“ (**M 2**, Z. 33) der gesetzlich Versicherten das Solidarprinzip erfüllt ist. TIPP *S. 361*

4 Arbeite heraus, wie die Autorin von **M 4** ihre These begründet, „für die Zwei-Klassen-Medizin gibt es viele Gründe“ (Titel).

5 **a** Recherchiert arbeitsteilig die Positionen der politischen Parteien zur Aufteilung des Gesundheitssystems in gesetzlich und privat Versicherte.
b Diskutiert diese Positionen.

+ ZUSATZAUFGABE „Wettbewerb im Gesundheitssystem nützt den Patientinnen und Patienten.“ – Erörtere diese These.

Webcode PE646098-255

1. Reform der Alterssicherung – vom Ausland lernen?

Mehr zum Thema
Film: Altersarmut ... einfach erklärt

Webcode PE646098-257

M 2 Kampf gegen Altersarmut: Was Deutschland von der Schweiz lernen kann

Das Rentenmodell der Eidgenossen steht auf drei Säulen: Die **erste Säule** ist eine gesetzliche Rentenversicherung, in die alle Schweizer verpflichtend einzahlen müssen. „Anders als hierzulande werden auch für Selbstständige und Beamte Beiträge fällig", sagt Jochen Pimpertz, Rentenexperte beim arbeitgebernahen Institut der Deutschen Wirtschaft (IW) in Köln. Bei der Alters- und Hinterlassenenversicherung (AHV) teilen sich Arbeitgeber und Arbeitnehmer die Beiträge: Eine Beitragsbemessungsgrenze, also eine Einzahlungsgrenze, ab der Gehälter nicht mehr rentenversicherungspflichtig sind, gibt es nicht. Deshalb müssen Topverdiener im Verhältnis zu Deutschland deutlich mehr einzahlen. [...] [Die] Rente aus der AHV beträgt mindestens 1070 Euro. [...] Nach oben hin sind die Auszahlungen auf 2140 Euro gedeckelt. [...] Die **zweite Säule** sind kapitalgedeckte Arbeitnehmer-Versicherungen. [...] Wie bei der AHV ist der Arbeitgeber verpflichtet, 50 Prozent beizutragen. Ziel der zweiten Säule ist es, den „gewohnten Lebensstandard" über die Pensionierung hinaus zu sichern. Mit diesen zwei Säulen kommen Schweizer, die ein durchschnittliches Einkommen erhalten haben, im Alter auf etwa 60 Prozent ihres Gehalts. Die **dritte Säule** besteht aus steuerlich geförderten Anlagen in Wertpapiere oder privaten Rentenversicherungen. Viele Schweizer können jährlich bis zu rund 6200 Euro an Ausgaben für eine eigene Altersvorsorge von der Steuer absetzen. Nicht wenige schöpfen dieses Angebot voll aus. Viele Eidgenossen investieren in Lebensversicherungen, andere in Aktienfonds.

Tobias Lill in: The Huffington Post online vom 15.08.2016, http://www.huffingtonpost.de/2016/08/14/rente-deutschland-schweiz-altersarmut-afd-rente-buergerversicherung_n_11468312.html (Zugriff: 13.6.2017)

M 1 Drei Säulen der Alterssicherung

1 Erläutert ausgehend von **M 1**, vor welchen Problemen das System der Alterssicherung in Deutschland steht.

2 Charakterisiert das Alterssicherungssystem der Schweiz. (**M 2**)

3 Vergleicht das schweizerische mit dem deutschen Alterssicherungssystem. (**M 1**, **M 2** und S. 250)

4 Bewerte das schweizerische Modell. (**M 2**) TIPP *S. 361*

2. Reform des Gesundheitssystems – brauchen wir eine Bürgerversicherung?

M 1 Behandlungsende

* **Budgetierung**
Bezeichnet im deutschen Gesundheitssystem eine Maßnahme, die festlegt, dass pro Kalenderjahr in einem bestimmten Ausgabenbereich für alle Versicherten der gesetzlichen Krankenversicherung (GKV) nur eine bestimmte Geldmenge ausgegeben werden darf, die sich am Vorjahr orientiert. Ziel ist es, die Beitragssätze stabil zu halten. Die Ärzte erhalten also ein gewisses **Budget**, mit dem sie jedes Jahr haushalten müssen.

M 2 Grundkonzept der Bürgerversicherung

Konzepte zur Bürgerversicherung beruhen im Kern auf zwei Reformkomponenten:

- Zum einen soll für die gesamte Bevölkerung eine Krankenversicherung zu einheitlichen Bedingungen verpflichtend werden, die Privatversicherte zu denselben Bedingungen versichert wie gesetzlich Krankenversicherte. Die Versicherungspflichtgrenze und damit die Exit-Option für Besserverdienende aus der GKV würden ebenso entfallen wie die Sonderzugangsrechte für Beamte und Selbstständige. [...]
- Zum anderen sollen neben den Einkünften aus abhängiger Arbeit künftig auch andere Einkunftsarten (z. B. Einkünfte aus Vermietung und Verpachtung, Zins- und Kapitaleinkünfte [...]) bei der Beitragsbemessung berücksichtigt werden. Dabei sind für kleinere Einkünfte zumeist bestimmte Freibeträge und gelegentlich für größere Einkünfte bestimmte Höchstbeträge vorgesehen.

[...] Im Kern erhoffen sich die Verfechter einer Bürgerversicherung eine gerechtere Verteilung der finanziellen Lasten [...]. Schließlich ist mit der Einführung einer Bürgerversicherung auch die Erwartung einer Senkung der Beitragssätze verbunden. Sie gründet sich vor allem darauf, dass die neuen GKV-Mitglieder überdurchschnittlich hohe Beiträge entrichten und gleichzeitig wegen ihres geringeren Krankheitsrisikos voraussichtlich unterdurchschnittliche Ausgaben verursachen.

Thomas Gerlinger, http://www.bpb.de/politik/innenpolitik/gesundheitspolitik/179295/grundkonzept (Zugriff: 13.6.2017)

1 Erläutert ausgehend von **M 1** Probleme des deutschen Gesundheitssystems.

2 Erklärt, auf welchen Prinzipien der sozialen Sicherung die Idee der Bürgerversicherung beruht. (**M 2**)

3 Bewerte die Einführung der Bürgerversicherung. (**M 2**) TIPP S. 361

1000 Euro für jede/-n – kann das funktionieren?

Ein radikaler Reformansatz: 1000 Euro jeden Monat, für jede/-n, ohne dafür eine Gegenleistung erbringen zu müssen – das ist die Grundidee des sogenannten Bedingungslosen Grundeinkommens. Was für manche wie ein Traum klingt, ist für andere ein Alptraum. Während Befürworter v.a. die Chance auf Selbstbestimmung und -verwirklichung betonen, befürchten Kritiker, dass niemand mehr arbeiten wollte. Wer hat Recht? Und: Wie gerecht* wäre ein Bedingungsloses Grundeinkommen?

* Die Bewertung der **Gerechtigkeit** hängt maßgeblich davon ab, welche Prinzipien von Gerechtigkeit man anlegt.

* Als **Einpunktpartei** bezeichnet man eine Partei, die mit nur einem Ziel bzw. einer politischen Forderung bei Wahlen antritt. Strittig ist, ob sie damit überhaupt den Status einer echten Partei genießt.

M1 Stand der Einpunktpartei* Bündnis Grundeinkommen (BGE) links, Plakat auf einer Demonstration für ein bedingungsloses Grundeinkommen, rechts

M2 Bedingungsloses Grundeinkommen (BGE) – die Idee

Ein Grundeinkommen ist ein Einkommen, das eine politische Gemeinschaft bedingungslos jedem ihrer Mitglieder gewährt. Es soll

- die Existenz sichern und gesellschaftliche Teilhabe ermöglichen,
- einen individuellen Rechtsanspruch darstellen sowie
- ohne Bedürftigkeitsprüfung und
- ohne Zwang zu Arbeit oder anderen Gegenleistungen garantiert werden.

Das Grundeinkommen stellt somit eine Form von Mindesteinkommenssicherung dar, die sich von den zur Zeit in fast allen Industrienationen existierenden Systemen der Grund- bzw. Mindestsicherung wesentlich unterscheidet. [...] Es gibt eine Vielzahl von mehr oder weniger konkreten Modellen, wie ein Grundeinkommen in die Praxis umgesetzt werden könnte. Diese Konzepte unterscheiden sich in den Einzelheiten beträchtlich. Befürworter des Grundeinkommens haben die Qual der Wahl. Verschiedene Vorstellungen von einem wirksamen und gerechten Grundeinkommen stehen zur Debatte, dazu kommen Modelle eines partiellen Grundeinkommens. Sie unterscheiden sich in wesentlichen Fragen, zum Beispiel:

- Wer soll berechtigt sein, das Geld zu beziehen?
- Wie hoch soll der monatliche Betrag sein?
- Wie viel kostet das den Staat, woher soll das Geld kommen?
- Wie wird die Kranken- und Rentenversicherung geregelt?
- Welche Rahmenbedingungen werden darüber hinaus als erforderlich erachtet?

https://www.grundeinkommen.de/die-idee (Zugriff: 10.6.2017)

https://www.grundeinkommen.de/die-idee/finanzierungsmodelle (Zugriff: 10.6.2017)

M 3 Stabwechsel, Karikatur von Thomas Plaßmann

M 4 Pro & Kontra Bedingungsloses Grundeinkommen

Für ein BGE spricht ...	Gegen ein BGE spricht ...
▪ Freiheit und Selbstbestimmung des Einzelnen steigen. ▪ Größere Verteilungsgerechtigkeit ▪ Wahrung der Würde aller Menschen, v.a. von Erwerbslosen ▪ Ermöglicht sinnvolle Arbeit für die Gesellschaft (Ehrenamt etc.) ▪ Förderung von Kreativität durch fehlenden Arbeitszwang ▪ Löhne sind Wertschätzung für geleistete Arbeit. ▪ Förderung von Familien ▪ ...	▪ Es fehlt der Anreiz zur Arbeit. ▪ Jugendlichen fehlt der Anreiz zu einer Ausbildung. ▪ Den Faulen wird mit fremdem Geld ein lockeres Leben ermöglicht. ▪ Das BGE ist viel zu teuer. ▪ Das BGE widerspricht dem Prinzip der Leistungsgerechtigkeit. ▪ Keine/-r würde mehr die schlecht bezahlte „Drecksarbeit" machen. ▪ Wozu braucht ein Millionär noch 1000 € extra im Monat? ▪ ...

Mehr zum Thema
Film: Bedingungsloses Grundeinkommen ... einfach erklärt

Webcode PE646098-259

1 Ist ein Bedingungsloses Grundeinkommen gerecht? – Führt eine spontane Abstimmung durch. (**M 2**)

2 Vergleicht das Bedingungslose Grundeinkommen mit der Grundsicherung (ALG II) in Deutschland. (**M 2** und S. 246/247)

3 **a** Recherchiert verschiedene Modelle des Bedingungslosen Grundeinkommens. (**M 2**)
b Gestaltet ein Explainity-Video zu einem ausgewählten Modell des BGE. (**M 2**)

4 Erläutert die Aussage der Karikatur **M 3**.

5 **a** Sammelt weitere Argumente für bzw. gegen die Einführung eines BGE. (**M 4**)
b Führt eine Pro-und-Kontra-Diskussion zur Einführung eines BGE durch. (**M 4**)

6 Bewerte, ob das BGE eine gerechte sozialpolitische Maßnahme darstellt. (**M 4**) TIPP *S. 361*

+ ZUSATZAUFGABE „Die Folgen der Digitalisierung für die Arbeitswelt machen ein Bedingungsloses Grundeinkommen unumgänglich." – Erörtere diese These.

Der deutsche Sozialstaat im internationalen Vergleich

Zu teuer, zu ineffizient, zu wenig Arbeitsanreize – dies werfen Kritiker dem deutschen Sozialstaat häufig vor. Anderen Staaten gelänge die soziale Sicherung günstiger, effizienter und aktivierender. Haben die Kritiker Recht?

M 1 Schlagzeilen zum deutschen Sozialstaat

Der deutsche Sozialstaat läuft aus dem Ruder

Das Drama des deutschen Sozialstaats

Vergreisung wird uns 497.000.000.000 Euro kosten

Die Sozialkosten explodieren – und niemand handelt

M 2 Das System der sozialen Sicherung in Deutschland – eine Übersicht

	Fürsorgeprinzip	Versicherungsprinzip	Versorgungsprinzip
Träger	Staat	Sozialversicherung	Staat
Beispiele	▪ Arbeitslosengeld II ▪ Sozialhilfe ▪ Grundsicherung im Alter	▪ Rentenversicherung ▪ Krankenversicherung ▪ Arbeitslosenversicherung ▪ Unfallversicherung* ▪ Pflegeversicherung*	▪ Beamtenversorgung (Pensionen, Beihilfe zur medizinischen Versorgung) ▪ Kriegsopferversorgung ▪ Kindergeld
Anspruchsberechtigte	Alle bedürftigen Bürger/-innen (Bedürftigkeitsprüfung)	Mitglieder der Sozialversicherung, wenn sie Beiträge gezahlt haben	Bestimmte Personengruppen, wenn sie besondere Opfer oder Leistungen für die Gesellschaft erbracht haben
Finanzierung	Steuermittel	Versicherungsbeiträge (plus Steuermittel)	Steuermittel

Quelle: Eigene Darstellung

* Die gesetzliche **Unfallversicherung** wurde 1884 eingeführt.

* Die **Pflegeversicherung** wurde 1995 als „jüngster" Zweig der Sozialversicherung eingeführt.

* Der Begriff des **Wohlfahrtsstaates** wird hier neutral und synonym zu Sozialstaat verstanden.

* In Deutschland hatte **Bismarck** Ende des 19. Jahrhunderts ein Sozialsystem geschaffen, das im Wesentlichen auf dem Versicherungs- und Äquivalenzprinzip beruhte.

M 3 Typen des Wohlfahrtsstaates

Die konservativen (oder kontinentaleuropäischen) Wohlfahrtsstaaten* sind [...] durch das Bismarck'sche* Sozialversicherungsmodell geprägt. Versicherungsleistungen stehen hier im Vordergrund. Die starke Verbindung von Lohnarbeit mit sozialen Ansprüchen führt dazu, dass Frauen, die nicht im Erwerbsleben stehen, häufig ausgeschlossen werden. Die umverteilende Wirkung von Sozialleistungen ist bei diesem Typ gering. Beispiele für diesen Typ sind Länder wie Deutschland, Frankreich und Österreich.
Sozialdemokratische (oder skandinavische) Wohlfahrtsstaaten werden durch universale Leistungen charakterisiert. Es wird Gleichheit auf hohem Niveau angestrebt und die Anspruchsgrundlage bilden soziale Bürgerrechte. Die Leistungen werden überwiegend aus Steuern finanziert. Die Steuersätze sind relativ hoch. Die „Befreiung" von den Zwängen des Marktes [...] ist hier am stärksten. Beispiele für diesen Typ sind die skandinavischen Länder Schweden, Norwegen, Dänemark und Finnland.
Das liberale (oder angelsächsische) Wohlfahrtsstaatsmodell betont vor

allem die Rolle des freien Marktes und der Familie. Es ist überwiegend steuerfinanziert, Transferleistungen sind i. d. R. bedürftigkeitsgeprüft. Die Anspruchsvoraussetzungen sind streng und die Leistungen niedrig. Beispiele für diesen Typ sind Kanada, die USA, Großbritannien, Australien und die Schweiz.

Frank Oschmiansky, Jürgen Kühl, http://www.bpb.de/politik/innenpolitik/arbeitsmarktpolitik/55072/wohlfahrtsstaatliche-grundmodelle?p=all (Zugriff: 16.6.2017)

M 4 Der Sozialstaat ist teuer und macht träge – stimmt's?

Nun kann man dem [deutschen] Sozialstaat vorhalten, dass er teuer sei und Ressourcen vergeude. Private Anbieter würden effizienter arbeiten als die staatlichen Sozialbürokratien, wie Sozialstaatskritiker behaupten. Dabei ist die Absicherung über private oder betriebliche Vorsorge keineswegs immer kostengünstiger und effizienter als ein staatliches System. Die Gesamtkosten der weitgehend privatwirtschaftlich organisierten Gesundheitssysteme der USA oder der Schweiz liegen – gemessen am Bruttoinlandsprodukt – deutlich über denen in Deutschland. Auch die gesetzliche Rentenversicherung braucht den Vergleich mit der betrieblichen und privaten Altersvorsorge nicht zu scheuen, deren Verwaltungskosten beträchtlich und Renditeerwartungen unsicher sind. Der Sozialstaat darf aus volkswirtschaftlicher Perspektive nicht auf die Rolle eines unproduktiven Kostgängers reduziert werden. Vielmehr schafft er erst die Voraussetzungen für die Funktionsfähigkeit einer modernen Volkswirtschaft. Die sozialen Dienstleistungen tragen dazu bei, die Arbeitsmarktchancen für zahlreiche Gruppen nachhaltig zu stärken. So verbessern öffentlich finanzierte Kinderbetreuungs- und Pflegeeinrichtungen die Vereinbarkeit von Familie und Beruf. Auch die Wirtschaft profitiert von einer ausreichend finanzierten staatlichen Gesundheitsvorsorge. Und viele Langzeitarbeitslose würden ohne die Leistungen der aktiven Arbeitsförderung noch schwerer als ohnehin schon den Weg zurück auf den ersten Arbeitsmarkt finden. Ein aktivierender Sozialstaat fördert also Investitionen in das individuelle Arbeitsvermögen, die sich langfristig auszahlen. [...] Nicht zuletzt reduziert der Sozialstaat die Ungleichheit der Einkommen und entschärft damit auch gesellschaftliche Spannungen. Es dürfte kein Zufall sein, dass Probleme wie Kriminalität, Drogenkonsum oder Teenagerschwangerschaften in den gut ausgebauten Sozialstaaten seltener auftreten als in Ländern mit einem weitmaschigeren sozialen Netz.

Joachim Möller, in: Spiegel online vom 29.11.2011, http://www.spiegel.de/karriere/mythen-der-arbeit-der-sozialstaat-ist-teuer-und-macht-traege-stimmt-s-a-800474.html (Zugriff: 16.6.2017)

1 Erläutert mögliche Hintergründe für die Schlagzeilen aus **M 1**.

2 Charakterisiert den deutschen Sozialstaat. (**M 2**)

3 Vergleicht die drei Typen des Wohlfahrtsstaates. (**M 3**)

4 Stellt arbeitsteilig den Sozialstaat der USA, Schwedens und Frankreichs in einem Kurzreferat vor.

5 Erörtert die Stärken und Schwächen der unterschiedlichen Wohlfahrtsstaatstypen. (**M 3**, **M 4**)

+ ZUSATZAUFGABE „Zu sozial ist unsozial." (Ludwig Erhard, von 1949 bis 1963 Bundesminister für Wirtschaft) Bewerte diese Aussage.

Als Strategie (von altgriechisch „Feldherrenkunst, Feldherrentum“) bezeichnet man die Aufstellung und Verfolgung eines längerfristigen Plans. Eine **politische Strategie** versucht, politische Ziele planvoll über einen längeren Zeitraum zu verfolgen und zu erreichen.
Für die Gestaltung einer politischen Strategie gibt es keine vorgeschriebene Vorgehensweise. Es empfiehlt sich aber, zumindest die folgenden Schritte zu berücksichtigen.

Schritt 1: Situationsanalyse

Ausgangspunkt ist ein politisches, soziales oder wirtschaftliches Problem. Dieses gilt es zu benennen. Zu Beginn steht also immer eine Analyse der Situation, des Ist-Zustands:

- Worin besteht das Problem?
- Wo liegen typische Stärken und Schwächen?

An dieser Stelle bietet es sich an, (auch) statistisches Material einzubeziehen.

Schritt 2: Zielformulierung

Die Ziele sollten möglichst klar und präzise formuliert werden. Eine gute Möglichkeit hierbei ist die sogenannte SMART-Methode:

- Spezifisch: Ziele sollten konkret und unmissverständlich formuliert sein.
- Messbar: Ziele sollten so formuliert sein, dass man später objektiv nachprüfen kann, ob die Ziele auch erreicht wurden.
- Akzeptiert: Ziele sollten so formuliert sein, dass sie von möglichst allen Beteiligten akzeptiert werden können.
- Realistisch: Ziele sollten angemessen sein – einerseits machbar, andererseits aber auch herausfordernd.
- Terminiert: Es sollte klar formuliert sein, bis zu welchem Zeitpunkt die Ziele erreicht werden sollen.

Mithilfe der SMART-Methode lassen sich die aufgestellten Ziele auf ihre Tauglichkeit hin überprüfen.

* **SMART** ist ein Akronym (Kunstwort, das aus den Anfangsbuchstaben mehrerer Wörter besteht), das einen Rahmen für eine effektive Zielsetzung bietet.

Schritt 3: Maßnahmenplanung

Der letzte Schritt baut zwingend auf den vorherigen auf. Es gilt, Maßnahmen zu beschreiben, mit denen die formulierten Ziele erfolgsversprechend erreicht werden können. Auch bei der Maßnahmenplanung ist eine Orientierung an den SMART-Kriterien hilfreich, v.a., was die Akzeptanz und Realisierbarkeit von Maßnahmen angeht.

Beispiel (in Kurzform)

1. Die Bundesregierung hält den Anteil der Armutsgefährdeten in Deutschland (15,4 %) für zu hoch. In einer Studie ermittelt sie darüber hinaus, welche Risikogruppen ein besonders hohes Armutsrisiko aufweisen.
2. Die Bundesregierung setzt sich zum Ziel, den Anteil der Armutsgefährdeten in Deutschland binnen zehn Jahren zu halbieren.
3. Die Bundesregierung entwickelt bestimmte Maßnahmen, um dieses Ziel zu erreichen. Darunter fallen unter anderem:
   - Stärkere finanzielle Unterstützung von Alleinerziehenden
   - Die Einführung einer Mindestrente zur Senkung der Altersarmut
   - Förderung der Qualifikation von Arbeitslosen

METHODE

Der deutsche Sozialstaat – fit für die Zukunft?

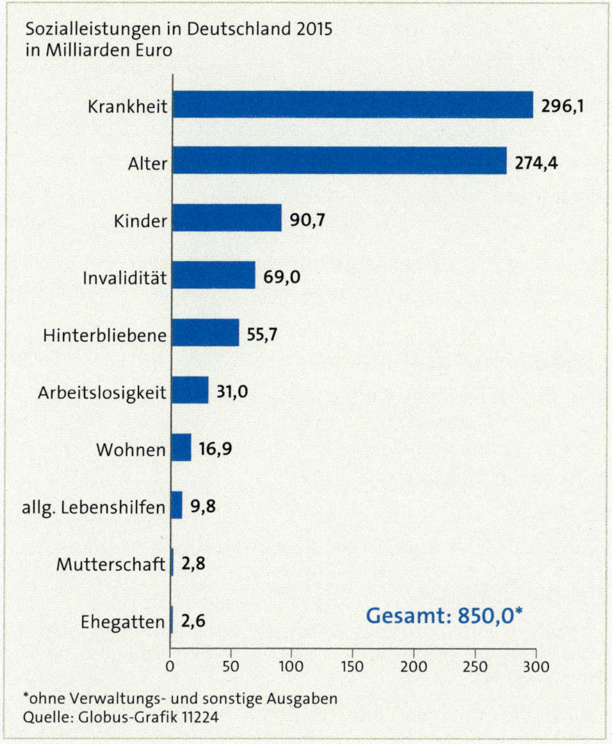

M1 Ausgaben des Sozialstaates (2015)

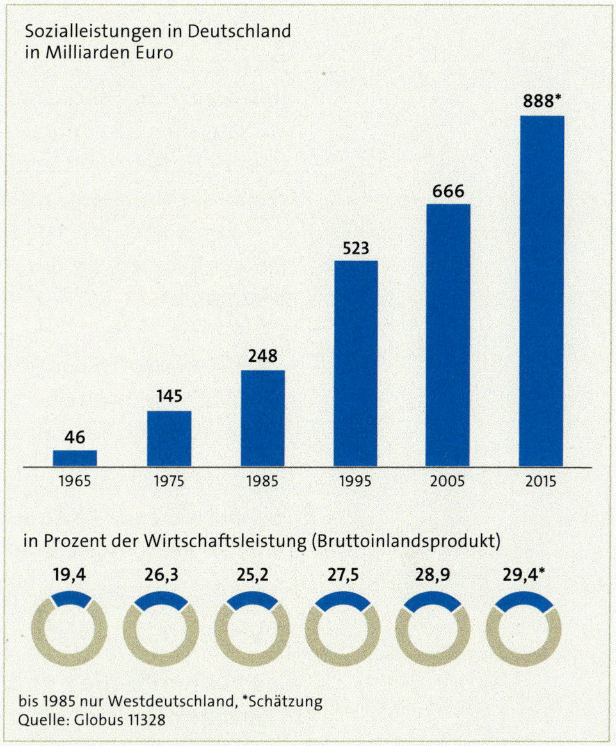

M2 Entwicklung der Sozialausgaben (1965–2015)

M3 Herausforderungen des Sozialstaats

Seit einigen Jahren ist der Sozialstaat vor allem durch die kontroversen Debatten über Kürzungen von Sozialleistungen, den Umbau und die Reformfähigkeit der sozialen Sicherungssysteme präsent. Ursachen dafür sind eine Reihe von tief greifenden Veränderungen und Entwicklungen, die sich in ihrer Wirkung in den nächsten Jahren noch verschärfen werden. Dabei spielen sowohl interne (aus dem Sozialstaat selbst hervorgegangene) als auch externe Faktoren eine Rolle. Dazu gehören

- der demografische Wandel (z. B. niedrige Geburtenrate, steigende Lebenserwartung);
- soziokulturelle Herausforderungen (z. B. Veränderung der Familienstrukturen, Individualisierung* und Pluralisierung* der Gesellschaft);
- politische und ökonomische Herausforderungen (z. B. Folgelasten der deutschen Wiedervereinigung, die über Steuern und Sozialversicherungsbeiträge finanzierte Transferleistungen nötig machte);
- Globalisierungsfolgen (z. B. Druck auf die Sozialausgaben infolge der steigenden internationalen Konkurrenzsituation von Unternehmen und Staaten).

Nach: Josef Schmid, Probleme und Zukunftsperspektiven des Sozialstaates (31.5.2012), in: http://www.bpb.de/politik/grundfragen/deutsche-verhaeltnisse-eine-sozialkunde/138845/probleme-und-zukunftsperspektiven-des-sozialstaates?p=all (Zugriff: 2.3.2017)

* **Individualisierung**
Bezeichnet einen Entwicklungstrend, der mit der Modernisierung der Gesellschaft einhergeht: Menschen begreifen sich immer weniger als Teil einer Gruppe (z. B. des Arbeitermilieus, vgl. 19. Jh.), sondern als Individuen. Somit nehmen Gruppenbindungen ab und gleichzeitig der Wunsch nach individueller Entfaltung und Selbstverwirklichung zu.

* Die **Pluralisierung** geht einher mit der Individualisierung: In der Gesellschaft findet sich ein größeres Spektrum an (akzeptierten) Lebensformen (z. B. steigende Zahl von Singles, Alleinerziehenden), als dies in früheren Zeiten der Fall war.

Die Bundesregierung sorgt sich um die Zukunft des Sozialstaats. Gestaltet eine politische Strategie, um den Sozialstaat „fit für die Zukunft“ zu machen. (M1–M3)

Leitfrage: Was tun gegen Altersarmut?

Die Verhinderung von Altersarmut gilt parteiübergreifend als eine wichtige Herausforderung für die Sozialpolitik. Bereits was Prognosen über das Ausmaß der Altersarmut angeht, gehen die Meinungen jedoch auseinander. Die Ursachen von Altersarmut werden ebenfalls unterschiedlich gewichtet, sind sie doch auch sehr vielschichtig. Vor diesem Hintergrund überrascht es kaum, dass Reformideen zur Bekämpfung von Altersarmut kontrovers diskutiert werden.

Bei der Bearbeitung der Aufgaben musst du jeweils geeignete Materialien (M1–M4) heranziehen.

Ich kann Informationen gewinnen und aufbereiten.

1 Verschaffe dir einen Überblick über die Materialien und erstelle eine Planungsmatrix* zur Bearbeitung der Aufgaben.

* In einer **Planungsmatrix** stellst du tabellarisch zusammen, welche Materialien du zur Lösung der jeweiligen Aufgaben verwenden möchtest.

Ich kann Probleme und Konflikte analysieren.

2 a Analysiere das Risiko von Altersarmut.
b Erläutere für verschiedene Risikogruppen mögliche Ursachen von Altersarmut.

Ich kann mir ein begründetes Urteil bilden.

3 Bewerte das Konzept der Mindestrente als Instrument zur Bekämpfung von Altersarmut.

Ich kann mitreden und aktiv werden.

4 Gestalte eine politische Strategie zur Bekämpfung von Altersarmut.

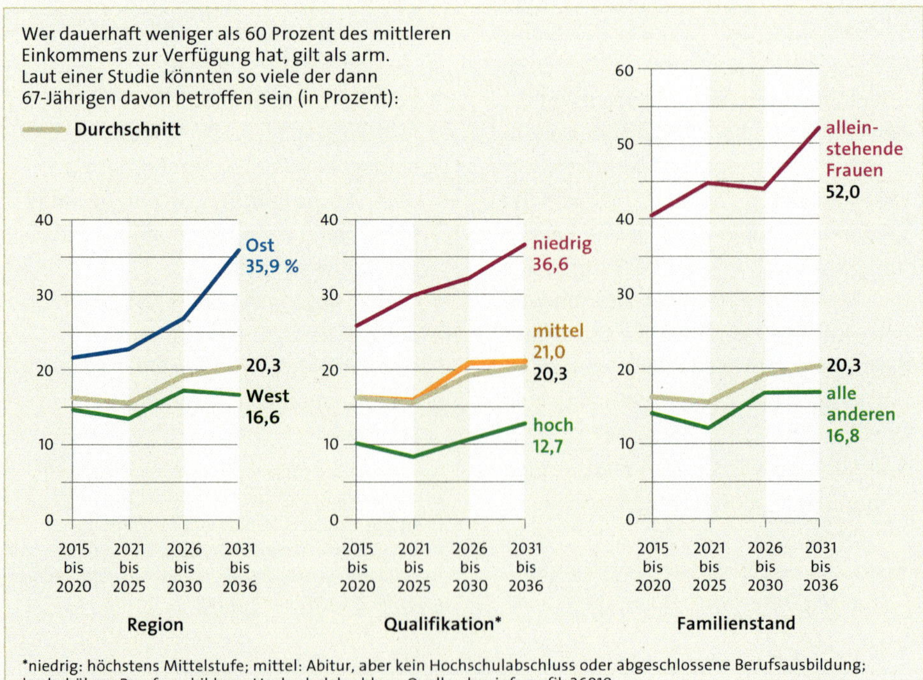

M1 Altersarmut: Das Risiko steigt (26.6.2017)

CHECK UP

M 2 Mögliche Gründe einer zunehmenden Altersarmut

Die Gefahr der Altersarmut erhöht sich, wenn das Einkommen im Erwerbsleben gering ist oder gar kein eigenes Einkommen vorhanden ist. Entsprechend kann man zunächst folgende Gründe für Armut im Alter identifizieren:

- Unterbrochene Erwerbsbiografien (z. B. durch Arbeitslosigkeit, Kindererziehung)
- Zunahme der Anzahl der Geringverdiener
- Neue Formen der Selbstständigkeit (sog. „Solo-Selbstständige", die in der Regel nicht rentenversicherungspflichtig sind und oftmals geringe Einkommen haben)
- Zurückliegende Rentenkürzungen
- Geringe Bereitschaft oder Fähigkeit zur privaten Altersvorsorge

Es gibt [...] Indizien, die auf eine Zunahme der Altersarmut in der Zukunft hinweisen. Wie stark diese Zunahme tatsächlich sein wird, kann man jedoch nicht mit Sicherheit sagen. Für eine Abschätzung der zukünftigen Altersarmut sind nicht nur Prognosen der gesamtwirtschaftlichen Entwicklung in der Zukunft notwendig, sondern neben Informationen über die Einkommen aus der gesetzlichen Rente auch Informationen über Einkommen aus anderen Quellen (wie [...] Lebensversicherungen, Betriebsrente, Vermietung und Verpachtung, Kapitaleinkommen) sowie über das Vermögen (wie Immobilien).

Gekürzt und leicht verändert nach: Axel Börsch-Supan u.a., http://www.bpb.de/apuz/153127/anmerkungen-zur-diskussion-ueber-altersarmut?p=all (1.9.2017)

M 3 Axel Börsch-Supan u.a., Vermeidung von Altersarmut

Die meisten Vorschläge [einer steuerfinanzierten Mindestrente] zielen darauf, niedrige Renten innerhalb des Rentensystems aufzuwerten. Ausgangspunkt ist der Befund, dass eine Person trotz langen Erwerbslebens im Niedriglohnsektor unter Umständen nur eine Rente in Höhe der Grundsicherung erhält [...]. Diesem Gerechtigkeitsdefizit soll Rechnung getragen werden, indem unter bestimmten Bedingungen (wie eine Mindestanzahl von Beitragsjahren [...]) niedrige gesetzliche Renten so angehoben werden, dass sie über dem Grundsicherungsniveau liegen. Die Vorschläge haben alle gemeinsam, dass sie im Bereich niedriger gesetzlicher Renten das „Äquivalenzprinzip" durchbrechen [...].

Axel Börsch-Supan u.a., http://www.bpb.de/apuz/153127/anmerkungen-zur-diskussion-ueber-altersarmut?p=all (Zugriff: 1.9.2017)

M 4 Karikatur von Klaus Stuttmann

KAPITEL 12

INDISCHE SPEZIALITÄTEN
JAIPUR
werktags 7-18h
Give Peace a
DIAL

Frieden und Menschenrechte

Beschreibe das Bild.
Was fällt dir zum Thema Frieden ein?

In diesem Kapitel lernst du,
- *welche Regeln die internationale Politik bestimmen und wo sie verankert sind (Regeln und Recht),*
- *wie die UNO Entscheidungen trifft (Macht und Entscheidung),*
- *wie die Menschenrechte international geschützt werden können und*
- *wie Frieden bewahrt, geschaffen und gesichert werden kann (Interessen und Gemeinwohl).*

Formuliere Annahmen zu diesen Themen und überprüfe am Ende des Kapitels, inwieweit sich diese verändert haben.

◂ *Syrer und Deutsche demonstrieren in Freiburg gemeinsam gegen Krieg.*

Krieg in Syrien – kein Ende in Sicht?

Seit März 2011 herrscht Bürgerkrieg* in Syrien. Der Krieg hat bislang mehr als 300 000 Menschenleben gefordert und fast 12 Millionen Menschen zu Flüchtlingen gemacht. Eine Befriedung des Landes ist noch nicht in Sicht. Welche Folgen hat der seit Jahren anhaltende Bürgerkrieg für die Bevölkerung? Welche Voraussetzungen müssen erfüllt sein, um von Frieden sprechen zu können?

* Ein **Bürgerkrieg** ist ein Krieg innerhalb eines Staates. Bürgerkriege können zwischen verschiedenen organisierten Gruppen eines Landes, aber auch gegen die Armee der eigenen Staatsregierung geführt werden.

M1 Die Folgen des Bürgerkriegs

Ein Vater geht mit seiner Tochter in der Stadt Aleppo spazieren. Nach jahrelangen Kämpfen endete im Dezember 2016 die Belagerung des von den Rebellen gehaltenen Ostteils der Stadt. Viele Häuser sind zerstört (Juni 2017).

M2 Sechs Jahre Krieg: Findet Syriens Leid kein Ende?

Was als ein friedlicher Aufstand gegen Machthaber Baschar al-Assad Mitte März 2011 begann, ist längst zu einem gnadenlosen Kampf vieler externer Mächte ausgeartet, die völlig gegensätzliche Interessen verfolgen. Sie haben ebenso wie die Terrormiliz „Islamischer Staat", al-Qaida* und andere Extremistengruppen das Land regelrecht gekapert.
Die Leidtragenden sind die Menschen. Frauen, Kinder und Männer müssen Unfassbares erdulden. Bombenhagel und Artilleriebeschuss, Anschläge und Scharfschützen – viele Syrer wissen nicht einmal, ob sie den nächsten Tag überhaupt erleben werden. Abertausende haben ihr Zuhause verloren. Wer es nicht über die Grenzen Richtung Jordanien, Libanon oder Türkei geschafft hat, irrt im Land umher, haust bestenfalls in behelfsmäßigen Notunterkünften und leidet häufig Hunger. Ohne die Unterstützung von Hilfsorganisationen kämen die meisten kaum über die Runden.
Aber bei Weitem nicht alle Bedürftigen können erreicht werden. Zwischen 700 000 und einer Million Menschen harren in belagerten Gebieten aus. Das heißt, die dort Gefangenen müssen ohne jede Unterstützung mit katastrophalen Zuständen fertig werden.
Die Heranwachsenden sind ohnehin schon jetzt die großen Verlierer des Krieges. Wer heute sechs Jahre alt ist, kennt nichts anderes als Gewalt und Elend, hat

* **al-Qaida** weltweit operierendes islamistisches Terrornetzwerk, das u. a. für die Terroranschläge des 11. September 2001 verantwortlich ist

Schlimmes wie den Tod von Angehörigen und Freunden erlebt und traumatische Erfahrungen gemacht, die dauerhaft zu erheblichen psychosomatischen Problemen führen können. Das birgt die große Gefahr, dass eine ganze Generation „verloren" geht und sich radikalisiert. Denn auf eine bessere Zukunft können die meisten Kinder nach wie vor nicht hoffen. Vor allem, weil ihnen der Zugang zu Bildung und Wissen verwehrt ist. Millionen Mädchen und Jungen gehen nicht mehr zur Schule. Sei es, weil ihre Eltern aus Angst vor gezielten Angriffen sie nicht gehen lassen. Oder weil Kinder arbeiten müssen, um zum Lebensunterhalt ihrer Familien beizutragen. Denn auch das prägt Syrien nach sechs Jahren Krieg: große Armut. Die Menschen verelenden immer mehr. Es gibt keine Jobs, sogar Lebensnotwendiges ist für viele unerschwinglich. Laut Experten liegt die Armutsrate mittlerweile bei bedrückenden 85 Prozent.

Frust und Zweifel sind mitunter so groß, dass sich viele Aufständische sunnitischen Islamisten anschließen. Die religiösen Fundamentalisten verfügen nicht nur über einige Schlagkraft, sondern besitzen durchaus Glaubwürdigkeit im Kampf gegen den verhassten Despoten* Assad. Denn das gehört ebenfalls zu Syrien im Frühjahr 2017: Die Menschen fühlen sich von der Welt im Stich gelassen. Nicht zuletzt, weil alle bisherigen politischen Vermittlungsversuche sang- und klanglos scheiterten. Die Diplomatie findet einfach kein Beruhigungsmittel. Selbst die seit Ende 2016 geltende Waffenruhe wird immer wieder gebrochen. So bleibt Frieden für das geschundene Land ein unerfüllter Traum. Der Krieg geht ins siebente Jahr.

Quelle: gekürzt nach: Christian Böhme, Sechs Jahre Krieg: Findet Syriens Leid kein Ende?, 14.3.2017, www.tagesspiegel.de/politik/sechs-jahre-krieg-findet-syriens-leid-kein-ende/19504190.html (Zugriff: 10.10.2017)

* **Despot**
unumschränkt Herrschender

M 4 Was ist Frieden?

Der norwegische Friedensforscher Johan Galtung unterscheidet zwischen negativem und positivem Frieden. **Negativer Frieden** bedeutet die Abwesenheit von direkter, physischer Gewalt und Bedrohung. Der negative Frieden ist aber gekennzeichnet durch strukturelle Gewalt aufgrund von ungleich verteilten Macht- und Herrschaftsverhältnissen. Es herrschen soziale Ungleichheit, Armut oder verschiedene Formen der Diskriminierung.

Positiver Frieden bedeutet natürlich ebenfalls die Abwesenheit von Krieg oder gewaltsamen Konflikten. Darüber hinaus ist er aber ein Zustand der sozialen Gerechtigkeit, des relativen Wohlstands, der politischen Teilhabe und des ökologischen Gleichgewichts. Der Übergang vom negativen zum positiven Frieden wird in der Friedensforschung als ein Prozess gesehen, bei dem Gewalt abnimmt und Gerechtigkeit zunimmt.

1 Beschreibe mithilfe des Bildes in **M 1** die Situation in Syrien.
2 Arbeite aus **M 2** heraus, welche Folgen der Krieg für die Bevölkerung hat.
3 Der Text **M 2** nennt die Begriffe „Krieg" (Z. 78) und „Frieden" (Z. 77). Erläutere, was du unter den beiden Begriffen verstehst.
4 Vergleiche die Konzepte des negativen und positiven Friedens und ordne ihnen deine Vorstellungen von Frieden zu (**M 4**).

Konfliktanalyse

Politik ist stets eine Auseinandersetzung über die beste Lösung eines Problems. Da es dabei auch um die Durchsetzung von Interessen und Macht geht, führt dies häufig zu Konflikten. Die Methode der Konfliktanalyse hilft dir, Konflikte besser zu verstehen und angemessene Lösungsmöglichkeiten zu finden. Mithilfe der Leitfragen kannst du beliebige politische, persönliche oder gesellschaftliche Konflikte analysieren. Dabei ist es wichtig, dass du je nach Konflikt eine sinnvolle Auswahl der Fragen triffst. Manchmal musst du auch die Fragestellung anpassen.

Leitfragen für die Konfliktanalyse

1. Konfliktgegenstand und Konfliktverlauf

- Worum geht es in dem Konflikt?
- Was war der Auslöser des Konflikts?
- Wie war der bisherige Konfliktverlauf?
- Haben sich die Streitfragen im Verlauf des Konfliktes verändert? Sind neue hinzugekommen?
- Auf welcher Ebene ist der Konflikt angesiedelt? (lokal, regional, national, international; ethnisch, religiös, ideologisch ...)

2. Konfliktursachen

- Was sind die Ursachen des Konflikts?

3. Konfliktparteien

- Wer sind die beteiligten Akteure und welche Interessen und Ziele verfolgen sie?
- Haben die Akteure in ihren Zielen auch Gemeinsamkeiten oder nur Unterschiede?
- Wie sind die beteiligten Akteure legitimiert?

4. Konfliktaustragung

- Über welche Mittel verfügen die beteiligten Akteure?
- Von wem bekommen sie welche Unterstützung?
- Welche Mittel der Einflussnahme setzen die Konfliktparteien ein, um ihre Interessen durchzusetzen?
- Welche Folgen haben diese Maßnahmen für die Betroffenen?

5. Konfliktlösungen

- Welche Möglichkeiten der Konfliktlösung gibt es?
- Welche Folgen haben die Konfliktlösungen jeweils für die Konfliktparteien?
- Weshalb ist eine Konfliktlösung bisher gescheitert?
- Welche Möglichkeiten zur Konfliktlösung hat die internationale Staatengemeinschaft?
- Wie sollte der Konflikt deiner Meinung nach gelöst werden?

M 1 Ursachen des Konflikts

- **Willkür des Sicherheitsapparats:** Syrien ist ein Überwachungsstaat, das Volk wird von mehreren konkurrierenden Geheimdiensten und mafiaähnlichen Banden in Schach gehalten. Diese gehen oft mit größter Brutalität vor.

Die brutale Unterdrückung der ersten Proteste führte zur Eskalation des Konfliktes und zum Bürgerkrieg.

- **Soziale Ungleichheit:** Syriens Präsident Baschar al-Assad hatte damit begonnen, die Wirtschaft zu modernisieren. Davon profitierten einige. Vor allem in den Städten bildete sich eine neue Mittelschicht. Viele junge Syrer fingen an, von einer besseren Zukunft zu träumen. Manche hofften auch auf politische Reformen. Doch gleichzeitig ging die soziale Schere immer weiter auf.
- **Armut:** Vor allem in den ländlichen Gebieten nahm die Armut zu. Die Menschen dort gehörten zu den Verlierern der Wirtschaftsreformen. Eine Dürre verschärfte zudem ihre Situation.
- **Vetternwirtschaft:** Sie sorgt im Alltag in Syrien für viel Frust. Wer jemand Wichtigen kennt, hat es in Syrien bei allem leichter: Jobs, Baugenehmigungen, Rechtsstreitigkeiten. Syrer mit guten Verbindungen sind in Assads Syrien nahezu unantastbar. Wer dagegen kein Wasta hat, wie Beziehungen genannt werden, hat das Nachsehen.
- **Konfessionelle Spannungen:** Die wichtigsten Posten sind überproportional in den Händen der konfessionellen Minderheiten, vor allem der Alawiten, zu denen auch die Assads zählen. Die allerwichtigsten Positionen wiederum sind eine reine Familienangelegenheit in der Hand des Assad-Clans. Dies schürt konfessionelle Rivalitäten. Das syrische Regime spielt die verschiedenen ethnischen und konfessionellen Gruppen Syriens geschickt gegeneinander aus, wenn dies für seinen Machterhalt nützlich ist.

Quelle: gekürzt und verändert nach: Almut Cieschinger u.a.,www.spiegel.de/politik/ausland/krieg-in-syrien-alle-wichtigen-fakten-erklaert-endlich-verstaendlich-a-1057039.tml#sponfakt=1 (Zugriff: 18.3.2017)

Hauptstadt: Damaskus
Bevölkerung: ca. 22 Millionen (Stand 2011); überwiegend Araber
Ethnische Minderheiten: Kurden, Armenier, Turkmenen, Tscherkessen.
Flüchtlinge: Seit März 2011 hat der UNHCR etwa 4,8 Millionen syrische Flüchtlinge in den Nachbarländern erfasst. Nach Angaben der Vereinten Nationen sind 13,5 Millionen Menschen in Syrien auf humanitäre Hilfe angewiesen, darunter etwa 6,5 Millionen Binnenflüchtlinge.
Religionen: mehrheitlich sunnitische Muslime (etwa 74 %); Minderheiten: alawitische Muslime (etwa 12 %), Christen, Drusen, schiitische Muslime, Ismaeliten, einige Juden.
Staatsoberhaupt: Präsident der Republik Baschar al-Assad (in der Nachfolge seines Vaters Hafiz al-Assad seit 17.7.2000, zuletzt am 3.3.2014 im Amt bestätigt)
Bürgerkrieg: Die zunächst friedlichen Proteste der Bevölkerung für Freiheit und ein Ende der Assad-Diktatur sind im Laufe des Jahres 2011 durch den Einsatz brutaler Gewalt des Regimes gegen die Bevölkerung eskaliert. Es entwickelte sich ein Bürgerkrieg, in dessen Verlauf ethnische und konfessionelle Gegensätze immer stärker in den Vordergrund rückten. Russland, die Iran-nahe Hisbollah-Miliz und kurdische Kämpfer traten in den Bürgerkrieg ein. Durch die Ereignisse im Irak begünstigt, bildete sich im nord-östlichen Teil Syriens eine Einflusszone des Islamischen Staates (IS) heraus, der heute von der internationalen Anti-IS-Koalition bekämpft wird. Auch die Terrororganisation al-Qaida hat mit der Nusra-Front bzw. der Jabhat Fath al Sham einen Ableger, der in Syrien an den Kämpfen beteiligt ist.

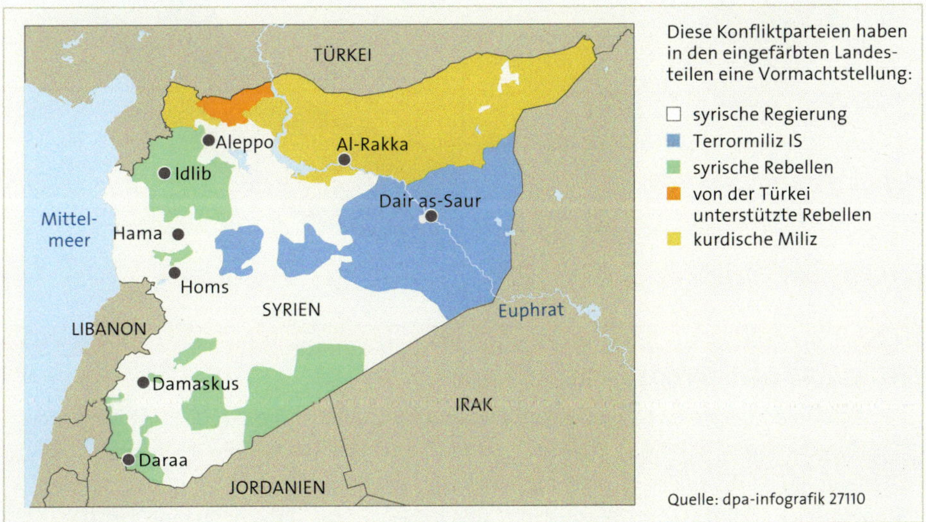

M2 Zerrissenes Syrien – Kontrolle über die Landesteile

Arbeitsauftrag

Analysiere den Syrien-Konflikt mithilfe der Leitfragen aus der Konfliktanalyse.
Lies dazu **M1** und **M2** und beantworte folgende Fragen zum Konfliktgegenstand, zum Konfliktverlauf und zu den Konfliktursachen:

- Worum geht es in dem Konflikt?
- Was war der Auslöser des Konflikts?
- Wie war der bisherige Konfliktverlauf?
- Was sind die Ursachen des Konflikts?

Die Konfliktparteien im syrischen Bürgerkrieg haben sehr unterschiedliche Interessen und Ziele. Aus dem Konflikt zwischen Bevölkerung und Regierung ist inzwischen ein internationaler Konflikt geworden, der aufgrund der Vielzahl der beteiligten Akteure relativ unübersichtlich ist. Wer kämpft also gegen wen und warum?

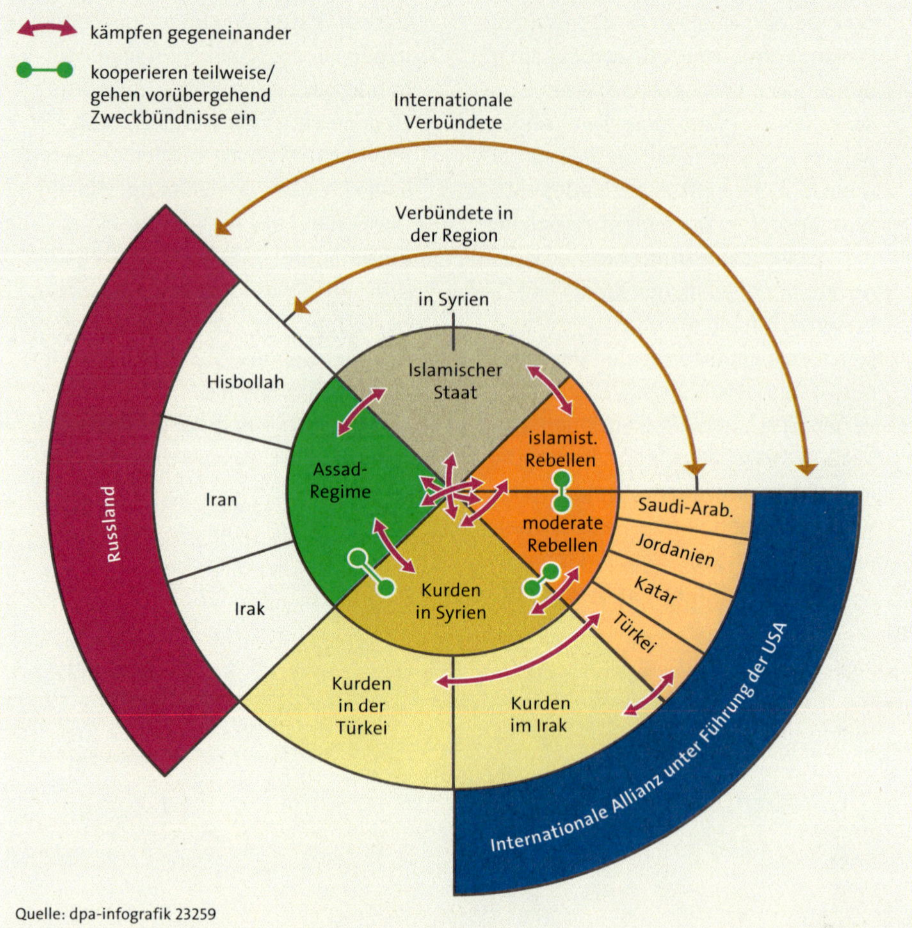

M1 Syrien – ein komplexer Konflikt

M2 Die Interessen der Akteure

Das Regime von Präsident Baschar al-Assad

Die Assad-Familie gehört zu der Religionsgemeinschaft der Alawiten*. Seit Ausbruch des Bürgerkrieges verlor das Regime* die Kontrolle über weite Teile des Landes. Demzufolge ist die Wiedererrichtung eines Herrschaftsmonopols auf dem gesamten Staatsgebiet erklärtes Ziel. Assad stützt sich dabei auf die syrische Armee und verschiedene örtliche Milizen. Als einzige syrische Kriegspartei besitzt er eine Luftwaffe.

Die syrischen Rebellen*

Die Rebellenfront ist stark zersplittert. Neben gemäßigteren Rebellen gibt es auch immer mehr radikale Gruppen, die ein islamistisches* Syrien aufbauen wollen, dessen Gesetzgebung auf der Scharia* beruhen soll. Die islamistischen Rebellengruppen akzeptieren Minderheiten wie Alawiten und Ismaeliten nicht als Muslime und sehen sich selbst als Schützer der sunnitisch*-arabischen Mehrheit.

* **Alawiten**
eine Untergruppe des schiitischen Islam

* **Regime**
eine diktatorische, undemokratische Regierung

* **Rebellen**
Aufständische

Der „Islamische Staat"
Beim „Islamischen Staat" handelt es sich um eine islamistische Terrororganisation, deren Mitglieder sich zu einer radikalen Auslegung des sunnitischen Islam bekennen. Ziel des IS ist es, ein länderübergreifendes Kalifat* im Nahen Osten zu errichten. Mitglieder der Organisation verübten auch Terroranschläge in Europa wie z. B. in Paris, Brüssel und Barcelona.

Die kurdischen Gruppierungen
Die Kurden sind die größte ethnische Minderheit Syriens. Ihnen geht es vor allem darum, für ihr Herrschaftsgebiet an der syrisch-türkischen Grenze eine Autonomie* durchzusetzen. Die sogenannten Volksverteidigungseinheiten kämpfen vor allem gegen den IS, der die von ihnen kontrollierten Gebiete am stärksten bedroht.

Iran und Hisbollah
Der schiitisch* geprägte Iran ist seit Jahrzehnten der wichtigste Bündnispartner des Assad-Regimes. Das Land schickt Waffen, Geld, Kämpfer und Militärberater nach Syrien. Außerdem bildet der Iran auch Assad-treue Milizen aus. Syrien dient dem Iran als Versorgungsbrücke zum Libanon, wo die ebenfalls schiitische Hisbollah-Miliz schon lange vom Iran finanziert und mit Waffen versorgt wird. Eine neue sunnitische Regierung in Syrien würde die Macht der Schiiten im Nahen Osten schwächen.

Saudi-Arabien und die Golfstaaten
Die Golfstaaten, vor allem das Königreich Saudi-Arabien, wollen Assad stürzen und eine neue sunnitische Regierung, mit der sie sich gegen den schiitischen Iran verbünden können. Sie unterstützen deshalb gemäßigte und islamistische Rebellen mit Geld und Waffen.

USA
Für die USA steht der Kampf gegen den IS im Vordergrund. Um einen unkontrollierten Zerfall Syriens zu verhindern, sind die USA sogar bereit, Assad für eine Übergangsphase zu akzeptieren.

Russland
Russland ist mit Assad verbündet und greift mit Kampfflugzeugen und Elitetruppen in den Bürgerkrieg ein, um das Assad-Regime zu stabilisieren. Russland verspricht sich davon eine Sicherung seines Einflusses im Nahen Osten.

Türkei
Die Türkei galt zunächst als entschiedener Gegner Assads. Sie unterstützte alle Rebellengruppen im Kampf gegen das syrische Regime. Allerdings möchte sie auf keinen Fall, dass die syrischen Kurden gestärkt werden. Sie befürchtet die Gründung eines autonomen kurdischen Staates, der sich auch auf ihr Staatsgebiet ausdehnen könnte.

1 Beschreibt anhand des Schaubildes **M 1**, auf welchen drei Ebenen der Konflikt in Syrien ausgetragen wird.

2 Erläutert die Ziele und Interessen der am Syrien-Konflikt beteiligten Akteure (**M 2**) und stellt dar, über welche Machtmittel und welche Unterstützung die Konfliktparteien jeweils verfügen.

3 Erklärt, warum es bisher nicht gelungen ist, den Konflikt zu lösen.

* **islamistisch**
„Islamismus" ist eine Sammelbezeichnung für alle politischen Auffassungen und Handlungen, die im Namen des Islam die Errichtung einer allein religiös legitimierten Gesellschafts- und Staatsordnung anstreben.

* **Scharia**
Der Begriff Scharia bezeichnet das islamische Recht; es enthält die Gesamtheit der Gesetze, die in einer islamischen Gesellschaft zu beachten und zu erfüllen sind.

* **sunnitisch**
Die Sunniten bilden die größte Glaubensrichtung im Islam. Etwa 90 Prozent der Muslime weltweit gehören ihr an.

* **Kalifat**
Gottesstaat

* **Autonomie**
Unabhängigkeit, Selbstständigkeit

* **schiitisch**
Die Schiiten bilden die zweitgrößte Konfession innerhalb des Islam. Sunniten und Schiiten bekämpfen sich immer wieder heftig.

Die UNO – unverzichtbarer Vermittler für den Frieden?

Die UNO setzt sich dafür ein, dass Menschenrechte eingehalten werden und die Länder in Frieden zusammenleben – ein Ziel, das in vielen Regionen der Welt jedoch in weiter Ferne liegt. Die Vision vom Weltfrieden ist heute genauso aktuell wie 1945, als die UNO nach den Erfahrungen der beiden Weltkriege gegründet wurde. Welche Aufgaben hat die Organisation und wie ist sie aufgebaut?

* **Souveränität**
Unabhängigkeit eines Staates (von anderen Staaten) und Selbstbestimmung

M 1 „Non Violence", Plastik von Carl Fredrik Reuterswärd vor dem UN-Hauptquartier

M 2 Ziele und Grundsätze der UNO

Die UNO (United Nations Organization, kurz UNO oder UN) ist ein Zusammenschluss von derzeit 193 Staaten der Welt. Gegründet wurde die Organisation 1945 von 51 Staaten mit dem Ziel, die Menschheit „vor der Geißel des Krieges zu bewahren", wie es in der Charta der Vereinten Nationen heißt. Diese Charta ist der Gründungsvertrag der Vereinten Nationen. Alle Mitgliedstaaten müssen diesen Vertrag unterschreiben. In der Charta setzt sich die UNO folgende Ziele:

- den Weltfrieden und die internationale Sicherheit zu wahren,
- freundschaftliche Beziehungen zwischen den Nationen zu entwickeln,
- internationale Zusammenarbeit zu fördern, um wirtschaftliche, soziale, kulturelle und humanitäre Probleme zu lösen,
- weltweit die Achtung der Menschenrechte und Grundfreiheiten ungeachtet der Rasse, des Geschlechts, der Sprache oder der Religion durchzusetzen.

Bei der Verwirklichung der Ziele verpflichten sich die Mitglieder,

- die Gleichheit und die nationale Souveränität* aller Staaten zu achten und nicht in Angelegenheiten einzugreifen, die zur inneren Zuständigkeit eines Staates gehören,
- Streitigkeiten untereinander ausschließlich mit friedlichen Mitteln beizulegen,
- jede Androhung und Anwendung von Gewalt gegen das Territorium oder die Unabhängigkeit eines anderen Staates zu unterlassen,
- die Organisation bei allen Maßnahmen zur Erhaltung des Friedens zu unterstützen.

Daneben garantiert Art. 51 der UN-Charta das naturgegebene Recht zur individuellen und kollektiven Selbstverteidigung im Falle eines bewaffneten Angriffs gegen ein Mitglied der UNO, bis der Sicherheitsrat die erforderlichen Maßnahmen getroffen hat.

Autorentext

Mehr zum Thema
Film: Vereinte Nationen ... einfach erklärt

Webcode PE646098-275

M 3 Die wichtigsten Organe der UNO

Die **Generalversammlung**, das zentrale Beratungsorgan der UNO, besteht aus Vertretern aller Mitgliedstaaten. Jedes Land hat eine Stimme. Die Vollversammlung tagt in der Regel einmal jährlich über mehrere Monate. Die Vertreter der Mitgliedsländer beraten in der Generalversammlung über Fragen und Angelegenheiten, die den Weltfrieden und die internationale Sicherheit sowie die Verwirklichung von Menschenrechten betreffen. Die Generalversammlung spricht Empfehlungen aus, die allerdings für die Mitgliedstaaten und den Sicherheitsrat nicht bindend sind. Jedes Jahr wählt die Generalversammlung fünf nichtständige Mitglieder des Sicherheitsrates für die Dauer von zwei Jahren.

Der **Generalsekretär** ist der höchste Verwaltungsbeamte der UNO und koordiniert die Aktivitäten der Organisation. Er wird auf Vorschlag des Sicherheitsrats für fünf Jahre von der Generalversammlung gewählt. Nach zwei Amtszeiten rotiert das Amt für gewöhnlich über die einzelnen Kontinente. Der Generalsekretär repräsentiert die Organisation auf internationaler Ebene und als Ganzes gegenüber den Mitgliedstaaten. Im politischen Bereich stehen ihm ebenfalls wichtige Kompetenzen zu. So reist er in Krisengebiete oder legt Vorschläge zur Beilegung von Konflikten vor. Jährlich erstattet der Generalsekretär Bericht über die Tätigkeit der Organisation.

Der **Sicherheitsrat** stellt wohl das wichtigste Organ der UNO dar. Weitere Informationen zum Sicherheitsrat findest du auf den nächsten Doppelseiten.

Die UNO hat ein umfassendes Verständnis von Frieden, das dem Konzept des positiven Friedens entspricht. Um dieses Ideal Wirklichkeit werden zu lassen, hat die UNO ein komplexes System an Unterorganisationen geschaffen, das auch die „UN-family" genannt wird. In zahlreichen Programmen und Sonderorganisationen kümmert sich die Weltorganisation sowohl um Erziehung, Bildung oder Ernährung als auch um Flüchtlinge oder die Weltwirtschaft. Die Weltflüchtlingsorganisation (UNHCR), die seit ihrer Gründung mehr als 50 Millionen Menschen geholfen hat, ein neues Leben zu beginnen, gehört genauso dazu wie die Weltgesundheitsorganisation (WHO), die Welthandelsorganisation (WTO) oder das Kinderhilfswerk UNICEF.

M4 UN-Hauptquartier in New York

M5 UN-Generalsekretär António Guterres

Die Vereinten Nationen

Hauptorgane

Generalversammlung	Sicherheitsrat	Wirtschafts- und Sozialrat	Sekretariat	Internationaler Gerichtshof	Treuhandrat
193 Mitgliedstaaten Sitz in: New York	**15 Mitglieder** New York	**54 Mitglieder** New York	**mit Generalsekretariat** Hauptsitz New York	**15 Richter/-innen** Den Haag	**5 Mitglieder** New York

Ausgewählte Fachorganisationen und Nebenorgane

Sonderorganisationen*

Auswahl		Sitz in
UNESCO	Bildung, Kultur	Paris
ILO	Arbeitsorganisation	Genf
WHO	Weltgesundheitsorganisation	Genf
FAO	Ernährungsorganisation	Rom
IWF	Internationaler Währungsfonds	Washington
Weltbankgruppe		Washington

Spezialorgane

Auswahl		Sitz in
UNCTAD	Handel	Genf
UNHCR	Flüchtlingshilfe	Genf
WFP	Welternährungsprogramm	Rom
UNICEF	Kinderhilfswerk	New York
UNDP	Entwicklung	New York
UNEP	Umwelt	Nairobi
HABITAT	Wohnungsprogramm	Nairobi
UNU	UN-Universität	Tokyo

Verwandte Organisationen

Auswahl		Sitz in
WTO	Welthandel	Genf
IAEA	Atomenergie	Wien
OPCW	Verbot chemischer Waffen	Den Haag

Quelle: Globus-Grafik 6433

M6 Die Vereinten Nationen

1 Beschreibe die Skulptur, die vor dem Hauptquartier der UNO in New York steht (M 1).

2 Erstelle einen Steckbrief zur UNO, in dem du über Ziele, Grundsätze und Organe der UNO informierst. Beschreibe auch die Legitimation und die Aufgaben der Organe (M 2, M 3).

3 Erörtere, inwieweit die UNO aufgrund ihrer Ziele und ihres Aufbaus ein Vermittler für den Frieden sein könnte.

Welche Möglichkeiten zur Konfliktlösung hat die UNO?

Bei der Aufrechterhaltung des Weltfriedens kommt dem Sicherheitsrat eine entscheidende Rolle zu. Wie setzt er sich zusammen und ist die bestehende Machtverteilung gerecht? Welche Maßnahmen zur Konfliktbeilegung stehen ihm zur Verfügung und wie wird über diese Maßnahmen entschieden?

M1 Sitzung des UN-Sicherheitsrates

M 2 Der Sicherheitsrat der Vereinten Nationen

Der Sicherheitsrat ist das mächtigste Organ innerhalb der UNO. Die Charta der Vereinten Nationen überträgt ihm die Hauptverantwortung für die Wahrung des Weltfriedens und der internationalen Sicherheit. Als einziges Organ der UNO kann er verbindliche Beschlüsse fassen und auch Zwangsmaßnahmen gegen ein Mitglied anordnen. Er setzt sich aus fünf ständigen Mitgliedern (China, Frankreich, Großbritannien, Russland, USA) und zehn nichtständigen Mitgliedern zusammen. Letztere werden von der Generalversammlung für zwei Jahre gewählt. Ausscheidende Mitglieder können nicht unmittelbar wiedergewählt werden. In Abstimmungen hat jedes Mitglied des Sicherheitsrats eine Stimme. Bei Beschlüssen über Verfahrensfragen müssen neun Mitglieder des Sicherheitsrats dem jeweiligen Beschluss zustimmen. Beschlüsse des Sicherheitsrats über alle sonstigen Fragen bedürfen der Zustimmung von neun Mitgliedern einschließlich aller fünf ständigen Mitglieder. Die ständigen Mitglieder verfügen somit über ein Vetorecht (lat. veto = „ich verbiete"), folglich kann kein Entschluss gegen den Willen einer einzigen Vetomacht getroffen werden.

M 3 Maßnahmen der UNO zur Konfliktbeilegung nach Kapitel VI und VII der UN-Charta

* **Resolutionen**
UN-Resolutionen sind Beschlüsse der Vereinten Nationen, die das Ergebnis einer Aussprache bestimmter Hauptorgane schriftlich festlegen. Sie enthalten Bewertungen und Forderungen, die sich auf Interpretationen beziehungsweise den Wortlaut der UN-Charta beziehen.

Der Sicherheitsrat verfügt über eine ganze Bandbreite an Mitteln, mit denen er auf eine Störung des Weltfriedens reagieren kann. Sein Instrumentarium zur Konfliktbearbeitung ist stufenweise angelegt. Zunächst kann er nach Kapitel VI der UN-Charta Empfehlungen zur Beilegung von Streitigkeiten aussprechen oder Untersuchungen zu den Hintergründen von Streitigkeiten und Konflikten einleiten. Stellt der Sicherheitsrat eine Bedrohung der internationalen Sicherheit, einen Friedensbruch oder eine Angriffshandlung fest, kann er in einem nächsten Schritt nach Kapitel VII der UN-Charta auch Zwangsmaßnahmen gegen einen Staat verhängen. Das sind beispielsweise nicht-militärische Maßnahmen wie eine Unterbrechung der Wirtschaftsbeziehungen, der Verkehrswege oder der Kommunikationsverbindungen. Möglich sind aber auch militärische Maßnahmen wie Seeblockaden oder Luftschläge.

M 4 Friedensmissionen im Wandel

Das häufigste und bekannteste Mittel der Friedenssicherung (peacekeeping) durch den UN-Sicherheitsrat ist die Entsendung von UN-Friedensmissionen. Mit dem Einsatz von unparteiischen Friedenstruppen, den sogenannten

Blauhelmen, sollen Spannungen in einem Konflikt abgebaut und eine Eskalation der Gewalt verhindert werden. Waren „Peacekeeping"-Einsätze während des Kalten Kriegs aufgrund der Blockade im Sicherheitsrat noch eine Randerscheinung, so haben sie sich in den vergangenen 25 Jahren zu einem wichtigen Mittel der internationalen Friedenssicherung entwickelt. 56 der insgesamt bisher 69 Friedensmissionen mandatierte der UN-Sicherheitsrat nach 1988.

In den letzten beiden Jahrzehnten haben sich die Anforderungen an Friedensmissionen stark gewandelt. Während früher die Aggression eines Staates gegen einen anderen zu den größten Bedrohungen des Weltfriedens zählte, sind es heute hauptsächlich ethnische, religiöse und soziale Konflikte, darunter „ethnische Säuberungen", Völkermord, schwere Menschenrechtsverbrechen oder innerstaatliche Spannungen durch Bandenkriege, Hungersnöte und Vertreibungen. Um auf diese neuen Arten von Konflikten zu reagieren, mussten sich die klassischen Blauhelm-Einsätze zu einem mehrdimensionalen Instrument der Friedenssicherung weiterentwickeln. Heute setzen sich die Missionen meist aus zivilem Personal, Polizei und Friedenstruppen zusammen, kooperieren mit Regionalorganisationen und übernehmen verstärkt zivile und administrative Aufgaben.

Quelle: Deutsche Gesellschaft für die Vereinten Nationen, 70 Jahre Vereinte Nationen – Herausforderung Friedenssicherung, http://www.dgvn.de/meldung/70-jahre-vereinte-nationen-herausforderung-friedenssicherung (Zugriff: 6.12.2017)

M5 Bild eines Blauhelmsoldaten

M6 UN-Friedensmissionen weltweit

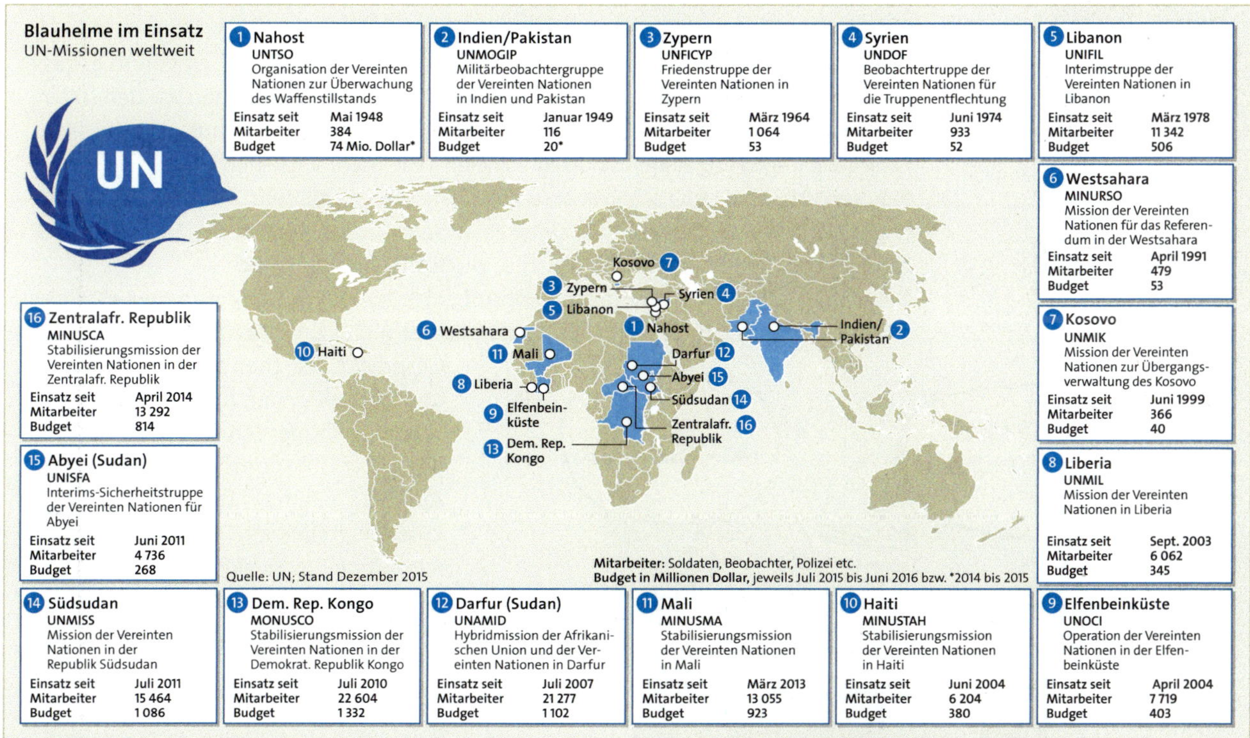

1 Beschreibe Aufgaben, Zusammensetzung, Legitimation und Entscheidungsfindung des Sicherheitsrats (**M2**).

2 Erläutere, welche Maßnahmen der Sicherheitsrat ergreifen kann, um den Weltfrieden zu sichern (**M3**).

3 Stelle dar, welche Probleme sich aus der „doppelten Privilegierung" der ständigen Mitglieder ergeben.

4 Erkläre, wie sich die UN-Friedensmissionen verändert haben (**M4** und **M6**).

5 Erörtere, ob die Machtverteilung innerhalb der Vereinten Nationen verändert werden soll.

Der Bürgerkrieg in Syrien – wie greift die UNO in den Konflikt ein?

Der UN-Hochkommissar für Menschenrechte Zeid Ra'ad Al Hussein bezeichnete den Syrienkrieg als die schlimmste von Menschen verursachte Katastrophe seit dem Zweiten Weltkrieg. Tatsächlich konnten die UNO den Konflikt bislang nicht befrieden. Aber ist es angesichts des andauernden Blutvergießens gerechtfertigt, von einem „Versagen der UNO" zu sprechen?

M 1 Die Rolle der UNO im Syrien-Konflikt

August 2011: Der UN-Menschenrechtsrat setzt eine Untersuchungskommission für Syrien ein. Diese soll Menschenrechtsverletzungen im syrischen Bürgerkrieg dokumentieren.
April 2013: Erstmals seit Ausbruch des Bürgerkrieges kommt es im Sicherheitsrat zu einer einheitlichen Verurteilung der Gewalt und der Menschenrechtsverletzungen in Syrien. Alle Mitglieder des Sicherheitsrats fordern ein sofortiges Ende der Gewalt von allen bewaffneten Gruppen.
September 2013: Der Sicherheitsrat fordert das syrische Regime einstimmig zur Vernichtung seiner Chemiewaffen auf.
Januar 2014: In Genf findet eine UN-Friedenskonferenz zwischen der syrischen Regierung und ihren Gegnern statt. Es wird jedoch keine Einigung erzielt.
Februar 2014: Alle 15 Mitglieder des Sicherheitsrats stimmen einer Resolution zu, in der Flächenbombardements und sogenannte Fassbomben geächtet werden. Außerdem fordern sie freien Zugang für humanitäre Helfer, um Menschen in belagerten Gebieten mit Medikamenten und Nahrung zu versorgen.
Dezember 2015: Der Sicherheitsrat beschließt mit einer Resolution einstimmig, dass Friedensgespräche zur Beendigung der Gewalt wieder aufgenommen werden sollen. Alle Unterzeichner fordern die Konfliktparteien dazu auf, dass sie eine gemeinsame Übergangsregierung bilden und keine zivilen Ziele mehr angreifen sollen.
Februar 2016: Die UNO arbeitet an einem Plan, wie ein Waffenstillstand in Syrien erreicht werden kann. Es wird sogar eine Feuerpause ausgehandelt. Der UN-Sonderbeauftragte für Syrien, Staffan de Mistura, initiiert Friedensgespräche.
Dezember 2016: Der Sicherheitsrat stimmt einer bereits in Kraft getretenen Waffenruhe zu und unterstützt Pläne Russlands und der Türkei, im kasachischen Astana Gespräche zwischen syrischer Regierung und Opposition auszurichten. Diese sollen ein wichtiger Schritt zu Verhandlungen unter UN-Vermittlung in Genf sein.
April 2017: Zum achten Mal blockiert Russland mit einem Veto eine Syrien-Resolution des Sicherheitsrats. China, das seit Beginn des Bürgerkrieges gegen sechs Resolutionen gestimmt hatte, enthielt sich dieses Mal. Der von Großbritannien, Frankreich und den USA vorgelegte Entwurf einer Resolution hätte den mutmaßlichen Giftgasangriff der syrischen Armee* aufs Schärfste verurteilt und die syrische Regierung verpflichtet, internationalen Ermittlern Zugang zu gewähren.

* **Giftgasangriff in der Stadt Chan Scheichun im April 2017**
Bei dem Sarin-Angriff wurden mindestens 83 Menschen getötet, darunter 28 Kinder. Es gab mehr als 300 Verletzte. Als Reaktion darauf beschoss die US-Armee den syrischen Luftwaffenstützpunkt al-Schaira, von dem der Angriff ausgegangen sein soll.

M 2 Lähmung, Karikatur von Paolo Calleri

Mehr zum Thema
Text: Krieg in Syrien – Machtverhältnisse im UN-Sicherheitsrat

Webcode PE646098-279

M 3 Versagen die Vereinten Nationen?

Wo sind die UN? Wenn Konflikte eskalieren, folgt geradezu reflexartig der Ruf nach den Vereinten Nationen. Und der Vorwurf des Versagens wird gleich hinterhergeschickt. Es stimmt ja auch – Beispiel Syrien: sechs Jahre Bürgerkrieg, Hunderttausende Tote, Millionen Flüchtlinge und nun wieder viele Opfer durch den Einsatz von Giftgas. Der größte Erfolg der UN? Die Konfliktparteien dazu bewegt zu haben, sich bei den Friedensgesprächen in Genf gemeinsam in einen Raum zu setzen. Die eigentlichen Verhandlungen führt der UN-Sonderbeauftragte Staffan de Mistura aber nach wie vor getrennt mit Vertretern der syrischen Opposition und des Regimes von Präsident Baschar al-Assad. Bisher ohne jedes Ergebnis.

Und doch sind und bleiben die Vereinten Nationen unverzichtbar. Denn sie bieten die einzige Bühne, auf der alle Staaten der Welt zusammenkommen, um über Sicherheitsfragen zu beraten oder über globale Probleme wie den Klimawandel. Erfolge können sie nicht erzwingen.

Die UN sind keine Weltregierung und auch kein unabhängiges Weltgericht. Sie sind nicht mehr als die Summe ihrer Mitglieder. Was sie bewirken können, hängt immer vom politischen Willen der Mitgliedstaaten ab. Auch der Friedensprozess in Syrien wird erst vorankommen, wenn die Unterstützer der Konfliktparteien den Druck auf ihre Schützlinge erhöhen – allen voran Russland auf Assad. Letztlich können die UN nur so stark sein, wie die Mitgliedstaaten es zulassen.

Der Bewusstseinswandel kann die Welt besser machen und die UN handlungsfähiger. Solange sich im UN-Sicherheitsrat jedoch fünf Staaten gegenseitig blockieren können, wird die Lösung internationaler Krisen nicht einfacher. Eine Reform dieses Gremiums ist überfällig. Der frühere UN-Generalsekretär Kofi Annan hat schon vor Jahren Vorschläge dafür erarbeitet. Danach soll das Vetorecht erheblich eingeschränkt werden. Es wäre ein großer Schritt nach vorn. Allein, der Wille fehlt.

Überflüssig, oder sagen wir obsolet, sind die UN damit nicht. Ohne die Arbeit des Flüchtlings- und des Kinderhilfswerks, des Welternährungsprogramms und der Weltgesundheitsorganisation wären Millionen Menschen zum Tode verurteilt. Natürlich sind die großen UN-Organisationen auch bürokratische Monster, die nicht immer effektiv agieren und auch Fehler machen, wie während der unterschätzten Ebola-Krise in Westafrika.

Das größte Manko der Hilfswerke ist aber die mangelnde Unterstützung durch die UN-Mitglieder. Jüngstes Beispiel ist die Hungerkatastrophe in Afrika. Von den 4,4 Milliarden US-Dollar, die die UN für ihre Hilfe benötigen, sind bisher nur zehn Prozent eingegangen. Manche Staaten leisten nicht einmal ihre regulären UN-Mitgliedsbeiträge, die USA wollen ihre Zahlungen einschränken. Das wird die Weltorganisation weiter schwächen. Eine bessere gibt es trotzdem nicht.

Quelle: Ulrike Scheffer, Versagen die Vereinten Nationen?, http://www.tagesspiegel.de/politik/syrien-mali-libyen-ukraine-versagen-die-vereinten-nationen/19635812.html (Zugriff: 10.10.2017)

1 Beschreibe die Maßnahmen, die die UNO zur Konfliktbeilegung im Syrienkonflikt ergriffen hat (**M 1**).

2 Bewerte die Leistung der UNO im Hinblick auf die Befriedung des Syrienkonflikts (**M 1**, **M 2**).

3 „Versagen die Vereinten Nationen?“ – Erörtere diese Fragestellung mithilfe von **M 3**.

Frieden schaffen – notfalls mit Gewalt?

Im Frühjahr 2011 entwickelte sich in Libyen aus Protesten gegen den Diktator Muammar al-Gaddafi ein Bürgerkrieg. Als Gaddafi drohte, die in Bengasi versammelten Oppositionskräfte auszumerzen, sah sich die internationale Staatengemeinschaft zum Handeln gezwungen. Wie lässt sich aber ein solcher Eingriff in die inneren Angelegenheiten eines Staates rechtfertigen?

M 1 Das Konzept der Schutzverantwortung

Schutzverantwortung (Responsibility to Protect; R2P/RtoP) meint die Verantwortung eines Staates, für den Schutz seiner Bevölkerung zu sorgen. Kann oder will ein Staat dies nicht, geht die Verantwortung an die internationale Gemeinschaft über. Das Prinzip der Schutzverantwortung ermächtigt demnach zum internationalen Eingreifen – notfalls unter Einsatz von Gewalt –, wo schwerste Menschenrechtsverletzungen die Bevölkerung gefährden. Im Abschlussdokument des Weltgipfels 2005 erkannte die UN-Generalversammlung dieses Prinzip an. Es kommt bei Verbrechen gegen die Menschlichkeit, Kriegsverbrechen, Völkermord und ethnischen Säuberungen zur Anwendung. In diesen Fällen kann der Sicherheitsrat friedliche Mittel zur Streitbeilegung (diplomatische, humanitäre Maßnahmen) und, wenn diese nicht erfolgreich sind, Zwangsmaßnahmen beschließen, um Frieden wiederherzustellen.

http://frieden-sichern.dgvn.de/friedenssicherung/ueberblick/responsibility-to-protect/ (Zugriff: 1.10.2017)

M 2 Die UN-Resolution 1973 (Auszüge)

Der Sicherheitsrat, [...]

- erneut erklärend, dass die libyschen Behörden dafür verantwortlich sind, die libysche Bevölkerung zu schützen, und bekräftigend, dass die an bewaffneten Konflikten beteiligten Parteien die Hauptverantwortung dafür tragen, alle durchführbaren Schritte zu unternehmen, um den Schutz der Zivilpersonen zu gewährleisten,
- unter Verurteilung der groben und systematischen Verletzung von Menschenrechten, insbesondere willkürlicher Inhaftierungen, des Verschwindenlassens und summarischer Hinrichtungen, [...]
- tätig werdend nach Kapitel VII der Charta der Vereinten Nationen, [...]
- verlangt eine sofortige Waffenruhe und ein vollständiges Ende der Gewalt und aller Angriffe und Missbrauchshandlungen gegen Zivilpersonen;
- verlangt, dass die libyschen Behörden ihren Verpflichtungen nach dem Völkerrecht, namentlich dem humanitären Völkerrecht, den internationalen Menschenrechtsnormen und dem Flüchtlingsvölkerrecht, nachkommen und alle Maßnahmen ergreifen, um Zivilpersonen zu schützen und ihre Grundbedürfnisse zu decken sowie den raschen und ungehinderten Durchlass humanitärer Hilfe zu gewährleisten;
- ermächtigt die Mitgliedstaaten, [...] alle notwendigen Maßnahmen zu ergreifen [...], um von Angriffen bedrohte Zivilpersonen und von der Zivilbevölkerung bewohnte Gebiete [in Libyen] zu schützen, unter Ausschluss ausländischer Besatzungstruppen jeder Art in irgendeinem Teil libyschen Hoheitsgebiets, [...]
- beschließt, ein Verbot aller Flüge im Luftraum [über Libyen] zu verhängen, um zum Schutz der Zivilpersonen beizutragen [...].

Resolution 1973, verabschiedet auf der 6498. Sitzung des Sicherheitsrats am 17. März 2011

M 3 Der Militäreinsatz in Libyen 2011 und die aktuelle Situation

Nachdem der UN-Sicherheitsrat die UN-Resolution 1973 verabschiedet hatte, fing eine Koalition von Ländern unter der Führung Großbritanniens, Frankreichs und der USA wenige Tage später an, Luftangriffe gegen Stellungen der libyschen Sicherheitskräfte zu fliegen. Insgesamt waren an dem Militäreinsatz 14 NATO*-Staaten sowie die arabischen Länder Qatar und die Vereinigten Arabischen Emirate beteiligt. Durch die militärische Unterstützung der NATO gelang es den Rebellen am 21.8.2011, die Hauptstadt Tripolis einzunehmen. Der libysche Diktator al-Gaddafi wurde am 20.10.2011 getötet. Am 23.10.2011 erklärte der Übergangsrat ganz Libyen für befreit. Seit 2014 herrscht wieder Bürgerkrieg in Libyen. Das Land ist noch immer politisch gespalten. Die unter UN-Aufsicht gebildete Regierung der Nationalen Einheit wird von ihren beiden Vorgängerregierungen, einer islamistisch geprägten und einer eher weltlichen, nicht anerkannt. Die Wirtschaft des Landes ist am Boden, die Menschen verarmt. Islamisten und Schmuggler können sich ungehindert ausbreiten.

M 4 Die Schutzverantwortung und der Fall Libyen

Die Intervention stieß jedoch schon bald auf heftige Kritik, insbesondere durch Staaten, die sich in der Abstimmung im Sicherheitsrat enthalten hatten: China, Russland, Indien und Brasilien. Deutschland enthielt sich ebenfalls, zeigte danach aber politische Solidarität mit seinen NATO-Partnern. Auch Südafrika kritisierte den Einsatz – trotz Zustimmung zur Resolution. Nach Auffassung dieser Staaten verstießen die intervenierenden Staaten schon bald gegen das Mandat des Sicherheitsrats, indem sie de facto die bewaffneten Rebellen vor Ort unterstützten und mit deren Militärführern im Austausch standen. US-Präsident Obama, der britische Premierminister Cameron und der französische Präsident Sarkozy erklärten in dem Zusammenhang, erst mit der Bombardierung aufzuhören, wenn Gaddafi nicht mehr an der Macht sei. Aus Sicht der Kritiker kam dies einem bewaffneten Regierungswechsel von außen (regime change) nahe und widersprach dem Gebot der Nichteinmischung in innere Angelegenheiten von Staaten, die ein tragendes Rechtsprinzip der UN-Charta und damit des Völkerrechts sei. Die Kritiker sahen ihre Befürchtung durch die Umstände, wie Gaddafi zu Tode kam, bestätigt: Sein Konvoi, der sich offensichtlich auf der Flucht befand, wurde von NATO-Flugzeugen zum Stillstand gebracht und Gaddafi daraufhin von Rebellen getötet.

Gekürzt nach: Deutsche Gesellschaft für die Vereinten Nationen (Hg.): UN-Basisinformationen 55. Das Konzept der Schutzverantwortung (Responsibility to protect). Autor: Gerrit Kurtz, Stand: März 2017

* **NATO**
North Atlantic Treaty Organization, auf Deutsch „Nordatlantikpakt", ist ein politisch-militärisches Bündnis, das 1949 gegründet wurde. Mitgliedsländer sind die meisten europäischen Staaten, die Türkei, die USA und Kanada. Die NATO-Länder verpflichten sich zur gegenseitigen militärischen Hilfe, falls eines von ihnen angegriffen wird. Die NATO operiert als militärische Organisation jedoch auch im Auftrag der UNO außerhalb ihres Bündnisgebietes. So stand der Militäreinsatz in Libyen 2011 unter dem Kommando der NATO.

Mehr zum Thema
Film: NATO ... einfach erklärt

Webcode PE646098-281

1 Erläutere das Konzept der Schutzverantwortung der Vereinten Nationen (M 1).
2 Analysiere, wie die Resolution 1973 Bezug auf das Konzept der Schutzverantwortung nimmt (M 2).
3 Erörtere ausgehend vom Fall Libyen, ob die internationale Staatengemeinschaft in innerstaatliche Konflikte eingreifen sollte (M 1–M 4).

Die Allgemeine Erklärung der Menschenrechte wurde am 10. Dezember 1948 von der UN-Generalversammlung in Paris beschlossen. Sie ist kein völkerrechtlicher Vertrag und daher nicht bindend, da nach der UN-Charta nur Resolutionen des Sicherheitsrates bindende Wirkung haben. Dennoch kommt ihr ein hoher moralischer Stellenwert zu und Teile der Erklärung wurden in andere Abkommen oder nationale Verfassungen übernommen.

Die 30 universellen Rechte aller Menschen

„Allgemeine Erklärung der Menschenrechte" vom 10. Dezember 1948

Artikel 1 Alle Menschen sind frei und gleich an Würde und Rechten
Artikel 2 Verbot von Diskriminierung
Artikel 3 Recht auf Leben und Freiheit
Artikel 4 Verbot der Sklaverei
Artikel 5 Verbot der Folter
Artikel 6 Jeder hat Rechte, egal wo er ist
Artikel 7 Gleichheit vor dem Gesetz
Artikel 8 Anspruch auf Rechtsschutz
Artikel 9 Schutz vor willkürlicher Verhaftung und Ausweisung
Artikel 10 Anspruch auf ein gerechtes und öffentliches Verfahren
Artikel 11 Unschuldsvermutung
Artikel 12 Privatsphäre des Einzelnen
Artikel 13 Die Freiheit, sich frei zu bewegen
Artikel 14 Recht auf einen sicheren Ort zum Leben (Asylrecht)
Artikel 15 Recht auf Staatsangehörigkeit
Artikel 16 Ehe und Familie
Artikel 17 Recht auf Eigentum
Artikel 18 Gedanken-, Gewissens- und Religionsfreiheit
Artikel 19 Meinungs-, Informationsfreiheit
Artikel 20 Versammlungs-, Vereinigungsfreiheit
Artikel 21 Allgemeines u. gleiches Wahlrecht
Artikel 22 Recht auf soziale Sicherheit
Artikel 23 Recht auf Arbeit, gleichen Lohn
Artikel 24 Recht auf Erholung und Freizeit
Artikel 25 Recht auf sicheren Lebensstandard
Artikel 26 Recht auf Bildung
Artikel 27 Recht auf Kultur, Schutz von Urheberrechten
Artikel 28 Anspruch auf Verwirklichung dieser 30 Rechte
Artikel 29 Eigene Verantwortung gegenüber der Gemeinschaft
Artikel 30 Schutz dieser Rechte u. Freiheiten

Quelle: Globus-Grafik 11471

M 1 Allgemeine Erklärung der Menschenrechte

M 2 Universeller Anspruch der Menschenrechte

Die Menschenrechte sind in der Regel als individuelle Rechte formuliert („Jeder Mensch hat das Recht auf ..."). Selbst wenn spezielle Menschenrechtsabkommen auf Personengruppen, etwa auf Frauen und Kinder, bezogen sind, stellen diese Rechte doch individuelle Menschenrechte dar, die den einzelnen Frauen und Kindern zustehen. Staaten tragen die Hauptverantwortung für die Umsetzung der Menschenrechte. Staatliche Organe (Polizei, Militär etc.), die vielerorts für Menschenrechtsverbrechen verantwortlich sind, dürfen demnach die Menschenrechte nicht selbst verletzen. Zugleich gibt es Bemühungen, internationale Organisationen, private Akteure und allen voran Wirtschaftsunternehmen direkt auf die Achtung der Menschenrechte zu verpflichten.

Die internationale Staatengemeinschaft erwies sich bisher nicht als willens oder fähig, den universellen Menschenrechtsschutz mit effektiven Durchsetzungsmechanismen auszustatten. Trotz wichtiger institutioneller Reformen – wie der Errichtung eines UN-Hochkommissars für Menschenrechte (1993), eines Internationalen Strafgerichtshofes (1998/2002) oder auch des neuen UN-Menschenrechtsrates* (2006) – blieb die Vision eines Weltgerichtshofes für Menschenrechte fern jeglicher Verwirklichungschance.

Über Traditionen und kulturelle Eigenheiten hinweg fixieren Menschenrechte einen Grundbestand an Rechten, der für jeden Menschen gelten soll. Der Geltungsanspruch bezieht sich dabei nicht nur darauf, dass die Menschenrechte

* **UN-Menschenrechtsrat**
Der UN-Menschenrechtsrat kann die Entsendung von Beobachtern zur Überwachung der Menschenrechtssituation in einem Mitgliedstaat beschließen. Die 47 Mitglieder werden in geheimer Wahl von der UN-Generalversammlung mit absoluter Mehrheit bestimmt und auf drei Jahre gewählt. Die Sitze werden anhand von regionalen Gruppen verteilt.

global gelten sollen, sondern hebt auch auf deren Charakter als gleiche Rechte für jeden Menschen ab.
Während einige Menschenrechte, wie das Verbot der Folter oder der Sklaverei, absolut gelten und unter keinen Umständen – selbst nicht in Notlagen – eingeschränkt werden dürfen, lassen andere Menschenrechte unter bestimmten Gründen Einschränkungen zu. Zulässige Eingriffszwecke können in einer demokratischen Gesellschaft die Aufrechterhaltung der nationalen Sicherheit und der öffentlichen Ordnung, die Verhinderung strafbarer Handlungen sowie der Schutz der Gesundheit oder der Rechte und Freiheiten anderer sein. Die Eingriffe dürfen jedoch nicht willkürlich, sondern müssen auf gesetzlicher Grundlage erfolgen, gut begründet sein und das Prinzip der Verhältnismäßigkeit beachten. Über die Zulässigkeit der Einschränkung von Grund- bzw. Menschenrechten entscheiden in Zweifels- oder Streitfällen entsprechende Gerichte, in der Bundesrepublik etwa das Bundesverfassungsgericht oder der Europäische Gerichtshof für Menschenrechte.

Dr. Michael Krennerich: Zehn Fragen zu Menschenrechten, 12.10.2009, www.bpb.de/internationales/weltweit/menschenrechte/38627/zehn-fragen?p=all (Zugriff: 1.10.2017), verändert und gekürzt

M 3 Karikatur: Gerhard Mester

1. Beschreibe mithilfe von konkreten Beispielen die 30 individuellen Rechte aller Menschen.
2. Da Menschenrechte „individuelle Rechte" sind, müssen Verletzungen dieser Rechte in jedem Einzelfall persönlich nachgewiesen werden. Erkläre, welche Folge die Einführung von kollektiven Menschenrechten hätte. (**M 2**)
3. Erläutere, was man unter der „Universalität der Menschenrechte" versteht. (**M 2**)
4. Recherchiert die aktuelle Zusammensetzung des UN-Menschenrechtsrats und überprüft, wie es in diesen Staaten um die Menschenrechte bestellt ist.
5. Analysiere die Karikatur **M 3**.
6. Erörtere ausgehend von den Materialien, ob die Allgemeine Erklärung der Menschenrechte lediglich ein Papiertiger ist. TIPP *S. 362*

Gerade bei kriegerischen Konflikten, vor allem bei Bürgerkriegen, bei denen die Zivilbevölkerung in besonderem Maße betroffen ist, wird wenig Rücksicht auf die Einhaltung der Menschenrechte genommen. Häufig sind es dann Nichtregierungs-Organisationen (NGOs*), die unter schwierigen Bedingungen versuchen, Menschenrechte zu schützen.

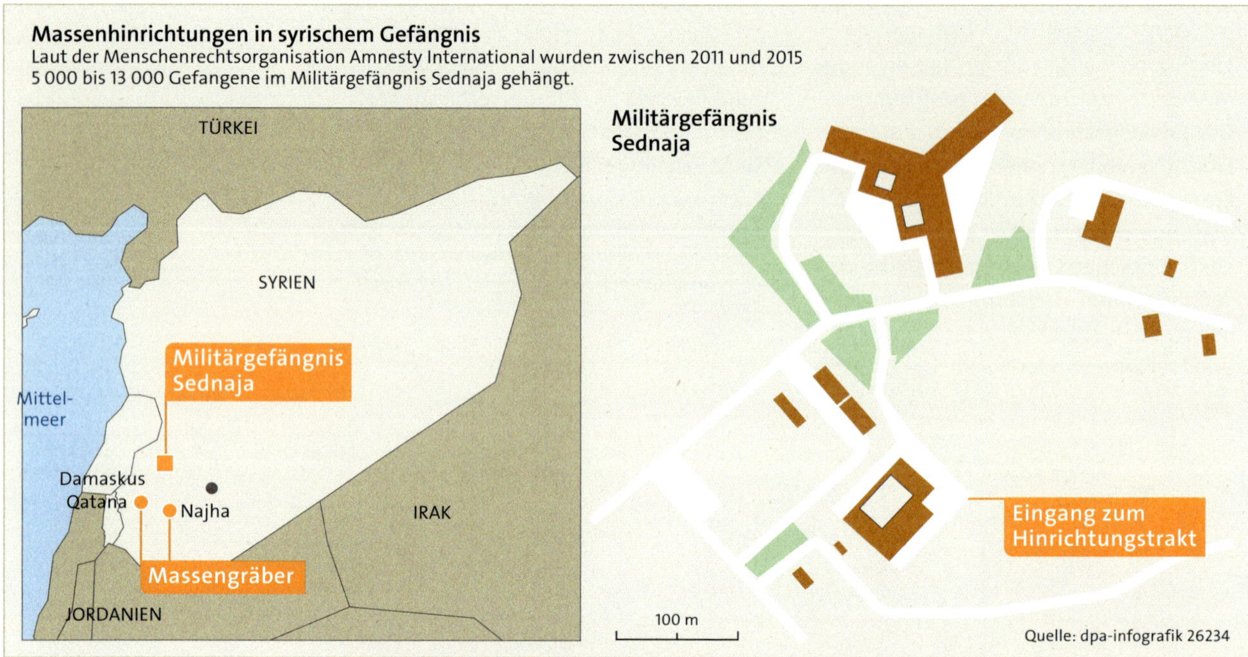

M 1 Menschenrechtsverletzungen in Syrien

M 2 Foltergefängnis in Syrien – die Hölle von Sednaja

Sednaja ist ein Ort der Einkehr und des Friedens. Seit fast 1500 Jahren pilgern Menschen in den Bergort rund 30 Kilometer nördlich von Damaskus ins Kloster Unserer Lieben Frau von Sednaja, eines der ältesten Klöster der Welt. Sednaja ist aber auch ein Ort der Folter und des Todes. Denn nur drei Kilometer vom Kloster entfernt befindet sich eines der schlimmsten und größten Foltergefängnisse des syrischen Assad-Regimes. Mehrere Männer, die das Militärgefängnis überlebt haben, schildern in einem aktuellen Bericht der Menschenrechtsorganisation Amnesty International (AI) die verheerenden Zustände in der Haftanstalt. Das Militärgefängnis von Sednaja ist ein Ort, in den das Regime seit Jahrzehnten mutmaßliche Islamisten einsperrt. Von Qaida-Kämpfern über Anhänger der Muslimbrüder bis zu Jugendlichen, die mit Tonkassetten einer Predigt gefasst wurden.
Die Haftbedingungen in Sednaja waren schon immer verheerend, seit Beginn des Aufstands gegen Assad vor fünf Jahren haben sie sich laut ehemaligen Insassen noch weiter verschärft. Die meisten Häftlinge werden nach Sednaja gebracht, nachdem sie zuvor bereits Monate oder Jahre von einem der rund 15 verschiedenen Geheimdienste in Syrien festgehalten wurden. Viele Insassen haben nie einen Richter gesehen, andere wurden innerhalb weniger Minuten von Militärtribunalen abgeurteilt. Ohne Rechtsbeistand, ohne Möglichkeit, Einspruch einzulegen. Folterungen sind in Sednaja an der Tagesordnung – nicht etwa, um Geständnisse zu erpressen, sondern einfach nur, um die Insassen zu brechen, so schildern

* **NGOs**
Abkürzung für „Nicht-regierungs-Organisationen". Das sind zivile, gemeinnützige Organisationen, die sich den Schutz der Menschenrechte oder der Umwelt zur Aufgabe gemacht haben. Beispiele sind Amnesty International, Human Rights Watch, Ärzte ohne Grenzen, Rotes Kreuz/Roter Halbmond, der WWF oder Greenpeace.

es Überlebende. Viele Insassen überleben die Misshandlungen nicht, Todesfälle sind an der Tagesordnung. Nach ihrer Ankunft in dem Militärgefängnis werden die meisten Insassen zunächst in unterirdischen Zellen festgehalten – einige für ein paar Tage, andere bis zu neun Monate lang. Das Gefängnis liegt in 1500 Metern Höhe, im Winter fällt die Temperatur unter den Gefrierpunkt. Trotzdem müssen die Gefangenen nackt bleiben oder dürfen höchstens Unterwäsche tragen. Die Versorgung mit Nahrungsmitteln ist völlig unzureichend, manchmal warten die Insassen tagelang auf Essen.

Christoph Sydow: Die Hölle von Sednaja. In: http://www.spiegel.de/politik/ausland/syrien-das-foltergefaengnis-von-sednaja-a-1108315.html, 16.8.2016 (Zugriff: 1.10.2017), verändert und gekürzt

Flüchtlingslager in der Türkei
Rund 2,7 Millionen syrische Flüchtlinge hat die Türkei aufgenommen. Ein Teil von ihnen lebt in Camps entlang der Grenze.

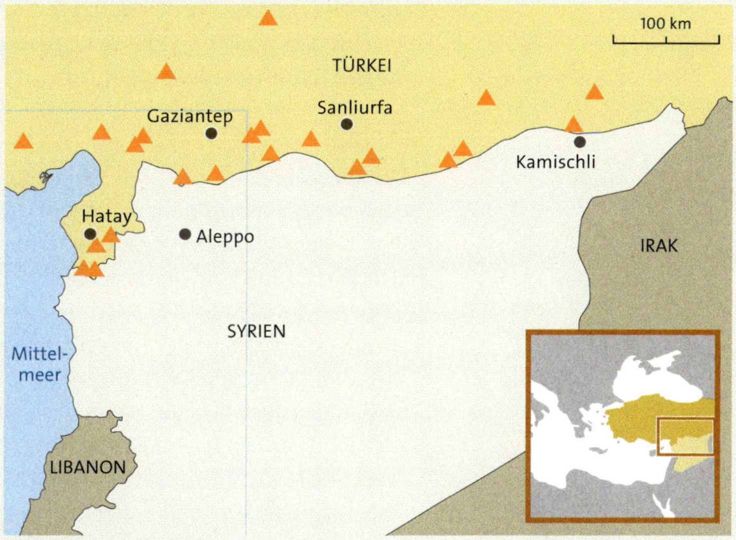

Quelle: dpa-infografik 23850

M3 Flüchtlingslager in der Türkei

M4 Alltag Geflüchteter aus Syrien in einem Flüchtlingslager in der Nähe von Hatay

* **Rotes Kreuz/ Roter Halbmond**
Humanitäre nicht-staatliche Organisationen (NGOs), die sich den Schutz des Lebens, der Gesundheit und der Würde sowie die Verminderung des Leids von Menschen in Not zur Aufgabe gemacht haben. In Kriegsgebieten versorgen sie Verletzte, versorgen die Bevölkerung mit Nahrung oder helfen beim Aufbau und der Organisation von Flüchtlingslagern.

1 Überprüfe mithilfe von **M1** und **M2**, welche Rechte der Allgemeinen Erklärung der Menschenrechte der UN (S. 282) hier verletzt werden.

2 Erläutere anhand der Materialien, welche Maßnahmen Nicht-Regierungsorganisationen zum Schutz der syrischen Zivilbevölkerung ergreifen.

3 Begründe, warum es Nicht-Regierungsorganisationen oft eher erlaubt wird, in Kriegsgebieten den Schutz von Menschenrechten zu organisieren, als Regierungsorganisationen anderer Staaten. **TIPP** *S. 362*

4 Recherchiert die Organisationsstrukturen, Aufgaben, Finanzierung und aktuelle Arbeitsschwerpunkte von Amnesty International, Human Rights Watch, Ärzte ohne Grenzen, Rotes Kreuz und Roter Halbmond und präsentiert eure Ergebnisse vor der Klasse.

1. Pakistan: Todesstrafe

Das Recht auf Leben ist ein zentrales Menschenrecht. Dennoch wenden nach wie vor zahlreiche Staaten die Todesstrafe an. Darunter ist zum Beispiel auch Pakistan, das die-se in den meisten Staaten abgeschaffte oder ausgesetzte Form der Strafe erst vor eini-gen Jahren wieder eingeführt hat.

M 2 Rückkehr zur Todesstrafe – Pakistan entdeckt den Galgen wieder

Die Rückkehr zur Todesstrafe zeigt, dass Pakistan das Terrorproblem nicht in den Griff bekommt. Keine Regierung traut sich, Hassprediger in den Moscheen zu stoppen, die Gläubige zum Kampf gegen „Ungläubige“ ermutigen. Investitionen in Bildung dümpeln seit Jahrzehnten auf einem niedrigen Niveau. Mehrere militärische Offensiven haben die Extremisten zwar geschwächt, aber nicht besiegt. Die Todesstrafe kommt da gerade recht als populistisches Instrument, um der Öffentlichkeit zu suggerieren, dass man etwas tut gegen die Militanten. Umfragen belegen, dass eine große Mehrheit der Pakistaner für die Todesstrafe ist. Manche Erhebungen ergeben Zustimmungswerte von mehr als 90 Prozent. Pakistan verfügt über eine zivile wie über eine militärische Gerichtsbarkeit, die unabhängig voneinander arbeiten. Unter den Häftlingen, die mit ihrer Hinrichtung in den kommenden Tagen rechnen müssen, sind Terroristen, aber auch Menschen wie der etwa 24-jährige Shafqat Hussain, der 2004 – damals als 14-Jähriger – einen Siebenjährigen umgebracht haben soll. Das Urteil basiere dabei auf einem Geständnis, das der Junge nach neun Tagen Folter abgelegt habe.
Nach Angaben von Amnesty International sitzen rund 8000 Menschen in pakistanischen Todeszellen. Viele Prozesse verliefen jedoch unfair. Den Angeklagten wurde kein Verteidiger gewährt, in einigen Fällen sollen Geständnisse per Folter erzielt worden sein. Die Vereinten Nationen forderten Pakistan auf, auf eine Wiederaufnahme von Hinrichtungen zu verzichten. Dies stoppe Terrorismus nicht und löse möglicherweise einen „Kreislauf der Rache“ aus. Es gebe zudem „keinerlei Beweis, dass die Verhängung der Todesstrafe irgendeine abschreckende Wirkung bezüglich Terrorismus oder anderer schwerwiegender Straftaten hat“.

Hasnain Kazim, www.spiegel.de/politik/ausland/todesstrafe-pakistan-haengt-zwei-maenner-nach-peschawar-a-1009705.html (Zugriff: 2.10.2017)

* **Taliban**
Eine ursprünglich aus Afghanistan stammende islamistische Terrormiliz, die auch in Pakistan Anschläge verübt. Sie arbeitet dabei mit al-Qaida und anderen internationalen Terrorallianzen zusammen. Vor allem durch Selbstmordattentate reißt sie regelmäßig Soldaten und auch Zivilisten mit in den Tod.

M 1 Todesstrafe weltweit

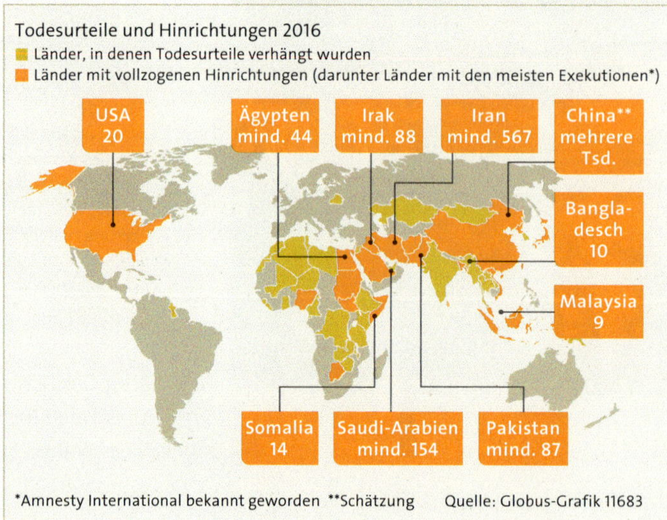

1 Überprüfe mithilfe der Allgemeinen Erklärung der Menschenrechte und **M 2**, welche Menschenrechte in Pakistan verletzt werden.
2 Auch andere Staaten vollstrecken Todesurteile (**M 1**). Beschreibe die regionale Verteilung und das Ausmaß der durchgeführten Hinrichtungen.
3 Recherchiere bei Amnesty International die aktuelle Situation der Menschenrechte in Pakistan.
4 Beurteile die Einführung der Todesstrafe in Pakistan.

2. Pakistan: Recht auf Bildung

Bildung entscheidet wesentlich über die Lebensperspektiven eines Menschen. In vielen Staaten sind die staatlichen Ausgaben für den Bildungssektor jedoch zu gering. Darunter leiden insbesondere Mädchen, denen häufig nur eine Grundbildung zugestanden wird.

M 2 Eine Vorkämpferin für Bildung

Mit 15 Jahren erlangte die pakistanische Schülerin Malala Yousafzai plötzlich tragische Berühmtheit: Im Oktober 2012 hatten radikal-islamische Taliban-Kämpfer auf das Mädchen geschossen, das auf dem Heimweg von der Schule war. Zwei Wochen später wachte die Schwerverletzte in einem Krankenhaus im englischen Birmingham wieder auf. Ein eiligst organisierter Rettungsflug von Pakistan nach Europa und mehrere Operationen retteten dem Teenager aus dem Swat-Tal in Pakistan das Leben. Seither kann sich Malala vor Auszeichnungen und Auftritten nicht retten. Der Friedensnobelpreis in diesem Jahr ist nun die Krönung, den sie sich mit dem 60 Jahre alten indischen Kinderrechtsaktivisten Kailash Satyarthi teilt. Malala ist heute 17 Jahre alt. Die junge Frau wurde weltweit zu einem Symbol für Zivilcourage. Sie veröffentlichte ihre Biografie und sprach vor der UN-Vollversammlung. In Tagebuchform berichtete Malala von den Gräueltaten der Taliban im Swat-Tal. Sie setzte sich dabei vehement für den Schulbesuch von Mädchen ein, den die Taliban verboten hatten, die zu jener Zeit das Tal besetzten und ein Schreckensregime führten. Malala geriet ins Visier der Extremisten. Beraten von einem Stab von PR-Experten ist Malala zu einer internationalen Marke geworden, die der Familie Millionen Euro mit Buchverträgen, Auftritten und Filmrechten sichert. In Pakistan ruft dies nicht nur Stolz hervor. Vielmehr wurden wiederholt Vorwürfe laut, Malala sei zu einer Marionette des Westens geworden. Die Aktivistin weist dies klar zurück: „Ich bin eine Tochter Pakistans und ich bin stolz, Pakistanerin zu sein“, sagte sie der BBC. Auch gegenüber den extremistischen Angreifern hegt Malala keine Rachegedanken. Sie wolle Bildung für alle Kinder, auch „die Söhne und Töchter der Taliban und aller Terroristen und Extremisten“, erklärte sie in ihrer Rede vor der UN. „Lasst uns unsere Stifte und Bücher in die Hand nehmen. Sie sind unsere mächtigsten Waffen.“ Bildung sei die einzige Lösung gegen Armut und Extremismus.

Eine Vorkämpferin für Bildung, 10.10.2014. In: http://www.faz.net/aktuell/politik/ausland/friedensnobelpreis-fuer-malala-yousafzai-eine-vorkaempferin-fuer-bildung-13200600.html (Zugriff: 2.10.2017), gekürzt

★ **Pakistan**
In Pakistan, einem Staat in Südasien, liegt die Lebenserwartung aktuell bei 67,7 Jahren. 2,7 % des BIP werden für Bildung ausgegeben. Damit belegt Pakistan weltweit den 164. Rang. Die Alphabetisierungsrate der über 14-Jährigen liegt hierbei bei 57,9 % (Männer: 69,5 %, Frauen: 45,8 %). Zahlen sind Durchschnittswerte für ganz Pakistan. In ländlichen Gebieten, v. a. in abgelegenen Tälern, ist die Situation wesentlich schlechter.

1 Überprüfe mithilfe der Allgemeinen Erklärung der Menschenrechte und **M 2**, welche Menschenrechte in Pakistan verletzt werden.

2 Recherchiere bei Amnesty International die aktuelle Situation der Menschenrechte in Pakistan.

3 In vielen Staaten haben Mädchen nur einen eingeschränkten Zugang zu Bildung. Recherchiere hierzu geeignete Beispiele und präsentiere dein Ergebnis vor der Klasse.

4 Bewerte die Aussage von Malala Yousafzai, Bücher und Stifte seien „unsere mächtigsten Waffen“ (Z. 56).

Leitfrage: Kann die UNO im Ukraine-Konflikt vermitteln?

Seit Februar 2014 ist der Osten der Ukraine von pro-russischen Separatisten teilweise besetzt. Die Kämpfe flackern immer wieder auf, von Frieden kann keine Rede sein. Die internationale Staatengemeinschaft bemüht sich um eine Beilegung des Konflikts.

Bei der Bearbeitung der Aufgaben musst du jeweils geeignete Materialien (M 1–M 3) heranziehen.

Ich kann Informationen gewinnen und aufbereiten.

1 Beschreibe die Lage des von den Separatisten kontrollierten Gebietes in der Ukraine (M 1).

Ich kann Probleme und Konflikte analysieren.

2 Analysiere den Ukraine-Konflikt mithilfe von Leitfragen.

3 Erläutere Maßnahmen, die der UN-Sicherheitsrat im Ukraine-Konflikt ergreifen könnte.

4 Die Karikatur M 3 thematisiert das Vetorecht der fünf ständigen Mitglieder im Sicherheitsrat. Erläutere ihre Aussage.

Ich kann mir ein begründetes Urteil bilden.

5 Erörtere Chancen und Grenzen der Friedenssicherung durch die UNO. Beziehe dich dabei auch auf den Ukraine-Konflikt.

Ich kann mitreden und aktiv werden.

6 Recherchiere bei NGOs die Menschenrechtslage im Osten der Ukraine und gestalte mithilfe der gewonnenen Informationen ein Plakat.

M 1 Der Osten der Ukraine

M 2 Der Ukraine-Konflikt

Seit Ende November 2013 laufen die Menschen in dem osteuropäischen Land Sturm. Die ukrainische Regierung hatte am 21. November 2013 ein geplantes Assoziierungsabkommen mit der EU gestoppt und damit das Land in eine tiefe Krise gestürzt. Der Westen des Landes wünscht sich eine stärkere Anbindung der Ukraine an Europa, Präsident Viktor Janukowitsch jedoch suchte die Annäherung an Russland. Dieser Entscheidung folgen monatelange Proteste auf dem Maidan-Platz in Kiew.

Am 16. März 2014 haben sich die mehrheitlich russischsprachigen Bürgerinnen und Bürger der Halbinsel Krim in einem umstrittenen Referendum entschieden, sich Russland anzuschließen. Kreml-Chef Wladimir Putin macht auch gleich Nägel mit Köpfen und schafft die rechtliche Voraussetzung, die Halbinsel in die Russische Föderation aufzunehmen. Damit wird ein Teil der Ukraine abgespalten. Der Westen verurteilt Russlands Annexion der Krim als völkerrechtswidrig.

Im Osten der Ukraine gibt es gewalttätige Ausschreitungen zwischen dem westlich-orientierten und dem pro-russischen Bevölkerungsanteil. Pro-russische Separatisten und ukrainische Militärs bekämpfen sich. Brandherde sind die Städte Lugansk, Odessa, Charkow, Slawjansk und Donbas. Ein weiterer Höhepunkt der Abspaltungsentwicklung im Land: Pro-russische Separatisten initiieren am 11. Mai 2014 in Donezk und Lugansk ein Referendum für die Abspaltung von der Ukraine.*

Mit der Präsidentschaftswahl am 25. Mai 2014 und ihrem eindeutigen Gewinner Petro Poroschenko hoffen die Ukrainer und die internationale Gemeinschaft auf Entspannung.

Am 5. September 2014 tritt erstmals eine Waffenruhe in Kraft, die allerdings schon bald brüchig wird. Bei der Parlamentswahl in der Ukraine am 26. Oktober 2014 haben die prowestlichen Parteien klar gesiegt. Nach den umstrittenen Wahlen in den abtrünnigen Regionen der Ostukraine am 2. November 2014 verkünden die Separatisten ihren Sieg, anerkannt wird er nur von Russland. Am 9. Dezember 2014 tritt erneut ein Waffenstillstand in Kraft, der von beiden Seiten nicht eingehalten wird. Im 2. Minsker Abkommen haben sich die Konfliktparteien am 12. Februar 2015 wieder auf eine Waffenruhe im Donbass geeinigt. Auch diese wird bis heute immer wieder durch Feuergefechte gestört.

Das Verhalten Russlands soll nicht ohne Konsequenzen bleiben. Mehrere Indizien sprechen dafür, dass Russland Soldaten und Waffen ohne Hoheitsabzeichen in die Ukraine einschleust und die Kämpfe der Separatisten steuert. Ebenso sollen Augenzeugenberichten zufolge die Wahlen von russischen Einsatzkräften bewacht worden und die Ergebnisse gefälscht worden sein.

Die Europäische Union und die USA verhängen Sanktionen in Form von Einreiseverboten und Kontensperrungen gegen russische und ukrainische Politiker. Weitere wirtschaftliche Einschränkungen für Russland im Bankensektor folgen. In Reaktion auf die Wirtschaftssanktionen des Westens stoppt Russland die Einfuhr von Agrarprodukten aus der EU und den USA. Der Ukraine droht die Spaltung. Der Gegensatz zwischen dem westlich-orientierten und dem pro-russischen Bevölkerungsteil und damit zwischen West und Ost ist wieder zum Politikum geworden.

Gekürzt und verändert nach: http://www.lpb-bw.de/ukrainekonflikt.html (Zugriff: 6.12.2017)

* Russland hat ein anderes Verständnis von der **Ukraine** als der Westen. Sie ist Kernbestandteil der russischen Welt, abgeleitet von einem mittelalterlichen Konzept eines Großreiches „Rus" bestehend aus der Ukraine, Russland und Weißrussland. Dass die Sowjetunion (mit der Ukraine) zerfallen ist, stellt für Russlands Präsidenten Putin „die größte geopolitische Katastrophe des 20. Jahrhunderts" dar.

M3 Karikatur: Heiko Sakurai

KAPITEL 13

Die Europäische Union

„L'Europe c'est toi, l'Union c'est nous" –
Europa, das bist du – die Union, das sind wir.

Erläutert, welche Bedeutung die Europäische Union für euch hat.

In diesem Kapitel lernst du,
- *wie Entscheidungen der EU unser tägliches Leben beeinflussen (Interessen und Gemeinwohl),*
- *wie die EU-Organe bei Entscheidungsprozessen zusammenwirken (Ordnung und Struktur),*
- *welche Mitwirkungsmöglichkeiten Bürgerinnen und Bürger der EU haben und wie die Macht zwischen den Organen der EU verteilt ist (Macht und Entscheidung),*
- *wie die einzelnen Institutionen innerhalb der EU zusammenwirken (Ordnung und Struktur),*
- *Vor- und Nachteile einer Erweiterung der EU zu erörtern (Interessen und Gemeinwohl).*

Formuliere Annahmen zu diesen Themen und überprüfe am Ende des Kapitels, inwieweit sich diese verändert haben.

Wir reisen in den Ferien nach Spanien, gehen zum Schüleraustausch nach Frankreich, wollen später ein Auslandssemester machen und vielleicht sogar in einem anderen Land der EU arbeiten. Alles relativ problemlos und selbstverständlich. Aber was hat das alles mit der EU, mit den Entscheidungen aus Brüssel zu tun? Wie beeinflussen die Entscheidungen der EU meinen Alltag?

M1 Wo erleben wir die EU im Alltag?

M 2 Ein Hoch auf das Brüsseler Öko-Design

Die EU geht gegen Stromfresser vor – und FDP und AfD werfen ihr reflexhaft Regelungswut vor. Überhaupt, Brüssel kümmere sich nur um Glühbirnen, Kaffeemaschinen und Staubsauger statt um wirklich wichtige Themen. [...] Es geht um die Öko-Design-Richtlinie der EU. [...] Ab September [2014] dürfen nur noch Staubsauger mit maximal 1600 Watt verkauft werden. Ab 2017 sogar nur noch solche mit 900 Watt. Wieder ist das Geschrei groß. Gängelung sei das und Wahnsinn und irre. Der Irrtum aber liegt darin, dass viele glauben, viel Watt sauge besser. [...] Die neuen Watt-Grenzen sorgen deshalb vor allem für eines: mehr Wettbewerb um die beste Saugtechnik. Der Energiekommissar schätzt, alleine die Staubsaugerverordnung werde bis 2020 dazu führen, dass jährlich 19 Terrawattstunden Strom gespart werden. Das entspricht der Jahresleistung von zwei Atomkraftwerken. Die europäischen Verbraucher sparen somit zusammen 3,8 Milliarden Euro. [...] Die Selbstregulierung der Märkte hilft da nicht. Weshalb mit den neuen Regeln auch Energieplaketten auf die Staubsauger kommen, wie sie schon von Kühlschränken und Herden bekannt sind. Die haben übrigens dazu geführt, dass sich der Stromverbrauch dieser Geräte massiv verringert hat. [...] Ein Märchen ist übrigens ohnehin, dass sich die EU-Kommission das alles ausgedacht hat. Es waren die europäischen Regierungen – und ganz vorne Deutschland, die die Öko-Design-Richtlinie in Auftrag gaben. Sie ist schon seit 2005 in Kraft. [...] Die Öko-Design-Richtlinie hilft Strom und Energie zu sparen. Das ist gut für die Umwelt und für das Budget der Verbraucher.

Thorsten Denkler, Berlin, 17. April 2014, http://www.sueddeutsche.de/politik/kritik-an-der-eu-kommission-ein-hoch-auf-das-bruesseler-oeko-design (Zugriff: 23.7.2017)

Mehr zum Thema
Film: Die Europäische Union ... einfach erklärt

Webcode PE646098-293

M 3 Zu dicke Luft

[...] Die durchschnittliche Belastung von Innenräumen mit Schadstoffen sei drei- bis achtmal höher als die der Außenluft in den Städten. Der Grund: Nicht wenige Baumaterialien, Einrichtungsgegenstände und andere in Wohnungen genutzte Produkte gasen Schadstoffe aus, und wenn nicht gut gelüftet wird, sind Gesundheitsschäden vorprogrammiert. [...] Der Europäische Gerichtshof verbot den EU-Mitgliedstaaten im vorigen Jahr, an Bauprodukte strengere nationale Anforderungen zum Gesundheitsschutz zu stellen. Das Umweltbundesamt warnte jetzt vor den Folgen dieses Urteils. [...] Ein Vorschlag der EU-Kommission, das Problem zu lösen, geht dem Umweltbundesamt nicht weit genug. [...] „Die hohen deutschen Standards sind in Gefahr" warnt das Umweltbundesamt,

Joachim Wille, Zu dicke Luft, Frankfurter Rundschau, 28.7.2017, S. 25

1 Beschreibt, welche Bereiche des täglichen Lebens in den Bildern (**M 1**) angesprochen werden.

2 Sammelt weitere Beispiele, wo Entscheidungen der EU für euch von Bedeutung sind.

3 Erörtert mithilfe von **M 2** und **M 3**, was aus eurer Sicht positiv bzw. negativ an EU-weiten Regelungen ist.

Die Organe der Europäischen Union – ein Überblick

Die Europäische Union feierte 2017 ihren 60. Geburtstag. Die Institutionen der EU gingen aus einem langen Prozess hervor.

M 1 Die Organe der EU

Europäisches Parlament in Straßburg

Europäisches Parlament

Es ist die Vertretung der europäischen Bürgerinnen und Bürger (ging 1952 aus der Gemeinsamen Versammlung der Europäischen Gemeinschaft für Kohle und Stahl hervor, wurde 1962 zum Europäisches Parlament, die erste Direktwahl war 1979).

- Die Abgeordneten werden alle fünf Jahre in geheimer Wahl direkt gewählt.
- Im Rahmen des Mitentscheidungsverfahrens steht es gleichberechtigt neben dem Ministerrat (Gesetzgebungsfunktion).
- Es beschließt gemeinsam mit dem Ministerrat den Haushalt.
- Es muss der Ernennung der Präsidentin oder des Präsidenten der EU-Kommission zustimmen und der Kommission als Ganzes.
- Es kann der Kommission das Misstrauen aussprechen (Kontrollfunktion).
- Es hat gegenüber den EU-Bürgern eine Informationsfunktion.

Beim „Mitentscheidungsverfahren" werden die europäischen Gesetze nach einem mehrstufigen Verfahren zwischen Ministerrat und Parlament beschlossen. Gibt es keine Einigung, versucht ein Vermittlungsausschuss, einen Kompromiss zu erarbeiten, der die Zustimmung beider Organe findet. Gelingt dies nicht, kann das Parlament den Rechtsakt mit absoluter Mehrheit zu Fall bringen. So hat das Parlament z. B. erhebliche Änderungen am Entwurf der Dienstleistungsrichtlinie durchgesetzt.

Gebäude des Rates der Europäischen Union in Brüssel

Rat der Europäischen Union

Er ist das Entscheidungsgremium der Mitgliedstaaten. Die einzelnen Mitgliedstaaten sind durch die jeweiligen Fachministerinnen und Fachminister ihrer Regierung vertreten. Er wechselt seine Zusammensetzung je nach Beratungsgegenstand: So treffen sich z. B. im „Rat für Allgemeine Angelegenheiten" die Außenministerinnen und Außenminister der EU-Mitgliedstaaten. Die Minister sind befugt, für die Regierungen der von ihnen vertretenen Mitgliedstaaten verbindlich zu handeln.

- Er ist gemeinsam mit dem Europäischen Parlament Gesetzgeber und Haushaltsbehörde.
- Er koordiniert die politischen Maßnahmen der EU-Länder.
- Er entwickelt die Außen- und Sicherheitspolitik der EU auf Grundlage von Leitlinien des Europäischen Rates.
- Er ist zuständig für den Abschluss internationaler Übereinkünfte zwischen der EU und anderen Staaten.
- Hier gelten die EU-Entscheidungsspielregeln: Die EU-Kommission hat das Initiativrecht, der Rat entscheidet nach einem komplexen Abstimmungsverfahren.
- Er kann Beschlüsse mit einfacher, qualifizierter Mehrheit oder einstimmig fassen.
- Um die qualifizierte Mehrheit zu erreichen, müssen zwei Bedingungen erfüllt sein:
  1) 55 % aller Länder, d. h. bei den derzeit noch 28 Mitgliedstaaten 16 Länder,
  2) die außerdem mindestens 65% der EU-Gesamtbevölkerung stellen.
- Um einen Beschluss zu verhindern, sind mindestens vier Länder erforderlich, die mindestens 35 % der EU-Gesamtbevölkerung stellen.
- Sensible Angelegenheiten wie Außenpolitik und Steuern erfordern Einstimmigkeit.
- Bei verfahrenstechnischen und administrativen Angelegenheiten genügt die einfache Mehrheit.

Europäische Kommission
Im institutionellen Gefüge der Europäischen Union hat die Kommission eine Schlüsselstellung:
- Sie ist als europäische Behörde der Motor der Integration, fungiert als Exekutivorgan.
- Sie hat das alleinige Initiativrecht im EU-Gesetzgebungsverfahren.
- Nur sie hat das Recht, Vorschläge für Rechtsakte einzubringen (Ausnahmen sind die Bereiche Gemeinsame Außen- und Sicherheitspolitik sowie Innen- und Justizpolitik).
- Sie stellt den EU-Haushalt auf und verwaltet die Haushaltsgelder, wird dabei vom Europäischen Rechnungshof unterstützt.
- Zusammen mit dem Europäischen Gerichtshof sorgt sie dafür, dass EU-Recht eingehalten wird (Kontrollfunktion).
- Jeder Mitgliedstaat entsendet einen Kommissar bzw. eine Kommissarin mit einem bestimmten Zuständigkeitsbereich.
- Wichtige Beschlüsse kann die Kommission nur gemeinsam fassen.
- Sie vertritt die Mitgliedstaaten auf internationaler Ebene, handelt z. B. Verträge aus.
- Sie wurde 1958 gegründet.

Europäischen Kommission in Brüssel

Europäischer Rat
Im Europäischen Rat, der 2009 offizielles EU-Organ wurde, treffen sich die Staats- oder Regierungschefs der Mitgliedstaaten zwei- bis viermal im Jahr in Brüssel.
Die Regierungen der Mitgliedstaaten können hier völlig frei und ohne Rücksicht auf das Initiativrecht der Europäischen Kommission entscheiden.
Der Rat hat eine Art Richtlinienkompetenz:
- Er gibt Anstöße für die Weiterentwicklung der Union.
- Er legt die Leitlinien für die Politik und ihre Prioritäten fest.
- Er wirkt direkt auf die Arbeit der EU-Minister ein.
- Er kann Aufträge an die EU-Kommission richten.
- Er legt die gemeinsame Außen- und Sicherheitspolitik der EU fest.
- Er ernennt und bestimmt Kandidaten für wichtige Positionen auf EU-Ebene, z. B. Europäische Zentralbank.

Donald Tusk, seit 2014 Präsident des Europäischen Rates

Der Europäische Gerichtshof (EuGH)
- Er ist das höchste Gericht der EU mit Sitz in Luxemburg, er existiert seit 1952.
- Seine Urteile sind für alle Gerichte und alle Bürgerinnen und Bürger der EU bindend.
- Nationale Gesetze und Gerichtsurteile müssen der Rechtsprechung des EuGH angepasst werden.
- Er entscheidet, ob in einem Einzelfall gegen EU-Recht verstoßen wurde.
- Er entscheidet aber auch endgültig, wie strittige Texte in den Verträgen zu verstehen sind.

Gerichtshof der Europäischen Union (EuGH) in Luxemburg

1 Erstellt eine Grafik, die das Zusammenwirken der EU-Organe zeigt.
2 Vergleicht die EU-Organe mit den Verfassungsorganen der Bundesrepublik Deutschland in Hinblick auf ihre Legitimation. (s. Seite 214)
3 Erörtert, ob das Europäische Parlament ein vollwertiges Parlament ist. TIPP *S. 362*

Es stinkt zum Himmel: Am Stuttgarter Neckartor werden die zulässigen Schadstoffgrenzen ständig drastisch überschritten. Das Problem stellt sich auch in anderen deutschen und europäischen Städten. Ist das ein EU-Problem?

* **PM 10** Größe, mit der Feinstaubpartikel gemessen werden.

* **Euro-5-Norm/Euro-6-Norm** legt für Kraftfahrzeuge den Ausstoß von Schadstoffen fest

In einer Reihe von Mitgliedstaaten der EU werden die Grenzwerte für Feinstaub seit Jahren überschritten. In Deutschland ist Stuttgart (Neckartor) Spitzenreiter. Hier wurde, laut Bundesumweltamt, im Jahr 2016, der Grenzwert für Feinstaub an 70 Tagen überschritten. Feinstaubteilchen kommen in Industrie-, Straßenverkehr- und Heizungsabgasen vor und können Asthma, Herz-Kreislauf-Probleme und Lungenkrebs verursachen sowie die Lebenserwartung verkürzen.

M1 Vorschläge der Autoindustrie, um Fahrverbote zu verhindern

Die deutsche Automobilindustrie will die drohenden Diesel-Fahrverbote abwenden. Dafür sprach sich Matthias Wissmann, Präsident des Verbands der Automobilindustrie, aus. [...]
Das Stuttgarter Verwaltungsgericht hatte am Freitag (28.7.2017) den Weg für Diesel-Fahrverbote in Innenstädten geebnet. Dies sei im Fall älterer Dieselautos die beste Lösung zur Senkung gesundheitsschädlicher Abgase, urteilte das Gericht.
Wissmann betonte gegenüber der Funke-Mediengruppe, es gebe „intelligentere Lösungen" als Fahrverbote. Die Hersteller böten ihren Kunden eine kostenlose Nachrüstung von Autos mit den Schadstoffklassen Euro 5 und zum Teil auch Euro 6 an. Mit neuer Software lasse sich der Ausstoß von Stickoxiden im Schnitt der deutschen Fahrzeugflotte um mindestens 25 Prozent senken. [...]
Wenn sich die Hersteller mit der Bundesregierung auf solche Maßnahmen einigten, sehe er „durchaus Chancen, dass das Bundesverwaltungsgericht als höchste Instanz zu einem anderen Ergebnis kommen könnte als Stuttgart".
Die Bundesregierung machte dagegen Druck auf die Hersteller, ältere Fahrzeuge über die Software hinaus nachzurüsten. Bundesumweltministerin Barbara Hendricks (SPD) sagte im ZDF, Updates seien nur ein erster Schritt. Nötig seien vor allem technische Nachbesserungen zur Abgassenkung, und zwar auf Kosten der Hersteller.

http://www.t-online.de/auto/elektromobilitaet/id_81770904/autoindustrie-will-diesel-fahrverbote-abwenden.html (Zugriff: 21.8.2017)

M2 Transparent auf einer Demonstration gegen Feinstaub in Stuttgart

M3 Deutsche Umwelthilfe (DUH) fordert deutliche Nachbesserungen

Berlin/Stuttgart, 16.6.2017 (lifePR) – Deutsche Umwelthilfe kritisiert den Luftreinhalteplan Stuttgarts als unzureichend – Seit sieben Jahre überschrittene Grenzwerte für das Dieselabgasgift Stickstoffdioxid müssen spätestens ab Januar 2018 eingehalten werden – Wichtigste Maßnahme ist die Ausdehnung der Dieselfahrverbote auch für Euro-6-Diesel – DUH erhofft sich wesentliche Verschärfung der Luftreinhaltemaßnahmen durch die Mitte Juli stattfindende Verhandlung vor dem Verwaltungsgericht Stuttgart zur Klage der DUH gegen die Landesregierung. Der vom Regierungspräsidium Stuttgart vorgelegte Maßnahmenkatalog wird nicht dazu beitragen, dass die Grenzwerte für Feinstaub (PM 10) und Stickstoffdioxid (NO_2) zum 1. Januar 2018 eingehalten werden. Mindestens drei weitere Jahre wollen Landesregierung und Landeshauptstadt den Menschen hohe Überschreitungen der Grenzwerte zumuten und mit Ansage weiter gegen EU-Recht verstoßen.

https://www.lifepr.de/inaktiv/deutsche-umwelt-hilfe-ev/Luftreinhalteplan-Stuttgart-verfehlt-sein-Ziel/boxid/658160 (Zugriff: 9.8.2017)

M 4 Luftverschmutzung in der EU

Mehr als 130 Städte in 23 EU-Mitgliedstaaten verstoßen gegen europäische Gesetze zur Luftreinhaltung, warnt die Kommission. [...]
Luftverschmutzung ist die häufigste umweltbezogene Ursache für frühzeitige Todesfälle in Europa. Verantwortlich ist vor allem der Verkehr. „Die Kommission sorgt sich auch weiterhin um die Geschwindigkeit, mit der die Mitgliedstaaten die Grenzwerte der EU-Rechtsetzung erreicht haben", erklärte die Kommission in einer gestern veröffentlichten Mitteilung.
Die Luftqualitätsrichtlinie von 2008 wird derzeit überprüft. Sie schreibt den Mitgliedstaaten vor, die Feinstaubbelastung bis 2020 um durchschnittlich 20 Prozent im Vergleich zu 2010 zu senken. Darüber hinaus müssen sich EU-Länder auch an die Richtlinie über nationale Emissionshöchstgrenzen halten. Sie setzt nationale Maximalwerte für bestimmte Emissionen – darunter Feinstaub (PM) und Stickstoffdioxid (NO_2) – fest. Die bereits überarbeitete Fassung der Richtlinie wird derzeit von EU Parlament und Rat bearbeitet. [...]
Im Rahmen des Dieselgate-Skandals kam ans Licht, dass Volkswagen NO_2-Abgastests manipuliert hatte. [...]
Im Laufe der letzten zwei Jahre leitete die Kommission rechtliche Schritte gegen zwölf Mitgliedstaaten ein, weil diese gegen die Luftqualitätsstandards für NO_2 verstoßen hatten: Österreich, Belgien, Tschechien, Deutschland, Dänemark, Spanien, Frankreich, Ungarn, Italien, Polen, Portugal und Großbritannien stehen womöglich Bußgelder bevor. [...]
Die EU-Kommission leitete darüber hinaus Vertragsverletzungsverfahren* wegen PM 10 ein. [...]
Betroffen sind Belgien, Bulgarien, Tschechien, Deutschland, Griechenland, Spanien, Frankreich, Ungarn, Italien, Lettland, Portugal, Polen, Rumänien, Schweden, die Slowakei und Slowenien. Die Fälle Bulgarien und Polen landeten 2015 bereits vor dem Europäischen Gerichtshof. [...]
Am gestrigen Montag lancierte die EU-Kommission ihre „Überprüfung der Umsetzung der EU-Umweltpolitik". Mit ihr will sie dafür sorgen, dass sich die Mitgliedstaaten künftig an EU-Regeln halten. Die Umweltgesetze sachgemäß umzusetzen, könne der EU-Volkswirtschaft pro Jahr 50 Milliarden Euro an Gesundheitskosten und direkten Umweltausgaben ersparen, betont Umweltkommissar Karmenu Vella. [...]

Von: James Crisp | EURACTIV.com | translated by Jule Zenker, Feb 7, 2017, http://www.euractiv.de/section/energie-und-umwelt/news/luftverschmutzung-23-eu-staaten-verstossen-gegen-eu-standards (Zugriff: 21.8.2017)

* **Vertragsverletzungsverfahren**
Nach den EU-Verträgen kann die Kommission rechtliche Schritte in Form von Vertragsverletzungsverfahren gegen EU-Länder einleiten, die das EU-Recht nicht umsetzen. Die Kommission kann den Gerichtshof anrufen, der in bestimmten Fällen die Zahlung von Strafgeldern anordnet.

1 Arbeite die unterschiedlichen Positionen zum Thema Feinstaub/Emissionen heraus. (**M 1–M 4**)
2 Überprüfe, ob das Anliegen der Demonstranten (**M 1**) berechtigt ist.
3 Erörtert, ob die EU eine europaweit gültige Regelung braucht.

Mit der Entscheidung der sechs Gründungsmitglieder, einen gemeinsamen Wirtschaftsraum zu schaffen (1957), war der Weg hin zur Europäischen Union beschritten. Der Vertrag von Maastricht (1993) vollendete die Wirtschafts- und Währungsunion. Von Vertrag zu Vertrag wuchs die Vergemeinschaftung innerhalb der europäischen Staaten. Ist die EU auf dem Weg, ein Staat zu werden?

M 1 Vertrag der Europäischen Union (Artikel 3)

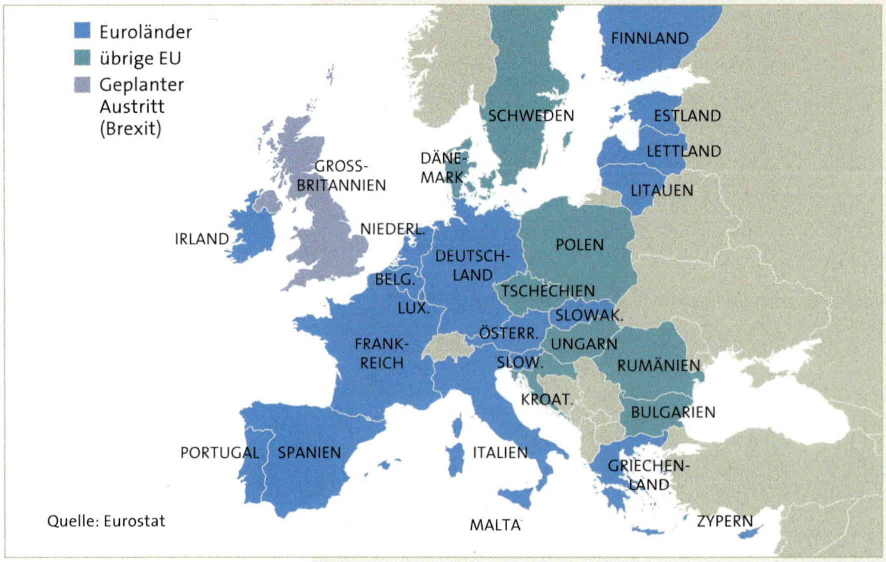

Quelle: Eurostat

(1) Ziel der Union ist es, den Frieden, ihre Werte und das Wohlergehen ihrer Völker zu fördern.

(2) Die Union bietet ihren Bürgerinnen und Bürgern einen Raum der Freiheit, der Sicherheit und des Rechts ohne Binnengrenzen, in dem – in Verbindung mit geeigneten Maßnahmen in Bezug auf die Kontrollen an den Außengrenzen, das Asyl, die Einwanderung sowie die Verhütung und Bekämpfung der Kriminalität – der freie Personenverkehr gewährleistet ist.

(3) Die Union errichtet einen Binnenmarkt. Sie wirkt auf die nachhaltige Entwicklung Europas auf der Grundlage eines ausgewogenen Wirtschaftswachstums und von Preisstabilität, eine in hohem Maße wettbewerbsfähige soziale Marktwirtschaft, die auf Vollbeschäftigung und sozialen Fortschritt abzielt, sowie ein hohes Maß an Umweltschutz und Verbesserung der Umweltqualität hin. Sie fördert den wissenschaftlichen und technischen Fortschritt.
Sie bekämpft soziale Ausgrenzung und Diskriminierungen und fördert soziale Gerechtigkeit und sozialen Schutz, die Gleichstellung von Frauen und Männern, die Solidarität zwischen den Generationen und den Schutz der Rechte des Kindes.
Sie fördert den wirtschaftlichen, sozialen und territorialen Zusammenhalt und die Solidarität zwischen den Mitgliedstaaten.
Sie wahrt den Reichtum ihrer kulturellen und sprachlichen Vielfalt und sorgt für den Schutz und die Entwicklung des kulturellen Erbes Europas.

(4) Die Union errichtet eine Wirtschafts- und Währungsunion, deren Währung der Euro ist.

(5) In ihren Beziehungen zur übrigen Welt schützt und fördert die Union ihre Werte und Interessen und trägt zum Schutz ihrer Bürgerinnen und Bürger bei. Sie leistet einen Beitrag zu Frieden, Sicherheit, globaler nachhaltiger Entwicklung, Solidarität und gegenseitiger Achtung unter den Völkern, zu freiem und gerechtem Handel, zur Beseitigung der Armut und zum Schutz der Menschenrechte, insbesondere der Rechte des Kindes, sowie zur strikten Einhaltung und Weiterentwicklung des Völkerrechts, insbesondere zur Wahrung der Grundsätze der Charta der Vereinten Nationen. [...]

https://dejure.org/gesetze/EU/3.html (Zugriff: 14.7.2017)

M 2 Vertrag von Lissabon

Mit dem Vertrag von Lissabon (2009) hat sich die EU zu einer „Rechtsgemeinschaft" entwickelt.
Wichtige Prinzipien sind:

1. Die EU ist eine Wertegemeinschaft. Sie basiert auf gemeinsamen demokratischen Grundwerten, die in Artikel 2 des EU-Vertrages von Lissabon und in der Grundrechtecharta der EU dargestellt sind.
2. Die EU basiert auf dem Prinzip der Supranationalität. Mitgliedstaaten geben nationale Souveränität ab und üben sie auf europäischer Ebene gemeinsam aus. Sie kann unmittelbar Gesetze (Verordnungen*) erlassen oder Vorgaben (Richtlinien*) machen, die dann in nationales Recht umgesetzt werden müssen.
3. Die EU ist eine Rechtsgemeinschaft. Sie funktioniert nur dann, wenn sich alle an die gemeinsam beschlossenen Regeln halten. Im Streitfall entscheidet der Europäische Gerichtshof. Sein Urteil ist bindend.
4. In der EU gilt der Grundsatz der Subsidiarität. Entscheidungen sollen so weit unten wie möglich getroffen werden. Auf EU-Ebene soll nur dann entschieden werden, wenn der Sachverhalt auf nationaler bzw. regionaler Ebene nicht geregelt werden kann. Die EU darf nur Kompetenzen an sich ziehen, wenn die Mitgliedstaaten sie dazu ermächtigen.

E. D. Stratenschulte (bpb) „Prinzipien des EU-Aufbaus" 1.4.2014 (Zugriff: 21.4.2017)

* **Binnenmarkt**
Bezeichnung für einen internen Markt mit freiem Waren- und Dienstleistungsverkehr, mit freiem Kapitalverkehr sowie Freizügigkeit der Arbeitnehmer und Niederlassungsfreiheit der Selbstständigen

Im Rahmen der Entscheidungsverfahren sind verschiedene Gesetzesnormen vorgesehen:
Verordnungen
Sie gelten unionsweit unmittelbar, sind in allen Teilen verbindlich und stehen über nationalem Recht.
Richtlinien
Sie müssen von den Mitgliedstaaten in nationales Recht umgesetzt werden, ihre Ziele sind verbindlich.

M 3 Vertragsgrundlagen und Entscheidungsverfahren

Die EU hat zwar in einigen Punkten Staatsqualität erreicht, ist aber faktisch kein Staat. Somit gestaltet sich die Übertragbarkeit klassischer parlamentarischer Rechte auf das Europäische Parlament schwierig. Zudem kennt die EU bisher die strikte Gewaltentrennung zwischen „Legislative" und „Exekutive" nicht. Auch wird im Europäischen Parlament nicht zwischen Regierungs- und Oppositionsfraktion unterschieden: Da viele Beschlüsse des Europäischen Parlaments mit absoluter Mehrheit gefasst werden müssen, arbeiten die Fraktionen in vielen Bereichen zusammen.
Der Vertrag von Lissabon erkennt das Europäische Parlament wie die nationalen Parlamente als die beiden Quellen demokratischer Legitimation für das Handeln der EU an. Die Parlamente der Mitgliedstaaten werden erstmalig als „Akteure des europapolitischen Entscheidungsganges" genannt. Sie tragen zum reibungslosen Funktionieren der Union bei und erhalten zur Wahrung des Subsidiaritätsprinzips direkte Mitwirkungsrechte im europäischen Entscheidungsprozess: Das mehrstufige Verfahren zur Kontrolle der Subsidiarität sieht vor, dass die nationalen Parlamente Rechtsakte schon im Entwurf überprüfen und entsprechende Einwände formulieren können (Frühwarnsystem). Sie können auch am Ende des Rechtsetzungsverfahrens vor dem EuGH gegen den Rechtsakt Klage erheben.

Aus: Melanie Piepenschneider, Vertragsgrundlagen und Entscheidungsverfahren, 30.3.2015 (bpb) (Zugriff: 21.4.2017)

1 Erstelle ein Mindmap mit den Zielen der EU, wie sie in Artikel 3 des Vertrags der Europäischen Union formuliert sind. (**M 1**)

2 Charakterisiere die Prinzipien der EU. (**M 2**)

3 Überprüfe, in welchen Bereichen die EU „Staatsqualität" erlangt hat. (**M 1–M 3**) TIPP *S. 362*

+ ZUSATZAUFGABE Recherchiere, wie die Beziehungen der EU-Staaten sich von Vertrag zu Vertrag vertieft haben.

Kann die EU unsere Daten schützen?

Täglich bewegen wir uns im Internet, in sozialen Netzwerken, bestellen Waren im In- und Ausland online, benutzen Suchmaschinen, buchen unsere Flugtickets mit dem Smartphone, nutzen Onlineangebote von Printmedien oder erledigen unsere Bankgeschäfte von zu Hause. Haushaltsgeräte sind über das Netz mit dem Hersteller verbunden und tauschen Informationen aus. Dabei hinterlassen wir eine grenzüberschreitende Datenspur. Nationale Gesetze greifen hier teilweise zu kurz. Kann die EU unsere Daten besser schützen?

M 1 EU handelt Datenschutz-Reform aus: Gleiches Recht für alle

Die bis jetzt gültige Richtlinie stammt aus dem Jahr 1995, einer Zeit ohne Smartphones, Breitband-Internet und soziale Netzwerke. [...] Immer gigantischer werden die Daten-Mengen, die wir produzieren: Bilder, Mails, Informationen darüber, wo wir uns aufhalten und was wir bezahlen.

Einheitliche Standards

In Zukunft sollen überall in der EU dieselben Datenschutz-Standards gelten. Das nennt auch Jan Philipp Albrecht, der grüne Verhandlungsführer des EU-Parlamentes, als wichtigsten Fortschritt: „In Zukunft können Verbraucher in Europa diese Datenschutz-Verordnung nehmen und jedem Unternehmen entgegenhalten, egal wo es seinen Sitz hat.“ Zurzeit gleicht Europa eher einem Flickenteppich. So gilt beispielsweise Irland, wo unter anderem Facebook seinen Europa-Sitz hat, als weniger streng. „Ich muss mir keine Gedanken mehr machen, dass ich vielleicht bei Facebook weniger Datenschutz bekomme als bei der Telekom oder bei Spotify“, so Albrecht. An die neuen Regeln müssen sich nicht nur europäische Unternehmen halten, sondern auch solche, die ihren Sitz zum Beispiel in den USA haben.

Mehr Kontrolle über die eigenen Daten

In Zukunft sollen Kunden – wenn sie das wollen – mehr Klarheit darüber bekommen, was mit ihren persönlichen Daten genau passiert. Dazu gehört, dass sich Unternehmen die Zustimmung der Nutzer einholen. Verhandelt wurde auch darüber, bis zu welchem Alter Kinder und Jugendliche eine Einwilligung ihrer Eltern brauchen, um zum Beispiel soziale Netzwerke nutzen zu dürfen. Die Mitgliedstaaten können jetzt diese Grenze festlegen – innerhalb des Spielraums von 13 bis 16 Jahren. Haben Verbraucher ein Problem mit einem Anbieter im EU-Ausland, dann können sie sich in der eigenen Sprache an eine Beschwerdestelle im eigenen Land wenden. Fälle wie der des Österreichers Max Schrems, der in Irland gegen Facebook klagen musste, wären dann Vergangenheit. Schließlich sollen Nutzer auch die Möglichkeit bekommen, Informationen leichter wieder zu löschen als jetzt und Daten von einem Anbieter zum nächsten mitzunehmen (Portabilität). [...] Wenn Unternehmen gegen die Datenschutz-Regeln verstoßen, drohen ihnen empfindliche Strafen. Das können maximal vier Prozent des weltweiten Jahresumsatzes sein.

Datenschutz als Hemmnis?

Das einheitliche EU-Recht soll der Wirtschaft helfen, da sie sich nicht mehr auf 28 nationale Systeme einstellen muss. Doch nicht jeder betrachtet die Datenschutz-Reform als Segen.
Der Branchenverband DIGITALEUROPE sah vor der letzten Verhandlungsrunde die Ausgewogenheit zwischen der Privatsphäre der Bürger und Wirtschafts-

M 2 Karikatur

interessen in Gefahr: Während eines wirtschaftlichen Aufschwungs könnten sich Europas Bürger und Unternehmen keine Verordnung erlauben, „die unnötig die Schaffung von Arbeitsplätzen, die Wettbewerbsfähigkeit und Datengetriebene Investitionen behindert". DIGITALEUROPE befürchtet, dass die Reform den Unternehmen im Vergleich zum Beispiel zu den USA zu starke Fesseln anlegt und forderte unter anderem ein „flexibles" Strafsystem. [...]

Die letzten Hürden

Felix Braz, Justizminister von Luxemburg, das zurzeit die Ratspräsidentschaft innehat, zeigte sich nach den Verhandlungen zufrieden und realistisch: „Ich behaupte nicht, dass dieses ein perfekter Abschluss ist, aber es ist einer auf einem sehr guten und hohen Niveau." Ein europäischer Kompromiss eben.

Den Kompromiss-Text müssen jetzt noch die Mitgliedstaaten und das EU-Parlament absegnen. In Straßburg war am Abend viel Zuversicht zu spüren, dass sich hier keine Probleme ergeben dürften. Wahrscheinlich 2018 wird die Datenschutz-Reform dann in Kraft treten.

Und bis dahin werden der Gesetzestext und seine Umsetzung wohl noch ausreichend für Diskussionsstoff sorgen. Er ist umfangreich und komplex, betrifft Privatpersonen wie Konzerne. [...]

Quelle: Christian Feld: Gleiches Recht für alle. In: https://www.tagesschau.de/ausland/eu-datenschutzreform-109.html, 16.12.2015

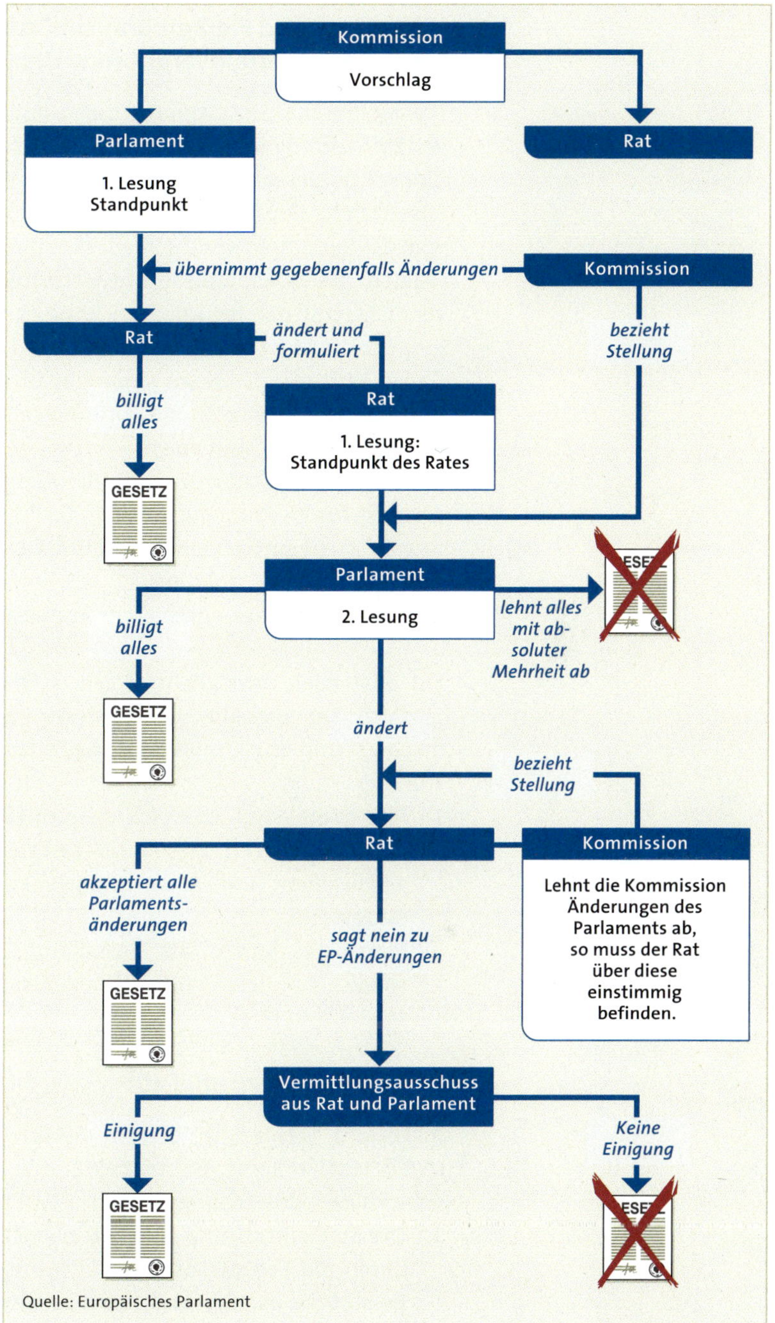

M3 Gesetzgebungsverfahren in der EU

1 Erläutere mithilfe von **M1** Vor- und Nachteile der Neuregelung des Datenschutzes innerhalb der EU.

2 Analysiere die Karikatur. (**M2**)

3 Analysiere die Entstehung der Datenschutzverordnung (**M1** und **M3**) mithilfe des Politikzyklus.

4 Vergleicht die Rolle der Parlamente im Gesetzgebungsprozess der EU und der Bundesrepublik Deutschland.

5 Erörtert ausgehend vom Datenschutz, inwieweit EU-einheitliche Regelungen im Verbraucherschutz mehr Vor- oder mehr Nachteile haben.

„Sicherheit und Freiheit braucht Datenschutz“ – ermöglicht das die Datenschutz-Grundverordnung der EU?

Die technische Entwicklung, die rasant verläuft, ermöglicht den unbemerkten Eingriff in unsere Privatsphäre. Mit der Datenschutz-Grundverordnung, die 2016 vom EU-Parlament verabschiedet wurde, reagiert die EU auf diese Entwicklung, versucht, mit der technischen Entwicklung Schritt zu halten.
Ganze Wirtschaftszweige sammeln unsere Daten und werten sie kommerziell aus. So verkaufen zum Beispiel Adressenhändler unsere Daten an Unternehmen, die diese für Werbung nutzen. Für die Privatwirtschaft sind unsere personenbezogenen Daten das „Gold des 21. Jahrhunderts“ (Peter Schaar, ehemaliger Bundesbeauftragter für den Datenschutz und die Informationsfreiheit).
Auch der Staat hat großes Interesse an unseren Daten. So können aus Verkehrsdaten von Mobiltelefonen detaillierte Bewegungsprofile gewonnen werden.
Die internationale Verflechtung der Unternehmen führt dazu, dass Daten weltweit kursieren. Und auch der Staat übermittelt unsere Daten ins Ausland, z.B. Flugpassagierdaten. Der Transfer persönlicher Daten verwischt die Verantwortlichkeiten und stellt die Betroffenen bei der Durchsetzung ihrer Rechte vor große Hürden.

Ein Planspiel ermöglicht, solch komplizierte Sachverhalte verständlich zu machen und zu Problemlösungen zu kommen.

1) Planspiele sind komplex gemachte Rollenspiele mit klaren Interessengegensätzen und hohem Entscheidungsdruck.
2) Planspiele haben als Simulationsspiele, ähnlich wie Rollenspiele, Modellcharakter.
3) Ziel von Planspielen ist es, die komplexe politische und/oder gesellschaftliche Wirklichkeit transparent zu machen.
4) Gegenstand von Planspielen im Politikunterricht sind politische Entscheidungsprozesse [...].

Peter Massing, Planspiele und Entscheidungsspiele, in: Siegfried Frech et al. (Hg.), Methodentraining für den Politikunterricht I, Wochenschau Verlag, 5. Auflage 2014, S. 164f.

Wie läuft ein Planspiel ab?

Insgesamt werden in diesem Beispiel sechs Stunden dafür veranschlagt.

Erste Phase: Vorbereitungsphase

1. Die Spieleinführung findet zunächst durch die Lehrperson statt bzw. die Person, die das Spiel mit euch durchführt.
2. Ihr recherchiert zum Thema Datenschutz in der EU und verschafft euch einen Überblick.
3. Die Hauptarbeit geschieht im entsprechenden Ausschuss des EU-Parlaments (LIBE), d. h., ihr müsst entscheiden, welche Länder im Ausschuss vertreten sein sollen. Ihr müsst hier eine Auswahl treffen.
4. Anschließend arbeitet ihr die Position des jeweiligen Landes heraus.

Zweite Phase: Spielphase

1. Vorstellen der jeweiligen Position
2. Diskussion der Vorschläge
3. In einer anschließenden Konferenz wird eine Entscheidung getroffen.

Dritte Phase: Reflexionsphase

1. Hier überlegt und diskutiert ihr, wie das Planspiel verlaufen ist, ob ihr mit den inhaltlichen Ergebnissen zufrieden seid, was ihr ändern würdet. Außerdem diskutiert ihr darüber, ob die Methode Planspiel für dieses Thema aus eurer Sicht geeignet war.

M 1 Übersicht der Phasen in einem Planspiel

Zeit (6 Stunden)	Stunden	Phasengliederung	
		Unterphasen	**Hauptphasen**
	1 Stunde	Spieleinführung Informationsphase Ausarbeitungsphase	Vorbereitungsphase
	1 Stunde	Meinungs- und Willensbildungs-phase	Spielphase
	2 Stunden oder 1 Doppelstunde	Interaktionsphase	
	1 Doppelstunde	Anwendungsphase (Konferenz-, Entscheidungsphase)	
	1 Stunde	Distanzierungsphase inhaltliche und methodische Auswertungsphase	Reflexionsphase

M 2 Schüler bereiten sich auf die Anwendungsphase vor

Mehr zum Thema
Film: Datenschutz … einfach erklärt

Webcode PE646098-303

Haben alle Interessen die gleiche Chance in Brüssel?

Die Rechtsetzung der EU in Bereichen wie Freihandel, Verbraucherschutz, Umwelt- und Klimaschutz sind sowohl für europäische als auch internationale Unternehmen und Verbände von großer Bedeutung. Daher ist es nicht verwunderlich, wenn vor allem international tätige Konzerne riesige Summen aufwenden, um die Gesetzgebung in ihrem Sinne zu beeinflussen. Die EU hat zwar Regeln für mehr Transparenz, in Bezug auf das Lobbying, auf den Weg gebracht. Nach Ansicht von Abgeordneten des Europäischen Parlaments muss aber noch mehr getan werden.

M 1 Lobbyismus in Brüssel

Knapp 9000 Lobbyorganisationen haben sich bisher im Transparenz-Register der EU eingetragen. Und das hat für diese vor allem einen Vorteil: Nur so können Lobbyisten einen Hausausweis für das Europaparlament erhalten und sich frei im Gebäude bewegen. Bisher steht es Lobbybüros wie auch Nicht-Regierungs-Organisationen aber prinzipiell frei, sich im Register einzutragen, kritisiert der linke Abgeordnete Fabio de Masi: „Wir brauchen auf jeden Fall ein verbindliches Transparenzregister. Das heißt, jeder, der hier Lobbyaktivitäten durchführt im Parlament, muss sich dort verbindlich eintragen und auch etwas Striptease machen. Das heißt sagen, wie viele Mitarbeiter, wie viel finanzielle Mittel hier in den Lobbyismus fließen."
Zwar werden diese Daten schon jetzt von den eingetragenen Organisationen angegeben. Überprüft werden sie aber nicht. Kommt es zu keiner Einigung, bei der auch Verstöße geahndet werden, dann müsse man eben den üblichen Weg der Gesetzgebung gehen, so Vizekommissionspräsident Frans Timmermans. Der hat aber den Nachteil, dass die 28 EU-Mitgliedstaaten ebenfalls über das verschärfte Register abstimmen müssten, merkt Rainer Wieland an: „Es kann natürlich passieren, wenn eine Regierung, die im eigenen Land da noch relativ schwach aufgestellt ist, im Rat zustimmt, und dann von der eigenen Opposition gefragt wird: Ja warum führst du das tolle System nicht auch bei uns hier im Land ein? Und da wird sicher mancher sich zweimal überlegen im Rat, ob er da mitmacht." Deshalb stehe es keinesfalls von vornherein fest, dass die Mitgliedstaaten einstimmig zustimmten. In einem anderen Bereich der Transparenz ist die Kommission da schon deutlich weiter: Seit gut einem Jahr müssen all ihre Spitzenbeamten ihre Treffen mit Lobbyisten offenlegen. […]
Trotz aller Kritik können sich die Institutionen der Europäischen Union im EU-weiten Vergleich sehen lassen, findet Rainer Wieland: „Wir glauben, dass wir da auch Vorreiter sind, mir ist in keinem Mitgliedstaat ein vergleichbares System bekannt." So ist ein Eintrag im Lobbyregister des Bundestages für den Erhalt eines Hausausweises keineswegs verpflichtend. Und dass Berliner Minister ihre Treffen mit Interessenvertretern – wie die EU-Kommissare – offenlegen, ist erst recht nicht zu erwarten.

www.deutschlandfunk.de/ungeliebte-lobbyisten-der-kampf-fuer-mehr-transparenz-in.795.de.html?dram:article_id=341455 (Zugriff: 15.11.2017)

M 2 Aus einem Interview mit Sven Giegold

Zum einen sind Institutionen, die groß und weit entfernt erscheinen, besonders leicht als korrupt und intransparent denunzierbar. Zum anderen sind sie deshalb aber auch in besonderer Weise rechenschaftspflichtig, gerade wenn sie viel Macht haben. Als Pro-Europäer haben wir darum ein großes Interesse daran, dass Europa bei Transparenz und Integrität Vorreiter bleibt. Viele Mitglied-

staaten haben in den letzten Jahren positive Reformen durchgeführt: Es gibt in immer mehr Ländern Lobby-Transparenz, und es gibt strengere Regeln gegen Interessenkonflikte von Abgeordneten. Auch für Europa ist es deshalb Zeit, noch einmal einen Schritt weiterzugehen. [...]
Die Anti-Europäer mögen die Brüsseler Institutionen nicht und nutzen deshalb das Thema Lobbyismus als Argument, um die Institutionen zu diskreditieren. Das Interesse von Pro-Europäern an diesem Thema ist hingegen, das Vertrauen der Bürger in die Institutionen zu stärken. Dafür müssen wir den Eindruck ernst nehmen, dass man in Brüssel leichter Einfluss gewinnen kann, wenn man Geld hat, um Lobbyisten zu bezahlen. [...]
Diese fehlende Öffentlichkeit gibt der Vermutung Nahrung, man könnte sich in Brüssel besonders leicht für Geld Einfluss kaufen – nicht unbedingt durch Korruption, sondern einfach durch Interessenvertreter, die die eigene Auffassung effektiv an die politischen Entscheidungsträger herantragen.
Und darum braucht es Transparenz als Gegengewicht. Wenn die Aktivität von Lobbyisten vollständig transparent wäre, gäbe es einen viel größeren Anreiz, auch schwächer organisierten Interessen zuzuhören. Zum Beispiel werden bei vielen Verhandlungsprozessen Verbraucher kaum gehört, während die Anbieter von Gütern und Dienstleistungen übermäßig präsent sind.

Aus einem Interview von EURACTIV mit Sven Giegold (Mitglied der Grünen Fraktion im Europaparlament) (Zugriff: 21.4.2017)

Mehr zum Thema
Film: Lobbyismus ... einfach erklärt

Webcode PE646098-305

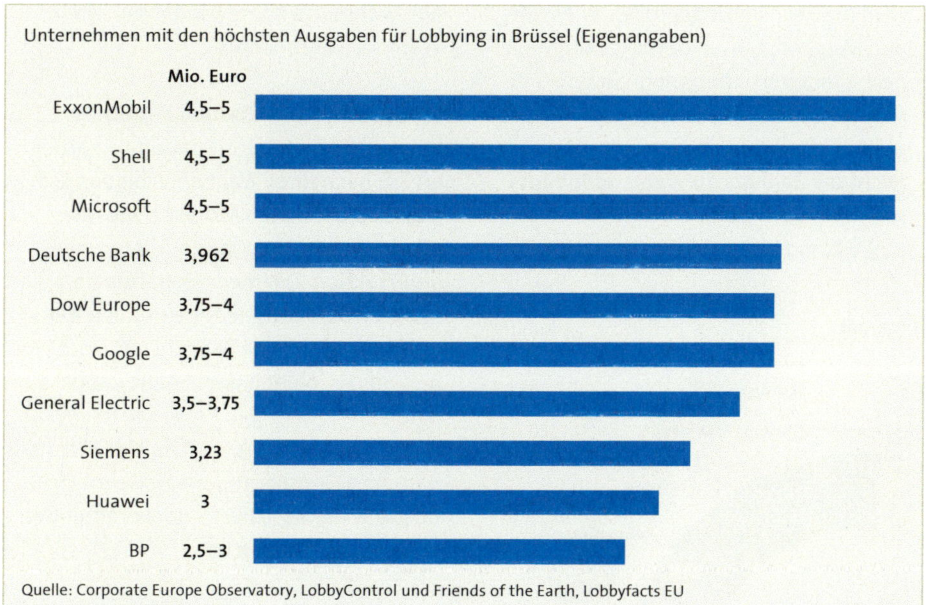

M 3 Lobbyausgaben

1 Arbeite aus **M 1** die Situation des Lobbyismus in Brüssel und die sich daraus ergebenden Forderungen heraus.

2 Erläutere, weshalb mehr Transparenz in den EU-Institutionen als wichtig angesehen wird. (**M 2** und **M 3**)

3 Bewertet, ausgehend von **M 1**, die Maßnahme der EU, mehr Transparenz im Bereich des Lobbyismus herzustellen.

+ ZUSATZAUFGABE Recherchiert, wie Huawei Lobbyarbeit in Brüssel betreibt.

Europawahlen – nur Wahlen zweiter Klasse?

Alle fünf Jahre dürfen die EU-Bürger über ihre Vertreter im Europäischen Parlament entscheiden. Trotzdem ist das Interesse der EU-Bürgerinnen und -bürger relativ gering – warum eigentlich?

M 2 Europawahlen

Alle fünf Jahre entscheiden die EU-Bürger über ihre Vertreter im Europäischen Parlament, dem direkt gewählten Organ, das ihre Interessen im EU-Beschlussfassungsprozess vertritt. Die Wahlverfahren in den einzelnen EU-Mitgliedstaaten sind unterschiedlich, jedoch gibt es auch einige gemeinsame Elemente. Im Folgenden wird kurz dargelegt, wie die Mitglieder des Europäischen Parlaments (MdEP) gewählt werden.

Von wie vielen MdEP werden die einzelnen Mitgliedstaaten vertreten?

Die Verteilung der Sitze ist in den EU-Verträgen geregelt. Bei der Verteilung wird die Bevölkerungsgröße der einzelnen Mitgliedstaaten berücksichtigt; kleinere Länder erhalten mehr Sitze, als ihnen bei genauer Beachtung der Verhältnismäßigkeit zustehen würden. Derzeit reicht die Zahl der zu wählenden MdEP von sechs für Malta, Luxemburg, Zypern und Estland bis zu 96 für Deutschland.

Wahlsystem

Gemäß den Vorschriften sollte bei der Wahl der MdEP eine Form der proportionalen Vertretung eingehalten werden. Mit diesem System wird dafür Sorge getragen, dass einer Partei, die 20 % der Stimmen erhält, auch 20 % der zur Wahl stehenden Sitze zugewiesen werden. Somit haben sowohl größere als auch kleinere Parteien die Möglichkeit, im Europäischen Parlament vertreten zu sein. Die Länder können zahlreiche andere wichtige Einzelheiten des Wahlverfahrens selbst festlegen. So teilen beispielsweise einige Länder ihr Staatsgebiet in mehrere regionale Wahlbezirke auf, während andere Länder nur einen Wahlbezirk einrichten.

Wer wird bei den Wahlen antreten?

Bei den Wahlen treten nationale Parteien an; nach ihrer Wahl entscheiden sich jedoch die meisten MdEP für die Mitgliedschaft in einer länderübergreifenden Fraktion. Die meisten nationalen Parteien sind Mitglieder europaweiter politischer Parteien (nähere Informationen hierzu in der linken Spalte), sodass eine der gewichtigen Fragen in der Wahlnacht darin besteht, welche dieser europäischen Gruppierungen größeren Einfluss auf die Beschlüsse der kommenden Wahlperiode haben wird.

Beteiligung an der Wahl des Präsidenten der Kommission

Bei den Wahlen 2014 haben die wichtigsten europäischen Parteien erstmals einen Kandidaten für das Amt des Präsidenten der Kommission, des Exekutivorgans der EU, benannt. Der von der stimmenmäßig stärksten Partei, der Europäischen Volkspartei, vorgeschla-

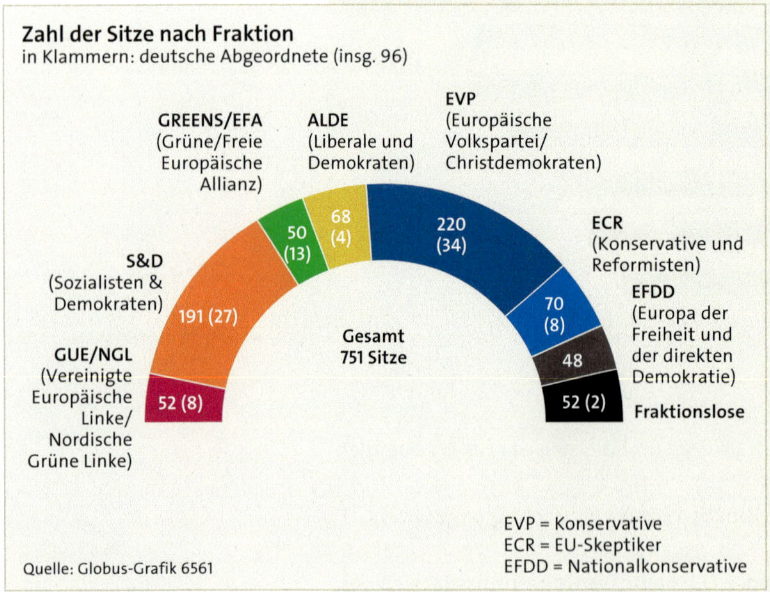

M 1 Sitzverteilung im Europäischen Parlament

gene Kandidat wurde zum Präsidenten der Kommission ernannt, nachdem das neue Parlament seine Zustimmung gegeben hatte. Demnach konnten die Bürger durch ihre Teilnahme an den Europawahlen nicht nur die Zusammensetzung des Parlaments, sondern auch die Entscheidung beeinflussen, wer für die Gestaltung und Umsetzung der EU-Politik zuständig sein würde.

http://www.europarl.europa.eu/atyourservice/de/20150201PVL00036/Wahlen (Zugriff: 15.11.2017)

M3 Sind Europawahlen Nebenwahlen?

Melanie Bartos: Oft als „Nebenwahlen" bezeichnet, sind auch die Europawahlen mit dem Problem niedriger Wahlbeteiligung konfrontiert. Wie schätzen Sie diese Situation ein? Haben die Turbulenzen der letzten Monate Ihrer Ansicht nach das Interesse für die EU gestärkt oder weiter geschwächt?

Andreas Maurer: [...] Oftmals wird allerdings vergessen, dass es durchaus EU-Mitgliedstaaten gibt, in denen der Trend schon länger in eine andere Richtung geht und die Wahlbeteiligung langsam, aber stetig steigt: Dänemark wäre hierfür ein Beispiel, ein Staat, der eigentlich als das Land der „EU-Skeptiker" gilt, oder einige osteuropäische Länder. Dennoch scheint vielen EU-Bürgerinnen und -Bürgern leider nach wie vor nicht bewusst zu sein, dass im Europäischen Parlament zum Beispiel in so alltäglichen Bereichen wie der Umweltpolitik, dem Verbraucherschutz oder der Agrarpolitik Entscheidungen getroffen werden, die sehr viel mehr Gewicht haben als Entscheidungen der nationalen Parlamente. Die Abgeordneten des EU-Parlaments treffen Entscheidungen, die erheblichen Einfluss auf unser tägliches Leben haben.

Aus einem Interview mit dem Politikwissenschaftler und Europa-Experten Andreas Maurer, Melanie Bartos: „uni konkret" 16.5.2014, https://cba.fro.at/260309 (Zugriff: 18.5.2017)

Mehr zum Thema
Film: Europawahlen ... einfach erklärt

Webcode PE646098-307

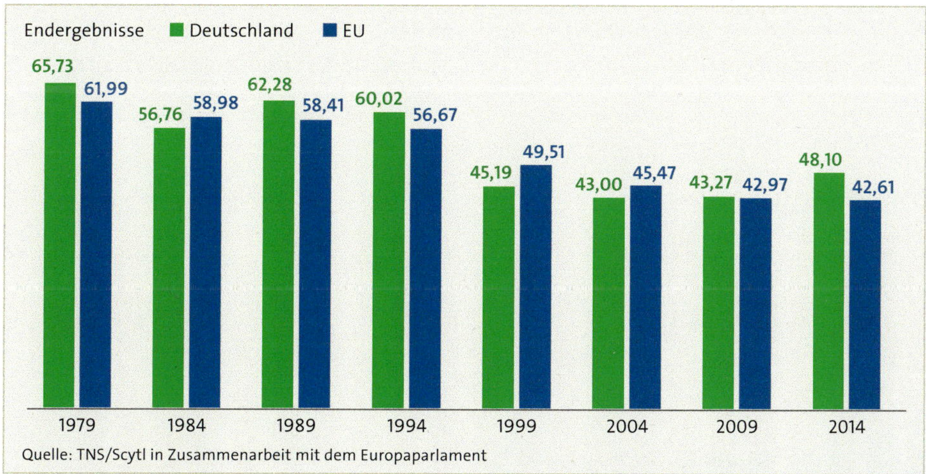

M4 Wahlbeteiligung bei EU-Wahlen. Deutschland im Vergleich mit den anderen EU-Staaten

1 Erstelle eine Grafik, welche die Wahl zum EU-Parlament erklärt.

2 Analysiere die Entwicklung der Wahlbeteiligung bei den Europawahlen (Deutschland/andere EU-Staaten). (M4)

3 Erörtert, ob die Wahlen zum Europäischen Parlament „Nebenwahlen" sind. (M3, Z. 1)

4 Gestaltet ein Plakat oder eine Radiowerbung, um junge Wählerinnen und Wähler aufzufordern, sich an den Wahlen zum Europäischen Parlament zu beteiligen.

Webcode PE646098-307

Sich politisch beteiligen – weit mehr als nur wählen?

Die Europäische Union sieht sich seit ihrem Bestehen vielfältiger Kritik und Vorurteilen ausgesetzt. Entscheidungen werden als nicht beeinflussbar und als nicht transparent wahrgenommen. Sind diese Kritikpunkte berechtigt oder sind die Bürgerinnen und Bürger der EU einfach nicht genügend informiert über die Möglichkeiten, auch im „fernen Brüssel" mitzubestimmen?

Partizipationsmöglichkeiten

Die Partizipationsmöglichkeiten der Bürger und Bürgerinnen wurden in der Vergangenheit kontinuierlich ausgeweitet. [...]

Sie sollen sowohl die demokratische Legitimität als auch die Effizienz der EU stärken. Die EU-Verträge nennen v.a. im Zusammenhang mit dem Konzept der Unionsbürgerschaft eine Reihe von Partizipationsmöglichkeiten:

- Unionsbürger besitzen das aktive und passive Wahlrecht bei den Wahlen zum Europäischen Parlament,
- können Petitionen an das Europäische Parlament richten,
- Anfragen beim Europäischen Bürgerbeauftragten stellen und
- sich schriftlich in einer der EU-Amtssprachen an die Organe und Einrichtungen wenden,
- die europäische Bürgerinitiative nutzen (mindestens 1 Mio. Unionsbürger und -bürgerinnen können seit 2010 die Kommission auffordern, sich mit einer bestimmten Thematik zu befassen),
- Klage beim Europäischen Gerichtshof einreichen, sofern die Person unmittelbar und individuell von einer Entscheidung betroffen ist.

Als problematisch gilt, dass die Unionsbürger nur in begrenztem Maße von den Partizipationsmöglichkeiten Gebrauch machen.

Als die EU-Kommission 2013 vorschlug, die Wasserversorgung in der EU zu privatisieren, gab es einen öffentlichen Aufschrei, vor allem bei den Bürgerinnen und Bürgern der Bundesrepublik.

Es dauerte auch nicht lange, bis entsprechende zivilgesellschaftliche Organisationen Stellungnahmen abgaben und eine Europäische Bürgerinitiative ins Leben riefen. Mehr als 1,5 Millionen EU-Bürgerinnen und -Bürger beteiligten sich.

M 1 „Zählt meine Stimme in der EU?"

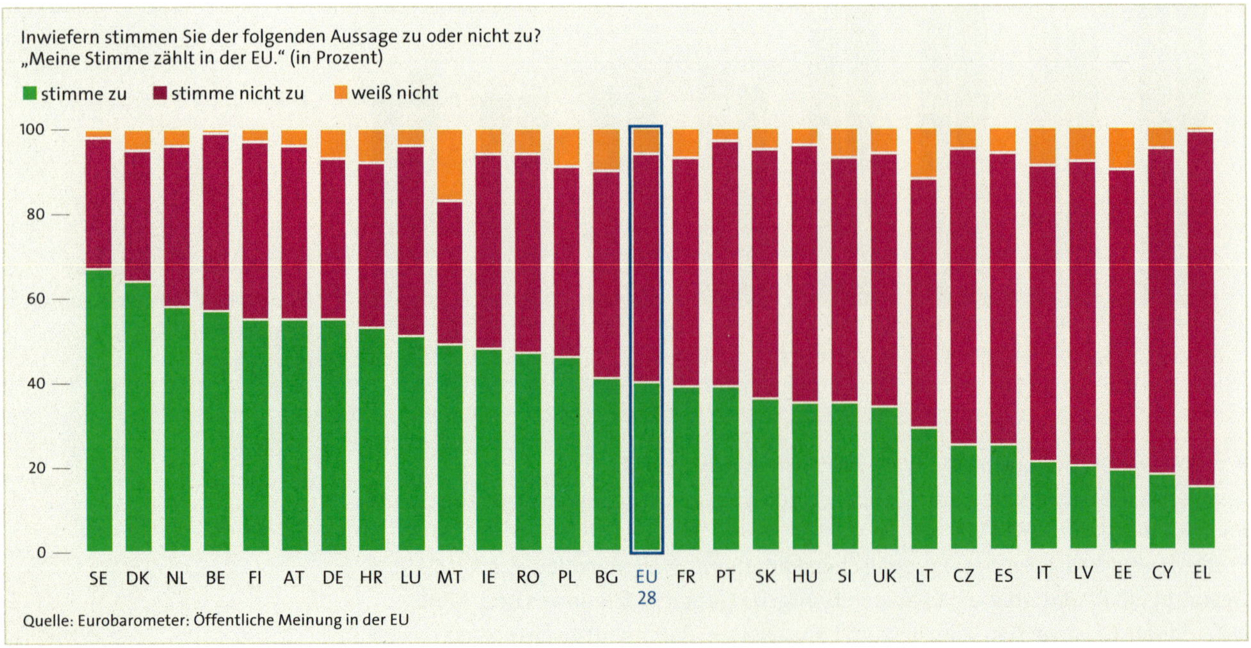

M 2 Eine Bürgerinitiative in der EU

„Wasser ist keine Handelsware – Wir fordern die Europäische Kommission zur Vorlage eines Gesetzesvorschlags auf, der das Menschenrecht auf Wasser und sanitäre Grundversorgung entsprechend der Resolution der Vereinten Nationen durchsetzt und eine funktionierende Wasser- und Abwasserwirtschaft als existenzsichernde öffentliche Dienstleistung für alle Menschen fördert. Diese EU-Rechtsvorschriften sollten die Regierungen dazu verpflichten, für alle Bürger und Bürgerinnen eine ausreichende Versorgung mit sauberem Trinkwasser sowie eine sanitäre Grundversorgung sicherzustellen. Wir stellen nachdrücklich folgende Forderungen:

1. Die EU-Institutionen und die Mitgliedstaaten haben die Aufgabe, dafür zu sorgen, dass alle Bürger und Bürgerinnen das Recht auf Wasser und sanitäre Grundversorgung haben.
2. Die Versorgung mit Trinkwasser und die Bewirtschaftung der Wasserressourcen darf nicht den Binnenmarktregeln unterworfen werden. Die Wasserwirtschaft ist von der Liberalisierungsagenda auszuschließen.
3. Die EU verstärkt ihre Initiativen, einen universellen Zugang zu Wasser und sanitärer Grundversorgung zu erreichen.

http://right2water.eu/de/node/5 (Zugriff: 6.12.2017)

* **EBI**
Europäische Bürgerinitiative

M 3 „EU kapituliert vor Bürgerinitiative"

Es war die erste europäische Bürgerinitiative – und sie hatte Erfolg:
Die EU-Kommission ändert als Reaktion auf massive Proteste den Vorschlag für eine umstrittene Richtlinie. Der zuständige Binnenmarktkommissar Michel Barnier will die Wasserversorgung von der geplanten EU-Konzessionsrichtlinie ausnehmen. Damit wolle die Brüsseler Behörde klarstellen, dass sie keine Privatisierung der Wasserversorgung will.

www.spiegel.de/wirtschaft/service/eu-kommissar-barnier-nimmt-wasserversorgung-von-privatisierung-aus-a-907198.html (Zugriff: 15.11.2017)

M 4 Europäische Bürgerinitiative und Referendum

[...] Die EBI könnte einen weiteren wichtigen Beitrag zur Reduzierung des Demokratiedefizits leisten: Sie nimmt die Kommission stärker in die Pflicht, die Bürger zu beteiligen und ihre artikulierten Interessen zu berücksichtigen, und motiviert die Bürger zu Engagement und transnationaler Vernetzung im Vorfeld europäischer Rechtsetzung. In Wechselwirkung mit Petitionen stärkt sie auch deren Wirksamkeit und übernimmt zusätzlich eine gewisse Funktion politischer Kontrolle der EU-Organe.
Ohne die Einführung von Referenden auf EU-Ebene kann die EBI jedoch keine umfassende sanktionsbewehrte Kontrollfunktion gegenüber der Exekutive der EU ausüben.

Andreas Maurer/Stephan Vogel, Die Europäische Bürgerinitiative: Chancen, Grenzen und Umsetzungsempfehlungen, Berlin 2009, S. 31

1 Erstelle eine **Mindmap** zu den Partizipationsmöglichkeiten der EU-Bürgerinnen und EU-Bürger.
2 Vergleiche damit die Auffassung der EU-Bürger von ihren eigenen Einflussmöglichkeiten. (**M 1**)
3 Stelle den Konflikt um die Privatisierung von Trinkwasser dar. (**M 2** und **M 3**)
4 Erörtert, ob auf EU-Ebene Volksabstimmungen eingeführt werden sollten. (**M 4**)
+ ZUSATZAUFGABE Bewertet die Partizipationsmöglichkeiten auf EU-Ebene.

Digitalisierung in der EU – ein Erfolgsmodell?

In der zweiten Jahreshälfte 2017 übernahm Estland die Präsidentschaft des Rates der Europäischen Union. Themen, die Estland in den Mittelpunkt stellt, sind z.B. „eine offene und innovative europäische Wirtschaft" und die „Digitalisierung". Estland spricht sogar von der Erweiterung der „vier Freiheiten" des EU-Binnenmarktes* durch eine weitere Freiheit, nämlich den „freien Verkehr von Daten". Estland hat bei der Digitalisierung eine Vorreiterrolle, gilt als „Silicon Valley Europas". Wie sieht es in den übrigen Mitgliedstaaten aus, im Besonderen in Deutschland?

* **Binnenmarkt**
Bezeichnung für einen internen Markt mit freiem Waren-, Dienstleistungs-, Kapital- und Personenverkehr ohne Grenzkontrollen und Zölle

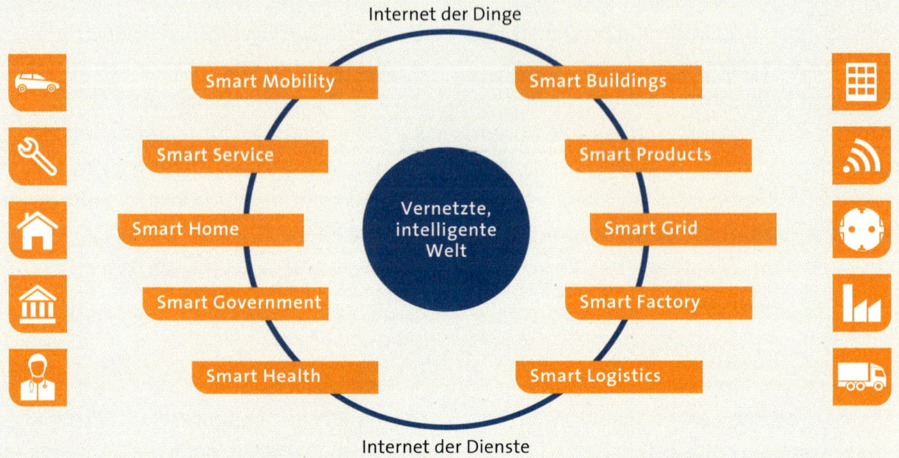

Quelle: Bundesverband der Deutschen Industrie e. V. (BDI)

M1 Vernetzte Welt

M2 Digitalisierung in der EU

Um die Länder der EU für das digitale Zeitalter fit zu machen und gegenüber den USA und Asien wettbewerbsfähig zu bleiben, hat die EU-Kommission im Mai 2015 eine „Roadmap for completing the Digital Single Market" vorgestellt. Sie ist ein Teil der im Juni 2010 vom Europäischen Rat verabschiedeten Strategie „Europa 2020".
Sie verfolgt drei grundlegende Ziele:

- einen besseren Online-Zugang für Verbraucher/-innen und Unternehmen zu Waren und Dienstleistungen in ganz Europa;
- verlässliche, vertrauenswürdige, hochleistungsfähige und bezahlbare Netze und Dienste;
- Ausschöpfung des Wachstumspotenzials einer europäischen digitalen Wirtschaft.

www.bundesregierung.de/Content/DE/Artikel/2015/09/2015-09-14-digitaler-binnenmarkt.html (Zugriff: 15.11.2017)

M3 Hotspots in Tausenden Gemeinden

Auf Tausenden öffentlichen Plätzen, in Krankenhäusern und Büchereien innerhalb der Europäischen Union soll man bald über EU-finanzierte Hotspots kostenlos auf das Internet zugreifen können. Vertreter der EU-Staaten, des Europaparlaments und der EU-Kommission haben sich am Montagabend in Brüssel auf Details dieses Plans verständigt. [...] Nach Angaben der EU-Kommission sind sich die Beteiligten einig, dass 120 Millionen Euro bereitgestellt werden sollen, um in 6000 bis 8000 Gemeinden kostenlose öffentliche Internetzugänge einzurichten. Über das System sollen täglich 40 bis 50 Millionen Nutzer ans Internet

angebunden werden.
Um den bürokratischen Aufwand so gering wie möglich zu halten, sollen sich Interessenten wie Gemeinden, Krankenhäuser oder andere öffentliche Orte zum Beispiel für Internetgutscheine bewerben können. Diese sollen bis zu 100 % der Anfangskosten abdecken. […]

www.spiegel.de/netzwelt/netzpolitik/kostenlose-wlan-hotspots-eu-will-oeffentliche-internetzugaenge-finanzieren-a-1149815.html (Zugriff: 7.6.2017)

Rangfolge nach dem Index für die digitale Wirtschaft und Gesellschaft (DESI) 2017

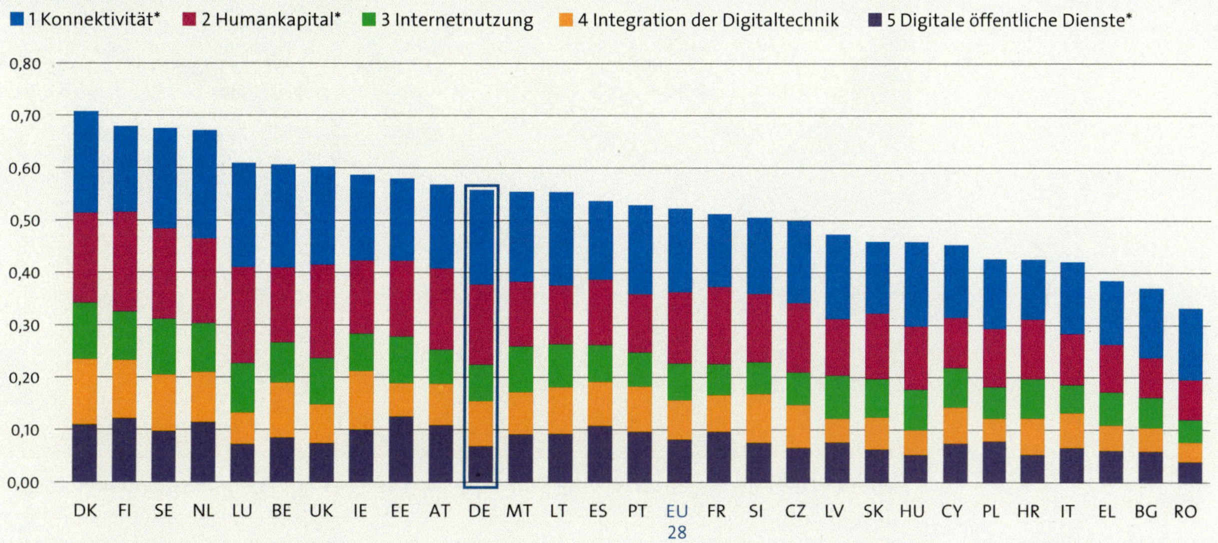

Quelle: Europe's Digital Progress Report 2017

M4 „Nur ein mittlerer Platz“

M5 Deutschland nimmt unter den 28 EU-Mitgliedstaaten den 11. Platz ein

Insgesamt hat das Land im vergangenen Jahr nur geringe Fortschritte gemacht. Führend ist es in der Frequenzzuteilung, was die Entwicklung moderner Mobilfunktechnik im ländlichen Raum begünstigt. Die Deutschen verfügen über gute digitale Kompetenzen (Rang 7). Der Fachkräftemangel im IKT-Bereich könnte das Entwicklungspotenzial der deutschen Wirtschaft allerdings ausbremsen. Beim Online-Einkauf sind die Deutschen besonders aktiv und deutsche Unternehmen nutzen die Möglichkeiten der digitalen Wirtschaft. Ein hoher Digitalisierungsgrad ist vor allem bei Großunternehmen und Kleinstbetrieben zu verzeichnen. Den größten digitalen Nachholbedarf gibt es bei der Online-Interaktion zwischen Behörden und Bürgern. Nur 19 % der Bevölkerung nutzen elektronische Behördendienste. Damit liegt Deutschland unter den Mitgliedstaaten auf Platz 23. Bisher gibt es kein einheitliches und flächendeckendes E-Government-Angebot.

Aus: European Digital Progress Report – Länderprofil Deutschland, 10.5.2017, https://ec.europa.eu/digital-single-market/en/news/europes-digital-progress-report-2017 (Zugriff: 8.6.2017)

* **Konnektivität**
Vernetzungsfähigkeit von Personen, Unternehmen und Staaten

* **Humankapital**
Leistungspotenzial, Arbeitsvermögen von Arbeitskräften, das auf Erziehung und Ausbildung beruht

* **Digitale öffentliche Dienste**
Gemeint ist damit der verstärkte Einsatz von modernen IT-Techniken und elektronischen Medien für Regierungs- und Verwaltungsprozesse.

1 Erläutert die einzelnen Bereiche des „Internet der Dinge und Dienste“. (**M 1**)
2 Stelle dar, welche Auswirkungen du von der Umsetzung der „Roadmap for completing the Digital Single Market“ (M 2, Z. 5/6) erwartest. (**M 2**)
3 Erläutert die Umsetzung des Digitalisierungsprogramms am Beispiel der Hotspots. (**M 3**)
4 Analysiert den Stand der Digitalisierung von Wirtschaft und Gesellschaft in der EU und in Deutschland im Besonderen. (**M 4** und **M 5**)

Die Digitale Agenda – der Weg für eine erfolgreiche Digitalisierung?

Deutschland nimmt nur eine mittlere Position bei der Digitalisierung in der EU ein. Hilft die „Roadmap for completing the Digital Single Market“ Deutschland, seinen Rang zu verbessern?

M 1 Karikatur

M 2 Die deutsche Digitale Agenda

Mit der Digitalen Agenda will die Bundesregierung Deutschland fit machen für die digitale Zukunft. Sie beinhaltet den Schutz der Freiheit und der Selbstbestimmung des Einzelnen im Netz sowie die Sicherheit der IT-Systeme und digitalen Infrastrukturen.
Die Digitale Agenda ist auf drei Ziele ausgerichtet:

- Das Innovationspotenzial unseres Landes wird stärker erschlossen, um weiteres Wachstum zu ermöglichen und Beschäftigung zu schaffen.
- Der Aufbau flächendeckender Hochgeschwindigkeitsnetze wird unterstützt und digitale Medienkompetenz für alle Generationen gefördert, um Zugang und Teilhabe für alle Menschen zu verbessern.
- Die Sicherheit und der Schutz der IT-Systeme und Dienste werden verbessert, um das Vertrauen von Gesellschaft und Wirtschaft zu stärken.

http://www.bmi.bund.de/DE/Themen/IT-Netzpolitik/Digitale-Agenda/digitale-agenda_node.html (Zugriff: 8.6.2017)

M 3 Stellungnahmen zur Digitalen Agenda

1) Bundesverband der Deutschen Industrie (BDI)
„Die Digitalisierung ermöglicht der deutschen Industrie, die eigene Wettbewerbsfähigkeit zu erhalten und auszubauen.
Die Digitalisierung konfrontiert Industrie und Gesellschaft auch mit einem Strukturwandel. Es ist wichtig, dass die Politik diesen Strukturwandel konstruktiv begleitet; erste Schritte sind mit der ‚Digitalen Agenda‘ gegangen worden. Auch die Wirtschaft hat mit der Arbeit der ‚Plattform Industrie 4.0‘ gute Fortschritte erzielt. Darauf aufsetzend brauchen Unternehmen in den nächsten Jahren: Mehr Tempo beim Breitbandausbau, mehr Investitionen in digitale Innovationen, mehr qualifizierte Mitarbeiter, mehr Vertrauen in die IT-Sicherheit, mehr Wagniskapital für Start-ups und mehr Tempo bei E-Government. Mit

Unterstützung der Politik kann aus der digitalen Transformation der Industrie die erhoffte Erfolgsgeschichte für Deutschland werden."

Aus: Handlungsempfehlungen der Deutschen Industrie, http://bdi.eu/media/bdi/Bundespolitik__Bewertung/20170110_Publikation_Handlungsempfehlungen_19._Wahlperiode.pdf, S. 6 (Zugriff: 8.6.2017)

2) Bitkom-Hauptgeschäftsführer Bernhard Rohleder:
„Das erste digitale Regierungsprogramm für Deutschland ist ein Erfolgsmodell. Die Digitale Agenda muss in der kommenden Legislaturperiode fortgeschrieben werden und noch ambitioniertere Ziele bekommen. [...] Es gibt aber insgesamt noch Verbesserungspotenzial, etwa bei der Digitalisierung der Verwaltung, der Modernisierung des Bildungswesens oder der digitalen Transformation der Wirtschaft. Hier müssen wir schneller und besser vorankommen."
Für die Digitalisierung sieht der Bitkom-Chef auch strukturelle Hemmnisse. „Die Digitale Agenda hat die Grenzen nationalen Regierungshandelns in einem europäisch eingebundenen und nach innen stark föderal geprägten Staat aufgezeigt. In zentralen Feldern der Digitalpolitik hat der Bund keine oder kaum Zuständigkeiten: Bildung, Medien, Verwaltung, auch innere Sicherheit. Hier betreiben wir in Deutschland digitale Kirchturmpolitik und der Langsamste bestimmt das Tempo."[...] „Auf dem bislang Erreichten können wir uns nicht ausruhen. [...] Wir brauchen eine neue Digitale Agenda – und müssen dabei Länder, Städte und Gemeinden mitnehmen."

Aus: Bitkom zur Bilanz der Digitalen Agenda der Bundesregierung 26.4.17, https://www.bitkom.org/Presse/Presseinformation/Bitkom-zur-Bilanz-der-Digitalen-Agenda-der-Bundesregierung.html, 26.4.17 (Zugriff: 8.6.2017)

3) DGB-Vorstand Annelie Buntenbach:
„Das Bundesarbeitsministerium hat mit dem ‚Weißbuch Arbeiten 4.0' einen ersten Aufschlag gemacht, wie sich die digitalisierte Arbeitswelt neu gestalten lässt. [...] Das Weißbuch lasse jedoch ‚ein konkretes und konsistentes Konzept zur Bewältigung der digitalen Transformation der Arbeitswelt vermissen'. Es fehlt die Leitfrage: Wie geht es den Beschäftigten damit? Denn was Unternehmen als Flexibilisierung feiern, übt gleichzeitig Druck auf Beschäftigte aus – von ständiger Erreichbarkeit über Ausgliederung bis zu Mikro-Aufträgen, Arbeitnehmer wollen nicht nur Freiheit, sie wollen auch Schutz. Gewährleistet wird das, auch in der digitalen Welt, durch einen gesetzlichen Rahmen. [...] Bis jetzt sind Tarifverträge ein Garant für ordentliche Arbeitsbedingungen. Die digitale Welt darf nicht als Vorwand genutzt werden, daraus ein Instrument zu machen, das gesetzliche Mindeststandards untertunnelt."

Aus: DGB Seite, veröffentlicht am 24.5.17 (Zugriff: 8.6.2017)

1 Erläutere die Aussage der Karikatur. (M 1)
2 Beschreibt die Ziele der Bundesregierung hinsichtlich der Digitalisierung. (M 2)
3 Erklärt die Standpunkte der einzelnen Akteure zur Digitalen Agenda der Bundesregierung. (M 3)
4 Erarbeitet kurze Statements zum Thema „Stand der Digitalisierung in Deutschland" und führt eine Diskussion in der Klasse durch.

Soll Montenegro Mitglied der EU werden?

Montenegro – seit dem 5. Juni 2017 NATO-Mitglied – strebt auch eine Aufnahme in die Europäische Union an. Die Beitrittsverhandlungen wurden 2012 aufgenommen. Die Erweiterung der EU wird immer kontrovers diskutiert. Manchen geht die Erweiterung zu schnell, Erfahrungen mit osteuropäischen Staaten zeigen, dass Länder grundlegende Werte der EU, wie Grundrechte und Rechtsstaatlichkeit, nur bedingt achten. Befürworter sehen eher die Möglichkeit, solche Staaten einzubinden und dadurch die Demokratisierung voranzutreiben.

M 1 Beitrittskriterien und Beitrittsverfahren

Beitrittskriterien:
(Kopenhagener Kriterien)

1) Politische Kriterien: Es muss stabile Institutionen haben, die Demokratie, Rechtsstaatlichkeit und Menschenrechte gewährleisten.
2) Wirtschaftliche Kriterien: Es muss über eine funktionierende Marktwirtschaft verfügen und in der Lage sein, dem Wettbewerbsdruck und den Marktkräften innerhalb der EU standzuhalten.
3) Rechtliche Kriterien: Es muss die geltenden Rechtsvorschriften und Verfahren der EU akzeptieren, vor allem die Hauptziele der politischen, wirtschaftlichen und währungspolitischen Union.

Beitrittsverfahren:
Es umfasst drei Stufen, denen jeweils alle EU-Länder zustimmen müssen:

1) Einem Land wird die Perspektive der Mitgliedschaft eröffnet.
2) Das Land erhält den offiziellen Status als Kandidatenland für die Mitgliedschaft.
3) Das Kandidatenland tritt in formelle Beitrittsverhandlungen ein. Dabei geht es in der Regel um Reformen, die die Übernahme geltender EU-Rechtsvorschriften ermöglichen sollen.

Wenn die Verhandlungen und entsprechenden Reformen zur Zufriedenheit beider Seiten abgeschlossen wurden, kann das Land der EU beitreten. – Doch auch hier müssen wieder alle EU-Länder zustimmen.

https://europa.eu/european-union/topics/enlargement_de (Zugriff: 8.6.2017)

M 2 Stimmen zur Erweiterung der EU

„Europas ökonomische Attraktivität ist für die Länder außerhalb der Gemeinschaft ungebrochen – ein übrigens nicht unwichtiges Argument im Brexit-Lager, das seinen Isolationswunsch genau damit begründet: Die Jobs und die Kultur des Westens würden von Sozialeinwanderern aus dem Osten bedrängt. Hier das gute, alte Europa mit Geld, höheren Werten, dort das schäbige Plattenbau-Europa voller Bedürftiger. […]
Um dieser Rhetorik zu folgen muss man kein Nationalist sein. Sie funktioniert auch gut im linken Lager, das die Bedrohung des europäischen Gedankens in Polen und Ungarn verortet. Es stimmt, dass in Warschau und Budapest ein illiberaler Umbau der Gesellschaft stattfindet. Aber der Blick auf AfD, Front National oder FPÖ zeigt, dass dieser illiberale Geist ein europäisches, kein osteuropäisches Phänomen ist. […] Auch ärmere Länder haben Wünsche und Ideale, die über die Schaffung von Arbeitsplätzen hinausgehen. […] Heute geht es in der Frage der Einigkeit Europas nicht um Krieg oder Frieden. Doch für viele Menschen auf dem Balkan geht es um den Wunsch, wieder gemeinsam Teil einer Gemeinschaft zu werden. […]

Brüssel muss gerade in Osteuropa der Partner derjenigen bleiben, die ihre Zukunft in der Zusammenarbeit, nicht in der Abgrenzung sehen.

www.sueddeutsche.de/politik/westbalkanstaaten-eu-beitritt-ja-bitte-1.3062890 von Nadia Pantel, vom 5.7.2016 (Zugriff: 8.6.2017)

Ich für Europa, Europa für mich! – mit diesem Slogan wirbt Montenegros Regierung für den EU-Beitritt, obwohl der Glaube an die Verheißungen der Mitgliedschaft bei den Bürgern wohl gar nicht mehr sonderlich befeuert werden muss. Die Regierung weiß, was die Mehrheit der Montenegriner wünscht, und sie gibt sich entsprechend ehrgeizig bei den Verhandlungen – vor allem im Bereich Justiz und Grundrechte, einem der schwierigsten Verhandlungskapitel mit der EU. [...]
Unlängst wurde eine Anti-Korruptionsbehörde eingerichtet, ein Sonder-Staatsanwalt nahm im Januar seine Arbeit auf. [...] Nicht-Regierungsorganisationen meinen hingegen: „Die Anti-Korruptionsbehörde ist ein Witz .Sie wurde geschaffen, um Forderungen aus Brüssel zu erfüllen. Aber an der Spitze der Behörde haben sie einen Mann mit sehr engen Beziehungen zur Regierungspartei berufen. [...] Der Sonderstaatsanwalt hat zwar einige Untersuchungen angestoßen und so Hoffnungen geweckt, aber die Ermittlungen gegen Premierminister, dessen Bruder und Schwester sowie weitere Verwandte und Verbündete stecken immer noch fest."

http://www.deutschlandfunk.de/montenegro-die-eu-als-treibende-kraft-fuer-reformen.795.de.html?dram:article_id=351403 (Zugriff: 15.11.2017)

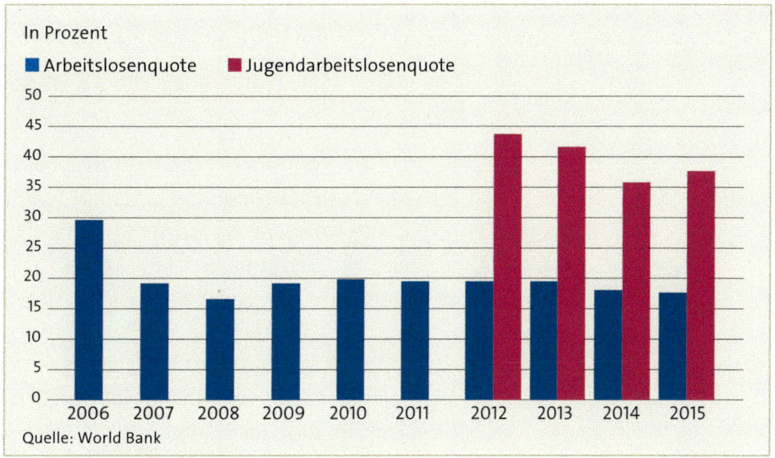

M 3 Arbeitslosigkeit in Montenegro

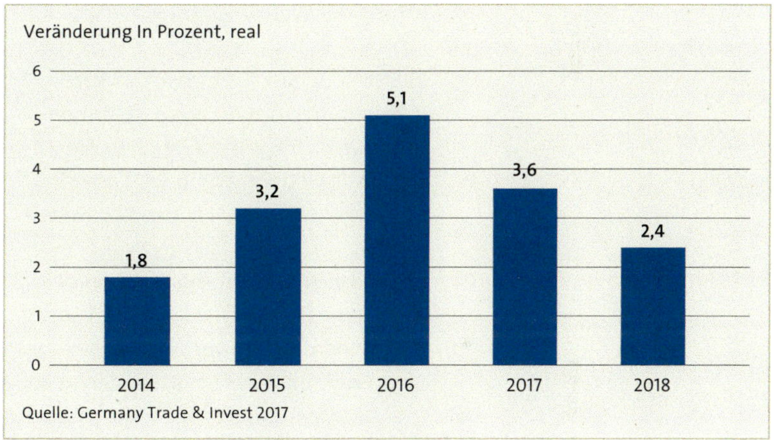

M 4 Bruttoinlandsprodukt von Montenegro

1 Beschreibe das Aufnahmeverfahren eines Landes in die EU. (M 1)
2 Charakterisiert die gesellschaftliche, politische und ökonomische Situation Montenegros ausgehend von den Materialien (M 2–M 4).
3 Erörtert einen möglichen EU-Beitritt Montenegros unter der Berücksichtigung geostrategischer, wirtschaftlicher und kultureller Interessen. (M 1–M 4)
+ ZUSATZAUFGABE Informiert euch über den aktuellen Stand der Beitrittsverhandlungen.

1. Szenarien für die Zukunft der EU

M1 Optionen aus Sicht der EU-Kommission

EU-Kommissionschef Juncker stellte 2017 ein Weißbuch mit den Plänen für eine Neugestaltung der EU bis 2025 vor („White Paper on the Future of Europe"). Folgende Szenarien werden vorgeschlagen:

1) Carrying on
- Weitermachen wie bisher (ohne GB)
- Fortsetzung der EU-Agenda bei Jobs, Wachstum und Investitionen
- Nur geringe Fortschritte bei der Vertiefung der Währungsunion

2) Nothing but the single market
- Nur Konzentration auf den Binnenmarkt, da in vielen Bereichen die 27 EU-Mitglieder nicht in der Lage sind, eine gemeinsame Haltung zu finden

3) Those who want more do more
- Einzelne EU-Staaten könnten künftig nach dem Motto verfahren, „Wer mehr tun will, tut mehr", z. B. bei der Verteidigung, der inneren Sicherheit oder in der Sozialpolitik
- Es müsse die Option geben, dass einige Mitglieder schneller vorangehen (Europa der mehreren Geschwindigkeiten)

4) Doing less more efficiently
- Konzentration auf ausgewählte Politikbereiche wie die Förderung technologischer Innovationen, Sicherheit, Einwanderung, Grenzschutz und Verteidigung

5) Doing much more together
- Die EU würde sich darauf verständigen auf alles, was für einen funktionierenden Euro nötig wäre – zum Beispiel eine viel umfassendere Koordinierung der nationalen Finanz-, Steuer- und Sozialpolitik.
- Die EU erhielte mehr Geld, um Disparitäten in der wirtschaftlichen Entwicklung auszugleichen, aus dem jetzigen Rettungsfonds ESM würde ein europäischer Währungsfonds.
- Es würde insgesamt leichter, Entscheidungen treffen.
- Risiko: Widerstand der Gegner, die die mangelnde Legitimation der EU kritisieren, und gegen eine weitere Kompetenzverlagerung hin zur EU ablehnen

M2 Zitat von Jean Monnet – einem der Gründerväter der Europäischen Gemeinschaft

„The sovereign nations of the past can no longer solve the problems of the present: they cannot ensure their own progress or control their own future. And the Community itself is only a stage on the way to the organised world of tomorrow."

Jean Monnet 1976, zitiert nach „Europe in 12 lessons" by Pascal Fontaine, European Union, 2010, Seite 71, ec.europa.eu/publications

1 Erläutert die Optionen der EU-Kommission zur zukünftigen Entwicklung der EU. (**M1**)
2 Erörtert die Aussage von Jean Monnet. (**M2**)
3 Entwickelt ein eigenes Szenario zur Zukunft der EU. TIPP *S. 362*

2. Europa und seine östlichen Nachbarn

Mehr zum Thema
Text: Europa der Regionen

Webcode PE646098-317

M 1

Wenn die Geschichte eines lehrt, dann dass die Zukunft notorisch unvorhersehbar bleibt und Prognosen fast immer falsch sind. Dennoch müssen heutige Entscheidungen in der Politik auf Annahmen über die Zukunft basieren. Die Alternative zu der einen Prognose heißt: Szenarien. Szenarien sind keine Vorhersagen. Sie treffen Aussagen darüber, wie die Zukunft sein könnte – nicht darüber, wie sie sein wird. Sie zeigen damit das Feld der Möglichkeiten auf. Und sie geben der Politik einen Eindruck davon, welche Konsequenzen heutige Entscheidungen in der Zukunft haben könnten. Die Friedrich-Ebert-Stiftung hat über den Sommer 2014 Experten für die EU und ihre östliche Nachbarschaft* eingeladen, gemeinsam Szenarien für die Zukunft Europas im Jahr 2030 zu entwickeln. Als Leitbild wurde das Europäische Haus gewählt: Wie könnte es 2030 aussehen?

www.fes.de/de/aus-der-traum-vier-szenarien-fuer-die-zukunft-europas/ Zugriff: (15.11.2017)

* **östliche Nachbarschaft** auch östliche Partnerschaft; die Staaten Armenien, Aserbaidschan, Georgien, Moldau, Ukraine und Weißrussland, die auch Russland als sein Einflussgebiet versteht

Szenario 1: Mietskaserne

Alle Europäer leben in einem Haus – nicht aus Überzeugung, sondern aus Notwendigkeit
Die Beziehungen zwischen der EU und ihren östlichen Nachbarn sind pragmatisch: Alle Staaten sind Mitglied einer Freihandelszone. Die einst zwischen Russland und der EU umstrittenen Länder sind nicht länger gezwungen, sich für die eine oder andere Seite zu entscheiden.

Szenario 2: Einfamilienhaus

Das gemeinsame Europäische Haus ist Realität
2030 tritt die sechs Jahre zuvor demokratisch gewählte Präsidentin Russlands ihre zweite Amtszeit an. Sie vereinbart visafreien Reiseverkehr mit der EU und den Staaten der „Östlichen Partnerschaft".

Szenario 3: Ruine

Das Europäische Haus liegt in Trümmern
Europa ist geteilt: Die Länder der „Östlichen Partnerschaft" sind zum Objekt einer anhaltenden Konfrontation zwischen der EU und Russland geworden. Entlang einer Trennlinie von der Ostsee bis zum Schwarzen Meer ist eine Zone der Instabilität entstanden.

Szenario 4: Reihenhaus

Europäer leben Tür an Tür, aber getrennt
Die EU und Russland sind wirtschaftlich aufeinander angewiesen, aber das Misstrauen wächst. Die Staaten der „Östlichen Partnerschaft" sind der Integrationskonkurrenz zwischen EU und Eurasischer Union ausgesetzt. Darunter leiden alle: Europa fällt weit hinter die neuen globalen Machtzentren in Asien und Amerika zurück.

1 Beschreibe, warum es für die EU in Zukunft wichtig sein könnte, mit Russland kooperativ zusammenzuarbeiten.

2 Erläutere die vier Szenarien über das zukünftige Verhältnis der EU zu seinen östlichen Nachbarn und Russland.

3 Bewertet die vier Szenarien.

Leitfrage: Kann die EU die Interessen ihrer Bürgerinnen und Bürger in einer globalisierten Welt wahren und durchsetzen?

Große Konzerne, wie Google und Microsoft, verfügen über Kapital, das über das Bruttoinlandsprodukt mancher Staaten hinausgeht. Damit können sie marktbeherrschend werden und Staaten ihre Bedingungen aufzwingen. Vor allem kleine Staaten geraten leicht ins Hintertreffen. Die EU kann hier ein Gegengewicht zu den mächtigen Konzernen aufbauen. Durch die Anwendung des europäischen Kartellrechts kann sie diese Marktmacht einschränken. Sie kann im Namen der Mitgliedstaaten verhandeln und ist somit ein gewichtiger Verhandlungspartner im Vergleich zu einem Nationalstaat.

Ich kann Informationen gewinnen und aufbereiten.

1 Arbeite aus den Materialien **M 1 – M 3** die Positionen der unterschiedlichen Akteure heraus.

Ich kann Probleme und Konflikte analysieren.

2 Beschreibe Möglichkeiten der EU-Bürgerinnen und -Bürger, ihre Interessen in den politischen Entscheidungsprozess einzubringen.

3 Analysiere den Konflikt mithilfe des Politikzyklus.

Ich kann mir ein begründetes Urteil bilden.

4 Erörtere, inwieweit die EU gegenüber finanzkräftigen Konzernen, die teilweise außerhalb des Binnenmarktes ihren Sitz haben, ihre Interessen durchsetzen kann.

Ich kann mitreden und aktiv werden.

5 Überprüfe, inwieweit du die im Text angesprochenen „Quasi-Monopole" selbst täglich nutzt.

M 1 Die EU-Kommission macht ernst

EU-Kommissarin Margrethe Vestager ist eine eher unscheinbare Person, die sich nicht in den Vordergrund drängt. Aber wenn die Dänin nach eingehender Analyse mit ihren Experten zu dem Schluss kommt, dass ein Unternehmen Foul spielt und sich nicht an die Regeln des fairen Wettbewerbs hält, kennt sie keine Gnade. Dann werden ohne Rücksicht auf große Namen Verfahren eingeleitet und Geldbußen verhängt. Kürzlich erst bekam Facebook eine saftige Strafe aufgebrummt, weil es bei der Übernahme von WhatsApp offenkundig gelogen hatte. Nun holt Vestager zu ihrem bisher größten Schlag aus: Der kalifornische Internetkonzern Google soll die Rekordbuße von 2,42 Milliarden Euro zahlen, weil er seine marktbeherrschende Stellung in Europa ausgenutzt habe, um Suchergebnisse zu manipulieren und den eigenen Preisvergleichsdienst zu stärken.

Die Summe ist enorm. Angesichts ihrer gigantischen Finanzkraft könnte Google und seine Muttergesellschaft Alphabet die Zahlung verschmerzen. Wenn es überhaupt dazu kommt: Es ist damit zu rechnen, dass sie gegen den Brüsseler Zahlungsbescheid juristisch vorgehen. Aber das ist nicht das Entscheidende. Mindestens ebenso wichtig wie die Strafe selbst ist das politische Signal, das von dem Brüsseler Beschluss ausgeht: Europa will nicht nur freie, sondern auch faire Märkte. Um dieses Ziel zu erreichen, legt sich die Union auch mit den ganz Großen an. Das ständige Gerede von der Gestaltung der Globalisierung wäre hohl, wenn Brüssel vor der Macht von Google und Co. kapitulieren würde. Vestager tut das nicht.

www.genios.de/presse-archiv/artikel/FR/20170628/chapeau-frau-vestager/fr_FRMT_1C277C35F58250243000-DEUTSCHLANDAUSGABE.html (Zugriff: 8.11.2017)

M 2 Stellungnahmen zu der Maßnahme der EU-Kommission

Der Bundesverband Deutscher Zeitungsverleger (BDZV) und der Verband Deutscher Zeitschriftenverleger (VDZ) begrüßen die formale Feststellung der EU-Kommission vom heutigen Tag, dass Google sein Quasi-Monopol im Bereich der Online-Suche missbraucht hat. [...] „Wir begrüßen, dass die Kommission der Missbrauchsbeschwerde unserer Verbände stattgegeben und Google zur Gleichbehandlung aller Angebote verpflichtet hat", erklärten die Präsidenten von BDZV und VDZ, Dr. Mathias Döpfner und Dr. Stephan Holthoff-Pförtner. „Wichtig ist nun vor allem, dass Google wirksam und nachhaltig alle Selbstbegünstigungen abstellt und wieder für einen fairen Wettbewerb zwischen Online-Angeboten sorgt", so die Verleger-Präsidenten.

Die heutige Entscheidung sei von historischer Tragweite, so die Verbände. Erstmalig stelle eine Wettbewerbsbehörde klar, dass auch in der digitalen Welt solche Dienste, die für den Wettbewerb wesentlich sind, weil sie den Zugang zu bestimmten Verbrauchergruppen kontrollieren, ihre Leistungen diskriminierungsfrei erbringen müssen. Das sei eine unerlässliche Voraussetzung für einen fairen Wettbewerb, so BDZV und VDZ.

Bei der Umsetzung der Entscheidung müsse die EU-Kommission sicherstellen, dass die von Google vorgenommene Abhilfe allen Marktteilnehmern gleiche Wettbewerbschancen vermittle. Des Weiteren solle die Kommission nun rasch dafür sorgen, dass auch die weiteren laufenden Verfahren gegen Google zum Abschluss gebracht werden. Insbesondere sei der unautorisierten Nutzung von Verlegerinhalten und der Bündelung von Android mit anderen Google-Diensten Einhalt zu gebieten. [...]

http://www.presseportal.de/pm/6936/3670435 (Zugriff: 6.12.2017)

M 3 Wie Google Einfluss nimmt

Der Internetkonzern Google hat Universitätsprofessoren engagiert, um die öffentliche Meinung und die Politik im Hinblick auf sein Geschäftsgebaren zu beeinflussen. Die von den Professoren erstellten Studien unterstützten die Position von Google, etwa zur Begleitung von Rechtsstreitigkeiten mit den Regulierungsbehörden.

Wie The Times berichtet, hat Google im Verlauf der letzten zehn Jahre Hunderte Studien finanziert. Etwa ein Dutzend Professoren erhielten für ihre Untersuchungen große Geldmengen. Das Wall Street Journal berichtet von bis zu 400 000 Dollar pro Studie. Die Politik sollte demnach nicht von Googles Einfluss auf die Studienergebnisse erfahren. [...]

Die engagierten Professoren fanden etwa heraus, dass die Datensammlung durch Google durchaus fair ist, weil die Dienstleistung den Nutzer nichts kostet. Bezahlt wurde auch für das Ergebnis, dass Google die Nutzer nicht auf unfaire Weise auf seine kommerziellen Seiten oder die seiner Werbekunden lenkt. [...]

Der Bericht des Wall Street Journal legt nahe, dass Universitätsprofessoren als heimliche Lobbyisten im Auftrag von Unternehmen auftreten, um staatliche Entscheidungen zu beeinflussen. [...]

https://deutsche-wirtschafts-nachrichten.de/2017/7/17/google-zahlte-wissenschaftlern-millionen-fuer-gefaellige-studien/?ls=ap, Deutsche Wirtschafts Nachrichten, veröffentlicht: 17.7.2017 (Zugriff: 6.12.2017)

KAPITEL 14

Problemlösefähigkeit des politischen Systems – eine Fallstudie

Beschreibe, welche Verkehrs- und Umweltprobleme aus deiner Sicht von der Politik dringend gelöst werden müssten.

In diesem Kapitel lernst du,

- *wie man eine Fallstudie durchführt,*
- *wer im Bereich der Verkehrs- und Umweltpolitik mit welcher Legitimation Entscheidungen treffen kann (Macht und Entscheidung),*
- *welche Akteure hierbei betroffen sind und welche Interessen sie verfolgen (Interessen und Gemeinwohl),*
- *wie der Gesetzgeber versucht, das Problem zu lösen (Regeln und Recht).*

Formuliere Annahmen zu diesen Themen und überprüfe am Ende des Kapitels, inwieweit sich diese verändert haben.

Verkehr bedeutet auf der einen Seite für uns Mobilität, er verbindet Menschen und Regionen, Wohnort und Arbeitsplatz und trägt zum Austausch von Gütern über kurze oder auch lange Distanzen bei. Dies ist eine wichtige Grundlage unseres Wohlstands. Andererseits entstehen dadurch negative Effekte wie Unfälle, Emissionen, Flächenversiegelung oder Lärm. Dies wiederum belastet unsere Lebensqualität. So ist Verkehrs- und Umweltpolitik eine ständige Herausforderung für die Politik.

M 1 Stau auf der Autobahn

M 2 Stuttgart ist Deutschlands Stau-Hauptstadt

Was Autofahrer in Stuttgart tagtäglich zu spüren bekommen, lässt sich statistisch belegen: Laut Inrix verbrachten sie im vergangenen Jahr 8,5 Stunden mehr im Stillstand als im Jahr zuvor (64,5 Stunden) – ein Plus von 14 Prozent. Damit hat sich die Heimat von Porsche und Daimler den missliebigen Spitzenplatz zurückgeholt: Stuttgart war bereits im Jahr 2013 Deutschlands Stau-Hauptstadt, wurde dann aber 2014 von Köln abgelöst. Schlimmer geht es auch im europäischen Vergleich kaum noch: Nur in London standen Autofahrer länger im Stau – im Schnitt ganze 101 Stunden. Der Report zeigt, dass von den 96 untersuchten europäischen Städten Stuttgart den stärksten Anstieg an Verkehrsstaus zu verzeichnen hatte. Die durchschnittliche Stauzeit pro Arbeitstag liegt bei umgerechnet fast 20 Minuten. Die Stadt sei „Opfer ihres eigenen Erfolgs", sagt Inrix-Chef Bryan Mistele. Ein solider Arbeitsmarkt und eine wachsende Wirtschaft würden mehr Pendler, mehr Investitionen, mehr Baustellen und eben mehr Verkehr anziehen. Der Anstieg der Stauzeit sei aber auch auf die niedrigen Benzinpreise, eine steigende Zahl von Fahrzeug-Neuzulassungen und das Bevölkerungswachstum zurückzuführen. „Das bringt die Infrastruktur an ihre natürlichen Grenzen", stellt Michael Schreckenberg, Verkehrsexperte an der Universität Duisburg-Essen, fest. In jeder zweiten der untersuchten Städte hat die Verkehrsbelastung zugenommen. „Während die Verbesserungen der Infrastruktur auf Autobahnen langsam Früchte tragen, steigt der Verkehrsstau in Deutschlands wichtigen Metropolen weiter an", sagt Schreckenberg. „Das betrifft viele Städte, weil diese ihre Straßenkapazität kaum erhöhen können, und ganz besonders vom Auto dominierte Metropolen wie Stuttgart." Am langsamsten voran geht es freitags gegen 15 Uhr auf der B 10 und mittwochs um 8 Uhr auf der B 27.

Quelle: www.esslinger-zeitung.de/region/stuttgart_artikel,-stuttgart-ist-deutschlands-stau-hauptstadt-_arid,2031970.html, 17.3.2016 (Zugriff: 3.10.2017) Elke Hauptmann, Eßlinger Zeitung

M 3 Karikatur: Klaus Stuttmann

M 4 Anwohnern stinkt die dicke Luft

Wenn an diesem Freitag das Verwaltungsgericht Fahrverbote für die Stuttgarter Innenstadt aussprechen sollte, dürften viele Anwohner am Neckartor ziemlich froh sein. 80 000 Autos und Lastwagen donnern jeden Tag vorbei, hupen und stoßen so viel Schadstoffe aus wie an keiner anderen Straße der Republik. „Bei offenem Fenster kriegt man hier keine Luft“, sagt eine Anwohnerin. Am Morgen schließe sie die Rolladen und lüfte nachts, wenn weniger Autos führen, sagt die 50-jährige Friseurin […]. Auch die neue Klimaanlage helfe nur wenig. „Wegziehen? Bei meinem Gehalt und den Mietpreisen kann ich mir das nicht leisten“, sagt sie.
Fahrverbote sehen jedoch nicht alle positiv. „Wenn man Auto fährt, darf man keine Verbote fordern“, sagt Stefan Blum, der selbst zwar jeden Tag mit der Bahn aus Filderstadt an die Neckarstraße zur Arbeit pendelt, aber auch nachvollziehen kann, warum viele mit dem Auto anreisen. „Das öffentliche Verkehrsnetz ist schlecht ausgebaut und teuer“, sagt der IT-Spezialist. Das Feinstaub-Problem sollte daher seiner Meinung nach nicht die Justiz regeln, sondern die Stadt durch eine verbesserte Infrastruktur und die Automobilbranche, die aufhören müsse, die Bürger zu „belügen“. „Wenn Autos das ausstoßen, was Anbieter versprechen, dann können Städte den Verkehr besser planen“, sagt Blum […].
Auf eine verbesserte Infrastruktur pocht auch der ADAC, der am Neckartor seinen Sitz hat, und mehr Parkmöglichkeiten an Bahnhöfen oder besser gesicherte Fahrradstellplätze fordert. […] „Gesundheitsschutz geht vor persönlicher Mobilität“, sagt Pressesprecher Reimund Elbe. Aber die Probleme dürften nicht ausschließlich auf den Schultern einzelner Autofahrer ausgetragen werden, die auf das Fahrzeug in der Stadt angewiesen seien […].

Quelle: Artur Lebedew, www.stuttgarter-zeitung.de/inhalt.gerichtsentscheidung-fahrverbote-anwohnern-stinkt-die-dicke-luft.6c2c0369-2c35-4dcd-819f-48e6ed735f09.html, 28.7.2017 (Zugriff: 1.8.2017)

* **Feinstaub**
Feinstaub besteht aus einem Gemisch fester und flüssiger Partikel in unterschiedlicher Größe. Er entsteht direkt bei Verbrennungsprozessen (primärer Feinstaub) oder durch gasförmige Vorläufersubstanzen wie Schwefel- und Stickoxide und Ammoniak (sekundärer Feinstaub). Die gesundheitliche Wirkung von Feinstaub reicht von Schleimhautreizungen und lokalen Entzündungen in der Luftröhre und den Bronchien bis zu verstärkter Plaquebildung in den Blutgefäßen, einer erhöhten Thromboseneigung oder Veränderungen der Regulierungsfunktion des vegetativen Nervensystems.

* **Luftbelastung** in Stuttgart
Durch die Kessellage und den starken Durchgangs- und Pendlerverkehr ist Stuttgart besonders stark von Staus und Emissionen betroffen. Die Grenzwerte für Feinstaub werden am Messpunkt Neckartor mehr als 70 Mal im Jahr überschritten. Damit ist die Landeshauptstadt Spitzenreiter in Deutschland.

1 Beschreibe ausgehend von den Materialien aktuelle Probleme der Verkehrs- und Umweltpolitik in Deutschland.

2 Erläutere, welche Interessen die unterschiedlichen Akteure (Politik, Verbände, Bürger, Wirtschaft) im Bereich der Verkehrs- und Umweltpolitik haben.

3 Erstelle eine Concept Map, in der du Ursachen und Folgen der Verkehrsproblematik für Wirtschaft, Gesellschaft und Politik darstellst.

4 Die Karikatur **M 3** ist aus dem Jahr 2005. Beurteile vor diesem Hintergrund die Aussage der Karikatur.

Eine Fallstudie durchführen

Fallstudien beschäftigen sich mit realen oder an der Realität angelehnten Ereignissen. Sie behandeln immer ein politisches, gesellschaftliches oder ökonomisches Problem. Dazu muss zunächst das Problem oder der Konflikt mit den dazugehörigen Akteuren und deren Interessen herausgearbeitet und weitergehende Informationen beschafft werden. Lösungsalternativen müssen vergleichend in den Blick genommen und auf ihr Ergebnis hin bewertet werden.

Idealtypische Verlaufsstruktur von Fallstudien in Anlehnung an Kaiser*

Optionen – Was ist möglich?

- Diskussion unterschiedlicher Lösungsmöglichkeiten (Exploration)

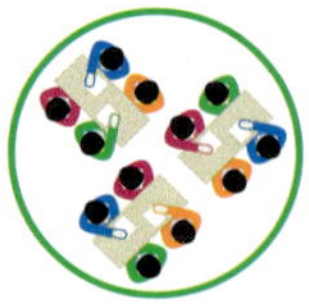

* nach: **Kaiser, Franz-Josef** (1983): Grundlagen der Fallstudiendidaktik. Historische Entwicklung – Theoretische Grundlagen – Unterrichtliche Praxis. In: Kaiser, Franz-Josef (Hg.) Die Fallstudie – Theorie und Praxis der Fallstudiendidaktik, Bad Heilbrunn, 9–34.

Situationsanalyse – Was ist?

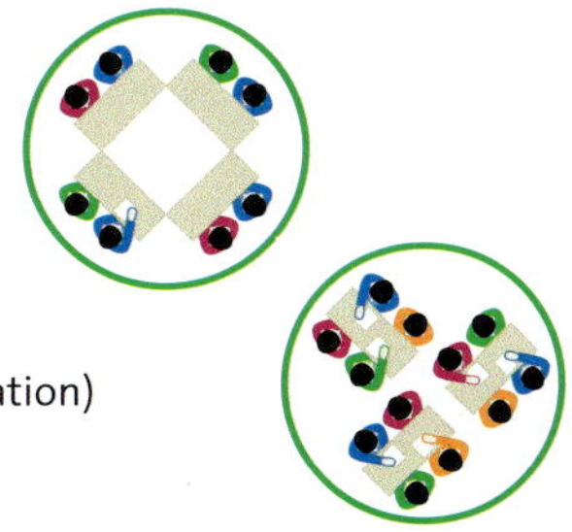

- Erfassen der Problem- und Entscheidungssituation (Konfrontation)
- Beschaffen der erforderlichen Informationen (Information)

Entscheidung – Was soll geschehen?

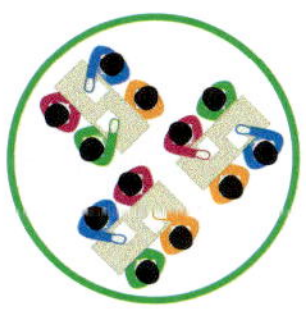

- Gegenüberstellen und Bewerten der Lösungsvarianten (Resolution)
- Verteidigen der eigenen Gruppenentscheidung (Disputation)
- Evtl. Vergleich der Gruppenlösung mit der in der Wirklichkeit getroffenen Entscheidung (Kollation)

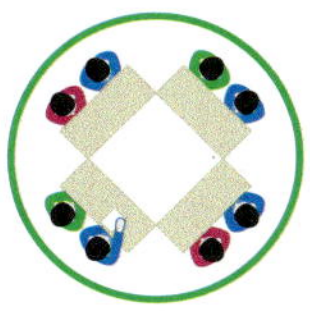

1 Verschafft euch im Klassengespräch und mithilfe der vorangegangenen Seiten einen Überblick über die drängendsten Probleme im Bereich der Verkehrs- und Umweltpolitik.

2 Sammelt auf den folgenden Seiten und durch eigene Recherche in Zeitungen und im Internet Informationen zum Thema. Arbeitet hierzu in Gruppen.

3 Erarbeitet euch die möglichen Lösungsansätze für das Problem auf den Seiten 330–339. Nutzt dazu auch die Informationen, die ihr darüber hinaus bei eurer Recherche gewonnen habt.

Viele Menschen, v. a. Pendler, leiden unter den Folgen von zunehmendem Straßenverkehr: Staus kosten Zeit und Nerven, Lärm und Abgase gefährden die Gesundheit und schaden der Umwelt. Insbesondere Städte und überlastete Autobahnabschnitte sind von den Verkehrsproblemen betroffen.

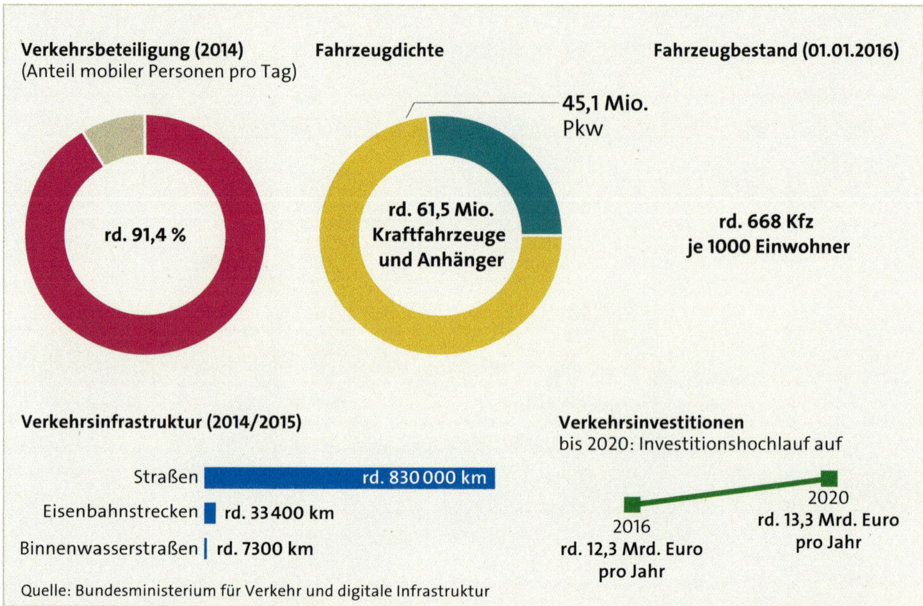

M 1 Die wichtigsten Fakten

M 2 Fahrleistung im Personen- und Güterverkehr

Die Fahrleistung ist die Gesamtstrecke, die von Verkehrsmitteln wie Pkw, Lkw oder Eisenbahn in einem Jahr zurückgelegt wird. Sie ist neben den Faktoren „Geschwindigkeit“ und „Art der Fahrzeuge“ die wichtigste Größe zur Ermittlung der Lärm- und Schadstoffemissionen des Verkehrs.
Die Fahrleistung aller Kraftfahrzeuge im Straßenverkehr stieg in Deutschland von 1991 bis 2015 um 31 Prozent (%). Die Fahrleistung des Personenverkehrs nahm in dem Zeitraum um 28 % zu, die des Güterverkehrs um 66 %. Der sprunghafte Anstieg der Fahrleistung der Lkw ist für die Umwelt besonders problematisch, da diese pro gefahrenen Kilometer deutlich höhere Luftschadstoff- und Lärmemissionen als Pkw verursachen.
Der Verkehrsaufwand im Personenverkehr erhöhte sich zwischen den Jahren 1991 und 2015 um etwa 35 Prozent (%). Der motorisierte Individualverkehr nahm dabei um etwa 33 % zu und behielt damit seine dominierende Stellung: Sein Anteil am gesamten Personenverkehrsaufwand ging von 1991 (81,6 %) bis 2015 (80,3 %) kaum zurück. Die höchsten Zuwachsraten erzielte der Luftverkehr. Von 1991 bis 2015 stieg der Verkehrsaufwand im Luftverkehr um rund 171 %. Im öffentlichen Straßen- und Schienenverkehr ist dagegen eine unterdurchschnittliche Zunahme um etwa 23 % zu verzeichnen. Der Anteil dieser vergleichsweise weniger umweltbelastenden Verkehrsarten am Gesamtverkehrsaufwand ging in den 25 Jahren von 1991 bis 2015 um 1,4 Prozentpunkte zurück. Er betrug 2015 noch 14,4 %.
Wird der nicht-motorisierte Personenverkehr (Fußgänger, Rad) in den Verkehrsaufwand mit einbezogen, liegen die Zahlen kaum anders: Der motorisierte Individualverkehr dominiert mit einem Anteil von etwa 76 % und liegt damit eindeutig vor dem Umweltverbund (Fußgänger-, Rad-, Schienen- und

öffentlicher Straßenpersonenverkehr) mit zusammen rund 20 %. Diese Anteile blieben seit 2002 in etwa stabil. Innerhalb des Umweltverbundes sanken die Anteile des Öffentlichen Straßenpersonenverkehrs und des Fußverkehrs, während die Anteile des Eisenbahn- und des Fahrradverkehrs stiegen.
Der Urlaubs- und Freizeitverkehr hatte im Jahr 2014 mit rund 43 Prozent (%) den größten Anteil am Personenverkehrsaufwand. Dann folgt der Berufs- und Ausbildungsverkehr mit etwa 22 %. Auf Geschäftsreisen entfielen 14 % und auf Einkaufsfahrten 16 % des Personenverkehrs. Rund 5 % des Personenverkehrsaufwandes wurden im Rahmen von Begleitfahrten wie dem Bringen und Holen von Personen erbracht.

Quelle: Umweltbundesamt, http://www.umweltbundesamt.de/daten/verkehr/fahrleistungen-verkehrsaufwand-modal-split#textpart-4, Stand: 06.04.2017 (Zugriff: 1.8.2017)

M 4 Verkehrsprognose 2030

Verkehrs(verflechtungs)prognose 2030 für den Bundesverkehrswegeplan 2030 im Auftrag des BMVI

Personenverkehr	2010	2030
Verkehrsaufkommen (Personenwege einschl. der nicht motorisierten Wege)	101,8 Mrd. Wege	103,0 Mrd. Wege
insgesamt		+ 1,2 % (+ 1,2 Mrd. Wege)
motorisierter Verkehr		+ 3,8 %
Fahrradverkehr		+ 4,6 %
Fußverkehr		– 7,8 %
Verkehrsleistung (Personenkilomerter im motorisierten Verkehr)	1184,3 Mrd. Pkm	1328,7 Mrd. Pkm
Pkw-Verkehr		+ 13 % (+ 144,4 Mrd. Pkm)
Bahnverkehr		+ 10 %
Öffentl. Straßenpersonenv.		+ 6 %
Luftverkehr		+ 65 %
Güterverkehr	**2010**	**2030**
Verkehrsaufkommen (transportierte Tonnen)	3704,7 Mio. t	4358,4 Mio. t
Verkehrsleistung (Tonnenkilometer)	607,1 Mrd. tkm	837,6 Mrd. tkm
insgesamt		+ 38 % (+ 230,5 Mrd. tkm)
grenzüberschr. Verkehr		+ 42 %
Transitverkehr		+ 52 %
Binnenverkehr D		+ 31 %
Bahn-Verkehr		+ 43 %
Lkw-Verkehr		+ 39 %
Binnenschiff		+ 23 %
Luftverkehr		+ 94 %

1 Charakterisiert die Verkehrssituation in Deutschland, v. a. auch in den Städten.
2 Vergleicht die Fakten mit euren eigenen Erfahrungen.
3 Formuliert ausgehend von den Materialien Thesen zum Thema Verkehr in Deutschland.
TIPP *S. 363*
4 Recherchiert weitere Fakten zum Thema auch im Hinblick auf eure Region.

Güterverkehr – da rollt etwas auf uns zu

Offene Grenzen und weltweiter Handel haben zu einer unvorstellbaren Gütervielfalt in Deutschland geführt, verbunden mit niedrigen Preisen. Doch die globalisierte Weltwirtschaft mit ihren Güterströmen geht auf Kosten der Umweltbelastung durch Emissionen und führt zu überlasteten Verkehrswegen.

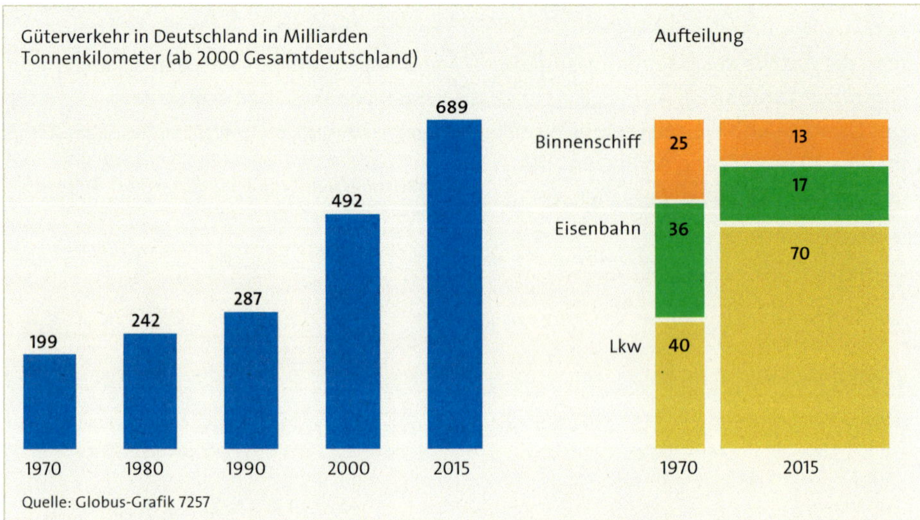

M 1 Die Verkehrslawine

M 2 Neue Ideen gegen den Stau-Wahnsinn

Schon jetzt sind viele deutsche Autobahnen und Landstraßen heillos überfüllt. Morgens, nachmittags, freitags ist zügiges Fahren in den Ballungszentren kaum möglich. [...] Abends, wenn die Lastwagenfahrer einen Stellplatz für ihre Ruhezeit suchen müssen, platzen die Rasthöfe aus allen Nähten. Und es kommt noch schlimmer: Das Bundesverkehrsministerium rechnet mit einer Zunahme des Lkw-Güterverkehrs um rund 39 Prozent bis 2030.

[...] Zwar geht die Prognose von einem florierenden Wirtschaftswachstum aus; sollte sich die Konjunktur verschlechtern, würde sich das auch in weniger Gütern niederschlagen. Trotzdem ist davon auszugehen, dass immer mehr Lkw über die Straßen rollen.

Trotz des geplanten Ausbaus des Güterverkehrs auf der Schiene: „Das meiste wird in den nächsten 10 bis 15 Jahren noch auf der Straße stattfinden", sagt Jürgen Peters. Er ist Geschäftsführer des Berliner Innovationszentrums für Mobilität und gesellschaftlichen Wandel (InnoZ). „Die Nadelöhre bleiben", sagt er, und an diesen Verkehrsknotenpunkten käme die Politik nicht um Investitionen herum. Doch mit dem Ausbau einer Autobahn sei das Problem nicht gelöst. Alle Verkehrssysteme seien gefragt. „Aber grundsätzlich wird man die Intelligenz in die Fahrzeuge legen müssen", erklärt der Verkehrsexperte.

[...] Transporte müssten aber generell teurer werden, meint Peters. Problematisch sei besonders der Gratis-Rückversand im Online-Handel.

Denkbar sind dem Verkehrsexperten zufolge noch viele weitere Szenarien, etwa im Bereich autonomes Fahren, wo eines Tages selbststeuernde Fahrzeuge nachts auf bestimmten Routen Waren ausliefern könnten. Oder moderne Lastwagen, die so leise fahren, dass man sie auch nachts wieder auf die Straße schicken kann, um die Autobahnen tagsüber zu entlasten.

Eines sei gewiss: Digitalisierung, Automatisierung und Robotik würden einen enormen Sprung machen. [...] Spürbar im Alltag der Menschen ankommen werde die ganz große technologische Entwicklung allerdings erst zwischen 2030 und 2050. In den nächsten Jahren werden Autofahrer sich also noch weiterärgern müssen.

Olivia Konieczny, www.rp-online.de/nrw/panorama/mehr-lastwagen-bis-2030-gibt-es-wege-aus-dem-verkehrskollaps-in-nrw-aid-1.6726136, 31.3.2017 (Zugriff: 1.8.2017)

M 3 Kommentar: Tatort Autobahn

Laster an Laster, die oft überladen und mit wahnsinniger Geschwindigkeit die Autobahnfahrt lebensgefährlich machen. Nicht nur gefühlt stammt fast die Hälfte der Laster aus Osteuropa. Zu den Ruhezeiten sind die Parkplätze überfüllt, also parken Vierzigtonner mal eben so auf dem Standstreifen. [...]
Die wenigen Autobahnpolizisten sind damit überfordert, die vielen schwarzen Schafe zu kontrollieren, die zu lange ohne Pause, ohne gesicherte Ladung, mit untauglichen Bremsen oder abgefahrenen Reifen unterwegs sind. Selbst Fahrten über Monate werden wie eine Transitfahrt behandelt, weshalb hiesige Mindestlöhne und Sozialstandards nicht gelten. Diesen unfairen Wettbewerb können deutsche Spediteure nicht bestehen. Was tun?
Die Maut für Lastwagen und Transporter muss viel teurer werden. Nicht nur die Automobilindustrie spart sich durch Just-in-time-Produktion * die Lagerhaltung. Für die Hersteller war die frühere Lagerung teuer, der Stau der Laster auf der Autobahn ist viel billiger. Die Folgekosten dieser Fehlentwicklung sollte die Industrie nicht länger bei der Allgemeinheit abladen dürfen.

www.faz.net/aktuell/wirtschaft/wirtschaftspolitik/kommentar-tatort-autobahn-15085379.html, 1.7.2017 (Zugriff: 2.8.2017)

* **Just-in-time-Produktion**
Ein bedarfssynchrones Produktionssystem, bei dem das Material in der Stückzahl und zu dem Zeitpunkt produziert und geliefert wird, wie es vom Kunden gewünscht wird. Dadurch wird Lagerhaltung reduziert und Kosten gespart. Der Nachteil ist eine hohe Anfälligkeit bei Stau oder Streiks. Vor allem in der Automobilindustrie wird diese Produktions- und Liefermethode eingesetzt.

* **Tonnenkilometer**
Kennzahl zur Messung der Beförderungsleistung im Güterverkehr durch unterschiedliche Verkehrsträger (Lkw, Bahn, Schiff, Flugzeug, Pipeline). Dabei entspricht ein Tonnenkilometer (tkm) der Beförderung von Gütern im Gewicht von einer Tonne über einen Kilometer. Ein Tonnenkilometer beschreibt also das Produkt aus dem beförderten Gütergewicht und der Transportentfernung.

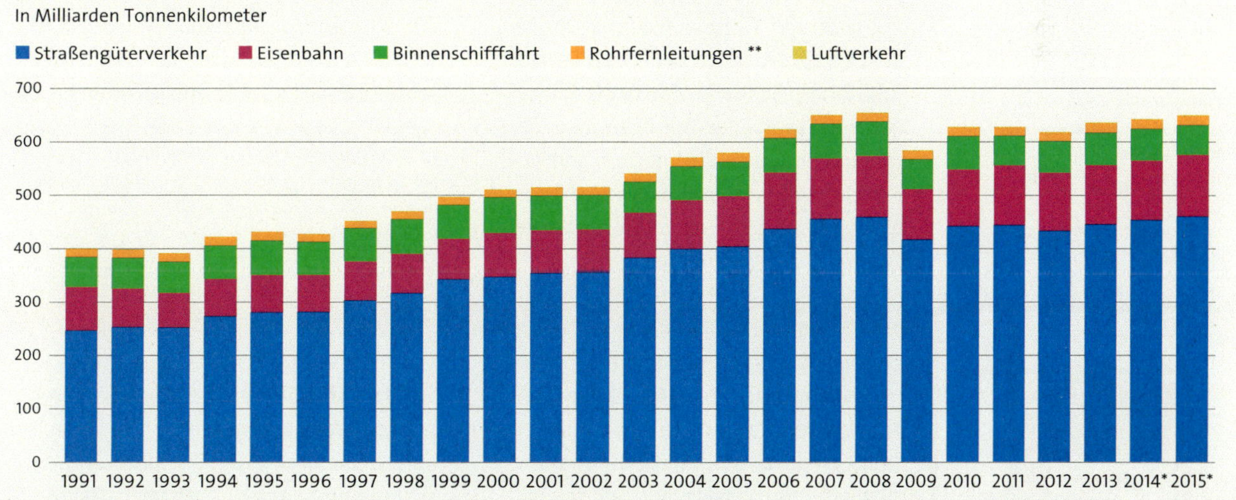

Quelle: Bundesministerium für Verkehr und digitale Infrastruktur (Hg.): Verkehr in Zahlen 2016/2017, * zum Teil vorläufige Werte, ** ab 1996 nur Rohöl

M 4 Anteil der Verkehrsträger am Güterverkehr

1 Charakterisiere anhand der Materialien den Güterverkehr in Deutschland.
2 Erläutere, vor welchen Herausforderungen die Verkehrspolitik im Bereich Gütertransport in Zukunft steht.
3 Erstelle eine Übersicht zu den vom Güterverkehr betroffenen Akteuren und deren Interessen.

Das entschiedenste Mittel, um Staus und Emissionen zu vermeiden, sind Fahrverbote. Diese können absolut oder temporär, allgemein oder regional verhängt werden. Andererseits greift man damit in das Eigentumsrecht der Bürger und der Unternehmen ein und schränkt Mobilität unter Umständen ein.

M 1 Diesel-Fahrverbot

M 2 Emnid-Umfrage zu Dieselfahrzeugen: Deutsche plädieren für Fahrverbote

Die Deutschen sind mehrheitlich für gezielte Dieselfahrverbote in belasteten Gebieten, so das Ergebnis einer von Greenpeace in Auftrag gegebenen Emnid-Umfrage. Demnach sind 57 Prozent der Befragten dafür, dass Dieselautos mit hohem Schadstoffausstoß nicht mehr in Stadtteilen mit besonders schlechter Luftqualität fahren sollten. 39 Prozent lehnen solche Fahrverbote hingegen ab. Das Ergebnis überrascht. Zwar sinkt der Marktanteil der Dieselfahrzeuge aufgrund von drohenden Fahrverboten und Abgasmanipulationen der Hersteller in Deutschland weiter, mit 40,4 Prozent Anteil an den neu zugelassenen Fahrzeugen war er im Mai dieses Jahres dennoch weiterhin sehr hoch.

Deutsche plädieren für Fahrverbote. http://www.rp-online.de/nrw/panorama/mehr-lastwagen-bis-2030-gibt-es-wege-aus-dem-verkehrskollaps-in-nrw-aid-1.6726136, 31.3.2017, (Zugriff: 2.8.2017)

* **Lkw-Durchfahrtsverbote**
Die Feinstaubbelastung ist in Stuttgart nach wie vor hoch. Deshalb dürfen auch Lkw mit modernster Motor- und Abgastechnik nicht mehr durch Stuttgart, Ostfildern und Umgebung fahren, wenn sie dort keinen Lieferauftrag haben.

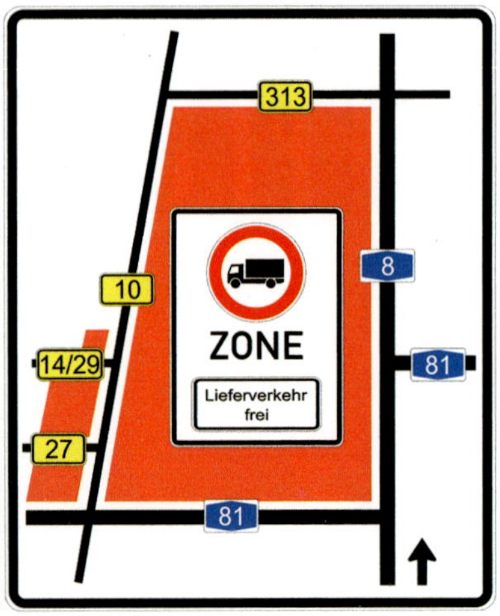

M 3 Umweltzonen und Lkw-Durchfahrtsverbote *

Ergeben die Luftschadstoffmessungen Überschreitungen von Grenzwerten, sind Luftreinhaltepläne zu erstellen. Diese sollen durch geeignete Maßnahmen sicherstellen, dass die Luftbelastung dauerhaft so verbessert wird, dass die Grenzwerte eingehalten werden bzw. der Zeitraum der Überschreitung verringert wird. Seit dem 1. Januar 2015 dürfen auch hier nur noch Fahrzeuge mit grüner Plakette fahren. Zur Verbesserung der Luftqualität in Städten und Gemeinden wurden durch die Regierungspräsidien fast 30 Luftreinhaltepläne erarbeitet, die Maßnahmen für eine bessere Luft enthalten. Dazu gehört unter anderem auch die Ausweisung von Umweltzonen verbunden mit Fahrverboten für Fahrzeuge mit hohem Schadstoffausstoß.

Ministerium für Verkehr, Ba-Wü https://vm.baden-wuerttemberg.de/de/mensch-umwelt/luftreinhaltung/umweltzonen-und-lkw-durchfahrtsverbote (Zugriff: 2.8.2017)

M4 Luftreinhaltung in Stuttgart. Gericht erlaubt Fahrverbote für Diesel ab Januar

Das Verwaltungsgericht Stuttgart hat ein rasches Fahrverbot für Diesel-Fahrzeuge in Stuttgart gefordert. In einem am Freitag verkündeten Urteil gab das Gericht einer entsprechenden Klage der Deutschen Umwelthilfe Recht. Demnach soll für Stuttgart zum 1. Januar 2018 ein Fahrverbot für Diesel verhängt werden. Gegen das Urteil sind noch Rechtsmittel möglich.

Gesundheitsschutz sei höher zu bewerten als Interessen der Diesel-Fahrer, argumentierte das Verwaltungsgericht. Zwar enthält der vorgelegte Plan Fahrverbote, diese seien aber nicht umfassend genug. Das Land dürfe sich bei der Luftreinhaltung nicht darauf verlassen, dass die Autoindustrie handelt, hieß es. Der wirksamste Schutz gegen die gesundheitsschädliche Stickoxid-Belastung seien Fahrverbote. Die Richter verurteilten das Land zur Überarbeitung des neuen Luftreinhalteplans für Stuttgart, weil dieser die Luft nicht schnellstmöglich verbessere. Dazu sei das Land aber verpflichtet. Der bisherige Plan sei unzureichend.

Gericht erlaubt Fahrverbote für Diesel ab Januar, http://www.stuttgarter-nachrichten.de/inhalt.luftreinhaltung-in-stuttgart-umwelthilfe-gewinnt-prozess-um-fahrverbote.586ab1b2-59e8-4b11-a335-9040fe7ee15c.html, 28.7.2017 (Zugriff: 2.8.2017)

Die grüne Plakette für die Umweltzone hängt am 18.6.2014 in Dinslaken (Nordrhein-Westfalen) an einem Verkehrsschild. Seit dem 1.7.2014 gilt für alle Ruhrgebietsstädte ein Fahrverbot für Fahrzeuge mit gelber und roter Plakette.

1 Beschreibe, welche Möglichkeiten es bislang für Fahrverbote in besonders belasteten Gebieten gibt. (M2–M4)
2 Erläutere, welche Wirkung die beschriebenen Maßnahmen haben.
3 Erörtere Vor- und Nachteile von Fahrverboten für die betroffenen Akteure. TIPP S. 363

Der Öffentliche Personennahverkehr (ÖPNV) ist in den meisten Städten gut ausgebaut. Er übernimmt neben dem Straßenverkehr einen Großteil der Personenbeförderung. Er könnte in Zukunft eine noch bedeutendere Rolle spielen, auch weil er deutlich weniger Emissionen ausstößt als der motorisierte Individualverkehr.

M 1 Straßenbahn Stuttgart

M 2 ADAC*-Umfrage zu Stuttgart: Viele Autofahrer würden umsteigen

Viele Stuttgarter können sich offenbar vorstellen, häufiger Busse und Bahnen zu nutzen und das Auto stehen zu lassen. Die Bedingung aber wäre, dass der öffentliche Personennahverkehr deutlich verbessert würde. Dies ist das Ergebnis einer Umfrage des ADAC. Befragt habe man „Nicht- oder Gelegenheitsnutzer öffentlicher Verkehrsmittel" in zehn Großstädten, darunter in Stuttgart, erklärt der Automobilclub.

19 Prozent aller befragten Stuttgarter würden demnach ihr Fahrzeug bei entsprechenden Leistungsverbesserungen des ÖPNV stehen lassen und „mit sehr hoher Wahrscheinlichkeit auf Bus und Bahn umsteigen". Weitere 30 Prozent wären dazu „unter Umständen bereit". Dies entspreche hochgerechnet einem Potenzial von rund 90 000 Umsteigern, hat der ADAC errechnet. „Es findet ein Umdenken in der Gesellschaft statt", schließt Dieter Roßkopf, der Vorstandsvorsitzende des ADAC Württemberg, aus den Ergebnissen.

„Autofahrer erkennen zunehmend, dass es oftmals keinen Sinn macht, mit dem Auto in die Stadt zu fahren", unterstreicht Roßkopf. Dies sei nicht erst seit dem Feinstaubalarm in Stuttgart so. Ein attraktiveres ÖPNV-Angebot und eine bessere Infrastruktur wären deshalb dringend notwendig, um noch mehr Stuttgarter zum Umsteigen zu bewegen, betont der Vorstandsvorsitzende des ADAC Württemberg. Da Busse und Bahnen derzeit schon an der Kapazitätsgrenze führen und der weitere Ausbau eine langfristige Aufgabe sei, müssten jedoch „auch Verbesserungen im Straßenverkehrsablauf kurz- und mittelfristig im Fokus bleiben", so Dieter Roßkopf.

ADAC-Umfrage zu Stuttgart: Viele Autofahrer würden umsteigen http://www.stuttgarter-nachrichten.de/inhalt.adac-umfrage-zu-stuttgart-viele-autofahrer-wuerden-umsteigen.983b64f3-6509-4c58-866d-a62564325e29.html, 16.2.2017 (Zugriff: 2.8.2017)

M 3 Entwicklung der Verkehrsleistung im Verkehrs- und Tarifverbund Stuttgart (VVS) 2006–2016 in Mio. beförderte Personen

	2006	2008	2010	2012	2014	2016
Gelegenheitsverkehr	57,26	57,49	59,44	58,97	60,48	61,30
Berufsverkehr	92,95	95,88	96,31	98,16	110,77	125,00
Ausbildungsverkehr	115,01	119,02	122,12	125,75	129,28	135,90
Senioren	23,05	22,33	21,36	24,05	25,71	27,80
Schwerbehinderte	17,28	15,36	15,52	16,50	16,59	11,00
Sonstige	14,80	15,90	15,22	14,55	14,48	14,60
Summe	**320,36**	**325,96**	**329,96**	**337,99**	**357,30**	**375,70**

Nach: Zahlen, Daten, Fakten 2006–2016 (pdf), Ergänzung zum Verbundbericht 2016. https://www.vvs.de/service/downloads/verbundberichte/ (Zugriff: 2.8.2017)

M 4 Bus und Bahn: Kostenlos rechnet sich

Es ist eine kleine Revolution im brandenburgischen Templin: Die Busse fahren kostenlos – für alle. Fahrscheine werden abgeschafft, die Stadt übernimmt die Kosten. 1998 wird das zunächst probeweise eingeführt, dann beibehalten. Zugleich verbessert sich das Angebot: Neue Haltestellen kommen hinzu, die Busse verkehren nun häufiger, auch wenig genutzte Strecken werden fortan mit Kleinbussen bedient. All das lässt die Fahrgastzahlen explodieren. Nach vier Jahren nutzen fast 15 Mal so viele Menschen den Öffentlichen Personennahverkehr, ÖPNV. Im Jahr 2003 hat die Stadt mit ihren rund 16 000 Einwohnern aber nicht mehr genug Geld, seitdem können sich die Bürger die Jahreskurkarte kaufen und damit kostenlos fahren. Sie kostete erst 29, inzwischen 44 Euro. Die Fahrgastzahlen sind eingebrochen, liegen aber immer noch ungefähr fünfmal so hoch wie vor der Verkehrsrevolution.

Die Idee eines Nulltarifs im ÖPNV klingt nach gelebtem Kommunismus: [...] Niemand muss aus Armut auf Mobilität verzichten. Und vor allem die Umwelt profitiert: Busse und Bahnen verursachen pro Person deutlich weniger Abgase als Autos. Die Utopie scheint sogar in greifbarer Nähe: In vielen Universitätsstädten gibt es für Studenten ein Semesterticket, man müsste dieses nur auf alle Bewohner und Gäste ausdehnen. Doch ganz so einfach ist es dann doch nicht. Die Umweltschützer vom ökologischen Verkehrsclub VCD* zum Beispiel stehen der Idee eher kritisch gegenüber. Schließlich kostet der Nulltarif viel Geld – und das könnte man stattdessen nutzen, um das ÖPNV-Angebot zu verbessern, argumentieren sie. So stiegen womöglich mehr Menschen um.

Schon heute zahlen die Fahrgäste nicht den Preis, der die Kosten völlig deckt. Eine Studie der Friedrich-Ebert-Stiftung schätzt, dass bundesweit 37 Prozent der Kosten über Tickets finanziert werden, 63 Prozent über öffentliche Zuschüsse. Der Fahrschein ist also bereits hochsubventioniert. Wäre es so teuer, ihn ganz wegfallen zu lassen?

Schließlich steigen nicht nur Autofahrer um, sondern auch Radfahrer und Fußgänger, die sich ganz ohne Emissionen fortbewegen.

Felix Werdermann, www.freitag.de/autoren/felix-werdermann/bus-und-bahn-kostenlos-rechnet-sich (Zugriff: 2.8.2017)

* **ADAC**
Allgemeiner Deutscher Automobil-Club e.V. Verkehrsclub mit fast 20 Mio. Mitgliedern in Deutschland, der vor allem die Interessen der Autofahrer vertritt

* **VCD**
Der ökologisch ausgerichtete Verkehrsclub Deutschland e.V. setzt sich für eine sozial- und umweltverträgliche Mobilität aller Verkehrsteilnehmer ein. Die Mitgliederzahl liegt bei ca. 50 000.

Mehr zum Thema
Text: **Intelligente Verkehrskonzepte**

Webcode PE646098-333

1 Charakterisiere die Entwicklung des ÖPNV in der Region Stuttgart. (**M 2** und **M 3**)
2 Erläutere Gründe, die für den Umstieg vom Auto auf den ÖPNV sprechen.
3 Bewerte die Idee eines kostenlosen ÖPNV ausgehend von **M 4**. TIPP *S. 363*

Welche Lösungsmöglichkeiten gibt es? – C: Carsharing

Der Trend geht zum Teilen. Und wir teilen immer mehr: Kleidung, Ackerflächen oder Autos. Vor allem in Großstädten wird Carsharing immer beliebter. Ursachen sind zum einen die Kosten, die ein Fahrzeug erzeugt, aber auch der Stellplatzmangel, Umweltaspekte und ein Wandel in der Bedeutung des privaten Autos weg vom Statussymbol.

M 1 Carsharing-Station in Freiburg/Breisgau

M 2 13 000 Freiburger nutzen Carsharing – scharfer Wettbewerb der Anbieter

Der Markt für individuelle motorisierte Mobilität ohne eigenes Kfz ist in den vergangenen Jahren stark gewachsen. Dominiert wird er in der Stadt von dem alteingesessenen Anbieter Stadtmobil und dem Waldkircher Newcomer Grüne Flotte. Insgesamt nutzen mittlerweile 13 000 Freiburger deren Dienste. [...]
„Ab Oktober werden wir unser Tarifsystem anpassen", sagt Manuela Müller, Sprecherin von Stadtmobil. Das Unternehmen, das aus dem Freiburger Carsharing-Verein hervorgegangen ist und mit seiner rund 25-jährigen Geschichte der Pionier der Branche ist, plant zwei wichtige Änderungen. Zum einen gibt es künftig für ältere, schon etwas abgenutzte Fahrzeuge reduzierte Preise, zum anderen soll es nun auch einen Tarif ganz ohne Grundgebühr geben. Bislang müssen Stadtmobil-Kunden eine monatliche Zahlung leisten, egal ob sie Fahrzeuge nutzen oder nicht.
Beide Änderungen sind in gewisser Weise Reaktionen auf die „Grüne Flotte", die seit dem Markteintritt im Jahr 2012 Carsharing ohne Grundgebühr bietet. „Wir haben gemerkt, dass gerade Wenignutzer abgewandert sind", sagt Müller. [...]
Insgesamt sind allein bei den beiden Carsharing-Platzhirschen in Freiburg nun rund 13 000 Nutzer unter Vertrag. Die Zahl der Fahrzeuge liegt bei fast 280. Daneben gibt es noch einige weitere, kleinere Anbieter wie etwa die Deutsche Bahn mit ihrer Carsharing-Marke Flinkster.
Die Stadt Freiburg fördert das Autoteilen vor allem durch ein spezielles Stellplatzkonzept, mit mittlerweile 68 Carsharing-Stationen im öffentlichen Straßenraum. Dort gibt es nun insgesamt 190 Stellplätze. Weitere 66 Stationen sind im Bebauungsplan vorgesehen, aber noch nicht vergeben. Die Anbieter Stadtmobil und „Grüne Flotte" pachten die Stellplätze von der Stadt, die ihrerseits zwischen 1000 und 2000 Euro je Stellplatz aufgewendet hat, um die Parkflächen entsprechend zu kennzeichnen.
[...] Doch es gibt auch Unverständnis. Laut dem Bürgerverein Oberwiehre-Waldsee sind einige Stadtteilbewohner sauer, weil damit noch mehr rarer Parkraum wegfalle.

www.badische-zeitung.de/freiburg/13-000-freiburger-nutzen-carsharing-scharfer-wettbewerb-unter-den-anbietern--126730713.html, 1.9.2016 (Zugriff: 2.8.2017)

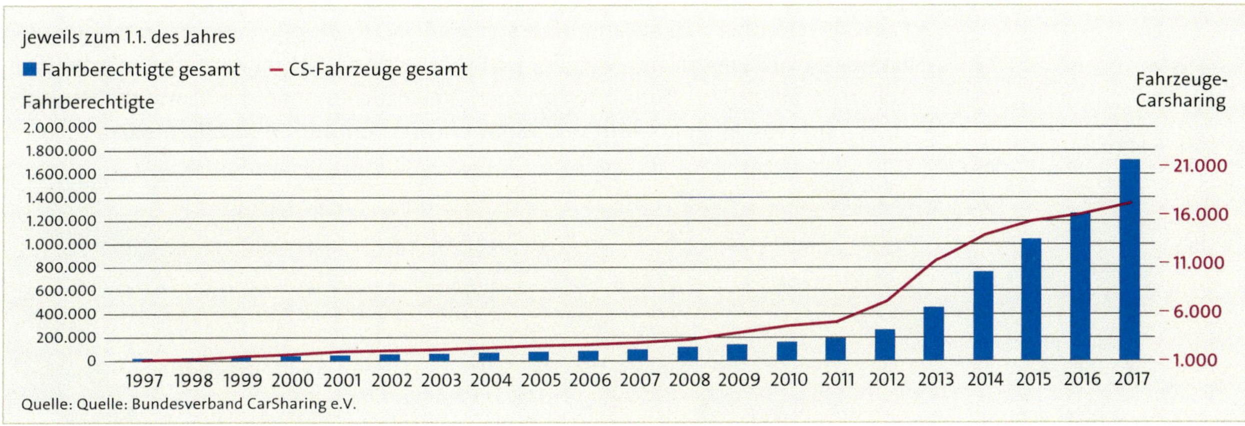

M3 Carsharing-Entwicklung in Deutschland 1997–2015

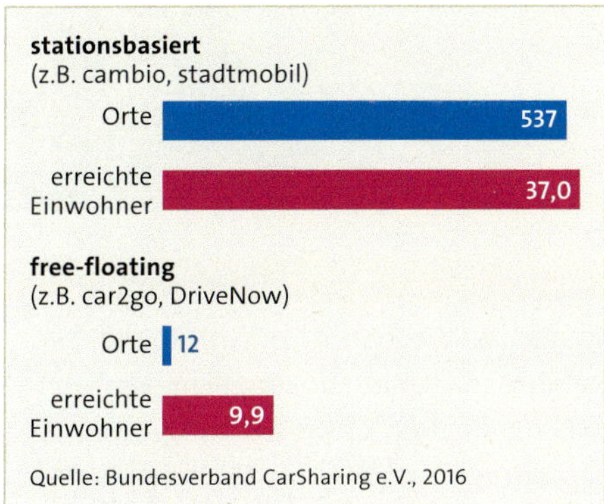

M4 Carsharing*-Versorgung

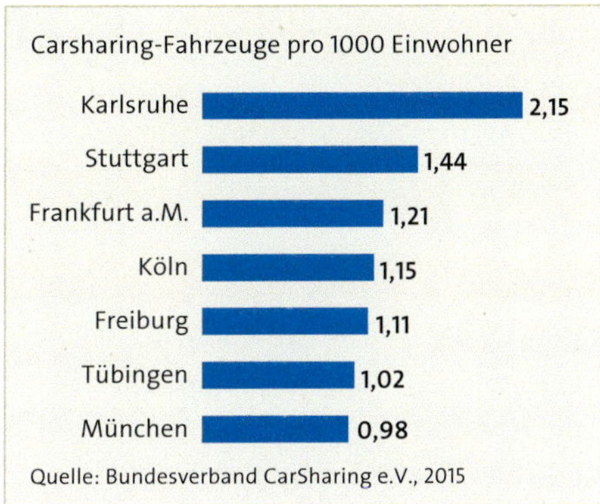

M5 Carsharing-Städteranking 2015

* **Carsharing**
Grundsätzlich gibt es zwei Carsharing-Modelle.
- Man nutzt eine feste Carsharing-Station, bei der man das Fahrzeug gebucht hat, holt es dort ab und bringt es auch dorthin wieder zurück
- Das Free-Floating-System ist flexibler, da man das nächstgelegene Auto mit dem Smartphone anpeilt und es in diesem Gebiet auch wieder abstellt. Die Gebühren sind hierfür meist etwas höher.

M6 Carsharing nicht immer umweltfreundlich

Free-Floater haben meist noch ein eigenes Auto und sie nutzen das Carsharing nur, um flexibel und spontan auf kurzer Strecke einen Wagen zu fahren. Besonders umweltfreundlich ist das nicht. Anders ist das bei den Kunden, die bei der Station buchen: Sie müssen das früher anmelden, haben günstigere Tarife und nutzen das gemietete Auto auch für größere Distanzen. Die meisten besitzen selbst keinen eigenen Pkw und in der Stadt nutzen diese Kunden sogar lieber den öffentlichen Nahverkehr.
In Stuttgart besitzen 40 Prozent der Carsharing-Kunden eine Monatskarte für die öffentlichen Verkehrsmittel. Das ist doppelt so viel wie der Durchschnitt der Gesamtbevölkerung.
Nur der Kundentyp ohne eigenes Auto verhält sich also umweltfreundlich. [...]
Die Deutsche Umwelthilfe kritisiert die wachsende Anzahl kommerzieller Carsharing-Angebote in Großstädten: Ohne sie würden mehr Menschen mit Bus und Bahn fahren, sagt Geschäftsführer Jürgen Resch.

www.swr.de/marktcheck/kritik-von-umweltschuetzern-carsharing-nicht-immer-umweltfreundlich/-/id=100834/did=19054316/nid=100834/lpjfk6/index.html (Zugriff: 2.8.2017)

1 Charakterisiere anhand der Materialien den Carsharing-Markt.
2 Erläutere Gründe für den Erfolg dieses Geschäftsmodells.
3 Erläutere, wie die Politik das Carsharing-System unterstützen kann.
4 Erörtere Vor- und Nachteile des Carsharing-Systems in Hinblick auf die Verkehrs- und Umweltprobleme vor allem in Städten. TIPP S. 363

„Umweltfreundlich, lokal, emissionsfrei und leise“. Damit werben Hersteller von Elektroautos. Diese könnten vor allem in Städten zu einer Verringerung der Emissionsbelastung beitragen. Dennoch tun sich Verbraucher und die Automobilbranche schwer, sich von einer Zukunft mit Verbrennungsmotoren zu verabschieden.

M1 E-Mobilität in Deutschland

M2 E-Auto: Schick, sauber, unbeliebt

Was ist da los? Der Staat will 4000 Euro verschenken – und kaum jemand hält die Hand auf. [...] Von den ausgelobten 400 000 Elektroautoprämien sind im ersten Jahr noch nicht einmal sieben Prozent abgerufen worden. Vom Ziel, bis 2020 eine Million Stromer auf deutsche Straßen zu bringen, hat sich die Bundesregierung längst verabschiedet.
Der Elektroanteil an der deutschen Pkw-Flotte liegt noch immer bei weniger als einem Prozent, selbst unter den Neuzulassungen waren im ersten Halbjahr 2017 nur 0,6 Prozent elektrisch. Dazu kommen noch einmal 0,7 Prozent sogenannte Plugin-Hybride mit einer Minibatterie für wenige Kilometer. 98,7 Prozent aller Neuwagen haben noch immer einen Verbrennungsmotor. Und da sie im Durchschnitt 18 Jahre halten, werden Benzin und Diesel auch weit nach 2030 die deutschen Straßen dominieren.
Die Elektroautostrategie der Bundesregierung ist grandios gescheitert. Dabei bieten die 20 E-Auto-Hersteller auf der Förderliste, darunter sechs deutsche, inzwischen vom Mini über den Familienkombi bis zum Rennauto mehr als 100 verschiedene Modelle [...]. Und das Image der Stromer ist hervorragend. Sie sehen schick aus, stinken nicht, tanken billig, brauchen kaum Wartung, beschleunigen an der Ampel schneller als ein Ferrari und schnurren dabei nur leise vor sich hin. Tatsächlich erwägt bereits fast jeder zweite Autokäufer die Anschaffung eines Elektroautos [...]. Doch am Ende entscheiden sich dann doch fast alle dagegen.
Für die Zurückhaltung werden vor allem drei Gründe genannt: die Angst, mit leerem Akku liegen zu bleiben, die lückenhafte Ladeinfrastruktur im öffentlichen Raum und der hohe Anschaffungspreis. Doch daneben gibt es noch einen vierten Grund, und das ist wahrscheinlich der wichtigste: die Angst vor dem Unbekannten. [...]
Seit 2011 informiert der VCD auch über Stromer. Preis, Reichweite, CO_2-Ausstoß sind aufgelistet. „Tatsächlich lohnt sich der Umstieg schon heute für eine ganz bestimmte Zielgruppe“, sagt Lottsiepen: „Berufspendler mit einem rund 50 Kilometer langen Weg zum Arbeitsplatz.“ Das sind in Deutschland mehrere Millionen Menschen. Wären sie nicht mit Diesel oder Benzin, sondern elektrisch

unterwegs, würden sie Geld sparen und die Luft weit weniger verschmutzen. [...] [Tatsächlich aber] investieren wir Zehntausende Euro in einen Neuwagen und lassen das teure Gefährt dann über 95 Prozent seiner Lebenszeit ungenutzt am Straßenrand herumstehen. Wir bewegen den tonnenschweren Blechpanzer für den Kurztransport eines Kleinkinds samt Einkaufstüte und stürzen uns am Wochenende und zu Ferienbeginn sehenden Auges in den Megastau. Wir erwarten, die ersten 700 Kilometer ohne Tankstopp zurücklegen zu können, halten selber aber längst nicht so lange ohne Ess- und Pinkelpause durch. Im Durchschnitt fahren wir gerade mal 40 Kilometer am Tag, das schaffen selbst die billigsten Stromer. [...]

Ein starkes Umweltbewusstsein ist in Deutschland nur ein schwaches Argument für den Umstieg aufs E-Mobil. Von der Produktion über die Gewinnung der Antriebsenergie bis zur Entsorgung ist sein Schadstoff- und CO_2-Ausstoß nur geringfügig kleiner als bei einem Benziner. Klar im Vorteil sind Stromer nur bezogen auf die innerstädtische Luftverschmutzung. Die für ihren Betrieb nötigen Kraftwerke stehen schließlich am Stadtrand – oder in Ostchina. Denn dort werden die meisten Batteriezellen für Elektroautos produziert: eine energieintensive und dreckige Industrie.

Dirk Asendorpf, Schick, sauber, unbeliebt, 31. Juli 2017, http://www.zeit.de/wissen/2017-07/e-auto-elektromobilitaet-praemie-umwelt-kosten (Zugriff: 2.8.2017)

M4 Saubere E-Mobilität

* **Abwrackprämie**
Die Abwrackprämie, eigentlich Umweltprämie, war eine staatliche Prämie in Höhe von 2500 €. Sie wurde 2009 unter bestimmten Umständen Neuwagenkäufern gewährt, wenn diese ihr altes Kraftfahrzeug dafür ver schrotten ließen. Die Maßnahme war Teil eines Konjunkturprogramms zur Absatzsteigerung.

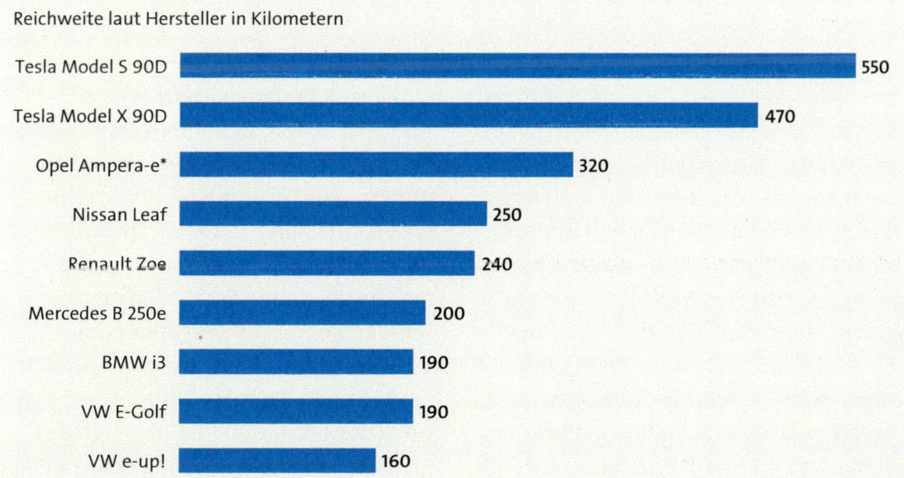

Quelle: Corporate Europe Observatory, LobbyControl und Friends of the Earth, Lobbyfacts EU,

M3 So weit kommen Elektroautos

1. Stelle anhand der Materialien Vor- und Nachteile der E-Mobilität einander gegenüber.
2. Erläutere, warum der Autor von **M2** behauptet, die Elektroautostrategie der Bundesregierung sei grandios gescheitert (Z. 23*f*.).
3. Erörtere ausgehend von den Materialien, welchen Beitrag die E-Mobilität für die Verkehrs- und Umweltpolitik leisten kann. **TIPP** *S. 363*

Politische Probleme sind häufig komplex und der Interessensausgleich benötigt im demokratischen Prozess Zeit. Hinzu kommt das häufig komplizierte politische Mehrebenensystem aus EU, Bund, Land und Kommune. Außerdem gibt es Lobbygruppen und andere Interessenvertreter, die versuchen, auf die Gesetzgebung Einfluss zu nehmen. Schließendlich kontrollieren Gerichte politische Entscheidungen, können diese erlauben oder untersagen. All diese Akteure können verschieden stark Einfluss nehmen und sind unterschiedlich demokratisch legitimiert.

M 1 Bisher eher devot unterwegs: Stuttgarts Oberbürgermeister Fritz Kuhn.

M 2 Feinstaub-Gegner wollen Hauptverkehrsachse lahmlegen

Die Feinstaub-Gegner fordern Fahrverbote und wollen Taten von der Politik sehen. Am Donnerstag will die Bürgerinitiative Neckartor erneut eine Demonstration auf der Hauptverkehrsachse in Stuttgart veranstalten. Die Bundesstraßen 14 und 27 in der City werden an diesem Donnerstag von 17 Uhr an zum Nadelöhr, weil sie teil- und zeitweise gesperrt werden müssen. Die Bürgerinitiative Neckartor und Fuss e.V. haben zwei Demonstrationszüge angemeldet, die bei der Luftmessstation an der Hohenheimer Straße und als Fahrrad-Demo bei der Station am Neckartor starten. Sie sollen sich um 17.30 Uhr zu einer Kundgebung auf dem Charlottenplatz treffen. Dort sprechen die Ärztin Angelika Linckh und Jürgen Resch von der Deutschen Umwelthilfe zum Thema Luftschadstoffe.
Die Veranstalter fordern, die EU-weit gültigen Grenzwerte für Feinstaub und Stickstoffdioxid einzuhalten.

www.stuttgarter-zeitung.de/inhalt.demo-gegen-feinstaub-in-stuttgart-feinstaub-gegner-wollen-hauptverkehrsachse-lahm-legen.0d10ab78-b383-4583-ab76-9a56d7598797.html (Zugriff: 3.8.2017)

M 3 Deutschland von EU-Kommission bald wegen Feinstaub verklagt?

Der Dreck liegt in der Luft – und wird täglich von vielen tausend Menschen eingeatmet. Ein unhaltbarer Zustand, heißt es in der Brüsseler EU-Kommission, die seit Jahren der Bundesrepublik mit einer Klage droht. Diese ist nun offenbar nicht mehr ausgeschlossen: Wegen fortgeschrittener Verstöße gegen die Richtlinie zur Luftreinhaltung hat die Kommission zuletzt im Februar die Bundesregierung verwarnt, eine Stellungnahme aus Berlin ging im Mai in Brüssel ein und wird derzeit geprüft. Ein Gang zum Europäischen Gerichtshof (EuGH) in Luxemburg rückt näher, sollte die EU-Behörde mit den Informationen aus Berlin unzufrieden sein. Der Automobilclub ADAC hat schon vor Jahren ausgerechnet, wie hoch eine eventuelle Strafe ausfallen könnte: bis zu 100 000 Euro – pro Tag.

[...] Derzeit darf ein Kubikmeter Luft maximal 40 Mikrogramm Feinstaub bis zu einer Partikelgröße von zehn Mikrometern (PM 10) enthalten. 2010 wurde ein weiterer Grenzwert für Stickoxide (höchstens 200 Mikrogramm je Kubikmeter Luft, an maximal 18 Tagen im Jahr) eingeführt, die vor allem von Diesel-Motoren, aber auch hochgezüchteten Benzin-Motoren emittiert werden. Auch deshalb gibt es in Brüssel großes Interesse an der Einführung einer neuen, blauen Umweltplakette, mit der die Kommunen „verschärfte Zufahrtsbeschränkungen" für die besonders belasteten Bereiche der Citys erlassen könnten.

www.maz-online.de/Nachrichten/Wirtschaft/Deutschland-bald-wegen-Feinstaub-verklagt (Zugriff: 3.8.2017)

M 4 IHK-Studie: Hohe Kosten für die Stuttgarter Wirtschaft durch Staus

Das Image der Stadt Stuttgart als Stau-Metropole mit schlechter Luft droht zur Bremse für die Wirtschaft zu werden. Unternehmen könnten künftig außerhalb der Region investieren, weil die Bedingungen vor Ort zu schlecht seien, sagte der Hauptgeschäftsführer der Industrie- und Handelskammer (IHK) Stuttgart, Andreas Richter [...]. Pro Jahr schätzt er die Folgekosten durch Staus – etwa höhere Lieferkosten – auf 400 bis 500 Millionen Euro für die Stuttgarter Wirtschaft.

Problematisch ist laut IHK zudem, dass manch Jobsuchender vom Image der Stadt abgeschreckt werde. Firmen zögen zwar nicht weg. Aber „das, was sie neu machen, machen sie nicht hier", sagte Richter. „Eines Tages wird die Stadt Stuttgart das am Rückgang der Gewerbesteuer merken."

www.stuttgarter-nachrichten.de/inhalt.ihk-studie-hohe-kosten-durch-staus-fuer-die-stuttgarter-wirtschaft.b756da23-e013-46ac-b328-46ad3ed24594.html (Zugriff: 3.8.2017)

M 5 Politische Systemtheorie

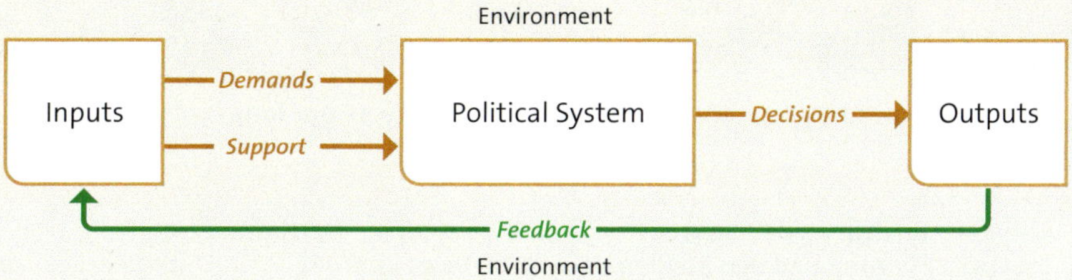

Die politische Systemtheorie versucht den Ablauf politischer Prozesse zu erklären. Im Unterschied zu anderen gesellschaftlichen Teilsystemen, wie z. B. dem ökonomischen System, trifft das politische System für alle verbindliche Entscheidungen (autoritative Wertzuweisungen). Die verschiedenen Teilsysteme nehmen Einfluss aufeinander (Environment). Aus dieser Umwelt werden Forderungen an das politische System über Parteien oder Interessenvertreter gestellt (demands). Außerdem werden Erwartungen und Unterstützung, z. B. in Form von Wahlen, an das System herangetragen (support). Im demokratischen Prozess des politischen Mehrebenensystems werden die unterschiedlichen Interessen verarbeitet und in Form verbindlicher Entscheidungen durch Gesetze oder Verordnungen für alle Mitglieder der Gesellschaft verbindlich entschieden (decisions). Diese Entscheidungen (Output-Seite) haben Auswirkungen auf das gesellschaftliche Umfeld (feedback) und führen zur Veränderung der Input-Seite (supports und demands).

1 Erläutert die Karikatur **M 1**.
2 Gesellschaftliche, ökonomische und politische Akteure versuchen, Einfluss auf den politischen Prozess zu nehmen. Vergleicht anhand der Materialien **M 2–M 4** die unterschiedlichen Akteure in Hinblick auf ihre Macht und ihre demokratische Legitimation.
3 Bewertet die von euch gefundenen Lösungsvarianten.
4 Arbeitet mit **M 5**. Erörtert, inwieweit sich durch eure Entscheidung die Input-Seite bei bestimmten gesellschaftlichen Gruppen verändert.
5 Stellt eure Entscheidung begründet der Klasse vor.
6 Recherchiert, welche Entscheidungen in der Realität getroffen wurden, und vergleicht diese mit den von euch erarbeiteten.

1. Digitalisierung

Die Digitalisierung ist eine der großen politischen, ökonomischen und gesellschaftlichen Herausforderungen der Zukunft. Digitale Vernetzung kann unser Leben einfacher und schneller machen, kann uns bei der Organisation komplexer Zusammenhänge helfen und auch die Kommunikation zwischen Menschen und Unternehmen im globalen Maßstab intensivieren. Dazu muss allerdings die Infrastruktur ausgebaut, die Forschung intensiviert und die Menschen mit dem entsprechenden Know-how ausgestattet werden – beginnend im Schulunterricht. Darüber hinaus spielen rechtliche Regelungen zur Datensicherheit eine immer größere Rolle.

M1 Die Digitalisierung der Gesellschaft schreitet teilweise nur langsam voran.

M 2 Politische Handlungsfelder der Digitalisierung

A Medien-Unterricht an den Schulen
Für die Digitalisierung und den Medien-Unterricht an den Schulen Baden-Württembergs sind der Bund, das Land und die Kommune zuständig. Das betrifft die Bereitstellung von Hardware, aber auch die Fortbildung der Lehrerinnen und Lehrer sowie die Erstellung der Bildungspläne.

B Ausbau der Netzinfrastruktur
Schnelles Internet ist für Unternehmen, aber auch zunehmend für private Nutzer ein wichtiger Aspekt. Vor allem in eher ländlichen Gebieten kommt der Ausbau teilweise nur langsam voran. Dabei ist häufig ein Streitpunkt, ob Wirtschaft oder die Politik für die Finanzierung aufkommen soll.

C Industrie 4.0
In der Fabrik der Industrie 4.0 koordinieren intelligente Maschinen selbstständig Fertigungsprozesse, dabei unterstützen Service-Roboter Menschen in der Montage bei schweren Arbeiten, fahrerlose Transportfahrzeuge kümmern sich eigenständig um Logistik und Materialfluss. Der Bund hat hierfür zahlreiche Förderprogramme aufgelegt.

D Rechtliche Regeln zum Datenschutz
Beim Bezahlen mit Kredit- und Kundenkarten, bei Online-Buchungen, beim Surfen im Internet, bei der Nutzung von Mobiltelefonen und bei der Mauterfassung entstehen Datenspuren, die gespeichert werden. Diese Daten können auch zur Strafverfolgung genutzt werden. Andererseits dürfen solche Daten nicht in falsche Hände geraten.

1 Wählt aus den Themenvorschlägen A–D aus. Recherchiert in eurer Schule, Gemeinde, bei Unternehmen und Verbänden, welche Probleme sich in dem gewählten Bereich aktuell ergeben.
2 Arbeitet anhand eurer Recherche-Ergebnisse heraus, welche betroffenen Akteure welche Interessen verfolgen und welche Forderungen an die Politik gestellt werden.
3 Beschreibt, welche politische Ebene (EU, Bund, Land, Kommune) für die Problemlösung zuständig ist.
4 Erläutert Lösungsmöglichkeiten für die festgestellten Probleme, vergleicht und bewertet diese.
5 Präsentiert eure Ergebnisse in der Klasse mithilfe der Abbildung „Politische Systemtheorie" auf S. 339 (M5).

2. Integration

Deutschland ist wie viele andere Staaten in einer globalisierten Welt Ziel von Migration. Diese Menschen hier zu integrieren, damit sie ein selbstbestimmtes, ökonomisch unabhängiges Leben führen können, ist eine zentrale Herausforderung für die Bevölkerung, die Zugewanderten und die Politik. Dabei spielen das Erlernen der Sprache und Kultur, das Finden eines Ausbildungs- oder Arbeitsplatzes, der Bezug einer eigenen Wohnung oder die Mitgliedschaft in Vereinen, vor allem Sportvereinen, eine zentrale Rolle.

M1 Darek, ein syrischer Flüchtling, dessen Asylantrag in Deutschland bewilligt wurde, besucht einen Integrationskurs.

M2 Politische Handlungsfelder der Integration

A Integrationskurse
Es gibt eine Vielzahl von Möglichkeiten für Migranten, Kurse zu belegen, bei denen man die deutsche Sprache und Kultur erlernen kann. Dennoch reichen teilweise die Angebote nicht aus oder sie gehen am speziellen Bedarf der Menschen vorbei. Hauptsächlich verantwortlich für die Integration sind die Kommunen.

B Ausbildungs- und Arbeitsplätze
Das selbstverdiente Geld und eine berufliche Zukunft sind entscheidend für die Integration. Dabei stoßen Bewerber häufig auf kulturelle und sprachliche Probleme oder die Schulbildung ist nicht ausreichend für anspruchsvolle Tätigkeiten. Gleichzeitig suchen Unternehmen händeringend qualifizierte Fachkräfte. Staatliche Förderung kann hier Abhilfe schaffen.

C Wohnungssuche
Für die meisten Migranten ist die Wohnungssuche frustrierend. Hohe Mieten, Vorurteile der Vermieter, komplizierte Verträge machen es nicht einfach. Die Kommunen, das Land und der Bund können hier durch gezielte Maßnahmen Lösungen schaffen, die auch die Bedürfnisse der anderen Wohnungssuchenden berücksichtigten.

D Sportvereine
Die Vereine, vor allem die Sportvereine, bewerkstelligen eine große Integrationsleistung. Sie erleichtern nicht nur die Kontaktaufnahme mit Deutschen, sondern schaffen auch ein Dazugehörigkeits- und eine Steigerung des Selbstwertgefühls bei den Zuwanderern. Sie bekommen teilweise Unterstützung durch die Politik. Diese kann aber noch größer sein.

1 Wählt aus den Themenvorschlägen A–D aus. Recherchiert in eurer Schule, Gemeinde, bei Unternehmen und Verbänden, welche Probleme sich in dem gewählten Bereich aktuell ergeben.
2 Arbeitet anhand eurer Recherche-Ergebnisse heraus, welche betroffenen Akteure welche Interessen verfolgen und welche Forderungen an die Politik gestellt werden.
3 Beschreibt, welche politische Ebene (EU, Bund, Land, Kommune) für die Problemlösung zuständig ist.
4 Erläutert Lösungsmöglichkeiten für die festgestellten Probleme, vergleicht und bewertet diese.
5 Präsentiert eure Ergebnisse in der Klasse mithilfe der Abbildung „Politische Systemtheorie" auf S. 339 (M5).

Leitfrage: Wie kann die Politik gesellschaftliche, politische oder ökonomische Probleme durch rechtliche Regelungen lösen?

Teils aus Langeweile, teils aus machohaftem Imponiergehabe veranstalten insbesondere junge Männer illegale Autorennen in den Innenstädten. Dabei werden immer wieder Unbeteiligte verletzt oder sogar getötet. Die Politik sieht sich zum Handeln gezwungen.

Bei der Bearbeitung der Aufgaben musst du jeweils geeignete Materialien (M 1–M 4) heranziehen.

Ich kann Informationen gewinnen und aufbereiten.

1 Erläutere mithilfe der Materialien die Karikatur M 1.

2 Beschreibe, welches Problem die Politik lösen muss.

Ich kann Probleme und Konflikte analysieren.

3 Erläutere, welche unterschiedlichen Interessen bei der Problemlösung eine Rolle spielen.

4 Beschreibe unterschiedliche Lösungsmöglichkeiten, um illegale Autorennen in Innenstädten zu verhindern.

5 Erläutere anhand der Materialien den Verlauf der Problemlösung mithilfe der Politischen Systemtheorie.

Ich kann mir ein begründetes Urteil bilden.

6 Erörtere, welche Lösungsvorschläge besonders effektiv sind, und vergleiche dein Ergebnis mit der von der Politik getroffenen Entscheidung.

7 Begründe, weswegen der Gesetzgeber im Fall der illegalen Autorennen besonders schnell zu einer Entscheidung kam.

Ich kann mitreden und aktiv werden.

8 Recherchiert in eurer Gemeinde oder im Umfeld eurer Schule Gefahrenschwerpunkte des Verkehrs und erarbeitet Lösungskonzepte.

M 1 Ultimativer Kick für Raser ...

CHECK UP

M 2 Illegale Autorennen – Bundestag beschließt höhere Strafen für Raser

Teilnehmer und Veranstalter illegaler Autorennen müssen sich auf deutlich härtere Strafen einstellen. Einen entsprechenden Gesetzentwurf verabschiedete der Bundestag am Donnerstag. Er sieht auch vor, die Fahrzeuge der Beteiligten einzuziehen.

Wer illegale Autorennen veranstaltet oder daran teilnimmt, soll künftig mit bis zu zwei Jahren Haft bestraft werden – und mit bis zu zehn Jahren, wenn jemand dabei schwer verletzt oder getötet wird. Bisher wird die Teilnahme an solchen Rennen mit 400 Euro Bußgeld und einem Monat Fahrverbot geahndet. Illegale Rennen bringen immer wieder Menschen in Gefahr. Ende März waren erstmals in Deutschland zwei Raser nach einem illegalen Rennen mit tödlichem Ausgang des Mordes schuldig gesprochen worden. Das Landgericht Berlin verhängte lebenslange Haftstrafen. Nach dem Tod eines Fußgängers in Mönchengladbach sitzt der mutmaßliche Unfallfahrer wegen Mordverdachts in Untersuchungshaft. Den Gesetzentwurf hatte der Bundesrat eingebracht.

Gekürzt nach: Illegale Autorennen – Bundestag beschließt höhere Strafen für Raser. 29.6.2017. http://www.faz.net/aktuell/gesellschaft/kriminalitaet/bundestag-beschliesst-hoehere-strafen-fuer-raser-15083088.html (Zugriff: 4.8.2017)

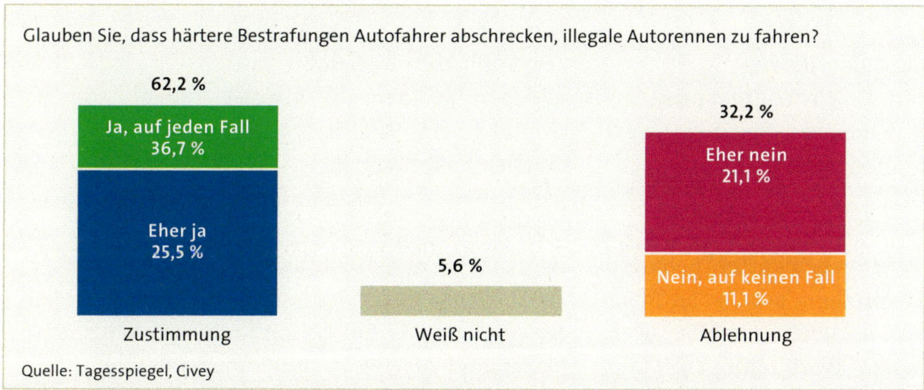

M 3 Abschreckende Wirkung von härteren Strafen

M 4 Reaktionen auf das Urteil

Der Frankfurter Verkehrssoziologe Alfred Fuhr meint: „Wir müssen damit leben." Es gelinge der Polizei nicht, „die Szene auszutrocknen". Das Wichtigste ist seiner Meinung nach, „dass man eine Art Ethik in die Szene bringt und es gelingt, dass keine Zuschauer mehr dabei sind. Es geht ja eigentlich vor allem ums Filmen." Ein Ziel sei es nämlich, die illegalen Autorennen auf Video aufzunehmen und sie zur Polizei zu schicken unter dem Motto: „Ihr kriegt uns ja sowieso nicht."

http://www.autobild.de/bilder/illegale-autorennen-strafen-und-reaktionen-5873247.html#bild1 (Zugriff: 4.8.2017)

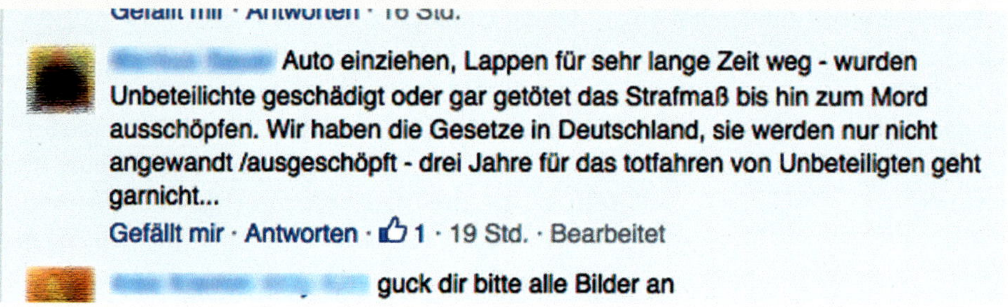

ABC-Liste

Du suchst zu einem Thema viele Begriffe, die damit zusammenhängen? Dann ist die ABC-Methode hilfreich.

So gehst du vor:

1. Schreibe zunächst die Buchstaben des Alphabets auf ein Blatt Papier.
2. Finde nun zu jedem Buchstaben einen Begriff, den du mit dem ausgewählten Thema verbindest.
3. Versuche in vorgegebener Zeit möglichst für jeden Buchstaben einen Begriff zu finden. Um Lücken zu füllen, kannst du dich im Anschluss mit deinem Sitznachbarn austauschen.

Wir führen ein Brainstorming durch

1. Schritt: Gedankensturm

Jede/-r Einzelne lässt die Gedanken zu einem Thema/Stichwort wenige Minuten (2–3 min) „stürmen" (brainstorming = engl.: Gedankensturm).

2. Schritt: Gruppenbildung

Aufteilung der Klasse in mittelgroße Gruppen (fünf bis zehn Mitglieder).

3. Schritt: Austausch und Aussortieren

In den Gruppen werden die Einzel-Ergebnisse zusammengetragen und verglichen. Gedanken werden zu Einheiten zusammengefasst/sortiert.

4. Schritt: Zusammenführung und Zielsetzung

Das Brainstorming ist ein erster spontaner Zugang zu einem Thema. Dabei wird davon ausgegangen, dass schnelle gedankliche Reaktionen ungefiltert erfolgen und so bereits eine aussichtsreiche Einstimmung auf ein Thema möglich ist. Am Ende eines Brainstormings sollte entschieden werden, in welche Richtung ein Thema verfolgt und bearbeitet wird.

Concept Map

Concept Maps, auch Wissenslandkarten genannt, dienen der visuellen Darstellung von Zusammenhängen. Concept Maps bestehen aus Begriffen (Knotenpunkten), Pfeilen (Verbindungen) und Pfeilbeschriftungen. Die einzelnen Elemente werden durch ihre räumliche Anordnung und die Verbindung mit Pfeilen in eine Beziehung zueinander gesetzt. Außer Textelementen können auch Zeichnungen verwendet werden. Wie bei einer Mindmap gibt es, erkennbar an der Größe oder der Art der Visualisierung, Ober- und Unterbegriffe. Im Unterschied zu Mindmaps sind Concept Maps komplexer und sie treffen durch die Beziehungspfeile auch konkrete Aussagen. Mindmaps können weder richtig noch falsch sein, wohingegen die Zusammenhänge in Concept Maps Anlass zu vielfältigen Diskussionen geben können. (Beispiele siehe Webcode) **Webcode PE646098-344**

Eselsbrücke

Du sollst eine Reihe von Fakten lernen und diese vielleicht auch noch in einer bestimmten Reihenfolge wiedergeben können? In solchen Situationen helfen bestimmte Techniken (auch Mnemotechniken genannt), die das Einprägen von Informationen erleichtern. Umgangssprachlich werden sie auch als Eselsbrücke bezeichnet.

Der Trick besteht darin, dass der neuen Information eine weitere Information angehängt wird, die uns das Einprägen erleichtert.

Beispiele:

- Merkspruch: **N**ie **o**hne **S**eife **w**aschen (Himmelsrichtungen: N/O/S/W)
- Reime: Drei – drei – drei, bei Issos Keilerei (Alexander der Große besiegte das hochüberlegene Heer des Perserkönigs Dareios III. im Jahr 333 v. Chr.)

Aber Achtung: Gute Eselsbrücken bleiben im Gedächtnis, die Zusammenhänge der Information unter Umständen nicht. Fragt beispielsweise eure Eltern, ob sie den hier aufgeführten Reim kennen. Wenn ja, fragt sie, ob die Schlacht vor oder nach Christi Geburt stattfand und worum es dabei eigentlich ging.

Flyer erstellen

Inhalte (z.B. eines Projekts) lassen sich sehr gut in Form eine Flyers präsentieren. Ihr könnte dabei so vorgehen:

1. Legt fest, wie viele Seiten der Flyer haben soll, und teilt anschließend Gruppen ein, die sich jeweils um eine Seite/ein Thema kümmern.
2. Verfasst kurze, informative Texte und erstellt, wenn möglich, kleine Darstellungen zum Text (z.B. Mindmap).
3. Fügt die einzelnen Seiten (z.B. mithilfe eines Computerprogramms) zusammen.

Internetrecherche

▸ S. 142/143

Karikaturen analysieren

▸ S. 210/211

Kartenabfrage

1. Bestimmt in der Klasse ein Thema, zu dem ihr eine Kartenabfrage durchführen wollt. Schreibt das Thema groß in die Mitte der Tafel.
2. Teilt euch in Gruppen zu etwa vier Schülern ein. Schreibt eure Gedanken auf Karten auf. Immer ein Gedanke pro Karte – schreibt groß und deutlich!
3. Wählt ein Moderatorenteam (zwei bis drei Schüler). Dieses Team sammelt nach etwa fünf bis zehn Minuten die Karten ein und heftet sie an die Tafel.
4. Sortiert nun gemeinsam die Karten. Findet Doppelungen und legt die Karten nach Unterthemen zusammen, denen ihr Überschriften gebt.
5. Mit dem Ergebnis könnt ihr nun weiterarbeiten: Ihr könnt zum Beispiel die einzelnen Themen in Gruppen genauer untersuchen.

Wir halten einen Kurzvortrag (ein Kurzreferat)

Ein Kurzvortrag ist eine mündliche Form der Präsentation, also der Darstellung eines Themas. Ein Kurzvortrag ist in drei Abschnitte (Schwerpunkte) gegliedert: Einleitung – Hauptteil – Schluss. Wenn ihr einen Kurzvortrag zu einem bestimmten Thema halten sollt, beachtet folgende Schritte:

1. Das Thema/Problem erfassen: Wie genau lautet das Thema eures Vortrages? Formuliert eine passende Überschrift oder Fragestellung.
2. Informationen recherchieren, sammeln und ordnen: Informationsquellen können euer Schulbuch, weitere Bücher aus Bibliotheken/Büchereien oder das Internet sein. Angesichts der Fülle der Informationen müsst ihr Schwerpunkte festlegen und das vorhandene Material sortieren.

Leserbrief

Wer ist der Empfänger?

Ein Leserbrief richtet sich wie jeder andere Brief oder eine E-Mail an einen bestimmten Empfänger, einen sogenannten Adressaten. Das kann ein Journalist sein, die Redaktion einer Zeitung oder beispielsweise ein anderer Leserbriefschreiber. Deswegen müsst ihr in der Anrede klarstellen, an wen sich euer Brief richtet. Kennt man den Namen nicht, kann man sich auch mit der Formulierung „Sehr geehrte Damen und Herren" behelfen.

Worum geht es?

Macht in einem nächsten Schritt klar, um welches Thema es euch geht. Nehmt ihr beispielsweise Bezug zu einem Zeitungsartikel oder einem anderen Leserbrief, dann schreibt genau, um welchen Titel und welchen Verfasser es geht und an welchem Tag dieser Text erschienen ist. Geht es ganz allgemein um ein Thema, solltet ihr dies auch nennen.

Welche Argumente des Journalisten oder des Leserbriefschreibers findet ihr nicht überzeugend?

Schreibt diese auf.

Welche Position habt ihr?

Jetzt kommen eure eigenen Argumente. Was haltet ihr für richtig? Wie begründet ihr eure Aussage? Gibt es vielleicht ein gutes Beispiel, an dem man eure Position darstellen kann?

Schlussformel

Das Ende eines Briefes bildet immer eine Schlussformel. Bei so förmlichen Briefen, bei denen man den Adressaten nicht persönlich kennt, schreibt man meistens „Mit freundlichen Grüßen" und unterschreibt mit seinem Vor- und Zunamen.

Placemat

1. Bildet eine Gruppe von vier Personen. Teilt zunächst ein DIN-A3-Blatt wie in der Zeichnung beschrieben. Schreibt an den oberen Rand des Rechtecks euer Thema oder eure Fragestellung.
2. Jetzt notiert jeder von euch seine Ideen oder Arbeitsergebnisse in eurem Placemat-Feld. Das Wort kommt aus dem Englischen und bedeutet so viel wie Tischset.
3. Wenn alle ihr Feld ausgefüllt haben, dann vergleicht eure Ergebnisse in der Gruppe. Einigt euch auf eine gemeinsame Position und notiert sie unter dem Thema oder der Fragestellung im Gemeinschaftsfeld in der Mitte.
4. Präsentiert euer Ergebnis in der Klasse.

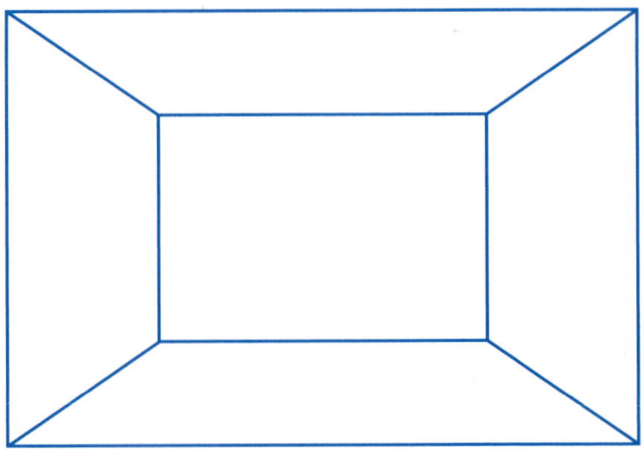

Mindmap

Eine Mindmap (= Gedankenkarte) anfertigen ist eine Arbeitstechnik, um ein Thema zu strukturieren und Zusammenhänge aufzuzeigen.
Gehe dazu folgendermaßen vor:

1. Verwende ein Blatt im Querformat.
2. Schreibe das Thema in die Mitte des Blattes und hebe es durch einen Kreis hervor.
3. Sammle alle Ideen, die dir zum Thema einfallen, zunächst auf einem „Schmierzettel".
4. Welche dieser Ideen sind besonders wichtig? Notiere die wichtigsten Hauptideen in Druckbuchstaben auf Linien (= Zweigen), die direkt vom Thema weggehen. Verwende dabei möglichst nur Stichwörter (Schlüsselbegriffe) oder kurze Formulierungen.
5. Füge für Unterpunkte eines Hauptastes weitere Nebenzweige ein.
6. Gestalte deine Mindmap durch Symbole, kleine Zeichnungen, Farben, unterschiedliche Schrift.

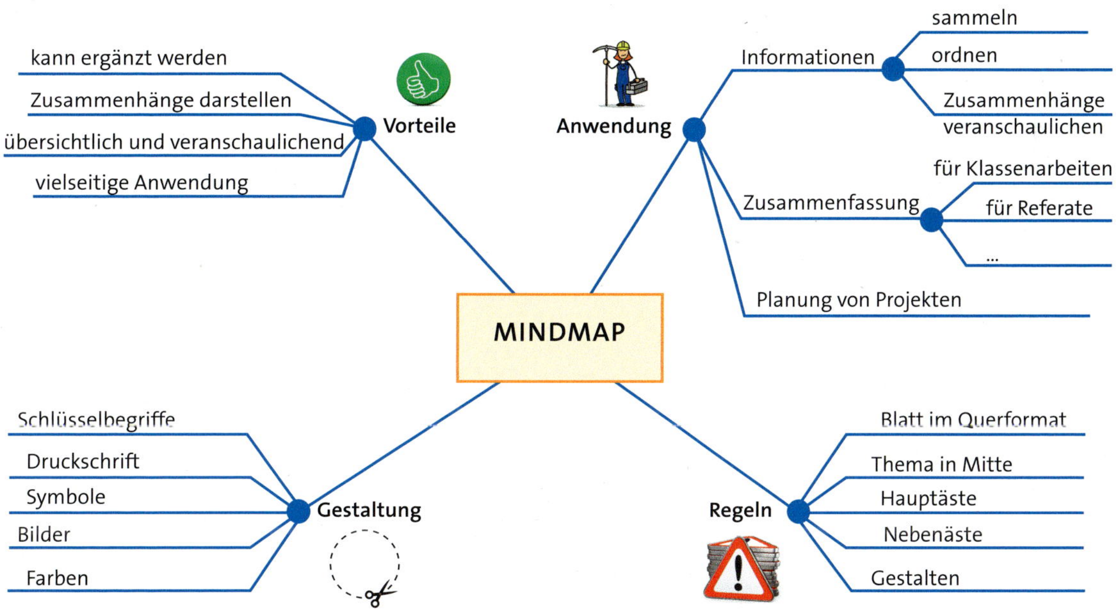

Plakat

Schritt 1: Ideenfindung

Zu welchem Thema möchtet ihr eure Wandzeitung gestalten?

Schritt 2: Material und Informationen sammeln

Sammelt zunächst alles Material, was ihr zu eurem Thema finden könnt.

Sucht im Internet, in Zeitungen, Zeitschriften oder Büchern.

Fragt Experten, Eltern, Freunde oder Lehrer nach geeignetem Material.

Verschafft euch einen Überblick und ordnet, was zusammengehört. Diskutiert, was ihr gut und wichtig findet.

Schritt 3: Material verarbeiten, ordnen und auswählen

Was gehört zusammen? Überschriften helfen bei der Struktur.

Wählt überschaubare Texte oder Textstellen aus, kürzt sie oder gebt sie in eigenen Worten wieder (Quellenangabe nicht vergessen). Dabei solltet ihr euch aus Platzgründen auf das Wesentliche beschränken.

Sucht nach passenden Bildern, Diagrammen oder Grafiken. Bilder machen das Ganze erst interessant.

Schritt 4: Gestaltung der Wandzeitung

Blickfang: Man sollte sofort sehen, worum es geht.

Texte und Bilder sollten eine geeignete Größe haben.

Schrift sollte gut lesbar sein.

Pfeile verdeutlichen Zusammenhänge.

Hervorhebungen: Farben, Umrahmungen, Unterstreichungen

Gestaltung: Ideen- und Einfallsreichtum, Kreativität

Schritt 5: Präsentation der Wandzeitung

Legt Bilder und Texte zunächst auf einem großen Tisch oder auf dem Boden aus.

Überlegt und besprecht die Anordnung eurer Materialien auf der Wandzeitung.

Platziert zuerst die Überschrift.

Zum Schluss klebt ihr eure Materialien auf und gestaltet eure Wandzeitung zu Ende.

Sucht einen geeigneten Platz zum Aufhängen.

Pro-und-Kontra-Diskussion

Eine Diskussion oder eine Erörterung ist ein Gespräch zwischen zwei oder mehreren Partnern. Eure verschiedenen Positionen stehen einander gegenüber und müssen durch passende Argumente begründet werden. Folgende Punkte gilt es zu beachten:

- Genaues Zuhören, Wiedergeben und Kommentieren der Aussagen eines Gesprächspartners.
- Der Austausch von Argumenten soll den Gesprächspartner von der anderen Meinung überzeugen und die strittige Frage bzw. das Problem lösen.
- Die Einigung geschieht meist durch einen Kompromiss, den beide Gesprächsgruppen anerkennen.
- Für eine gute Diskussion müsst ihr die Regeln der Gesprächsführung beachten (höflich sein, andere Meinungen zulassen, ausreden lassen, ...).

Zur Durchführung einer Diskussion solltet ihr folgende Schritte beachten:

1. Legt eine strittige Frage oder ein Problem, welches verschiedene Meinungen bietet, fest.
2. Bildet Gruppen für die beiden verschiedenen Ansichten. Eine Gruppe vertritt die Pro-Seite, die andere die Kontra-Seite.
3. Sammelt Informationen und Argumente für eure Positionen. Je nach Thema bieten sich dafür verschiedene Wege an: z. B. ▸ **Internetrecherche** (S. 142/143)
4. Ordnet und systematisiert eure Argumente. Dafür bietet sich an: ▸ **Mindmap** (S. 347)
5. Führt die Diskussion in der Klasse durch. Vielleicht visualisiert ihr die Argumente noch einmal an der Tafel. Am Ende der Diskussion sollte es zu einer Einigung kommen.

Pro-Kontra-Tabelle

Die Pro-Kontra-Tabelle ist eine Form der Stoffsammlung für eine freie Erörterung. Dabei werden Für- und Wider-Argumente in tabellarischer Form aufgelistet und einander gegenübergestellt. Bei der Ausformulierung der Argumente werden diese begründet und mit Beispielen belegt. Sie können dabei leicht mit dem Gegenargument in Beziehung gesetzt und verglichen werden.
Die schriftliche Gegenüberstellung von Pro- und Kontra-Argumenten folgt der Gliederung:
Einleitung – Hauptteil – Schluss.

Beispiel: Sollte man das Rauchen in Gaststätten verbieten?	
Pro	**Kontra**
Rauchen ist ungesund und kann Krebs verursachen	die Freiheit des Einzelnen wird eingeschränkt
Nichtraucher rauchen passiv mit, was sehr schädlich ist	Gastwirte befürchten weniger Gäste
Gesundheitskosten können gespart werden	Staat nimmt eine Menge Tabaksteuern ein
Jugendliche sehen keine schlechten Beispiele	Einhaltung schwer kontrollierbar

Rede

Zunächst solltest du ein paar grundsätzliche Fragen klären:
- Wer ist der Adressat deiner Rede, zu wem sprichst du also?
- Was willst du erreichen?
- Wie ist deine Position zum Thema?
- Wie lang darf/sollte die Rede höchstens/mindestens sein?

Dann erstellst du eine **Stoffsammlung** zum Thema. Eventuell musst du auch noch manches recherchieren. Ordne anschließend die Thesen, Argumente und Beispiele, die du aufnehmen möchtest – am besten nach Wichtigkeit und Überzeugungskraft.

Aufbau einer Rede:
- Begrüßung der Zuhörer – auf passende Anrede achten!
- Einleitung – Hinführung zum Thema/der Fragestellung, du musst Interesse wecken!

- Hauptteil – hier legst du deine Gedanken zum Thema begründet dar! Achte auf klare Thesen, überzeugende Argumente und anschauliche Beispiele!
- Schluss – knappe Zusammenfassung deiner Position, eventuell Ausblick oder Aufruf zu etwas!

Verabschiedung und Dank an die Zuhörer

Redekette

Bei einer Redekette wird eine Frage oder Aufgabe von einer Gruppe/Klasse gemeinsam gelöst. Ein Schüler/eine Schülerin beginnt und nennt eine Antwort. Er/sie gibt das Wort an den/die nächste/n weiter. Die Antworten werden an der Tafel gesammelt. Nach einer vorgegebenen Zeit endet die Redekette und die notierten Ergebnisse werden gemeinsam ausgewertet.

Rollenspiel

▸ S. 24/25

Schaubilder

▸ S. 38/39

Umfrage

Checkliste Umfrage

☑ Eine Umfrage sollte nie zu lang sein und dem Befragten leicht fallen. Außerdem sollte der Befragte immer wissen, was der Frager über einen erfahren möchte.

☑ Bei geschlossenen Fragen sind die Antworten vorgegeben. Man muss nur noch ankreuzen. Das ist einfach auszuwerten, man gibt aber alle Antworten genau vor.

☑ Bei offenen Fragen hat der Befragte die Möglichkeit, dass er selbst seine Antworten formuliert. Man bekommt die ganze Bandbreite an Antworten, kann diese nachher aber vielleicht schwer auswerten.

☑ Deswegen sollte man zwischen offenen und geschlossenen Fragen abwechseln oder sie kombinieren.

☑ Am Ende bedankt man sich für die Teilnahme an der Umfrage.

Mediennutzung Jugendlicher — *Überschrift*

Mit dieser Umfrage wollen wir herausfinden, wie lange die Schülerinnen und Schüler der Klasse 7a Medien wie das Internet, Radio, Fernsehen oder Zeitungen nutzen. — *Einleitung*

Vielen Dank, dass du dich an dieser Umfrage beteiligst. — *Dank für die Teilnahme*

1) Zunächst möchten wir dich fragen, ob du ein Mädchen oder ein Junge bist. — *Beispiel für eine geschlossene Frage*

☐ Mädchen
☐ Junge

2) Bitte gib an, wie oft du die verschiedenen Medien am Tag nutzt und wie lange. — *Mischung aus geschlossenem Frageteil und offenen Antwortmöglichkeiten*

Medien	Wie oft täglich genutzt?	Wie lange insgesamt am Tag?
Internet		
Radio		
Fernsehen		
Zeitung		

3) Welche Inhalte interessieren dich dabei besonders? — *Beispiel für eine offene Frage*

4) Wie nutzt du das Internet? — *Mischung aus geschlossenem Frageteil und offenen Antwortmöglichkeiten*

☐ Video-Clips
☐ Nachrichten versenden
☐ Informationen suchen
☐ sonstiges:

5) …

Kapitel 2, S. 17, Aufgabe 5

Grundsätzlich hat der Lehrer die Aufsichtspflicht. Er kann diese jedoch kurzfristig einem zuverlässigen Schüler übertragen. Hierzu muss jedoch ein nachvollziehbarer, besonderer Grund vorliegen. Der Lehrkraft bleibt jedoch die Letztverantwortung. Ist die betroffene Klasse schon im Vorfeld auffällig geworden, überfordert die Lehrkraft den aufsichtsführenden Schüler.

Kapitel 2, S. 23, Aufgabe 5

Fertige eine Tabelle an: Dafür und dagegen. Folgende Leitfragen können dir helfen:

- Überlege, nach alter und nach neuer Zusammensetzung, was passiert, wenn alle Lehrer und der Rektor gegen etwas stimmen.
- Kann sich eine Gruppe nach dem neuen System alleine durchsetzen? – Was passiert, wenn es keine Verständigung zwischen den drei Gruppen gibt?
- Finden mehr Diskussionen zwischen den Gruppen im alten oder im neuen System statt?

Kapitel 4, S. 59, Aufgabe 5

Achtet im Text M 2 besonders aufwertende Formulierungen wie „sich beschenken", „schnappen sich die Schüssel", „die ein oder andere Prügelei" oder „Jungganoven". Findet ihr weitere wertende Ausdrücke? Durch welche neutralen, wertfreien Begriffe könnte man diese ersetzen?

Kapitel 4, S. 61, Aufgabe 3

Die Entwicklungstheorie geht davon aus, dass Jugendliche in ihrer Entwicklung zum Erwachsenen noch nicht so gut die Folgen ihres Handelns absehen können. Die Sozialisationstheorie betrachtet vor allem Fehler, die bei der Erziehung Jugendlicher passiert sind. Bei Holger und Andreas kann man Anhaltspunkte für beide Ansätze finden. Schau dir M 2 genau an.

Kapitel 4, S. 61, Aufgabe 4

Analysieren bedeutet, dass du dir erst einmal klar machst, was die beiden Achsen bedeuten: 10 000 bedeutet, dass so viele Verdächtige auf 100 000 Einwohner kommen, also 10 %. Der Verlauf ist dann in Altersgruppen unterteilt. Was denkst du? Unterstützt die Aussage des Diagramms die Entwicklung von Andreas und Holger bzw. belegt sie das, was wir als Entwicklungstheorie (M 3) bezeichnen?

Kapitel 4, S. 63, Aufgabe 5

Sinnvoll könnte hier so verstanden werden:

- Welche Maßnahmen wirken für Täter abschreckend?
- Welche Maßnahmen findest du gerecht, also angemessen?
- Wie wirken die Maßnahmen auf die Bevölkerung?

Kapitel 4, S. 67, Aufgabe 7

Du könntest dir hier die Frage stellen, ob Gesetze überhaupt Schutz bieten oder ob sie sowieso umgangen werden. Ist es überhaupt kontrollierbar? Weiter könntest du dich fragen, ob der Staat mit Gesetzen in das Leben von Jugendlichen so stark eingreifen sollte, ob das nicht eher die Aufgabe der Familie ist und ob das nicht am Ende die Unselbstständigkeit fördert. Schlussendlich solltest du für dich zu einem eindeutigen Urteil kommen.

Kapitel 4, S. 69, Aufgabe 4

Versetze dich in die Situation von Paul. Mit welchen Gefühlen würdest du den beiden Tätern bei solch einem Gespräch begegnen? Was genau erwartest du von den beiden? Ist es wahrscheinlich, dass die beiden eine Art Wiedergutmachung leisten? Wie könnte diese aussehen? Wäre für dich dann ein Schlussstrich unter die Sache denkbar? Wenn du die meisten dieser Fragen mit ja beantworten kannst, dann kommt für dich ein Täter-Opfer-Ausgleich infrage. Sind deine Bedenken zu groß und antwortest auf die Fragen mehrheitlich mit nein, dann ist dies vielleicht kein geeignetes Verfahren.

Kapitel 4, S. 71, Aufgabe 5

Um Teen-Courts einzuführen, müssen die zuständigen Ämter oder Behörden schon einmal davon gehört haben. Es braucht engagierte Mitarbeiter, die das Projekt planen, leiten und umsetzen. Dafür braucht man natürlich auch Geld. Außerdem ist es gut, wenn man bereits über Erfahrungen mit solchen Jugendgerichten verfügt. Es gehört auch ein großes Maß an Vertrauen in Jugendliche dazu. Kannst du dir jetzt vorstellen, warum es bislang nur wenige Teen-Courts in Deutschland gibt?

Kapitel 4, S. 73, Aufgabe 2

Achte auf die Attribute (Kennzeichen) von Justitia und überlege, was sie ausdrücken. Dies sind auf dem Bild die Augenbinde, die Waage, das Schwert und die erhobene Position.

Kapitel 4, S. 73, Aufgabe 6

Überlege ausgehend von dem Fall M 1, welche Auswirkungen die Gerichtsurteile hinsichtlich Konfliktbewältigung und Interessenausgleich für beide Seiten haben.

Kapitel 4, S. 75, Aufgabe 4

Ordne zunächst die durch den Faustschlag entstehenden Rechtsfragen den im Autorentext auf S. 101 oben erwähnten Rechtsgebieten zu. Daraus ergibt sich die Antwort auf die Frage nach den Rechtsbereichen.

Kapitel 4, S. 77, Aufgabe 2

Flussdiagramm zum Verlauf eines Strafprozesses

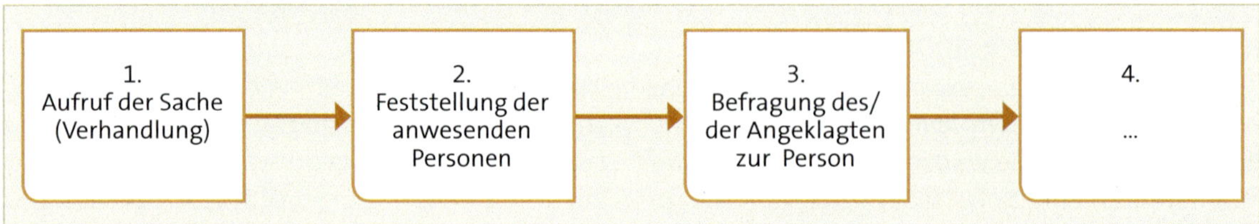

Kapitel 4, S. 77, Aufgabe 3

Auf S. 88 findest du in M 1 Strafen, die ein Jugendgericht verhängen kann, und mit dem Auszug aus dem Strafrecht in M 1 auf S. 92 erfährst du etwas hinsichtlich der Strafhöhe. Es handelt sich bei den Straftaten eindeutig nicht um Raub (§ 250 StGB), sondern um Diebstahl, der ein geringeres Strafmaß hat.

Kapitel 4, S. 79, Aufgabe 4

So könnt ihr vorgehen: Für den Vergleich ist es hilfreich, zunächst eine Tabelle zu erstellen. Ihr könnt euch dabei an dem Beispiel M 2 auf Seite 101 orientieren.

Kapitel 4, S. 83, Aufgabe 3

Überlege, was in dem Inselstaat anders wäre, wenn das Recht seine Funktionen erfüllen könnte, also beispielsweise für Gerechtigkeit und Frieden sorgen würde. Was hieße das für das Zusammenleben der Menschen dort?

Kapitel 4, S. 84, Aufgabe 3

Versuche, dich in die Lage dieses zu Unrecht verurteilten Mannes, der jahrelang unschuldig im Gefängnis saß, zu versetzen. Wonach hat er sich gesehnt? Was wollte er?

Kapitel 4, S. 85, Aufgabe 3

Was würde passieren, wenn sich Einzelne das Recht anmaßen würden, Selbstjustiz zu üben? Beziehe dich in deiner Antwort auf die Darstellung der Justitia in M 2 auf S. 99 und die Funktionen des Rechtsstaats (M 2) auf S. 109.

Kapitel 5, S. 91, Aufgabe 4 b

Der Begriff „Ballast abwerfen" ist in diesem Zusammenhang kritisch zu sehen, unterstellt er doch, manche Aufgaben der Gemeinde seien im Grunde unnötig. Es leuchtet unmittelbar ein, dass eine Gemeinde ohne Straßen, Schulen und Stromversorgung nicht funktionieren kann. Aber auch Sportanlagen und kulturelle Einrichtungen bereichern zweifelsohne das Leben in der Gemeinde. „Ballast abwerfen" heißt hier also eher, begründet zu entscheiden, in welche Aufgaben unter Umständen mehr Geld fließen sollte. Seid euch bewusst, dass vermutlich jemand anderes eine (komplett) gestrichene Aufgabe übernehmen muss: Soll also beispielsweise der Fußballverein seinen Platz vollständig selbst finanzieren? Sollen die Jugendlichen (oder ihre Eltern) das Jugendzentrum selbst bauen und unterhalten? ...

Kapitel 5, S. 91, Aufgabe 6

Hierfür gilt es zu definieren, was denn „echte" Politik ausmacht – und ob es überhaupt eine (klare) Abgrenzung zu „reinen Sachentscheidungen" gibt. Folgende Fragen können deine Überprüfung der These anregen:

- Ist Kommunalpolitik genauso Politik wie Politik ein oder zwei politische Ebenen höher (Landes- und Bundesebene), nur eben auf Ebene der Gemeinde?
- Findet sich der typische Politikzyklus – der ja auch für die Politik auf Landes- und Bundesebene gilt – auch auf kommunaler Ebene?
- Gibt es einen *prinzipiellen* Unterschied zwischen kommunalpolitischen Entscheidungen (Bsp. Bau einer Skateanlage – ja oder nein?) und politischen Entscheidungen auf Landes- und Bundesebene (Bsp.: Ausbau der digitalen Infrastruktur – ja oder nein?)?
- ...

Kapitel 5, S. 93, Aufgabe 5

Mögliche Faktoren, die den Erfolg der eingesetzten Mittel beeinflussen können, sind:

- Wie viele Jugendliche besuchen regelmäßig das Jugendzentrum?
- Wie viele Anwohner sind betroffen?
- Interessieren sich Bürgerinnen und Bürger aus anderen Wohngebieten für das Problem?
- Gibt es evtl. in anderen Teilen der Gemeinde ein ähnliches Problem?
- Wie reagiert die Presse auf den Streit um das Jugendzentrum?
- ...

Kapitel 5, S. 95, Aufgabe 3 b

Folgende Fragen können dir Denkanstöße für deine Bewertung geben:

- Ist es sinnvoll, eine solch große Machtfülle in einer Person zu vereinen?
- Wie weitreichend sind die Kompetenzen der Bürgermeisterin – was „darf" sie?
- Gibt es Faktoren, die die Macht des Bürgermeisters in der Praxis begrenzen? Spielt es z. B. eine Rolle, welcher Partei der Bürgermeister angehört und welche Partei(en) die Mehrheit im Gemeinderat hat/haben?
- Wie groß ist die Macht des Wählers (Wahl alle acht Jahre)? Wie stark ist der Bürgermeister vom Wähler abhängig?
- ...

Kapitel 5, S. 99, Aufgabe 5

Mögliche Maßnahmen, um beispielsweise auch Jüngere für ein Engagement im Gemeinderat zu gewinnen, könnten sein:

- Mehr Information und Werbung in Schulen

- Einrichtung bzw. Unterstützung eines Jugendgemeinderates, um schon bei Jugendlichen Interesse an Kommunalpolitik zu wecken
- Stärkere Öffentlichkeitsarbeit (z. B. Auftritt in den sozialen Medien)
- Stärkere Öffnung des Gemeinderats für Themen, die Jugendliche betreffen
- Evtl. höhere Aufwandsentschädigung für die Arbeit als Gemeinderat
- ...

Kapitel 5, S. 99, Aufgabe 6

Überlegt zunächst: Woher kommt denn vielleicht der Wunsch, der Gemeinderat solle ein Spiegelbild der Gesellschaft sein – was soll damit erzielt bzw. verhindert werden? Folgende Fragen können euch bei der Vorbereitung der Diskussion hilfreich sein:
- Können Ärzte und Rechtsanwälte nicht auch Handwerker und Arbeiter politisch vertreten?
- Ist es nicht auch nachvollziehbar, dass sich bestimmte Personengruppen stärker in der Politik engagieren als andere?
- Machen bestimmte Personengruppen automatisch nur Politik zu ihren Gunsten oder berücksichtigen sie nicht auch die Interessen anderer Gruppen?
- ...

Kapitel 5, S. 101, Aufgabe 2

Achtet vor allem auf folgende Punkte:
- Hat kein Kandidat / keine Kandidatin mehr als drei Stimmen erhalten?
- Wurden insgesamt nicht mehr als 18 Stimmen vergeben? Summe bilden!
- Falls panaschiert wurde: Wurde auch hier die Gesamtsumme von 18 Stimmen nicht überschritten?
- Finden sich Kommentare oder Ähnliches auf den Zetteln? Auch solche Veränderungen machen einen Stimmzettel ungültig.

Kapitel 5, S. 101, Aufgabe 4

Im Folgenden findet ihr ein paar Argumente, die in der Diskussion eine Rolle spielen könnten.

Pro Ausweitung des Wahlrechts auf Nicht-EU-Ausländer:
- Ob EU-Ausländer oder Nicht-EU-Ausländer spielt doch eigentlich keine Rolle.
- Auch Nicht-EU-Ausländer wohnen unter Umständen lange in der Gemeinde.
- Auch Nicht-EU-Ausländer sind direkt von Entscheidungen des Gemeinderats betroffen, Bsp.: Ein türkischer Staatsbürger betreibt einen Dönerimbiss in der Fußgängerzone – eine Umgestaltung des Innenstadtbereichs hat evtl. Folgen für sein Geschäft.
- ...

Kontra Ausweitung des Wahlrechts auf Nicht-EU-Ausländer:
- Das Wahlrecht als klassisches Bürgerrecht steht eben nur den Staatsbürgern und Staatsbürgerinnen eines Landes zu.
- Warum sollte ein Amerikaner, der nur für ein Jahr beruflich bedingt in Deutschland wohnt, den Gemeinderat wählen dürfen? Danach ist er wieder weg – die Entscheidungen betreffen aber diejenigen, die dauerhaft in der Gemeinde leben.
- ...

Kapitel 5, S. 101, Aufgabe 5

Die folgenden Fragen können euch bei der eigenen Urteilsbildung eine Hilfe sein:
- Kann ein Jugendlicher das gesamte Aufgabenspektrum eines Bürgermeisters übernehmen?
- Kollidiert das Amt des Bürgermeisters evtl. mit der Schulpflicht, gesetzlichen Altersbeschränkungen etc.?
- Wäre ein minderjähriger Jugendlicher als Bürgermeister in der Bevölkerung akzeptiert)?
- Wäre eine Wahl in den Gemeinderat evtl. besser vorstellbar?
- ...

Kapitel 5, S. 103, Aufgabe 2

Folgende Punkte sollten enthalten sein und grafisch so dargestellt werden, dass die richtige Reihenfolge der Schritte deutlich wird; die Lücken könnt ihr mithilfe von M 1–M 3 füllen:

- .... sammeln, mind. .... Unterschriften sind nötig (7 % von 6.124 stimmberechtigten Bürgerinnen und Bürgern)
- Schriftliche Beantragung des .... nach der (erfolgreichen) Unterschriftensammlung
- Es kommt zum Bürgerentscheid, formuliert eine mögliche Frage für den Stimmzettel: ....
- Damit die Bürgerinitiative die Windräder verhindern kann, braucht es beim Bürgerentscheid die Mehrheit – plus das erforderliche ...., hier: .... (20 % von 6.124 Bürgerinnen und Bürgern).

Kapitel 5, S. 103, Aufgabe 5

Argumente für direkte Demokratie	Argumente gegen direkte Demokratie
Höhere Partizipation (= Beteiligung) der Bürger Kontrolle des Gemeinderats und des Bürgermeisters durch die Bürger Eine Wahl alle fünf bzw. acht Jahre reicht nicht aus. Stärkung der Demokratie Politisches Interesse der Bürger steigt. ...	Zeit- und Kostenaufwand, Verzögerung wichtiger Entscheidungen Oft geringe Beteiligung der Bürger – wie aussagefähig ist also das Abstimmungsergebnis? Bürger wählen den Gemeinderat und die Bürgermeisterin und können so ausreichend Einfluss auf die Kommunalpolitik nehmen. ...

Kapitel 5, S. 107, Aufgabe 5

Im Folgenden findet ihr einige mögliche Argumente, die ihr um weitere ergänzen solltet.

Das Rederecht reicht aus:

- Es geht ja auch um (viel) Geld – es ist doch klar, dass deshalb nur der „große“ Gemeinderat entscheiden darf.
- Dürften die Jugendlichen mitentscheiden, würden sie meist versuchen, sehr einseitig ihre eigenen Interessen durchzusetzen.
- ...

Das Rederecht allein reicht nicht aus:

- Reden bedeutet eben noch nicht entscheiden.
- Die Anträge des JGR können, auch wenn sie gut begründet sind, leicht nicht berücksichtigt werden.
- ...

Kapitel 5, S. 108, Aufgabe 4

Möglichkeiten, die Wahlbeteiligung in den kommenden Jahren zu steigern, sind beispielsweise:

- Verstärkte Öffentlichkeitsarbeit durch den JGR (z. B. auch über die sozialen Medien, Events)
- Angebote der Schule, um auf kommunalpolitische Themen und die Arbeit des JGR aufmerksam zu machen
- Wahlen direkt in der Schule, um die Hemmschwelle, zur Wahl zu gehen, zu verringern
- ...

Bei der Diskussion der Möglichkeiten solltet ihr immer mitberücksichtigen: Wirken diese Mittel den Ursachen – siehe Aufgabe 3 – entgegen?

Kapitel 5, S. 108, Aufgabe 5

Im Folgenden findet ihr einige Denkanstöße, die ihr bei eurer Bewertung berücksichtigen könnt:

- Nur der JGR setzt sich in allererster Linie für die Interessen der Jugendlichen ein.
- Die Wahl des JGR schließt ja die Wahl des Gemeinderats nicht aus – warum nicht beide Chancen zur Beteiligung nutzen?
- Die Erfolgsbilanz der meisten Jugendgemeinde-

räte kann sich durchaus sehen lassen, das Rederecht darf also nicht geringgeschätzt werden.
- Die eigentlichen Entscheidungen trifft der Gemeinderat, das ist schon richtig.
- Der Gemeinderat wirkt, wenngleich er ebenso wie der JGR ehrenamtlich arbeitet, doch etwas „professioneller".
- ...

Kapitel 5, S. 109, Aufgabe 3

Unabhängig davon, welche Form – Plakat, Rede, Video – ihr wählt: Ihr müsst euch Argumente überlegen, weshalb ein Jugendgemeinderat eurer Meinung nach eine Bereicherung in eurer Gemeinde wäre. Dabei könntet ihr euch z. B. auf folgende Aspekte beziehen:
- Die Gemeindeordnung Baden-Württemberg erlaubt die Einrichtung eines Jugendgemeinderates.
- Auch Jugendliche sind Bürger/-innen der Gemeinde – sie verdienen eine angemessene Vertretung.
- Das politische Interesse und Engagement von Jugendlichen kann und sollte gefördert werden, hierfür ist ein Jugendgemeinderat sehr gut geeignet.
- Gibt es keinen Jugendgemeinderat, werden die Interessen von Jugendlichen in der Kommunalpolitik eventuell zu wenig beachtet.

Kapitel 6, S. 115, Aufgabe 6

Verfasse einen Einleitungssatz, in dem das Thema kurz beschrieben wird. Welche Maßnahmen fallen dir ein? Das können zum einen Zwangsmaßnahmen wie Grenzsicherungsanlagen sein, das können aber auch Anreize sein, zu bleiben, oder man kann sich vor Ort dafür einsetzen, dass die Ursachen für die Flucht verschwinden oder die Situation in den Ländern besser wird. Sicher fallen dir noch mehr Maßnahmen ein. Betrachte jetzt jede genannte Maßnahme und überlege, ob sie umsetzbar ist, ob das in kurzer Zeit oder erst in einigen Jahren zu erreichen ist und ob sie die Flucht der Menschen wirklich verhindert. Zu welchem Ergebnis kommst du? Welche Maßnahme scheint dir die sinnvollste zu sein?

Kapitel 6, S. 117, Aufgabe 5

Verfasse einen Einleitungssatz. Notiere dann alle Gründe, die dagegen sprechen, seine Heimat zu verlassen. Dabei kann es sich um die Begriffe Heimat, Freunde, gewohnte Umgebung, Kultur usw. handeln. Schreibe jetzt alle Gründe auf, die für eine Flucht aus diesen Ländern sprechen. Dies kann zum Beispiel mit der Sorge um das eigenen Leben zu tun haben, mit der wirtschaftlichen Not, mit Verfolgung und der Hoffnung auf ein besseres Leben. Sicher fallen dir noch mehr Gründe ein, die für oder gegen eine Flucht sprechen.
Am Ende formulierst du ein Fazit. Welche Seite überwiegt? Wo siehst du das wichtigste Argument?

Kapitel 6, S. 119, Aufgabe 5

Denkbare Unterschiede gibt es sicher im Wohlstand, im Verhältnis zwischen Männern und Frauen, in den Essgewohnheiten. Fallen dir weitere Unterschiede ein?

Kapitel 6, S. 121, Aufgabe 5

Hier solltest du vor allem den Bevölkerungssaldo in den Blick nehmen. Wie sieht die Altersstruktur aus, was heißt das für die Bevölkerungsentwicklung, welche Rolle spielt dabei die Einwanderung?

Kapitel 6, S. 123, Aufgabe 6

Was versteht man unter Zuwanderung? Was ist daran aus deiner Sicht gut, was ist der Nutzen, wo siehst du Probleme oder Kosten? Zu welchem Ergebnis kommst du?

Kapitel 7, S. 147, Aufgabe 3

Bei der Beantwortung der Aufgabe solltest du insbesondere den Blick auf Art. 3 (3) GG richten, aber auch den Art. 5 (2), siehe S. 197, beachten

Kapitel 7, S. 149, Aufgabe 3

- Gib den Inhalt der Grundrechtsartikel M 3 mit eigenen Worten wieder und erkläre ihre Bedeutung für den Fall.
- Stelle die Positionen des Bundesgerichtshofs und des Bundesverfassungsgerichts dar. Achte dabei genau auf die Bedingungen, die die Richter jeweils formulieren.

Kapitel 8, S. 155, Aufgabe 5

Die repräsentative Demokratie lebt davon, dass die Bürgerinnen und Bürger ihre Partizipationsmöglichkeiten auch nutzen. Tun sie dies nicht oder nur in geringem Maß, fehlt dem politischen System die Legitimation. Deswegen muss man den Blick – neben anderen Partizipationsformen wie die Mitarbeit in einer Bürgerinitiative, die Teilnahme an einer genehmigten Demonstration, an einer öffentlichen Diskussion oder einem Online-Protest, aber auch das Verhalten als kritischer Konsument – vor allem auf die Bereiche Wahlbeteiligung und Mitarbeit in Parteien lenken.

Kapitel 8, S. 159, Aufgabe 4

Bei der Bewertung müssen die unterschiedlichen Perspektiven beachtet werden:

- Welche Möglichkeiten bieten sich durch E-Democracy mir als Bürgerin oder Bürger?
- Welche Möglichkeiten bieten sich anderen sozialen Gruppen wie Menschen mit hoher oder geringer Bildung, Ältere und Jüngere usw.?
- Welche Auswirkung hat die Ausweitung der E-Democracy auf das politische System? Erhöht sich beispielsweise die Wahlbeteiligung und damit die Legitimation?

Man sollte dabei auch überlegen, ob verschiedene Bereiche wie Gesellschaft (Teilhabe aller sozialen Gruppen), Politik (Partizipation) und Wirtschaft (kritischer Konsum) betroffen sind.

Nach welchen Kriterien kann ein Urteil gefällt werden? Ist die Ausweitung der E-Democracy für die jeweils betrachtete Gruppe oder das politische System und den jeweiligen Bereich nachhaltig, gerecht, wird die Partizipation dadurch verändert und wird die Teilhabe dadurch transparenter?

Am Ende fällst du ein abschließendes Urteil.

Kapitel 8, S. 161, Aufgabe 5

Stelle Pro- und Kontra-Argumente einander gegenüber. Beachte dabei, dass es unterschiedliche soziale Gruppen gibt, die das Internet ganz unterschiedlich nutzen. Am Ende formulierst du ein Ergebnis, das zwischen beiden Seiten abwägt.

Kapitel 8, S. 171, Aufgabe 5

Soziale Medien umgehen den Journalismus und die Presseabteilungen der Parteien und führen zu einer direkten Kommunikation mit den Wählerinnen und Wählern, ohne Filter, ohne Zeitverlust. Daraus ergeben sich Chancen, aber auch Risiken.

Kapitel 8, S. 173, Aufgabe 3

Die Veränderung des Wahlsystems könnte zu einer anderen Zusammensetzung des Parlaments führen. Welche Parteien ziehen ein, welche nicht? Werden möglichst viele Interessen einer Gesellschaft im Parlament vertreten? Ändert sich die Bedeutung des Wahlkreiskandidaten, der Wahlkreiskandidatin? Müssen Parteiprogramme auf die neue Situation hin angepasst werden? Wird eine Regierungsbildung einfacher oder erschwert? All dies könnten Fragestellungen einer Pro-und-Kontra-Auseinandersetzung zur Einführung eines Mehrheitswahlrechts in Deutschland sein. Dabei solltest du auch die Materialien genau auswerten und in deine Argumentation einbeziehen: Gib das Material an, auf das du dich beziehst (z. B. M 3), stell es kurz vor (Autor, Quelle, Datum, Titel) und mache Zeilenangaben (Z. 5, Z. 7 f. oder Z. 8 ff.).

Kapitel 8, S. 175, Aufgabe 4

Werte zunächst Material M 2 aus und erörtere dann für die jeweilige Maßnahme Vor- und Nachteile, bevor du zu einem abschließenden Urteil kommst.

Kapitel 10, S. 223, Aufgabe 4

Für viele Entwicklungen in unserer Gesellschaft ist es schwer, eine genaue langfristige Prognose zu erstellen. Man behilft sich deshalb manchmal damit, Informationen mit Einschätzungen zu verbinden und drei Entwicklungslinien aufzuzeichnen. Eine erste, die den Trend wiedergibt, eine zweite optimistische, die durch einen Zeitlinie nach oben dargestellt wird, und schließlich eine dritte pessimistische durch einen Zeitstrahl nach unten. Wichtig ist dabei noch, Gründe für die vermuteten Entwicklungen und zeitliche Vorstellungen anzugeben. Ein solches Denkmodell hilft, komplizierte Entwicklungen zu verstehen.

Kapitel 10, S. 227, Aufgabe 5

Die Aufgabe untersucht die Frage, was die beiden Akteure, Bundestag und Bundesverfassungsgericht, zu ihrem Handeln berechtigt. Das meint der Begriff Legitimation. In beiden Fällen werden die Verfassungsorgane gewählt. Wer wählt sie, ist die entscheidende Frage. Die Bundestagswahl wird in M 4 auf der S. 173 dargestellt. Vergleiche diese Wahl mit der des Bundesverfassungsgerichts, die in M 2 verdeutlicht wird.

Kapitel 10, S. 229, Aufgabe 2

Bearbeitet den Text zunächst nach der Fünf-Schritt-Lesemethode (s. S. 168).

Kapitel 10, S. 231, Aufgabe 1

Die beiden Texte (M 1 und M 2) enthalten Pro-und-Kontra-Argumente zu der gestellten Frage. Bearbeitet zunächst die beiden Texte nach der Fünf-Schritt-Lesemethode (s. S. 168) und formuliert danach ein begründetes Ergebnis.

Kapitel 11, S. 241, Aufgabe 4

Das Konzept der Armutsgefährdung erfasst die Armut in Deutschland ...

... angemessen	... nicht angemessen
▪ Konzept der relativen Armut erscheint für eine entwickelte Industrienation (vgl. Deutschland) angemessen – hier geht es nicht nur um materiell-physisches Überleben, sondern auch um kulturelle und soziale Teilhabe. ▪ 60 % des Durchschnittseinkommens – im Jahr 2015 ca. 1033 € – erscheinen als relativ wenig, mit weniger Geld pro Monat wird es in Deutschland schwer, auch die kulturelle und soziale Teilhabe zu sichern. ▪ ...	▪ Die Armutsschwelle von 60 % des mittleren Einkommens berücksichtigt nicht die Höhe dieses Durchschnittseinkommens. ▪ Kriterium der 60 % erscheint nicht objektiv, sondern willkürlich gewählt – warum nicht 50 oder 70 %? ▪ ...

Kapitel 11, S. 243, Aufgabe 4

These: Tafeln lindern zwar Symptome der Armut, bekämpfen aber nicht deren Ursachen.

These trifft zu	These trifft nicht zu
▪ Tafeln ändern nichts an zentralen Armutsursachen wie geringer Qualifikation, Sprachdefiziten, Arbeitslosigkeit usw.	▪ Ohne den kostenlosen oder vergünstigten Bezug von Lebensmitteln kämen manche Bedürftige kaum „über die Runden". Dadurch haben sie auch mehr Geld zur Ursachenbekämpfung übrig, bspw. für ihre eigene Qualifikation.

- Die kostenlose oder sehr günstige Abgabe an Bedürftige erzeugt keine Motivation, den Weg aus der Armut zu suchen/finden.
- Die Armen werden mit den „Almosen" „ruhiggestellt", ohne die Ursachen ihrer Armut anzugehen.
- ...
- Viele Bedürftige schämen sich für den Bezug von Lebensmitteln über die Tafel – ihre Motivation, aus der Armut herauszukommen, steigt dadurch.
- ...

Kapitel 11, S. 245, Aufgabe 5

Hier müsst ihr die Vor- und Nachteile der unterschiedlichen Gerechtigkeitsprinzipien abwägen und am Ende ein begründetes Ergebnis formulieren. Die folgenden Impulsfragen sollen euch hierbei zum Weiterdenken anregen:

Leistungsgerechtigkeit
- Was passiert mit Menschen, die am Leistungsprinzip nicht teilnehmen können (z. B. Behinderte, Kranke, Alte)?
- Lässt sich Leistung immer klar definieren?
- Wie hoch ist die Akzeptanz des Leistungsprinzips in der Bevölkerung?

Chancengerechtigkeit
- Ist es überhaupt möglich, dass alle Menschen die gleichen Chancen haben?
- Welche Rolle spielen hierbei biologische, genetisch bedingte Faktoren sowie die Erziehung und das soziale Umfeld einer Person? Muss/kann der Sozialstaat diese angeborenen oder anerzogenen Unterschiede ausgleichen?
- Wie hoch ist die Akzeptanz des Prinzips der Chancengerechtigkeit in der Bevölkerung?

Bedarfsgerechtigkeit
- Lässt sich der Bedarf einer Person (objektiv) ermitteln? Welche Probleme können hierbei auftreten?
- Wer definiert die Höhe des Mindestbedarfs – gibt es hierüber Einigkeit? Kann es in dieser Frage evtl. auch zu Unmut in der Bevölkerung kommen?
- Wie hoch ist die Akzeptanz des Prinzips der Bedarfsgerechtigkeit in der Bevölkerung?

Kapitel 11, S. 247, Aufgabe 4

Folgende Aspekte könnten bei der Bewertung berücksichtigt werden:
- Hat ein Arbeitsloser noch ausreichend Vermögen, so besteht keine Notwendigkeit, ihn zu unterstützen; sein Existenzminimum ist ja noch gesichert. (*Bedarfsgerechtigkeit*)
- Warum sollte die Allgemeinheit für die Arbeitslosenunterstützung aufkommen, solange der Betroffene sich selbst versorgen kann? Die Arbeitslosenunterstützung sollte sich auf wirklich Bedürftige konzentrieren. (*Gemeinwohl, Bedarfsgerechtigkeit*)
- Es erscheint den Steuerzahlern schwer vermittelbar, dass ein Arbeitsloser sein Vermögen nicht zunächst aufbrauchen muss. (*Akzeptanz*)
- Der Anreiz, schnell wieder eine Arbeitsstelle zu finden, steigt, wenn das eigene Vermögen betroffen ist. (*Effizienz*)
- Das Fürsorge- und Subsidiaritätsprinzip sind Kernprinzipien unseres Sozialstaats – erst wenn sich der Betroffene nicht mehr selbst helfen kann, greift der Staat unterstützend ein. (*Legitimität*)
- Das zum Teil über Jahrzehnte ersparte Vermögen ist Eigentum des Arbeitslosen – warum darf es ihm der Staat nun wegnehmen? (*Legitimität*)
- Das ersparte Vermögen dient ja vielfach auch der eigenen Altersvorsorge – ist es sinnvoll, diese dem Arbeitslosen zu schmälern, wenn er folglich im Alter auf staatliche Unterstützung angewiesen ist? (*Nachhaltigkeit*)
- ...

Kapitel 11, S. 247, Aufgabe 5

Sammelt zunächst für beide Positionen Argumente. Achtet bei der Gestaltung des Streitgesprächs darauf, dass die beiden Beteiligten nicht einfach nur Argumente reihen, sondern diese jeweils aufeinander beziehen. Wichtig: Am Ende muss nicht zwingend eine Einigung der Diskutanten erfolgen – gerade im vorliegenden Fall erscheint es angesichts der weit auseinander liegenden Positionen recht unwahrscheinlich, dass ein klarer Konsens gefunden wird.

Kapitel 11, S. 249, Aufgabe 5

„Positive" Sanktionen sollen Anreize schaffen, möglichst schnell wieder aus der Arbeitslosigkeit herauszukommen, bspw. durch die Belohnung eigener Anstrengungen zur beruflichen Qualifikation. Es handelt sich also um produktive Anreize, die – im Gegensatz zu „negativen" Sanktionen – nicht auf Strafen, sondern auf positive Anreize setzen.

Pro „positive" Sanktionen	Kontra „positive" Sanktionen
▪ Motivation der Betroffenen, schnell aus der Arbeitslosigkeit herauszufinden, steigt. ▪ Belohnungssysteme im Bereich der beruflichen Weiterbildung setzen direkt an den Ursachen für Arbeitslosigkeit an. ▪ ...	▪ Der Staat fördert Hartz-IV-Empfänger ohnehin bei der beruflichen Qualifikation (vgl. Prinzip des Förderns). ▪ Weiterer Kostenfaktor für den Sozialstaat ▪ Negative Sanktionen sind ein deutlich effektiveres Druckmittel. ▪ ...

Kapitel 11, S. 249, Aufgabe 6

Die Aufgabe gibt den Bewertungsmaßstab – die Legitimität – bereits vor, du musst hier also dein Grundgesetz zu Hilfe nehmen. Du musst abwägen, ob das aus Art. 1 Abs. 1 GG (Menschenwürde) und Art. 20 Abs. 1 GG (Sozialstaatlichkeit) ableitbare Recht auf ein menschenwürdiges Leben – individueller Anspruch auf Gewährleistung des Existenzminimums durch den Staat – durch die Hartz-IV-Sanktionen zu stark / vertretbar / in gewissen Grenzen vertretbar ... beschnitten wird. Auch kannst du prüfen, ob das „Recht auf die freie Entfaltung [der] Persönlichkeit" (Art. 2 Abs. 1 GG) sowie das „Recht auf Leben und körperliche Unversehrtheit" (Art. 2 Abs. 2 GG) durch die Sanktionen zu stark / noch vertretbar ... eingeschränkt werden. Ferner solltest du reflektieren, ob evtl. durch manche Sanktionen das Grundrecht auf Berufsfreiheit (Art. 12 GG) tangiert wird. Zugleich solltest du überlegen, ob der Staat im Sinne des sozialen Friedens und zum Schutz der Allgemeinheit auch Mittel (Sanktionen) braucht, um gegen einen etwaigen Missbrauch des Sozialstaats vorzugehen.

Kapitel 11, S. 251, Aufgabe 5

„Die Rente ist sicher" – diese These Norbert Blüms aus dem Jahr 1986 sollst du nun erörtern. Hierbei gilt es, „sicher" zu definieren: *Dass* man auch in Zukunft noch eine Rente bekommen wird, gilt als unstrittig. Kontrovers diskutiert wird hingegen, wie *hoch* diese noch ausfallen wird.

Gegen eine „sichere" Rente spricht:

- Der Druck durch die demografische Entwicklung ist immens – Rentenkürzungen werden die zwangsläufige Folge sein.
- Die Alternative – deutliche Beitragssteigerungen – scheidet wegen der Belastung für Arbeitnehmer und Arbeitgeber (Unternehmen) aus, will man nicht die Wettbewerbsfähigkeit der deutschen Wirtschaft riskieren.
- ...

Für eine „sichere" Rente spricht:

- Prognosen über die künftige Bevölkerungsentwicklung erscheinen statistisch kaum haltbar – der tatsächliche Druck durch die demografische Entwicklung muss deshalb kritisch hinterfragt werden.
- Auch in der Vergangenheit stieg die Lebenserwartung, der Jugendanteil sank und der Rentneranteil stieg – trotzdem ist die Rentenversicherung nicht kollabiert.
- Der Faktor Produktivität wird unterschätzt – wenn diese deutlich steigt, lässt sich auch mit weniger Beitragszahlern (Arbeitnehmern) ein relativ stabiles Rentensystem aufrechterhalten.
- ...

Kapitel 11, S. 253, Aufgabe 3

Mögliche Kriterien und Wertmaßstäbe könnten hier sein:

- *Finanzierung:* Lässt sich die Rente mit 63 vor dem Hintergrund des demografischen Wandels realisieren?
- *Nachhaltigkeit:* Lässt sich die Rente mit 63 nachhaltig aufrechterhalten/finanzieren?
- *Legitimität:* Ist es legitim, unterschiedliche Altersgrenzen einzuführen (vgl. Gleichheit der Beitragszahler)?
- *Gleichheit:* Fördert oder schwächt die Rente mit 63 die Gleichheit der Beitragszahler?
- *Gerechtigkeit:* Wie (leistungs-)gerecht erscheint die Rente mit 63?
- ...

Kapitel 11, S. 255, Aufgabe 3 c

Das Solidarprinzip, auf dem die gesetzliche Krankenversicherung (GKV) basiert, besagt: Jeder hat den gleichen und nur vom eigenen gesundheitlichen Bedarf abhängigen Zugang zu medizinischer Versorgung (vgl. M3). Zuzahlungen für gewisse medizinische Leistungen – z. B. bestimmte ärztliche und zahnärztliche Behandlungen, Therapien – durchbrechen diesen Grundsatz insofern, als der Zugang zu ebendieser medizinischen Leistung an eine höhere finanzielle Beteiligung des Versicherten gekoppelt wird. Evtl. scheuen manche finanziell schwach gestellte Personen diese zusätzliche Beteiligung an den Behandlungskosten. Ist das im Sinne des Sozialstaats, gerade im auch ethisch sensiblen Feld der Gesundheit? Andererseits machen steigende Gesundheitskosten evtl. eine stärkere individuelle Beteiligung der Versicherten erforderlich; zugleich können Zuzahlungen einem möglichen Missbrauch („Mitnahmementalität“) entgegensteuern.

Kapitel 11, S. 256, Aufgabe 4

Mögliche Kriterien und Wertmaßstäbe könnten hier sein:

- *Finanzierung/Nachhaltigkeit:* Lässt sich das Rentensystem, auch angesichts des demografischen Wandels, dauerhaft und stabil finanzieren?
- *Effizienz:* Gewährleistet das Rentensystem einen (flächendeckenden) Schutz vor Armut im Alter (Lebensstandard/Existenzminimum sichern)?
- *Gerechtigkeit:* Wie leistungs- und bedarfsgerecht ist das schweizerische Alterssicherungssystem?
- *Gleichheit:* Fördert oder schwächt das Rentensystem die Gleichheit der Bürger?
- *Gemeinwohl:* Fördert oder schwächt das Alterssicherungssystem das Gemeinwohl? Sichert oder gefährdet es den sozialen Frieden?
- ...

Kapitel 11, S. 257, Aufgabe 3

Mögliche Kriterien und Wertmaßstäbe könnten hier sein:

- *Finanzierbarkeit:* Ist das Konzept der Bürgerversicherung finanzierbar – leichter oder schwerer als das aktuelle System mit gesetzlicher und privater Krankenversicherung?
- *Realisierbarkeit:* Lässt sich das aktuelle System – Nebeneinander von gesetzlicher und privater Krankenversicherung – umstellen auf eine einheitliche Bürgerversicherung?
- *Gleichheit:* Fördert oder schwächt die Bürgerversicherung die Gleichheit der Beitragszahler/Bürger?
- *Gerechtigkeit:* Wie gerecht erscheint dir die Bürgerversicherung?
- ...

Kapitel 11, S. 259, Aufgabe 6

Hier musst du sehr differenziert auf die unterschiedlichen Dimensionen von Gerechtigkeit eingehen (vgl. S. 245, M 4):

- Wie leistungsgerecht ist das BGE?
- Wie bedarfsgerecht ist das BGE?
- Fördert oder schwächt das BGE die Chancengerechtigkeit?

Vergiss nicht, ein begründetes Werturteil (inkl. persönlicher Stellungnahme) zu formulieren.

Kapitel 12, S. 283, Aufgabe 6

„Ausgehend von den Materialien“ bedeutet, dass man zunächst die Materialien der Doppelseite in seine Argumentation mit einbeziehen, aber auch darüber hinausgehen muss. Im Zentrum der Erörterung sollte die Frage stehen, inwieweit die Allgemeine Erklärung der Menschenrechte durch ihre hohe Legitimation einerseits und ihre nicht verbindliche Rechtsstellung andererseits in der Lage ist, die Menschenrechte zu schützen. Ein abschließendes Urteil rundet die Erörterung ab.

Kapitel 12, S. 285, Aufgabe 3

Regierungen sind immer Vertreter von Staaten und ihren Interessen, während viele NGOs international organisiert sind, auch wenn sie, wie das Deutsche Rote Kreuz, beispielsweise auch nationale Ableger haben. Die meisten NGOs arbeiten auch ohne ideologische oder materielle Ziele. Außerdem ist ihre Arbeit auf die Nothilfe beschränkt. Staaten steht international einerseits der Diplomatische Dienst in Form der Botschaften, politische oder militärische Berater und im Extremfall aber auch bewaffnete Einheiten aus Polizei oder dem Militär zur Verfügung. Ausgehend von diesen Überlegungen solltest du Vor- und Nachteile einander gegenüberstellen und zu einem begründeten Urteil gelangen.

Kapitel 13, S. 295, Aufgabe 3

Für die Erörterung braucht ihr einen Überblick über die Aufgaben eines Parlaments, damit ihr diese den Aufgaben des Europäischen Parlaments gegenüberstellen könnt. Im nächsten Schritt vergleicht ihr, findet Übereinstimmungen bzw. Unterschiede. Anschließend ist eure Beurteilung gefragt. Klassische Aufgaben des Bundestages sind:

1. Gesetzgebungsfunktion
2. Wahlfunktion (Bundeskanzler/-in und andere wichtige Staatsorgane)
3. Kontrollfunktion (Regierung und Verwaltung)/ Budgetrecht
4. Willensbildungsfunktion (Parlament als „Forum der Nation“)
5. Artikulationsfunktion/Repräsentationsfunktion (Im Parlament soll zur Sprache kommen, was die Bürger/-innen bewegt, und vor allem sollen ihre Interessen im Parlament vertreten werden).

Kapitel 13, S. 299, Aufgabe 3

Hier kannst du folgende Kriterien für die Überprüfung anwenden:

Eine völkerrechtliche Definition von Staat kennt drei Elemente:

1. Staatsgebiet, es umreißt den Herrschaftsbereich
2. Staatsvolk, es umfasst die Gesamtheit der Menschen, die in diesem Herrschaftsbereich leben
3. Staatsgewalt, sie ist im Besitz der Souveränität und hat das Gewaltmonopol (legitime Anwendung von Gewalt nach innen und außen), es gibt eine Gewaltenteilung

Die Definition eines modernen Staates beinhaltet noch folgende Elemente:

4. Rechts- und Verfassungsstaat, d.h. staatliches Handeln ist an schriftlich festgelegte, nachprüfbare und einklagbare Vorschriften gebunden
5. Demokratie, d.h. der Staat bekennt sich per Verfassung zu Volkssouveränität, Grund- und Menschenrechten und konstituiert seine Staatsgewalt durch allgemeine, gleiche, freie und geheime Wahlen

Kapitel 13, S. 316, Aufgabe 3

Mit Hilfe der Szenariotechnik werden vor allem längerfristige Zukunftsbilder und Entwicklungsprognosen erdacht. Entworfen werden in der Regel drei mögliche Zukunftsbilder:

1. Ein positives Extremszenario: Wie könnte die Zukunft im besten Falle aussehen?
2. Ein negatives Extremszenario: Wie könnte die Zukunft im schlimmsten Falle aussehen?
3. Ein Trendszenario: Wie könnte die Zukunft aussehen, wenn sich die jetzige Situation fortschreibt?

Die Phasen der Szenariotechnik:
Problemfeld analysieren
Einflussfaktoren bestimmen

4. Entwicklung der Einflussbereiche prognostizieren Auswirkungen der Einflussfaktoren beschreiben, Szenarien entwickeln (drei bzw. zwei Gruppen)
5. Vorstellen der Szenarien

Kapitel 14, S. 327, Aufgabe 3

Eine These besteht aus Behauptung – Begründung – Beispiel. Formuliert also zunächst ausgehend von den Materialien eine Aussage („Das größte Problem des Verkehrs in Deutschland ist ...“), die ihr jeweils versucht zu begründen („..., weil dadurch ...“). Veranschaulicht dies durch ein konkretes Beispiel („Dies sieht man vor allem daran, dass ...“). Formuliert möglichst zu allen Bereichen – Politik, Gesellschaft, Wirtschaft – Thesen. Betrachtet auch unterschiedliche Akteure wie Pendler, Anwohner, Jugendliche, nicht-motorisierte Verkehrsteilnehmer, Kommunen, Unternehmen usw.

Kapitel 14, S. 331, Aufgabe 3

Zunächst solltet ihr genau definieren, was ihr unter Fahrverboten versteht. Welche Fahrzeuge sind betroffen? Wo (nur auf bestimmten Straßen oder auf allen, nur in der Stadt oder auch auf Autobahnen und Bundesstraßen) und wie lange (bestimmte Tageszeiten, bestimmte Monate oder Wochentage usw.) soll das Verbot gelten? Gibt es eventuell Ausnahmeregelungen? Wie soll das Ganze kontrolliert werden? Wie hoch sollten Bußgelder sein, damit das Verbot effektiv ist? Soll es Plaketten geben oder eine Maut um den Verkehr zu reduzieren? Danach solltet ihr euch überlegen, wer in welchem Umfang von eurer Maßnahme betroffen ist und ob es für die jeweiligen Personen (z.B. Pendler) Alternativen im ausreichendem Umfang gibt. Sammelt jetzt Pro- und Kontra-Argumente und stellt diese einander gegenüber. Formuliert ein abschließendes begründetes Urteil.

Kapitel 14, S. 333, Aufgabe 3

Klärt zunächst, wer von dem kostenlosen Angebot Gebrauch machen kann (alle, nur Studenten oder Pendler, Stadtbewohner usw.?), wie das kostenlose Angebot finanziert werden soll (Steuererhöhungen, Ausgabensenkung an anderer Stelle usw.?) und wie die benötigten erhöhten Kapazitäten bereitgestellt werden könnten. Danach überlegt ihr euch, wie ihr selbst, wie andere Akteure und wie das politische System (Zustimmung für das kostenlose Angebot, Ablehnung wegen einer Steuererhöhung oder Ausgabensenkung) betroffen ist. Überlegt euch auch, welche Bereiche davon betroffen sind und ob diese sich gegenseitig beeinflussen: Gesellschaft, Politik und Wirtschaft. Wendet sinnvolle Kriterien wie Nachhaltigkeit, Gerechtigkeit oder Effizienz unter Berücksichtigung der verschiedenen betroffenen Gruppen, um ein abschließendes Werturteil zu fällen.

Kapitel 14, S. 335, Aufgabe 4

Beschreibt in einem ersten Schritt, was ihr unter Carsharing versteht (z.B. stationsbasiert oder freefloating oder beides?) und stellt die zentralen Verkehrs- und Umweltprobleme vor allem in Städten dar. Hier bietet es sich an, auf ein lokales Beispiel Bezug zu nehmen. Stellt dann Vorteile des von euch definierten Carsharing-Modells und dessen Nachteile einander gegenüber und kommt zu einem begründeten Urteil.

Kapitel 14, S. 337, Aufgabe 3

Stellt dar, was ihr unter E-Mobilität versteht (reine Elektroantriebe, Hybride, welche Verkehrsträger usw.?). Beschreibt, welche umwelt- und verkehrspolitischen Bereiche davon beeinflusst werden könnten. Vergleicht dann die Argumente der Pro-Seite mit denen der Kontra-Seite und kommt abschließend zu einem begründeten Urteil.

Begriff	Erklärung
§	Dieses Zeichen wird Paragraf ausgesprochen. In Kombination mit einer Zahl dient es der Unterteilung von Gesetzestexten und Verträgen.
§ 207 StPO	(Inhalt des Eröffnungsbeschlusses) (1) In dem Beschluss, durch den das Hauptverfahren eröffnet wird, lässt das Gericht die Anklage zur Hauptverhandlung zu und bezeichnet das Gericht, vor dem die Hauptverhandlung stattfinden soll. [...]
2 Art. 38 Abs. 1 GG	Die Abgeordneten des Deutschen Bundestages werden in allgemeiner, unmittelbarer, freier, gleicher und geheimer Wahl gewählt. Sie sind Vertreter des ganzen Volkes, an Aufträge und Weisungen nicht gebunden und nur ihrem Gewissen unterworfen.
Abschiebung	Ist ein Asylantrag unberechtigt oder wird er abgelehnt, droht den Antragstellern eine Ausweisung in das Herkunftsland.
Absenkung der Regelaltersgrenze	Vor der Absenkung auf 65 Jahre hatte die Regelaltersgrenze bei 70 Jahren gelegen. Man muss hierbei beachten, dass 1916 nur drei von zehn Bürgern das Alter von 65 Jahren erreichten.
Absolute Armut	Bezeichnet die existenzgefährdende Armut. Lebensnotwendige Versorgung mit Nahrung, Kleidung, Wohnung und medizinischer Grundversorgung ist nicht mehr gewährleistet.
Abwrackprämie	Die Abwrackprämie, eigentlich Umweltprämie, war eine staatliche Prämie in Höhe von € 2500,-. Sie wurde 2009 unter bestimmten Umständen Neuwagenkäufern gewährt, wenn diese ihr altes Kraftfahrzeug dafür verschrotten ließen. Die Maßnahme war Teil eines Konjunkturprogramms zur Absatzsteigerung.
ADAC	Allgemeiner Deutscher Automobil-Club e.V. Verkehrsclub mit fast 20 Mio. Mitgliedern in Deutschland, der vor allem die Interessen der Autofahrer vertritt
Afghanistan	Ein Land in Südasien, zwischen Iran und Pakistan, in dem seit Jahrzehnten ein brutaler Krieg zwischen verfeindeten Volksgruppen tobt. Dieser Krieg hat das Land zu einem der ärmsten der Welt gemacht.
Akteure	Akteure sind die Beteiligten und Mitwirkenden in einem politischen Prozess.
aktives und passives Wahlrecht	Aktives Wahlrecht bedeutet, dass man selbst wählen darf, also beispielsweise das Europaparlament oder den Deutschen Bundestag. Dass man sich selber als Kandidat aufstellen lassen kann, um bei einer Wahl gewählt zu werden, bezeichnet man als passives Wahlrecht.
Alawiten	eine Untergruppe des schiitischen Islam
Alias	meint hier einen anderen Namen, unter dem die Person sich auch ausgibt
al-Qaida	weltweit operierendes islamistisches Terrornetzwerk, das u. a. für die Terroranschläge des 11. September 2001 verantwortlich ist
Alterssicherung	Über die GRV hinaus kann die Alterssicherung auch über eine betriebliche Altersvorsorge (Betriebsrente) und/oder eine private Altersvorsorge (private Rentenversicherung, Lebensversicherung, Aktien, Immobilien etc.) erfolgen.
Apartheid	bis 1994 in der Republik Südafrika praktizierte völlige Trennung von Menschen verschiedener Hautfarbe in allen Bereichen des öffentlichen Lebens
Arbeitgeberanteil	Der Arbeitgeberanteil ist inzwischen auf 7,3 % „eingefroren“. Das bedeutet, dass eventuelle Beitragssteigerungen der GKV allein von den Arbeitnehmern getragen werden müssen. Beispiel: Liegt der Beitragssatz bei 15,3 %, zahlt der Arbeitgeber 7,3 %, der Arbeitnehmer jedoch 8,0 %.

Begriff	Erklärung
Arbeitslosen-versicherung	In die Arbeitslosenversicherung zahlen v. a. abhängig Beschäftigte (Angestellte etc.) sowie freiwillig Versicherte (z. B. Selbstständige) ein. Der Beitragssatz beträgt aktuell 3,0 % des Bruttoeinkommens, zur Hälfte getragen vom Arbeitgeber und Arbeitnehmer.
Armutsschwelle	Im Jahr 2015 lag diese sogenannte Armutsschwelle bei 1033 Euro pro Monat.
Asyl	Zuflucht für politisch Verfolgte. Nach Artikel 16a Grundgesetz hat jeder die Möglichkeit, in Deutschland einen Antrag auf Asyl zu stellen. Jedoch nur wer politisch verfolgt wird, hat Aussichten, dass sein Antrag auch Erfolg hat.
Autonomie	Unabhängigkeit, Selbstständigkeit
Ballungsraum	eine Häufung eng zusammenhängender Städte und Gemeinden, die sich meistens um eine Großstadt herum befinden
Beitragsbemessungs-grenze	Die Beitragsbemessungsgrenze beträgt 52 200 €, die Versicherungspflichtgrenze 57 600 € jährlich (Stand: 2017); beide Grenzen werden regelmäßig angepasst.
Beitragssatz	Aktuell (Stand: 2017) liegt der Beitragssatz bei 18,7 % des monatlichen Bruttoeinkommens, je zur Hälfte zu tragen vom Arbeitgeber und Arbeitnehmer.
Bevölkerung mit Migrationshintergrund	Seit 1950 nach Deutschland Zugewanderte und deren Nachkommen. Man muss also keine eigene Migrationserfahrung haben, also nicht selber zugewandert sein, um zu dieser Gruppe zu gehören.
Bewährung	In manchen Fällen, zum Beispiel wenn jemand noch nicht oft straffällig geworden ist, muss eine Strafe nicht im Gefängnis abgesessen werden, sondern kann zur Bewährung ausgesetzt werden. Man darf aber während der Bewährungszeit nicht wieder straffällig werden und muss sich regelmäßig bei der Polizei melden oder andere Auflagen erfüllen.
Bildungs- und Teilhabepaket	Um bei den Aufwendungen für die Schule entlastet zu werden, erhalten Familien mit geringem Einkommen Leistungen für Bildung und Teilhabe. Die Leistungen werden z. B. gewährt für Schulausflüge, Klassenfahrten, Ausstattung mit persönlichem Schulbedarf, Schülerbeförderung, Lernförderung und die Mittagsverpflegung in Schulen.
Bildungspaket	Ist eine finanzielle Unterstützung vom Staat für bedürftige Kinder und Jugendliche von Langzeitarbeitslosen, Geringverdienern und Wohngeldempfängern. Auf Antrag werden bestimmte Leistungen wie z. B. Mittagessen in der Schule oder im Hort, Zuschüsse für Klassenfahrten und Schulausflüge übernommen.
Bildungsplan	Ein Bildungsplan enthält die Vorgaben, welche grundlegenden und unverzichtbaren Haltungen, Werte, Kompetenzen und Wissensinhalte die Schule vermitteln soll. Diese Vorgaben werden von den jeweiligen Kultusministerien der Bundesländer festgelegt.
Binnenmarkt	Bezeichnung für einen internen Markt mit freiem Waren- und Dienstleistungsverkehr, mit freiem Kapitalverkehr sowie Freizügigkeit der Arbeitnehmer und Niederlassungsfreiheit der Selbstständigen. Im Rahmen der Entscheidungsverfahren sind verschiedene Gesetzesnormen vorgesehen: Verordnungen gelten unionsweit unmittelbar, sind in allen Teilen verbindlich und stehen über nationalem Recht. Richtlinien müssen von den Mitgliedstaaten in nationales Recht umgesetzt werden, ihre Ziele sind verbindlich.
Boko Haram	Boko Haram ist eine islamistische terroristische Gruppierung im Norden Nigerias. Sie setzt sich für die Einführung der Scharia in ganz Nigeria und das Verbot westlicher Bildung ein.
Branntwein	Alkoholisches Getränk mit einem Alkoholanteil von etwa 30–60 Prozent. Branntwein wird durch Destillation (Brennen) aus gegorenen Flüssigkeiten gewonnen.

Begriff	Erklärung
Budgetierung	Bezeichnet im deutschen Gesundheitssystem eine Maßnahme, die festlegt, dass pro Kalenderjahr in einem bestimmten Ausgabenbereich für alle Versicherten der gesetzlichen Krankenversicherung (GKV) nur eine bestimmte Geldmenge ausgegeben werden darf, die sich am Vorjahr orientiert. Ziel ist es, die Beitragssätze stabil zu halten. Die Ärzte erhalten also ein gewisses Budget, mit dem sie jedes Jahr haushalten müssen.
Bundeshaushaltsplan	Der Bundeshaushaltsplan wird jeweils am Ende des Kalenderjahres für das kommende Jahr verabschiedet. In ihm wird der voraussichtliche Finanzbedarf des Bundes festgestellt. Er beruht auf Prognosen der zukünftigen Einnahmen und Ausgaben des Bundes.
Bundesrepublik Deutschland	Die Bundesrepublik Deutschland (BRD) besteht aus 16 Bundesländern. Hieran erkennt man, dass der Staatsaufbau in verschiedene Ebenen gegliedert ist: Bund – Länder – Kommunen. Jede Ebene hat unterschiedliche politische Kompetenzen. Einen solchen Staatsaufbau nennt man föderalistisch (Gegenteil: zentralistisch).
Bundestagspräsident	ist der aus der Mitte des Bundestages gewählte Präsident, der unter anderem die Plenarsitzungen leitet
Bürgerentscheid	Form der direkten Demokratie, bei der die wahlberechtigten Bürgerinnen und Bürger über eine Sachfrage selbst entscheiden (genauer Ablauf: vgl. S. 102 *f*.)
Bürgerinitiative	Zusammenschluss von Bürgerinnen und Bürgern, die sich für ein bestimmtes, meist lokales Ziel einsetzen
Bürgerkrieg	Ein Bürgerkrieg ist ein Krieg innerhalb eines Staates. Bürgerkriege können zwischen verschiedenen organisierten Gruppen eines Landes, aber auch gegen die Armee der eigenen Staatsregierung geführt werden.
Bürgerkrieg in Syrien	Seit März 2011 herrscht in Syrien ein brutaler Bürgerkrieg, der bereits Hunderttausenden Menschen das Leben gekostet hat. Millionen sind geflohen und haben in anderen Ländern, meist in der Region, Schutz gesucht. Auf der einen Seite kämpfen Regierungstruppen des Diktators Assad, auf der anderen Seite kurdische und teilweise islamistische Rebellengruppen.
Bürgersprechstunde	Viele Bürgermeister bieten eine regelmäßige Sprechstunde an, in der alle Bürgerinnen und Bürger Bitten, Fragen, Anregungen usw. vortragen können.
Carsharing	Grundsätzlich gibt es zwei Carsharing-Modelle: 1. Man nutzt eine feste Carsharing-Station, bei der man das Fahrzeug gebucht hat, holt es dort ab und bringt es auch dorthin wieder zurück. 2. Das Free-Floating-System ist flexibler, da man das nächstgelegene Auto mit dem Smartphone anpeilt und es in diesem Gebiet auch wieder abstellt. Die Gebühren sind hierfür meist etwas höher.
David und Goliath	eine biblische Geschichte, in der der junge David den großen, übermächtigen Krieger Goliath mit einer Steinschleuder besiegt
Delikt	Handlung, die gegen das Gesetz verstößt, also strafbar ist
demografischer Wandel	Unter demografischem Wandel versteht man zusammenfassend verschiedene Veränderungen und Tendenzen in der Bevölkerungsentwicklung.
demokratische Wahl	Wahlen in Deutschland verlaufen nach vorgeschriebenen Regeln. Diese sind im Grundgesetz Artikel 28 und Artikel 38 festgelegt und gelten für alle in Deutschland abgehaltenen Wahlen. Die Regeln sind in fünf Wahlgrundsätzen zusammengefasst: allgemein, gleich, geheim, frei, unmittelbar.
Despot	unumschränkt Herrschender

Begriff	Erklärung
digitale öffentliche Dienste	Gemeint ist damit der verstärkte Einsatz von modernen IT-Techniken und elektronischen Medien für Regierungs- und Verwaltungsprozesse.
Diktatur	Herrschaftsform, in der eine einzelne Person (Diktator) oder eine kleine Gruppe von Personen die unbeschränkte politische Macht hat und ihre Herrschaft nötigenfalls gewaltsam ausübt
direkte Demokratie	In jeder Demokratie dürfen sich die Bürger/-innen an der Politik beteiligen. In der direkten Demokratie stimmen sie unmittelbar über politische Fragen ab, entscheiden also selbst. In der repräsentativen Demokratie hingegen wählt das Volk Abgeordnete, die dann die politischen Entscheidungen treffen.
Dogma	(Plural: Dogmen) eine Lehre oder ein Glaubenssatz mit dem Anspruch absoluter Gültigkeit
Drittland	Das sind die Länder, über die Menschen zu uns kommen. Also nicht das Herkunfts- und nicht das Zielland. Man unterscheidet sichere Drittländer, das sind eigentlich die meisten europäischen Staaten, v. a. unsere Nachbarstaaten, und unsichere Drittländer.
Duldung	Das ist eine „vorübergehende Aussetzung der Abschiebung" von ausreisepflichtigen Ausländern. Das kann an einer Erkrankung des Antragstellers liegen oder weil bei einer Abschiebung der Tod oder andere unzumutbare Lasten drohen.
Dunkelziffer	Nicht jedes Vergehen wird angezeigt oder überhaupt entdeckt, d. h., es bleibt verborgen bzw. im Dunkeln. Die Dunkelziffer bezeichnet also eine Schätzung von Vergehen.
EBI	Europäische Bürgerinitiative
Ein-Eltern-Familie	Jede fünfte Familie in Deutschland ist eine Ein-Eltern-Familie. Sie bezeichnet das Zusammenleben eines einzigen Elternteils mit mindestens einem Kind. Wenn nur ein Elternteil das Sorgerecht hat, nennt man ihn alleinerziehend.
Einpunktpartei	Als Einpunktpartei bezeichnet man eine Partei, die mit nur einem Ziel bzw. einer politischen Forderung bei Wahlen antritt. Strittig ist, ob sie damit überhaupt den Status einer echten Partei genießt.
Einwohnerversammlung	vom Gemeinderat einberufene Versammlung, in der wichtige Themen gemeinsam mit den Bürgerinnen und Bürgern diskutiert werden
Emigration	Auswanderung
Entwicklungstheorie	Entwicklungstheorie und Sozialisationstheorie versuchen zu erklären, warum Jugendliche in die Kriminalität abgleiten. Dabei beschreiben die beiden Theorien nur bestimmte Risiken, denen Jugendliche ausgesetzt sind. Jeder Mensch kann seinen Weg durch eigene Entscheidungen selbst beeinflussen.
Ernennung	Als Ernennung bezeichnet man die Bestimmung einer Person zur Wahrnehmung einer Funktion als Amtsträger. Mit der Ernennung ist die Person legitimiert (also berechtigt), das jeweilige Amt – z. B. die Leitung des Bauamtes der Gemeinde – auszuüben. Auch der Bürgermeister wird nach seiner erfolgreichen Wahl in sein Amt noch offiziell ernannt; ohne die vorausgehende Legitimation per Wahl kann er aber nicht ernannt werden.
Eröffnungsbeschluss	Das Gericht beschließt, ein Hauptverfahren durchzuführen, weil es der Ansicht ist, der Angeklagte ist der ihm zu Last gelegten Straftat hinreichend verdächtig.
Euro-5-Norm/Euro-6-Norm	legt für Kraftfahrzeuge den Ausstoß von Schadstoffen fest

Begriff	Erklärung
Euro-Rettungsschirm	gängiger Begriff für „Europäischer Stabilitätsmechanismus“ (ESM), der Staaten der Euro-Zone bei ihren großen Finanzproblemen Hilfe leistet
Existenzminimum	Als Existenzminimum bezeichnet man die Mittel, die ein Mensch zur Befriedigung seiner materiellen Bedürfnisse braucht. Hierzu gehören v. a. Nahrung, Wohnung, Kleidung und grundlegende medizinische Versorgung, um das physische Überleben zu gewährleisten. Darüber hinaus muss der Staat auch ein Mindestmaß an sozialer und kultureller Teilhabe ermöglichen.
Feinstaub	Feinstaub besteht aus einem Gemisch fester und flüssiger Partikel in unterschiedlicher Größe. Er entsteht direkt bei Verbrennungsprozessen (primärer Feinstaub) oder durch gasförmige Vorläufersubstanzen wie Schwefelund Stickoxide und Ammoniak (sekundärer Feinstaub). Die gesundheitliche Wirkung von Feinstaub reicht von Schleimhautreizungen und lokalen Entzündungen in der Luftröhre und den Bronchien bis zu verstärkter Plaquebildung in den Blutgefäßen, einer erhöhten Thromboseneigung oder Veränderungen der Regulierungsfunktion des vegetativen Nervensystems.
Flexirentengesetz	Um einen flexiblen Übergang vom Erwerbsleben in den Ruhestand zu ermöglichen, hat der Gesetzgeber 2016 das sogenannte Flexirentengesetz beschlossen.
Flüchtlinge	Als Flüchtling bezeichnet man jemanden, der aufgrund von Kriegen oder Hungersnöten, aber auch wegen politischer Verfolgung seine Heimat verlassen muss.
Fraktion	Zusammenschluss von Gemeinderatsmitgliedern bzw. Abgeordneten derselben Partei oder Wählervereinigung in einem Parlament
freiheitliche demokratische Grundordnung	unabänderlicher Kern des Grundgesetzes, bestehend aus Menschenwürde, Demokratieprinzip und Rechtsstaatlichkeit
Gerechtigkeit	Die Begriffe (Un-)Gerechtigkeit und (Un-)Gleichheit dürfen nicht einfach gleichgesetzt werden.
gesetzlich Versicherte	Die gesetzlich Versicherten bilden den weitaus größeren Anteil im Vergleich zu den privat Versicherten.
Griechenland-Hilfe	bezeichnet eine Reihe von Finanzhilfen für den stark verschuldeten EU-Mitgliedstaat Griechenland, über die der Bundestag abstimmen musste
große Koalition	eine Regierung, die sich aus den beiden größten Fraktionen des Bundestages zusammensetzt
Großfamilie	Familienverband, der mit drei oder mehr Generationen in einem Haushalt lebt
Grundgesetz	die geltende „Verfassung“ Deutschlands; in ihm sind z. B. die Grundrechte sowie die wichtigsten Spielregeln des Staates festgelegt
Grundgesetz Art. 3 (2)	Männer und Frauen sind gleichberechtigt. Der Staat fördert die tatsächliche Durchsetzung der Gleichberechtigung von Frauen und Männern und wirkt auf die Beseitigung bestehender Nachteile hin.
Hartz IV	Bezeichnet ein Gesetz, das den Bezug staatlicher Sozialleistungen (Arbeitslosengeld II) regelt. Davon betroffen sind Menschen, die lange arbeitslos sind oder aus anderen Gründen nicht selbst für ihren Lebensunterhalt sorgen können.
Hartz-Reformen	Die Hartz-Reformen wurden ab 2002 von der damaligen rot-grünen Bundesregierung initiiert und später durchgesetzt. Ziel war v. a. eine Reduzierung der hohen Arbeitslosigkeit. Namensgeber war der frühere VW-Personalvorstand Peter Hartz, der die sog. Hartz-Kommission leitete, die Vorschläge für eine Reform der Arbeitsmarktpolitik und des Sozialstaats erarbeitete.

Begriff	Erklärung
Hospitalismus	negative körperliche und seelische Folgen eines Krankenhaus- oder Heimaufenthaltes
Humankapital	Leistungspotenzial, Arbeitsvermögen von Arbeitskräften, das auf Erziehung und Ausbildung beruht
Hypothese	(wissenschaftliche) Annahme, die anschließend überprüft werden kann.
indirektes Antragsrecht	Dies bedeutet, dass der Jugendgemeinderat seine Anträge – z. B. für einen Mini- Court – nur indirekt, nämlich über den Oberbürgermeister, in den Gemeinderat einbringen kann, nicht aber selbst einen Antrag im Gemeinderat stellen darf.
Individualisierung	Bezeichnet einen Entwicklungstrend, der mit der Modernisierung der Gesellschaft einhergeht: Menschen begreifen sich immer weniger als Teil einer Gruppe (z. B. des Arbeitermilieus, vgl. 19. Jh.), sondern als Individuen. Somit nehmen Gruppenbindungen ab und gleichzeitig der Wunsch nach individueller Entfaltung und Selbstverwirklichung zu.
Inklusion	Dieser Begriff beschreibt den Versuch, alle Menschen in das gesellschaftliche Leben mit einzubeziehen, unabhängig von Alter, Geschlecht, Bildung, Herkunft, Religion oder einer eventuellen Behinderung. So sollen behinderte Kinder mit Gleichaltrigen dieselbe Schule besuchen können.
Innovation	eine Neuerung, die es in dieser Form noch nicht gab
Instanz	die für ein gerichtliches Verfahren zuständige Stufe der Gerichtsbarkeit
Institution(en)	Einrichtungen, die vom Staat, von Kirchen oder von gesellschaftlichen Gruppen eingerichtet werden, um beispielsweise Konflikte zu regeln
Integration	Bedeutet, alle Menschen, die dauerhaft in Deutschland leben, in die Gesellschaft einzubeziehen. Dabei spielt das Erlernen der Sprache und Kenntnisse über die Kultur und die Verhaltensweisen eine große Rolle. Integration bedeutet aber nicht, dass man seine eigene Sprache und Kultur aufgibt.
Intensivstraftäter	Bezeichnung für Mehrfach- bzw. Wiederholungstäter, d. h. Täter, die in kurzer Zeit mehrfach kriminell in Erscheinung treten. Sie unterscheiden sich von nur gelegentlich kriminell handelnden oder rückfällig werdenden Tätern durch eine besonders hohe Gefährlichkeit für die Gesellschaft aufgrund von Art, Schwere und Häufigkeit der verübten Straftaten.
Islamismus, islamistisch	„Islamismus" ist eine Sammelbezeichnung für alle politischen Auffassungen und Handlungen, die im Namen des Islam die Errichtung einer allein religiös legitimierten Gesellschafts- und Staatsordnung anstreben.
judicial activism	juristischer oder richterlicher Aktivismus, der zu einer weiten Auslegung von Verfassungsrechten und Gesetzen neigt
jugendrichterliche Maßnahmen	Unter Erziehungsmaßregeln versteht man erzieherische Maßnahmen, um auf eine Straftat eines Jugendlichen oder Heranwachsenden zu reagieren. Das können Sozialstunden, die Anordnung eines Anti-Aggressionstrainings oder die Einweisung in ein Heim sein. Zuchtmittel sollen dem Jugendlichen eindeutig klar machen, dass er Unrecht begangen hat. Dies sind z. B. Verwarnungen, die Auflage, sich beim Opfer zu entschuldigen, oder auch Jugendarrest, der maximal vier Wochen dauert und erzieherisch wirken soll.
Jugendstrafe	Die Jugendstrafe ist eine Freiheitsstrafe, die bei Jugendlichen (14–17 Jahre) oder Heranwachsenden (18–20 Jahre) verhängt wird, wenn bspw. eine besonders schwere Schuld besteht oder man davon ausgehen kann, dass sie immer wieder straffällig werden.

Begriff	Erklärung
Jurist	Jemanden, der Rechtswissenschaften – das nennt man auch Jura – studiert hat, bezeichnet man als Juristin oder Jurist. Das können Richter, Staatsanwälte oder Rechtsanwälte sein. Manche Juristen arbeiten aber auch in der Rechtsabteilung einer großen Firma oder in Behörden.
Just-in-time-Produktion	Ein bedarfssynchrones Produktionssystem, bei dem das Material in der Stückzahl und zu dem Zeitpunkt produziert und geliefert wird, wie es vom Kunden gewünscht wird. Dadurch wird Lagerhaltung reduziert und Kosten gespart. Der Nachteil ist eine hohe Anfälligkeit bei Stau oder Streiks. Vor allem in der Automobilindustrie wird diese Produktions- und Liefermethode eingesetzt.
Kalifat	Gottesstaat
Kampagne	zeitlich befristete Aktion, die sich ein bestimmtes Ziel setzt
Karikatur	Von italienisch caricare (überladen, übertreiben), ist eine komische, übertriebene Darstellung, meist mit politischem Hintergrund. Den Zeichner nennt man Karikaturist.
Kernbrennstoffsteuergesetz	Das Gesetz belegt Kernbrennstoffe, z. B. Plutonium oder Uran, mit einer Verbrauchsteuer, die gewerbliche Erzeuger von elektrischem Strom bezahlen müssen.
Kernfamilie	Bezeichnet das Zusammenleben von Vater, Mutter und den gemeinsamen, leiblichen Kindern, die in einem Haushalt zusammenleben. Diese Lebensform ist die häufigste in Deutschland.
Klassenrat	Versammlung aller Schülerinnen und Schüler einer Klasse, die sich mit Themen der Klasse oder einzelner Schüler auseinandersetzt
Klischee	Lässt sich vielleicht am besten mit dem Wort „Schubladendenken" übersetzen. Es bezeichnet eine Meinung, die nicht unbedingt mit der Wirklichkeit übereinstimmt. Die Klischees entstehen aus Vorurteilen, die viele Menschen über eine bestimmte Personengruppe haben.
Kommune	Von lateinisch communis – allgemein, gemeinschaftlich; das zugehörige Adjektiv lautet kommunal (die Gemeinde betreffend).
Konnektivität	Vernetzungsfähigkeit von Personen, Unternehmen und Staaten
Korpsgeist	beschreibt ein besonders ausgeprägtes „Wir-Gefühl" in einer Gruppe
Landeszentrale für politische Bildung (lpb)	überparteiliche staatliche Einrichtung zur Förderung der politischen Bildung, die u. a. auf ihrer Webseite – www.lpb-bw.de – viele interessante und nützliche Informationen und Angebote bereithält
Legislaturperiode	Zeitspanne, in der gewählte Abgeordnete über Gesetze entscheiden können (Legislative oder gesetzgebende Gewalt), bis ein neu gewähltes Parlament zusammentritt
Lkw-Durchfahrtsverbote	Die Feinstaubbelastung ist in Stuttgart nach wie vor hoch. Deshalb dürfen auch Lkw mit modernster Motor- und Abgastechnik nicht mehr durch Stuttgart, Ostfildern und Umgebung fahren, wenn sie dort keinen Lieferauftrag haben.
Lobby	Der Begriff stammt aus dem Englischen und geht auf die Vorhalle oder den Wandelgang des Parlaments zurück. Dort war es üblich, dass man Abgeordneten oder Regierungsmitgliedern in Gesprächen seine Anliegen mitteilen konnte.
Luftbelastung in Stuttgart	Durch die Kessellage und den starken Durchgangs- und Pendlerverkehr ist Stuttgart besonders stark von Staus und Emissionen betroffen. Die Grenzwerte für Feinstaub werden am Messpunkt Neckartor mehr als 70 Mal im Jahr überschritten. Damit ist die Landeshauptstadt Spitzenreiter.

Begriff	Erklärung
Mandant/-in	die Person, die einen Rechtsanwalt beauftragt, ihre Interessen z. B. vor Gericht zu vertreten
Mauerbau	1961 wurden die Grenzanlagen von der DDR so verstärkt, dass eine Flucht von Ost nach West nahezu unmöglich wurde. In Berlin selbst wurde zwischen dem Ostteil und dem Westen eine Mauer errichtet, die den Bevölkerungsverlust stoppen sollte.
Median	Als Median bezeichnet man in der Statistik einen Mittelwert, der eine Verteilung in zwei gleich große Hälften teilt. Beispiel: Wenn das Medianeinkommen in der Bevölkerung bei 3000 € liegt, verdient die eine Hälfte der Bevölkerung mehr, die andere Hälfte weniger als 3000 €.
Medienaufsicht	In Russland befindet sich der größte Teil der Medien unter staatlicher Kontrolle. Die staatliche Behörde hat unter anderem die Möglichkeit, die Zeitung nach zwei Verwarnungen zu schließen. Verbleibende unabhängige Medien leiden aufgrund Prozesskosten, Druck von Anzeigenkunden und geringer Auflagenstärke unter permanenter Finanzknappheit.
Migration	Migration bedeutet eine dauerhafte Verlegung des Wohnsitzes über eine Grenze, das kann eine Landesgrenze sein, hinweg. Touristen bezeichnet man also nicht als Migranten, auch wenn sie eine Zeit lang im Ausland leben.
Migrationshintergrund	Bei Personen mit Migrationshintergrund unterscheidet man zwischen Menschen, die selbst Migrant sind/ waren (erste Generation), und Menschen, die bereits in Deutschland geboren wurden (zweite oder dritte Generation).
Mitglieder der Gesetzlichen Rentenversicherung	Mitglieder der GRV sind alle pflichtversicherten Personen (z. B. Arbeitnehmer und Auszubildende) sowie die freiwillig Versicherten (z. B. Selbstständige).
multikulturelle Gesellschaft	aus vielen verschiedenen Kulturen bestehende Gesellschaft
multitaskingfähig	bedeutet, mehrere Dinge gleichzeitig zu tun oder mehrere Aufgaben gleichzeitig zu bewältigen
Mündig	Mündig bedeutet, dass man sich selbst ein Urteil bilden und selbstständige Entscheidungen treffen kann.
NATO	North Atlantic Treaty Organization, auf Deutsch „Nordatlantikpakt", ist ein politisch-militärisches Bündnis, das 1949 gegründet wurde. Mitgliedsländer sind die meisten europäischen Staaten, die Türkei, die USA und Kanada. Die NATO-Länder verpflichten sich zur gegenseitigen militärischen Hilfe, falls eines von ihnen angegriffen wird. Die NATO operiert als militärische Organisation jedoch auch im Auftrag der UNO außerhalb ihres Bündnisgebietes. So stand der Militäreinsatz in Libyen 2011 unter dem Kommando der NATO.
NGOs	Abkürzung für „Nichtregierungs-Organisationen". Das sind zivile, gemeinnützige Organisationen, die sich den Schutz der Menschenrechte oder der Umwelt zur Aufgabe gemacht haben. Beispiele sind Amnesty International, Human Rights Watch, Ärzte ohne Grenzen, Rotes Kreuz/Roter Halbmond, der WWF oder Greenpeace.
NSU	„Nationalsozialistischer Untergrund", rechtsextreme Terrororganisation, der zehn Morde an Migranten und einer Polizistin zwischen 2000 und 2007 sowie zahlreiche Raubüberfälle zur Last gelegt werden
Offshore-Geldgeschäfte	Geschäfte, die fern der Küste, also außerhalb des eigenen Landes, getätigt werden, um nationalen Beschränkungen wie Steuergesetzen und Umweltauflagen zu entgehen

Begriff	Erklärung
Organ	(hier im rechtlichen Sinne) Für die Gemeinde handeln die sogenannten Organe Gemeinderat und Bürgermeister.
östliche Nachbarschaft	auch östliche Partnerschaft; die Staaten Armenien, Aserbaidschan, Georgien, Moldau, Ukraine und Weißrussland, die auch Russland als sein Einflussgebiet versteht
Pakistan	In Pakistan, einem Staat in Südasien, liegt die Lebenserwartung aktuell bei 67,7 Jahren. 2,7 % des BIP werden für Bildung ausgegeben. Damit belegt Pakistan weltweit den 164. Rang. Die Alphabetisierungsrate der über 14-Jährigen liegt bei 57,9 % (Männer: 69,5 %, Frauen: 45,8 %). Zahlen sind Durchschnittswerte für ganz Pakistan. In ländlichen Gebieten, v. a. in abgelegenen Tälern, ist die Situation wesentlich schlechter.
parlamentarische Demokratie	Im Unterschied beispielsweise zum Präsidialsystem der USA oder Frankreichs ist hier nur das Parlament direkt vom Volk durch Wahlen legitimiert und es gibt keinen direkt gewählten, mit Macht ausgestatteten Präsidenten.
Parteiflügel	Gruppierungen innerhalb der Partei, die eine bestimmte politische Richtung vertreten
passives Wahlrecht	Recht, sich bei einer Wahl als Kandidat/-in aufstellen zu lassen und gewählt zu werden
Patchworkfamilie	Damit wird eine Familie bezeichnet, bei der mindestens ein Elternteil Kinder aus einer früheren Beziehung mit in die neue Familie gebracht hat. Patchwork bedeutet so viel wie „Flickwerk". Wie bei Patchworkdecken, die aus verschiedenen Teilen zusammengenäht werden, besteht die Patchworkfamilie auch aus verschiedenen Teilen. Jede zehnte Familie in Deutschland ist eine Patchworkfamilie.
Persönlichkeitsschutz	Jeder Mensch hat das Recht, dass man nicht zu viel über ihn erfährt, auch Straftäter. Nur so kann es gelingen, dass man im Leben eine zweite Chance erhält. Außerdem soll verhindert werden, dass z. B. Familienmitglieder von der Öffentlichkeit belästigt werden.
Pflegeversicherung	Die Pflegeversicherung wurde 1995 als „jüngster" Zweig der Sozialversicherung eingeführt.
Phänomen	ungewöhnliches Ereignis
Pilotcharakter	Man probiert etwas Neues aus, untersucht den Ablauf mit dem Ergebnis und nutzt dies zum Beispiel für weitere Schulen.
PiS	polnische Regierungspartei „Recht und Gerechtigkeit"
Planungsmatrix	In einer Planungsmatrix stellst du tabellarisch zusammen, welche Materialien du zur Lösung der jeweiligen Aufgaben verwenden möchtest.
Plebiszit	ein anderes Wort für einen Volksentscheid
Pluralisierung	Die Pluralisierung geht einher mit der Individualisierung: In der Gesellschaft findet sich ein größeres Spektrum an (akzeptierten) Lebensformen (z. B. steigende Zahl von Singles, Alleinerziehenden), als dies in früheren Zeiten der Fall war.
PM 10	Größe, mit der Feinstaubpartikel gemessen werden
Politikverdrossenheit	Meint eine negative Einstellung der Politik gegenüber. Sie kann sich in Desinteresse gegenüber politischen Prozessen, geringer Beteiligung an politischen Aktivitäten (z. B. Wahlen) und Ablehnung von Politik äußern.
Politikzyklus	Das Modell des Politikzyklus beschreibt die Politik als einen Prozess der Problemlösung. Dieser verläuft oft in ganz bestimmten Phasen.
Präimplantationsdiagnostik	Methoden, die bei der Entscheidung helfen sollen, ob ein bei einer künstlichen Befruchtung erzeugter Embryo in die Gebärmutter eingepflanzt werden soll

Begriff	Erklärung
Private Krankenversicherung	Private Krankenversicherungen (PKV) werden von privatwirtschaftlichen Versicherungsunternehmen angeboten.
profitabel	gewinnbringend
Psychiatrie	Das ist eine Einrichtung, in der Menschen mit psychischen Problemen (das können Wahn- oder Angstvorstellungen sein, Verwirrtheit usw.), geholfen werden kann.
qualifizierte Mehrheit	Hier gewinnt, wer einen festgelegten Anteil an Stimmen bekommt, meistens mehr als 50 % der abgegebenen gültigen Stimmen.
Quorum	notwendige Anzahl von Stimmen, die erreicht sein muss, damit eine Abstimmung Gültigkeit erlangt
Radwegeplan	Viele Gemeinden erstellen einen Radwegeplan. Damit soll u. a. das Fahrradfahren als umweltfreundliche Alternative gefördert werden.
Rebellen	Aufständische
Rechtsverordnungen	Sind für jeden verbindliche Anordungen, die nicht vom Parlament, sondern von der Regierung erlassen werden. Sie basieren jedoch stets auf Gesetzen.
Regelaltersgrenze	Nach Überschreiten der Regelaltersgrenze (65–67 J.) erhalten Bedürftige die sog. Grundsicherung im Alter, deren Niveau dem ALG II vergleichbar ist.
Regenbogenfamilie	Als Regenbogenfamilie bezeichnet man Familien, in denen Kinder mit zwei lesbischen Müttern oder zwei schwulen Vätern leben.
Regime	eine diktatorische, undemokratische Regierung
relative Armut	Kinder gelten als arm, wenn sie in einem Haushalt leben, der mit weniger als der Hälfte des Durchschnittseinkommens auskommen muss.
relative Mehrheit	Wer in einem Wahlkreis von allen Kandidaten die meisten Stimmen erhält, hat die relative Mehrheit der Stimmen. Das können u. U. auch nur 30 % der abgegebenen Stimmen sein.
Rentenpaket	Das schwarz-rote Rentenpaket beinhaltete neben der „Rente mit 63" auch Veränderungen bei der Mütterrente und der Erwerbsminderungsrente.
Reporter ohne Grenzen	(ROG) unabhängige Organisation, die sich weltweit für die Pressefreiheit einsetzt und politisch verfolgte Journalisten unterstützt
Repressalien	wenn Journalisten bei dem Ausüben ihrer Tätigkeiten gehindert, bedroht, bestraft oder unterdrückt werden, mit dem Ziel eine kritische Veröffentlichung zu verhindern
Resolutionen	UN-Resolutionen sind Beschlüsse der Vereinten Nationen, die das Ergebnis einer Aussprache bestimmter Hauptorgane schriftlich festlegen. Sie enthalten Bewertungen und Forderungen, die sich auf Interpretationen beziehungsweise den Wortlaut der UN-Charta beziehen.
Ressort	ein anderer Begriff für ein Ministerium eines bestimmten Fachbereiches (z. B. Finanzressort)
Revision	Überprüfung einer gerichtlichen Entscheidung durch die nächsthöhere Instanz, weil die Sache von grundsätzlicher Bedeutung ist

Begriff	Erklärung
Rotes Kreuz/Roter Halbmond	Humanitäre nicht-staatliche Organisationen (NGOs), die sich den Schutz des Lebens, der Gesundheit und der Würde sowie die Verminderung des Leids von Menschen in Not zur Aufgabe gemacht haben. In Kriegsgebieten versorgen sie Verletzte, versorgen die Bevölkerung mit Nahrung oder helfen beim Aufbau und der Organisation von Flüchtlingslagern.
Scharia	Der Begriff Scharia bezeichnet das islamische Recht; es enthält die Gesamtheit der Gesetze, die in einer islamischen Gesellschaft zu beachten und zu erfüllen sind.
schiitisch	Die Schiiten bilden die zweitgrößte Konfession innerhalb des Islam. Sunniten und Schiiten bekämpfen sich immer wieder heftig.
Schöffen	Das sind ehrenamtliche Laienrichter ohne juristische Ausbildung, die als Beisitzer in der Hauptverhandlung im Strafprozess mitwirken. Sie sind unabhängig und haben das gleiche Stimmrecht wie die Berufsrichter.
Schulkonferenz	In der Schulkonferenz wirken Schulleitung, Lehrer, Eltern und Schüler in einem gemeinsamen Organ der Schule zusammen.
Selbstjustiz	eine nicht erlaubte Handlung, bei der das Opfer oder Freunde des Opfers den Täter oder wen sie dafür halten, selbst bestrafen
SGB II	Das Zweite Buch Sozialgesetzbuch (SGB II) regelt u. a. die Grundsicherung für Arbeitsuchende.
Shisha	Wasserpfeife arabischen Ursprungs. Häufig wird Tabak mit Fruchtaromen in der Shisha geraucht.
signifikant	Bedeutend, wesentlich. Als statistisch signifikant bezeichnet man ein Ergebnis, das nur sehr unwahrscheinlich durch reinen Zufall zustande gekommen ist.
Sippenhaft	Im Nationalsozialismus wurden Verwandte von verurteilten Straftätern ebenfalls verdächtigt und oftmals eingesperrt, auch wenn sie nichts getan hatten.
SMV	SMV bedeutet Schülermitverantwortung. Schülerinnen und Schüler können ihre Interessen durch die SMV an der Schule vertreten und das Schulleben mitgestalten. Elemente der SMV sind die Klassensprecher, Schülerrat und Schülersprecher.
Souveränität	Unabhängigkeit eines Staates (von anderen Staaten) und Selbstbestimmung
Sozialabgaben	Dazu gehören Beiträge zur gesetzlichen Kranken-, Renten- und Arbeitslosenversicherung.
Spätaussiedler	Spätaussiedler sind deutsche Volkszugehörige aus den Nachfolgestaaten der ehemaligen Sowjetunion und anderen osteuropäischen Staaten.
Staatsschutz	Abteilung der Polizei, die bei politisch motivierten Straftaten ermittelt, z. B. bei ausländerfeindlichen oder terroristischen Straftaten
Stereotyp	gefestigte, einfache Vorstellung von etwas, die sich nicht verändert
steuerlich Absetzen	Setzt man etwas von der Steuer ab, so wird es vom zu versteuernden Gehalt abgezogen. Man bezahlt also weniger.
Steuerzuschüsse	Ohne Steuerzuschüsse wäre die Auszahlung der Renten schon lange nicht mehr finanzierbar, im Klartext: Die Beiträge reichen nicht zur Finanzierung aus.
StPO: Strafprozessordnung	§ 203 StPO (Eröffnungsbeschluss) Das Gericht beschließt die Eröffnung des Hauptverfahrens, wenn nach den Ergebnissen des vorbereitenden Verfahrens der Angeschuldigte einer Straftat hinreichend verdächtig erscheint.

Begriff	Erklärung
Strafbefehl	Richterliche Entscheidung über eine Strafe, ohne die Hauptverhandlung zu eröffnen. Ein Strafbefehl ist allerdings gegen Jugendliche nicht zulässig.
Streitschlichter	Unter Streitschlichtung versteht man ein seit Jahren bekanntes und angewandtes Verfahren zur Konfliktlösung, bei dem unparteiische Dritte helfen, unter den Konfliktparteien zu vermitteln. Ziel von Streitschlichtung ist es nicht, Konflikte grundsätzlich zu verhindern, sondern den konstruktiven Umgang mit diesen zu fördern.
sunnitisch	Die Sunniten bilden die größte Glaubensrichtung im Islam. Etwa 90 Prozent der Muslime weltweit gehören ihr an.
supranational	übernational
Tafeln	Seit 1993 sind sogenannte Tafeln als gemeinnützige Hilfsorganisationen in Deutschland aktiv, auch in anderen europäischen Ländern gibt es vergleichbare Initiativen.
Taliban	Eine ursprünglich aus Afghanistan stammende islamistische Terrormiliz, die auch in Pakistan Anschläge verübt. Sie arbeiten dabei mit al-Qaida und anderen internationalen Terrorallianzen zusammen. Vor allem durch Selbstmordattentate reißen sie regelmäßig Soldaten und auch Zivilisten mit in den Tod.
Teen-Courts	Die in Schülergerichten mitwirkenden Schüler sind in der Regel zwischen 14 und 19 Jahren alt. Die Beteiligung ist freiwillig und ehrenamtlich, sie erhalten aber eine Schulung. Die verhandelten Fälle müssen bestimmte Voraussetzungen erfüllen: Der jugendliche Straftäter muss zwischen 14 und 18 Jahre alt sein, die kriminelle Handlung darf nur einen minder schweren Fall darstellen, der Täter muss geständig und der Tathergang genau geklärt sein und das Einverständnis zur Verhandlung vor dem Schülergericht muss vom jugendlichen Straftäter und seinen Erziehungsberechtigten erteilt worden sein. Wo gibt es Teen-Courts? In Bayern, Hessen, Nordrhein-Westfalen, Sachsen, Sachsen-Anhalt und Baden-Württemberg gibt es an einzelnen Orten solche Schülergremien. Im badenwürttembergischen Kehl wird das Konzept auch bei strafunmündigen Kindern, also bei unter 14-Jährigen, erprobt.
Teilzeitarbeit	Die regelmäßige Wochenarbeitszeit wird herabgesetzt. Man arbeitet weniger, bekommt auch nur anteilig den Lohn.
Tonnenkilometer	Kennzahl zur Messung der Beförderungsleistung im Güterverkehr durch unterschiedliche Verkehrsträger (Lkw, Bahn, Schiff, Flugzeug, Pipeline). Dabei entspricht ein Tonnenkilometer (tkm) der Beförderung von Gütern im Gewicht von einer Tonne über einen Kilometer. Ein Tonnenkilometer beschreibt also das Produkt aus dem beförderten Gütergewicht und der Transportentfernung.
Überschuss	Wenn eine Stadt oder eine Gemeinde mehr Geld einnimmt (z. B. durch Steuern, Gebühren, ...) als ausgibt, erwirtschaftet sie einen Haushaltsüberschuss.
Umlageverfahren	Das Umlageverfahren bezeichnet man auch als sog. Generationenvertrag. Das Gegenstück zum Umlageverfahren ist das Kapitaldeckungsverfahren: Hier spart man während seiner aktiven Erwerbstätigkeit Kapital an, welches bei Renteneintritt auf einmal oder monatlich ausbezahlt wird. Dieses Prinzip liegt zum Beispiel der privaten Altersvorsorge zugrunde.
Unfallversicherung	Die gesetzliche Unfallversicherung wurde 1884 eingeführt.
UN-Menschenrechtsrat	Der UN-Menschenrechtsrat kann die Entsendung von Beobachtern zur Überwachung der Menschenrechtssituation in einem Mitgliedstaat beschließen. Die 47 Mitglieder werden in geheimer Wahl von der UN-Generalversammlung mit absoluter Mehrheit bestimmt und auf drei Jahre gewählt. Die Sitze werden anhand von regionalen Gruppen verteilt.

Begriff	Erklärung
Untersuchungshaft	Die Untersuchungshaft kann durch einen Richter angeordnet werden, wenn verhindert werden soll, dass Tatverdächtige weitere Straftaten begehen, oder wenn die Ermittlungen der Polizei behindert würden. Die Zeit in der U-Haft wird auf ein eventuelles Strafmaß nach einer Verurteilung angerechnet.
VCD	Der ökologisch ausgerichtete Verkehrsclub Deutschland e.V. setzt sich für eine sozial- und umweltverträgliche Mobilität aller Verkehrsteilnehmer ein. Die Mitgliederzahl liegt bei ca. 50 000.
Verbände und Gesellschaften	Meint hier den Zusammenschluss von mehreren Personen, um gemeinsame Interessen zu verfolgen. Sie wählen dafür eine bestimmte Rechtsform als Organisation.
Verbindungslehrer	Die Verbindungslehrer werden vom Schülerrat gewählt, beraten die SMV und unterstützen sie bei der Erfüllung ihrer Aufgaben.
Verfassungsnorm	die Regelungen und Grundsätze, die in der Verfassung/dem Grundgesetz niedergeschrieben sind
Verfassungsrealität	bezeichnet die realen und tatsächlichen Gegebenheiten des politischen Systems
Vermittlungsausschuss	ein gemeinsames Gremium des Bundestages und des Bundesrates, das bei Uneinigkeiten im Gesetzgebungsprozess zwischen den beiden vermittelt
Vertragsverletzungsverfahren	Nach den EU-Verträgen kann die Kommission rechtliche Schritte in Form von Vertragsverletzungsverfahren gegen EU-Länder einleiten, die das EU-Recht nicht umsetzen. Die Kommission kann den Gerichtshof anrufen, der in bestimmten Fällen die Zahlung von Strafgeldern anordnet.
veto player	ein Akteur im politischen System, der einen Kurswechsel in der Politik verhindern oder bewirken kann
Volksverhetzung	Wer andere zum Hass gegen bestimmte religiöse Gemeinschaften, gegen Volksgruppen oder gegen Ausländer anstachelt, begeht unter Umständen eine Straftat, die man Volksverhetzung nennt.
Vorratsdatenspeicherung	Speicherung von Verbindungsdaten von Telefon, Handy, Internet aller Bürger
Wahlurne	Eine Wahlurne ist ein geschlossener Behälter mit Schlitz zum Einwurf von Wahl- oder Stimmzetteln.
Zensur	staatliche Kontrolle von Informationen und Meinungen von Journalisten, um die Verbreitung und Veröffentlichung unerwünschter Meldungen zu verhindern
Zielabweichungsverfahren	Abweichungen von der Landesplanung sind hierbei in Einzelfällen möglich.
Zivilcourage	Mut, für seine Haltung oder Meinung auch Nachteile in Kauf zu nehmen
zivilgesellschaftliches Engagement	Auch bürgerschaftliches Engagement. Darunter versteht man das freiwillige Engagement von Bürgerinnen und Bürgern, das Gemeinwohl zu fördern, ohne dabei finanzielle Interessen zu verfolgen.
Zuverdienstgrenze	Zuverdienstgrenzen regeln, wie viel Einkommen ein Rentner zusätzlich zu seiner Rente durch Erwerbsarbeit erzielen darf.

Brian McEntire (VG), Fotolia/hanohiki (HG), HG li.: Fotolia/Klaus Eppele, HG re.: Fotolia/eyetronic; S. 12 M1: dpa Picture-Alliance/Rainer
t, Bonn 2017; S. 13 M2 ob. li.: dpa Picture-Alliance/SZ Photo; S. 13 M2 ob. mi.: dpa Picture-Alliance/Gregor Fischer; S. 13 M2 ob. re.: dpa Picture-
S. 13 M2 un. li.: dpa Picture-Alliance/dieKLEINERT.de; S. 13 M2 un. mi.: dpa Picture-Alliance/Eibner-Pressefoto; S. 13 M2 un. re.: dpa Picture-
14/15: Cornelsen/Peter Wirtz; S. 18 M1 u. S. 22 M1: Cornelsen/Peter Wirtz; S. 23 un.: Shutterstock/focal point; S. 26 Randsp.: Fotolia/fotomek;
re-Factory J.Rofeld; S. 29 M1: Gymnasium Hohenbaden; S. 30 M1: Christian Hass Fotodesign; S. 31 M3: Thomas Plaßmann; S. 32/33: Fotolia/
un. li.: Fotolia/Halfpoint; S. 34 M1 ob. beide: Shutterstock/Elzbieta Sekowska; S. 34 M1 un. re.: Fotolia/Wavebreak Media; S. 34 M2: Fotolia/K.C.;
ßmann; S. 38 alle u. 39 alle ob.: Illustration aus »Bundeszentrale für politische Bildung: Thema im Unterricht/Extra Methoden-Kiste«, © www.
1: Sparkassenstiftung Lüneburg; S. 41 M4: Beck/schneeschnee.de; S. 41 M5: © Marie Marcks; S. 43 M5: Horst Haitzinger; S. 44 M1: hessenstiftung
ft/Marlen Benkner; S. 45 M5: hessenstiftung - familie hat zukunft/Katharina Elert; S. 46 M1: Fotolia/Robert Kneschke; S. 47 M6 beide:
Technik-Diversity-Chancengleichheit e.V.; S. 48 M2 li.: Fotolia/Sergey Nivens; S. 48 M2 mi.: Fotolia/iordani; S. 48 M2 re.: Fotolia/Jack F.; S. 49 M5:
1: Sozialverband VdK Deutschland; S. 52 M1 li.: Konzernarchiv Henkel AG & Co. KGaA; S. 52 M1 re.: Hengstenberg GmbH & Co. KG; S. 56/57: dpa
Deniz Calagan; S. 66 M2: dpa/ZB; S. 67 M3: imago/Lars Berg; S. 67 M4: imago/Steffen Schellhorn; S. 67 M5: Fotolia/made_by_nana; S. 69: Logo des
r Schiedsmänner und Schiedsfrauen e.V. - BDS - www.schiedsamt.de; S. 70 M1: Cornelsen/Peter Wirtz; S. 71: Schlichtungsstelle für Täter-Opfer-
rbeiterwohlfahrt KV Chemnitz und Umgebung e.V.; S. 73 M2: imago/Werner Otto; S. 75 M3: Fotolia/pandavector; S. 80 M1: imago stock&people/
2 u. 83: Robert Feil, Wolfgang Hesse (Hrsg.): Miteinander leben. Zeichnungen von Hans-Michael Scheurlen. Landeszentrale für Politische Bildung
mberg, Stuttgart 2006; S. 84 M1: imago/INSADCO; S. 85 M2: privat; S. 88/89: © Stadt Ettlingen/www.goetzinger-komplizen.de/Fotolia/Kaesler Media;
/ZB; S. 93: Cornelsen/Peter Wirtz, Dormagen; S. 94 M1: Manfred Schott, Ispringen/mit freundlicher Genehmigung des Gemeinderats von Kämpfelbach;
ornelsen/Peter Wirtz, Dormagen; S. 96 un.: Fotolia/Christian Schwier; S. 98 M1: Gerhard Mester; S. 100 M1 ob. li.: Fotolia/sanjagrujic; S. 100 M1 ob. re.:
ntrastwerkstatt; S. 100 M1 un. li.: Fotolia/.shock; S. 100 M1 un. re.: Cornelsen/Peter Wirtz, Dormagen; S. 101 M3: © Politik & Unterricht aktuell 17/2014; S.
dpa/McPHOTOxxx; S. 104 M1: Gerhard Mester; S. 106 M2: Fotolia/DEMBOWIAK; S. 111 M3: Fotolia/Coloures-Pic; S. 111 M4: Sepp Buchegger; S. 112/113:
rstock/absolutimages; S. 114 M1: picture alliance/AP Photo; S. 115 M5: dpa Picture Alliance/dpa-Infografik/Cornelsen/Erfurth Kluger Infografik GbR; S. 117
Picture Alliance/dpa-infografik/ Cornelsen/Erfurth Kluger Infografik GbR; S. 118 M1: ddp images/Timm Schamberger; S. 120 M1: Fotolia/william87; S. 120 M3:
Picture Alliance/dpa-Infografik/Cornelsen/Erfurth Kluger Infografik GbR; S. 122 M1 ob. li.: Fotolia/Atelier 211; S. 122 M1 ob. re.: Shutterstock/Rehan Qureshi; S.
22 M1 un. li.: Fotolia/rocketclips; S. 122: ddp images; S. 123 M5: dpa Picture Alliance/dpa-Infografik/Cornelsen/Erfurth Kluger Infografik GbR; S. 124 M1: picture-alliance/dpa; S. 125 M2: Shutterstock/Herrndorff; S. 126 M1: Klaus Stuttmann; S. 127 M5 ob. li.: Klaus Stuttmann; S. 127 M5 ob. re.: Thomas Plaßmann; S. 127 M5 un. li.: Gerhard Mester; S. 127 M5 un. re.: Erl/toonpool.com; S. 128 M1: imago stock&people/Becker&Bredel; S. 130 M1: picture alliance/dpa; S. 130 M3: © mit freundlicher Genehmigung der Landeshauptstadt Stuttgart; S. 132 M1: Marcus Gottfried; S. 133 M6: Fotolia/Elnur; S. 134 u. 136/137: Klaus Stuttmann; S. 139 ob. li.: Shutterstock/Mila Supinskaya Glashchenko; S. 139 ob. re.: Fotolia/Atlantis; S. 139 mi. li.: Fotolia/Jürgen Fälchle; S. 139 mi. re.: Fotolia/Photocreatief; S. 139 un. li.: Fotolia/zinkevych; S. 139 un. re.: Fotolia/Studio Serge Aubert; S. 140 M2: Fotolia/Marcito; S. 141 M5: dpa; S. 142 M1: Screenshot von https://de.wikipedia.org/wiki/Grundrechte, Suchwort: Grundrechte, Zugriff 20.12.2016; S. 143: Shutterstock/Comussu; S. 144 M1: dpa/picture-alliance; S. 144 M2: dpa/B2163_Consolidated_Nara; S. 144 M3: ullstein bild/Roger-Viollet; S. 145 M4: dpa; S. 146 M1: Berliner Zeitung/Aleksandar Zivanovic; S. 147 M4: Fotolia/dudlajzov; S. 148 M1: action press/Genthe, Eva Z.; S. 151 M2: Klaus Stuttmann; S. 152/153: dpa Picture-Alliance/Uli Deck; S. 154 Randsp: dpa Picture-Alliance/Arco Images; S. 155 M2 u. M3: dpa Picture Alliance/dpa-Infografik/Cornelsen/Erfurth Kluger Infografik GbR; S. 156 M1: dpa Picture-Alliance/dieKLEINERT.de; S. 157 Randsp.: dpa Picture-Alliance/Jonas Güttler; S. 158 M1: Grafikgestaltung: I. Müller-Mutter; Foto: Albert Josef Schmidt; S. 158 M2: Stadt Freiburg im Breisgau; S. 159: Fotolia/Robert Kneschke; S. 160 M1: dpa Picture-Alliance/Jens Kalaene; S. 162 M1 ob. alle: action press/Public Address; un. li.: ullstein/ Public Address; un. Mi. und un. re.: action press/Public Address; S. 163 M3: dpa Picture-Alliance/Sascha Steinach; S. 163 M4: Gerhard Mester; S. 163 M5: Felix Mussil; S. 164 M1: dpa Picture-Alliance/Ikon Images; S. 165 M4: Bundeszentrale für politische Bildung; S. 166 M1: Klaus Stuttmann; S. 168 M1: Fotolia/ollirg; S. 170 M1: Klaus Stuttmann; S. 174 M1: dpa Picture Alliance/dpa-Infografik/Cornelsen/ Erfurth Kluger Infografik GbR; S. 175 M4: Kostas Koufogiorgos; S. 176 M1: Thomas Plaßmann; S. 176 Randsp.: www.forstrock.de; S. 178 M2: DER SPIEGEL 01/2017; S. 178 M1: Presse- und Informationsamt der Bundesregierung; S. 179 M4: Burkhard Mohr; S. 180 M2: dpa Picture Alliance/dpa-Infografik/Cornelsen/Erfurth Kluger Infografik GbR; S. 185 M3: dpa Picture-Alliance/dieKLEINERT.de; S. 186/187: dpa Picture-Alliance/Gregor Fischer; (c) VG Bild-Kunst, Bonn 2017; S. 189 M3: Klaus Stuttmann; S. 189 oben: laif/Polaris/Hermann Bredehorst; S. 190 M1: dpa Picture-Alliance/dpa Themendienst; S. 192 M1: dpa Picture Alliance/dpa-Infografik/ Cornelsen/Erfurth Kluger Infografik GbR; S. 193 M3: Fotolia/Sebastian Bernhardt; (c) VG Bild-Kunst, Bonn 2017; S. 194 M4 ob.: dpa Picture-Alliance/Peter Förster; S. 194 M4 2.v.ob.: dpa Picture-Alliance/Kay Nietfeld; S. 194 M4 3. v. ob.: Fotolia/Daniel Ernst; S. 194 M4 un.: dpa Picture-Alliance/Kay Nietfeld; S. 196 M2: Klaus Stuttmann; S. 198 M2: Bergmoser & Höller/Zahlenbilder/Cornelsen/Erfurth Kluger Infografik GbR; S. 199 M2 u. S. 201 M4: dpa Picture Alliance/dpa-Infografik/ Cornelsen/Erfurth Kluger Infografik GbR; S. 202 M1: Bergmoser & Höller/Zahlenbilder/Cornelsen/Erfurth Kluger Infografik GbR; S. 205 M5: dpa Picture-Alliance/ Maurizio Gambarini; S. 206 M2: dpa Picture Alliance/dpa-Infografik/Cornelsen/Erfurth Kluger Infografik GbR; S. 207 M4: Thomas Plaßmann; S. 208 M3: dpa Picture-Alliance/KEYSTONE; S. 211 ob. alle: Thomas Plaßmann; S. 211 M1: Klaus Stuttmann; S. 212 M1 u. S. 214 M1: dpa Picture Alliance/dpa-Infografik/Cornelsen/Erfurth Kluger Infografik GbR; S. 214 M2: Bergmoser & Höller/Zahlenbilder/Cornelsen/Erfurth Kluger Infografik GbR; S. 217 M5: Klaus Stuttmann; S. 218/219: dpa Picture-Alliance/dieKLEINERT.de; S. 224 M1: dpa Picture-Alliance/Uli Deck; S. 227 M2: dpa Picture Alliance/dpa-Infografik/Cornelsen/Erfurth Kluger Infografik GbR; S. 228 M1: dpa Picture-Alliance/dieKLEINERT.de; S. 229 M3: dpa Picture-Alliance/Fabian Bimmer; S. 230 M2: dpa Picture-Alliance/Bernd von Jutrczenka; S. 231 M3 li. u. re.: dpa Picture-Alliance/dieKLEINERT.de; S. 232 M2: dpa Picture-Alliance/JOKER; S. 233 M2: dpa/Picture-Alliance; S. 235 Randsp. ob.: imago stock&people/Jens Schicke; S. 235 Randsp. un.: dpa Picture-Alliance/Erwin Elsner; S. 238/239: dpa Picture-Alliance/Sophia Kembowski; S. 241 M3 u. M4: dpa Picture Alliance/dpa-Infografik/ Cornelsen/Erfurth Kluger Infografik GbR S. 242 M1: Klaus Stuttmann; S. 243 M5: dpa Picture-Alliance/Christian Schultz; S. 245 M5: Thomas Plaßmann; S. 248 M2: dpa Picture-Alliance/Christian Charisius; S. 251 M3: dpa Picture Alliance/dpa-Infografik/Cornelsen/Erfurth Kluger Infografik GbR; S. 252 M1: Thomas Plaßmann; S. 253 M3: dpa Picture-Alliance/Britta Pedersen; S. 254 M1: Fotolia/Picture-Factory; S. 256 M1: Thomas Plaßmann; S. 257 M1: Heiko Sakurai; S. 258 M2 li.: dpa Picture-Alliance/Becker&Bredel; S. 258 M2 re.: snapshot-photography/SZ Photo; S. 259 M3: Thomas Plaßmann; S. 263 M1 u. M2: dpa Picture Alliance/dpa-Infografik/ Cornelsen/Erfurth Kluger Infografik GbR; S. 264 M1: dpa Picture Alliance/dpa-Infografik/Cornelsen/Erfurth Kluger Infografik GbR; S. 265 M5: Klaus Stuttmann; S. 266/267: dpa Picture-Alliance/ROPI; S. 268 M1: dpa Picture-Alliance/Simon Kremer; S. 271 M2 u. S. 272 M1: dpa Picture Alliance/dpa-Infografik/Cornelsen/Erfurth Kluger Infografik GbR; S. 274 M1: dpa Picture-Alliance/Tim Brakemeier; (c) VG Bild-Kunst, Bonn 2017; S. 275 M4: Fotolia/fabriziomatera; S. 275 M5: dpa Picture-Alliance/newscom/Jason Szenes; S. 275 M6: dpa Picture Alliance/dpa-Infografik/Cornelsen/Erfurth Kluger Infografik GbR; S. 276 M1: dpa Picture-Alliance/NOTI/ Cortesía; S. 277 M5: dpa Picture-Alliance/blickwinkel; S. 278 M2: Paolo Calleri; S. 282 M1: dpa Picture Alliance/dpa-Infografik/Cornelsen/Erfurth Kluger Infografik GbR; S. 283 M3: Gerhard Mester; S. 284 M1: dpa Picture Alliance/dpa-Infografik/Cornelsen/Erfurth Kluger Infografik GbR; S. 285 M3: dpa Picture Alliance/dpa-Infografik/Cornelsen/Erfurth Kluger Infografik GbR; S. 285 M4: dpa Picture-Alliance/abaca/Aykut Ulupinar; S. 286 M1: dpa Picture Alliance/dpa-Infografik/ Cornelsen/Erfurth Kluger Infografik GbR; S. 287 M2: dpa Picture-Alliance/Pacific Press/Luiz Rampelotto; S. 288 M1: dpa Picture Alliance/dpa-Infografik/Cornelsen/ Erfurth Kluger Infografik GbR; S. 289 M3: Heiko Sakurai; S. 290/291: dpa Picture-Alliance/NurPhoto/Alain Pitton; S. 292 M1 1.R. li.: Fotolia/Stockfotos-MG; S. 292 M1 1.R. re.: Fotolia/YakobchukOlena; S. 292 M1 2.R. li.: Fotolia/tl6781; S. 292 M1 2.R. re.: Fotolia/maxxasatori; S. 292 M1 3.R. li.: dpa Picture-Alliance/KEYSTONE; S. 292 M1 3.R. re.: dpa Picture-Alliance/Harry Melchert; S. 292 M1 4.R. li.: Fotolia/euthymia; S. 292 M1 4.R. re.: Fotolia/jonasginter; S. 294 Randsp. ob.: shutterstock/3000ad; S. 294 Randsp. un.: Rainer Unkel/SZ Photo; S. 295 Randsp. ob.: dpa Picture-Alliance/Daniel Kalker; S. 295 Randsp. mi.: dpa Picture-Alliance/REUTERS; S. 295 Randsp. un.: dpa Picture-Alliance/Alexandre Marchi/MAXPPP; S. 296 M2: dpa Picture-Alliance/Lino Mirgeler; S. 300 M2: dpa Picture-Alliance/dieKLEINERT.de; S. 303 M2: Fotolia/ contrastwerkstatt; S. 306 M1: dpa Picture Alliance/dpa-Infografik/Cornelsen/Erfurth Kluger Infografik GbR; S. 309 Randsp.: Right2Water Initiative; S. 312 M1: dpa Picture-Alliance/dieKLEINERT.de; S. 314 M1: Fotolia/Antony McAulay; S. 317 alle: Mit freundlicher Genehmigung der Friedrich - Ebert - Stiftung e.V.; S. 320/321: dpa Picture-Alliance/ Bernd Weißbrod; S. 322 M1: dpa Picture-Alliance/Frank Rumpenhorst; S. 323 M3: Klaus Stuttmann; S. 324 un.: Fotolia/Robert Kneschke; S. 325 mi.: Fotolia/pressmaster; 328 M1: dpa Picture Alliance/dpa-Infografik/Cornelsen/Erfurth Kluger Infografik GbR; S. 330 Randsp.: Regierungspräsidium Stuttgart; S. 330 M1: dpa Picture-Alliance/dieKLEINERT.de; S. 331 M4: dpa Picture-Alliance/Roland Weihrauch; S. 332 M1: dpa Picture-Alliance/Marijan Murat; S. 334 M1: dpa Picture-Alliance/ROPI; S. 336 M1: dpa Picture-Alliance/ZB/Hendrik Schmidt; S. 337 M4: dpa Picture-Alliance/dieKLEINERT.de; S. 338 M1: Oliver Stenzel; S. 340 M1: dpa Picture-Alliance/Westend61; S. 341 M1: dpa Picture-Alliance/Julian Stratenschulte; S. 342 M1: Klaus Stuttmann; S. 343: Autobild.de; S. 344 ob.: Fotolia/Maxim_ Kazmin; S. 344 ob.: Fotolia/ Maxim_Kazmin ; S. 344 mi.: Fotolia/Trueffelpix; S. 345 ob.: Colourbox; S. 345 un.: Fotolia/ufotopixl10; S. 346 ob.: Fotolia/ schinsilord; S. 347 ob. li: Fotolia/niroworld; S. 347 ob. re.: Fotolia/Robert Kneschke; S. 347 un. li.: Fotolia/ihorzigor; S. 347 un. re.: Fotolia/fotomek; S. 349: Fotolia/ Trueffelpix;

Auftragsillustrationen, Grafiken, Karten

Cornelsen/Ing.-Büro für Kartografie Peter, Kast, Wismar: Karten Vorsatz hinten; **Cornelsen/Raimo Bergt**: S. 16 M3; S. 20; S. 24; S. 36 M1 u. M2; S. 37 M4; S. 37 M5; S. 58 M1; S. 60 M1; S. 64 M1; S. 72; S. 74 M1; S. 90 alle; S. 91 M3; S. 99 M4; S. 102; S. 119 M5; S. 131 M4; S. 141 M4; **Cornelsen/Carlos Borrell Eiköter**: Vorsatz hinten; **dpa-Infografik (bearbeitet von Erfurth Kluger Infografik GbR)**: S. 115 M3; S. 117 M4; S. 120 M3; 123 M5; S. 155 M2; S. 155 M3; S. 174 M1; S. 180 M2; S. 190 M2; S. 192 M1; S. 199 M3; S. 201 M4; S. 206 M2; S. 212 M1; S. 214 M1; S. 227 M2; S. 240 M2; S. 241 M3; S. 241 M4; S. 251 M3; S. 263 M1 u. M2; S. 264 M1; S. 271 M2; S. 272 M1; S. 275 M6; S. 282 M1; S. 284 M1; S. 285 M3; S. 286 M1; S. 288 M1; S. 306 M1; S. 328 M1; **Erfurth Kluger Infografik GbR**: S. 23 M3; S. 35 M3; S. 35 M4; S. 39 un.; S. 42 M3; S. 44 M2; S. 45 M3; S. 46 M2; S. 47 M5; S. 51 M2; S. 59 M3; S. 61 M3; S. 62 M1; S. 77 M2; S. 79 M2; S. 87 M2; S. 109 M2; S. 121 M5; S. 157 M3; S. 161 M3; S. 165 M3; S. 171 M2; S. 173 M4; S. 175 M2; S. 185 M2; S. 190 Randsp.; S. 194 ob.; S. 202 Randsp.; S. 203 M3; S. 204 M1; S. 210 Randsp.; S. 212 Randsp.; S. 220 M1; S. 222 M2; S. 223 M3; S. 223 M5; S. 246 M3; S. 277 M6; S. 298 M1; S. 301 M3; S. 305 M3; S. 307 M4; S. 308 M2; S. 310 M1; S. 311 M4; S. 315 M4; S. 315 M3; S. 326 M1; S. 329 M4; S. 335 M4; S. 335 M3 u. M5; S. 337 M3; S. 339 M5; S. 343 M3;
Bergmoser+Höller Verlag AG/Zahlenbild (bearbeitet von Erfurth Kluger Infografik GbR): S. 198 M2; S. 202 M1; S. 214 M2

Staatsgrenze
Landesgrenze
Grenze eines Regierungsbezirks
Kreisgrenze

Stuttgart Landeshauptstadt von Baden-Württemberg
Karlsruhe Verwaltungssitz eines Regierungsbezirks

Verwaltungssitz eines Stadtkreises
Verwaltungssitz eines Stadt- und Landkreises
Verwaltungssitz eines Landkreises

Calw Name eines Landkreises
SIG Kraftfahrzeugkennzeichen

A 8 östl. Länge v. Greenwich B 9 C 10 D

0 10 20 30 40 50 60 km

Staatsgrenze
Landesgrenze
Grenze der Regierungsbezirke
Köln Name eines Regierungsbezirks
Hauptstadt eines Staates
Landeshauptstadt
Verwaltungssitz eines Regierungsbezirks
DÄNEMARK
Nordsee
Ostsee
Schleswig-Holstein
Kiel
Hamburg
Mecklenburg-Vorpommern
Schwerin
POLEN
NIEDERLANDE
Bremen
Niedersachsen
Hannover
Sachsen-Anhalt
Magdeburg
Berlin
Potsdam
Brandenburg
Nordrhein-Westfalen
Münster
Detmold
Düsseldorf
Arnsberg
Köln
Kassel
Hessen
Gießen
Darmstadt
Wiesbaden
Mainz
Erfurt
Thüringen
Sachsen
Dresden
BELGIEN
LUXEMBURG
Luxemburg
Rheinland-Pfalz
Saarland
Saarbrücken
TSCHECHISCHE REPUBLIK
Prag
Unterfranken
Oberfranken
Würzburg
Bayreuth
Mittelfranken
Ansbach
Oberpfalz
Regensburg
Bayern
Niederbayern
Landshut
Schwaben
Augsburg
Oberbayern
München
FRANKREICH
Baden-Württemberg
Karlsruhe
Stuttgart
Tübingen
Freiburg
SCHWEIZ
LIECHTENSTEIN
Vaduz
ÖSTERREICH
Weser
Elbe
Ems
Rhein
Maas
Ruhr
Fulda
Werra
Saale
Main
Mosel
Neckar
Donau
Isar
Inn
Lech
Oder
Eger
Moldau
Bodensee
8 östl. Länge von Greenwich
0 50 100 150 200 km

Die Welt

Abkürzungen in Amerika:
DR. = Dominikanische Republik

Abkürzungen in Europa:

A. = Albanien
B. = Belgien
BH. = Bosnien und Herzegowina
Bul. = Bulgarien
K. = Kosovo
Kr. = Kroatien
Lux. = Luxemburg
Mol. = Moldawien
Mt. = Montenegro
Mz. = Mazedonien
Ndl. = Niederlande
Öst. = Österreich
Rum. = Rumänien
S. = Schweiz
Sk. = Slowakei
Sl. = Slowenien
Srb. = Serbien
Tsch. = Tschechien
Ung. = Ungarn
Zyp. = Zypern